조선공산당 초대 책임비서, 김재봉

김 희 곤

景仁文化社

책을 펴내며

2001년 9월 모스크바에 있는 현대사문서보관소를 찾은 일이 있다. 80년 전에 그곳에서 열린 극동민족대회(극동노력자대회) 참석자 가운데 한국 대표들의 기록을 찾아보기 위한 발걸음이었다. 러시아 다음으로 많이 참석한 한국 대표는 뒷날 56명이라는 연구 결과가 나왔는데, 그들이 회의에 참석하면서 제출한 신임장과 '조사표'가 그곳에 보관되어 있었다. '조사표'는 참석자가 자신의 경력과 회의 참석목적 등을 기재한 것인데, A4 용지 한 장에 등사된 항목에 따라 참가자가 스스로 답을 쓴 것이었다. 김규식이나 조동호 · 홍범도 등의 이름이 보였다.

조사표 가운데 안동출신 김재봉의 자필 조사서가 시선을 확 끌었다. 여행목적이 바로 거기에 있었기 때문이다. 특히 극동민족대회에 참석한 목적과 희망이란 항목에서, 그는 '**조선의 독립을 목적하고 공산주의를 희망함**'이라고 적었다. 조선의 독립을 일구어 내기 위해 당신들 러시아가 추구하는 공산주의를 받아들이겠다는 의지를 천명한 부분이었다. 왜 그와 같은 인물들을 독립운동가로 규정해야 하는지 선명하게 드러나는 장면이 아닐 수 없었다.

2005년 3·1절에 대한민국 정부는 김재봉에게 건국훈장을 추서하였다. 여운형과 조동호 등 이름들이 거명되고 권오설 · 김남수 · 권오돈(권오상) 등 안동출신 인물들도 포함되었다. 이들에게 건국훈장이 추서된 가장 중요한 요인이 바로 그들 활동이 독립운동이었기 때문이다. 그런데 왜 지금까지 이들에 대한 포상이 이루어지지 않았는가? 분단과 냉전이 그 핵심요인이었다.

그렇다면 이들이 왜 이제 와서 포상이 될 수 있었을까? 광복 60주년이라는 이유도 있지만, 일단 한국사회가 열린 시각, 폭 넓은 역사적 인식을 갖게 되었다는 점을 들 수 있다. 독립운동가와 독립유공자를 분리시켜 이해하는 인식의 틀이 형성된 데 그 이유가 있다.

남북분단과 전쟁으로 말미암아 이념에 대한 분쟁은 사생결단 그 자체였고, 따라서 극히 편향성을 보여 왔다. 공존이란 어떤 의미에서도 불가능한 것이고, 오직 배타적 존립만 강조되어 왔다. 그러한 경향성을 부채질한 것은 한국전쟁만이 아니라, 연달아 들어선 장기독재정권이 조장한 것이기도 하다. 그러한 점은 남북한이 매 한 가지였다. 장기독재정권을 유지하기 위해 남북은 서로 상대방을 악용했다. 안보를 위해 자유를 제한하는 현상이 꼭 같았고, 그것이 독재정권을 유지하는 비방이기도 했다.

군사장기독재정권이 종식되면서, 우리 사회는 점차 역사인식의 폭을 넓혀 왔다. 항일투쟁기 사회주의운동과 해방후 북한에 들어선 정권을 분리시켜 보는 시각을 갖게 된 것이다. 남북분단과 한국전쟁 책임을 뒤로 밀쳐두고, 일단 일제에 맞서 싸운 사회주의자들의 활동이 민족독립운동이라고 평가하는 연구결과가 쏟아져 나오기 시작한 것이다. 이러한 주장이 이미 1960년대 말에 제기되었지만, 정권에 눌려 출판하지는 못했다. 그러다가 1980년대를 넘어서면서 학계에서는 사회주의운동과 민족독립의 상관관계를 규명하는 발표가 나오기 시작했고, 점차 그 외연을 넓혀 갔다.

좀 더 본격적인 평가는 군사정권이 종식된 이후에 나왔다. 그것이 바로 항일투쟁을 벌인 사회주의자들과 북한정권을 분리해서 평가하는 것이었다. 그 결과 최근에 들어 국가유공자 포상에 대한 방침도 변화하였다. 한민족의 독립쟁취에 기여한 사회주의운동가 가운데 대한민국 수립과 유지에 방해되지 않은 인사들을 적극 포상하는 방침이 그것이다. 민족독립에 기여한 사회주의운동가들을 모두 포상하는 것은 아니다. 그들 가운데 대한민국의 건국과 존속을 위협한 세력이나 또 그러한 정권에 가담하거나 도움을 준 인물을 제외한다는 것이 주된 골자이다. 이렇게 볼 때, 김재봉은 민족독립에 기여한 사회주의운동가이면서도, 1944년에 순국하여 결코 분단문제와 결부된 사람이 아니므로 포상된 것이다.

김재봉의 일대기와 자료집을 편찬하면서 도와주신 몇 분에게 감사의 인사를 드린다. 증손인 김윤 선생의 도움은 절대적이었다. 조상을 위한 일이니 당연하다는 생각도 들지만, 너무 오랫동안 숨죽이고 지내오느라 보낸 세월이 한스럽기도 하고, 그래서 오히려 2005년은 춤을 출 것만 같은 한 해였을 것 같다. 항상 도움과 격려를 보내 주신 점에 감사드린다. 그리고 선대에서 동지로 결속했던 인연을 이어받아 자신의 일보다 더 열정적으로 도움을 주신 김용직(김남수 아들)·이헌붕(이준태 손자)·권대용(권오설 양자) 선생의 격려도 잊지 못한다.

이 책을 발간하는 데 있어 자료 수집과 번역, 편집에 힘쓴 이에게도 감사의 뜻을 밝혀둔다. 자료 번역을 맡은 김명균(안동대 안동문화연구소 연구원; 한문 자료)·강윤정(안동대 강사; 일본어 자료)·안귀남(안동대 강사; 국한문 자료) 선생, 일본어 자료 번역과 심문조서·신문·잡지 자료 대조를 맡은 아내 박정희, 그리고 자료 수집과 편집에 매달린 한준호(건동대 강사)·박선응(안동대 대학원)의 도움에 감사드린다. 신문과 잡지를 찾아 일일이 타이핑하느라 힘쓴 사학과 학생들을 일일이 소개하지는 못하지만 그들에게도 고마운 마음을 전한다. 끝으로 경인문화사 한정희 사장님과 편집부 담당자에게도 감사의 인사를 드린다.

2006년 4월

김 희 곤

차 례

김재봉의 생애와 민족운동

자료편

Ⅰ. 족보 · 학적부

Ⅱ. 판결문 · 심문조서 · 정보보고

Ⅲ. 신문 · 잡지 기사

1. 대한민국임시정부 지원활동

2. 대중운동

3. 조선공산당 창당과 피체

4. 출옥후 생활

2. 수신엽서

3. 간 찰

김재봉의 생애와 민족운동

1. 이야기를 시작하면서

김재봉!

'제1차 조선공산당 책임비서', 그를 부를 때 쓰이는 관용어이다. 그렇다고 그의 이름이 널리 불린 것도 아니고, 알려진 것도 아니다. 그의 이름은 학자들에게만 익숙할 뿐, 일반인들에게는 별로 알려져 있지도 않았다. 광복을 맞은 지 60년을 넘는 기간 동안 그의 이름은 누구 입에서나 쉽게 나오지 않았고, 입 밖으로 뱉어내는 것조차 쉽지 않았다. 그러니 자연스럽게 그의 이름은 잊혀 왔고, 일부러 그의 이름을 끄집어내는 사람도 보기 힘들었다. 냉전의 굴레는 그만큼 강했고, 근래에 이르기까지 실체에 대한 접근마저 그리 쉽지 않았다.

2005년, 이 해는 광복 60주년을 맞은 것만이 아니라 김재봉이나 그를 아는 사람들에게는 모두 특별한 해였다. 이른 봄에 맞이한 3·1절은 그리도 오랫동안 휘감겨 있던 굴레가 스르르 풀린 날이다. 신문과 방송에 여운형·권오설과 더불어 큼지막하게 그의 이름도 알려졌다. 건국훈장이 추서된 날이 바로 이 날이었다. 대한민국을 세우는 데 기여했다는 점이 건국훈장을 추서하는 이유이고, 김재봉이 항일투쟁기에 펼친 활동이 바로 대한민국 건국에 기초가 되었다는 사실이 국가적인 차원에서 인정된 것이다.

'빨갱이'를 포상할 수는 없다는 목소리도 컸다. 국민의 정서란 무시할 수 없고, 그 속에는 그만한 논리가 없는 것도 아니다. 하지만 그럼에도 불구하고 이들을 포상하는 이유도 분명히 설득력을 갖고 있다. 한국 공산주의자들이 자신이 그 길을 선택한 이유가 바로 '독립'을 목표로 삼았기 때문이다. 김재봉이 1921년 모스크바에서 열린 극동민족대회(극동노력자대회 · 극동인민대표회의)에 참가하면서 작성한 자필 글을 보면, '조선의 독립을 목표'로 삼고, 이를 위해 '공산주의를 희망'한다는 점을 분명히 밝혔다. 항일투쟁기에 살다간 공산주의자들의 대다수가 조선의 독립을 목표로 삼았고, 그를 위한 방안으로 공산주의를 선택한 것을 확인할 수 있다. 결국 그들은 독립운동가로 평가받을 충분한 이유가 있다.

그렇다고 사회주의 길을 걸은 인물을 모두 독립유공자로 평가할 수는 없다. 해방 이후 남북으로 분단되고, 피 흘리는 참상을 겪는 과정에서 대한민국 건국을 방해하거나 존립 자체를 위태롭게 만든 사람들에게까지 대한민국이 독립유공자로 포상할 수는 없다는 한계를 가진다. 왜냐하면 독립유공자 포상 자체가 통일한국이 아니라 대한민국이라는 국가의 틀 안에서 이루어지는 일이기 때문이다. 대한민국 건국을 방해하고 그것을 붕괴시키려 했던 일은 대한민국으로서는 반국가 행위였다. 그들을 포상한다는 것은 자신을 부정한 인물까지도 유공자로 포상한다는 일이 된다. 그래서 우선 대한민국 건국에 방해되거나 존립에 해를 끼치지 않은 인사들에게 포상하자는 논의, 즉 독립운동가와 독립유공자를 분리하여 포상범위를 넓혀나가자는 논의가 수 년 사이에 진행되어 왔고, 그 결실이 2005년에 이루어진 것이다. 아쉬운 점도 있지만, 논의과정에서 배제된 인물도 통일이 되면 자연스럽게 해결되리라 여긴다.

2. 그가 태어난 오미마을

김재봉이 태어난 마을은 안동에서 가장 서쪽 편에 있는 오미마을이다. 행정 명칭으로 안동시 풍산읍 오미동이다. 예천에서 안동으로 넘어가는 조그만 고개를 지나면 남쪽 기슭에 풍서초등학교가 있고, 그 산 너머에 이 마을이 있다. 말발굽처럼 둥글게 굽은 안쪽에 마을이 있다면, 국도는 굽은 등 밖으로 지나가고 있어서 국도에서는 마을이 전혀 보이지도 않는다. 그래서 국도에서 산을 빙 둘러 남서쪽으로 난 입구를 찾아 접어들어야 마을에 들어갈 수 있다. 그 흔한 자동차 소리조차 들리지 않는 조용한 마을, 둘러싼 봉우리 안으로 큰 기와 고택 10여 채를 비롯하여 수십호가 조용하게 햇빛을 안아 들이고 있다.

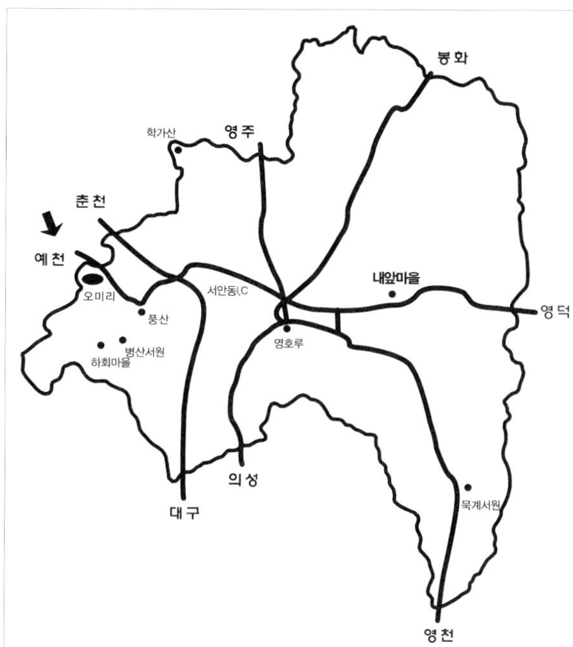

마을 위치도

지명에 조금만 관심이 있다면 '오미五美'라는 말이 훌륭한 다섯 사람이나 다섯 봉우리(뫼)에서 따온 이름이라 직감할 수 있을 것이다. 본래 오릉촌五陵村으로 불렸다고 전해지는 것처럼, 다섯 봉우리가 마을을 부드럽게 감싸고 있는 정형을 알만하고, 그 '오릉五陵'이 다섯 봉우리, 곧 '오뫼'이니 오미동 이름 유래를 짐작할 만하다.

김재봉이 태어난 오미마을(5백년 역사를 간직한 마을이다)

또 마을 이름이 조선 인조가 하사한 것이라는 이야기도 전해진다. 고려 고종대 인물 김문적金文迪을 시조로 삼은 풍산김씨 후손 가운데 조선 중종때 허백당虛白堂 김양진金楊震(1467-1535)이 다시 이곳에 터를 잡은 지 5백년이 넘었다. 그런데 김양진의 손자 유연당悠然堂 김대현金大賢이 아들 9명을 두었는데, 일찍 사망한 김염조를 제외한 8형제가 모두 진사시에 합격하고, 5형제(김봉조·김영조·김연조·김응조·김숭조)가 문과에 급제하자, 8사마司馬와 5대과大科라는 뜻을 담아 인조가 '팔련오계지미八蓮五桂之美'라 칭찬하고 오미동이란 이름을 하사했다는 이야기가 전해지는 것이다.

3. 출생과 성장

8형제 가운데 첫째 학호鶴湖 김봉조金奉祖, 넷째 심곡深谷 김경조金慶祖, 여덟째 설송雪松 김숭조金崇祖는 오미에 세거하고, 나머지는 봉화 오록과 예천 벌방으로 옮겨 터를 잡았다. 장남 김봉조는 아버지 유연당 종가를 잇고, 그 후예는 학호공파라고 불린다. 넷째 김경조 후예는 심곡공파요, 막내 김숭조 후예는 설송공파로 불린다. 그리고 이 마을은 허백당 김양진과 유연당 김대현·죽봉 김간 등이 불천위로 모시고 있고, 대과급제자 51명(문과 21·무과 30)에 생원·진사 77명을 배출했으니, 그 역사적 위상과 무게가 대단했음을 알 수 있다.

더구나 이 마을은 학맥이나 혼맥이 철저하게 하회마을과 연결되었다. 서애 유성룡 학맥을 계승하면서 통혼도 마찬가지였다. 또 도산의 진성이씨 문중과도 혼맥을 가짐으로써 안동문화권에서 오미마을이 가지는 위치는 튼튼하였다. 하회마을의 든든한 배경은 오히려 간섭과 불편함을 가져다주는 요인이기도 했다. 1895년 12월에 일어난 안동의 을미의병에서 하회마을 유지들에 가로막혀 자신의 뜻을 마음대로 펼치지 못하던 모습이 당시 기록에 보인다. 많은 인재를 배출한 마을이자 막강한 문중과 맥을 통했지만, 그 그늘 속에 견제 당하기도 했다는 말이다.

조선공산당 초대 책임비서, 김재봉(1891-1944)

〈김재봉 가계도〉

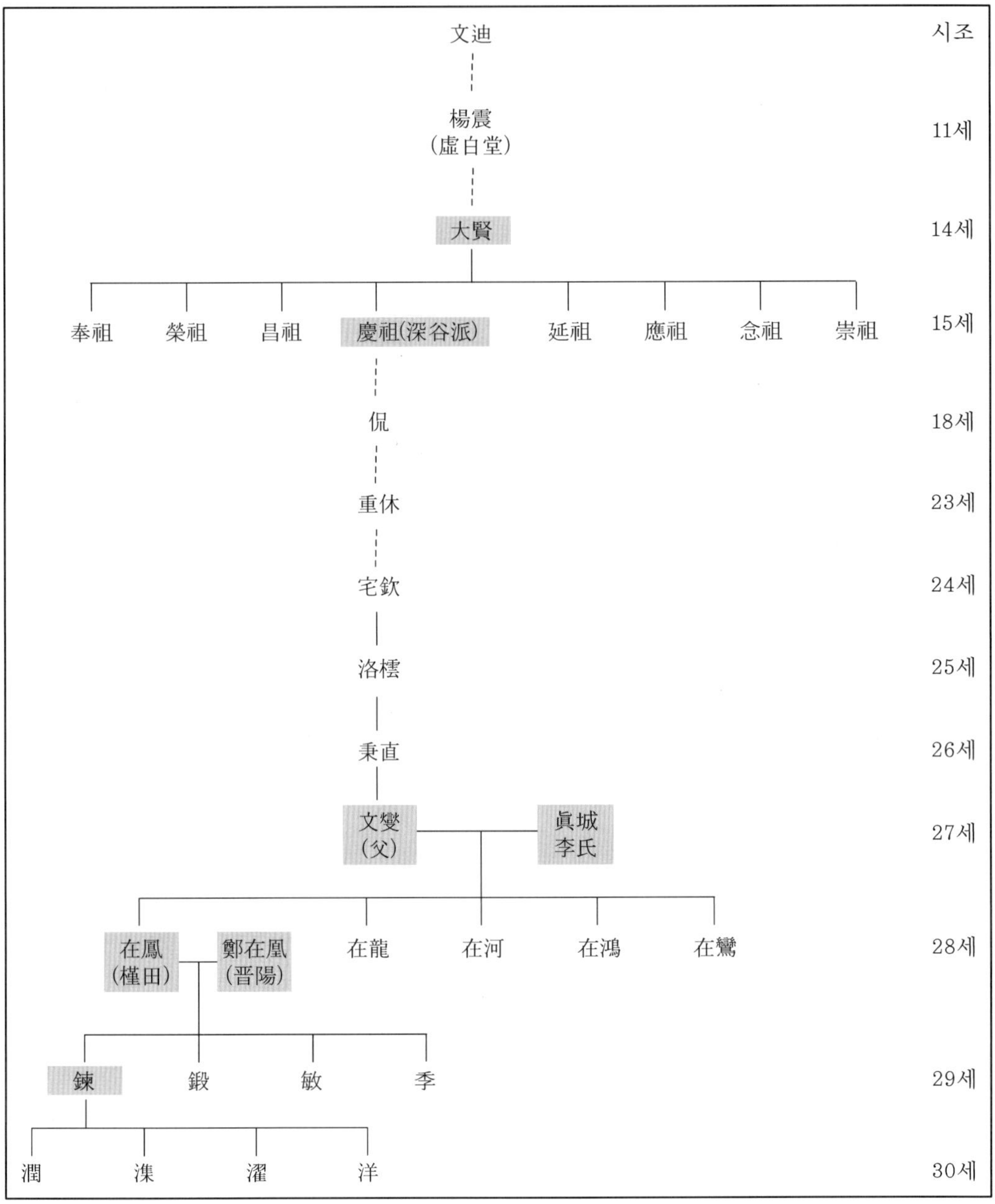

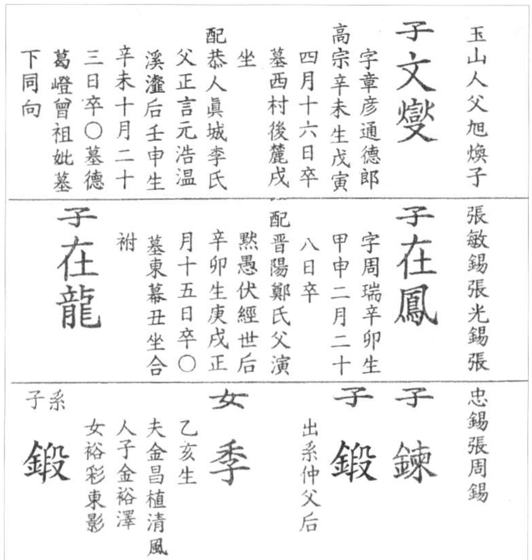

玉山人父旭煥子
子文燮
字章彦通德郎
高宗辛未生戊寅
四月十六日卒
墓西村後麓戌
坐
配恭人眞城李氏
父正言元浩溫
溪瀣后壬申生
辛未十月二十
三日卒○墓德
葛嶝曾祖妣墓
下同向

張敏錫張光錫張
子在鳳
字周瑞辛卯生
甲申二月二十
八日卒
配晉陽鄭氏父演
默愚伏經世后
辛卯生庚戌正
月十五日卒○
墓東幕丑坐合
祔
子在龍

忠錫張周錫
子鍊
子鍛
出系仲父后
女季
乙亥生
夫金昌植清風
人子金裕澤
女裕彩東影
子系
鍛

김재봉 족보(그는 5형제 가운데 장남으로 태어났다)

오미마을은 근대에 들면서도 많은 인재를 배출했다. 그 가운데 독립운동사에 빛나는 인물만 들더라도 서로군정서에서 활약한 김만수(학호공파), 단식순절한 김순흠, 대만민국임시정부와 만주에서 활약한 김응섭, 그리고 김재봉(이상 심곡공파), 의열투쟁사의 표상 김지섭(설송공파) 등이 있다.

오미마을을 들어서면 오래된 기와집이 10여 채 보이는데, 그 가운데 중심부에 영감댁이 있고, 그 동쪽편으로 참봉댁이 있다. 김재봉이 태어난 집은 바로 참봉댁이다. 김재봉의 고조부 김두흠金斗欽이 참봉을 지냈으므로 불리는

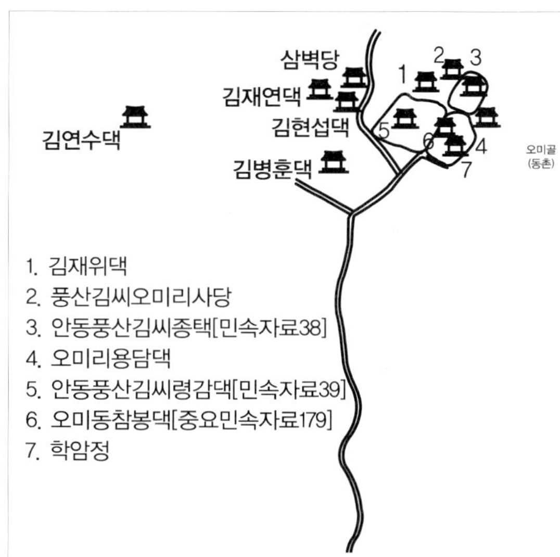

마을 고택 지도

택호이다. 참봉댁 규모는 상당히 크다. 대문을 들어서기도 전에 문 입구에는 아랫사람들이 살던 집터가 있고, 대문을 들어서면 본채까지 넓은 땅이 있고, 동쪽으로 별채 사랑이 있다. 본채는 ㅁ자 형태로 지어졌고, 사랑채와 안채로 구성되어 있다. 사랑채와 안채는 시선을 완전하게 차단하여 '내외법'을 지켰다.

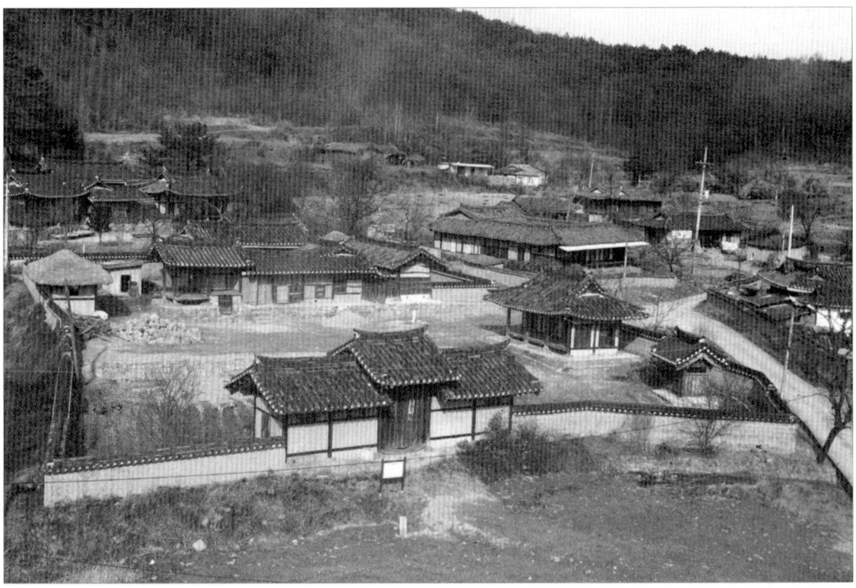

김재봉 생가인 참봉댁(솟을대문을 들어서면 마당 오른쪽에 별사랑채가 있고, 안쪽에 다시 사랑채와 안채로 구성된 □자형 본채가 있다)

김재봉은 1891년 5월 19일 오미마을에서 세가 좋은 참봉댁에서 김문섭金文燮의 다섯 아들 가운데 장남으로 태어났다. 재룡在龍·재하在河·재홍在鴻·재란在鸞이 김재봉의 동생들이다. 그는 자를 주서周瑞라 하고, 호는 근전槿田이라 붙였다. 언제부터 근전이란 호를 사용했는지 알 수는 없지만, 그가 서대문형무소에서 출옥 직후에 모친이 사망했을 때 동지들이 그에게 보낸 조문에 '근전槿田'이라 부른 것이 가장 오래된 기록이다. 따라서 '근전'이라는 호는 조선공산당 활동 시기와 옥고 기간부터 사용된 것으로 짐작된다. 1937년 추석 무렵에 금강산을 다녀와서 남긴 시첩 『동해안주공소첩東海岸走笻小帖』 첫머리에 '답파팔백여리근전踏破八百餘里槿田'이라는 말을 쓴 이유도 무궁화 강토라는 자신의 호와 국토에 대한 애정을 담아내려는 데 있었던 것 같다.

김재봉 생가는 오미마을에서도 큰 편이다. 김재봉 부친 김문섭이 가진 토지도 많았다. 다음의 표에서 확인되듯이 오미마을에서 김재봉의 아버지가 세 번째로 많은 토지를 가졌다. 이 수치는 오미마을 토지에만 한정된 통계이지만, 주변지역이나 인근 예천 등에서도 많은 토지를 소유했을 것은 의심할 필요가 없다. 결국 김재봉은 상대적으로 넉넉한 경제 환경에서 태어나고 성장했다고 정리된다. 특히 안동지역에는 대토지소유자가 없기 때문에 이 정도의 토지만으로도 상층으로 분류된다.

[표 1] 오미마을 상농층이 소유한 오미마을 내 토지

번 호	소유자	농 지			垈地	墳墓地	林野	비 고
		畓	田	계				
①	權相魯	3,598	5,815	9,413	884	-	127	
②	金洛謨	6,533	15,485	22,018	909	-	-	
③	金文燮	12,957	14,934	27,891	1,034	-	-	김재봉 부친
④	金秉鍵	7,527	6,828	14,355	705	-	-	
⑤	金秉度	2,705	10,039	12,744	595	-	-	
⑥	金秉烈	8,169	4,497	12,666	794	462	-	
⑦	金秉喆	9,476	7,748	17,224	1,123	-	-	
⑧	金秉穆	5,016	4,360	9,376	-	-	-	
⑨	金履燮	9,439	6,490	15,929	-	328	-	김정섭 동생
⑩	金鼎燮	17,498	10,818	28,316	2,467	-	240	영감댁 주손 김응섭의 형
⑪	金昌燮	41,407	30,675	72,082	2,742	-	901	유연당 종손
⑫	金泰秀	5,899	7,035	12,934	442	-	-	

* 강윤정, 「일제강점기 오미마을의 사회경제적 양상과 정치적 동향」, 『안동지역 주요 동성마을의 전통과 정체성』, 안동대학교 안동문화연구소, 2005년 6월 3일 발표지, 128쪽.

4. 경성공업전습소를 다니고, 계몽운동에 나서다

김재봉은 갑오의병과 을미의병 3, 4년 전에 태어났다. 어린 나이에 그 정황은 기억하지 못하지만, 이야기는 많이 듣고 자랐을 것이다. 1894년 갑오의병에 이어 1895년 12월에 터진 을미의병은 이 마을에도 적지 않은 영향을 주었다. 특히 1896년 3월에 터진 태봉전투에서 부상당한 의병들이 마을에 몰려들어 신음하고, 의진에 자금을 납부하던 장면은 김정섭金鼎燮의 『일록日錄』에 고스란히 드러난다.[1] 그런 와중에 김재봉은 일곱 살에 삼종조부 운재공雲齋公 문하門下에서 한학을 배우고,[2] 족숙인 김이섭과 김응섭 형제로부터 가학을 전수받아 한학을 익혔다.

그가 이어받은 가학은 물론 전통학문이었다. 실제로 어느 정도까지 익혔는지 알 수 없지만, 그 당시 안동문화권 양반가문 출신들은 대체로 청소년기를 넘어서면 사서삼경을 마치는 것이 일반적이었다. 그러므로 그도 마찬가지였을 것 같다. 그가 남긴 한문 서신이나 한시들이 그의 학습 수준을 높게 평가할 만하다는 판단을 가져다준다.

---

1) 김정섭金鼎燮, 『일록日錄』 참조.
2) ≪解放日報≫ 1946년 4월 1일자.

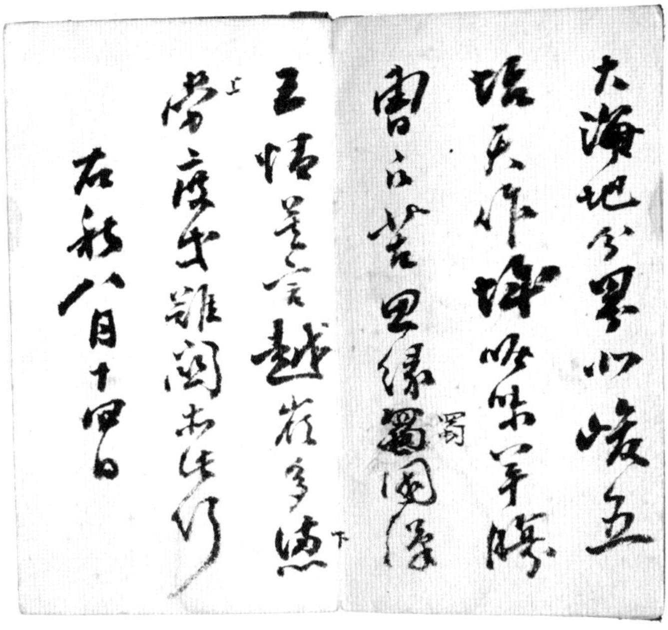

1934년 8월 14일 대관령에 올라 지은 시 「등대관령상정登大關嶺上頂」

1907년 무렵, 즉 18세 정도 되던 나이에 그는 결혼하였다. 상주 정경세의 후손인 정연묵鄭演默의 맏딸 정재황鄭在凰이 그 배필이었다. 그가 연鍊과 단鍛 두 아들과 계季 1녀를 두게 되는데, 맏아들 연鍊이 태어난 때가 1909년이었으니, 전통학문을 매듭지으면서 신학문 수학으로 방향을 전환하던 시기였다.

고향에서 전통학문을 배운 그가 신식학문을 접하게 된 시기는 자료에 따라 약간 다르지만 대개 결혼하던 무렵이라 판단된다. 해방 직후인 1946년 3월 30일 박헌영이 쓴 「고 김재봉 동지를 위한 추도사(요지)」에는 그가 19세에 대구 계성학교를 졸업하였다고 기록하였다.[3] 이 글에는 그를 1890년생이라고 밝혔

3) ≪解放日報≫ 1946년 4월 1일자.

으므로 대개 1908년 혹은 1909년에 졸업했다는 말인데, 실제로 계성학교 학적부에 그의 이름을 찾을 수 없다. 물론 계성학교 학적부 자체가 완전하지는 않지만, 1910년을 갓 지난 시기에 정리된 졸업생 명단에는 졸업생과 중퇴생들의 진학과 전학 내용이 적혀 있는데, 그의 이름이 들어있지 않다.

그렇다면 김재봉이 신학문을 수용한 행적은 다른 곳에서 찾아야 한다. 박헌영이 추도사에서 계성학교를 이어 경성공업전습소京城工業專習所를 다녔다고 말했다. 경성공업전습소는 서울 이화동에 있었고, 뒷날 서울공업고등학교와 서울대학교 공과대학의 전신이 된다. 그 학적부는 지금 서울공업고등학교에 보존되어 있다. 학적부에는 김재봉이 1912년에 입학하였고, 그 이전에는 다음과 같은 학습과정을 거쳤다고 기재되어 있다.

융희 원년(1907) 2월 4일 사립보통학교 수업
융희 3년(1909) 11월 12일 사립광명학교廣明學校 수업
명치 44년(1911) 7월 6일 사립중동학교中東學校 수업

처음에 나오는 사립보통학교가 일단 안동의 어느 학교일 터이지만, 구체적으로 어느 학교인지 알 수 없다. 1907년이라면 안동에서 사립중등학교인 협동학교協東學校가 설립되고, 안동부에 영가학교永嘉學校가 문을 열었으며, 안동공립보통학교는 1909년에 문을 열었다. 그런데 단지 사립보통학교를 다녔다는 기록만으로는, 어느 학교라고 판단하기 어렵다. 다만 그 다음에 나오는 광명학교는 분명하게 확인된다. 이 학교는 1908년 풍산에서 세워졌는데, 교남교육회 회원인 김병걸金炳杰·김태동金泰東이 학교 설립비용과 운영경비를 부담하였다고 전해지는 학교이다.[4] 설립자 두 사람이 모두 이웃 소산素山마을 안동 김씨 출신이라 짐작되므로, 이 학교도 소산마을에 있었을 것 같다.

---

4)「學界彙聞」, ≪嶠南教育會雜誌≫11호, 28쪽.

[표 2] 1900년대 설립된 안동지역의 공·사립학교5)

학 교 명	장 소	설립년도	설 립	설립인	학 제	출 전
永嘉學校	府內	1907	사립	안동 유지	소학	황 1908. 8.18
東明學校	鄕校	1908.9	사립	안동 유지	소학	황 1908. 9. 3
協東學校	臨河 川前	1907.7	사립	柳寅植 金厚秉 河中煥	중등	황 1908. 9.27 황 1908.10. 7
光東學校	西後	1908.7	사립	안동김씨 종약소	소학	황 1908. 7.22 황 1910.10.22
安東普通學校	府內		공립		소학	황 1909.11.28
寶文義塾	陶山 書院	1909.12	사립	眞城李氏 李忠鎬 李尙鎬	소학	황 1910. 1.12
廣明學校	豊山	1908.	사립	풍산 유지 金炳杰 김태동	소학	황 1910. 4. 3
東陽學校	東先		사립	안승국 남하제 안중찬 김영갑	소학	대 1910. 4. 6

* '황'은 ≪皇城新聞≫, '대'는 ≪大韓每日申報≫.

광명학교에서 소학교 과정을 마친 그로서는 한 단계 높은 과정을 찾았을 것이고, 중등과정으로는 안동에서 협동학교와 대구 계성학교가 존재했다. 그리고서 그는 서울로 가서 사립중동학교에 입학하였다. 다만 그가 대구 계성학교를 다녔다는 말이 뒷날까지 전해진 점을 고려한다면, 서울로 가기 전에 짧은 기간이라도 계성학교를 다니다가 상경한 것으로 이해하는 것이 좋을 것 같다. 그가 서울로 간 때는 1910년 무렵인 것 같다. 사립중동학교에서 수업한 것으로 작성된 시기가 1911년 7월 6일인데, 이것이 입학인지 졸업인지 분명하지 않지만, 일단 1911년에 중동학교 어느 학년을 다녔다는 사실 만큼은 확실한 셈이다. 그런데 중동학교 학적부는 6·25전쟁 당시 소실되는 바람에 그를 확인할 수 없다.

5) 權大雄, 「韓末 慶北地方의 私立學校와 그 性格」, ≪國史館論叢≫58, 국사편찬위원회, 1994.

이어서 1912년 3월 20일에 경성공업전습소에 입학하였다. 공업전습소는 경기도를 비롯하여 각 도마다 설치되기는 했지만, 그가 졸업한 곳은 서울 이화동에 자리 잡은 것으로, 지방의 것과는 달리 조선총독부 직할로서 경성공업전습소라 불렀다. 이것은 1907년 설립되었는데, 염직과 · 도기과 · 금공과 · 목공과 · 응용화학과 · 토목과 등 6개 과로 구성되었다가, 1910년 토목과는 없어졌다.[6] 이 경성공업전습소는 뒷날 경성공업학교 · 경성공업전문학교 · 경성제국대학 공대를 거쳐 서울대학교 공대로 이어지게 된다. 그가 입학했을 1912년 당시에는 본과(2년) · 전공과(1년) · 실과(1년) 등 모두 13개 학급으로 구성되었고, 580명이 지원하여 137명이 입학하였으니 4.23:1의 경쟁률을 보인 셈이다.[7]

경성공업전습소(서울 혜화동, 한국방송통신대학 건물로 쓰이고 있다)

6) 『조선총독부통계연보』(1912), 699쪽.
7) 『조선총독부통계연보』(1913), 716쪽.

김재봉이 굳이 공업전습소를 택한 이유는 알 수 없다. 가정의 경제적 사정이나 가학의 전통으로 보면 선뜻 이해되지 않지만, 당시 그 길이 첨단분야로 인식되었을 것이라고 짐작되기도 한다. 그래서 지원자가 적지 않았고, 안동 사람들도 지원하였다. 김재봉과 같은 시기에 경성공업전습소를 다닌 안동인은 모두 5명이다. 맨 먼저 1911년 염직과染織科에 입학한 김홍한金洪漢은 소산마을 출신인데, 노모의 병환이 심해 중퇴한 것으로 기록되어 있다. 바로 이웃인 소산마을에서 김홍한이 서울로 진학한 사실은 이들에게 영향을 주기에 충분했을 것이라 추정된다. 바로 다음 해에 네 사람이나 입학한 것이 그러한 추정을 가능하게 만든다. 오미마을 출신 김재봉(염직과)과 김영섭金英燮(응용화학과), 남후면 검안리 남춘섭南春燮(염직과), 풍산 상리 우렁골 이준태李準泰(금공과)가 바로 그들이다. 남춘섭을 제외한 나머지는 같은 마을이거나 가까운 마을 출신이다. 김영섭은 같은 마을출신이자 집안 아저씨뻘이 되고, 이준태는 풍산들 동쪽편 우렁골 출신이면서 장차 가장 가까운 동지로 활동하게 된다.

김재봉이 경성공업전습소에 입학한 날은 1912년 3월 20일이었다. 그런데 동기생들은 모두 이 보다 한 달이나 앞선 2월 16일 입학하였다. 입학 수속이 늦어졌거나 추가로 입학한 경우라고 짐작된다. 한 달이나 늦게 들어갔으므로 앞서나간 진도를 맞추기가 어려웠던 모양이다. 1912년 음력 3월 14일자로 장인에게 보낸 그의 편지는 당시 그런 정황을 보여준다.

> 수개월이나 늦게 들어가서 학과가 쌓인 것이 거의 책 한 권이 됩니다. 과목은 화학 · 물리 · 산술 · 일어 · 도화 · 실습 전문이 있는데, 매일 시간은 주야 스물 네 시간에, 조석 먹는데 세 시간이 들고, 학과 네 시간, 실습 다섯 시간, 취침 일곱 시간, 복습시간은 세 시간뿐입니다. 밤에는 전기를 사용하므로 시간 외에는 등촉도 밝히지 못해 복습하기 어렵습니다.[8)]

8) 김재봉이 장인 정연묵鄭演默에게 보낸 서신(1912년 3월 14일자).

입학도 늦었지만, 졸업은 더 늦었다. 동기생들은 1913년 12월에 졸업했지만, 그가 졸업한 시기는 꼬박 한 해가 늦은 1914년 12월이었다. 2학년까지는 함께 승급하였지만, 졸업은 한 해 늦었다. 학적부에 '낙제'라고 기록되어 있는 점으로 보아, 3학년 재학시절에 무슨 일이 생긴 것이다. 3학년에 진급하던 1914년 2월에는 기숙사에 들어가서 규칙이 점점 더 까다로워진다고 편지에 쓰기도 했다.[9]

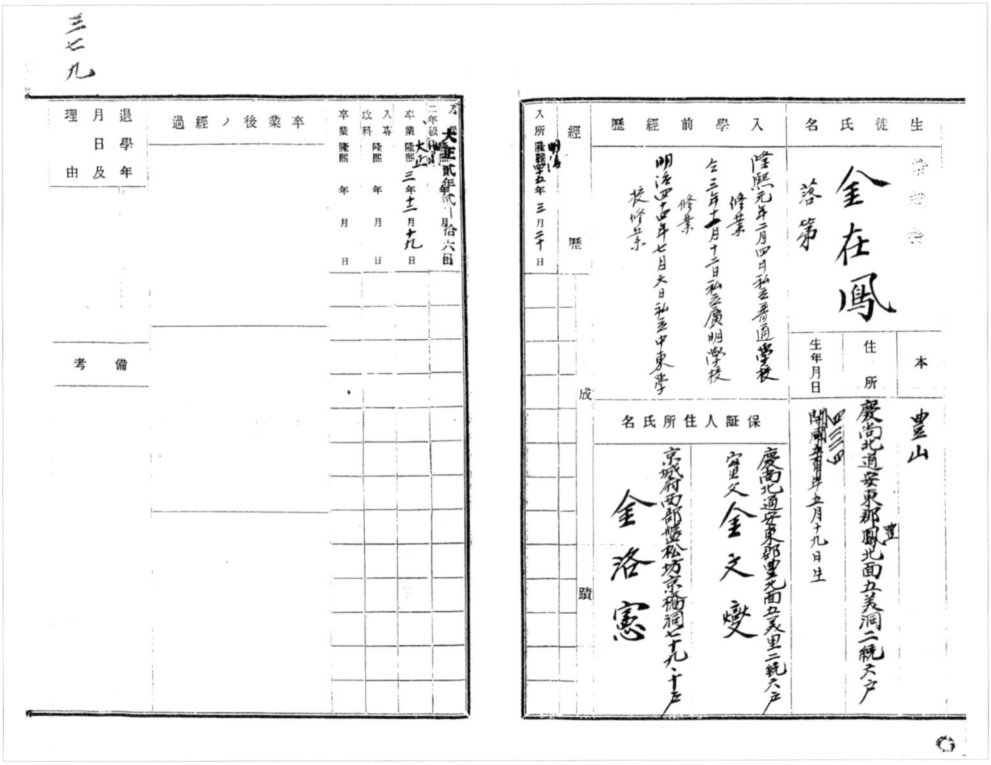

경성공업전습소 학적부
(입학전 그의 학력이 기재되어 있고, 무슨 이유인지는 몰라도 낙제하였다고 적혀 있다. 한 달정도 늦게 입학한 그는 졸업시기도 1년 늦었다)

9) 장인에게 보낸 서신(1914년 2월 12일자).

경성공업전습소를 마친 김재봉은 곧 귀향하였다. 이후 그의 활동이 드러나는 것이 1917년 고향마을에 신교육 기관을 만든 일이다. 그가 김주섭金胄燮과 더불어 만든 오릉학술강습회(소)가 그것이다. 오릉의숙을 발전시켰다고 전해지는 이 기관이 처음부터 김재봉과 김주섭의 손으로 만들어진 것인지, 혹은 앞서부터 세워진 오릉의숙이 이들로 말미암아 발전된 것인지는 확실하지 않다. 그렇지만 일단 이들이 서울에서 배운 신교육을 마을 청소년들에게 전수시키려 노력한 점은 확실하다. 당시 안동에는 주요 가문들이 자리 잡은 마을마다 문중 단위, 혹은 마을 단위로 신교육을 도입한 교육기관이 들어섰다. 가까운 마을을 보면, 경성공업전습소를 다니다가 중퇴하고 귀향했던 김홍한이 1913년 소산마을에 세운 소산서숙, 하회마을의 동화학교, 가일마을에 권오설이 세운 원흥의숙, 마애의 망천서숙 등이 있었다.

오릉학술강습소(김재봉이 교육운동을 펼치던 곳 이다)

5. 임시정부 지원활동에 참가하다

오릉학술강습소에서 마을 청소년을 가르치던 김재봉이 확실하게 독립운동에 발을 디딘 것으로 확인되는 시점은 대한민국임시정부(이하 임시정부) 지원활동에 참가한 1919년 가을이다. 그런데 3·1운동 무렵에 그가 어디에 있었는지 확실하지는 않다. 1918년 후반 서울과 대구, 그리고 고향을 오르내리던 장면은 편지 자료에서 드러나지만,[10] 실제 3·1운동 당시에 그가 어디에서 무엇을 했는지 확인되지 않는다. 그런데 오미마을 사람들이 3·1운동 당시 적극적으로 시위에 참가한 사실은 확인되지 않고, 단지 개인적으로 연고지에서 활동한 경우만 보였을 뿐이다.[11] 사실 풍산지역 전체가 3·1운동에 소극적인 태도를 보였다. 그렇다고 해서 서울에서 학교를 다녔고 고향에 돌아와 학술강습소를 세워 후배를 기르던 그가 전국이 들썩했던 만세시위에 가만히 앉아 있었을 리는 없었을 것이다.

그는 만세시위가 전국으로 열기를 뿜고 있던 4월 무렵에 안동을 떠났다. 집을 떠나 어디로 다녔는지 모르지만 늦어도 9월 초순에는 서울에 있었다. 그가 집으로 보낸 서신에서 그 사실이 드러난다. 즉 자신이 출타한 지 "너 다섯 달 지났으니"라는 표현이나, 7월에 큰 동생 재룡在龍이 사망한 데 따른 통한의

10) 김재봉이 손위 처남 정재거鄭在鐻에게 보낸 편지(1918년 11월 25일자).

11) 1918년 예안보통학교를 졸업한 김구현金九鉉이 1919년 3월 17일에 예안시위에 참가한 경우가 그것이다.

아픔을 토로한 이야기, 만주일보사 기자로 입사하기 직전이라는 표현 등이 그의 서울체류 사실을 말해준다.[12] 만주일보滿洲日報 경성지사 기자로 들어가기 위해 협의하던 기간도 있었을 터이므로, 그가 3·1운동 직후에는 서울에서 움직이고 있었다고 봐야할 것 같다.

김재봉이 만주일보사 기자가 된 시점은 그가 임시정부 지원활동을 시작한 때와 맞물린다. 동생이 죽은 그런 와중에도 그는 서울에서 투쟁 방향을 모색하고 있었던 것이다. 그 내용은 전혀 드러나지 않다가 1921년 1월경 안상길安相吉이 체포당함으로 말미암아 세상에 알려지게 되었다.

그는 1919년 9월 서울에서 안상길을 만났다. 또한 고향 이웃마을 우렁골 출신이자 경성공업전습소를 같이 다닌 이준태도 함께 만난 자리였다. 당시 안상길은 중국 상해로 가서 임시정부를 방문하고 비밀리에 귀국하던 참이었다. 안상길은 안창호安昌浩를 비롯한 요인들을 만나고 임시정부 교통부 산하의 '경북 교통부장'이라는 직책을 맡아 귀국했고,[13] 서울에 들어서자마자 이들과 만났다. 청진동 302번지에 있던 진일여관進一旅館이 그 장소였다. 그렇다면 김재봉은 안상길의 상해행을 몰랐을까? 상해에서 돌아온 안상길이 연락하는 바람에 비로소 만날 수 있었을까? 그렇지는 않을 것 같다.

안상길은 안동시 와룡면 중가구동 출신이다. 안동시에서 북쪽으로 도산서원으로 가는 길을 따라 8km 정도 거리에 와룡면 소재지 조금 못 미쳐 오른쪽으로 안동댐으로 연결되는 1차선 도로가 나온다. 이 길을 따라 1.5km 들어가면 남흥南興이라는 마을이 있는데, 이 마을이 순흥안씨들의 집성촌이다. 여기에서 다시 남쪽 샛길로 조금 더 들어가면 안상길의 생가터가 옛날을 말해주고 있다. 현재 지명으로는 안동시 와룡면 중가구 1리 517번지가 생가터요, 바로 옆 518번지가 안상길이 분가해 살던 집터이다.[14] 상당히 부유한 집안출신

12) 김재봉이 부친에게 보낸 서신(1919년 9월 12일자).
13) ≪독립신문≫ 1921년 2월 17일자.

으로 부친 안승국安承國이 이미 대한광복회에 군자금을 지원한 일이 있었다. 안상길은 차남이었고, 장차 모스크바동방노력자공산대학으로 유학하게 되는 안상훈安相勳은 4남이었다.[15)]

안상길

다시 본론으로 돌아가서, 김재봉이 안상길의 상해행을 몰랐을 가능성은 적다. 오미마을에서 당시 가장 명망이 높던 김응섭이 임시정부 수립 과정에 참가하고 법무차장을 맡았던 점이나, 김지섭이 그를 좇아 상해로 간 사실을 김재봉이 전혀 모르고 있었을 리가 없기 때문이다. 그 자신도 상해행을 마음속으로 저울질해 보았을 가능성도 크다. 그런데 인척이 되는 안상길이 상해로 갔다. 그리고 안상길이 귀국하던 길에 김재봉을 서울에서 만났다. 그렇다면 서로 한 마디 상의도 없이 진행된 일이지는 않았을 것이다. 돌아오자마자 서울에서 상해에 다녀온 결과를 이야기하고 활동 방향을 결정한 사실이 그러한 정황을 짐작하게 해준다. 그리고 그 자리에 이웃마을 우렁골 출신이자 경성공업전습소 동기생 이준태도 동참한 사실은 뜻을 함께 하고 있었음을 말해준다.

김재봉과 이준태는 안상길이 다녀온 임시정부 이야기를 들었다. 안상길이 맨 손이 아니라 경북 교통부장이라는 직책을 맡아온 일은 고무적이었다. 그것이 단순한 직함이 아니었다. 당시 임시정부는 국내 행정을 원격 통치한다는 목표 아래 부서별로 정부와 국내를 연결하는 체제를 갖추어 나갔다. 내무부의 연통부, 교통부의 교통국, 그리고 군무부의 주비단籌備團이 대표적이다. 교통

---

14) 안상길은 10남 2녀 가운데 둘째이다. 생가는 1949년 음력 3월 11일 경찰에 의해 방화되었다고 전해진다(안승국의 증손이자 주손胄孫인 안효일安孝日 증언, 안상길의 종손자, 1935년생).

15) 이 마을 출신으로서 사회주의운동사에 등장하는 안상준·안상윤·안상태(안상경) 등은 모두 가까운 형제들이다.

국이 마련한 연결망을 통해 국내의 도와 시·군, 그리고 면까지 관리를 직접 임명하고, 정부의 통치행위를 펼쳐가며, 주비단을 통해 군사동원력을 확보한다는 것이 기본 계획이었다. 그 계획이 실천에 옮겨져 성과를 올리기도 했지만, 일제에 의해 철저하게 차단되기에 이른다. 안상길이 맡은 임무가 경북 교통부장이고, 따라서 경북지역에 거점을 마련하는 일이 주된 목표였다.

안상길의 이야기를 증명해주는 자료도 있었다. 즉 안상길이 상해에서 가져온 ≪독립신문獨立新聞≫·「대한민국임시정부헌법」·「교통부규칙」·「애국금수합위원사령서愛國金收合委員辭令書」·「애국금영수증愛國金領收證」 등은 김재봉과 이준태를 움직일 수 있는 확실한 증거물이었다.[16] 또 한 가지 안상길에게 주어진 임무가 임시정부에 애국금을 모아서 보내는 일이었다.

안상길은 왕성한 기운이 넘치던 임시정부 모습과 그를 구성하던 인물들에 대해 이야기 했을 것이고, 특히 갖고 온 ≪독립신문≫이나 임시정부 헌장 등 문서는 김재봉과 이준태를 흥분시키기에 충분하였을 터였다. 그러므로 애국금 수집에 선뜻 나서게 되었고, 구체적인 활동 방향을 논의하였을 것이다. 그 결과가 바로 고향 안동과 대구를 중심으로 거점을 마련하고 자금을 모은다는 전략 수립으로 나타났다. 안상길이 대구에서 미곡상점을 열게 된 이유가 바로 거기에 있었다. 그리고 안동에도 거점이 필요했고, 그 역할을 맡은 비밀 아지트가 금남여관錦南旅館이

안동 중심가 조흥은행 앞에 있던 금남여관 입구

16) 「판결문」, 大正 10 刑公 第117號.

었다.[17] 대구에는 안상길 스스로 상점을 열어 거점을 삼았고, 안동에는 자신의 애첩인 하성경河成卿이 경영하던 금남여관을 이용하였다.

1919년 8월에 시작된 활동이 어느 정도 성과를 올렸는지 알 수는 없다. 그런데 김재봉이 만주일보 경성지사 기자로 활동을 시작한 시기가 바로 9월이었다. 그 시기는 안상길이 임시정부를 다녀온 직후였고, 그렇다면 김재봉이 만주일보 기자로 입사한 것도 전략적인 의미를 가지는 것으로 이해할 수 있다. 안상길이 대구에서 미곡상을 열고, 안동에는 금남여관이라는 아지트를 둔 채, 그는 서울에서 기자로 활동한 것이다. 이들이 구체적으로 얼마만큼 자금을 모아 임시정부로 보냈는지 확인할 길이 없다. 하지만 일단 1년 넘는 기간 동안 활동한 사실만큼은 인정된다.

1920년 김재봉이 벌인 또 하나의 활동무대는 노동운동에 발을 내디딘 것이다. 1922년 1월 김재봉이 모스크바에서 극동민족대회에 참가하면서 자필로 작성한 조사표에는 그가 조선노동대회 대표로 회의에 참석한 것으로 기록되어 있다. 또 조선노동대회가 발행한 위임장도 남아있다. 조선노동대회는 1920년 2월 16일 서울에서 결성된 단체로 조선노동공제회와 함께 3·1운동 직후 국내 노동운동의 대표적인 단체 가운데 하나였다. 비록 노동운동 단체라는 이름을 갖고 있었지만, 아직은 상호부조와 계몽운동의 성격이 강한 지식인 중심의 단체에 머물고 있었다. 거기에는 김재봉과 같은 고향출신이자 경성공업전습소를 같이 다닌 이준태도 가입해 있었다. 즉 김재봉이 한편으로는 안상길을 축으로 만들어진 임시정부 지원활동을 펼치면서, 다른 한편으로는 이준태와 더불어 비록 계몽적인 차원이라고 하더라도 노동운동을 시작하던 때가 바로 1920년이었다는 셈이다.

---

17) 이 여관은 이후에도 여러 차례 안동지역 사회주의운동가들의 근거지로 이용되는데, 바로 이곳에 숨겨둔 서류가 발각된 것이다. 지금은 그 여관이 없어졌지만, 안동시내 한 복판에 있는 조흥은행 정문에서 남쪽으로 30m 정도 떨어진 서쪽 골목길 안에 있던 기와집이었다.

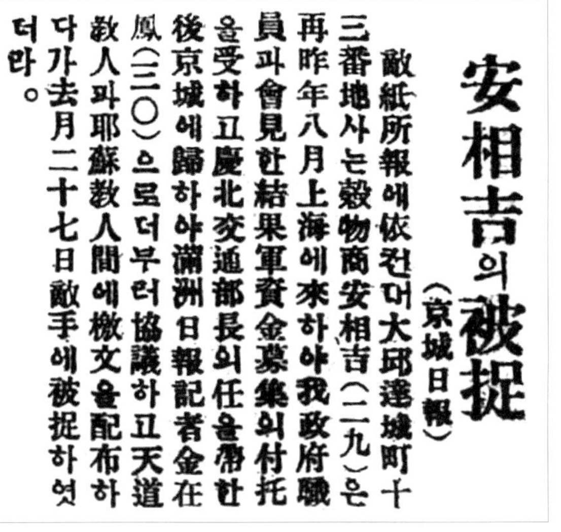

安相吉의 被捉 (京城日報)

敵紙所報에依컨대大邱達城町十三番地사는穀物商安相吉(二九)은再昨年八月上海에來하야我政府職員과會見한結果軍資金募集의付托을受하고慶北交通部長의任을帶한後京城에歸하야滿洲日報記者金在鳳(三〇)으로더부러協議하고天道敎人과耶蘇敎人間에檄文을配布하다가去月二十七日敵手에被捉하엿더라。

안상길이 체포되었다는 기사
(≪독립신문≫ 1921년 2월 7일자)

김재봉이 일제 경찰에 검거되기는 1920년 12월 말이었다. 안상길이 12월 27일에 체포되었으므로,[18] 그도 이 무렵에 검거된 것으로 짐작된다. 그렇다면 활동 기간은 1년 4개월 정도였고, 성과도 적지 않았을 것 같다. 활동하던 그들이 "천도교인天道敎人과 야소교인간耶蘇敎人間에 격문檄文을 배포配布하다가 거월去月 이십칠일二十七日 적수敵手에 피착被捉하엿더라"라는 ≪독립신문≫보도는 이들이 격문을 배포하여 저항성을 일깨우고 임시정부 지원금을 확보하는 것을 활동 방향으로 잡았던 사실을 확인할 수 있다. 그렇지만 일제 경찰이 낌새를 알아채고 금남여관을 수색하여 숨겨둔 문서를 찾아내는 바람에, 이들은 모두 체포되고 말았다.

일제 경찰이 이 거사를 '조선독립단사건朝鮮獨立團事件'이라 이름 지었다. 이름이 거창하여 무슨 큰 단체가 만들어진 것 같지만, 실제로 결사체를 조직하지는 않은 것 같다. 그렇다면 억지로 덮어씌운 셈이다. 이로 말미암아 안상길

18) ≪독립신문≫ 1921년 2월 7일자.

은 1년, 김재봉이 6개월의 징역형을 치렀다. 안상길이 임시정부 경북 교통부장이라는 직책과 역할로서 주역 대우를 받아 1년형을, 그리고 김재봉은 펼친 활동으로 6개월형을 치른 것이다. 거창한 사건 이름에 비해 형량은 그리 많지 않았으니, 실제 일제 경찰이 파악한 활동성과는 그리 대단한 것이 아니었던 모양이다. 그런데 이준태는 체포되어 고생했지만 실형을 선고받지는 않았다. 뒷날 변함없는 동지로 활동한 점을 보면, 두 사람이 모든 책임을 자임한 것으로 이해되기도 한다.

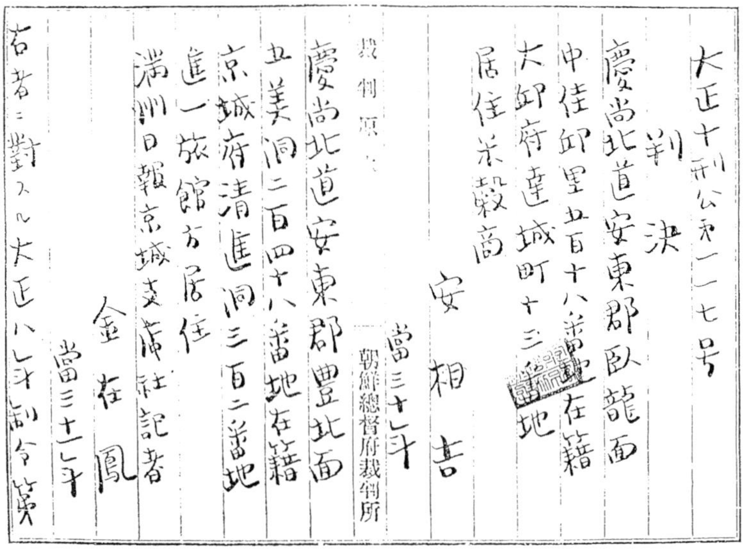
大正十刑公第一一七号
判決
慶尚北道安東郡臥龍面
中佳邱里五百十八番地在籍
大邱府達城町十三番地
居住米穀商
安相吉
當三十七年
裁判原本
朝鮮總督府裁判所
慶尚北道安東郡豊北面
五美洞二百四十八番地在籍
京城府清進洞三百二番地
進一旅館方居住
滿洲日報京城支局社記者
金在鳳
當三十一年
右者ニ對スル大正八年制令第七號

'조선독립단사건' 판결문(김재봉이 안상길과 더불어 임시정부 지원 활동을 펼쳤다가 옥고를 치르게 된 내용이 담겨있다).

1920년 12월 27일 체포되고, 1921년 3월 이후 반년동안 옥고를 치른 김재봉이 다시 사회로 나온 시기는 그 해 9월 무렵이라 생각된다. 1921년 가을, 비록 구속기간과 6개월 옥고기간이지만, 김재봉 앞에는 새로운 세계가 나타났고, 그 자신도 새로운 활동 방향을 가늠했을 것이다.

옥고를 치른 김재봉이 출옥한 시기는 1921년 9월이었다. 우선 부친에게 편지를 썼다. "저는 지난 오랜 동안 별 탈 없었고, 오늘 방면되어서도 또한 별 뒤탈이 없습니다. 다만 이후로도 마땅히 근신할 계획입니다"[19)]부친에게 심려를 끼쳐드린 점을 죄송하게 생각하면서 이후로 근신하겠다고 말씀드린 것이다. 그러면서 주소를 '서대문계西大門界 만주일보경성지사滿洲日報京城支社'로 기재하였다. 아직 만주일보 기자신분은 그대로 유지하고 있었다는 말이다.

19) 김재봉이 부친에게 보낸 서신(1921년 8월 3일자).

6. 모스크바 극동민족대회에 참가하다[20]

옥고를 치르고 나와서 부친에게 '근신'하겠다고 말씀드렸지만, 그의 마음에는 이미 망명 계획이 들어차 있었다. 국외로 나가서 활동한다는 계획은 이미 옥중에서 형성된 것으로 짐작된다. 출옥하자마자 얼마 지나지 않아 국외로 나간 행적이 그를 증명하고도 남는다. 마침 그가 출옥하던 무렵에 국내외에서 민족운동에 투신한 인물들은 모두 국제회의에 시선을 집중시키고 있었다. 하나는 워싱턴회의이고, 다른 하나는 소련에서 준비하고 있던 회의였다. 앞의 것은 태평양군축회의인데, 이승만이 노력을 쏟아 붇고 있었다. 6개월 동안 임시정부에 체류하던 이승만이 이 회의에 외교활동을 편다는 명분을 내걸고 하와이로 떠났고, 임시정부는 손문이 이끌던 호법정부에 국무총리 신규식을 파견하여 공동대응책 마련에 나섰다. 국내에서도 이 회의에 관심을 갖고 지원하는 노력들이 나타났다. 워싱턴회의는 결국 1921년 11월부터 다음 해 2월 사이에 열렸다.

워싱턴회의가 준비되는 동안 소련에서도 이에 맞서는 국제회의가 기획되고 있었다. 이미 1920년 7~8월에 코민테른이 제2차대회를 열어 '민족-식민지

---

20) 이 회의에 대한 명칭은 다양하게 쓰였다. 참가국 언어별로 번역되고 통용되면서 공식적으로 사용된 명칭이 많았기 때문이다. 이 글에서는 근래에 회의 명칭을 종합적으로 검토하고 제시한 임경석의 견해를 따라 '극동민족대회'로 쓴다(임경석, 『한국 사회주의의 기원』, 역사비평사, 2003, 496-497쪽).

문제 테제'를 채택하고, 다음 달에 아제르바이잔 바쿠에서 동방민족대회를 개최하였다. 코민테른은 다시 그 후속회의를 준비하고 있었던 것이다. 마침 자본주의 열강이 워싱턴회의를 준비하자, 그들은 이에 대항하여 동방으로 혁명을 확산시킬 수 있는 모임을 준비했다. 같은 시기인 1921년 11월 11일 이르쿠츠크에서 '약소민족은 단결하라'는 표제를 내걸고 극동 여러 나라의 공산당과 민족혁명단체 대표자의 연석회의를 소집한다는 계획이 그 골자였다. 코민테른은 한국문제에 깊은 관심을 갖고 있었다. 그러한 움직임은 독립운동가들에게 그대로 전달되었고, 그들의 시선이 모스크바로 집중되는 것은 당연한 일이었다. 자본주의 열강이 눈길조차 주지 않은 것과 비교하면 너무나 반가운 일이 아닐 수 없었다. 그래서 이념의 차이는 크게 문제가 되지 않았다. 사회주의를 수용하거나 그렇지 않거나 관계없이 많은 인사들이 소련으로 가기를 희망했다.

많은 인사들이 소련으로 떠남으로서 1921년 초겨울은 흥분할만한 시기였다. 이들이 보기에는 소련은 강대국이었고, 우리 민족문제를 적극적으로 이해하고 원조한다는 정책 기조에 흥분하기에 충분했던 터였다. 대회소집을 주관한 기관은 코민테른 극동비서부였다. 한국인 대표자 선정은 극동비서부 고려부가 담당했다. 이 기관은 고려공산당 이르쿠츠크파와 긴밀한 관계를 가졌는데, 1921년 5월 이르쿠츠크에서 건설된 고려공산당은 당시 북경을 거쳐 같은 해 11월에는 상해에 근거지를 마련하였다. 따라서 이 대회에 파견될 대표자 선정은 주로 상해에서 이루어졌고, 또 실제로 상해에서 활동하던 인물들이 가장 많이 선정되기도 했다. 코민테른에서 선정한 대표 인원에 상해에서 가장 많은 인원이 배정되었고, 그 속에는 고려공산당 중앙위원회 대표 6명에 상해지부와 고려공산청년회 대표 2명이 포함되었다. 이르쿠츠크에서는 대표적인 독립군 지도자 홍범도를 비롯하여 10명의 대표가 선정되었고, 국내나 만주, 또 일본에서도 대표가 선정되었다. 그리하여 모두 56명이라는 많은 한인 대표가 회의가 열릴 예정인 이르쿠츠크로 향했다.[21]

이런 시기에 김재봉이 출옥했고, 그 앞에 소련행이라는 기회가 던져졌다. 당시 국외에서는 이르쿠츠크파와 상해파가 1921년 5월 각각 고려공산당을 결성하고 세력 경쟁을 벌이고 있었다. 이들은 경쟁지역을 국내로 확산하고, 각각 별도로 국내 조직기반을 마련해 나갔다. 그 결과 상해파는 1921년 5월 내지부를 두었고, 이르쿠츠크파는 같은 해 10월쯤에 이르쿠츠크파 서울위원회를 설치하였다. 마침 이르쿠츠크파는 국내 파견원 이교담李敎淡과 서초徐超를 국내에 파견하는 한편, 극동민족대회에 참석할 사람을 조선노동대회 지도자 노병희盧秉熙와 조선총독부 경무국 경부로 재직하던 황옥黃鈺을 통해 물색하였다. 그 결과 국내 대표자들에게 위임장을 발급한 단체와 대표인원수는 조선노동대회(6명)·조선공제단(3명)·조선학생대회(2명)·조선청년회연합회(2명) 등 13명이었다.[22] 출옥한 김재봉이 조선노동대회와 연결된 것이 바로 이 무렵이다. 조선노동대회에 그가 어떻게 연결되었는지 확실하지 않다. 다만 6명 대표 가운데에는 고향 이웃마을 현애玄涯 출신인 김시현金始顯도 들어 있었다.

김재봉이 받은 조선노동대회 대표 위임장은 조그만 명주 조각으로 만들어졌다. 혹한을 견디기 위해 솜을 겹겹으로 누빈 누비옷을 입었을 것은 분명한데, 위임장은 바로 그 솜 속에 감추고 갈 수 있도록 명주 조각으로 만들어졌다. 누비옷 속에 넣어 박음질해도 괜찮으므로 쉽게 노출되지도 않으면서 손상 염려도 없었다. 붓으로 작성된 본문 내용은 이렇다.

> "본회 회원 김재봉을 대표로 선정하여 본년 11월 11일 노서아 일쿠스크에서 개최하는 동양민족혁명단체대표회에 출석하는 일체 권한을 위임함"

---

21) 임경석, 『한국 사회주의의 기원』, 역사비평사, 2003, 495-500쪽.
22) 임경석, 『한국 사회주의의 기원』, 역사비평사, 2003, 500쪽.

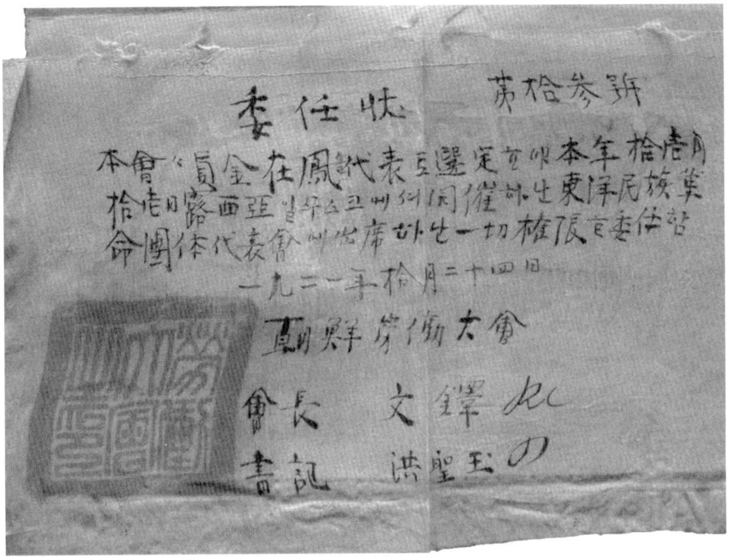

委任狀　第拾參號
本會々員金在鳳을代表로選定하야本年拾壹月
拾壹日露西亞일쿠스크에서開催하난東洋民族革
命團体代表會에出席하난一切權限을委任함
一九二一年拾月二十四日
朝鮮勞働大會
會長　文鐸
書記　洪聖玉

위임장(조선노동대회가 김재봉을 파견하면서 발행한 위임장. 명주 천에 붓 글씨로 적혀 있다)

대회 이름이 여러 가지로 쓰였는데, 여기에는 동양민족혁명단체대표회라고 기록되었다. 본문 아래에 회장 문탁文鐸과 서기 홍성옥洪聖玉의 이름과 서명, 그리고 '노동대회지인勞動大會之印'이라는 직인도 찍혀 있다. 발급 날짜는 10월 24일로 적혀있다. 이것은 상해지역 대표들이 위임된 시기가 대개 10월 20일에서 27일 사이였던 것과 비슷하다.

김재봉이 소련 영역으로 발을 들여놓은 시기는 남들보다 좀 늦은 편이다. 국경을 앞둔 만주리역에 대표들이 도착하기 시작한 시기가 10월말이거나 11월초였는데, 그가 그곳에 다다른 시기는 11월 30일이었다. 회의가 예정된 날이 11월 11일이므로, 조바심 나는 행로였을 것이다. 국내에서 출발 자체가 늦은 것인지, 아니면 상해를 들렀다가 북상하느라 그랬는지 알 수 없다. 정황을 보아 조선노동대회 위임을 받은 뒤에 국내에서 지체하지는 않았으리라 생각되고, 뒷날 그가 상해를 거쳤다는 이야기가 전해지는 점으로 보아,[23] 일단 그가 상해를 방문한 뒤 천진과 장춘으로 연결되는 남만주철도와 하얼빈을 거쳐 만주리에 이르는 중동철도를 타고 이동한 것으로 짐작된다. 그렇더라도 예정된 날에 회의가 열렸다면 그가 회의에 참석하기 어려웠을 것이다. 그런데 12월 1일까지 대상자의 절반만 도착하여 회의 개최가 연기되고 있었다. 일본이나 중국 등 각국 참가자들이 신변의 위험을 줄이기 위해 몽골을 횡단하는 경우도 있어서 대다수 인물들의 도착이 늦어지고 있었던 데다가, 경쟁대상이던 워싱턴회의가 연기되고 있던 터라, 코민테른으로서는 이를 지켜볼 필요가 있었기 때문이다.

코민테른은 회의 계획을 변경시켰다. 회의 시작 시기가 1922년 1월 말로 연기되고, 장소는 수도인 모스크바로 변경되었다. 이르쿠츠크에서 집결해 있던 대표들이 기대에 부풀어 모스크바로 향했다. 소련의 수도를 방문한다는 것이나, 소련 최고지도자 레닌을 만날 것이라는 점도 그들을 흥분시키기에 충분한 '사건'이었다. 1922년 1월 7일, 마침내 대표들을 태운 특별열차가 모스크바 역에 도착하였다.[24] 참석자들은 모두 자신을 파견한 단체나 기관의 위임장을 제시하고, 학력과 투쟁경력 및 참석목적 등을 담은 조사표를 작성하여 코민테른 극동부 고려부에 제출했다. 이에 대하여 회의 주최자는 그들에게 신분을 확인하고 대표자격 증서를 교부하였다.

---

23) 「신문조서」(제2회), 신의주지방법원, 1926년 3월 2일; ≪조선일보≫ 1927년 9월 13일자; 2주기 추도사(박헌영, ≪해방일보≫ 1946년 4월 1일자).

24) 임경석, 『한국 사회주의의 기원』, 역사비평사, 2003, 517쪽.

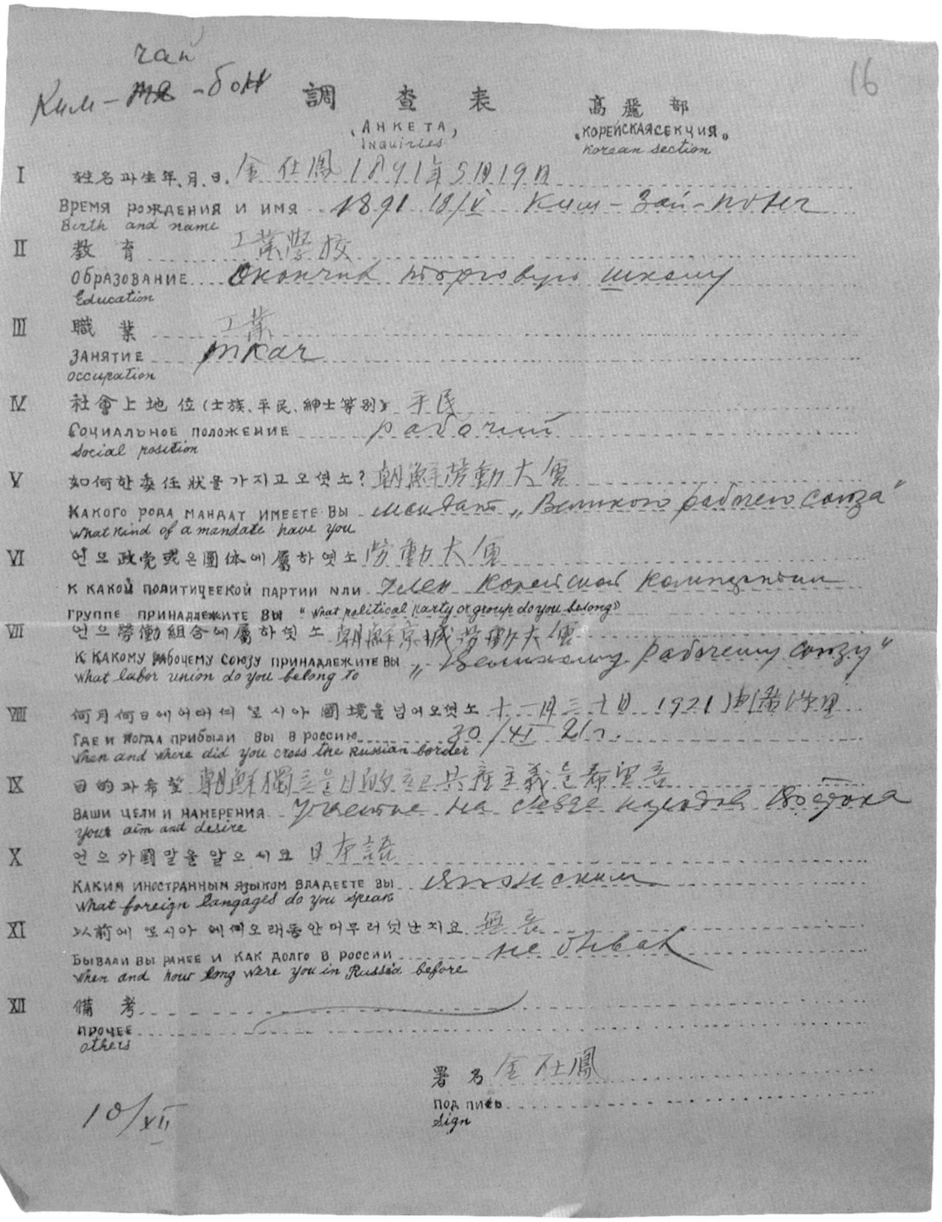
Ким-Зай-бон
調 査 表　高麗部
(АНКЕТА) Inquiries　«КОРЕЙСКАЯ СЕКЦИЯ» Korean section　16

I 姓名과生年月日 金在鳳 1891年5月19日
ВРЕМЯ РОЖДЕНИЯ И ИМЯ 1891 19/V Ким-Зай-Бон
Birth and name

II 敎育 工業學校
ОБРАЗОВАНИЕ Окончил торговую школу
Education

III 職業 工業
ЗАНЯТИЕ ткач
occupation

IV 社會上地位(士族、平民、紳士等別) 平民
СОЦИАЛЬНОЕ ПОЛОЖЕНИЕ рабочий
Social position

V 如何한委任狀을가지고오셧소? 朝鮮勞動大會
КАКОГО РОДА МАНДАТ ИМЕЕТЕ ВЫ мандат „Великого рабочего союза"
What kind of a mandate have you

VI 엇더政黨或은團体에屬하엿소 勞動大會
К КАКОЙ ПОЛИТИЧЕСКОЙ ПАРТИИ ИЛИ ГРУППЕ ПРИНАДЛЕЖИТЕ ВЫ Член Корейской компартии
"What political party or group do you belong"

VII 엇더勞働組合에屬하엿소 朝鮮京城勞動大會
К КАКОМУ РАБОЧЕМУ СОЮЗУ ПРИНАДЛЕЖИТЕ ВЫ „Великому рабочему союзу"
What labor union do you belong to

VIII 何月何日에어대셔로시아國境을넘어오셧소 十一月三十日 1921 [illegible]
ГДЕ И КОГДА ПРИБЫЛИ ВЫ В РОССИЮ 30/XI 21 г.
When and where did you cross the Russian border

IX 目的과希望 朝鮮獨立을目的하고共產主義를希望함
ВАШИ ЦЕЛИ И НАМЕРЕНИЯ Учение на съезде народов Востока
Your aim and desire

X 엇던外國말을알으시오 日本語
КАКИМ ИНОСТРАННЫМ ЯЗЫКОМ ВЛАДЕЕТЕ ВЫ японским
What foreign langages do you speak

XI 以前에로시아에셔오래동안머무러잇난지요 無有
БЫВАЛИ ВЫ РАНЕЕ И КАК ДОЛГО В РОССИИ не бывал
When and how long were you in Russia before

XII 備考
ПРОЧЕЕ
others

署名 金在鳳
ПОДПИСЬ
Sign

10/XII

조사표(김재봉이 극동민족대회에 참석하여 제출한 조사표. 9번 항목에서 "조선독립을 목적하고 공산주의를 희망함"이라고 적었다)

그는 조사표에 자신의 직업을 공업이라고 적었다. 이와 달리 이력서에는 방직공이라 기록했다. 위임장을 준 조선노동대회와 자신이 졸업한 경성공업전습소 염직과 경력을 묶어낸 것이 곧 방직공이라는 직업이었다. 그리고 조선노동대회 대표로 위임장을 받은 처지이므로, 자신이 서울에서 조선노동대회에 몸을 담고 활약하고 있다고 적었다. 특히 눈에 띄는 부분은 '목적과 희망'이라는 난이다. 대회에 참가한 목적과 희망으로 이해되는데, 그는 "조선 독립을 목적하고, 공산주의를 희망함"이라고 적었다. 그가 무엇을 목표로 삼았는지 확연하게 드러나는 대목이다. 그가 '조선 독립'을 최고 가치이자 목표로 삼았다. 그러면서 회의 개최국의 이념인 공산주의를 희망한다고 기재하였다. 당시까지 공산주의 이론이나 이념에 대하여 막연하게 이해하던 그였지만, 일단 소련으로 향하면서 공산주의에 대한 지향성이 강하게 다가섰을 것이다. 이것은 반대로 자본주의와 자본가에 대한 부정적 인식을 말해주기도 한다. 나중에 검찰 신문에서 그는 이 회의가 "자본가에 의해 개최되던 범태평양회의에 대항하여 개최된 것"으로 설명하였다.[25] 독점자본세력이 극동지역에서 이권을 확산시키고자 모인 태평양회의를 무너뜨릴 방법이 곧 무산자계급의 결속과 항쟁이며, 극동민족대회가 바로 그 길이라고 그는 판단하였다.

마침내 1922년 1월 21일 모스크바 크레믈린 궁전에서 개회식이 열렸다.[26] 소련이 아닌 극동지역 참가자들은 한국을 비롯하여 9개 국가나 민족이었다. 144명 참가자 가운데 한국대표가 52명(뒤에 56명으로 증원)으로 가장 많고, 다음으로 중국이 42명, 일본이 16명이었다. 소련으로 향한 우리 독립운동가들의 기대와 열정이 드러나는 수치이다. 또 의장단에 중국·일본·몽골 등과 함께 2명씩 배정받아 김규식과 여운형이 포함되었다.[27]

---

25) 「신문조서」(제2회), 신의주지방법원, 1926년 3월 2일.

26) ≪조선일보≫ 1925년 1월 23일자.

27) 임경석, 『한국 사회주의의 기원』, 역사비평사, 2003, 536쪽.

회의는 2월 2일까지 13일 동안 진행되었으며, 숙소는 소비에트 제3관이었다. 이 회의에서 결의된 한국문제는 크게 세 가지로 정리된다. 첫째, 조선에서 계급의식이 아직 발달하지 못했으므로 계급운동이 시기상조이다. 둘째, 일반대중이 민족운동에 동참하고 있으므로 계급운동자가 독립운동을 후원하고 지지해야 한다. 셋째, 상해에 있는 임시정부는 그 조직을 개혁시켜야 한다.

회의는 2월 2일 대회선언을 채택하는 것으로 막을 내렸다. 시작은 모스크바에서 있었지만, 폐막은 페트로그라드 우리츠키 궁전에서 열렸다. 그 직후 대표들이 속속 소련을 출발하였고, 대개 3월 중순에는 본래 활동하던 곳으로 돌아왔다. 그런데 김재봉은 당장 귀국하지 않고 1년 정도 소련에 머물렀다.

7. 이르쿠츠크파에 가담하여 꼬르뷰로의 적자가 되다

회의 직후 김재봉은 모스크바를 떠나 코민테른 극동비서부가 있는 치타에 도착했다. 그곳에서 벌인 일은 두 가지였다. 하나는 치타에 있던 한인학교에서 산술과 한문을 가르치는 일이었고, 다른 하나는 사회주의를 익히는 것이었다. 물론 국내에서 사회주의 사조를 접하고 익힌 일은 있지만, 결코 본격적인 학습이 아니었다. 더구나 본 고장인 소련을 방문하고, 그것도 모스크바에서 열린 극동민족대회에도 참가했던 만큼 그로서는 사회주의를 익혀야 한다는 필요성을 절실하게 느꼈을 터였다. 『마르크스 자본론』·『사회주의학』·『레닌주의』·『진화』·『전위』 등이 그가 읽었다고 밝힌 책 이름이다.[28]

또 한 가지 그가 심혈을 기울인 일은 두 파로 나뉜 고려공산당을 통일시키려는 일이었다. 고려공산당 이르쿠츠크파와 상해파의 갈등은 코민테른의 통합 요구와 압력에도 불구하고, 쉽게 해결되지 않던 난제 가운데 난제였다. 바로 그 문제에 김재봉이 뛰어 들었다. 치타에서 사회주의 학습에 몰두하던 그는 1922년 10월 베르흐네우진스크로 이동하였다. 그곳에서 열린 고려공산당 통합대회에 참석하기 위한 걸음이었다. 두 파의 통합을 도모하던 그 모임은 결국 견해 차이와 주도권 경쟁 때문에 분열만 확인하는 기회였다. 두 파는 각자 별도 회합을 열었다. 김재봉 그도 어느 한쪽을 선택해야하는 순간을 맞았

---

28) 「신문조서」(제2회), 신의주지방법원, 1926년 3월 2일.

다. 결국 그는 치타에서 열린 이르쿠츠크파의 고려공산당 대회에 참가하였고, 그 자리에서 중앙위원으로 뽑혔다.

소련에서 그는 정치적 결단을 내렸다. 이르쿠츠크파를 선택했을 뿐만 아니라 중앙위원으로서 중심권역에 포진하게 된 것이다. 파벌투쟁을 끝내려 나섰다가 그도 결국에는 그 소용돌이에서 결코 자유로울 수 없게 된 것이다. 그렇지만 그는 그리 만만하게 소용돌이 속에 빨려들지는 않았다.

1922년 12월에 조선공산당 중앙총국, 즉 꼬르뷰로가 블라디보스토크에서 조직되었다. 이것은 한인 사회주의자들의 계획이 아니라, 코민테른이 국내 각 사회주의 그룹을 통합하여 조선공산당을 건립한다는 계획 아래 만들어진 조직이다. 코민테른이 제4회 대회에서 조선문제위원회 결정에 따라 꼬르뷰로를 만들고서, 바로 이어 국내 공작에 나섰다. 국내에 조선공산당 건설을 위한 기초 작업에 들어갔고, 그러자면 국내 운동세력의 통합을 이끌어내야 했다. 그 임무를 띠고 국내로 파견된 인물이 바로 김재봉과 신철辛鐵이었다. 이들이 입국한 시기는 바로 이듬해 봄, 즉 1923년 3월이었다.

김재봉이 블라디보스토크에 도착한 시기는 바로 꼬르뷰로가 조직되던 무렵이었다. 그곳에서 김재봉은 '해삼위청년회'를 이끌었다고 전해진다. 당시 신문보도를 보면 연해주 지역에는 고려공산당 지휘를 받아 설립된 청년회가 지역 마다 존재했는데, 그 가운데 주요 단체와 대표자 및 인원수는 다음과 같다고 보도되었다.[29]

29) ≪동아일보≫ 1923년 4월 10일자.

[표 3] 블라디보스토크 지역 고려공산당 청년회

지 역	대 표	인 원
해삼위海蔘威	김재봉金在鳳	300
이르쿠츠크尼市	한천석韓千石	150
바라바시	유문빈兪文彬	150
연추煙秋	천 민千 珉	70
스라우얀카	김고사金高士	70

이를 본다면 그가 블라디보스토크에 도착하자마자 고려공산당 지도를 받는 그 지역 청년회를 대표하는 위치에 섰다는 사실을 알 수 있다. 하지만 이해하기 힘든 사실은 이 보도가 나온 1923년 4월까지 그가 본격적으로 자리를 굳힐 만한 틈이 없었다는 점이다. 그럼에도 불구하고 그가 연해주에서 가장 규모가 큰 해삼위지역 청년회를 대표하게 되었다는 점은 놀랍기만 하다. 이르쿠츠크파의 중앙위원이라는 위치나, 꼬르뷰로에서 그에게 거는 기대감이 가져다준 결과가 아닌지 궁금하다. 그러한 기대감이 국내 당 조직을 위한 요원으로 파견되는 디딤돌이 된 것으로 추정되기도 한다.

8. 귀국하여 꼬르뷰로 내지부를 건설하다

김재봉은 국내를 떠난 지 1년 반 정도 지나 조용하게 서울로 잠입하였다. 비록 소리 없는 귀국이지만, 그 길은 '코민테른의 적자嫡子'가 되어 돌아오는 영광스런 것이기도 했다. 국내 사회주의 세력의 통합달성과 조선공산당 건설이라는 임무가 지워져 있었으니 만치, 그로서는 감당하기 힘든 역사적 무게가 느껴지는 순간이었을 것이다.

김재봉과 신철은 우선 꼬르뷰로 내지부內地部 건설에 나섰다. 두 사람은 역할을 나누어 맡았다. 김재봉은 주로 조선공산당 건설에 초점을 맞추어 나갔다면, 신철은 고려공산청년회 중앙총국과 관련된 일을 풀어 나갔다. 마침내 김재봉은 1923년 5월 꼬르뷰로 내지부를 결성시켰다. 그런데 이 내지부 구성에서 김재봉이 세심한 주의를 기울여야 했다. 당 건설도 건설이지만, 해외에서 갈등을 벌이고 있는 현상이 국내에 그대로 파급된다는 것은 치명적인 일이기 때문이었다. 국내에서 형성된 해외파에 대한 거부현상을 극복해야 하는 장벽이 존재했기 때문이다. 그 자신이 비록 이르쿠츠크파에 속한 인물이지만, 당 건설만은 중도적인 위치에서 추진해야 했다. 내지부 결성에 이르쿠츠크파도 참가하지만, 중립당이 중심을 이룬 점이 그 사실을 암시한다. 중립당은 내지부 결성 당시 9명의 위원 가운데 4명을 파견할 정도로 관심이 높았다.

김재봉은 내지부를 조직하고 8월경부터 책임자로 활동하였다. 그런데 아무리 그가 '코민테른의 적자'로서 귀국했다고 하더라도 서울에 아무런 기초조직이 없이는 조직의 근간을 마련할 수 없었을 것이다. 특히 1921년 10월쯤에 국외로 나간 그로서는 그 사이에 분위기가 급변한 서울에서 자신이 설 수 있는 공간이 좁을 수밖에 없었다. 바로 그 난관을 헤치고 바탕을 확보하는 데 핵심 역할을 맡아준 인물이 바로 이준태였다. 김재봉이 러시아에 체류하던 사이에 서울에서 터를 잡고 무산자동맹회를 이끌면서 지도자로 자리를 굳힌 이준태는 귀국한 김재봉이 가진 임무와 역할을 이해하고 적극 도왔다. 김재봉이 내지부 책임자가 될 수 있던 바탕에는 바로 동향출신이자 경성공업전습소 동문인 이준태의 역량과 지원이 크게 기여했으리라 생각된다. 이준태는 중립당의 지도자 김한金翰과 절친한 사이로, 1922년 1월 무산자동맹회에도 함께 참가하였다. 김재봉이 1923년 7월에 결성된 신사상연구회에 가입한 것도 그러한 차원에서 이해된다.

新思想硏究會
새로발긔되엿다
홍수와가치몰려오는신사상을연구하야 조리잇는 판단을 차저보랴는 목뎍으로 신사상연구회가생겨낫다위치는경성락원동(京城樂園洞一七三)에두고 실행방법으로는 강습과 토론회를 하는외에 도서와밋잡지를 간행할터이라하며 발긔인의 씨명은 여좌하더라
洪璔植 洪命熹 尹德炳
金炳僖 李載誠 李昇馥
趙奎洙 李準泰 蘇相熙
具然欽 洪悳裕 元友觀
朴敦緖 金燦 朴一秉
金鴻爵

신사상연구회 발기소식 보도 기사
(≪동아일보≫ 1923년 7월 11일자)

신사상연구회 결성은 김재봉이 귀국한 뒤, 두 달 남짓 지난 시점이다. 이준태가 신사상연구회 결성 주역 가운데 한 사람으로 움직였고, 김재봉도 당연히 거기에 참가하였다. 서울 낙원동 173번지, 파고다 공원 동문 앞에 회관을 마련하였다. 이 단체는 이름 그대로 '신사상', 즉 "새로 수입되고 있던 코뮤니즘의 연구가 그 목적"이었다.[30] 그러면서 이 목적을 달성하기 위해 강습회와 토론회를 가지며 도서와 잡지를 발간하자는 활동 방침을 정했다.[31] 여기에 발기인을 나선 인물은 홍증식洪璔植·홍명희洪命熹·윤덕병尹德

30) 金璟載, 「金燦時代의 火曜會」, ≪삼천리≫7권 5호(1935년 6월 1일), 45쪽.

炳 · 김병희金炳僖 · 이재성李載誠 · 이승복李昇馥 · 조규수趙奎洙 · 이준태 · 강상희姜相熙 · 구연흠具然欽 · 홍덕유洪悳裕 · 원우관 · 박돈서朴敦緖 · 김찬金燦 · 박일병朴一秉 · 김홍작金鴻爵 등 16명인데,[32] 대개 무산자동맹회와 조선노동연맹회에 관련된 자들이었다. 이들은 곧 김재봉에게 자신의 임무를 수행하는 데 동지적 결속을 가지는 인물인 셈이다.

신사상연구회 자리(낙원동 173번지)

김재봉은 1923년 8월에 내지부를 이끌면서 당 건설 기반을 다지는 작업에 나섰다. 이를 위해 전국 노동단체와 소작단체를 합하여 전선노동총동맹발기회全鮮勞動總同盟發起會를 결성하는 한편, 청년단체도 정리하여 전선청년총동맹全鮮青年總同盟을 조직하기로 결정했다. 청년단체는 1924년 2월에 무산청년회와

31) ≪동아일보≫ 1923년 7월 11일자.
32) ≪동아일보≫ 1923년 7월 11일자.

토요회가 결합하여, 신흥청년동맹으로 발전하였다.[33] 이는 내지부의 강력한 경쟁세력인 서울콤그룹 휘하의 서울청년회에 대응하는 단체였다. 청년운동 단체와 달리 노농운동 단체의 통합은 그리 쉽지 않았다. 1923년 9월 1일 관동대진재關東大震災를 당한 일제가 모든 집회를 금지시켰기 때문이다. 그러자 내지부는 남선南鮮과 서선西鮮으로 구분하여 노농동맹을 조직한 뒤, 다음 순서로 전국적 조직을 결성한다는 전략을 세웠다.[34] 그 첫 결실이 1924년 3월 대구에서 141개 단체가 가맹하여 결성된 남선노농동맹이었다.

김재봉은 조금씩 다급한 마음을 갖게 되었다. 국외에서 경험한 분파 양상이 국내라고 다르지 않았고, 세력을 통합한 당 건설이 쉽지 않기 때문이었다. 더구나 위험이 시시각각 다가왔다. 조직 자체가 일제 정보망에 잡히기 시작했다. 마침 양대 세력 가운데 하나인 서울콤그룹이 내지부를 해산한다면 통합에 응한다는 의견을 전해왔다. 그러자 김재봉은 1924년 3월경 내지부를 해산시켰다. 그리고서 당 건설의 근간이 될 조직을 만들었으니, '13인회'가 그것이다. 여기에는 내지부·북성회파·상해파·서울콤그룹 등의 대표자들이 모두 참가하였다. 김재봉은 당연히 내지부의 대표로서 그 자리에 참가하였다.

'13인회'의 정식 명칭은 '조선공산당창립준비위원회'였다. 즉 이것은 조선공산당 창립을 목적으로 삼은 조직이었다. 구체적인 방법의 하나로 이들은 1924년 4월 조선노농총동맹과 조선청년총동맹을 결성하였다. 하지만 작업은 그리 쉽게 나아가지 않았다. 역시 높은 벽이 그곳에 있었던 것이다. 서울콤그룹을 이끌던 김사국은 블라디보스토크의 오르그뷰로와 관계없이 당을 결성하고, 그 뒤에 코민테른에 가입하자고 주장하였다. 반면에 김재봉을 중심한 내지부 계열과 상해파는 국내외를 가리지 말고 하나의 역량으로 결집하며, 코민테른의 지도 아래 당을 창립하자고 주장하였다.[35] 견해 차이는 좁혀지지 않는

33) ≪동아일보≫ 1924년 2월 13일자.
34) 「高共靑 一般 進行 情況」.

데다, 1924년 9월 두 세력을 통합하려고 노력하던 정재달鄭在達과 이성李星이 일제 경찰에 체포되고, 관련이 있어 보이는 인물들이 대거 검거되었다. 김재봉도 결코 예외가 될 수 없었으니, 10월 7일에 종로경찰서에 붙잡혔다.

> "년전에 모스크바 국제공산당회의에 조선대표로 출석하였던 정재달과 해삼위 공산당신문 선봉 주간이던 이성李聖은 모 사명을 가지고 조선으로 들어왔다가 월전에 종로경찰서에 체포, 이성태 유진희 신백우 원우관 김재봉 등 체포, 이봉수 피체, 8명 검사국으로 이첩하리라, 종로서 삼륜三輪 고등계 주임 말하다."[36]

이 사건으로 말미암아 13인회는 목표 달성도 하지 못한 채 주저앉고 말았다. 더구나 두 세력 사이에 견해 차이가 해소된 것이 아니라, 오히려 서로 불신감만 깊어갔다. 김재봉은 부친에게 잠시 종로경찰서에 잡혀갔다온 사연을 이렇게 썼다.

> "저는 저간에 사귄 친구가 먼 곳에서 와 수차 상면했다는 혐의를 받고 있었습니다. 완전석방이 아니라 취조서류가 검사국을 거치는 동안 신체상 구속만 면한 중", "신문사는 계속해서 출근해도 또한 구애됨이 없기 때문에 내일부터 입사할 계획입니다."[37]

전에 사귄 친구가 멀리서 서울로 찾아와서 만났고, 그것이 빌미가 되어 구속되었다는 것이 부친에게 밝힌 요점이다. 블라디보스토크에서 왔던 정재달과 이성(본명 이재복李載馥)을 만나고 논의하던 내용에 대한 표현이다.

---

35) 「黨의 破裂의 原因 及 黨의 組織方針」.
36) ≪동아일보≫ 1924년 10월 19일자.
37) 1924년 9월 25일자 부친에게 보낸 편지(서신 날짜는 음력). 그는 이 편지 끄트머리에 추신으로 '지주편에 가담하지 말기'를 간곡하게 당부하였다.

13인회를 중심으로 당 창건을 위해 노력하던 1924년에 그는 ≪조선일보≫ 기자로 활동하기도 했다. 당시 사회주의 활동의 주역들이 기자로 활동하고 있었는데, 조선일보에 김재봉 · 김단야 · 신백우, 동아일보에 이봉수 · 박헌영 · 임원근 · 조동호 · 허정숙 등이 활발한 움직임을 보이고 있었다. 그는 부친에게 보낸 서신에서 "호구지책으로 조선일보사에 입사하여 근무하고 있습니다"라고 밝히면서 "출처와 취사에 있어 신분상 구속받는 일이 조금도 없다면 우선 이 일을 하면서 천천히 장래를 관찰할 생각입니다"라는 뜻을 말씀드렸다.[38] 부친에게는 조선일보사 근무가 '호구지책'이라고 밝혔는데, 당시 그가 받은 월급은 60원이었다.[39] 그가 조선일보사에 근무한 시기는 1년 남짓하다고 생각된다. 1925년 8월에 조선일보사를 그만두었다는 서신을 보면, 조선일보사 기자로 활동한 시기가 그 쯤 된다는 사실을 확인할 수 있다. 당시 ≪조선일보≫가 정간 당하고, 이로 말미암아 그는 경찰에 검거되어 보름 정도 고생한 뒤 풀려났다.[40] 그리고서 그가 바로 퇴사한 것이다.

---

38) 부친에게 보낸 편지(1924년 8월 21일자).

39) 「신문조서」(제2회), 신의주지방법원, 1926년 3월 2일.

40) 김재봉은 조선일보가 정간된 이유에 대해 "대체로 불온하다고 인식되어 그로 말미암아 핍박당한 것, 그 외 관계관청에 미움 받은 것이 주요인"이라고 썼다(1925년 8월 13일자, 부친에게 보낸 편지).

9. 화요회와 풍산소작인회 결성

13인회가 결실을 거두지 못하자 김재봉은 자신을 중심한 인물들을 하나로 묶는 새로운 단체, 즉 당 건설을 위한 구심체를 다시 결성하고 나섰다. 신사상연구회 차원이 아니라 당 결성을 위한 실질적인 단계로 승급된 조직이 필요했다. 당시 함께 활동을 벌인 김경재金璟載가 "김재봉·이준태·김찬·윤덕병 등 실제운동가가 이 회에 가입하면서 단순한 연구기관에서 실제운동 집단으로 재조직하자는 주장이 나왔고, 그 결실이 화요회"라고 기록해 두었다.[41] 결국 김재봉·이준태·김찬 등으로 구성된 그룹이 당 결성을 위한 마지막 수순을 밟은 셈이다. 그 결실이 신사상연구회를 발전시켜 1924년 11월 19일 결성한 화요회이다. 세력 통합으로 당을 건설하려던 13인회 주역들이 일제 경찰에 검거되는 난국을 겪고, 김재봉 자신도 종로경찰서에 잡혀 들어갔다가 나오는 과정을 거치면서 나아갈 방향을 가늠해 보았다. 13인회 결성을 위해 해산시킨 꼬르뷰로 내지부를 대신할 조직이 필요했다. 그래서 신사상연구회를 투쟁단체로 급을 높여 화요회를 결성한 것이다.

화요회는 전국적인 기초조직을 만들어 나갔다. 고향 안동에도 김남수가 나서서 1925년 1월 화성회를 조직하였는데, 사실상 화요회 안동지회인 셈이다. 또 같은 1월 잡지 발간을 통해 계몽과 세력 확장을 꾀하고자 화화사火花社를

41) 金璟載, 「金燦時代의 火曜會」, ≪삼천리≫7권 5호(1935년 6월 1일).

설립하고 사상운동 잡지 ≪화화火花≫발간에 들어갔다. 2월 창간호 발행을 준비하면서 이와 함께 농민잡지와 부인잡지도 준비하였는데, 이것이 모두 화요회에서 추진하던 사업이었다. 그 발기인을 보면 김재봉을 비롯하여 서울에서는 김찬 · 박일병 · 이승복 · 윤덕병 · 강상희 등이고, 전국적으로 많은 인물이 참여하였다. 특히 안동에서는 안상길이 발기인으로 동참하였다.42) 즉 안동에서 화성회를 김남수가, 화화사 활동을 안상길이, 그리고 풍산소작인회를 이준태가 각각 맡아서 자신의 역할을 소화해 나가던 시기가 바로 1924년 11월 이후 1925년 초 사이였다. 그리고 권오설이 서울로 상경하여 김재봉을 든든하게 뒷받침하던 시기도 이 때였다.

13인회를 중심으로 통합된 당 조직을 시도하던 1924년 여름 그는 고향을 한 차례 다녀왔다. 서울에서 사회주의 운동의 한 복판에서 활동하면서 그는 새로운 지원세력을 필요로 했다. 물론 이준태와 김남수가 든든한 배경으로 버티고 있었지만, 또 다른 지원세력이 필요했다. 특히 고향 안동에서 사회주의 운동을 이끌고 혁신을 주도해 나갈 인물, 그러면서 중앙 무대 중심부에 들어설 새로운 인물이 필요했던 것이다. 1924년 여름 그가 귀향했을 때 바로 권오설과의 만남이 이루어진 것으로 짐작된다. 거기에 이준태도 동행했을 가능성이 크다. 왜냐하면 풍산소작인회 결성과정에서 김재봉은 서울에 있었지만, 실제 현장에서 권오설에게 선배로서 함께 움직여나간 인물이 바로 이준태였기 때문이다.

김재봉과 이준태는 일단 고향의 노농운동을 든든하게 꾸려나갈 필요가 있다고 생각했던 것 같다. 그러면서 새로운 인력을 확보한다는 계획을 세웠던 것으로 보인다. 그 결실이 바로 1923년 11월 결성한 풍산소작인회였다. 이 풍산소작인회가 결성된 장소는 권오설이 자신의 고향마을인 가곡마을에서 풍산학술강습회를 열고 있던 노동서사魯東書社였고, 그 자리에서 열린 회의에서 임

---

42) ≪동아일보≫ 1925년 1월 28일자.

원 및 결의사항이 확정되었는데, 이준태도 그곳에서 집행위원으로 선출되었다.[43]

노동서사

풍산 가곡마을(권오설의 고향마을, 가일이라고도 불린다. 권오설이 풍산학술강습회를 열던 노동서사에서 풍산소작인회가 결성되었다)

풍산소작인회의 조직과 활동에 지대한 영향을 미쳤던 사람은 이준태와 권오설이었다. 풍산소작인회가 일반 소작인회와 가장 다른 점은 지도부 구성인물의 대부분이 양반가문 출신으로서 자작농이거나 자소작농이었으며, 그 중에는 고등교육을 받은 지식인들도 있었다는 점이다.[44] 이러한 조직에 소작농·자작농·중소지주·지식인들이 망라될 수 있었던 요인은 이준태를 비롯하여 권오설·김남수·안상길 등이 이 지방에서 영향력 있는 집안출신이었기

---

43) 《동아일보》 1923년 10월 31일·11월 18일자.

44) 강정숙, 「일제하 안동지방 농민운동에 관한 연구」, 『한국근대농촌운동사』, 열음사, 1988, 365쪽.

때문이다. 예안이씨(풍산 하리), 안동권씨(풍천 가곡佳谷), 풍산김씨(풍산 오미五美), 안동김씨(풍산 소산素山)가 집행위원의 다수를 차지하였다.

풍산들 전경(안동에서는 유일한 큰 들이다)**과 동성마을 분포**(위)

풍산소작인회는 이준태와 권오설의 역할을 뒤바꿔 준 것으로 보인다. 안동과 서울을 전체적으로 묶어 볼 때, 풍산소작인회의 조직 기반은 서울에서 활약하던 이준태가 귀향하여 활동근거지를 마련한 것이기도 하지만, 권오설에게는 이와 반대로 서울로 상경하여 활동할 수 있는 터전이 되기도 했기 때문이다. 즉 권오설이 1924년 4월 풍산소작인회 대표로 서울로 상경하여 일약 조선노농총동맹의 중앙집행위원으로 활약할 수 있던 원동력이 되었다. 그러면서 김재봉・김남수・안기성・권태석・유연화 등과 함께 중앙의 사회주의운동계에 탄탄한 결속력과 응집력을 보이게 되었다.

김재봉이 1924년 10월 종로경찰서에서 풀려난 직후에 부친에게 보낸 편지 말미에 '지주 편에 서지 마시라'는 간곡한 부탁을 드린 점도 바로 풍산소작인회 결성 직전의 모습이다. 풍산소작인회를 조직한 권오설은 그 대표 직함을 내걸고 바로 상경하였고, 조선노농총동맹 중앙부로 성큼 들어섰다. 권오설의 상경은 김재봉에게 천군만마와 같았다.

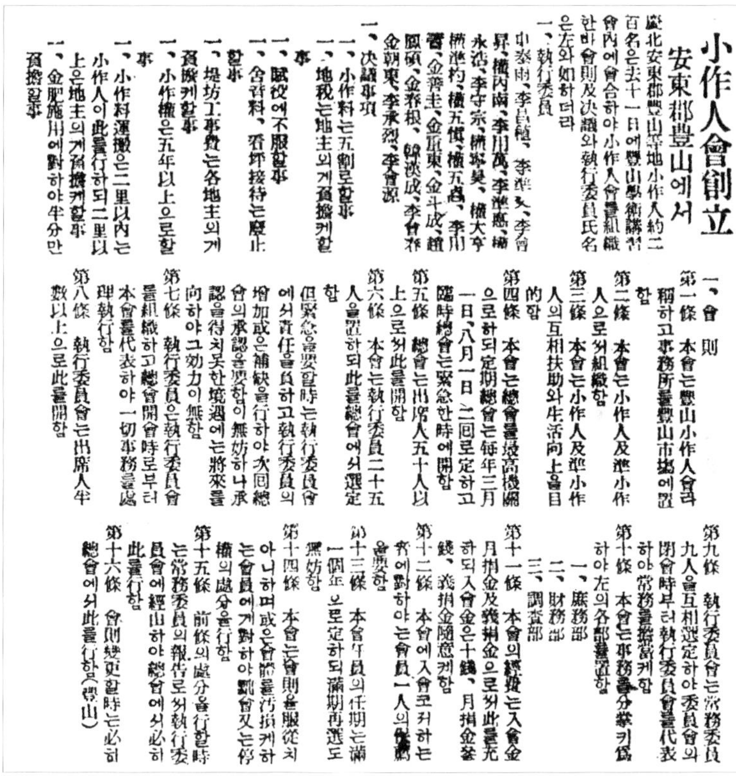

小作人會創立
安東郡豊山에서

慶北安東郡豊山等地小作人約二百名은去十一日에豊山學術講習會內에會合하야小作人會를組織한바會則及決議와執行委員氏名은左와如하더라

一、執行委員
申泰雨、李昌稙、李準文、李會昇、權丙南、李用爲、李準憲、權永浩、李守宗、權寧昊、權大亨、權準杓、權五憲、權五昌、李用善、金齊主、金正東、金斗成、趙鳳碩、金春根、鄭淡成、李會春、金朝東、李承烈、李會源

一、決議事項
一、小作料는五割로할事
一、地稅는地主의게負擔케할事
一、賦役에不服할事
一、舍音料、舍音接待는廢止할事
一、堤坊工事費는各地主의게負擔케할事
一、小作權은五年以上으로할事
一、小作料運搬은二里以內는小作人이此를行하되二里以上은地主의게負擔케할事
一、金肥施用에對하야半分만負擔할事

一、會則
第一條 本會는豊山小作人會라稱하고事務所를豊山市場에置함
第二條 本會는小作人及準小作人으로써組織함
第三條 本會는小作人及準小作人의互相扶助와生活向上을目的함
第四條 本會는總會를最高機關으로하되定期總會는每年三月一日、八月一日 二回로定하고臨時總會는緊急한時에開함
第五條 總會는出席人五十人以上으로써此를開함
第六條 本會는執行委員二十五人을置하되此를總會에서選定함
但緊急을要할時는執行委員會에서責任을負하고執行委員의增加或은補缺을行하야次回總會의承認을要함이無妨하나承認을得치못한境遇에는將來를向하야그效力이無함
第七條 執行委員은執行委員會를組織하고總會開會時로부터本會를代表하야一切事務를處理執行함
第八條 執行委員會는出席人半數以上으로此를開함
第九條 執行委員會는常務委員九人을互相選定하야委員會와閉會時부터執行委員會를代表하야常務를擔當케함
第十條 本會는事務를分掌키爲하야左의各部를置함
一、庶務部
二、財務部
三、調査部
第十一條 本會의經費는入會金月捐金及義捐金으로써此를充하되入會金은十錢、月捐金[illegible]錢、義捐金隨意케함
第十二條 本會에入會코저하는者에對하야는會員一人의紹介를要함
第十三條 本會任員의任期는滿一個年으로定하되滿期再選도無妨함
第十四條 本會는會則을服從치아니하며或은會體를汚損케하는會員에게對하야除名又는停權의處分을行함
第十五條 前條의處分을行할時는常務委員의報告로써執行委員會에經由하야總會에서必히此를行함
第十六條 會則變更할時는必히總會에서此를行함(豊山)

풍산소작인회 창립기사(≪동아일보≫ 1923년 11월 18일자)

화요회는 마침내 당 건설을 위한 마지막 단계로 접어들었다. 김재봉을 비

롯한 주역들이 전조선민중운동자대회를 준비하고 나섰다. 서울에서 김재봉을 비롯하여 홍덕유 · 장지필 · 구연흠 · 주세죽 · 허정숙 · 안기성 · 김단야 · 박헌영 · 김찬 · 조봉암 · 권오설 등과 지방에서 72명이 준비위원으로 선정되었다. 서울지역 준비위원으로 나선 안기성은 권오설과 같은 안동 가일(가곡)마을 출신이다. 한편 안동에서는 이준태와 김남수가 일을 맡았다.[45]

풍산읍의 모습(풍산소작인회 창립이후 시가행진을 벌이던 중심거리)

45) ≪동아일보≫ 1925년 2월 18일자.

10. 조선공산당 창당과 활동

1925년 4월 17일 마침내 조선공산당이 결성되었다. 김재봉이 이끈 화요회 그룹은 경찰의 시선을 따돌리기 위해 행사를 가졌다. 즉 같은 날 오전부터 오후 늦게까지 동대문 밖 상춘원에서 전선기자대회全鮮記者大會 야유회를 연 것이다. 당시 사회주의자 다수가 기자로 활동하던 시절이라, 경찰들의 시선이 거기에 집중되기 마련이었다. 창당 회의는 그 틈에 서울 시내 한복판에서 기습적으로 열렸다. 12명이 오후 1시에 황금정黃金町 일정목一丁目, 지금 롯데호텔 커피숍 근처에 있던 중국요리점 아서원雅叙園에 집결하였다. 조선공산당을 창당한다는 데 합의하고, 전형위원을 선정한 뒤, 중앙집행위원과 검사위원을 선임하였다. 김재봉 · 김두전 · 유진희 · 주종건 · 조동호 · 정운해 · 김찬 등 7명이 중앙집행위원, 윤덕병 · 송봉우 · 조봉암 등 3명이 검사위원으로 각각 선임되었다.

창당 다음 날인 4월 18일 가회동 김찬 집에서 열린 제1차 중앙집행위원회는 조직을 구성하였다. 비서부 김재봉 · 정경부 유진희 · 인사부 김약수 · 조직부 김찬 · 선전부 조동호 · 조사부 주종건 · 노동부 정운해 등이 그것이다.[46] 김재봉은 중앙집행위원 가운데서도 가장 중요한 비서부 책임을 맡았고, 코민테른에 보내는 문서에는 '책임비서'라고 밝혔다. 조선공산당은 코민테른에 창

46) 「신문조서」(제3회), 신의주지방법원, 1926년 5월 13일.

당 사실을 보고하기 위해 조동호를 모스크바로 파견하였다. 그러면서 조동호에 대한 증명서와 함께 「조선공산당창립총회록」을 보냈다. 총회록을 보면, 4월 17일 서울에서 19인이 참석한 가운데 제1회 대표회를 열었고, 회의 경과와 중앙집행위원 및 검사위원 인선 내용을 적었다.

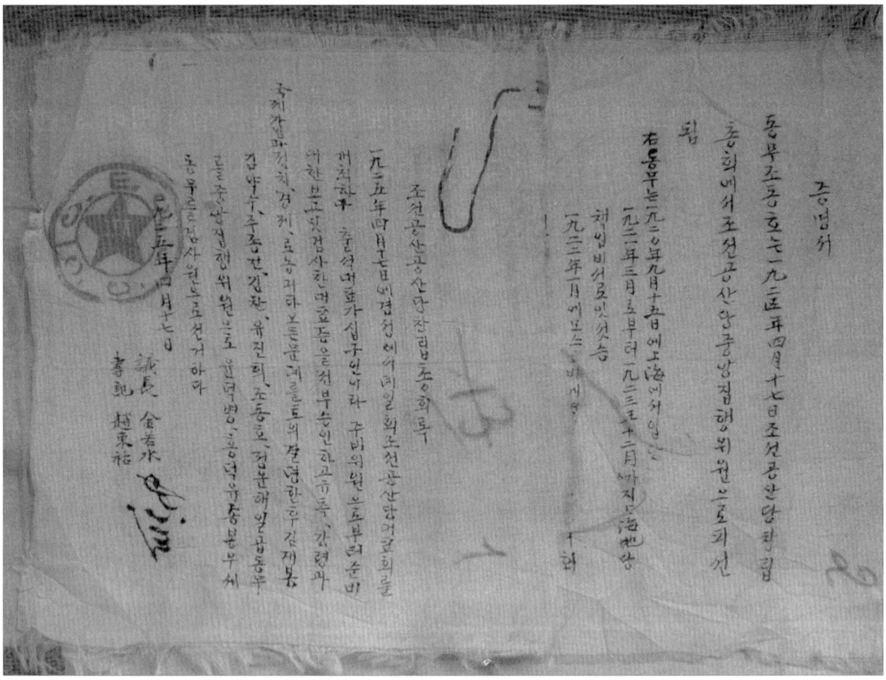
증명서
동무조동호는一九二五年四月十七日조선공산당창립
총회에서조선공산당중앙집행위원으로피선
됨
右동무는一九二0年九月十五日에上海에서입당
一九二一年三月로부터一九二三年十二月까지上海地方
책임비서로잇섯슴
一九二三年一月에모스크바에

조선공산당창립총회록
一九二五年四月十七日에경성에서제일회조선공산당대표회를
개최하다 출석대표가십구인이라 주비위원으로부터준비
에대한보고및검사한대표증을전부승인하고규두, 강령과
국제가입과정치, 경제, 로동자타모든문제를토의결정한후김재봉
김약수, 주종건, 김찬, 유진희, 조동호, 정운해일곱동무
를중앙집행위원으로 윤덕병, 송덕만, 조봉암세
동무를검사위원으로선거하다
一九二五年四月十七日
議長 金若水
書記 趙東祜

코민테른에 보낸 조동호 대표의 증명서와 조선공산당창립총회록

5월 제2차 중앙집행위원회를 가졌다. 신문과정에서 5월 혹은 6월이라 그가 답했지만, 그 시기는 5월 27일이라 여겨진다. 조봉암을 코민테른 중앙집행위원회에 파견하는 대표로 선임하고 위임장을 준 날이 바로 이 날이기 때문이다. 위임장에는 조봉암을 '조선공산당전권대표보좌의 권리'를 위임한다고 명시하고, 책임비서 김재봉을 비롯한 중앙집행위원 명단과 서명, 그리고 당 직

인을 찍어 보냈다. 그럼에도 불구하고 김재봉은 신의주와 서대문형무소에서 있었던 신문과정에서 제2차 중앙집행위원회가 참석자 인원 부족으로 별다른 사항을 결의하지 못했다고 시치미를 뗐다.

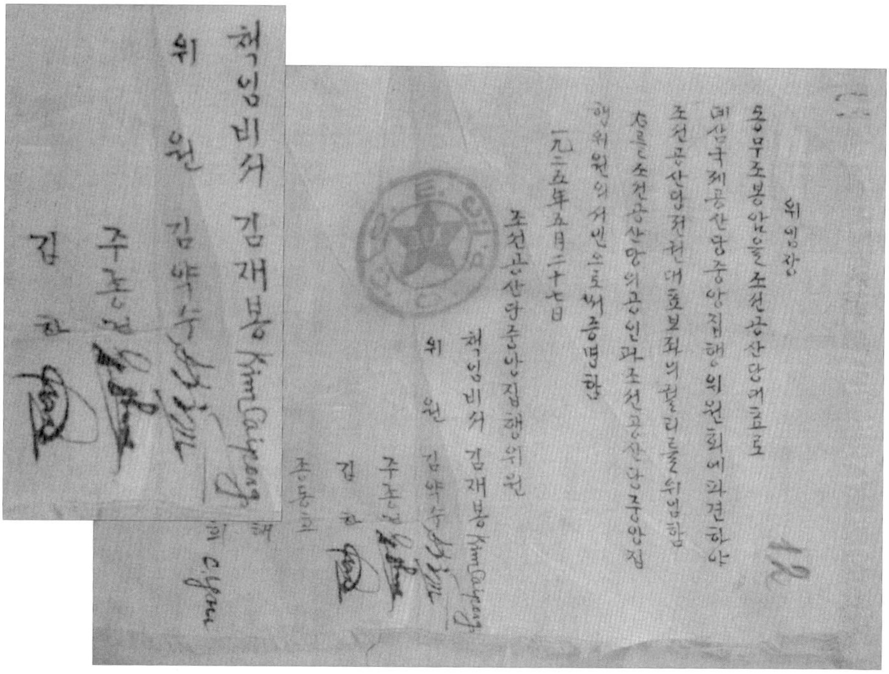

위임장

동무조봉암을조선공산당대표로
제삼국제공산당중앙집행위원회에파견하야
조선공산당전권대표로의권리를위임함
右는조선공산당의공인과조선공산당중앙집
행위원의서인으로써증명함
一九二五年五月二十七日
조선공산당중앙집행위원
책임비서 김재봉 Kim Caipong
위 원 김약수
주종건
김 찬
조동호

코민테른에 파견한 조봉암 위임장
(책임비서 김재봉을 비롯한 중앙집행위원 명단과 서명이 적혀있다)

한편 조선공산당 창당에 맞추어 고려공산청년회도 결성되었다. 조선공산당 창당 다음날이자 조선공산당 제1차 중앙집행위원회가 열리던 4월 18일에 고려공산청년회가 결성되고, 박헌영이 책임비서를 맡았다. 여기에는 김재봉의 후배로서 든든한 인물인 권오설이 역시 7인으로 구성된 중앙집행위원의 한 사람으로 우뚝 자리 잡았다.

김재봉이 조선일보에 근무하면서 조선공산당을 결성하는 동안 일제 경찰을 계속 따돌렸다. 일제 경찰이 쳐놓은 덫이나 탐색선을 피해 나가면서 활동을 폈던 것이다. 그러다가 7월 한 차례 위기를 겪었다. 김재봉은 7월 21일 종로경찰서에 체포되었다가 8월 6일 석방되었다. 그는 "평소 하등 근거할 만한 사실이 없기 때문에 이런 일시 불행했다가 결국 무사 방면되는 일이 생긴 것"이라고 편지를 쓴 일이 있다.[47]

조선공산당을 창당하던 그 무렵 김재봉은 건강이 그리 좋지 않았다. 이전에도 그랬고, 그 뒤에도 계속해서 김재봉은 건강이 그리 좋은 편은 아닌 것 같다. 하지만 그 중에서도 조선공산당 창당 직후한 시기에 특히 좋지 않았던 것 같다. 1925년 4월(음력) 부친에게 보낸 서신에서도 "저는 근래 들어 또 건강이 좋지 않은 채, 주증은 신열과 두통입니다. 누워 지내는 지가 벌써 사 오 일이나 되었지만"이라거나,[48] "감기 같은데 단순한 감기도 아닌 무엇인지 모를 증세로 근 열흘 내외동안 자리에 누워 앓았습니다"라고 썼다.[49] 또 8월 부친에게 보낸 글에는 설사와 학질에 걸려 십여 일 동안 고생했다는 이야기도 썼다.[50] 이 밖에도 그가 부친이나 친척에게 보낸 서신에는 거의 어김없이 감기라거나 속병에 시달리고 있다고 썼고, 나중에 옥중에서 보낸 서신도 마찬가지였다. 그런 점으로 미루어본다면, 그의 건강이 좋은 편은 아니었고 항상 조금씩 병을 지니고 있는 인물이었던 셈인데, 조선공산당을 결성하고 이끌던 그 무렵에 특히 더 그러했다. 그런 몸인데도 불구하고 그는 항상 선두에 나서고 있었던 것이다.

1925년, 조선공산당을 만든 그 시기에 그가 참가한 일에는 '예천사건'이라 불리는 형평운동 지원도 있다. 형평운동사에서 가장 큰 비극이라 말할 만큼 희생이 컸던 경북 예천의 형평사피습사건에 대하여 23개 단체 대표들이 모여

47) 萬군에게 답함(1925년? 8월 13일자).
48) 부친에게 보낸 서신(음력 1925년 4월 15일자).
49) 부친에게 보낸 서신(음력 1925년 4월 29일자).
50) 부친에게 보낸 서신(음력 1925년 8월 13일자).

이를 규탄하고 조사단을 파견하면서 형평운동의 근본 의의를 대중에게 알리려고 노력하였다. 그래서 예천사건에 대하여 조사하고 희생자를 위문하며, 대중에게 제대로 알리는 작업을 실천해 나갈 실천위원으로 5명이 선임되었는데, 김재봉을 비롯하여 김찬 · 김약수 · 권오설 · 이석 등이 그들이다.[51] 예천사건 현장에는 안동에서 이준태와 김남수가 현장에서 직접 지원활동을 폈고, 특히 김남수는 사건 1개월 뒤에 상경하여 보고회를 가짐으로써 형평운동에 대한 편견을 무너뜨리고 제대로 확산되는 길을 제시하기도 했다.

51) ≪시대일보≫ 1925년 8월 21일자.

11. 1925년 12월에 검거되다

조선공산당이 결성되고 국내외로 발전해 나갔다. 안으로는 각 지역에 야체이카와 프랙션을 만들면서 지방으로 회원을 증대시켰고, 밖으로는 코민테른에 결성 사실을 알리고 상해를 비롯한 해외 거점을 확보해 나갔다. 그러다가 조선공산당이 결정적인 위기를 맞았다. 1925년 12월에 터진 '신의주사건'이라 불리는 것이 그것이다.

11월 22일 신의주에서 신만청년회원新滿靑年會員 전득린全得麟의 실수로 검거의 단서가 제공되었다. 이로부터 신의주경찰서와 종로경찰서가 연합하여 사회주의자에 대한 대대적인 검거작업이 펼쳐짐에 따라 1차 20여 명이 검거되었다. 사태가 이렇게 진행되자, 김재봉은 자신도 일제 경찰을 피하기 힘들다고 판단했다. 자신에게도 검거 손길이 미칠 것이고, 그렇다면 당이 붕괴되는 것은 시간문제일 뿐이었다. 가장 시급한 대책으로 마련한 것이 후계자를 선정하는 작업이었다. 12월 중순에 서울 수창동 김정숙 집에서 김찬과 협의한 뒤, 후계자로 강달영과 이준태를 선정했다. 그래서 이들을 불러 면담하고, 다시 이봉수·김철수·홍남표를 추가시켰다.[52] 자신들이 검거된 뒤 사업을 이어나갈 인물을 선정한 것인데, 강달영에게 책임비서 계승을, 동향 출신이자 절대적 신뢰자인 이준태에게 당 조직 만회라는 과제를 안겨주었다. 바로 그

---

52) ≪조선일보≫ 1927년 4월 3일자.

직후 예상했듯이 김재봉도 일제 경찰에 검거되고 말았다.

신의주에서 기나긴 심문과정과 옥고가 시작되었다. 신의주경찰서에서 모진 고통 속에 진행되던 조사는 1926년 2월부터 신의주지방법원 심문으로 이어졌다. 그곳에서는 2월 12일·3월 2일·5월 13일·5월 21일 등 모두 네 차례 심문을 받았다. 주된 내용은 김재봉이 사회주의를 수용한 과정, 모스크바 행적과 꼬르뷰로 내지부 건설, 그리고 조선공산당 창당과 이후 활동에 관한 것이었다.

신의주형무소에서 그가 집으로 부친 편지는 동생 재홍과 재하에게도 보내졌다. 4월 말에 홑두루마기를 부탁하였는데, 예심법정으로 나갈 때에 두루마기를 갖추어 입고 나간다는 사실이 적혀 있다.[53] 또 5월에는 춘추 내의를 부탁하기도 했고, 자신이 입던 털내복을 잘 갈무리하라고 일렀다.[54] 특히 사식으로 먹던 점심 한 끼를 그만 중단하라거나, 부친이 먼 길을 오시지 말도록 주문하기도 했다. 그러면서 예심이 언제 끝날지 모른다고 쓰기도 했다.[55]

김재봉을 비롯한 관련 인물들이 갑자기 서울 서대문형무소로 이감되었다. 마침 6·10만세운동이 일어나자, 일제가 '신의주사건' 관련자와 합동심리가 필요하다고 판단했기 때문이다. 널리 말해지던 '1차당'과 '2차당' 관련 인물들이 한꺼번에 심문받게 된 것이다.[56]

1926년 7월 24일 그는 김상주와 함께 아침 9시 18분에 신의주를 출발하는 열차를 탔고, 일본 순사 두 사람이 이들을 호송했다. 신의주역에서는 일제 경찰의 경계가 엄중하였지만, 그런 속에서도 동지들이 말없이 그를 전별하였다고 보도되었다.[57] 김재봉이 탄 열차가 밤 9시 30분에 서울역에 도착할 예정이

53) 在河에게 보낸 서신(1926년 4월 29일자).
54) 在鴻에게 보낸 서신(1926년 5월 7일·5월 28일자).
55) 재홍에게 보낸 서신(1926년 6월 6일·6월 9일자).
56) ≪선봉≫ 1926년 8월 8일자.
57) ≪동아일보≫ 1926년 7월 25일자; ≪조선일보≫ 1926년 7월 25일자.

라는 기사로 미루어보아,[58] 그는 신의주를 출발한 지 12시간 정도 지난 당일 밤에 서울에 도착했을 것이다. 김재봉만이 아니라 박헌영 · 임원근 · 김두전 · 송봉우 · 유진희 · 김상주 · 진병기 · 윤덕병 등 20명이 신의주에서 서대문형무소로 이감되었다.[59] 서대문형무소에 수감된 이들은 종로경찰서에 검거된 이른바 '2차당' 인물들과 연계되어 심문을 받았다.

김재봉은 동생에게 경성지방법원으로 옮기게 되었다는 사실을 편지로 알렸다. 그러면서 맏아들 연鍊의 혼처를 구하라고 주문하고, 두 아들 연과 정鋌에게 글자교육을 강화하라고 주문했으며, 또 둘째 아들 이름이 벽자僻字라는 생각이 들므로 단鍛으로 바꾸라고 당부하였다. 또 그는 동생에게 부친이 서울을 방문하려는 것을 다음 공판 시기로 연기해 달라거나, 읽을 책을 주문했다. 반입할 수 있는 책에 한계가 있었으므로 『맹자』와 『시전』을 요구했다.[60]

옥중에 있으면서도 그의 맏아들 혼인문제는 상당히 신경이 쓰이는 것이었다. 며느리는 안동 임하 내앞마을(천전川前의 김원대金元大)의 딸이었다. 그래서 아들에게 결혼한 뒤로 성인으로서 살아갈 도리를 당부하였다. 그리고 옥중에서 입을 솜두루마기를 부탁했다. 아예 이불과 두루마기 겸용으로 입고 사용할 수 있도록 만들어 달라고 주문했다. '이불을 겸한 두루마기'는 추운 겨울을 지낼 감옥살이에 적절하고 실용적이라는 느낌을 준다.[61]

9월 초 공판이 개시되었지만 그 진행은 느렸다. 실제로 그가 심문을 받게 된 시기는 더 늦은 1927년 초였다. 1927년 2월 17일 · 18일, 3월 5일 등 모두 세 차례에 걸쳐 심문이 있었다. 당시 내용은 주로 조선공산당 창당과정과 '신의주사건'으로 검거되기 직전에 후계자들에게 연결시키던 과정에 집중되었다. 하지만 그는 이른바 '2차당'이라는 존재와 그 구성원에 대해 모른다는 답변으

58) ≪시대일보≫ 1926년 7월 25일자.
59) ≪선봉≫ 1926년 8월 8일자.
60) 재홍에게 보낸 서신(1926년 7월 28일 · 8월 27일 · 10월 15일자).
61) 재홍에게 보낸 서신(1926년 10월 15일자).

로 일관하였다. 집요한 심문에도 불구하고, 그는 자신이 알고 있거나 만난 사람이 결코 몇 명 되지 않는다는 점을 분명하게 답했다.

길게 끌던 예심이 1927년 3월 31일에 끝났다. 김재봉 자신을 포함하여 이른바 1차당 그룹, 그리고 6·10만세운동을 이끌어낸 권오설을 비롯한 2차당 그룹에 대한 예심이 함께 종결되었다.[62] 그는 공판을 기다리면서 변호를 한상억韓相億과 최진崔鎭에게 위임했다는 사실을 동생에게 알렸다.[63] 서대문형무소에서 자주 건강하지 못한 모습을 보이면서도 그는 서신을 통해 집안 걱정을 토로하였다. 인삼재배를 시도한 집 소식에 그 결과를 거듭 물었고,[64] 동경으로 간 맏아들 소식이나, 모친이 낙상하였다는 이야기에 조바심을 내는 글을 집으로 거듭 보냈다. 그러면서 면회 오거나 경제적으로 도와준 집안 형제들에게 감사한 이야기도 썼다.[65] 공판이 지루하게 늘어져갔다. 그러는 사이에 집안으로 보내는 글에 조금씩 짜증이 묻어나기도 했다. 동경으로 잠시 다니러 간 동생 재홍의 소식을 묻거나 인삼재배 소식을 집안 동생에게 묻는 글이 거듭되었다. 1927년 7월에는 우유 한 병씩 마시게 되었다는 이야기도 쓰여 있다.[66] 막내동생 이름을 재란在鸞에서 재린在麟으로 바꾸라고 권유하기도 했다.[67]

1928년 1월 20일에 구형이 있었다. 1927년 3월 31일에 예심이 끝났으니, 해를 바꾸면서 무려 열 달이나 걸려 구형이 이루어진 것이다. 그것도 7년이라는 장기구형이었다. 그리고 2월 13일에 있은 판결에서 그는 6년형을 선고받았다. 지긋지긋한 심리와 공판과정이었지만, 이제 감옥에서 오랜 세월을 보내야 했다. 그는 동생에게 책을 보내달라고 부탁했다. 그가 주문한 책은 『사림辭林』

62) ≪동아일보≫ 1927년 4월 3일자; ≪조선일보≫ 1927년 4월 3일자.
63) 재홍에게 보낸 서신(1927년 4월 12일자).
64) 재홍에게 보낸 서신(1927년 5월 9일자); 재하에게 보낸 서신(1927년 8월 12일자).
65) 재하에게 보낸 서신(1927년 6월 4일자).
66) 재하에게 보낸 서신(1927년 7월 23일자).
67) 재하에게 보낸 서신(1927년 9월 24일자). 족보나 호적에는 재란이란 이름이 그대로 사용되었다.

(김택金澤 편찬)과 『종種의 원源』, 그리고 심리학과 생물학, 기타 자연과학 서적이었다. 그러면서 동경에 있는 장남에게 영어를 학습하라고 주문하고 동생에게는 인삼재배를 거듭 묻고 주문했다.[68] 동경에 유학하던 장남에게는 『최정세계지도最精世界地圖』·『명선한화사전明鮮漢和辭典』과 심리학·논리학·윤리학·기타 자연과학 서적을 주문하였다.[69]

옥살이는 세월없이 지나갔다. 몸은 자주 아프고 병감에 수용되는 일도 자주 생겼다. 1928년 여름에는 그가 폐병으로 신음중이라는 보도까지 나왔다.[70] 병감에 수용된 인물을 보도한 내용에서 등장한 것인데, 병감 수용 사실은 이해되지만 '폐병'이라는 점은 확실하지 않다. 비록 그가 자주 병약한 모습을 보이기는 하더라도 폐병이라는 이야기는 이 때 한 번만 등장하기 때문이다. 바깥세상이 어떻게 변해가든 그곳에서는 그저 막힌 세상에서 면회자와 엽서로 바깥소식을 들었다. 평소 그물뜨기와 봉투붙이기 작업을 했지만,[71] 특히 힘든 일은 독방에 갇혀 지내는 것이었다. 독방살이는 그 자체가 또 다른 중형이었다. 1931년 11월 출옥하면서 기자에게 밝힌 이야기에서 그는 7년 대부분을 독방에서 보냈다면서 그 문제점을 다음과 같이 술회하였다.

> "감옥에서는 칠년동안에 대부분을 독방獨房에 잇섯슴이다마는 감옥내의 대우는 말할 것도 업지마는 항상 병자가 만히 생기는 원인은 장긔수長期囚을 독방에 두는 것이 정신상은 물론 륙체에도 병이 나도록 하는 것임이다. 운운"[72]

그는 바람결에 무너져가는 나라 소식을 듣고, 집안 걱정을 엽서로 쏟아냈다. 봉함엽서에서 정치적인 이야기를 담아낼 수는 없으니, 집안 이야기가 주

68) 재홍에게 보낸 서신.
69) 동경의 장남에게 보낸 서신(10월 21일자).
70) ≪중외일보≫ 1928년 8월 18일자.
71) 재홍에게 보낸 서신(1931년 6월 19일자).
72) ≪조선일보≫ 1931년 11월 19일자.

류를 이루었다. 동경으로 간 장남이 언제 귀국하는지 묻고 차남의 성적표를 보내라고 주문했다. 집안에서 양잠蠶農과 인삼재배, 그리고 양조釀造에 손을 댄다는 소식에 묻고 또 물었다.[73] 양조는 하지 말라고 강하게 요구하고 인삼도 지질이 적합하지 않으면 재미없을 것이라고 단정하였다.[74] 그러다가 집에 불이 났다는 소식에 망연자실했다. 큰 사랑채가 불탔다는 소식을 동경에 유학하고 있던 장남에게 들었다. 엽서를 보내는 것도 횟수가 정해져 있어서 장남에게 글을 보낼 경우, 고향 동생에게는 연락하지 못했다. 그래서 "요전 정기定期 편지는 연아鍊兒에게 하엿다. 매우 바랏을 것이다"라고 동생에게 사정을 알리기도 했다.[75]

김재봉이 다른 사람들과 다른 독특한 면모를 보인 장면은 그가 한학자의 체취를 풍긴 점이다. 옥중에서 한시를 짓고 즐겨 읊는 모습은 보는 이로 하여금 한학자의 풍모를 느낄 수 있게 만들었다. 어릴 때부터 한학을 배우고 가학을 이어받은 그로서는 무척 당연한 이야기이지만, 그를 모르는 사람에게는 낯선 일일 수도 있었다.

> 날마다 공장工場에 드러가서 그 괴로운 일을 하면서도(망사網絲) 한학자漢學者인 구풍舊風이 그저 남어서 한시漢詩를 짓너라고 홍얼홍얼 한다고 한다 그의 시詩를 아즉 발표發表치 못함이 유감遺憾이나 가작佳作도 만히 잇다고 한다 신체身體는 별 고장故障이 업스나 감정感情이 너무 예민하게 되야 박게 잇는 친지간親知間에 편지 한 장이나 서적書籍 한 책冊 차입差入식혀 주지 안는 것을 퍽이나 섭섭하게 생각하고 엇던 때에는 홍분興奮이 되야 혼자 노질怒叱하다가 또 비애悲哀를 한다고 한다 평소平素에 그와 친親한 이들은 물론勿論이고 다른 동지간同志間이라도 일자위문一字慰問의 편지라도 하는 것이 그에 대對하야 퍽이나 위안慰安이 될 듯하다.[76]

---

73) 재홍에게 보낸 서신(1928년 6월 16일자).
74) 재홍에게 보낸 서신(1928년 8월 16일자).
75) 재홍에게 보낸 서신(1928년 12월 24일자).

이 글은 옥중 공장에서 그가 망사를 뜨는 괴로운 일을 하기도 했지만, 한시를 즐겨 짓고 읊는 모습에서 한학자의 풍모를 갖추고 지냈다는 사실을 전하고 있다. 또 이 글은 그가 바깥세상 소식에 목말라했고, 서적을 반입해 주기를 간절히 바라고 있던 모습도 알려 준다. 옥고를 마칠 무렵에는 그가 에스페란토를 배우겠다고 나섰다. 두 차례나 '엣스어語' 책자를 보내달라고 동생에게 글을 썼다.77)

1929년에 들어서는 보리농사가 흉년이라는 소식에 안타까워했고, 동경에서 보내온 장남의 서신에 잘못된 글자가 많다고 지적하기도 했다.78) 또 그 해 추석이 지나 들려온 풍작 소식에 안심하면서 막내 동생 재린의 혼사를 명년 안으로 추진하라고 당부했다.79) 이어서 집안 아저씨인 간섭幹燮이 면회 와서 경제공황이 극도에 달했다고 전해준 소식과 또 막내 동생 재린의 혼처에 대해 질문하기도 했다.80)

특히 1931년에 들면 그는 더욱 조바심을 낼만한 일이 있었다. 출옥하게 되는 1931년이 부친의 수진晬辰, 즉 회갑을 맞는 해였다. 그래서 그는 "한 달만 먼저 나가면 모실텐데"라면서 조금은 기대하는 듯하다가, 이내 부친 회갑 이전에 출옥할 희망을 단념하길 바란다고 동생에게 주문하였다.81)

---

76)「獄中滿悤」, ≪별건곤≫ 제32호(1930년 9월 1일), 123쪽.
77) 재홍에게 보낸 서신(1931년 2월 16일 · 6월 4일자).
78) 재홍에게 보낸 서신(1929년 6월 19일자).
79) 재홍에게 보낸 서신(1929년 10월 15일자).
80) 재홍에게 보낸 서신(1929년 12월 20일자).
81) 재홍에게 보낸 서신(1931년 2월 16일 · 6월 4일자).

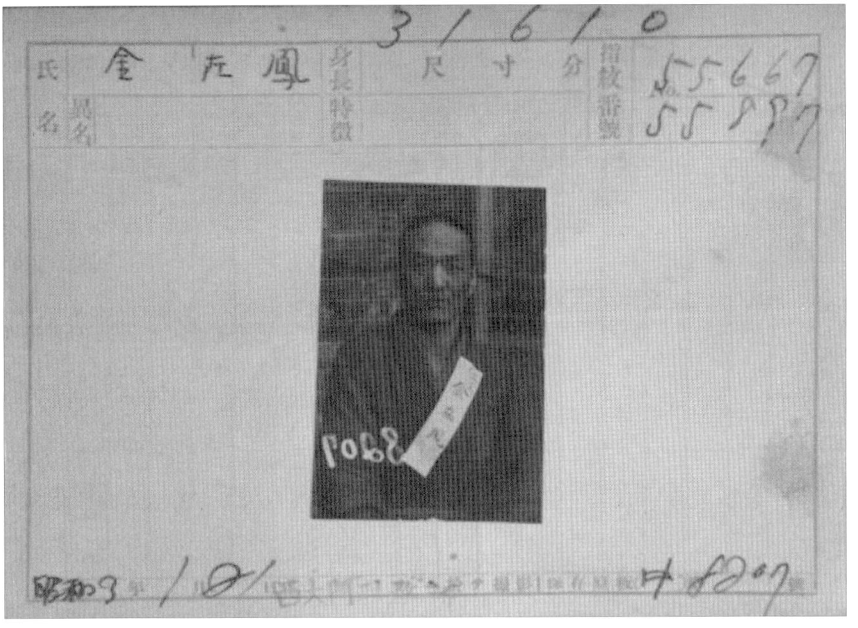

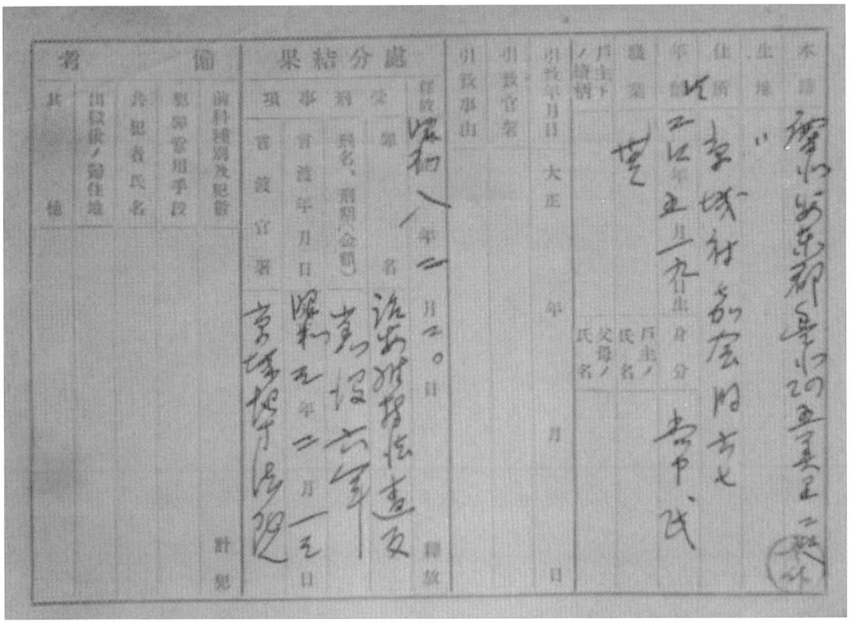

서대문형무소 수형카드

12. 출옥 이야기

1928년 11월 '은사령'이라는 이름으로 많은 사람들이 감형되었는데, 그도 감형자 명단에 들어 있었다.[82] 확실하게 얼마 기간이 감형되었는지 확실하지 않지만, 대개 6~8개월 정도 줄어든 것 같다. "그는 6년六年의 형刑을 바든 까닭에 래래來來 명년明年(소화昭和 7년七年) 4월四月에나 다시 이 세상 봄 구경을 할 것이다"라는 글이 있었는데,[83] 실제로는 이보다 6개월 앞선 1931년 11월 출옥했다. 또 그가 출옥한 직후에 보도된 신문기사에는 미결상태가 6백여 일인데, 미결 기간이 360일 계산되어 실제로 만 6년 동안 옥고를 치렀다고 했다. 그렇다면 240일 정도는 미결기간으로 계산되지도 않았고, 또 그 만큼 기간을 감형되었다는 말이 된다.[84]

서대문형무소 전경

82) ≪중외일보≫ 1928년 11월 12일자.
83) 「獄中滿悤」, ≪별건곤≫ 제32호(1930년 9월 1일), 123쪽.
84) ≪조선일보≫ 1931년 11월 19일자.

1931년 11월 18일, 김재봉이 출옥하였다. 일단 인사동에 있던 '락세여관樂世旅館'에 방을 정하고 잠시 요양에 들어간 그는 신문기자들의 방문을 받았다. ≪동아일보≫·≪조선일보≫ 모두가 그를 방문한 인터뷰 기사를 실었다. 꼬박 6년만에 세상에 나와서 격세의 감이 있다는 간단한 말이 ≪동아일보≫에 실린 반면,[85] ≪조선일보≫에는 좀 더 자세한 내용이 게재되었다. 후자의 글을 보면, 출옥 당시 그의 건강이 극히 좋지 않았다는 사실을 확인할 수 있다.

서대문형무소 내부 모습

> 장구한 시일을 감옥에서 신음한 관계로 그의 건강은 극히 조치모하야 위장염胃臟炎과 신경통神經痛으로 고민하는 중이며 시골인 경북 안동安東에는 로친의 병환이 또한 위독함으로 수일 후 그의 향제로 도라 가리라는데… 감옥에서는 칠년동안에 대부분을 독방獨房에 잇섯슴이다마는 감옥내의 대우는 말할 것도 업지마는 항상 병자가 만히 생기는 원인은 장긔수長期囚을 독방에 두는 것이 정신상은 물론 륙체에도 병이 나도록 하는 것임이다. 운운[86]

옥중생활 대부분 기간이 독방생활이었다. 장기수가 독방에서 생활하는 그 자체만으로도 정신적으로 육체적으로 병을 강요하는 또 다른 형벌이라는 뜻이 들어있다. 위장병과 신경통으로 시달리는 그였지만, 귀향이 다급한 처지였다. 모친이 위독했기 때문이다. 1931년 8월 동생에게 보낸 편지에도, 그는 모친의 병환을 걱정하면서 '신의술', 신식 서양의술을 찾아 치료받도록 하라고

85) ≪동아일보≫ 1931년 11월 19일자.
86) ≪조선일보≫ 1931년 11월 19일자.

일렀다. 그러면서 만주에서 귀국하여 치료를 받고 있던 김응섭의 치료 경과를 묻기도 했다.[87]

87) 재홍에게 보낸 편지(1931년 8월 20일자).

13. 출옥 이후의 삶과 서거

김재봉은 출옥한 직후부터 10년 동안 하루도 편안한 날을 맞을 수 없었다. 본인 스스로 건강을 제대로 유지하기 힘들었고, 게다가 집안에 맑은 날이 별로 없었기 때문이다. 우선 출옥한 지 두 주일만인 12월 2일 모친이 사망하였다. 자신의 몸도 추스르기 전이었다. 더구나 6년이나 감옥에 있는 동안 모친이 얼마나 자신을 애타게 그리워했는지 그도 잘 헤아리고 있었다. 장기수로 옥고를 치르던 아들을 두고, 그 모친이 얼마나 괴로운 삶을 지냈는지 김재봉 자신도 헤아리고 남았을 터였다.

조금만 일찍 출옥해도 부친 회갑연에 참석할 수 있다고 기대하던 그가 아닌가. 다르게 생각한다면 자신이 모친상을 치를 수 있는 것만으로도 다행일 수도 있지만, 비통하고 안타까운 날이 아닐 수가 없었다. 비록 국가와 민족을 위한 일로 옥고를 치렀지만, 부모에게는 불효일 수 밖에 없지 않은가. 가까운 동지 조동호는 "여러 해 영어생활에서 겨우 석방되어 집으로 돌아가자 얼마 안 되어 갑자기 당한 흉변이라 망극한 슬픔이 과연 어떻게 억누를 수 있었겠습니까?"라고 문상하는 편지를 보냈다.[88] 여러 동지들이 그러했겠지만, 그나마 조동호의 조문 서신이 남아 있어서 정황을 짐작하게 만든다.

슬픔은 여기에서 끝나지 않았다. 1932년 12월 2일, 그러니까 모친을 잃은

88) 1931년 12월 3일자, 조동호가 김재봉에게 보낸 문상 서신.

뒤 정확하게 한 해되는 바로 그 날에 동생 재홍이 사망하였다. 그가 옥살이하던 시절동안 꼬박 그 뒷바라지를 맡았던 동생이 아닌가. 옥바라지만이 아니었다. 동생은 부모님을 모시면서 집안일을 도맡아 살림을 꾸려나갔다. 형의 두 아들, 즉 조카에 대한 교육과 혼사까지 치러나간 동생이 아닌가. 그런 동생이 25세 젊은 나이에 세상을 떠난 것이다. 세상 모든 일이 허망스러웠으리라.

아픈 마음을 달래려면 세월이 필요했다. 자연을 벗하며 지내는 날들이 있어야 했다. 그래서 나선 일이 벌을 치는 양봉이었다. 이 사실은 1934년 잡지 기사를 통해 알려졌다. 생계에 도움이 되는 일이어서 벌을 치는 것이 아니라, 벌을 따라 다니다 보면 신선한 공기를 마실 수 있고, 따뜻한 햇살을 받을 수 있어서 소일거리로 그 일을 택하였다고 그는 밝혔다.[89] 서대문형무소를 나오자마자 자신의 몸도 추스르기도 전에 모친과 재홍을 연달아 잃고 비틀거리던 김재봉, 그는 세월을 보내면서 자신을 다시 일으켜 세우려 애를 썼다. 그러던 1930년대 전반기는 그의 나이 40대 전반기였다. 늘 경찰의 감시를 받아가면서도 움직이고 또 움직였다. 그래서 점차 그의 건강도 회복되어 갔다.

그렇게 몸을 가꾼 뒤, 그는 걸어서 먼 여행길에 올랐다. 만 46세가 되던 1937년 음력 8월 10일, 추석을 닷새 앞둔 날에 무궁화 강토(근전槿田)를 답사하러 나섰다. '가뿐한 신과 짧은 지팡이'로 '내 땅'을 밟으러 나선 길이다. 전체 여정이 어떠했는지 알 수 없지만, 그가 남긴 시 11편은 동해안을 거쳐 금강산을 유람한 자취를 보여준다. 집 떠난 지 나흘만인 14일에 대관령에 올라 글을 짓고, 다음 날 추석은 강릉에서 머물렀다. 양양 낙산사(8.16)·청간정淸澗亭(8.17)·외금강 온정리(9.3)·만물상(9.4)·신계사神溪寺(9.5)·옥류동과 구룡폭포(9.6)를 거친 그는 마침내 비로봉에 올라 내금강과 외금강을 바라보았다.

---

89) 「出頭巨頭의 其後 =第一·二次 共產黨事件의 首腦者, 民衆運動者大會事件의 首腦者」, ≪삼천리≫ 제6권 제5호(1934년 5월 1일), 113쪽.

『동해안주공소첩東海岸走笻小帖』 표지

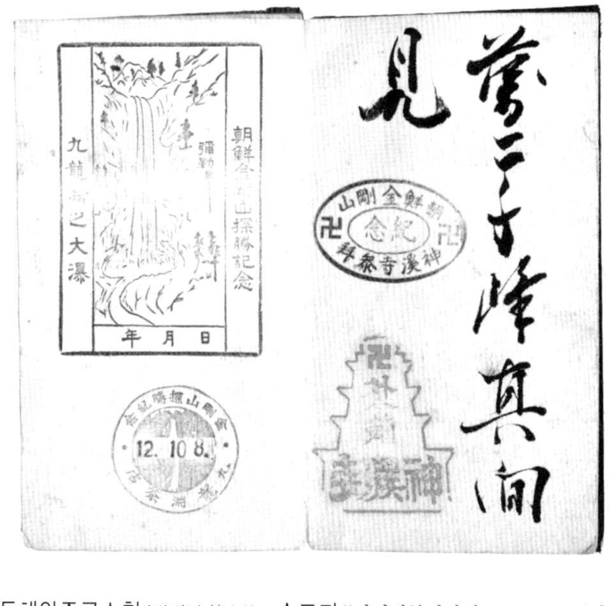

『동해안주공소첩東海岸走笻小帖』 속표지('만이천봉기간견萬二千峰其間見'이란 글씨, 금강산 신계사와 구룡폭포를 담은 기념 스탬프가 찍혀 있다)

여행길에 지은 시 11편을 담아 9월 14일자로 『동해안주공소첩東海岸走笻小帖』을 묶었다. 아마 이 날짜가 여행을 마친 날이거나, 고향에 도착하던 무렵이 아닌가 여겨진다. 그러니 꼬박 한 달이 넘는 여정인 셈이다. 작은 지팡이 하나 들고 나선 길이요, 정감을 한시로 그려냈다. 그러면서도 정치적이거나 사회성 있는 단어는 한 마디도 넣지 않았다. 일제와 부딪치지 않으려던 그의 심정을 헤아릴만하다. 하지만 곳곳에 시름겨운 그의 심정을 담아냈다. 대관령에 올라 지은 「등대관령상정登大關嶺上頂」 마지막에 다음과 같이 표현하였다.

막언월령다노비莫言越嶺多勞憊	고개넘기 힘들고 고달프다 말하지 말라
도세난관등차행度世難關等此行	인생행로 난관이 이만 못지 않으리

이것은 평범한 말이기도 하지만, 고난에 찬 그의 생애를 말해주기도 한다. 11편 모두 아름다운 무궁화 강토를 노래했는데, 어느 하나 나무랄 데 없는 수작이다. 동해안을 따라 오르며 지은 글과 마지막으로 비로봉에 올라 내금강과 외금강을 바라보며 지은 것을 보자.

東海岸	**동해안**
무비승지합루대無非勝地合樓坮	아름다운 곳 누요 대에 마땅치 않음이 없다
곡곡구구보보래曲曲區區步步來	구비 구비 구역 구역을 걸음 걸음 왔다
백로비시산우제白鷺飛時山雨霽	해오라기 나는 때 산 비 개이고
명사수처해당개明沙隨處海棠開	하얀 모래밭을 따라 해당화 피었다
계명구폐연하리鷄鳴狗吠烟霞里	닭 울고 개 짖고 내 끼고 노을 지는 마을
어적도가일월애漁笛棹歌日月涯	고기잡이 젓대 놋소리 해 달 뜨는 가
객로련장송계외客路練長松桂外	나그넷길 길구나 솔 계수 밖
관동풍경단공최關東風景短笻催	관동 풍경 보자구나 짧은 작대 재촉한다

등비로봉망내외금강登毘盧峰望內外金剛
비로봉에 올라 내 · 외금강을 바라보다

산간류수수간산山間流水水間山	산 사이엔 흐르는 물이요 물 사이엔 산인데
만이천봉재차간萬二千峰在此間	만 이천 봉우리 이 사이에 있다
조경모종연극락朝磬暮鐘連極樂	아침 풍경 저녁 종소리 극락에 이어지고
전기후괴격진환前奇後怪隔塵寰	앞은 기기 뒤는 괴괴 속세를 단절했네
암대석간아양주岩戴石澗峨洋奏	바위가 돌 개울 머리이고 아양곡을[90] 탄주할 제
계원송첨일월간桂院松簷日月間	솔인가 계수로 빚은 절집 해 달 사이에 있네
묘사금강수유수描寫金剛誰有手	금강산을 그려낼 새 누구라 능수일까
서풍투필일공환西風投筆一笻還	서풍에 붓 던지고 작대 하나로 돌아가노라

금강산을 다녀온 이듬해 부친이 세상을 떠났다. 1938년 5월 9일 부친이 만 68세로 별세한 것이다. 옥살이 이후 6년 반 정도 모시고 살 수 있었던 사실만으로도 다행스럽게 여겨야 했다. 그런데 1940년대 들어 연이어 그에게 슬픈 일이 닥쳤다. 1941년 9월 18일 차남 단鍛이 25세라는 젊은 나이에 사망한 것이다. 또 그 다음 해 1942년에는 맏 제수와 넷째 동생이 반 년 사이로 사망하였다. 큰 동생 재룡은 3·1운동 직후인 1919년 여름에 사망하였고, 당시 김재봉은 서울에 머물면서 사회운동을 모색하던 시기였고, 결국 상에도 참석하지 못하였다. 청상과부가 된 맏 제수가 섧고도 섧은 세월을 살다가 사망한 것이다. 또 넷째 동생 재란在鸞(재린在麟)이 30세에 사망했다. 기가 막힌 일이니 무슨 말이 나올 수 있었으랴.

---

90) 아양곡峨洋曲 : "아아혜약태산峨峨兮若泰山 양양혜약강하洋洋兮若江河" 싯구에서 '峨'와 '洋'을 따서 우뚝한 산과 드넓은 물과 같은 선비의 뜻을 가리키는 비유어로 쓰임.

그렇게 애달픈 날을 보내다가, 김재봉 자신도 만 53세가 되던 1944년 음력 2월 28일에 세상을 떠났다. 아프고 쓰라린 아픔들이 건강을 해치고 병을 깊게 만든 지도 모른다. 고향 마을에서 멀지 않은 현애 근처 선산에 그의 영원한 집이 마련되었다. 해방 전야, 그의 집에는 슬픈 먹구름이 짙게 드리워져 있었다.

김재봉 묘소(예천군 호명면 직산1리 동막골에 자리하고 있다)

14. 박헌영이 주도한 추도회

해방 이후 김재봉은 잠시 역사 무대로 다시 등장하였다. 박헌영 중심으로 다시 결성된 조선공산당이 김재봉의 2주기를 맞아 추도회를 거행한 것이다. 신문기사에 따르면, "오늘 고故 김재봉씨金在鳳氏 제2주기第二週朞 추도회悼追會" 라는 타이틀 아래, '재경 동지들의 주최'로 열리는 추도회가 3월 30일 계동 140의 3호, 2층에서 열린다고 보도되었다. 서거일이 음력 2월 28일인데, 1946년에는 바로 양력 3월 30일이었다. 거기에 김재봉이 '제1차 조공책임비서'라고 지칭되었다.[91] 이에 비해 ≪해방일보≫는 다음과 같은 표제어를 내걸고 추도식을 자세하게 소개하였다.

> 아당我黨 제1대第一代 책임비서責任秘書
> 고故 김재봉金在鳳 동지同志 2주기二週年 추도식追悼式
> 당黨 본부本部에서 엄숙嚴肅히 거행擧行하다

기사에 따르면, 당 본부가 있던 계동 140번지 3호, 2층에서 행사가 열렸다. 이들이 조선공산당을 계승하고 있다는 사실도 '아당我黨 제1대 책임비서'라는 표현에서 확인할 수 있다. 오후 4시에 시작된 식은 5시 30분까지 진행되었다. 이주하의 개회사로 시작된 식은 당을 대표하여 권오직이 추도문을 낭독하고,

---

91) ≪조선인민보≫ 1946년 3월 30일자.

홍덕유가 개인 자격으로 추도문을 이었으며, 김재봉의 종숙이자 변호사인 김완섭金完燮이 집안을 대표한 추도사를 말하는 순서로 진행되었다.[92] 그리고서 하이라이트는 박헌영의 추도사에 있었다. 박헌영은 '고 김재봉 동지를 위한 추도사'라는 제목으로 이야기를 풀어 갔다. 그는 역사를 진보와 반동으로 구분한 뒤, 김재봉을 진보적이라 규정하면서, '조선의 위대한 지도자'라고 평가하였다. 1925년 국외에서 국내로 들어와 조선공산당을 조직한 일이 곧 위대한 진보였다고 규정한 박헌영은 다만 1925년부터 1929년 사이에 존재한 조선공산당이 완전한 당이 아니라 파적 경향을 극복하지 못한 한계를 가졌다고 지적했다. 그러면서 해방직후 그들에게 주어진 역사적 과제는 '진실한 볼세비키화 지향과 강철 같은 볼세비키의 규율을 세우는 것'이라고 천명하였다.[93] 김재봉의 후손들은 해방 직후에 박헌영이 오미마을 김재봉의 집을 다녀갔다고 말한다. 이는 박헌영이 밝힌 추도사에서 김재봉을 위대한 지도자로 평가한 사실과 상통하는 점으로 이해된다.

1946년 4월 17일, 조선공산당 창당 21주년을 맞아 김재봉은 또 다시 ≪해방일보≫와 ≪조선인민보≫에 소개되었다. 이후 김재봉을 소개하는 일은 눈에 띄지 않는다. 조선공산당이 불법단체로 규정된 뒤로는 김재봉에 대한 언급은 나타나지 않았고, 더구나 분단과 전쟁으로 말미암아 그에 대한 이야기는 깊은 땅 속에 묻혔다. 다시는 살아나지 않을 것처럼 깊고 깊은 어둠 속에 잠겨버렸다. 그리고는 반세기 넘는 동안 그의 이름을 애써 부르거나 찾는 이가 거의 없었다.

---

92) 추도식이 열리던 당시는 김재봉의 탈상 치르느라 가족들은 모두 고향에 머물고 있었다.
93) ≪해방일보≫ 1946년 4월 1일자.

15. 그를 다시 평가하며

1891년에 태어나 1944년에 서거한 김재봉, 그의 삶은 겨우 53년에 지나지 않았다. 넉넉하고 세가 좋은 양반가문에 태어나 청소년기에 전통 유학을 배우고 자라난 그가 신교육을 받기 시작한 것은 청년기를 지나던 1910년을 전후한 즈음이었다. 1912년부터 다닌 경성공업전습소 교육과정은 그에게 첨단 분야 학습만이 아니라 민족문제를 바라보는 눈을 가지는 시기이기도 했다. 그래서 졸업한 직후 고향으로 돌아와 오릉학술강습소에서 후배를 양성하는 데 힘을 기울였다. 집안 후배양성이기도 했지만, 민족의식을 불어넣는 구국교육이기도 했다.

1919년 3·1운동을 지켜보면서 상경한 그는 상해를 다녀온 안상길과 더불어 임시정부 지원활동에 나섰다. 이것이 20대 후반의 나이에 그가 본격적으로 나선 민족운동의 첫 걸음이었다. 이로 말미암아 1921년, 만 20세 나이에 6개월 징역형을 겪은 그는 출옥하자마자 모스크바에서 열린 극동민족대회에 참석하였다. 만 30세를 넘어서면서 펼치기 시작한 사회주의운동의 발단이 여기에서 마련되었다. 극동민족대회를 마치고 러시아에 1년 넘게 머물면서 그는 사회주의를 본격적으로 학습하고, 블라디보스토크에서 공산청년회를 이끌다가 꼬르뷰로의 '적자'가 되어 국내로 들어왔다. 꼬르뷰로 내지부를 조직하고, 화요회를 거쳐 조선공산당 결성으로 밀고 나아갔다. 30대 중반에 쏟아 부은 그의 피와 땀이 거둔 결실이었다. '제1차 조선공산당 초대 책임비서'라는 이름으로 선명하게 드러난 그의 존재는 곧 서대문형무소에서 6년을 보내는 고난으로 연결되었다. 그리고서 다시 민족의 품으로 돌아온 것이 1931년, 그의 나이 만 40세 되던 해였다. 그리고서 가정의 아픔을 거듭 당하면서도 또한 병으로 약해진 몸을 추스르느라 애쓰던 여생이 13년이었다.

전후를 따져보면, 청춘을 바쳐 활동하던 기간이 20년 정도였다. 그 가운데 교육운동에 5년, 임시정부 지원활동과 사회주의운동에 7년, 그리고 옥고 기간 6년이 그 대부분을 차지한다. 그러고 보면 참으로 불꽃같은 삶이었다. 그런 불꽃이 한 번 꺼진 뒤에 다시는 살아나지 않을 것처럼 긴긴 침묵과 암흑 속에 묻혔다. 그러다가 다시 그 불씨를 되살린 것이 광복 60주년을 맞은 2005년이었다. 86주년을 맞은 3·1절에 대한민국 정부가 그를 독립유공자로 평가하여 건국훈장 애국장을 추서한 것이다.

그는 사회주의자였고 조선공산당 초대 책임비서였다. 그러나 그는 국제공산주의자가 아니라, 민족문제 해결을 가장 높은 목표로 삼은 민족적 사회주의자요 사회적 민족주의자였다. 그리고 그가 걸은 길 자체도 계급해방보다는 민족해방에 더 높은 가치를 부여한 것이었다. 따라서 그의 삶은 민족해방을 향한 것이었고, 독립운동 그 자체였다. 또 해방 이후 대한민국 건국이나 존립에 부정적인 영향을 미친 일도 없었다. 이런 인물의 업적을 지하에 묻어둔다는 사실 자체가 민족의 역사적 역량을 축소시키는 행위에 지나지 않는다. 그에 대한 적극적이고도 긍정적인 평가는 민족사의 영역을 바르고도 넓게 보는 바람직한 일임에 틀림없다.

자료편

Ⅰ. 족보·학적부

족보

제적등본

「學籍簿」, 官立工業傳習所

「卒業證書」, 官立工業傳習所

자료 1 족보

玉山人父旭煥子張敏錫張光錫張忠錫張周錫

子文燮
字章彦通德郎
高宗辛未生戊寅
四月十六日卒
墓西村後麓戌
坐
配恭人眞城李氏
父正言元浩溫
溪瀣后壬申生
辛未十月二十
三日卒○墓德
葛嶝曾祖妣墓
下同向

子在鳳
字周瑞辛卯生
甲申二月二十
八日卒
配晉陽鄭氏父演
黙愚伏經世后
辛卯生庚戌正
月十五日卒○
墓東幕丑坐合
祔

子在龍

子鍊

子鍛
出系仲父后

女季
乙亥生
夫金昌植清風
人子金裕澤
女裕彩東影

系子鍛

자료 2 제적등본

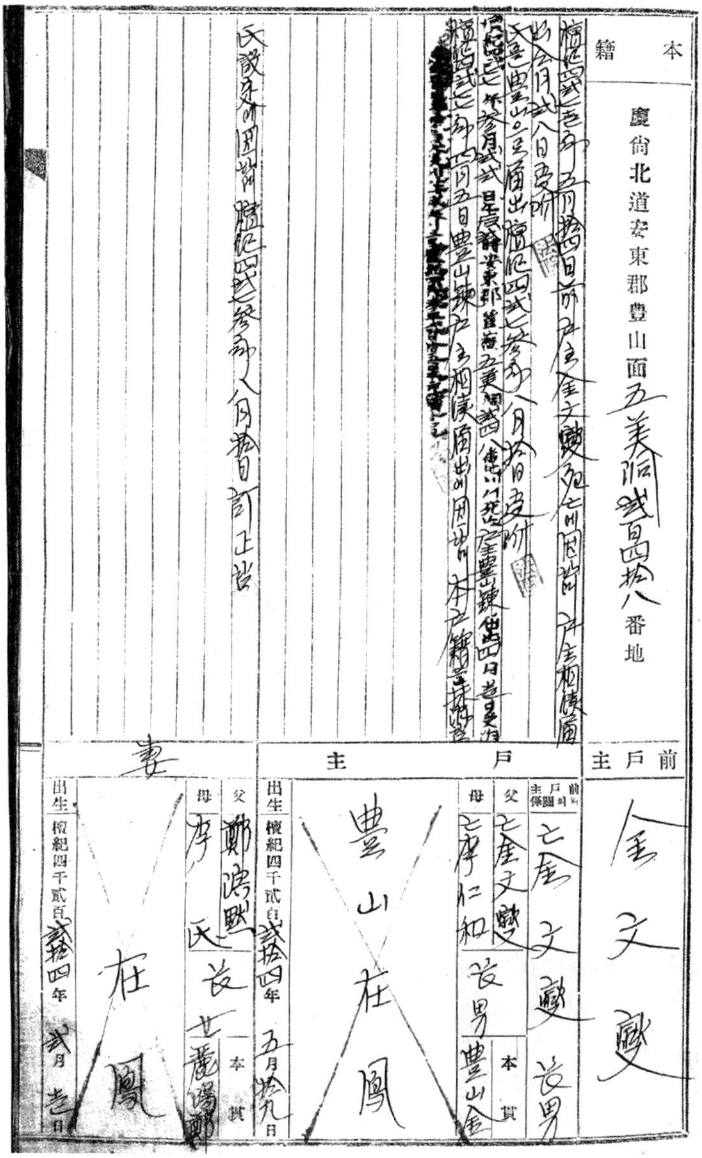
本籍
慶尙北道安東郡豊山面五美洞貳百四拾八番地
前戶主
金文燮
戶主
前戶主와의 關係
亡金文燮 長男
父 亡金文燮
母 亡李仁和
長男
本貫 豊山金
豊山 在鳳
出生 檀紀四千貳百貳拾四年五月拾九日
妻
父 鄭鴻默
母 李氏
長女
本貫
在鳳
出生 檀紀四千貳百貳拾四年貳月壹日

자료 3 「學籍簿」, 官立工業傳習所

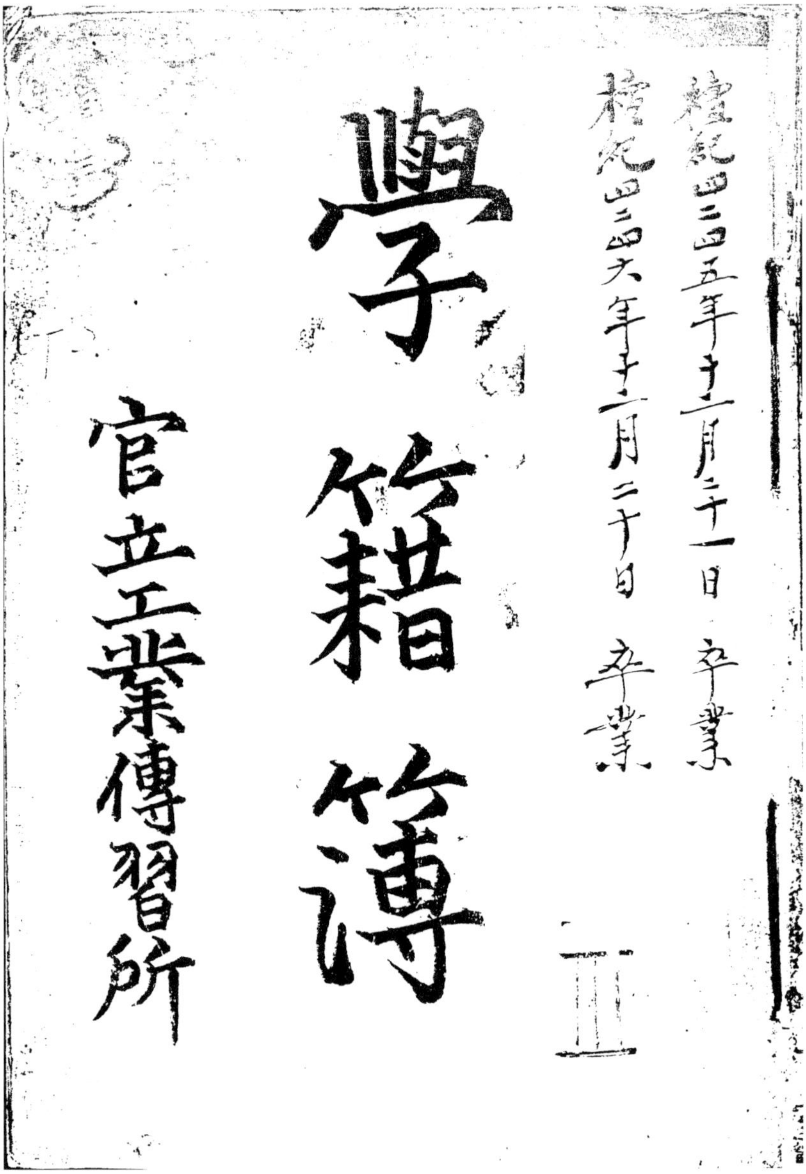
檀紀四二四五年十二月二十一日 卒業
檀紀四二四六年十二月二十日 卒業
學籍簿
III
官立工業傳習所

仝	全承杓	仝	三七五
仝	權泰榮	仝	三七六
仝	鄭瀚朝	仝	三七七
仝	權重燠	仝	三七八
仝	金在凰	仝	三七九
仝	崔粲鎬	仝	三八〇
南	金容瓘	仝	三八一
仝	朴在翊	仝	三八二
仝	高漢永	仝	三八三
仝	鄭光明	仝	三八四
仝	李柱興	仝	三八五
仝	車廷載	仝	三八六
仝	姜萬元	仝	三八七

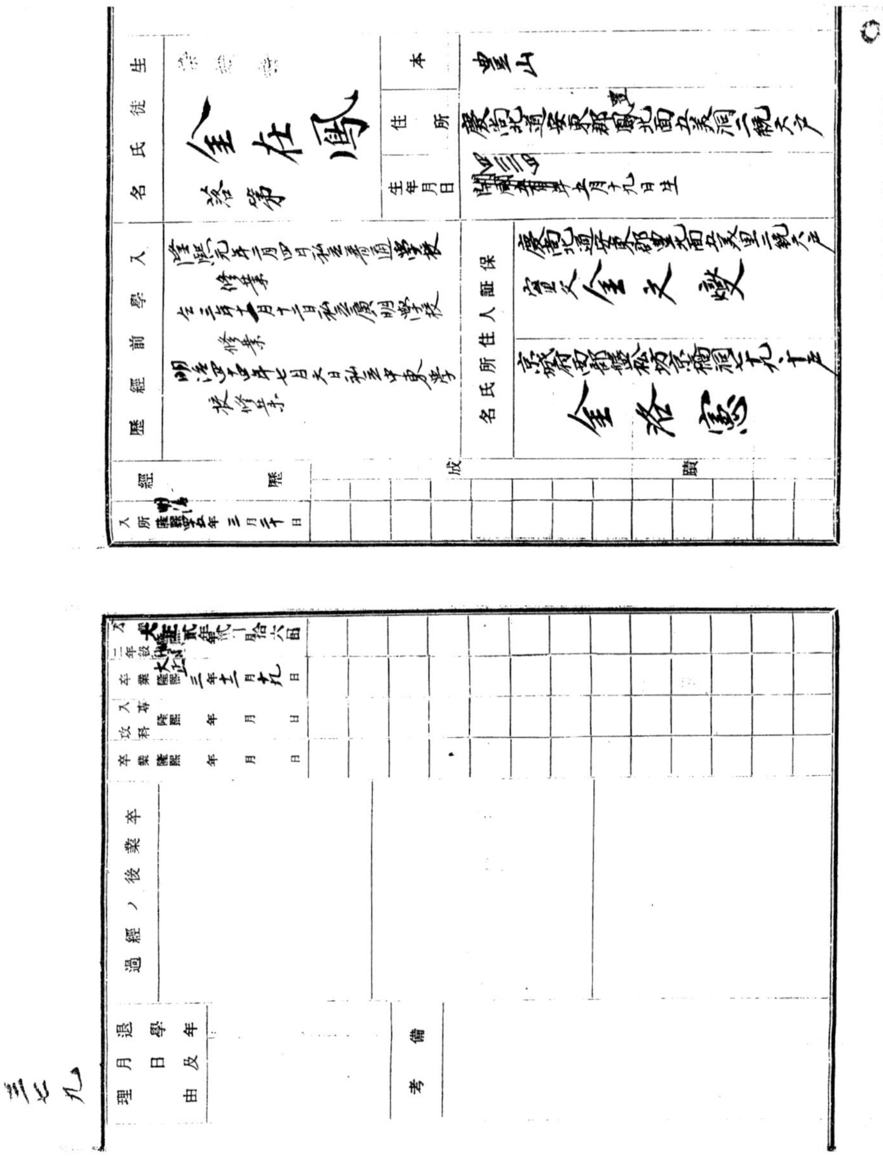
生徒氏名
金在鳳
本
住所
生年月日
歷經前學入
保證人住所氏名
金洛憲
過經ノ後業卒
理由及年月日
考備

자료 4 「卒業證書」, 官立工業傳習所

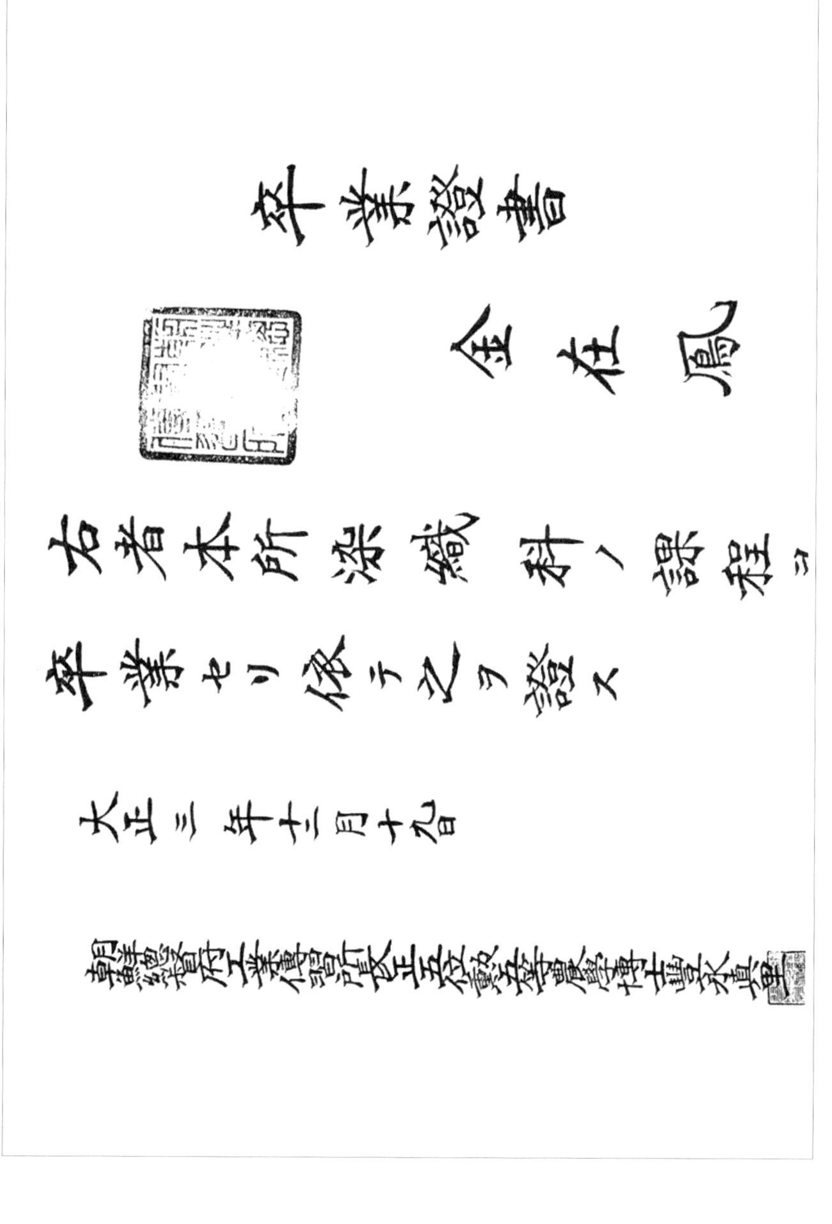

卒業證書

金在鳳

右者本所染織科ノ課程ヲ卒業セリ依テ之ヲ證ス

大正三年十二月十九日

朝鮮總督府工業傳習所長正五位勳五等農學博士豊永眞里

Ⅱ. 판결문 · 심문조서 · 정보보고

「판결문」(대정 10년, 刑公 제117호)

「鄭在達 · 李載馥 調書」, 1924년 10월 13일, 경성종로경찰서

在京主義者 등의 최근에 있어서 활동사항에 관한 건(京鍾警高秘 제285호의 1, 대정 14년 1월 13일)

「김재봉 외 19인 조서」(1회), 1926년 2월 12일, 신의주지방법원

「김재봉 외 19인 조서」(2회), 1926년 3월 2일, 신의주지방법원

「김재봉 외 19인 조서」(更新決定), 1926년 3월 9일, 신의주지방법원

「김재봉 외 19인 조서」(3회), 1926년 5월 13일, 신의주지방법원

「김재봉 외 19인 조서」(4회), 1926년 5월 21일, 신의주지방법원

「김재봉 외 19인 조서」(본적조회서), 1926년 5월 21일, 신의주지방법원

「김재봉 외 19인 조서」(更新決定), 1926년 6월 21일, 신의주지방법원

자료 1 「판결문」(대정 10년, 刑公 제117호)

【1】

대정 10년 刑公 제117호

判決
경상북도 안동군 臥龍面
中佳邱里 518번지 在籍
대구부 達城町 13번지 거주, 미곡상
安相吉
당 30세

경상북도 안동군 豊北面
五美洞 248번지 재적
경성부 淸進洞 302번지
進一旅館에 거주
만주일보 경성지사 기자
金在鳳
당 31세

이상의 사람에 대한 대정 8년 제령

【2】

제7호 위반 피고 사건에 대하여 조선총독부검사 水野重功 입회·심리 결과 다음과 같이 판결한다.

主文

피고 안상길을 징역 1년, 피고 김재봉을 징역 6월에 처한다.

미결 구류일수 90일을 위 피고 두 사람의 각 本刑에 算入한다.

압수물건은 差出人에게 이를 돌려준다.

理由

피고 안상길은 대정 8년 음력 7월 상순, 중국 上海에 도착했다. 약 10일간 상해에 체제 중, 조선의 독

【3】

립을 企圖하는 임시정부 수뇌자인 노동총판 安昌浩·국무총리 李東輝·재무차장 尹顯振·교통부장 金澈 등과 회견하고 조선 내에 있어서의 독립운동의 상황을 보고한 후, 임시정부 운동상황을 청취하고, 조선 내 각지와 임시정부와 서로 연락해서 서로의 상황을 보고하고, 독립운동 방법을 전달하고 독립운동 자금을 모집해서 독립을 速進시키기 위해 조선 내 각지에 교통부라는 기관을 설치할 계획이 있음을 들었다. 이에 찬성하여 피고 안상길은 경상북도 교통부장에

【4】

임명한다는 내용의 辭令書, 임시정부의 이른바 대한민국임시헌법 교통부규칙,

交通部員辭令書, 애국금영수증철 등 각 1부, 독립신문 9매, 임시정부로부터 조선 내 耶蘇교회당·천도교구실 앞으로 보내는 통지서 수 통을 받아, 이들 문서를 이용해서 '애국금'이라는 명의 하에 조선독립운동 자금을 모집할 것을 약속한 뒤 상해를 출발했다. 이상의 여러 종류의 문서를 물통에 넣어 휴대하고 대정 8년 음력 8월 安東縣을 경유, 경성부 내에 이르러

【5】

청진동 302번지 진일여관에 투숙했다. 동향인인 김재봉·이준태 등에게 위의 각 문서를 보여주고, 상해임시정부원과의 회견상황 및 독립운동자금 모집을 위해 위 문서를 가지고 왔다는 것을 알렸다. 그 후 일단 향리로 돌아가 독립운동자금 모집을 하려고 했지만 관헌의 경계가 엄중하여 일이 발각될 것을 두려워 해 아직 모집에 착수하지 못하고, 前記의 각 문서는 경상북도 안동군 안동면 栗世洞에 거주하는 피고의 妾 河成卿의 집 천정 속에 숨겨 두었다. 그 사이 대정 9년 10월 말경

【6】

피고 김재봉이 요청하자 김재봉이 독립운동자금 모집을 위해 사용할 것을 알면서, 前記의 애국금영수증 용지 10수매를 김재봉에게 교부한 것으로써, 피고 안상길의 이상의 행동은 조선의 정치변혁을 목적으로 상해임시정부 조직원 다수와 함께 치안을 방해하려고 한 것이다.
피고 김재봉은 대정 8년 음력 8월 중, 앞서 언급한 진일여관에서 전부터 친하게 된 피고 안상길로부터 안상길이 상해임시정부에서 받아 온 前記의 각종 서류를 보여주어 안상길이 조선

【7】

독립을 이룩하는 데 필요한 자금모집에 종사하는 자라는 것을 알고 독립신문 1매를 받았다. 그 후 대정 9년 10월 말경 안동군에 이르러 피고도 또한 상해 임시정부 조직원 다수 및 피고 안상길과 함께 조선독립을 도모하기 위해 '애국금'의 명목으로 독립운동자금을 모집해 임시정부원에게 송부할 것을 결의하고, 앞서 언급한 河成卿의 집에서 피고 안상길이 일찍이 보여준 '애국금영수서' 용지를 나누어 받을 것을 요청해 안상길로부터 위의 용지 10수매를 받은 후,

【8】

대구부 내에 숨어들어 온 자로, 아직 그 모집에 착수하지 못하였다. 피고 김재봉의 이상의 행동도 또한 조선의 정치혁명을 목적으로 다수와 함께 치안을 방해하려고 한 것이다.

법률에 비추어 피고들의 행동은 대정 8년 제령 제7호 제1조 제1항에 각 해당하므로 징역형을 선택한다. 미결 구류일수의 일부 算入은 형법 제21조에 의거한다. 압수물건은 형사소송법 제202조에 따라 처분하는 것으로 한다.

이에 주문과 같이 판결한다.

【9】

대정 10년 6월 2일

경성지방법원

조선총독부판사　　古宰皅

조선총독부재판□□ 成田□□

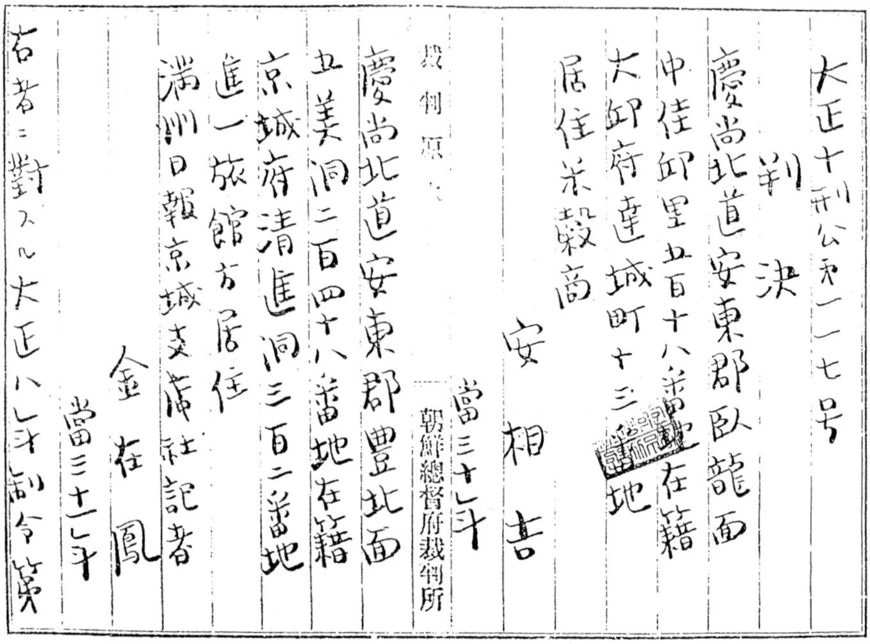

大正十刑公第一一七号

判　決

慶尚北道安東郡臥龍面
中佳邱里五百十八番地在籍
大邱府達城町十三番地
居住　米穀商
安　相　吉
當三十七年

裁判所原本

朝鮮總督府裁判所

慶尚北道安東郡豐北面
五美洞二百四十八番地在籍
京城府清進洞三百二番地
進一旅館方居住
滿洲日報京城支局社記者
金　在　鳳
當三十二年

右者ニ對スル大正八年制令第

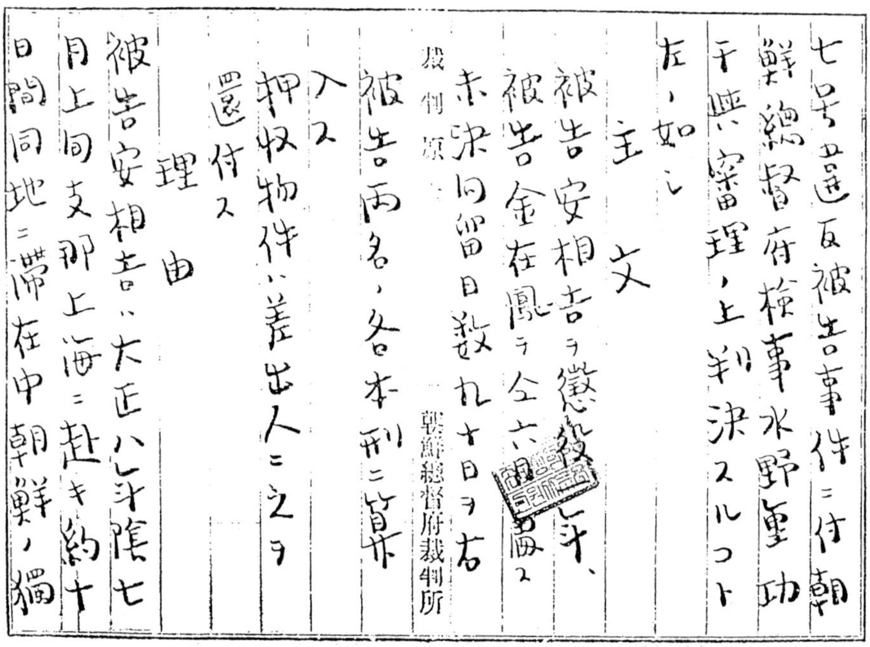

七号違反被告事件ニ付朝
鮮總督府検事水野重功
干與審理ノ上判決スルコト
左ノ如シ

主　文

被告安相吉ヲ懲役一年、
被告金在鳳ヲ仝六月ニ處ス
未決勾留日数九十日ヲ右
被告両名ノ各本刑ニ算
入ス
押収物件ハ差出人ニ之ヲ
還付ス

裁判所原本

朝鮮總督府裁判所

理　由

被告安相吉ハ大正八年陰七
月上旬支那上海ニ赴キ約十
日間同地ニ滞在中朝鮮ノ独

立ヲ企図セル仮政府首脳者タル労働総弁安昌浩国務総理李東輝財務次長尹顕振交通部長金澈等ト会見シ朝鮮内ニ於ケル独立運動ノ状況ヲ報告シタル上仮政府ノ運動状況ヲ聴取シ鮮内各地ト同政府ト相

朝鮮総督府裁判所

聯絡シテ互ニ状況ノ報告独立運動方法ノ伝達ヲ為シ独立運動資金ヲ募集シテ独立ヲ速進セシメンカ為鮮内各地ニ交通部ナル機関ヲ設置スル計画アルヲ聴キ之ニ賛同シテ被告安相吉ヲ慶尚北道交通部長

ニ任命スル旨ノ辞令書仮政府ノ所謂大韓民国臨時憲法、交通部規則、交通部員辞令書、愛国金収合委員辞令書、愛国金領収証綴等各一部、独立新聞九枚仮政府ヨリ鮮内耶蘇教会堂天道教区室ニ宛

朝鮮総督府裁判所

テタル通知書数通ヲ受取リ此等ノ文書ヲ利用シテ愛国金名義ノ下ニ朝鮮ノ独立運動資金ヲ募集スルコトヲ約諾シタル上上海ヲ出発シ右諸種ノ文書ヲ水筒ニ入レテ携帯シ同年陰八月安東県ヲ経由京城府内ニ来

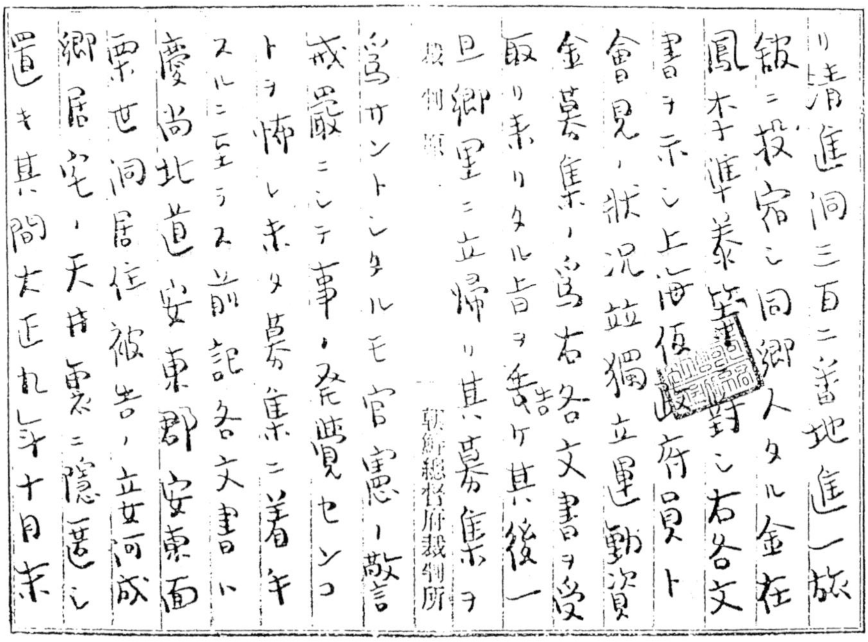

リ清進洞三百二番地進一旅館ニ投宿シ同郷人タル金在鳳李準泰等ニ對シ右各文書ヲ示シ上海仮政府員ト會見ノ状況並獨立運動資金募集ノ為右各文書ヲ受取リ来リタル旨ヲ告ケ其後一旦郷里ニ立帰リ其募集ヲ為サントシタルモ官憲ノ警戒厳ニシテ事ノ発覚センコトヲ怖レ未タ募集ニ着手スルニ至ラス前記各文書ハ慶尚北道安東郡安東面栗世洞居住被告ノ妾河成郷居宅ノ天井裏ニ隠匿シ置キ其ノ間大正九年十月末

朝鮮總督府裁判所

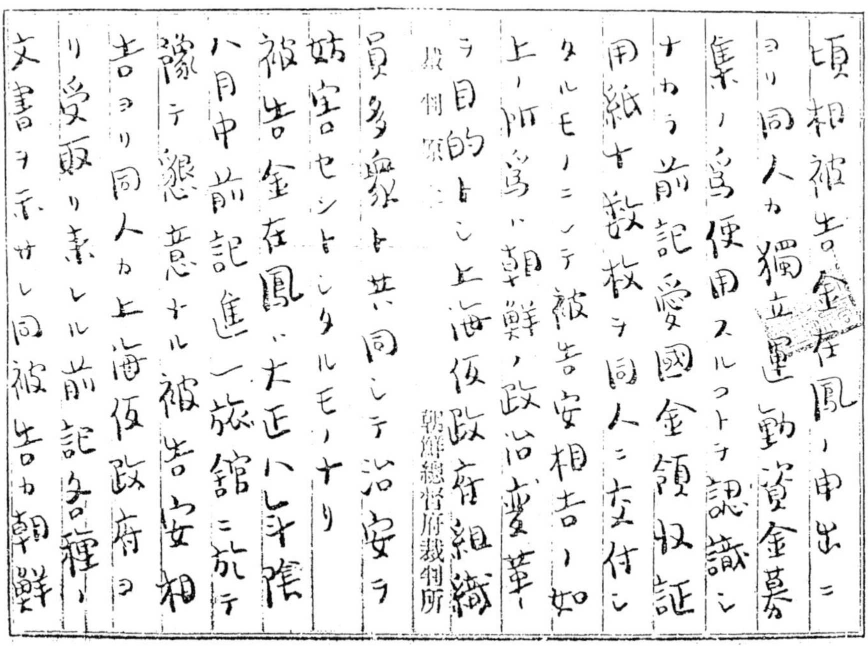

頃相被告金在鳳ノ申出ニヨリ同人カ獨立運動資金募集ノ為使用スルコトヲ認識シナカラ前記愛國金領収証用紙十数枚ヲ同人ニ交付シタルモノニシテ被告安相吉ノ如上ノ所為ハ朝鮮ノ政治変革ヲ目的トシ上海仮政府組織員多衆ト共同シテ治安ヲ妨害セントシタルモノナリ
被告金在鳳ハ大正八年陰八月中前記進一旅館ニ於テ豫テ懇意ナル被告安相吉ヨリ同人カ上海仮政府ヨリ受取リ来レル前記各種ノ文書ヲ示サレ同被告カ朝鮮

朝鮮總督府裁判所

獨立運動ヲ爲スニ必要ナル資金募集ニ從事セントスル者ナルコトヲ認識シ獨立新聞一枚ヲ受取リ其ノ後大正九年十月末頃安東郡ニ赴キ被告モ亦上海仮政府組織職員多衆及相被告安相吉ト共同シテ朝鮮獨立ヲ計ラ

ンカ爲愛國金ノ名ノ下ニ獨立運動資金ヲ募集シ同政府員ニ送付センコトヲ決意シ前記河敬郷方ニ於テ被告安相吉ニ對シ曽テ示サレタル愛國金領収書用紙ヲ分與セラレタキ旨申出テ同人ヨリ右用紙十數枚ヲ受取リタル上

大邱府内ニ入リ込ミタルモ未タ其募集ニ着手スルニ至ラサリシカ被告金在鳳ノ右所爲モ亦朝鮮ノ政治変革ヲ目的トシ多衆ト共同シテ治安ヲ妨害セントシタルモノナリ

法律ニ照スニ被告等ノ所

爲ハ大正八年制令第七號第一條第一項ニ各該當スルヲ以テ懲役刑ヲ選擇シ未決勾留日數ノ一部算入ハ刑法第二十一條ニ則リ押収物件ハ刑事訴訟法第二百二條ニ從ヒ處分スヘキモノトス

仍テ主文ノ如ク判決ス

조선공산당 초대 책임비서, 김재봉(1891-1944)

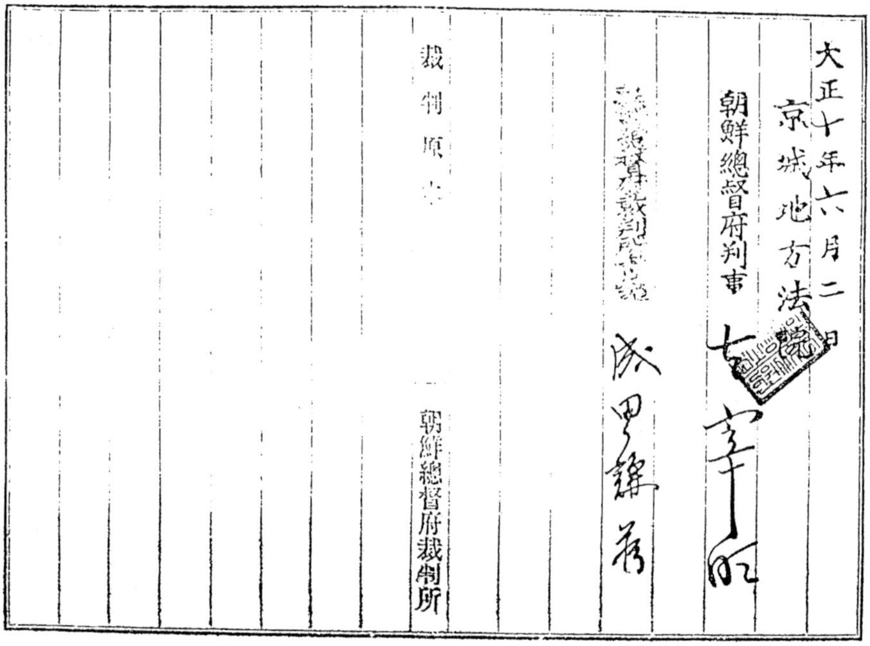
大正十年六月二日
京城地方法院
朝鮮總督府判事
朝鮮總督府裁判所書記
裁判原本
朝鮮總督府裁判所

자료 2 「鄭在達 · 李載馥 調書」, 1924년 10월 13일, 경성종로경찰서

피의자 신문조서

피의자 金在鳳

위 대정 8년 4월 제령 제7호 위반 피의사건에 대해 대정 13년 10월 13일 경성종로경찰서에서 사법경찰리 도순사道巡査 大森秀雄을 입회시켜 피의자에 대해 신문한 것이 다음과 같다.

문: 이름 · 연령 · 신분 · 직업 · 주거 및 본적지는 무엇인가?

답: 이름 김재봉 · 연령 34세 · 신분 상민 · 직업 조선일보사 기자 · 주거 경성부 익선동 28번지 · 본적 경상북도 안동군 풍북면 오미동 48번지.

문: 작위 · 훈장 · 기장을 한 연금 · 은급을 받았거나 또는 공무원은 아닌가?

답: 해당 사항 없다.

문: 지금까지 형사처분 · 기소유예 또는 훈계 방면을 받은 일은 없는가?

답: 대정 10년 6월 날짜는 모르지만, 경성지방법원에서 대정 8년 제령 제7호 위반으로 징역 6개월의 언도를 받고 서대문 감옥에서 복역하였다. 대정 10년 9월 날짜는 모르지만 만기 출옥하였다.

문: 교육의 정도 및 종교 · 병역은 어떤가?

답: 대정 2년 1월 조선총독 공업전습소에 입학하여 대정 3년 12월 그 학교를 졸업했다.

종교 · 병역은 관계없다.

문: 피의자는 피해자와 친족 또는 고용 · 동거 등의 관계에 있지 않은가?

답: 없다.

문: 가정 및 생활상황은 어떤가?

답: 부모·형제·처자 10인 가족인데 내가 장남이다. 전지 약 40마지기, 기타 가옥(시가) 약 5천원의 부동산이 있고 농업을 경영하고 있으므로 생활은 보통으로 살고 있다.

이에 피의사건을 고하고 그 사건에 대해 진술하도록 물으니 피의자는 다음과 같이 답했다.

답: 대정 12년 7월경이라 생각한다. 정재달鄭在達이 블라디보스토크에서 입경하여 경성부내에 잠입하여 나를 만나고자 한다는 것을 원정룡元貞龍으로부터 듣고, 급히 원정룡과 둘이서 정재달이 잠복해 있던 동소문내 김찬金燦의 숙소를 방문하여 정재달을 면회하였다. 그 후에도 또 한번 그 집을 방문하여 만났는데 친지로서의 대화만 하였고, 따로 정재달이 공산당의 사명을 띠고 왔는지 어떤지 그런 말은 듣지 못했다. 그리고 나서 정재달은 블라디보스토크에 돌아갔는데, 올해 9월 10일경이라 생각하는데 원정룡의 친지에 의해 정재달이 입경했다는 것을 알게 되었다. 나도 친지관계인 정재달이 잠복하고 있는 동대문 밖 박씨 집을 세 번 정도 방문하여 정재달과 만났지만 계절인사 정도였고, 따로 아무런 말도 하지 않았다. 정재달을 방문하던 중 이성李成을 그 집에서 한 번 만났지만 별다른 대화를 하지 않았다.

이에 전기 진술을 명료하게 하기 위해 문답을 시작한 것이 다음과 같다.

문: 정재달과 알게 된 것은 언제이며 동기는 무엇인가?

답: 대정 12년 2월경이라 생각된다. 블라디보스토크 신한촌조선인민회新韓

村朝鮮人民會에서 우연히 인사하여 알게 되었고, 그 후 그곳에서 또 한 번 만났다고 생각되지만 단지 인사정도였고 친밀한 교제는 없었다.

문: 그때 정재달은 어떤 사업을 하고 있다고 말했나?

답: 그들은 처음 만난 것이라 아무 것도 말하지 않아서 무엇을 하고 있는지 알아내지 못했다.

문: 그들과 이야기한 것은 어떤 의미를 가지는가?

답: 별로 다른 의미를 포함하는 것은 아니지만, 해외에 가 있는 사람은 서로 무엇을 하고 있는가를 말하지 않는다.

문: 친밀하지 않는 정재달이 대정 12년 7월 입경하여 잠복하는 중 왜 너를 만나려 했나?

답: 내가 원정룡 등과 친하게 지내고 있어서 그 관계상 정재달이 나를 만난 게 아닌가 생각한다. 나와의 관계만으로는 잠복하여 있던 그가 만날 까닭이 없었다.

문: 그때 누구 누구와 만났나?

답: 정재달과 원정룡과 나 3인이었다.

문: 정재달이 너를 만나자는 용건은 무엇이었나?

답: 별로 다른 용무는 없었다. 숨어살고 있어서 쓸쓸해서 놀러 오라고 한 것이다.

문: 그날 3명이 어떤 이야기를 했나?

답: 어떤 이야기도 하지 않았다. 화투를 가지고 놀았다.

문: 몇 시경 갔다가 몇 시경 돌아왔나?

답: 오후 6시경 가서 약 4시간 놀고 나는 먼저 돌아왔다.

문: 그 후 몇 번 방문했나?

답: 그 후 3, 4일 후라고 생각되는데 나혼자 저녁때 정재달을 방문했다. 그때는 정재달 외에 김찬도 있었다고 생각된다.

문: 그때는 무슨 말을 했나?

답: 그때도 아무 말도 하지 않고 잠깐 놀다가 바로 돌아왔다.

문: 그 후는 만나지 않았나?

답: 그 후 몇 번 만났는지 기억나지 않지만, 김찬의 집은 방문했는데 정재달이 없어서 김찬에게 물었더니 정은 자기 집으로 돌아갔다고 하였다.

문: 올해 정을 만나지 않았나?

답: 올해 9월 10일경이라 생각되는데, 원정룡으로부터 정이 블라디보스토크에서 와서 경성에 잠복해 있다고 들었다.

문: 어디에 잠복해 있다고 했나?

답: 번지는 들었지만 잊어버렸다. 나는 곧바로 동대문밖 박씨 집을 방문하여 정재달을 만났다.

문: 그때 무엇이라 말했나?

답: 정의 말에 의하면 블라디보스토크의 일을 하려고 했지만, 개조파와 창조파가 싸움을 하고 있어서 일을 할 수 없어서 돌아갔다고만 하였다.

문: 너는 어떤 의미로 해석했나?

답: 나는 의미를 해석할 수 없었다. 또한 알려고 해도 알 수 없었다.

문: 그 후 몇 번 만났나?

답: 그 후 두 번 방문했지만, 아무 말도 하지 않고 바로 돌아왔다.

문: 너는 이성도 알고 있지?

답: 이성도 블라디보스토크에서 인사한 적이 있지만, 올해 9월 10일경 정재달을 방문했을 때 이성이 그곳에 있어서 만났다.

문: 이성은 뭐라고 말했나?

답: 아무 말도 하지 않았다.

위 본인에게 물은 것과 틀림없음을 진술하고 이에 서명 날인한다.

공술자 김재봉

대정 13년 10월 13일

경성종로경찰서

사법경찰관 사무취급 도순사 吉野藤藏

입회인 사법경찰리

조선총독부 도순사 大森秀雄

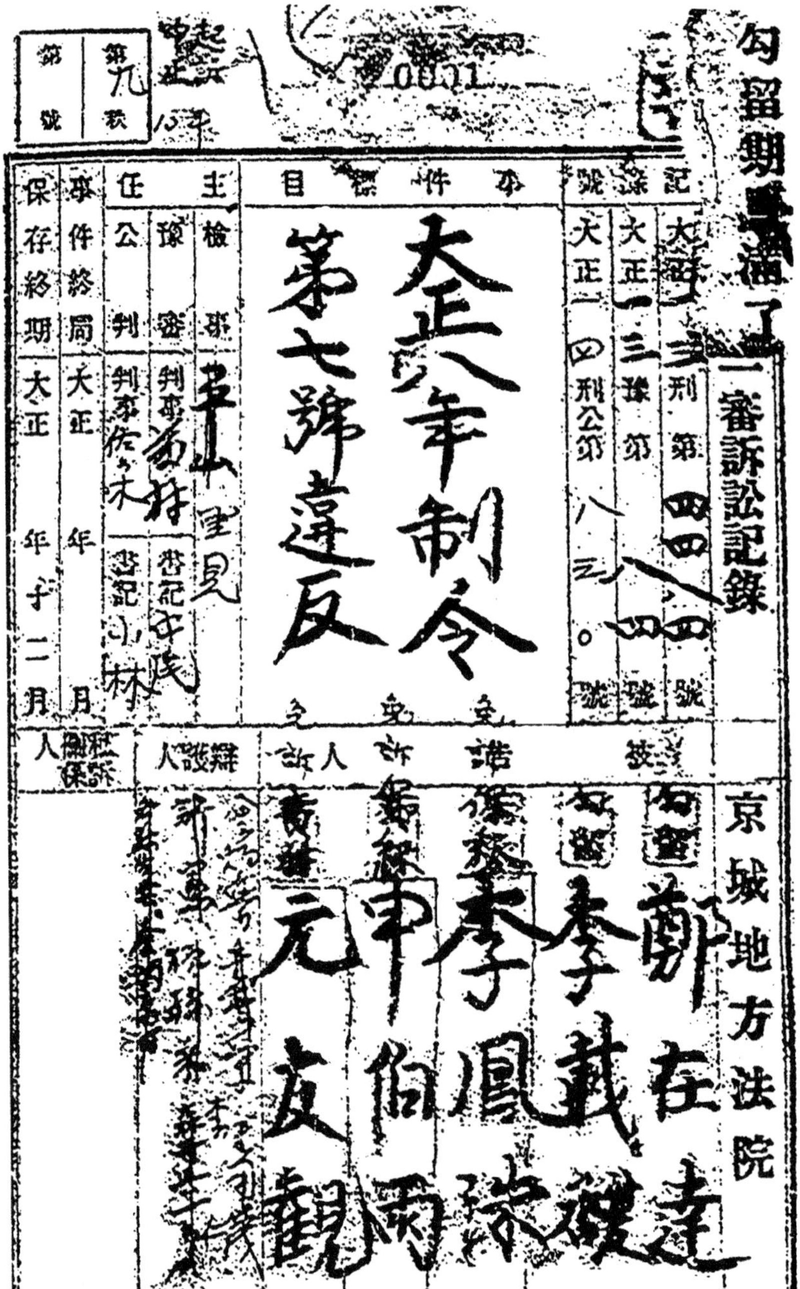
勾留期間滿了
一審訴訟記錄
京城地方法院
大正八年制令
第七號違反
本件標目
被告人
鄭在達
李載馥
李鳳洙
申伯雨
元友觀
辯護人
保存終期
事件終局
主任
檢事
豫審判事
公判判事

0308　　0307

被疑者訊問調書

被疑者 金在鳳

右大正八年制令第七号違反被疑事件ニ付大正十三年十月十三日京城鍾路警察署ニ於テ司法警察吏道巡査大森秀雄ヲ立會セシメ被疑者ニ對シ訊問スルコト左ノ如シ

問 氏名、年齡、身分、職業、住居及本籍地ハ如何

答 氏名 金在鳳　年齡 三十四年

身分 常民　職業 朝鮮日報記者

住居 京城府益善洞二十八番地

本籍 慶尙北道安東郡豊北面五美洞六百八十八番地

問 爵位、勳章、記章ヲ有シ年金、恩給ヲ受ケ又ハ公務員ニ非サルヤ

答 該当事項ナシ

問 是迄刑事處分、起訴猶豫又ハ訓誡放免ヲ受ケタルコトナキヤ

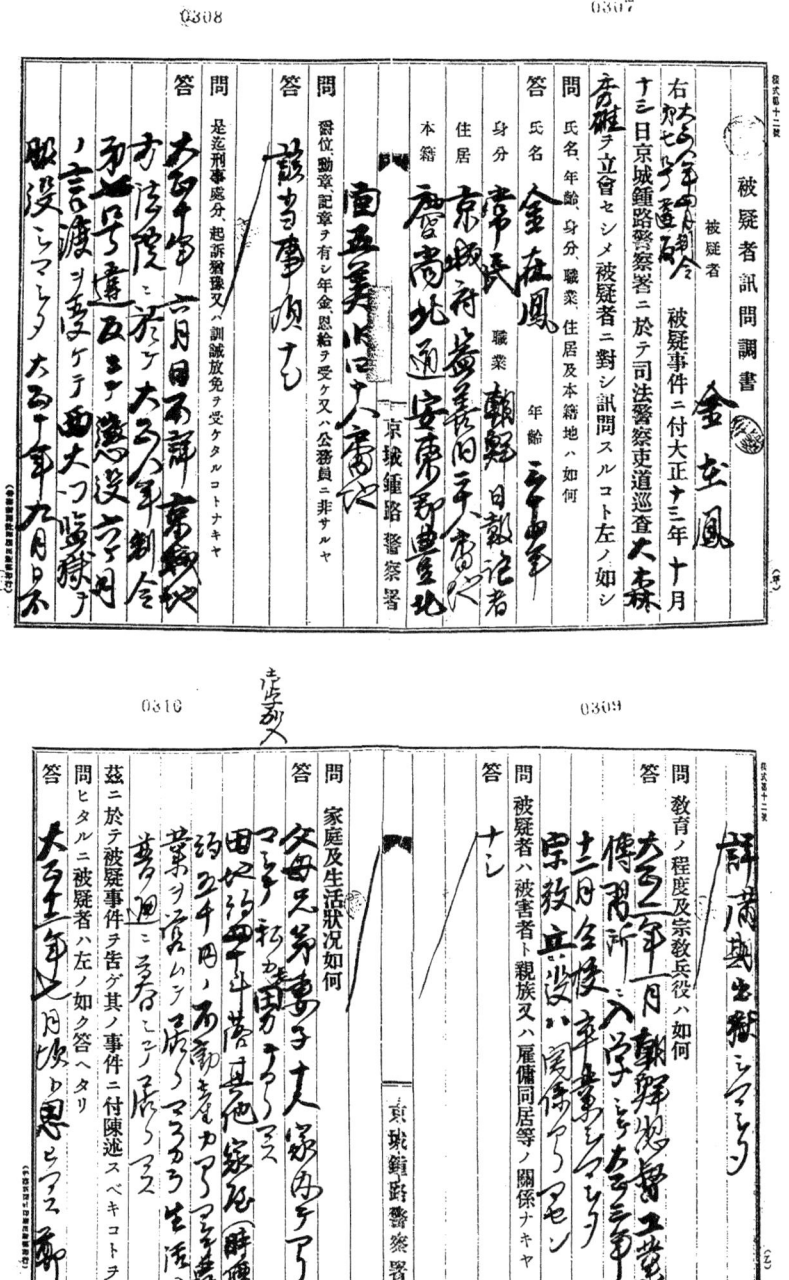

答 大正十年六月日不詳京城地方法院ニ於テ大正八年制令第七号違反ニテ懲役六ヶ月ノ言渡ヲ受ケテ西大門監獄ニ服役シマシタ 大正十年九月日不

京城鍾路警察署

0310　　0309

詳満期出獄シマシタ

問 教育ノ程度及宗教兵役ハ如何

答 大正二年一月朝鮮総督府工業傳習所ニ入学シ大正三年十二月卒業シマシタ 宗教兵役ハ關係アリマセン

問 被疑者ハ被害者ト親族又ハ雇傭同居等ノ關係ナキヤ

答 ナシ

問 家庭及生活狀況如何

答 父母兄弟妻子丈家族アリマス 田地約四十斗落其他家屋(時價)約五千円ノ不動産ガアリマス 農業ヲ營ムデ居リマスカラ生活ハ普通ニ暮シテ居リマス

茲ニ於テ被疑事件ヲ告ゲ其ノ事件ニ付陳述スベキコトヲ問ヒタルニ被疑者ハ左ノ如ク答ヘタリ

答 大正十三年十月頃ヨリ思ヒマシタ 新

京城鍾路警察署

0312 0311

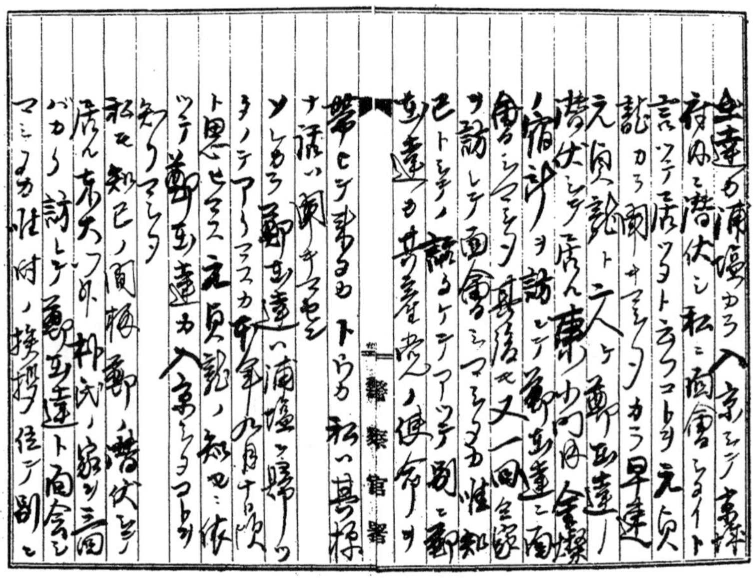

0314 0313

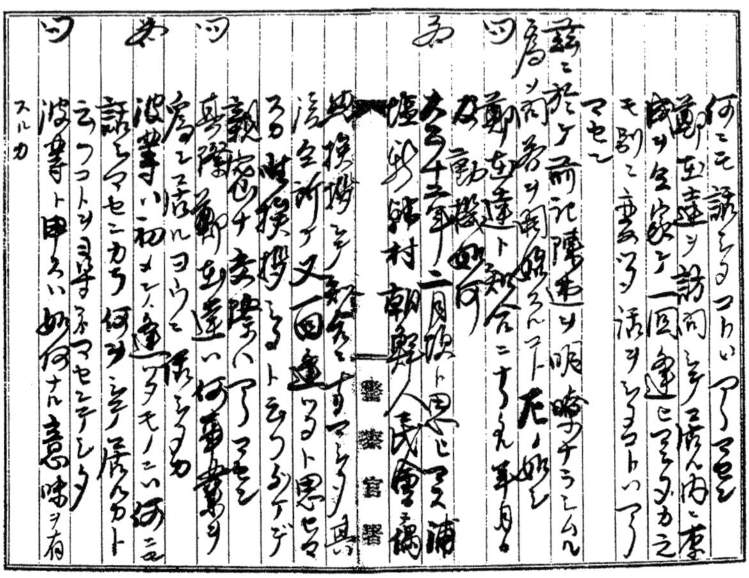

0315

答 別ニ何等ノ事情ヲ含ンテ居ル訳テハアリマセンカ海外ニ行ツテ居ル人ハ互ニ何ヲシテ居ルカト云フコトハ解リマセン

問 親密デナイ鄭在達カ出京シテ七日入京潜伏中ニ何故汝ニ面会ヲ求メタカ

答 私カ元貞龍等ト親シクシテ居リマシタカラ其関係上鄭在達カ私ニ逢ツタモノダロウト思ヒマス 性私トノ知合関係アルケテハ潜伏シテ

0316

居ル彼カ逢ツタノデハアリマセン

問 其際誰々会シタカ

答 鄭在達ト元貞龍ト私ノ三人テアリマシタ

問 鄭在達カ汝ニ面会ヲ求メタ用件ハ如何

答 別ニ何モ用事ハアリマセンテシタ 隠レテ居ルノテ淋シイカラ遊ヒニ来タナト云フコトテアリマシタ

問 其日三名テ如何ナル話ヲシタカ

0317

答 何ノ話モシマセンデシタ唯花札テ戯レテ遊ヒマシタ

問 何時頃迄居テ何時頃帰ツタカ

答 午后七ツ時頃迄[illegible]遊ンテ私ガ先ニ帰リマシタ

問 其後何時訪問シタカ

答 其後三四回行ツタト思ヒマス 私一人ヲタ方鄭在達ヲ訪ヒマシタ 其時ハ鄭在達ノ外ニ金燦モ居ツタト思ヒマス

0318

問 其際ハ何ノ話ヲシタカ

答 其時ハ何ノ話モシマセン一寸遊ンテ直ク帰リマシタ

問 其後ハ逢ハサリシヤ

答 其後何時テアツタカ覚ヘマセンカ金燦ノ家ヲ訪ヒマシタ所ハ居リマセンテシタカラ金燦ニ聞キマスト鄭ハ自分ノ家ニ帰ツタ筈シマシタ

問 其後鄭ニ逢ハナカツタカ

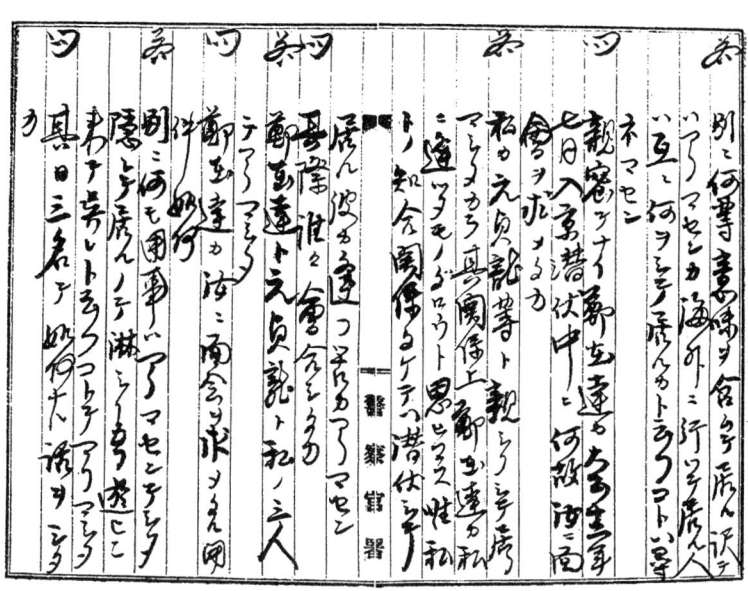

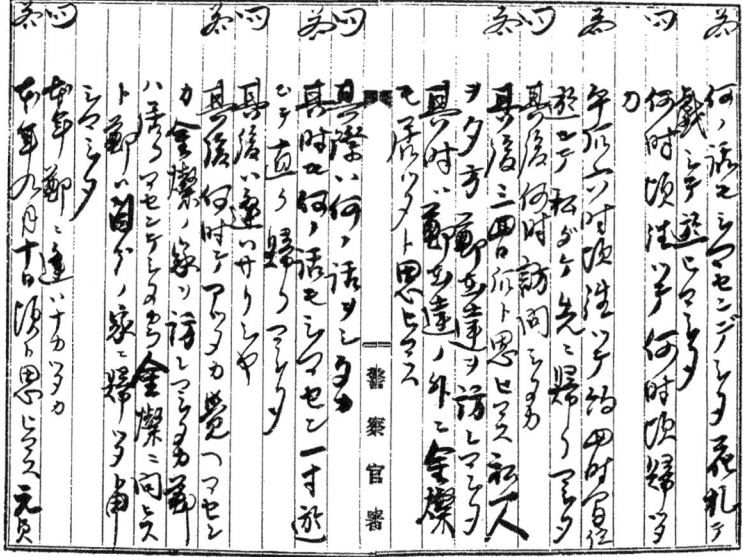

答 本年九月十日頃ト思ヒマス 元貞

0320

0319

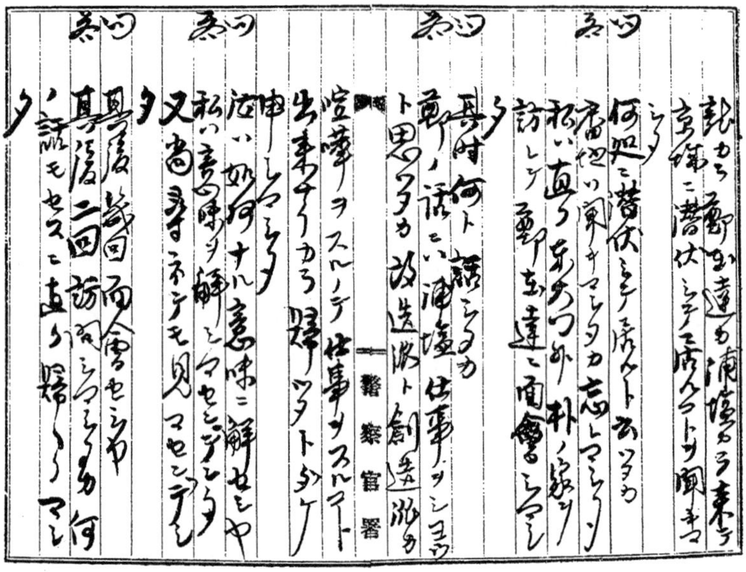
読カラ鄭在達ガ浦塩カラ来テ
京城ニ潜伏シテ居ルコトヲ聞キ
マシタ
問 何処ニ潜伏シテ居ルト云ツタカ
答 當時ハ聞キマシタガ忘レマシタ
私ハ直ク其家ニ朴ノ家ヲ
訪レテ鄭在達ニ面會シマシ
タ
問 其時何ト話シタカ
答 鄭ノ話ニハ浦塩ニ仕事ヲシニ来タ
ト思ツタカ派遣派ト創造派カ
喧嘩ヲスルノデ仕事ヲスルコトガ
出来ナイカラ帰ツタト云ヒ
申シマシタ
問 汝ハ如何ナル意味ニ解セシヤ
答 私ハ意味ヲ解シ得マセンデシタ
又尋ネテモ見マセンデシ
タ
問 其後幾回面會セシヤ
答 其後二回訪問シマシタガ何
ノ話モセス直ク帰リマシ
タ
警察官署

0323

0321

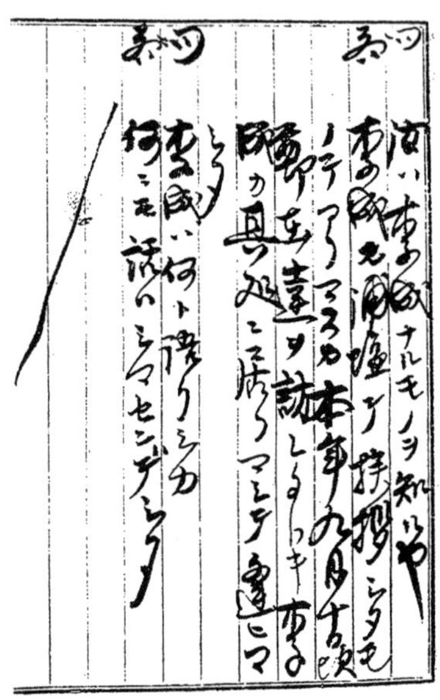
問 汝ハ李東成ナルモノヲ知レルヤ
答 李東成ハ浦塩ニテ挨拶シタモ
ノデアリマスカ本年九月十五日頃
鄭在達ヲ訪レタリキ李東成
カ其処ニ居リマシテ會ヒマ
シタ
問 李東成ハ何ト語リシカ
答 何ニモ話ハシマセンデシタ

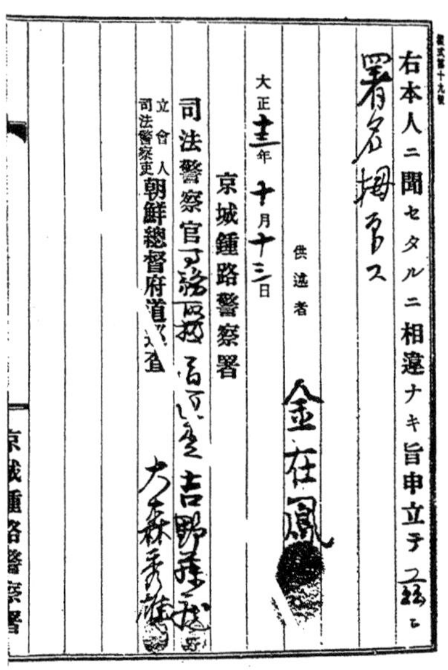
右本人ニ聞セタルニ相違ナキ旨申立テ 二 ニ
署名拇印ス
供述者 金在鳳
大正十三年十月十三日
京城鍾路警察署
司法警察官 警部 吉野藤蔵
立会人
司法警察吏 朝鮮總督府道巡査 大森秀雄
京城鍾路警察署

0557

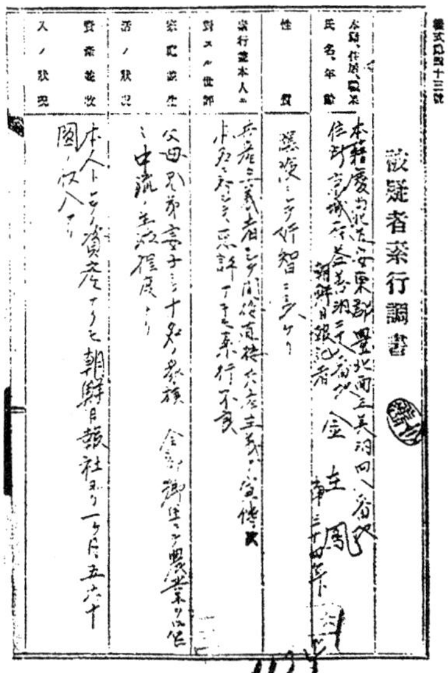

0375

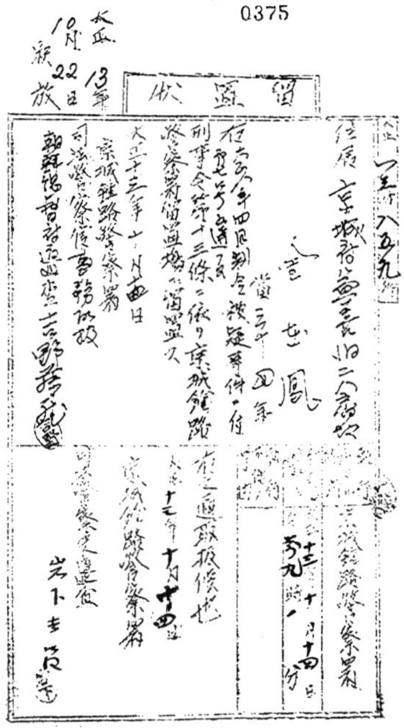

0605

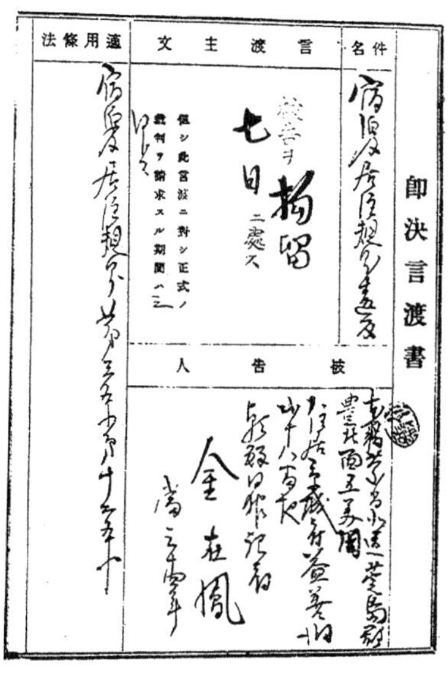

0558

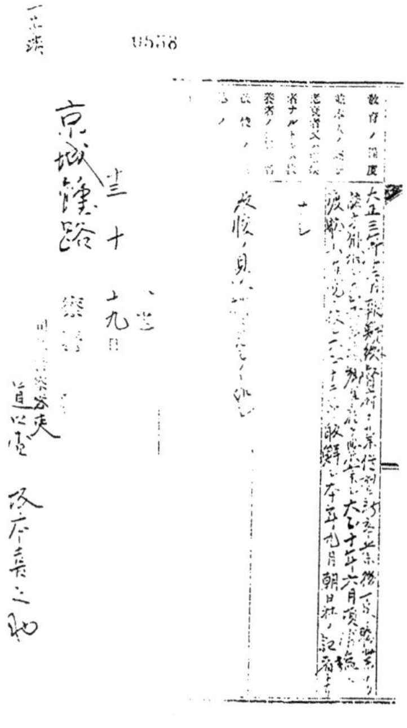

0612

0611

（三）意見書

本籍 忠清北道鎭川郡鎭川面邑內里番地不詳
住所 京城府昌信洞五八ノ五一朴興彬方
前住所 露領浦潮斯新韓村ニルクスクウルチヤ
拘束 無職 四友コト 鄭在達 當三十一年
自稱本籍 慶尙北道尙州郡化北面訥谷里一二〇
自稱出生地 咸鏡北道鍾城郡[illegible]面番地不詳
住所 京城府昌信洞五八ノ五一朴興彬方
前住所 露領浦潮斯新韓村
拘束 無職 李成、李聖秀、李在福コト 李載馥
當三十七年
本籍 咸鏡南道洪原郡[illegible]面[illegible]里一八
住所 京城府[illegible]洞四五番地
拘束 東亞日報社記者 李鳳洙 當三十三年
本籍 忠清北道淸州郡琅城面字井里番地不詳
住所 京城府益善洞二八
拘束 朝鮮日報社記者 申伯雨 當三十九年
本籍 慶尙南道東萊郡[illegible]面東部里
住所不定

一、六〇 0614

0613

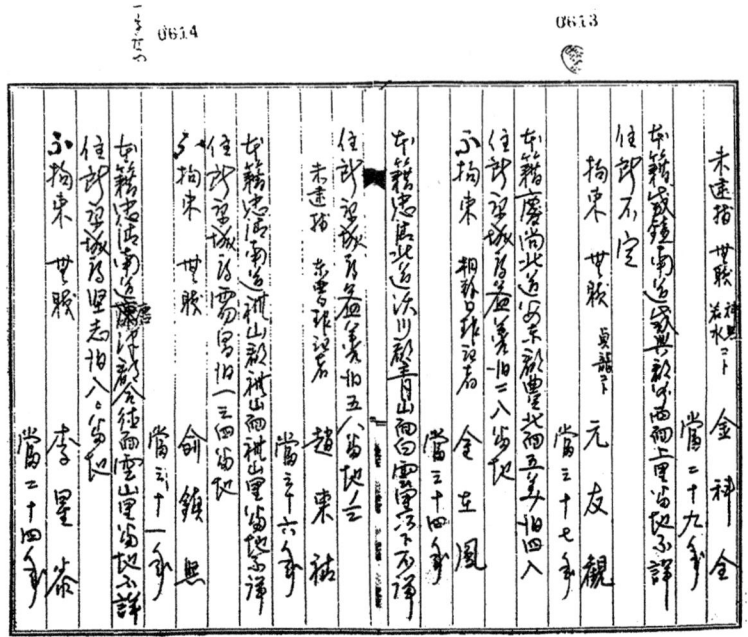

未逮捕 無職 神興、若水コト 金枓全 當二十九年
本籍 咸鏡南道咸興郡[illegible]面上里番地不詳
住所不定
拘束 無職 貞龍コト 元友觀 當三十七年
本籍 慶尙北道安東郡豊北面五美洞[illegible]四八
住所 京城府益善洞一二八番地
不拘束 朝鮮日報記者 金在鳳 當三十四年
本籍 忠淸北道沃川郡靑山面白雲里番地不詳
住所 京城府益善洞一五八番地ノ二
未逮捕 東亞日報記者 趙東祜 當二十六年
本籍 忠淸南道禮山郡禮山面禮山里番地不詳
住所 京城府[illegible]洞一三四番地
不拘束 無職 俞鎭熙 當二十一年
本籍 忠淸南道[illegible]郡[illegible]面雲山里番地不詳
住所 京城府堅志洞八〇番地
不拘束 無職 李星泰 當二十四年

0615

一字削除

一、刑事處分起訴猶豫訓戒放免ヲ受ケタルコトノ有無
被告人李風洙ハ大正十一年七月平壌覆審法院ニ於テ朝鮮阿片取締令違反ニ依リ懲役六月ニ処セラレ平壌監獄ニテ服役
被告人金翰延ハ大正十二年十月京城地方法院ニ於テ傷害罪ニ依リ懲役五月ニ処セラレ西大門刑務所ニテ服役
其ノ他ノ被告人ハ該當事項ナシト自供ス

警察官署

0616

一、犯罪事實
(1) 被告人鄭在達ハ現制度ヲ呪ヒ共産主義ヲ憧憬スルノ念禁シ難ク大正十一年九月頃其ノ根拠トモ称スヘキ労農露國ニ渡リ大正十一年十一月頃上海派及イルクツク派ノ共産党員ヲ基礎トシ全朝鮮人ヲ統一シテ赤化スヘキ目的ヲ以テウエルネヘウヂンスキーニ開催セル朝鮮共産党大会ニ参加シ幹部滞在員等ハ党ノ分裂ヲ来ケ共産党發起韓明陽 李東輝 尹滋英 金

0617

萬謙 鄭泰信(亡鄭又影)外約百五十名ノ者代表者ト共ニ六日間ニ亘ル会議ヲ重ネ共産党幹部ノ設立ニ参与シタリ
(2) 前項大会カイルクツク派及上海派ノ勢力争奪等ニ依リ分裂トナリタルヲ看取シタル右人ハ如何ニシテカ確固タル共産党幹部ヲ設立シテ共産主義ヲ鼓吹スルノ要アリト認メ該大会ノ分裂状況ヲ具陳シテ國際共産党ニ依リテ幹部組織ヲ斡旋セント計画シ分

警察官署

0618

裂状態ヲ國際共産党ニ打電シテ其ノ経過ヲ報告スルト共ニ自己ノ召集ヲ要求シ韓明陽、李東輝、金萬謙 尹滋英、鄭泰信ノ六名ト帯同シテ大正十一年十二月頃在露莫斯科第三國際共産党大会ニ出頭シ従来ノ経過ヲ大会ニ報告シ相継代表トシテノ参和ヲ要請セルモ争闘反目ニ富ム日本ヤ過去ノ事情ヲ理由トシ拒絶セラルト共ニ別ニ統一セル高麗共産党建設ノ命令ヲ受ケ

0619

(3) 前項高麗共産党運設ノ為メ李東
輝、韓明瑞、尹滋英、金萬謙、鄭
在達ハ其ノ委員ニ任命セラレ白新文
ノ所謂極東地ヲ赤化スヘキ目的ヲ有ス
ル国際共産党極東総局ノ高麗部
員トシテ浦汐ニ駐在スヘキヲ命セラレ
金萬謙、尹滋英ガ国民議会ニ参列
ノ為メ上海ニ赴リタル以来ハ彼ラ前
揭李東輝、韓明瑞、鄭ノ三名ニテ高麗共産党
代表ウヰチンスキー及パインベル監督ノ
許ニ該高麗部當面ノ事業タル

0620

(イ) 朝鮮共産党員ノ党派的意識ヲ打
破シ其ノ統一ヲ計ル事ト
(ロ) 労農政府ノ努力人為更迭ノ非主義者
ヲ糾弾シ陶汰シ純主義者ノミヲ之
ニ充当スルコト
ヲ担当シ大正十二年四月(2)ノ調査ヲ
完了シタリ
(4) 極東総局高麗部ハ前記三名ノ委
員会議ニ依リ更ニ朝鮮内地ニ共産機
関ノ機密結社設置ノ前提トシテ
朝鮮内ノ農民運動、労働運動者

0621

手運動ノ状況等ニ応シ適任者ヲ選
定シ、主義者ノ氏名、経歴、住所等ヲ
調査スヘキ事ヲ決シ鄭カ其ノ調
査員トナリウヰチンスキーヨリ旅費露貨
約五十円ヲ得テ六月初旬上海、神戸、東
京、下ノ関、釜山ヲ経テ入京シ被告人
李鳳洙、元友観、申伯雨、金在鳳、李
俊英、鄭在達等ト屢々会合シテ其ノ目
的達成ニ力メ居タルモ労働共済会東
亜一派ノ反感ニ依リ事業半途ニテ
神戸、上海経由浦汐ニ引揚ケ委細ヲ

0622

韓明瑞ヲ経テ国際共産党ニ復命シ
タルモノナリ
而シテ鄭カ其ノ際高麗共産党内地
部(朝鮮新支部)ヲ設立シ且ツ本部ヨリ独
立セル朝鮮左翼労働同盟、朝鮮労農
総同盟ヲ当時全人ノ計画セルニ至ラ
サルノ同許アルモ之レヲ否認ス
(5) 極東総局高麗部カ創立派設立
派(上海国民議会ノ開催ニ先ンシテ組主的運動)
ニ合同スル李東輝、韓明瑞ノ反目
争闘底止スル所ナク高麗共産党

0624 字削除

0623

ノ完全ナル独立ハ不可能ナルヲ看破シ久
ルヲ以テ共産党ハ本年二月頃之ニ解
散ヲ命シ更ニ今三月頃露領支領居住
鮮人党員二十余名ヲ浦潮ニ召集シ
露国共産党代表インデルソン監督ノ
下ニ浦塩附近朝鮮人共産党員責任者
聯合大会ヲ召集シ会議ノ結果[illegible]
露支領並ニ朝鮮内居住鮮人ヲシテ
スル高麗共産党組織ノ要アリトシ
之レカ準備委員トシテ露領代表張
道政、張健相、李亨建、朝鮮代表
支那領代表、金哲勲、朴応七、朝鮮
代表金若水、李鳳洙、申伯雨ノ三名
ヲ選挙シインデルソン監督下ニ引続キ
準備委員会ヲ完備シテ党ノ組織ヲ
計画セントシタルモ露国ニ鮮内代表ノ出
席ナキノミナラス風評ニ依リテ朝
鮮内ニハ該三名ノ代表問題ニ関シ
紛擾ヲ惹起シタルヲ知リ鮮内ニ
情ニ通暁スル鄭在達ハ之レカ調停委
員トナリ代表派遣ノ使命ヲ帯ヒテ
本年六月十五日頃浦潮ヲ発シ鍾城ニ来

0626　一字削除　二字加入　一字削除　0625

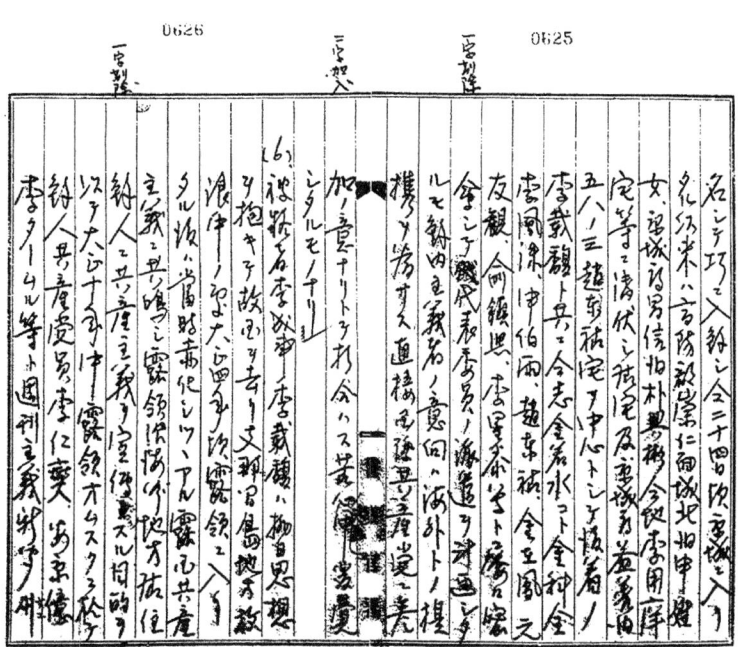

名シテ巧ニ入鮮シ今二十四日頃京城ニ入リ
来京以来ハ高陽郡崇仁面城北里申鎔
女、京城府清信洞朴思稷、今以李用淳
宅等ニ潜伏シ孫宅及京城府益善洞
五八ノ三趙東祜宅ヲ中心トシテ接着ノ
李載馥ト共ニ同志金若水、金鍾範
李鳳洙、申伯雨、趙東祜、金在鳳、之
友観、俞鎮熙、李昇来等ト屢会
合シテ鮮代表委員ノ派遣ヲ計画シ尹
ルモ鮮内主義者ノ意向ハ海外トノ提
携ヲ為サス直接露国共産党ニ参
加ノ意ナリトテ今ハ其[illegible]貫徹
シタルモノナリ
(6) 被検者李載馥ハ柳自思想
ヲ抱キテ故国ヲ去リ支那間島地方ヲ放
浪中ノ處大正四年頃露領ニ入リ
タル頃ハ当時赤化シツヽアル露国共産
主義ニ共鳴シ露領浦塩附近地方居住
鮮人ニ共産主義ヲ宣伝スル目的ヲ
以テ大正十年中露領オムスクニ於テ
鮮人共産党員李仁燮、安[illegible]
李クームル等ト週刊主義新聞ヲ刊

0628　　　　　　0627

労働（暁ノ鐘）ヲ発刊シ
(7) 更ニ金在鳳イルクツクニ転シ前記
労働ヲ継承シ世鐘ト改題シテ發
ク鮮人ニ配布シ主義ノ鼓吹宣
傳ニ努メタリ
(8) 西暦千九百二十二年（大正十一年）
五月頃主義者韓奎善、南萬春
（露西亜）根南バービル）ト共ニ中（同立
露領鮮人共産主義者大会ヲイルク
ツクニ召集シ臨時会長安秉瓚
仝副会長韓明瑞議長ノ下ニ
韓明瑞（露領生四十年位）ウエルホネウヂ
ンスク代表
趙道善（咸南洪原生五十年位）クラスニヤルスク代表
金在善（咸北城津生三十五年位）仝
韓奎善（平安道生）イルクツク代表
南萬春（露領生）仝
李載馥（仝　人）仝
安秉瓚（平安道生）上海代表
外八名ニテ七日間ニ亘ル会議ヲ重ネ労
働運動、青年運動、農民運動、
女子問題、共産組織方法等ヲ討

0630　　　　　　0629

議シ其ノ結果之レカ執行委員トシテ
安秉瓚、韓明瑞、南萬春、韓奎
善、李載馥ノ五名ヲ見タリ
(9) 執行委員ニ当選セル李載馥、安秉瓚
ハ北京ニ根拠ヲ移ヘ従来ノ韓明瑞
南萬春、韓奎善ヲ待チ北京ヲ中
心ニ支那地在住鮮人ニ主義宣傳ヲ
為ス豫定ニテ高麗共産党ヨリ千
五百余ノ宣傳費ヲ得テ金在鳳ヲ
入京セシメ韓、南、韓（奎善）ノ三名
カ露西亜共産党ニ加入シ居ル為ニ
反目ノ動作ヲ作シ一面当時創立セ
ラレタル上海ニ於ケル高麗共産党朴憲永
金立等ノ所謂四十萬円事件ヲ致
繋シテ相互暗闘反目ヲ重ネ（愛中
派）新上海派ノ争闘ヨリ遂ニ金在
鳳ハ各派共産党ヨリ両派ノ解散ヲ
命セラル
(10) 則チ北京ヨリ去リタル李載馥ハ富寧
ニ転シ今秋ヨリ於テ金在鳳夏明中ト
ヲ労働者新聞ヲ発刊シ主義宣
傳ヲ試ミ

0631

(11) 今年八月以来浦汐ニ於テ金河球、
金震、金鐵山、李伯初等ト共ニ沿
海州露国共産党高麗部ノ機関紙
先鋒社ニ入リ論轄主筆トナリ更ニ
先鋒ヲ発刊シ沿海州国及東
亜日報社并ニ朝鮮日報社ニ配布シ
主義宣傳ヲ継続中ノ
(12) 李対ハ鄭在達カ本年六月高麗共
産党準備委員派遣ノ為メ入鮮
スルニ先チ該要ノ打合ヲ為シタル者ニテ
ラス鄭在達ノ朝鮮派遣ニ就キ

警察官署

0632

月ヲ経過スルニ何等ノ消息ナキニ焦慮
シ居タル国際共産党代表委員イ
ンデルソンヨリ至急ニ先入セル鄭在達
ト協調聯絡ヲ保チ状況ノ
詳細ヲ説明シテ時勢ヲ知ラシメ以テ
鮮内主義者ノ該代表派遣ニ依ル
精神ヲ一掃シ速ニ派遣方努力スヘシ
トノ命ヲ受ケ同人ヨリ旅費百五十円
ヲ受領シ七月九日浦汐ヨリポセツ
トニ上陸シ更ニ高島ヲ迂廻シ清津
元山ヲ経テ七月二十三日京城ニ鄭在

0633

達ノ聯絡箇所ト知リタル府内益善
洞五八ノ二趙東祜宅ニ到リ鄭ト面
会シタル以来ハ同人ト共ニ昌信柏村
興業部ニ潜伏シ協調ヲ採リツツ並
ニ主義者李鳳洙、金科全、申伯
雨、趙東祜、金思国、元友観、朱
鍾建、金鎮與等ト随時ニ会見シ
目的ノ達成ニ努メ居タル際発覚セ
ルモノナリ
而シテ同人カ赤化宣傳標語ヲ左
翼陣及大衆党ノ誤想發表

警察官署

0634

傳播努調査ノ目的ヲ以テ同志者等
金鼎新、李松、金茶晏(諸辯士)ト
共ニ潜入シタル結果ノ事実ヲ否認シア
ルモノトス
(13) 被疑者李鳳洙、金科全、申伯雨ハ
在浦潮高麗共産党準備委員会
ノ鮮内代表トシテ聯絡ヲ保チ金在
鳳、元友観、趙東祜ハ鄭在達、李
対ノ入鮮目的ヲ知悉シ在京主義者
トノ間ニ介在シテ聯絡斡旋ヲ為シ
タルノ事実明瞭ニシテ金鎮與、李星

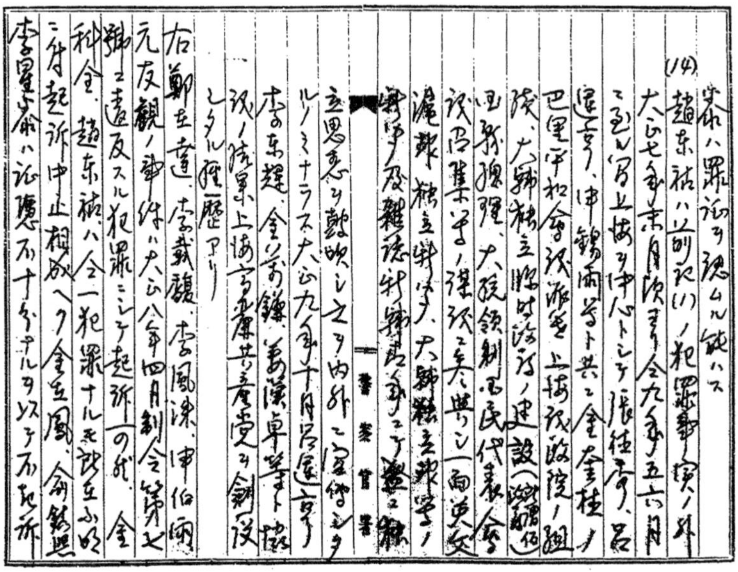

0636 / 0635

(14)
本件ハ罪証ヲ認ムル能ハス
趙東祜ハ以前記(1)ノ犯罪事実ノ外
大正七年末頃ヨリ全九年五六月
ニ至ル間上海ヲ中心トシテ張徳秀、呂
運亨、申錫雨等ト共ニ金奎植ノ
巴里平和会議派遣、上海仮政府ノ組
織、大韓独立臨時政府ノ建設(議政院)
国務總理、大統領制及国民代表会
議政院等ニ参与シ(而英文)
滬報、独立新聞、大韓独立報等ノ
新聞及雑誌新韓青年ニ於テ独
立思想ヲ鼓吹シ之ヲ内外ニ宣伝シタ
ルノミナラス大正九年十月呂運亨
李東輝、金万謙、姜漢卓等ト共ニ
露国ノ援助ニ依リ上海高麗共産党ヲ創設
シタル経歴アリ
右鄭在達、李載馥、李鳳洙、申伯雨
元友観ノ事件ハ大正八年四月制令第七
號ニ違反スル犯罪ニシテ起訴ノ件、金
科全、趙東祜ハ全一犯罪ナルモ所在不明
ニ付起訴中止相成ヘク金在鳳、俞鎮熙
李星泰ハ証憑不十分ナルヲ以テ不起訴

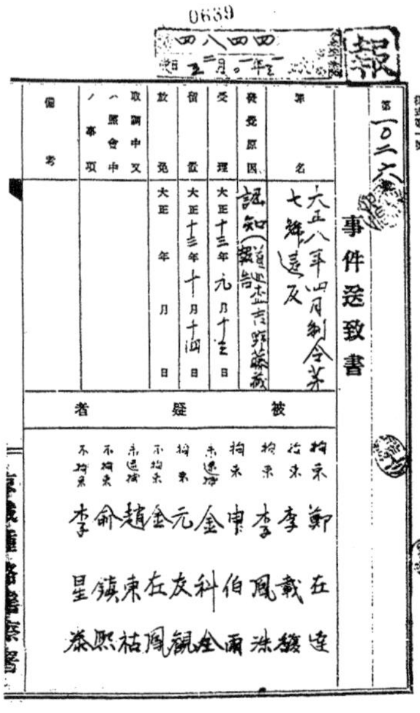

0639

四八四四

報

第一〇二八號

事件送致書

罪名	發覺原因	受理	留置	放免	取調中又ハ照會中ノ事項	備考
大正八年四月制令第七號違反	認知(報告)	大正十三年九月十三日	大正十三年十月十四日	大正　年　月　日		

被疑者	
鄭在達	拘束
李載馥	拘束
李鳳洙	拘束
申伯雨	拘束
金科全	未逮捕
元友観	拘束
金在鳳	不拘束
趙東祜	未逮捕
俞鎮熙	不拘束
李星泰	不拘束

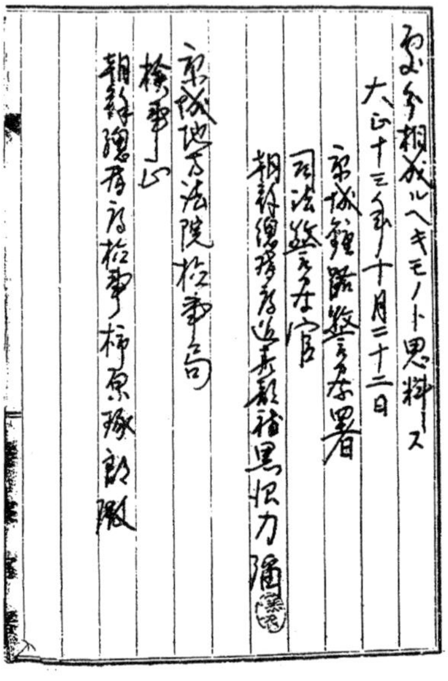

0637

不起訴相成ルヘキモノト思料ス
大正十三年十月二十二日
京城鍾路警察署
司法警察官
朝鮮總督府道警視 黒根力彌
京城地方法院検事局
検事正
朝鮮總督府検事 柿原琢郎 殿

0640

右 大正八年四月制令第七號違反被疑事件 及送致候也

大正十三年[illegible]月[illegible]日

京城鍾路警察署長

警視 森 六 治

京城地方法院檢事局

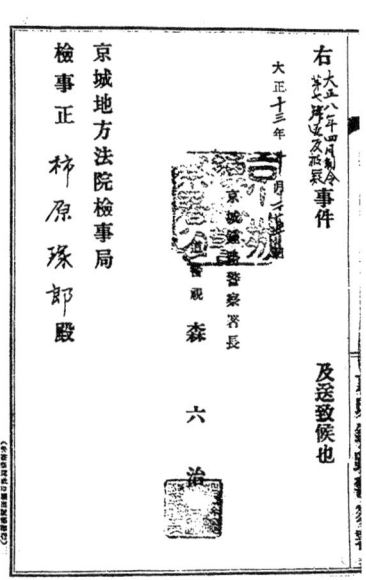

檢事正 柿原琢郎殿

자료 3 在京主義者 등의 최근에 있어서 활동사항에 관한 건
(京鍾警高秘 제285호의 1, 대정 14년 1월 13일)

【1】

京鍾警高秘 제285호-1
대정 14년 1월 13일
경성종로경찰서장
경성지방법원 검사정 殿

在京主義者 등의 최근에 있어서 활동사항에 관한 건

조선인의 민족성이라고도 일컫는 內訌, 즉 상호 세력을 다투기 위해 모였다 흩어지고 합쳤다 벌어져, 항상 분규가 그치지 않는다. 조선청년노농의 각 단체로서 대정 13년 4월 재경주의자들이 부단한 苦心 끝에 全鮮的 단합을 보기에 이르렀다. 즉 조선청년총동맹·조선노농총동맹이 조직되었지만, 이를 기회로 재경주의자들은 이를 자기의 직업적, 소위 주의운동에 이용하기 위해 또 쉴새없이 內訌을 일으켜, 간부 상호간에 세력쟁취를 야기하기에 이르렀다. 이 주의자는 2당파로 나누어 즉 북성회계·서울청년회계의 두 파가 대립을 보인 이래 서로 그 乘取策에 급급해 암암리에 분투·반항, 마침내 全鮮에 파급됨에 따라 2파 대립은

【2】

全鮮的으로 되어 왔다. 최근에 이르러서 저들의 대항운동은 점차 그 度를 넘어 4월 제2회 정기총회에서 서로 그 敵方의 세력을 누르고, 自派가 독점하여 조선무산자혁명운동의 횃불을 들려는 大계획을 수립해 현재 대대적으로 활약을 개시하고 있다. 이를 內査해서 수집한 양파의 계획 및 활약상을 다음에 列記해서 참고삼아 보고 드립니다.

一. 간부의 인물

(1) 북성회계

金若水・申伯雨・金在鳳・金鍾範・金燦・辛鐵・全一 등으로서 모두 상당히 주의에 관한 소양을 가졌다.

(2) 서울청년회계

金思國・韓愼敎・李赫魯・崔昌益・李英・鄭栢・張赤波・李廷允 등으로서 주의에 관한 소양에 있어서는 북성계에 미치지 못한 자이다.

二. 후원 및 해외와의 연락

【3】

(1) 북성회계

대정 13년 10월경 조선일보사의 후원을 얻어 현재 운동의 경비로 충당하기 위해 同社 영업과장 洪瑨植에게서 매월 200원씩의 지급을 받고 있다. 또 기타 朴重華·변호사 金炳魯로부터는 매월 20원씩 지급 받고 있는 것 같다. 또 해외와의 연락에 있어서는 종래의 니콜리스크파, 즉 노농정부에서 가장 깊게 신용하고 있는 韓明瑞 일파와 연락해서 고려총국 내지부 조직이후 계속 약간의 경비를 지급받고 있는 것 같다.

(2) 서울청년회계

하등 후원이 없어 오직 同志인 朴尙薰·金祜寅·鄭栢·張赤波 등의 자금책에 의해 간신히 그 경비의 일부에 충당하고 있다.

해외와의 연락에 있어서는 원래 서울파는 浦鹽(블라디보스톡)과 연락을 하지 않고 간신히 金思國 계통에 의해 寧古塔 방면에 介在하는, 세력이 미미한 공산당원과 연락을 가졌을 뿐이다.

【4】

三. 부속단체

(1) 북성회계

북풍회·화요회·노동학원·신흥청년동맹·경성청년회·급수부조합·해방운동사·여성동우회·여자고학생상조회·노동청년회·혁청단·노동당

(2) 서울청년회계

사회주의자동맹 · 서울청년회 경성노동강습소 · 노동대회 · 赤雹團 · 노동교육협회 · 노동공제회 · 북청학우회 · 서울철공조합

四. 지방에 대한 세력

(1) 북성회계

청년단체로서는 총동맹 가입단체의 약 1/4로서 경상남북도가 가장 많고, 그 다음으로 평안남북도 및 함경남북도가 소부분을 차지한다.

노농단체로서는 총동맹 가입단체의 약 3/5로서 경상 · 전라의 농민단체가 대다수를 점한다.

【5】

(2) 서울청년회계

청년단체로서는 총동맹 가입단체의 약 3/4로서 경상남도 · 전라북도 · 황해도 · 강원도 · 함경남도 등에서 많다

노농단체로서는 총동맹 가입단체의 약 2/7로서 全鮮의 도시 노동자가 대다수를 차지한다.

五. 총회에 대한 계획

(1) 북성회계

노동총동맹에 있어서는 다른 動力이라 할 수 있는 地盤 즉 회의 대다수를 차지하는 南鮮지방 농민단체를 가짐으로서 동맹의 세력을 확장하면 용이하다고 자신하고, 이에 대한 특별한 활동을 하고 있다. 최근에 이르러 계획을 수립해서 同志를 각 지방에 파견해, 이로서 지방의 유력자인 간부와 연락해서 이들로서 세부까지 총동맹 新가입을 권유하게 함으로서 自派의 세력을 얻어 총회에서 서울파 세력을 누를 것을 도모한다.
또 제2의 계획으로서, 제1의 계획이 실패로 돌아가 도저히 그 수를 비교할 수 없을 경우에는 총회간 사이에 각 지방 自派 단체에 급보를 보내, 총회에 참석시키지 않는 방법을 도모한다. 이로서 총회의 不成立을 주장하고 위원회를 개최해서 형식을 밟는 사이에 다시 세력확장의 방법을 강구한다.

【6】

또 제3의 계획으로서 미래 兩波에 가담하는 중립의 태도를 취한다. 소위 상해파 즉 兪鎭熙·朱鍾健 등 일파와 손잡고 이들로서 양파 타협의 조사에 착수하고자 도모하고 있다.
제4의 계획으로서는 이상의 계획이 모두 실패로 끝날 때에는 단지 경성청년회·

【7】

신흥청년회동맹 등을 가입시켜두고, 자파는 즉 북풍회를 중심으로 해서 全鮮사상단체동맹을 조직해, 청년총동맹은 오로지 청년운동만을 진행하기 위한

自派 단체임을 주장한다. 그리고 자신들은 사상단체동맹의 주도하에 목적을 달성하기 위한 운동을 일으키고자 도모했다. 이에 관해서는 이미 준비행동으로서 대정 13년이래 각 지방에 사상단체를 창립하고 있다. 즉

대구	尙微會
마산	彗星會
진해	究學會
의성	赤星會
이리	甲子연구회
김해	第四會
순천	무산자동맹
영동	七月會
함흥	愚人會
평양	五月會
안동	火星會

【8】

(2) 서울청년회계

노농총동맹에 대해서는 세력확장을 위해 지방에 선전원을 파견해서 가입·권유에 노력하고 있지만, 도저히 북성파에 대항할 수 없음을 깨닫고, 극비리에 동지와 협의한 결과, 노동자와 농민의 분열을 계획해 도시 노동자의 단결에 의해 운동선에 나서면, 그 숫자야말로 농민에 비하면 한심하기 그지없지만, 그 운동력에 있어서는 훨씬 앞선다고 하면서 도시의 일부에 내통을 하는 듯 하다.

청년총동맹에 있어서는 그 지반을 튼튼히 한다면 북성파의 활동에 대해서는 두려워하지 않아도 된다고 自任하고 있지만, 북성파에서 다시 사상단체

동맹 조직을 계획하고 있다. 이에 대항하고자 사회주의자동맹이라는 것을 조직해, 이것을 중심으로 全鮮에 걸쳐 사상단체를 조직하고, 이로서 연합 대항을 하려고 한다. 昨今 李芳을 파견해서 경상북도 상주군에 二月會를 조직하기도 하고, 또 다른 곳에서도 조직을 권유할 계획이지만 아무래도 경비조달의 점에 있어서 북성회보다 열악하다.

【9】

겨우 서울청년회만의 경비로도 窮한 상태로서 장래 도저히 지구전을 유지할 수 없을 것 같아서 현재 北滿방면으로 자금조달의 교섭 중에 있으니, 그 결과 여하에 따라 서울파의 운명을 결정할 긴박한 상태이다.

六. 활동상황

(1) 북성회계

현재 모든 수단・방법을 채용해 全鮮 각지에서 自派의 선전을 하고 있지만, 그 임무를 맡은 주된 사람을 列記하면

경상남도지방	진주	趙祐濟
	김해	印東哲
	김해	金弼愛
	군산	呂　海
경상북도지방	대구	鄭雲海
	대구	申哲洙
	안동	李準泰
전라남도방면	완주	徐廷禧
	순천	某

강원도 방면	고성 某

【10】

평안남도방면	평양 崔潤玉
	평양 金祐昌
평안북도방면	경성 曺奉岩
	신주 某
	영흥 某
함경도 방면	성진 某

(2) 서울청년회계

마찬가지로 전국 각지에서 自派의 선전을 하고 있지만, 그 임무를 맡은 주된 사람을 列記하면

전라남도방면	완도 李時琓
	목포 徐邰晳
전라북도방면	김제 趙紀勝
	張赤波
경상남도방면	창원 安 俊
경상북도방면	풍기 姜宅鎭
충청도 방면	대전 朴廣熙
	영동 張 埈
강원도 방면	횡성 朴大善
함경남도방면	북청 金敎英
함경북도방면	청진 張彩極

七. 해외에 대한 활동 상황

(1) 북성회계

오는 4월 총회 종료까지는 가끔씩 그 운동의 변천을 블라디보스톡에 있는 상해 고려공산당에 통보하고, 노농정부의 원조를 받는 실정이었다.

【11】

그 통보 서면을 작성해서 특사를 보낼 계획으로 이미 작년 말 북풍회원이었던 金丹冶가 블라디보스톡을 향해 출발했기 때문에 또 이어서 裵德秀・金鍾範 등을 파견하기로 했다.

(2) 서울청년회계

작년 말 歸着하는 것으로 해 당지를 출발한 崔昌益・朴尙薰・崔晋万 3명은 이달 초순 간도에서 만나 同地에서 다시 羅子溝에 도착했으며, 또 寧古塔으로 향하고 있다. 이들은 그곳의 공산단체와 제휴해서 일을 착수하기 위해 교섭의 임무를 가지고 여행하고 있다.

以 上

一. 보고처 경무국・경찰부・검사국

京鍾警高秘第二八五號ノ一
大正十四年一月十三日
京畿道警察部長
京城地方法院檢事正殿

在京主義者等ノ最近ニ於ケル活動狀況ニ関スル件

朝鮮人ノ民族性トモ謂フヘキ訌即チ相互ノ勢力争ヒノタメ集マリテハ散リ合ヒテハ別レ常ニ紛糾止マサリシ朝鮮青年勞農ノ各團体ナミテ大正十三年四月在京主義者等ノ惨憺タル苦心ニ依リテ全鮮的團合ヲ見ルニ至リ即チ朝鮮青年総同盟朝鮮勞農総同盟ノ組織成リタルカ之ヲ機トシテ在京主義者等ハ之ヲ自己ノ職業的所謂主義運動ニ利用セントシタルナ(ス)ヘテ又々間モナク内訌ヲ生シ幹部相互間ニ勢力争ヒヲ惹起スルニ至リ於此主義者ハ二党派ニ分レ即チ北星會系、新興青年會系ノ二派対立ヲ示セリ爾来互ニ其奪取ノ策ニ汲々トシ暗々裡ニ奮鬪、又抗逐シ全鮮ニ波及シ従テ二派対立ハ全鮮的トナリ来リタルカ最近ニ至リ彼等ノ対抗運動ハ弥々其度ヲ高メ来ル四月ノ第二回定期総會ニ於テ互ニ其敵方ノ勢力ヲ殺ヤ自派ノ独台トナシ以テ朝鮮無産革命運動ノ烽ヲ挙ケムト大計画ヲ樹立シ目下大々的活躍ヲ為シツヽアリ其ノ内査シ得タル両派ノ計画及活躍狀況ヲ左ニ対照列記シテ参考マテ及報告候也

左記

一、幹部ノ人物
(1)北星會系
金若水、申伯雨、金在鳳、金鍾範、金燦、辛鐵、全一等ニシテ何レモ相当主義ニ関スル素養ヲ有ス
(2)新興青年會系
金思國、韓愼敎、李赫魯、崔昌益
李英、鄭栢、張赤波、李廷允
等ニシテ主義ニ関スル素養ニ於テ北星系ニ及ハサルノアリ

二、檢挙及海外トノ連絡

(1) 北星會系
大正十三年十月頃朝鮮日報社ノ後援ヲ得現在運動ノ經費ニ充ツヘク同社營業課長洪璔植ヨリ毎月二百円宛ノ支給ヲ受ケツヽアリト尚其他朴重華弁護士金炳魯等ノ後援アリテ金炳魯ヨリハ毎月二十円宛支給ヲ受ケ居ルモノヽ如ク且ツ海外トノ連絡ニ就テハ從來ノニコリスク派即ナ労農政府ニ最モ厚キ信用ヲ有スル韓明瑞一派ト連絡アリテ高麗總局內地部組織以來引續若干ノ經費ヲ支給セラレツヽアルモノヽ如シ
(2) 什邑青年會系
何等後援ヲ有セス唯同志朴尚薰、金祐演、鄭栢、張赤波等金[illegible]ニ依リ辛ウシテ其經費ノ一部ニ充テ居レリ
海外トノ連絡ニ就テハ元來什邑派ハ浦塩ニ連絡ヲ有セス僅カニ金思国ノ系統ニ依リ寧古塔方面ニ介在スル勢力微々タル共産黨員ト連絡ヲ有スルノミ

三、所屬團体
(1) 北星會系
北風會、火曜會、労働学院、新興青年同盟、京城青年會、仮水夫組合、解放運動社、女性同友會、女子苦学生相助會、労働青年會、革清團、労働黨、
(2) 什邑青年會系
社會主義者同盟、什邑青年會、京城労働講習所、労働大會、赤雹團、労働教育協會、元労働共濟會
北青学友會 什邑數工組合、

四、地方ニ於ケル勢力
(1) 北星會系
青年團体トシテハ總同盟加入團体ノ約四分ノ一ニシテ其慶尚南北道ニ最モ多ク次テ平安南北道及咸鏡南北道ノ小部分ヲ有シ労農團体トシテハ總同盟加入團体ノ約五分ノ三ニシテ慶尚全羅ノ農民團体ノ大多數ヲ占ム
(2) 什邑青年會系

青年団体トシテハ総同盟加入団体ノ約四分ノ三ニシテ慶尚南道全羅北道黄海道江原道咸鏡南道等ニ多ク又労農団体トシテハ総同盟加入団体ノ約七分ノ二ニシテ全鮮ノ都市労働者ノ大多数ヲ占ム

七、総会ニ対スル計画

(1)北星会系

労働総同盟ニ在テハ他ノ動カスヘカラサル地盤即チ会ノ大多数ヲ占ムル南鮮地方農民団体ヲ有スルヲ以テ同盟ノ勢力ヲ握ルハ容易ナリト自信シ之ニ対スル特別ノ活動ヲ為サヽルモ青年総同盟ニ在テハ在来付色派ト争ヒツヽ地状態ナリシヲ久テ其勢力扶植ニ付テハ大ニ頭脳ヲ痛メ来リタル所ナルカ最近ニ至リ愈計画ヲ樹テシ因テ各ヲ各地方ニ派シテ之ヲ地方ノ有力ナル幹部ト連絡セシメ之等ヲシテ細胞ニ亘リ総同盟ニ新加入ヲ勧誘セシメツヽアリテ同派ノ勢力ヲ得次テ総会ニ於ケル付色派ノ勢力ノ殺ガムコトヲ謀レリ

又第二ノ計画トシテ第一ノ計画ニ失敗ニ帰シ到底其数比較スル能ハサルニ於テハ総会開催ニ各地方同派団体ニ急報ヲ発シ総会ニ参席セシメサル方法ヲ執リ而シテ総会ノ不成立ヲ主張シ委員会ノミヲ開催シテ形式ヲ踏ミ経過セハ其間ニ於テ更ニ勢力扶植ノ方法ヲ講スヘク決シ第三計画トシテ尓来付色派ニ加担セス中立ノ態度ヲ採リ来リタル所謂上海派即チ兪鎮熙朱鍾健等一派ト握手シ之等ヲシテ両派妥協ノ調査ニ当ラシムヘク謀リタル由ナルカ之レ付色派ノ諒セサルヲ見越シテノ策略ニシテ妥協纏ラサル暁ニ於テハ之ヲ以テ口実ニ付色派ノ専横ナルヲ宣伝シテ以テ系統内ノ破裂ヲ図ラムトスルニ在ルモノヽ如キモ之果シテ中立派其策略ニ陥ルヤ否ヤハ信スル能ハサルモ目下中立派ノ態度トシテハ調和ノ労ヲ採ルヘキ傾向アリ第四ノ計画トシテハ以上ノ計画総テ失敗ニ終リタル際ニ於テハ単ニ京城青

年會新興青年同盟等ヲ加入セシメ星
キ團派ハ即チ北風會ヲ中心トシテ全鮮
思想團体同盟ヲ組織シ青年總同盟
ハ單ニ青年運動ニノミ進ムヘク自派團
体ナリト主張シ居リシテ自己等ハ思
想團体同盟ニ依リ目的ヲ達スヘク運動
ヲ起サムト圖リタルカ之ニ關シテハ既ニ其
準備行動トシテ大正十三年以來各地
方ニ思想團体ヲ創立セシメアリ即チ

大邱　尚微會
馬山　彗星會
鎭海　寛羊會
義城　赤星會
裡里　甲子研究會
金海　第四會
順天　無產者同盟
永同　七月會
咸興　思人會
平壤　五月會
東京　火星會

等ニシテ尚目下各地方ニ於テ思想團体
組織ニ沒頭シツヽアリ

(2)付邑青年會系

労農總同盟ニ就テハ勢力扶植ノタメ各
地方ニ宣傳員ヲ派シテ加入勸誘ニ努メ
ツヽアルモ到底北星派ニ対スヘカラサルヲ
覺悟シ極秘裡ニ同志協議ノ結果労働
者ト農民ノ分列ヲ計画シ都市労働
者ノ團結ニ依リ運動線ニ立タハ其數ニ農
民ニ比スレハ寡ヒ人ニ堪ヘサルカ如キモ其運
動ノ力ニ於テハ遙ニ勝ルモノアリトシ各郡
市ノ一部ニ少遍ヲ存シタルモノヽ如シ
青年總同盟ニ就テハ既ニ其地盤ヲ固
メ居レハ北星派ノ結動ニ対シテハ恐ルヽ
ニ足ラスト自任シ居ルモ北星派ニテ更ニ
思想團体同盟ノ組織サルヽヲ予期シ
之ニ対抗セムト過般社會主義者同盟
ナルモノヲ組織シ之ヲ中心ニ全鮮ニ亘リ
思想團体ヲ組織シ以テ聯合対抗スヘ
ク昨今專ラ勞ヲ派シテ慶尚北道尚州
郡ニ二月會ヲ組織セシメタリト尚其他
ニ於テモ組織ヲ勸誘スヘキ計画ナル
モ何レニシテモ經費調達ノ点ニ於テ北
星會ニ劣リ僅カニ付邑青年會ノ

ミノ経費ニ欠窮シテ居ル状態ナルヲ以テ将
来到底持久戦ヲ保ツ能ハサルヘシ、如ク
目下北満方面ニ資金調達ノ交渉中ニ
シテ其結果ノ如何ニ依リテソウル派ノ運
命ヲ決スルノ急状態ニアリ

六、活動ノ状況

(1)北星會系

目下従ユル手段方法ヲ採リ全鮮各地ニ
同派ノ宣傳ヲ為シメツヽアルカ其任ニ当リ
タル主ナル者ノヲ列記スレハ

慶尚南道地方、晋州 趙祐庸
金海 卯東哲
〃 金衡愛
馬山 呂海

慶尚北道地方
大邱 鄭雲海
〃 申哲珠
安東 李準泰

全羅南道方面
光州 孫廷梳
順天 某

江原道方面
高城 某

平安南道方面
平壤 崔祠五
〃 金祐昌

平安北道方面 平陵 曹奉岩
新州 某

咸鏡道方面 永興 某
城津 某

(2)ソウル青年會系

目下同派宣傳ニ努メ居ルカ其任ニ当ル
主ナルモノヲ列記スレハ

全羅南道方面
莞島 李特玧
木浦 孫部哲

全羅北道方面
金堤 趙紀暘
咸悦 張赤波

慶尚南道方面
昌原 安俊

仝 北道方面
豊基 姜宅鎭

忠清道方面
太田 朴廣烈
永同 張換

江原道方面
堂城 朴大吾

咸鏡南道方面
北青 金厳昊

仝 北道方面
清津 張彬極

七、海外ニ対スル活動状況

(1)北星會系

本年四月総會終了セシハ時々其運動ノ
支部ハ浦塩ニ於ケル高麗共産党ニ

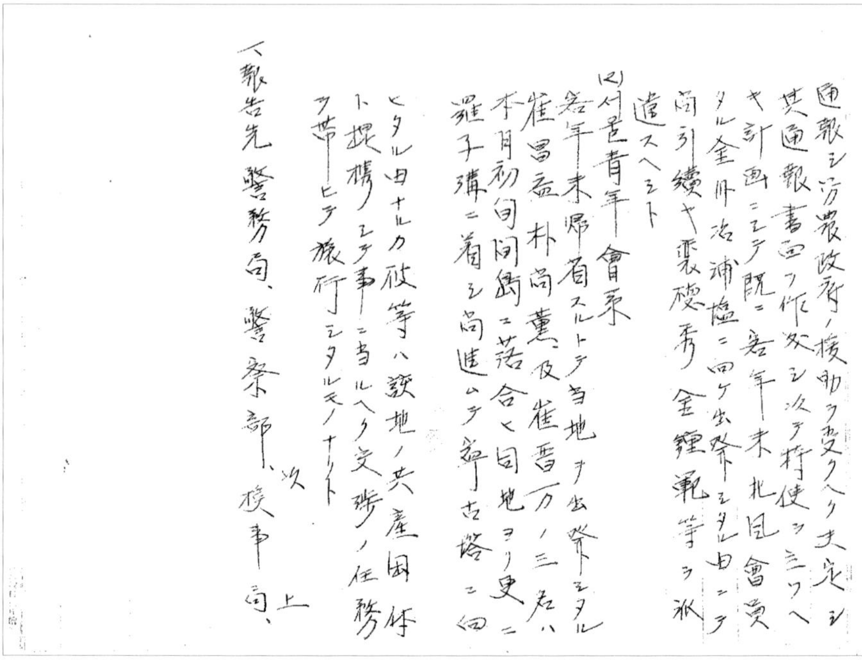

通報シ勞農政府ノ援助ヲ受クヘク決定シ
其通報書面ヲ作成シ次テ特使ヲ立ツヘ
キ計畫ニシテ既ニ客年末北風會員
タル金丹冶浦塩ニ向ケ出發シタル由ニテ
尙引續キ裵德秀 金鍾範等ヲ派
遣スヘシト

(2) 서울青年會系
客年末歸着スルトテ當地ヲ出發シタル
崔昌益 朴尙薰及崔晋万ノ三名ハ
本月初旬間島ニ落合ヒ同地ヨリ更ニ
羅子溝ニ着シ尙進ムテ寧古塔ニ向
ヒタル由ナルカ彼等ハ該地ノ共產団体
ト提携ノ上テ事ニ當ルヘク交渉ノ任務
ヲ帶ヒテ旅行シタルモノナリト

以上

一、報告先 警務局、警察部、檢事局、

자료 4 「김재봉 외 19인 조서」(1회), 1926년 2월 12일, 신의주지방법원

피고인 신문조서(제1회)

피고인 김재봉

위 사람에 대한 치안유지법위반사건에 관해 대정 15년(1926) 2월 12일 신의주지방법원에서

예심 담당 조선총독부 판사 越尾鎮男

조선총독부 판사 서기 박승준

열석하에 판사는 피고인에 대해 신문을 한 것은 다음과 같다.

문: 이름 · 연령 · 신분 · 직업 및 본적지는?

답: 이름은 김재봉, 연령은 36세, 신분은, 직업은 무직, 주소는 경성부 가회동 67번지, 본적은 경상북도 안동군 풍북면 오미동.

문: 작위 · 훈장 · 기장은 있고, 연금 · 은급을 받거나 공무원직에 있은 것은 아니냐?

답: 없다.

문: 형벌에 처해진 적은 없는가?

답: 대정 10년(1921) 1월중 경성지방법원에서 대정 8년 만든 령 제7호 위반으로 징역 6월에 처해져서 그 집행이 끝났다.

이에 대해 판사는 피고사건을 고하고, 이 사건에 관해 진술할 것이 있는지 여부를 묻고 피고인은 신문에 대해 진술할 것을 답한다.

문: 어떤 죄로 인하여 경성지방법원에서 처벌되었는가?

답: 내 본적지의 안모의 의뢰를 받아 조선독립단의 불온문서를 대구의 김시현에게 전달한 죄로 처벌되었다.

문: 조선공산당을 동지와 함께 조직하였는가?

답: 그렇게 조직하였다.

문: 당신이 주동이 되어 조직하였는가?

답: 내가 주동이 되어 조직한 것은 아니고, 조봉암 · 김철 등이 진력하였다.

문: 다른 동지를 권유하여 입회시키지는 않았나?

답: 다른 사람을 권유해서 입회시킨 적은 없다.

문: 대정 13년(1924) 중국에서 공산당 조직을 계획하였나?

답: 대정 13년(1924) 여름 블라디보스토크에 있던 고려공산당원 정재달이 조선에서 공산당 조직 사명을 띠고 경성에 와서 우리 동지들에게 조직을 권유했다. 그 무렵부터 공산당을 조직하는 계획이 있었다.

문: 정재달은 조선에서 공산당을 조직하기 위해 왔나?

답: 그렇다.

문: 정재달을 만나 공산당 조직을 계획한 사람은?

답: 신백우 · 원우관 · 김찬 · 조동우(조동호가 옳음, 이하 조동호로 표기함; 편집자) · 이봉수와 나(김재봉; 편집자)이다.

문: 얼마동안 정재달은 경성에 체재하였나?

답: 약 2개월 체재하였지만, 그 후 처벌되어 지금 복역 중이다.

문: 그래서 정재달의 권유에 따라 공산당을 조직하는 일을 하였나?

답: 그렇다. 지금 진술한 사람들과 의견은 일치를 보았지만, 그 시기나 방법 등은 결정되지 않았다.

문: 고려공산당의 한 세포체로서 조직할 예정이었나?

답: 그렇지 않았다. 완전히 독립된 것을 만들 작정이었다.

문: 정재달은 고려공산당 간부였나?

답: 그 당의 간부는 이동휘 · 한세명이고, 정재달은 당원이었다.

문: 정재달과는 그 전부터 서로 알고 있었나?

답: 한해 앞선 대정 12년(1923) 경성 김찬의 집에 와 있던 때 처음 만나 서로 알게 되었다.

문: 조선에서 공산당을 만드는 데 있어서 고려공산당의 원조는 당연히 있었다고 생각되는데, 그 점에 대해서 정재달로부터 어떤 말이 있었는가?

답: 남으로부터 원조를 받을 의사는 없었고, 우리 손으로 독립적인 것을 만들 예정이었다.

문: 그러나 정재달의 권유에 따라 공산당을 조직하게 된 것은 사실인가?

답: 그것은 그렇다.

문: 그 후 작년 4월 17일까지는 조직하지 않았던 데에 뭔가 이유가 있는가?

답: 별로 이유는 없다. 실은 고려공산당의 내부에는 이르쿠츠크파와 상해파가 싸우고 있었고, 정재달이 그 중 어디에 속할까 판단하지 못했다. 또 그가 있는 동안에 조직하면 우리의 비밀이 밖으로 샐 우려가 있었고, 또 고려공산당의 지배를 받아들이게 될 우려가 있어서 바로 조직하지 않았다.

문: 공산당 조직 당시의 당원은?

답: 나, 주종건 · 조봉암 · 유진희 · 김찬 · 김약수 · 윤덕병 · 조동호 · 송봉우 · 김상주 · 진병기 · 독고전의 12명이었다.

문: 집행위원은 누구 누구였나?

답: 나, 김약수 · 유진희 · 주종건 · 김찬 · 조동호 · 정운해의 7명이다. 정운해는 조직할 때 오지 않았지만, 간부로 선정되어 있었다.

문: 검사위원은?

답: 조봉암 · 송병우 · 윤덕병의 3명이었다.

문: 고려공산당을 조직한 목적은 공산주의를 조선에 선전하려는 것인가?

답: 그렇지 않다.

문: 어떤 방법으로 선전하려 했는가?

답: 강연회 · 잡지와 청년단체를 조직하는 것이다. 그래서 노동자 · 무산자를 공산당원화하고, 사회의 대부분이 공산주의를 신봉하게 되면 사회자연의 진화에 따라 현대의 불합리한 경제조직이 없어진다는 것이다. 이런 사회의 실현이 목적이다.

문: 그 자연의 진화라든가 법칙이라는 것은 무슨 의미인가?

답: 역사에 보이듯이 봉건제도가 마침내 쓰러지고 자본주의 경제조직이 현대로 바뀐 것처럼, 현대 자본주의 국가가 마침내 공산주의 사회로 이행하게 된다는 것을 이르는 것이다.

문: 당신들이 신봉하는 공산주의는 어떤 것인가?

답: 현대 사회는 자본가가 무산자를 압박하여 착취하고 있기 때문에 그 계급을 타파하고, 모든 자본을 사회 공유로 하여 평등하게 분배하려는 것이다.

문: 조봉암은 조선공산당을 모스크바 제3 인터내셔널에 승인을 받기 위해 갔었나?

답: 고려공산당 청년회를 대표하여 갔으므로 조선공산당의 일로 간 것은 아니다.

문: 조동호는 조선공산당을 대표하여 모스크바에 갔었나?

답: 그렇다. 조선공산당에서 파견되었다. 그 용무는 모스크바 제3 인터내셔널에 조선공산당의 성립을 보고하기 위한 것이다.

문: 조동호가 여행을 떠난 것은 어땠나?

답: 작년 6월초 무렵인데 모스크바에 갔다가 상해에 있었다.

문: 유진희를 북경에 파견한 것은 조선공산당이 제3 인터내셔널에서 승인받았는지 않은지 조사하기 위함인가?

답: 조선공산당이 유진희를 북경에 파견한 것은 아니고, 그 사람은 개인 용무로, 어떤 용무인지는 모르지만, 북경에 간 것이다. 공산당이 용무를

의뢰한 일도 없었다.

문: 조동호가 상해에 있는 것은 어떻게 판단하였나?

답: 그 사람으로부터 편지가 와서 알았다.

문: 유진희가 돌아온 뒤 그 사람을 만났나?

답: 만나지 않았다.

문: 조동호의 모스크바행 여비는 어떻게 조달하였나?

답: 조동호 자신의 돈으로 갔다.

문: 조동호에게 어떤 서류를 지참시켰나?

답: 서류는 지참케 하지 않았다. 먼저 가서 필요하다면 보고서는 뒤에 보내주기로 하였다. 또 신분증명서도 뒤에 보내주기로 되어 있었는데 아직 보내지 않았다. 당의 규칙 · 강령은 조동호가 최초로 기안했지만 집행위원 중에 이의가 생겨서 아직 작성하지 않았다.

문: 조동호와 편지를 주고받은 것은 어떤 방법으로 했나?

답: 내 쪽에서는 독고전이 중간에서 전해주는 역할을 맡았다. 즉 이중 봉투를 만들어 독고전 앞으로 보내면 그 사람이 다시 수신인의 이름을 적어서 보냈다.

문: 상해의 누구 앞으로 보냈나?

답: 상해의 조동호에게 보내지도록 독고전에게 명하여 두면, 독고전은 조동호가 사는 곳을 알고 있어서 그 사람이 표기해서 보냈다.

문: 조동호에게 몇 번의 편지를 보냈나?

답: 4회 보냈다.

문: 조동호로부터는 몇 번 편지가 왔나?

답: 3회인데 독고전이 중간역할을 했다.

본 신문은 입회서기로서 조선총독부 재판소 통역생의 통역에 의하여 위 조서를 동시통역을 하여 공술자에게 읽고 듣게 하여 틀림없음을 진술케 하고 서명 날인케 하였다.

대정 15년 2월 12일

신의주지방법원

예심 담당 조선총독부 판사 越尾鎭男 印

조선총독부 재판소 서기 박승준 印

287　0575

被告人訊問調書（第一回）

被告人　金在鳳

右之者ニ對スル治安維持法違反事件ニ付

大正十五年二月十二日新義州地方法院ニ於テ

豫審掛朝鮮總督府判事　越尾鎭男

朝鮮總督府裁判所書記　杉[illegible]俊

列席ノ上判事ハ被告人ニ對シ訊問ヲ爲スコト左ノ如シ

問　氏名、年齡、身分、職業、住居及本籍地ハ如何

答　氏名ハ　金在鳳

年齡ハ　三十五歲

0576

身分ハ

職業ハ　無職

住居ハ　京城府[illegible]洞[illegible]番地

本籍ハ　慶尚北道安東郡[illegible]面[illegible]番地

問　爵位、勳章記章ヲ有シ年金恩給ヲ受ケ又ハ公務員ノ職ニ在ル者ニ非サルヤ

答　ナシ

問　是迄刑罰ニ處セラレタルコトナキヤ

答　[illegible]

玆ニ於テ判事ハ被告事件ヲ告ケ此ノ事件ニ付

288　0577

陳述スヘキコトアリヤ否ヤヲ問ヒタルニ

被告人ハ　詳細ニ陳述スヘキ旨

答ヘタリ

問　如何ナル罪ニ因リ京城地方法院ニ於テ處罰セラレタルノカ

答　[illegible]

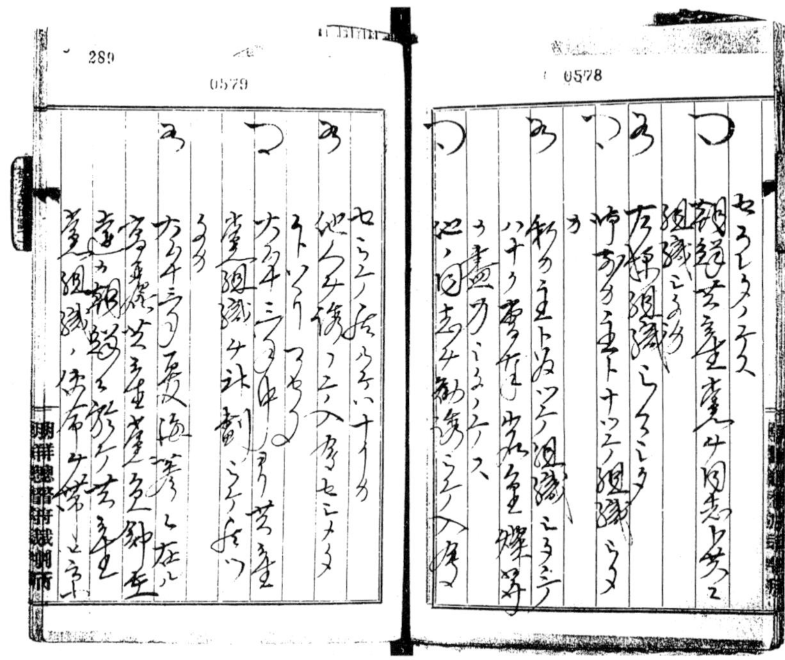
289
0579
0578
朝鮮總督府裁判所

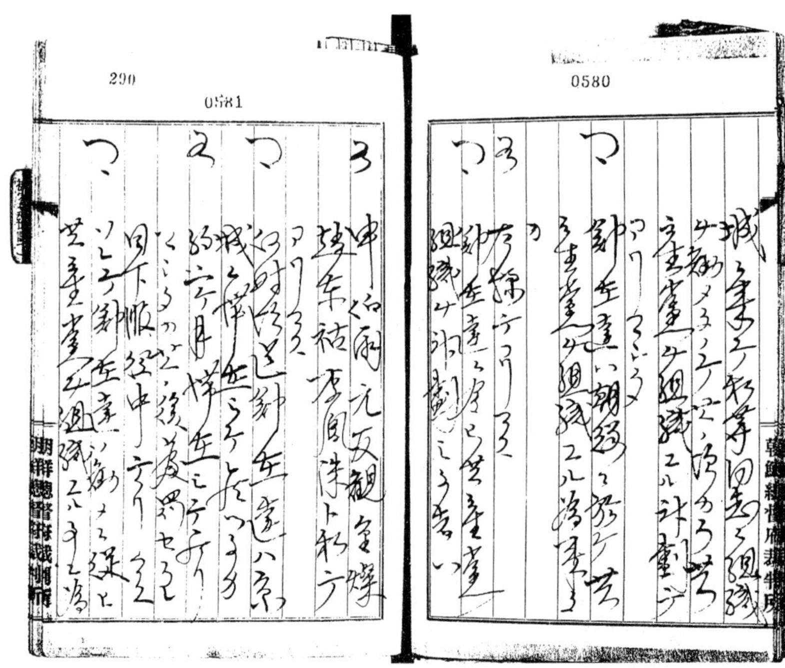
290
0581
0580
朝鮮總督府裁判所

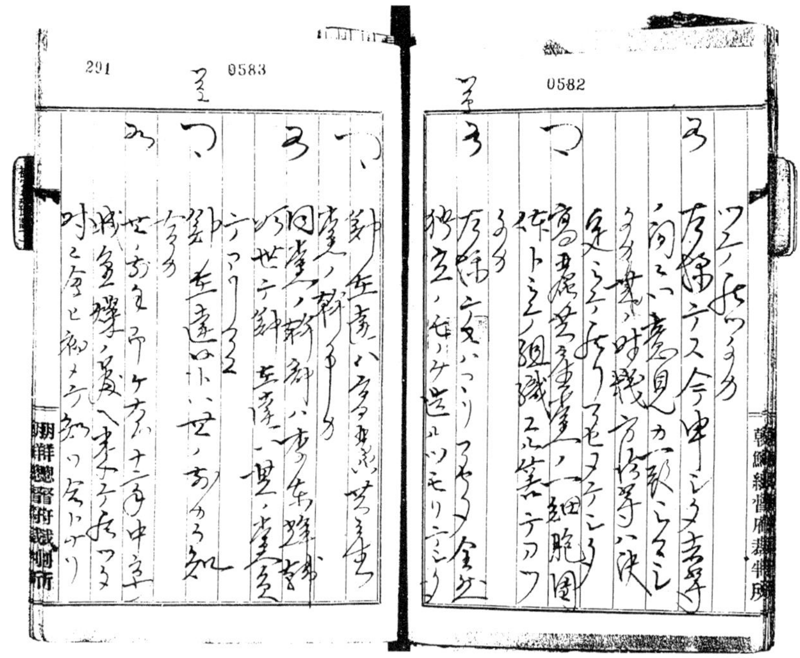
291
0583
0582
朝鮮總督府裁判所
朝鮮總督府裁判所

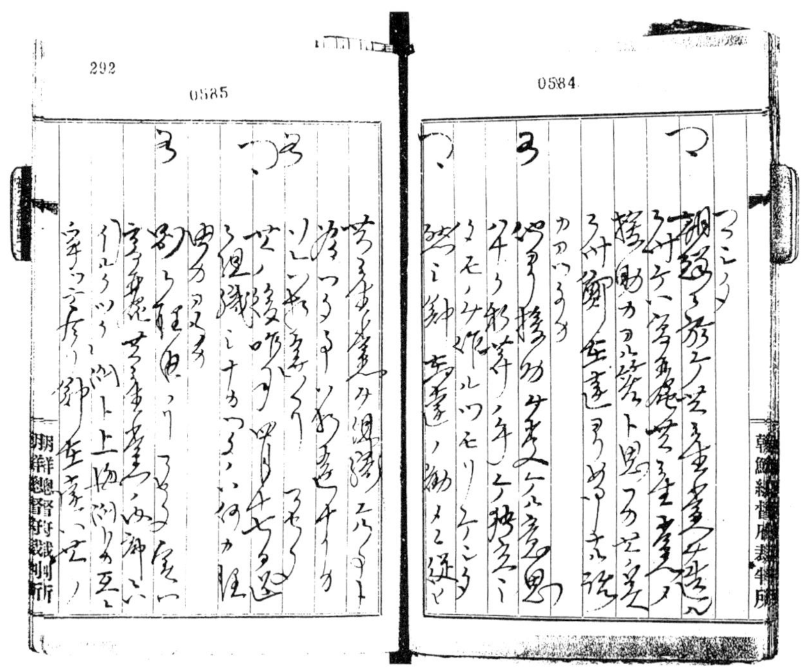
292
0585
0584
朝鮮總督府裁判所
朝鮮總督府裁判所

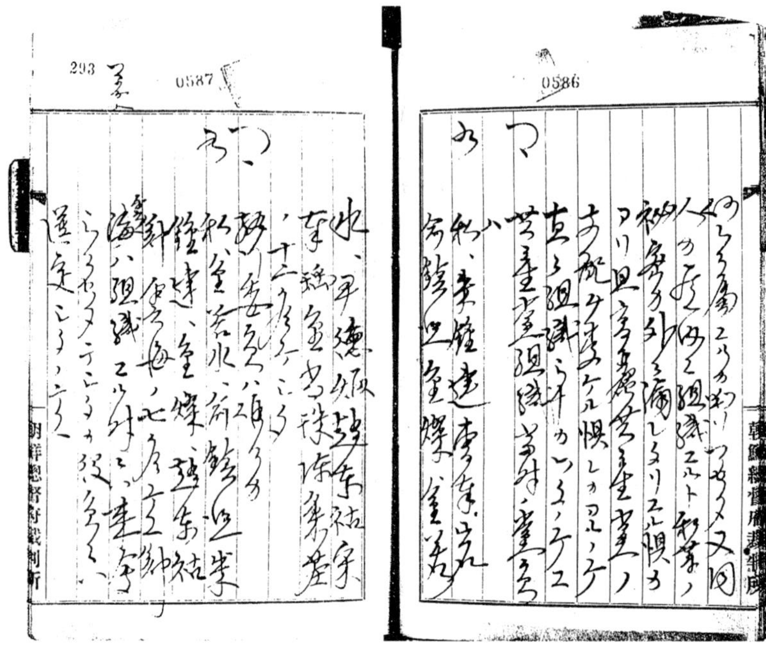
293
0587
0586
朝鮮總督府裁判所
朝鮮總督府裁判所

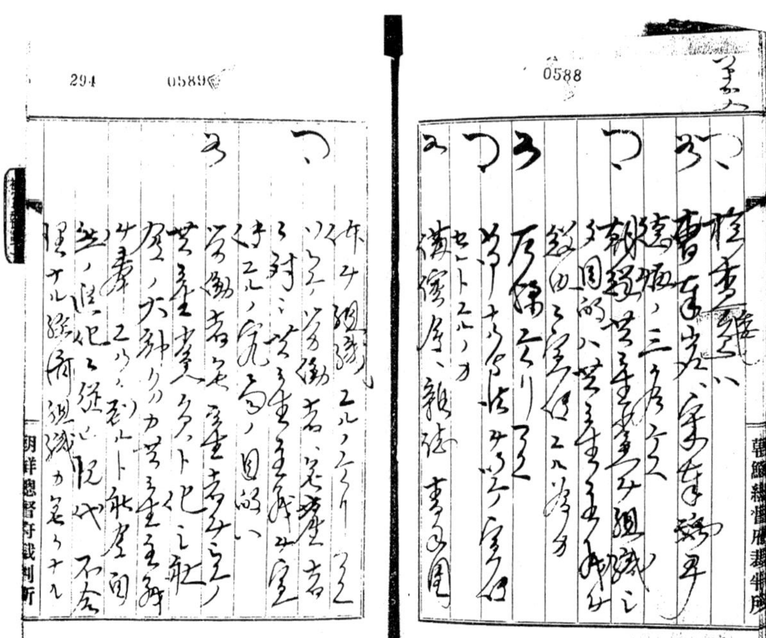
294
0589
0588
朝鮮總督府裁判所
朝鮮總督府裁判所

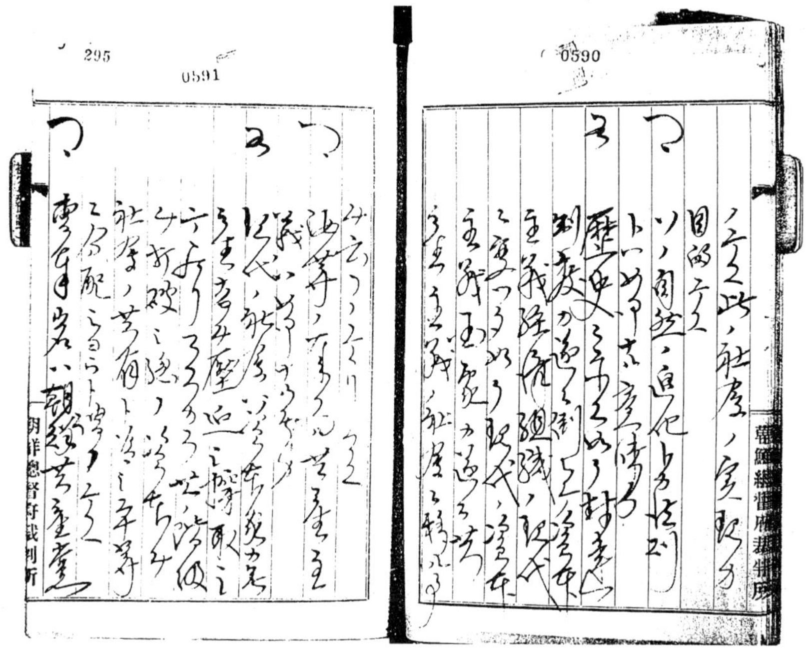
295
0591
0590
朝鮮總督府裁判所
朝鮮總督府裁判所

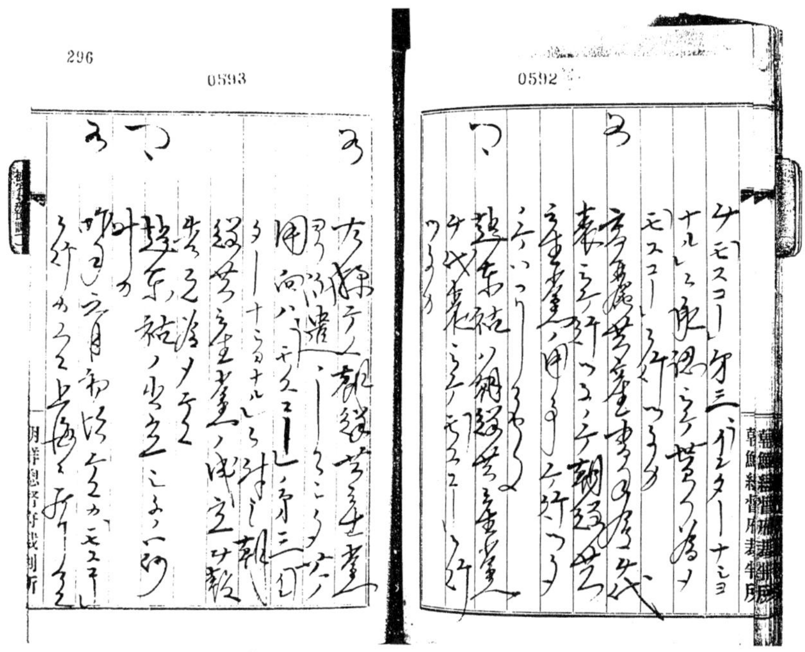
296
0593
0592
朝鮮總督府裁判所
朝鮮總督府裁判所

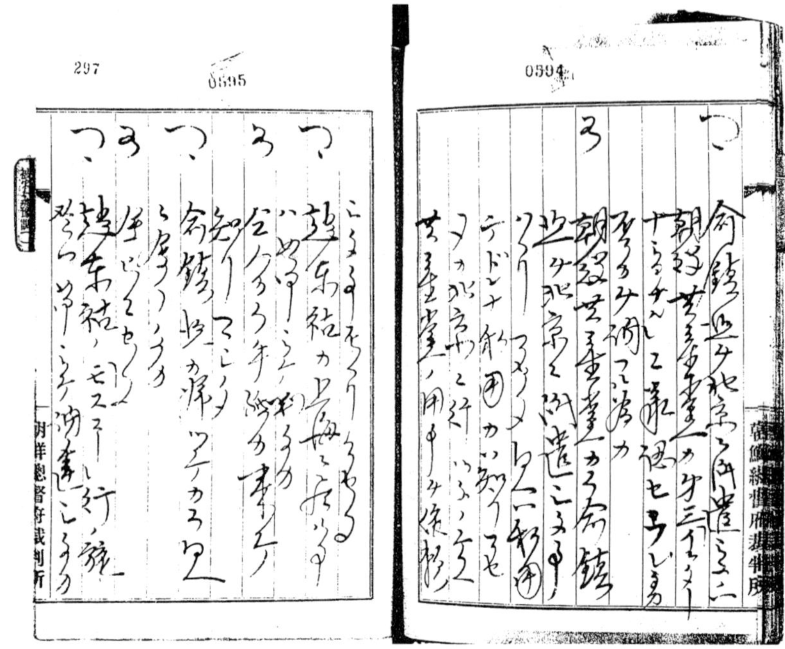
297
0595
0594

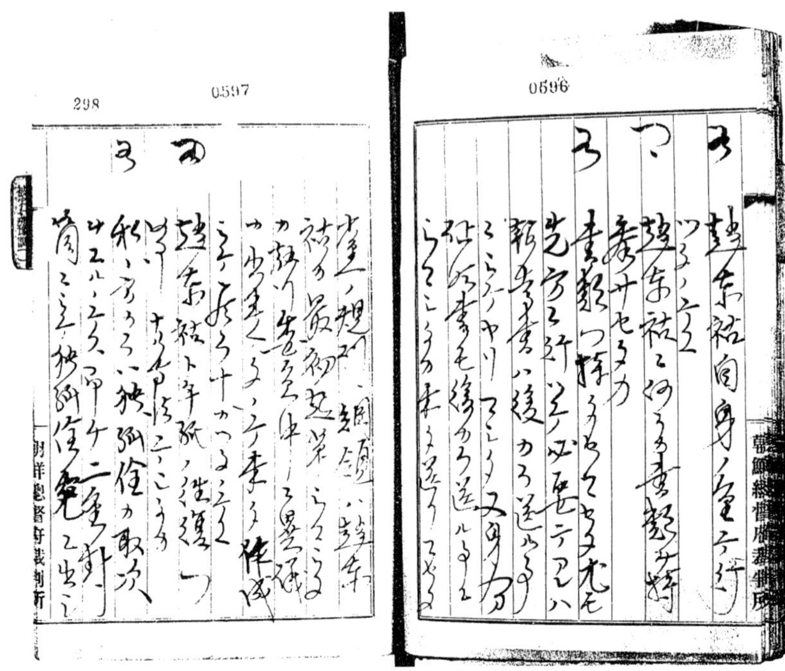
298
0597
0596

299 0599

答 [illegible]

問 [illegible]

答 [illegible]獨立[illegible]

0598

問 [illegible]

答 [illegible]

問 上海[illegible]

答 上海[illegible]

[illegible]獨立[illegible]

300 0600

本訊問ハ立會書記タル朝鮮總督府裁判所通譯生ノ通譯ニ依リ之ヲ行ヒ右調書ヲ同通譯生ヲシテ供述者ニ讀ミ聞カサシメタルニ相違ナキ旨申立[illegible]シタリ

大正十三年二月十二日

供述者 金在鳳

新義州地方法院

豫審掛朝鮮總督府判事 越尾鎮男

朝鮮總督府裁判所書記 [illegible]

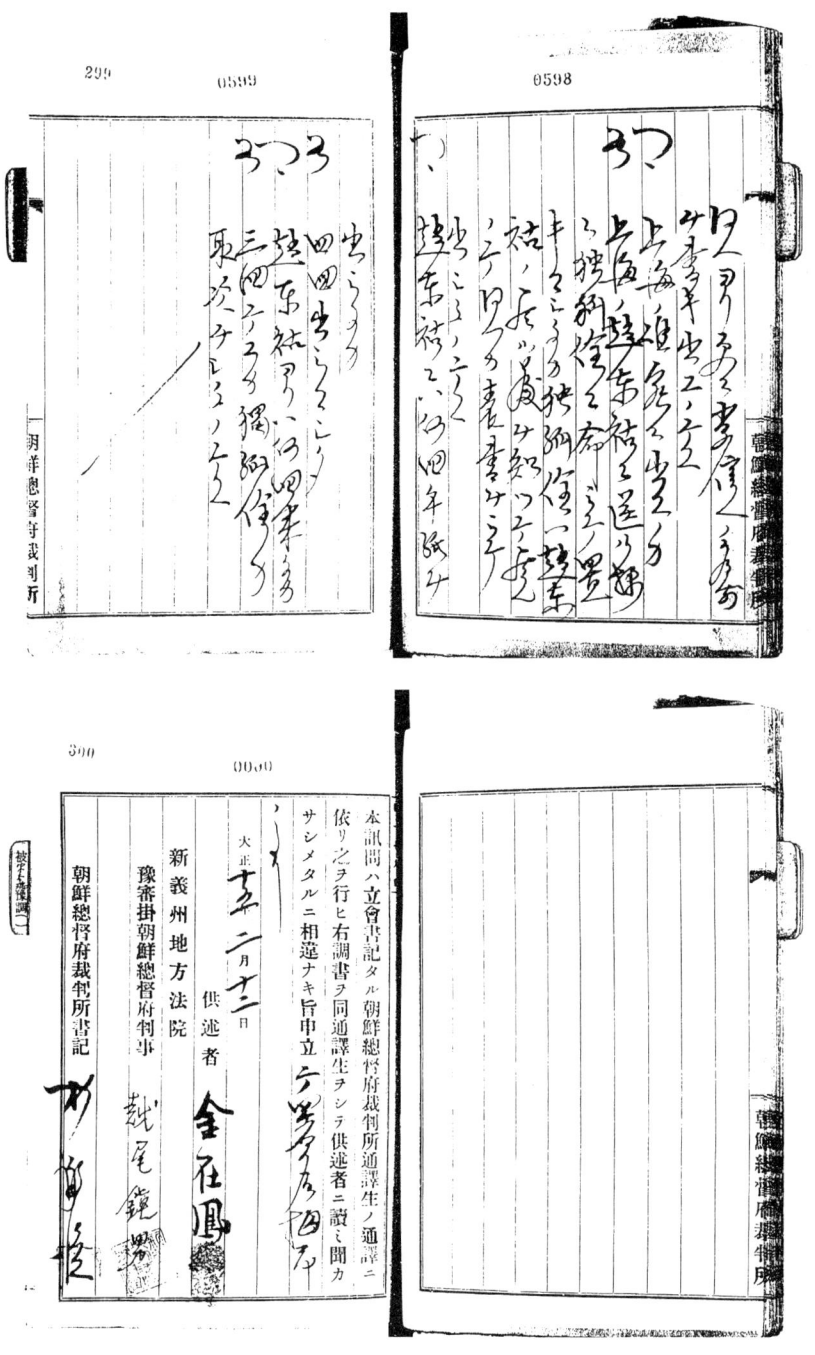

자료 5 「김재봉 외 19인 조서」(2회), 1926년 3월 2일, 신의주지방법원

피고인 신문조서(제2회)

피고인 김재봉

위 사람에 대한 치안유지법위반사건에 관해 대정 15년 3월 2일 신의주지방법원에서

예심 담당 조선총독부 판사 越尾鎭男

조선총독부 재판소 서기 박승준

열석하에 판사는 전회에 이어 피고인에 대해 신문을 한 바는 아래와 같다.

문: 김재봉이 틀림없나?

답: 그렇다.

문: 가족은?

답: 부 · 모 · 동생 및 처, 아들 2명(16세와 10세)이다. 부는 본적지에 농업에 종사하고, 처와 아이도 부와 함께 산다.

문: 재산은?

답: 부는 약 5, 6천원의 토지를 소유하고 있고, 그것으로 생활하고 있다. 나는 최근 조선일보의 기자로서 월수 60원을 벌어 생활하고 있다. 경성에는 혼자 살고 있다.

문: 고향을 떠난 것은 언제인가?

답: 20세 때 떠났다. 그것은 고향에서 어릴 때 한문을 배우고 나서 경성공업전습소에 입학하기 위해서였다.

문: 그 후는?

답: 공업전습소의 염직과에서 3년간 공부하고, 졸업한 후 한번 고향에 돌아가 약 4년간은 놀았다. 그 사이에는 습득한 기술을 가지고 일을 해 보려고 계획했으나 중지하였다. 그런 뒤에 경성에 다시 와서 만주일보 기자가 되었는데 대정 9년 말 그 신문사가 없어지자 퇴사하였고, 대정 10년(1921) 초 제령 위반으로 징역에 처해져 경성에서 복역하였다. 그 해 9월에 출소한 후로는 만주지방을 유랑하여 봉천 · 북경, 그리고 나서 모스크바에 갔다. 돌아오는 길에 치타에 체재하고 블라디보스토크에 들렀다가, 대정 12년(1923) 봄 경성에 돌아와 다음 해부터 조선일보 기자가 되어 지방부 · 정리부에 있다가 그 신문이 정간되었을 때 퇴사하였다.

문: 사회주의 · 공산주의를 언제쯤부터 연구하였나?

답: 대정 10년(1921) 내가 복역 전부터 연구하였지만, 그 후 모스크바 · 치타 등을 방랑하는 중에 연구하였다.

문: 모스크바에는 언제 갔었나?

답: 대정 11년(1922) 1월에 가서 약 2주간 구경하고, 치타에 돌아와 그곳에서 그해 말까지 체재하였다.

문: 모스크바에는 무슨 목적으로 갔었나?

답: 그 당시 동양민족대회가 개최되고 있어서 그것을 보기 위해 회의에 참석하였다.

문: 동행자는 누구 누구인가?

답: 나 혼자 갔었는데 소련 · 중국 국경 역에서 여운형 · 김규식과 같이 갔다.

문: 대회 주최자로부터 초대되어 갔었나?

답: 그렇지 않다.

문: 모스크바행의 여비는 대회 당국으로부터 지급 받았나?

답: 기차운임은 왕복 모두 무임이었다.

문: 민족대회의 모양은 어땠는가?

답: 그 대회에는 중국 · 일본 · 조선 · 몽고 · 자바 등의 대표자들이 모여 있었다. 조선에서는 4, 50명이 열석하여 있었는데, 그들은 노령 · 만주 · 상해에 거주하는 자로 이름은 하나하나 기억할 수 없다.

문: 어떤 사항을 결의하였나?

답: 나는 러시아어를 하지 못하여 상세히 판단할 수 없었지만, 자본가에 의해 개최되던 범태평양회의에 대항하여 개최된 것이다. 태평양회의가 동양에 이권을 획득하는 것을 목적으로 했는데 대항하여 열린 것이다.

문: 회의는 며칠간 열렸나?

답: 회의는 1주일간으로, 회의가 끝난 뒤 나는 1주일 정도 구경을 하였다.

문: 치타에는 무엇을 하러 있었나?

답: 한족회에서 경영하는 학교의 선생이 되어 지냈다(산술과 한문).

문: 모스크바 · 치타 · 블라디보스토크에 아는 사람은?

답: 블라디보스토크에는 김하석 · 한명서 · 이동휘 등이 있었는데, 이들은 항상 이곳 저곳 옮겨 다녔다. 모스크바에는 아는 사람이 없었다.

문: 공산주의는 어떻게 연구했나?

답: 주로 서적 · 잡지에 의해 연구했는데, 주가 된 것은 마르크스 자본론 · 사회주의학(김재 번역) · 레닌주의 · 진화 · 전위前衛 등이었다.

문: 조선의 장래 또는 독립에 관하여 어떤 생각을 가지고 있었나?

답: 조선의 독립에 반대하지 않고, 공산주의의 실현을 바라고 있었다.

문: 당신이 생각하고 있는 공산주의 사회는 어떤 것인가?

답: 한마디로 말하자면, 사회 전체의 사람이 평등하게 경제상의 권리를 향유하여 평등하게 살아가는 것이 가능한 사회를 이르는 것이다.

문: 평등하게 경제상의 권력을 모든 사람이 향유한다고 하는 것은?

답: 현대 사회는 착취자와 피착취자가 대립하여 살고 있는데, 이는 경제조직의 토대가 불합리한 것에 원인이 있다. 이런 계급을 없애는 것을 이

른다.

문: 경제조직의 토대가 불합리하다는 말은?

답: 자본은 점차 소수자의 손에 집중된다. 그에 반해 사회에는 점차 무산자가 증가하게 된다. 즉 예를 들어 말하면 여기에 대소 2개의 공장이 있다면 그 사이에 경쟁이 심해지는 결과 소자본의 공장은 대자본의 공장에게 자본을 잠식당하여 무너지게 된다. 한편 소자본 공장에 속해 일하던 사람은 무산자가 되는 것이다.

문: 역시 현대 경제조직의 토대가 불합리하다고 하는 것은 사유재산제도가 있기 때문은 아닌가?

답: 그렇다.

문: 그러면 착취자와 피착취자의 대립이라는 것은?

답: 예를 들어 공장에 관해 예시해 보면, 그 공장에서 나오는 이윤은 대부분 소수의 자본가의 손에 들어가 다수의 직공은 겨우 임금만 받아서 항상 생활불안에 위협을 느끼며 살게 되는 이와 같은 사실을 말하는 것이다.

문: 그러나 자본가는 막대한 자본을 투자하였으므로 그에 부응하는 소득을 얻는 것은 당연한 것이 아닌가?

답: 이윤은 노동자의 노동에서 나오는 것이므로 전부 노동자의 손에 돌아가야 하는 것이다. 자본가를 위한 것이 아니다.

문: 왜 그런가?

답: 자본가가 가지고 있는 자본은 원래 노동자를 착취하여 얻은 것이므로 자본에 이윤을 분배하는 것이 아니다.

문: 이윤이라는 것은?

답: 자본과 노동이 생산한 이득으로부터 모든 비용을 뺀 이익을 말하는 것이다.

문: 자본이라는 것은?

답: 모든 생산기관을 이르는 것으로, 예를 들면 토지 · 기계 · 건물 · 돈 등과 같은 것이다.

문: 그러면 경제상의 권리를 평등하게 향유한다는 것은 어떤 식으로 되는 것인가?

답: 모든 생산기관을 사회 공유로 하여 모든 사람은 평등하게 일하고, 평등하게 이익을 누리는 것을 이르는 것이다.

문: 그런 사회가 실현될까?

답: 실현 가능하다고 믿고 있다.

문: 공산주의 사회에 대해 정치조직은 대체로 어떤가?

답: 아직 생각해 본 바는 없지만, 대체로 사회가 지배해온 권력은 사회인 전체에 있고, 특수한 한 사람 또는 몇 사람에게는 없어진다.

문: 그러나 어떻게 하여 그런 사회를 실현하는가?

답: 자본계급 간에 경쟁이 심해진 결과 소자본가는 몰락하고, 한편 무산자가 증가한다. 그 무산자는 자각하여 마침내 무산자의 의사로 말미암아 공산주의 사회를 실현하게 된다고 생각한다.

문: 무산자가 자각한다는 것은?

답: 공산주의를 자각한다는 것이다.

문: 공산주의사회는 그 혁명 후 레닌 등의 손으로 건설된 러시아와 같은 것인가?

답: 그렇다.

문: 외국어는 가능한가?

답: 아무것도 안 된다.

문: 종교를 믿나?

답: 종교는 인정치 않는다. 신을 믿는 일은 없다.

문: 선조는?

답: 선조에게는 경의를 표하고 제사를 지낸다.

문: 당신은 현재 공산주의에 공감하고 있나?

답: 나는 공산주의에 공감하여 이상적인 주의라고 믿고 있다.

문: 사회주의 · 공산주의에 공감하게 된 데는 뭔가 특별한 사유가 있나?

답: 별로 없다.

문: 결당 당시 낭독했던 요강의 주 내용은?

답: 그것은 그때 채택하지 않았기 때문에 지금은 기억하지 못하지만, '단결' 한다고 하는 것은 기억하고 있다.

문: 채택되지 않았던 것은 주된 내용이 나빴기 때문인가?

답: 주된 내용이 나빴던 것이 아니고, 문장이 좋지 않았고, 문자를 쓰는 법이 좋지 않았기 때문에 뒤에 고치게 되었다.

문: 당의 목적이 공산주의를 조선 내에 선전하는 데 있던 것은 틀림없고, 그 목적에 부합하는 강령은 당연하지 않았겠나?

답: 그건 그렇다. 그 당시 강령 가운데, 당의 목적에 맞지 않는 점이 있었다. 그래서 부결시키고 바꾸기도 하였다.

문: 함께 당 결성에 참가한 자는 모두 당의 목적에 대한 생각이 서로 다르지 않았는가?

답: 그건 그렇다. 그 때문에 당의 목적에 잘 합치되지 않는 점이 있다는 주장이 있어 강령을 부결시켰다.

본 신문은 입회서기인 조선총독부 재판소 통역생의 통역에 의해 행해졌고, 위 조서를 통역생이 공술자에게 읽어 듣게 하여 틀림없음을 진술케 하고 서명 날인케 하였다.

대정 15년 3월 2일

공술자 김재봉 印

신의주지방법원

예심 담당 조선총독부 판사 越尾鎭男 印

조선총독부 재판소 서기 朴承俊 印

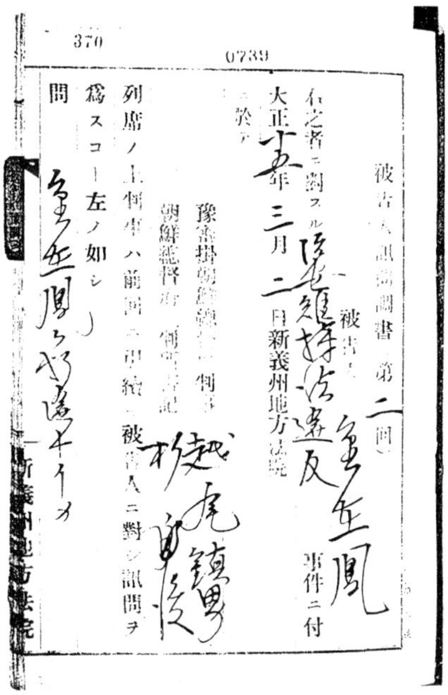
370
0739

被告人訊問調書（第二回）

被告人 金近鳳

右之者ニ對スル保安法違反事件ニ付大正十五年三月二日新義州地方法院ニ於テ

豫審掛朝鮮總督府判事

朝鮮總督府裁判所書記

列席ノ上判事ハ前回ニ引續キ被告人ニ對シ訊問ヲ爲スコト左ノ如シ

問 金近鳳ニ相違ナキカ

新義州地方法院

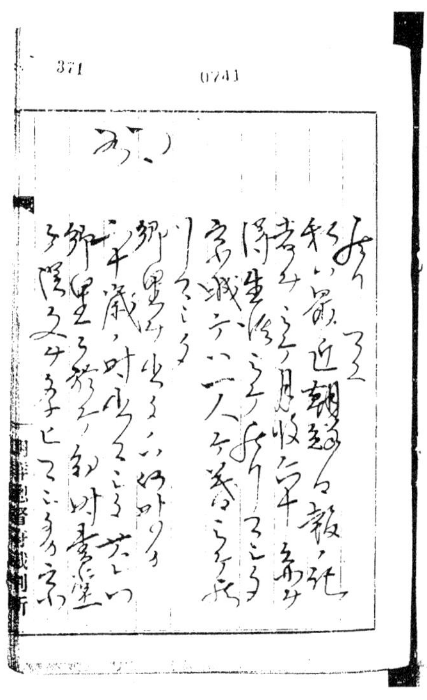
371
0741

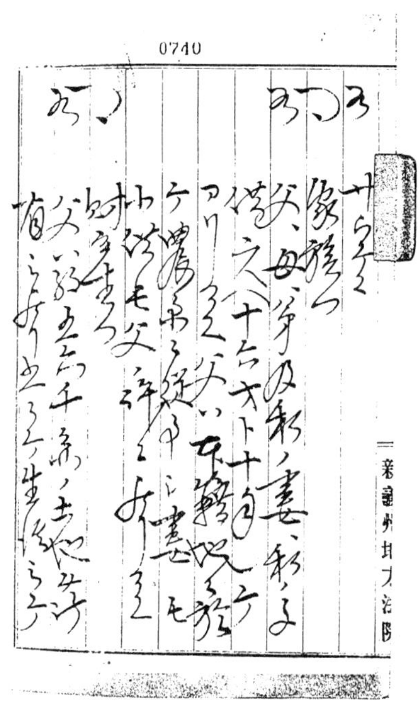
0740

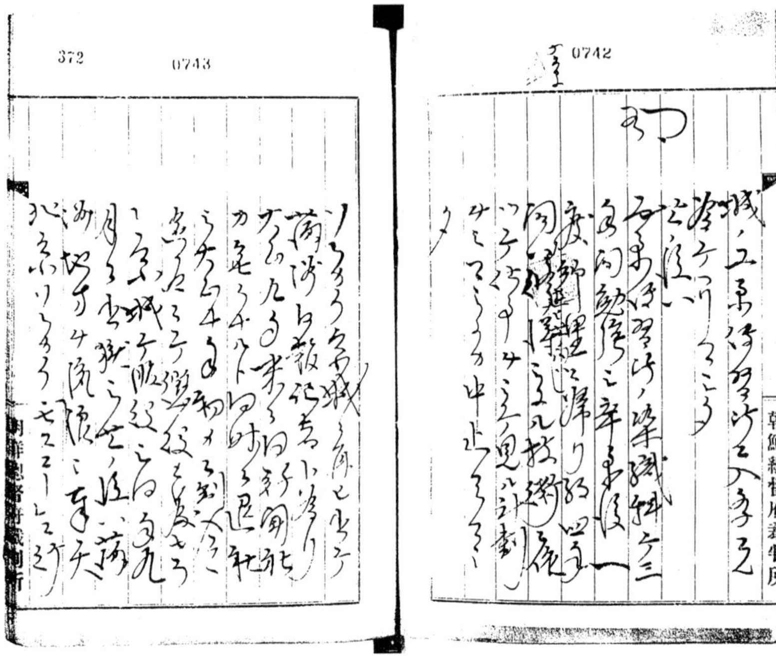
372
0743
0742

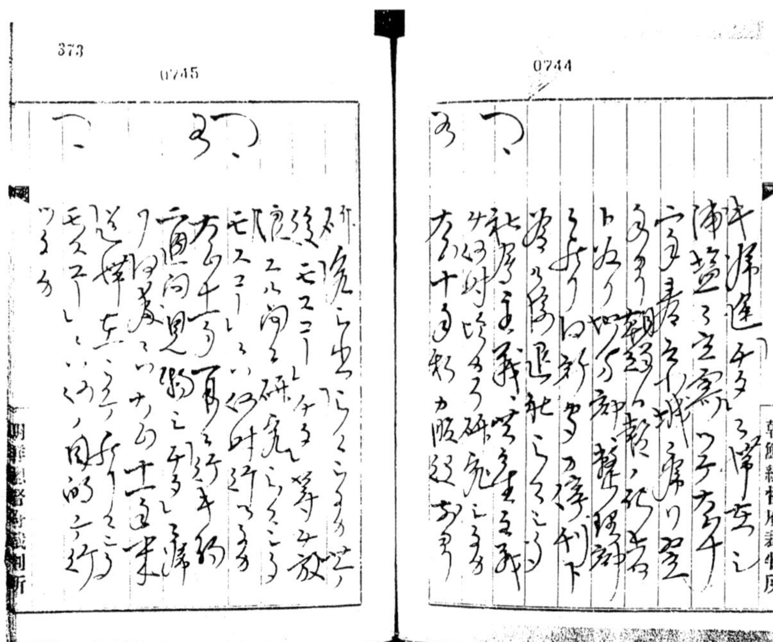
373
0745
0744

0746

朝鮮總督府裁判所

374

0747

朝鮮總督府裁判所

0748

朝鮮總督府裁判所

375

0749

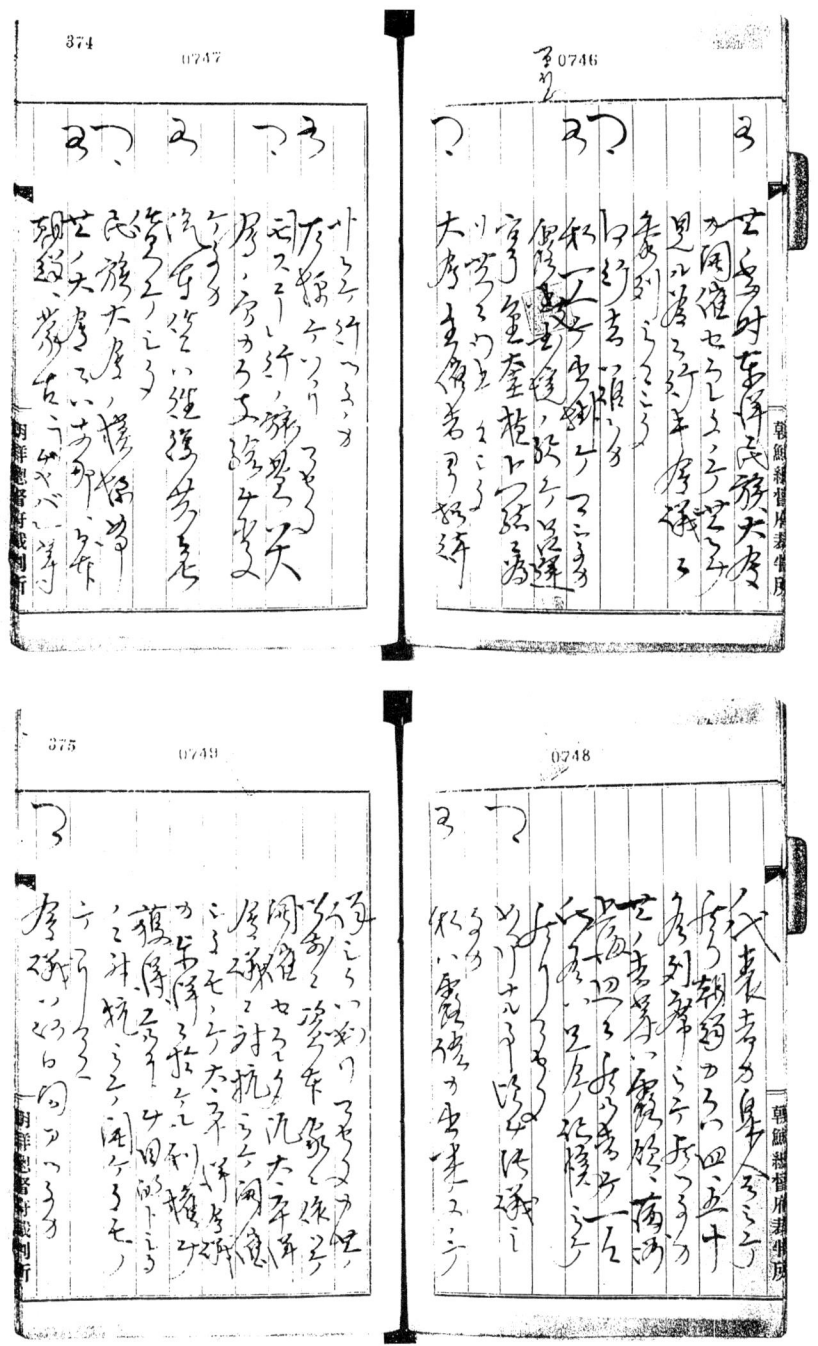

朝鮮總督府裁判所

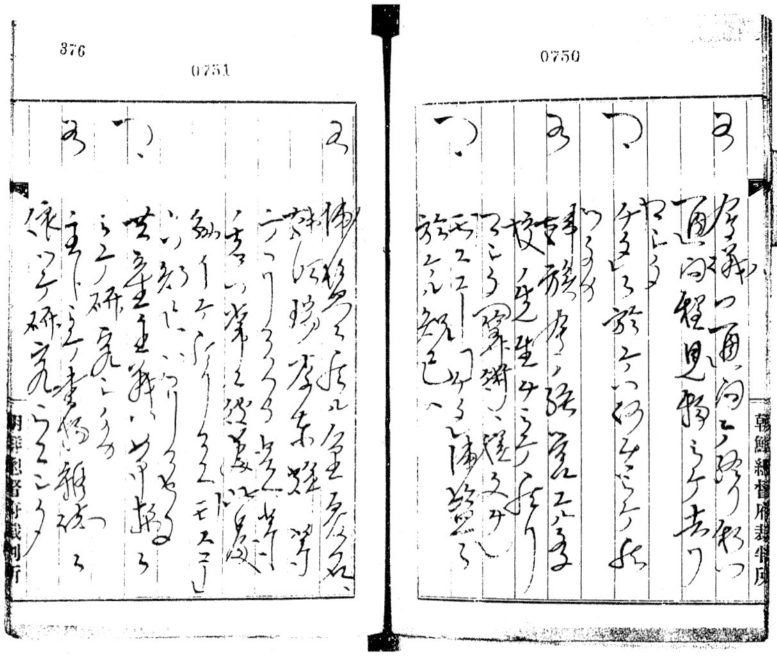
376
0751
0750
朝鮮總督府裁判所
朝鮮總督府裁判所

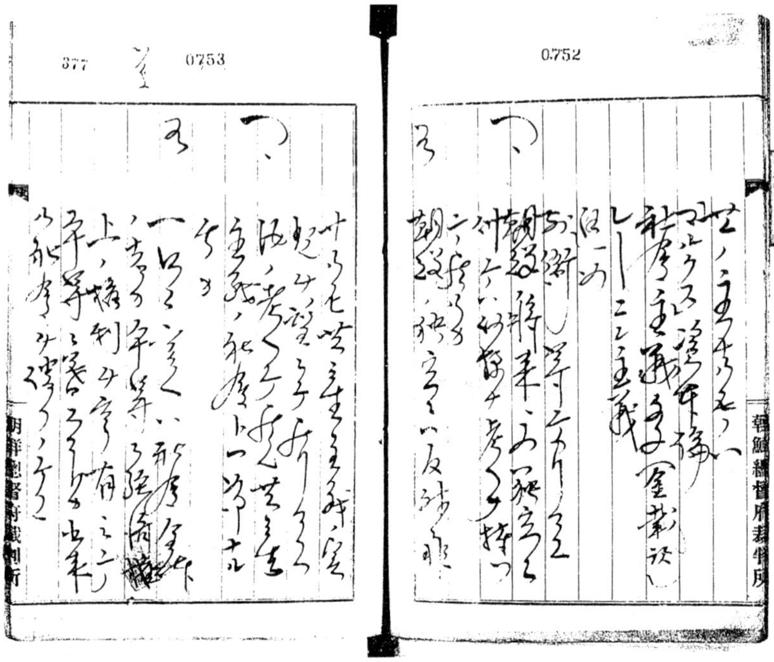
377
0753
0752
朝鮮總督府裁判所
朝鮮總督府裁判所

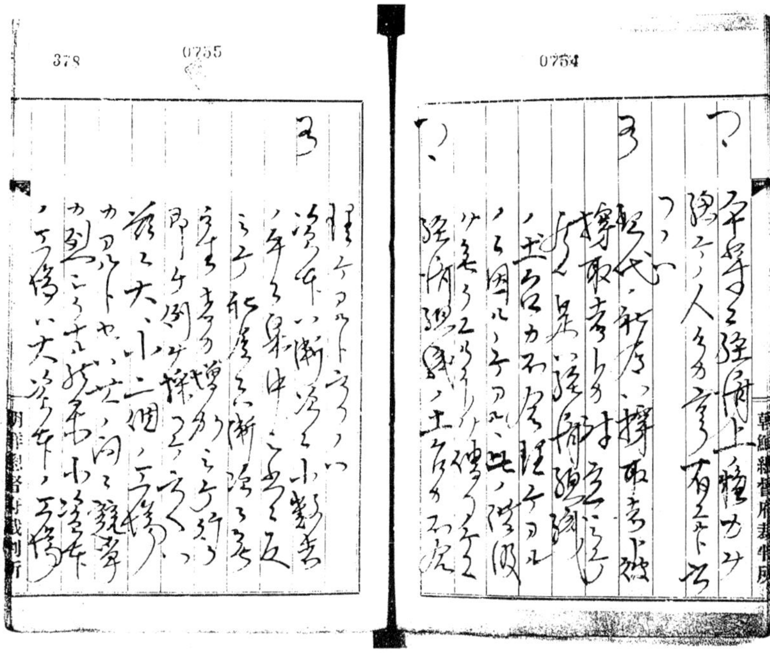
378
0755
0754
朝鮮總督府裁判所
朝鮮總督府裁判所

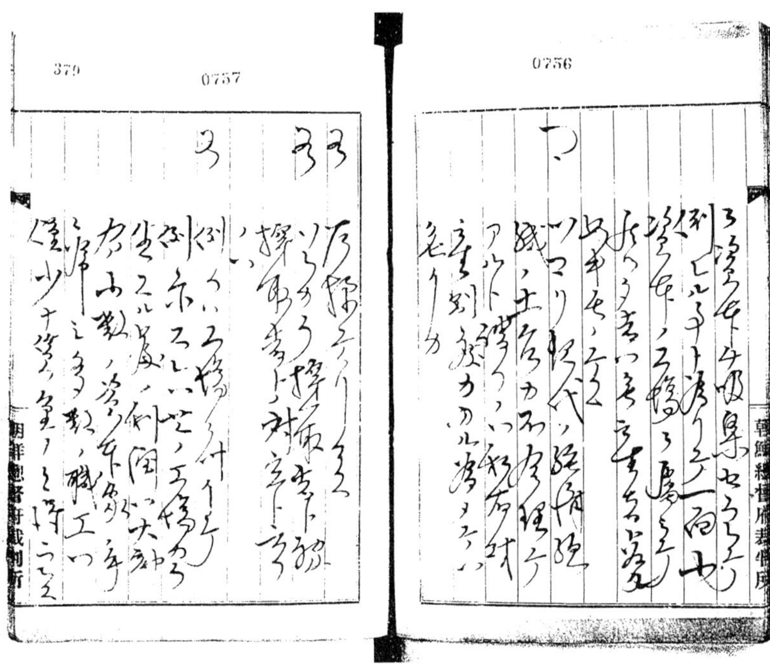
379
0757
0756
朝鮮總督府裁判所
朝鮮總督府裁判所

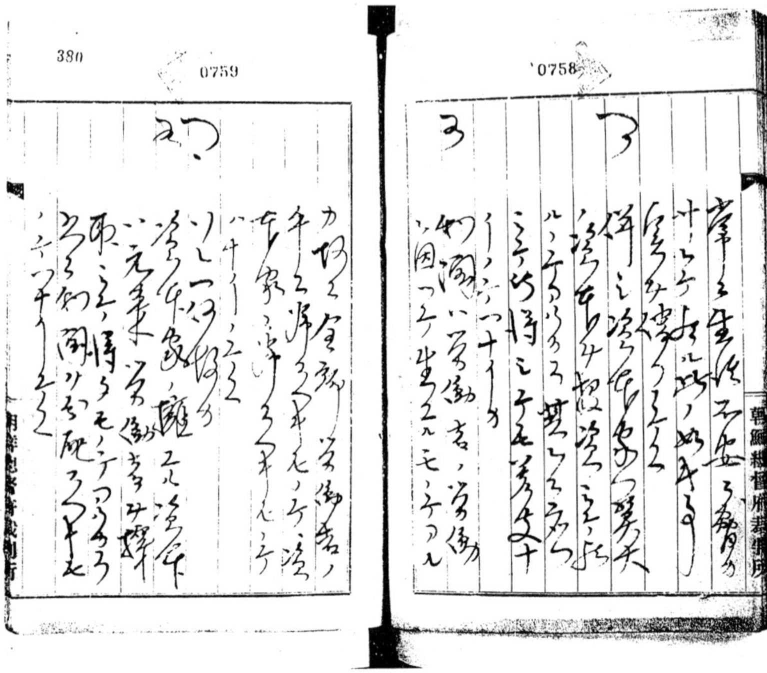
380
0759
0758

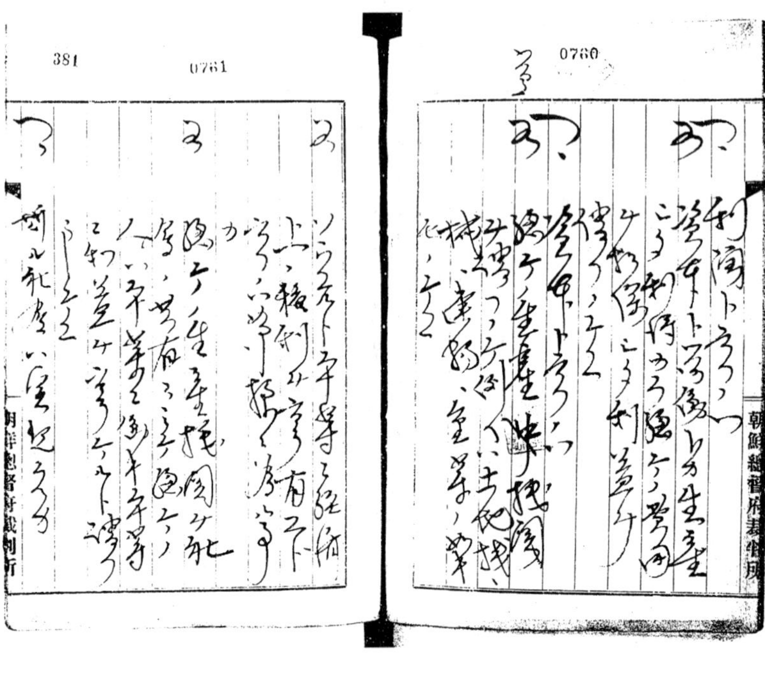
381
0761
0760

382

0763

[illegible]

朝鮮總督府裁判所

0762

朝鮮總督府裁判所

[illegible]

383

0765

[illegible]

朝鮮總督府裁判所

0764

朝鮮總督府裁判所

[illegible]

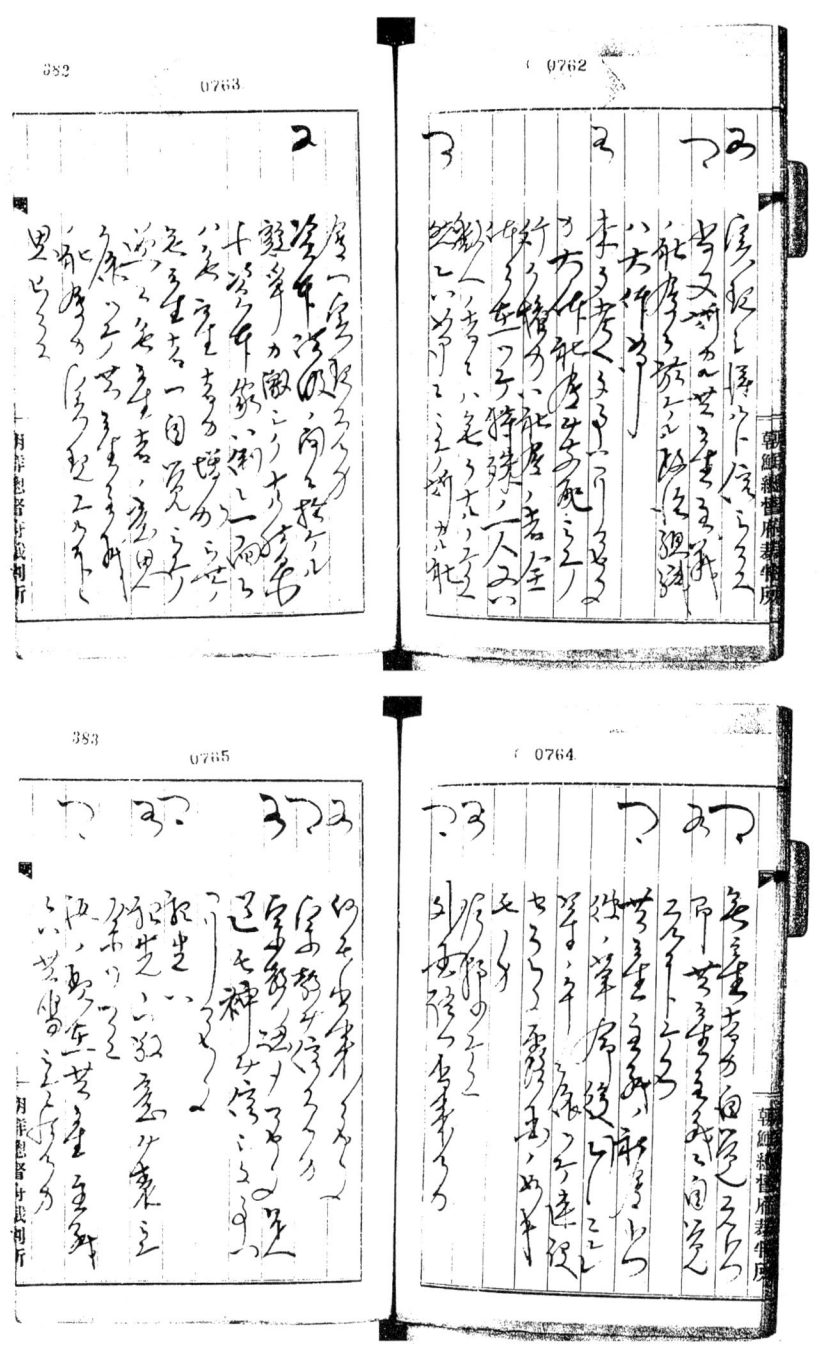

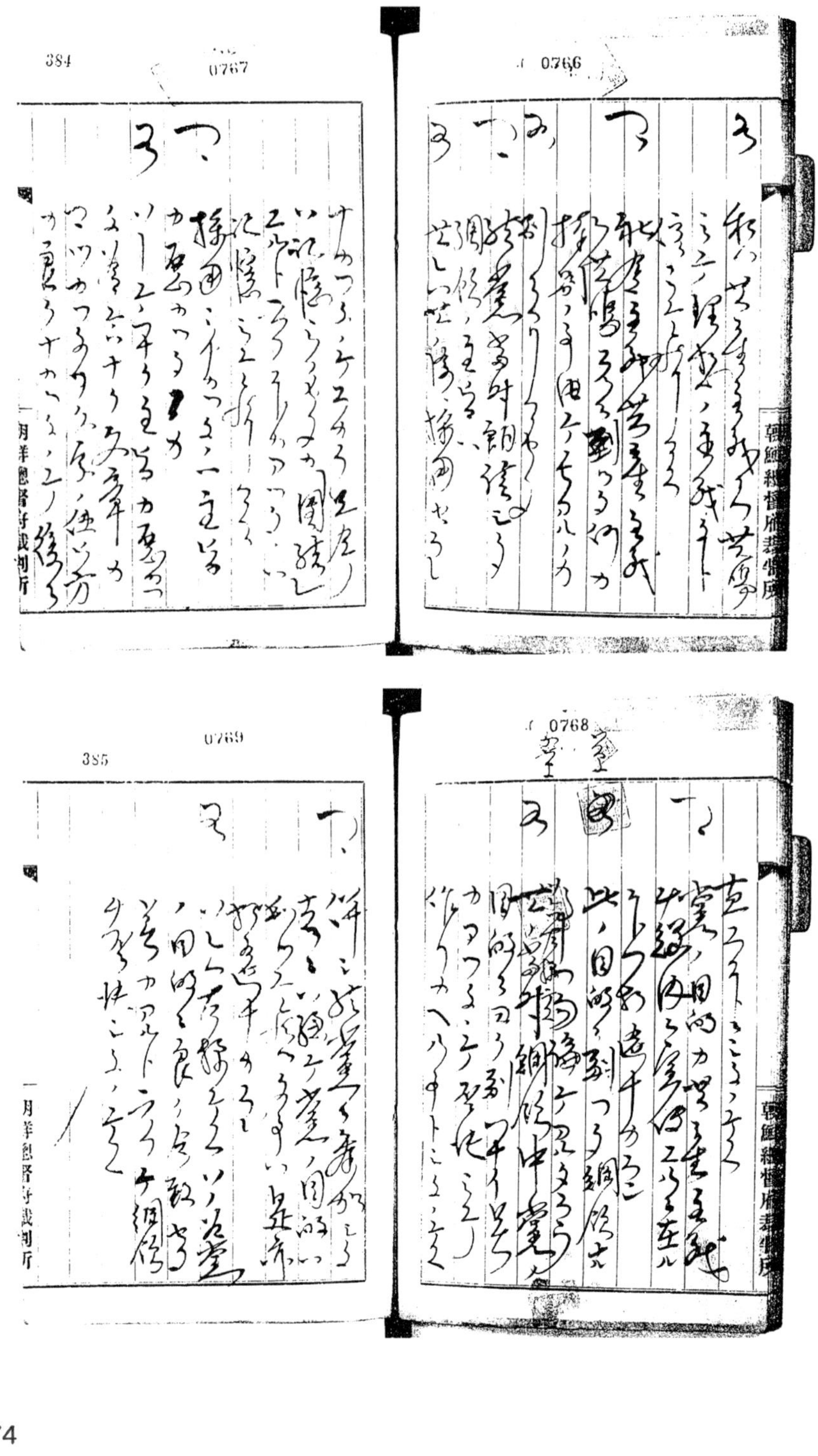
384
0767
0766
朝鮮總督府裁判所
朝鮮總督府裁判所
0768
0769
385
朝鮮總督府裁判所
朝鮮總督府裁判所

0771 386

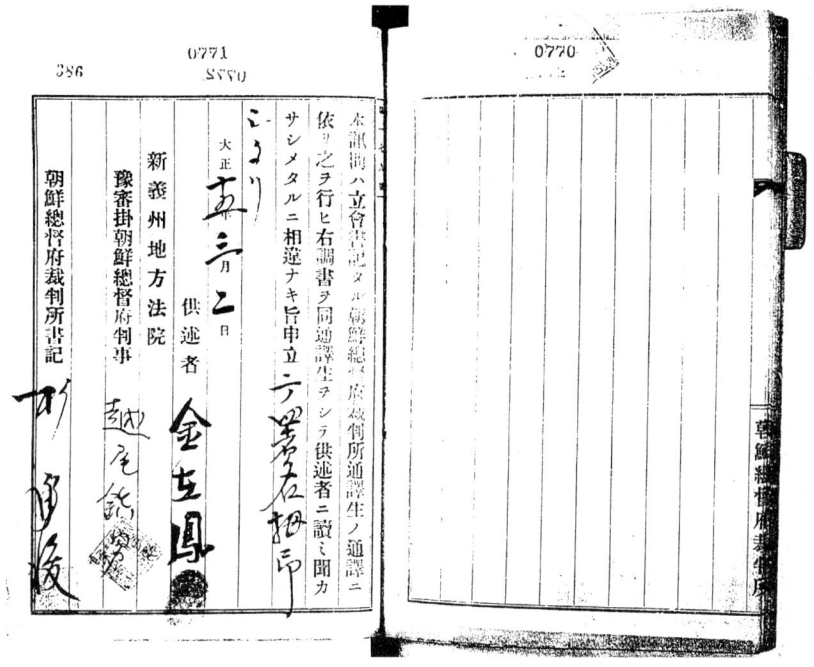

本訊問ハ立會書記タル朝鮮總督府裁判所通譯生ノ通譯ニ依リ之ヲ行ヒ右調書ヲ同通譯生ヲシテ供述者ニ讀ミ聞カサシメタルニ相違ナキ旨申立テ署名拇印シタリ

大正五年三月二日

供述者 金左鳳

新義州地方法院

豫審掛朝鮮總督府判事 [illegible]

朝鮮總督府裁判所書記 [illegible]

0770

朝鮮總督府裁判所

자료 6 「김재봉 외 19인 조서」(更新決定), 1926년 3월 9일, 신의주지방법원

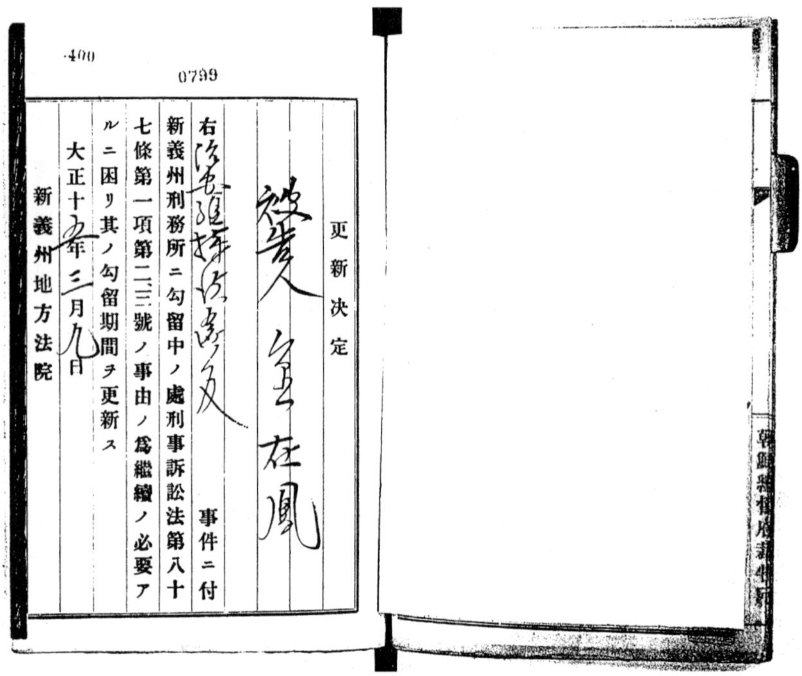
-400

0799

更新決定

被告人 金在鳳

右 治安維持法違反 事件ニ付

新義州刑務所ニ勾留中ノ處刑事訴訟法第八十

七條第一項第二三號ノ事由ノ爲繼續ノ必要ア

ルニ因リ其ノ勾留期間ヲ更新ス

大正十五年三月九日

新義州地方法院

401

0800

豫審掛 朝鮮總督府判事 [illegible]

[illegible]

0801

更新決定

[illegible]

右 [illegible] 事件ニ付新義州刑務所ニ勾留中ノ處刑事訴訟法第八十七條第一項第二三號ノ事由ノ爲繼續ノ必要アルニ因リ其ノ勾留期間ヲ更新ス

大正十五年三月九日

新義州地方法院

402

0802

豫審掛 朝鮮總督府判事 [illegible]

[illegible]

0803

手數料 金〇錢

送達證書

送達書類ノ表示

受送達者ノ表示

送達ノ年月日時 大正十五年三月十日午前十一時

送達ノ場所 新義州刑務所

右之通取扱候也

大正十五年三月十一日

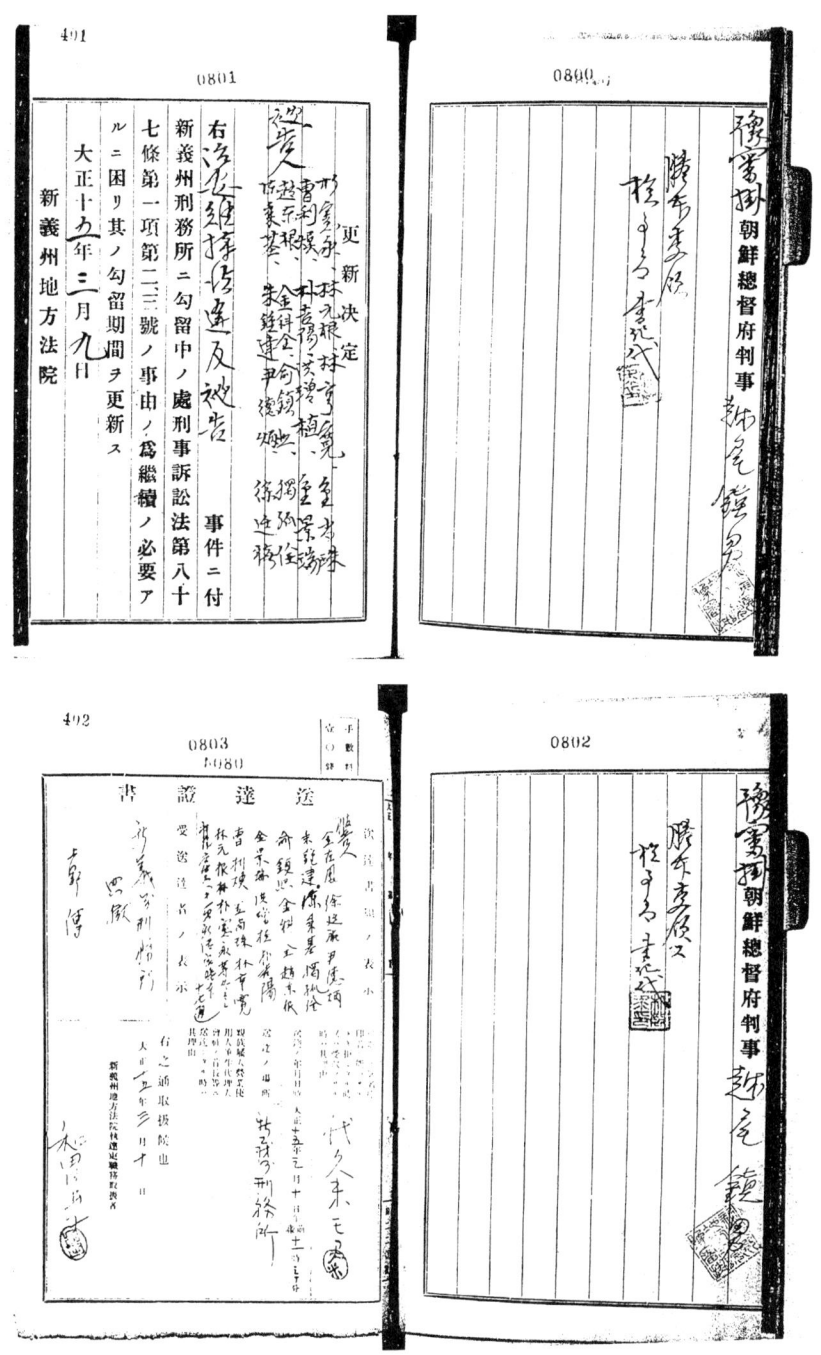

新義州地方法院執達吏職務取扱者

자료 7 「김재봉 외 19인 조서」(3회), 1926년 5월 13일, 신의주지방법원

피고인 신문조서(제3회)

피고인 김재봉

위 사람에 관한 치안유지법위반사건에 대해 대정 15년 5월 13일 신의주지방법원에서

예심 담당 조선총독부 판사 越尾鎭男

조선총독부 서기 張景水璇

열석하에 판사는 전회에 이어 피고인에 대한 신문을 한 것이 다음과 같다.

문: 김재봉이 틀림없나?

답: 그렇다.

문: 조선공산당에 가입한 것은 전에 진술한 12명 이외에는 없는가?

답: 그 12명 외에는 없다.

문: 결당 후 가입한 사람이나 가입하지 않고도 관계를 가졌던 사람은 없나?

문: 서정희는 결당 후 관계를 가지지 않았나?

답: 그 사람은 내가 아는 한 공산당에 관계하지 않았다.

문: 그러나 김약수는 결당 후 공산당의 목적을 양해하고 찬성한다고 한 것은 어떤가?

답: 서정희는 공산당에는 관계하지 않았다. 만약 관계를 가졌다면 내가 몰랐을 리가 없다. 김약수가 왜 그렇게 말했는지는 나는 알 수 없다. 서정희는 전부터 알고는 있었지만, 공산주의에 찬동하는 자인지 아닌지는

몰랐다.

문: 우선 한번 묻겠는데, 공산당원은 당신, 주종건 · 조봉암 · 유진희 · 김찬 · 김약수 · 윤덕병 · 조동호 · 송봉우 · 김상주 · 진병기 · 독고전 12명이 틀림없나?

답: 그대로 틀림없다.

문: 위 12명이 작년 4월 17일 오후 한 시경 아서원에는 어떻게 모이게 되었나?

답: 김찬 · 조봉암 두 사람이 각자 데리고 왔다. 내가 데려간 사람은 한 사람도 없었다.

문: 결당 전 당신과 조봉암 등이 미리 당원이 될 만한 자를 선정해 둔 것인가, 아닌가?

답: 미리 당원이 될 만한 자를 선정해 둔 것은 아니지만, 김찬 · 조봉암 두 사람이 당원으로 적당하다고 인정된 자를 모아둔 것이라고 나는 생각하고 있다.

문: 아서원에서 공산당을 조직하고, 그곳을 떠날 때까지 몇 시간이 걸렸나?

답: 약 3시간이 걸렸다고 생각한다. 12명이 모여서 요리를 먹고 술을 마시면서 당을 조직한 때부터 긴 시간이 필요했다고 생각한다.

문: 그 자리에서 취하여 전후를 구별하지 못하게 된 자는 없었나?

답: 약간 취한 자는 있었지만, 그 자리에서 말을 분별치 못할 정도로 취한 자는 한 사람도 없었다.

문: 그 연회의 회비는 각자 낸 것인가, 그렇지 않으면 누군가가 지불한 것인가?

답: 각자 회비를 낸 것이지만, 혹 누군가가 지불한 것인지는 모른다. 조봉암이나 김찬이 계산을 하였으므로 상세히 나로서는 알 지 못한다. 나는 그 회비를 내지 않았다.

문: 앞에서 이미 물었지만, 진술한 12명이 모두 공산당의 주장 · 목적에 찬

성하여 조선공산당이라는 비밀단체를 조직한 것은 틀림없나?

답: 그것은 틀림없다.

문: 당을 조직하는 데 있어 위 12명은 각자 의견을 진술했는가?

답: 그 자리에서 12명은 각자 그 의견을 말하고 논의하였지만, 누가 가장 말을 많이 하였는지는 기억나지 않는다.

문: 당 조직이 약 3시간 걸렸다면 그 동안 화장실에 간 자도 있었겠지?

답: 그랬다.

문: 아서원을 나설 때는 12명이 한꺼번에 해산하였나?

답: 그렇지 않았다. 당을 조직한 후 혹은 바로 간 사람도 있고, 뒤에 남은 요리며 술을 마시는 자도 있었다. 김찬 · 조봉암은 계산을 해야 했기 때문에 가장 마지막까지 남아있었지만, 나는 도중에 돌아갔다.

문: 제일 먼저 간 사람은 누군가?

답: 윤덕병이 제일 먼저 가는 것을 보았다. 그러나 당을 조직하는 것을 일동이 결의한 후에 그 사람이 돌아간 것이다. 다른 사람은 요리를 먹고, 술을 마시고 남아 있었다.

문: 집행위원과 검사위원은 언제 누구 누구가 결정하였나?

답: 집행위원 · 검사위원은 당을 조직하기 전에 전형위원으로서 김찬 · 조봉암 · 조동호의 3명을 선거하고, 그 자리에서 그 3명이 방의 한 자리에 모여 집행 및 검사위원을 선정하였다. 그 자리에서 위원이 된 자에게 알려서 승낙을 받았다. 단지 비밀리에 본인에게만 알려주었기 때문에 누가 어떻게 위원이 되었는지는 그 자리에서 본인 이외에는 알지 못하였다.

문: 뒤에 와서 위원이 된 것을 통지하는 일은 없었나?

답: 뒤에 와서 통지하는 것은 없었다. 방금 말한 것처럼 그 자리에서 결정하여 각자에 통지하였다. 김찬이 내가 중앙집행위원 가운데 한 사람이 된 사실을 당 조직 석상에서 알려주었는데, 그 후 위원회를 열 때 출석

하도록 하라는 말은 있었다.

문: 그래서 집행위원회는 그 후 몇 번 열렸나?

답: 두 번 열렸다. 제1회는 대정 14년(1925) 4월 18일, 즉 결당 다음날 오후 시간에 경성부 가회동 번지 미상 김찬 댁에서 5월 하순인가 6월 상순 오후 약 2시간 동안 열렸다.

문: 제1회에 모인 사람은?

답: 나, 김약수 · 유진희 · 주종건 · 김찬 · 조동호 · 정운해 등 7명이었다.

문: 제1회 집행위원회에서는 어떤 사항을 의논했나?

답: 제1회는 위원의 각 담당 부문을 결정하였다. 즉

비서부 --- 나　　　　정경부 --- 유진희

인사부 --- 김약수　　조직부 --- 김　찬

선전부 --- 조동호　　조사부 --- 주종건

노동부 --- 정운해

로 결정하였다.

그 이외에 의논한 것은 없고, 집행위원장이 된 사람은 없었다. 그래서 중심이 된 것은 비서부였다.

문: 제2회 위원회는 어떤 사항을 의논했나?

답: 제2회에는 나, 김약수 · 유진희 · 김찬 4명만 모였기 때문에 아무 것도 결정할 수 없었다. 하긴 두 번째 위원회는 결사를 마치고, 완전하게 만들기 위해 당의 강령 · 규약을 의논하여 정하려고 열린 것이다. 제1회 위원회를 개최한 뒤 당원 중에 당파를 지어 서로 반목하는 자가 생겨서, 제2회 위원회를 열어 의견이 얽힐까 어떨까를 보고, 또 강령 · 규약을 작성하고 당의 통일을 꾀하려는 것이다. 그런데 7명 중 4명만 모였으므로 서로 의논만 하고 아무 것도 결정하지 않고 헤어졌다.

문: 당 안에 당을 만들어 반목한다는 것은 어떤 일인가?

답: 나, 김찬 · 조동호는 화요회, 유진희는 신생활사, 김약수 · 정운해는 북풍

회, 주종건은 민중사에 속하는 자이므로, 여러 계통의 사람을 모은 결과 당원 사이에 당초부터 각자 의견이 소통되지 않는 점이 있기 때문에, 서로 파를 만들어 반목함에 이르렀던 것이다. 의사가 소통되지 않는다는 것은, 한편으로 공산당이라는 명칭이 운동하는 데 마땅하지 않으리라 하고, 중심단체라는 명칭으로 바꾸자고 주장한 것(주종건 주장), 그에 대해 공산당이란 이름으로 지장이 없다는 주장이 있었다. 그 외 계통이 다른 단체를 포함하고 있어서 다른 계통의 사람을 질시한다고 하는 사실이 있었다. 그래서 나는 김약수 · 정운해와 의견을 합하였고, 김약수 · 정운해 · 주종건 · 유진희 등에 대해서도 반목이 있었다. 하긴 반목은 집행위원 사이에도 있었다.

문: 그 후 당의 강령과 규약은 작성하였나?

답: 작성하지 않았다.

문: 앞에서 말한 제2회 위원회를 연 뒤, 본건이 발각되는 사이에는 왜 위원회를 한 차례도 열지 않았나?

답: 그 사이에 한 차례도 위원회를 열지 못한 것은 전술한 바와 같이 제2회 위원회를 개최하려고 했을 때, 의논에 들어가자 김약수 자신이 당에서 탈퇴하겠다고 말한다든가, 또 그 후 윤덕병도 같이 탈퇴하겠다고 한 적이 있어서 자연히 위원회도 열리지 못했다.

문: 김약수는 정말 당에서 탈퇴할 의사를 표시했나?

답: 김약수는 의논하던 끝에 "그런 일이라면 나는 탈퇴하는 편이 낫겠다. 그대로 있으면 비밀이 누설되어 처벌받게 되는 일도 있을지도 모르므로 탈퇴하는 편이 낫다"고 말했기 때문에 그 이상 의사를 발표하지 않고 그대로 있었다.

문: 너는 김약수가 탈퇴한 자라고 그 이후 생각하고 있었나?

답: 원래 강령 · 규약도 없었기 때문에 탈퇴라고 하는 것도 없었지만, 김약수는 앞에서 진술한 바와 같이 자신은 탈퇴하는 편이 낫다고 말했다.

나는 탈퇴했다고까지는 생각하지 않았지만, 그 후 5, 6일되어 김찬 집에 나와 유진희 · 김찬이 모여서 공산당은 그만둬 버릴까 의논한 결과 결정하였다. 그래서 그 뜻을 이 3인이 당원에게 제각기 알리게 되어 공산당은 없어진 것이 되었다.

문: 김찬 · 유진희와 너 3인만 모여서 공산당을 해산할 수 없는 것 아닌가. 적어도 집행위원은 전부 협의하지 않고는 해산이 가능할까?

답: 김약수는 지금 말한 바와 같이 제2회 위원회를 열었을 때 탈퇴하겠다고 하여 그 사람의 의사가 탈퇴에 있음을 알고, 주종건은 병으로 거처를 옮겼고, 조동호는 그 당시 이미 상해에 있었으며, 정운해는 고향 대구에 돌아가 있어서, 나, 김찬 · 유진희 3인이 모여 앞서 말한 것처럼 당을 해산하기로 결정하고 그 일을 당원에게 알리게 되었다.

문: 제2회 위원회를 열려고 했던 석상에서, 김약수는 "탈퇴하는 편이 낫다"고 주장하였는데 그렇다면 그 사람은 어떤 말로부터 그런 일을 주장하게 되었는가?

답: 김약수가 그렇게 주장하게 된 동기는 전에도 말한 것처럼, 집행위원이 각각 계통을 달리하여, 그 때문에 서로 반목질시하여 어쨌든 의사가 소통되지 않았다. 또한 두 번째 위원회에도 4명만 출석하여 다른 3명이 출석하지 않은 상태에서는 도저히 이대로는 장래를 볼 수 없기 때문에 한층 그만두는 편이 낫다고 하였다.

문: 그래서 너는 공산당을 해산한 일을 누구에게 통지하였나?

답: 내가 그 일을 통지해 준 사람으로는, 독고전에게 6월 하순인가 7월 상순경 경성부 가회동 67번지 나의 하숙에서 구두로, 진병기에게는 7월 중 노농총동맹 회관(견지동 소재)에서 직접 구두로, 윤덕병에게는 6월 상순경 경성부내 어떤 곳에서, 지금 장소는 잊었는데 직접 구두로 알려주었더니, 이들 3인도 찬성하였다.

본 신문은 입회서기인 조선총독부 재판소 통역생의 통역에 의해 행해졌고 위 조서를 통역생으로 하여금 공술자에게 읽어 듣게 한 후 틀림없음을 진술케 하고 서명 날인하였다.

공술자 김재봉 印

신의주지방법원

예심 담당 조선총독부 판사 越尾鎭男 印

조선총독부 재판소 서기 張景水璇 印

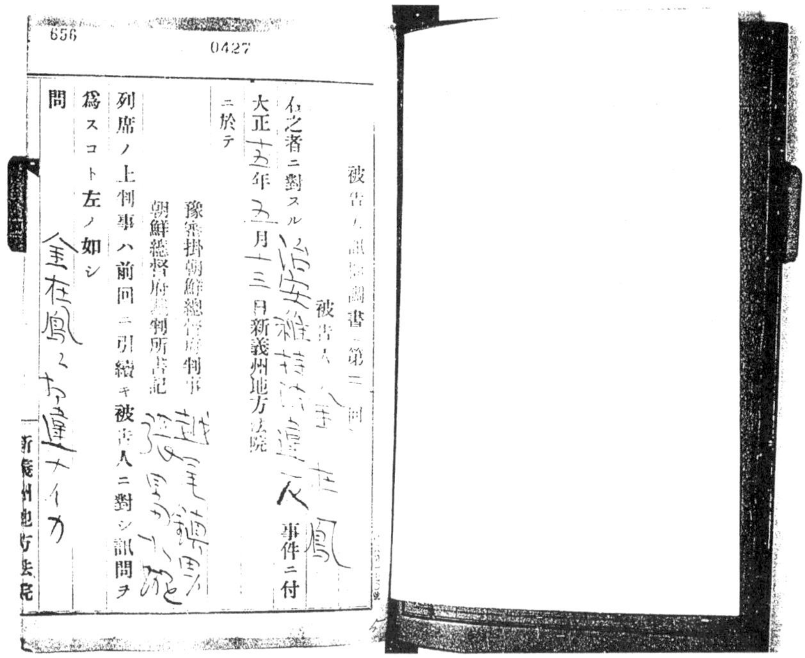
656 0427

被告人訊問調書（第二回）

被告人 金在鳳

右之者ニ對スル治安維持法違反事件ニ付

大正十五年五月十三日新義州地方法院

ニ於テ

豫審掛朝鮮總督府判事 越尾鎭男

朝鮮總督府裁判所書記 [illegible]

列席ノ上判事ハ前回ニ引續キ被告人ニ對シ訊問ヲ

爲スコト左ノ如シ

問 金在鳳ニ相違ナイカ

新義州地方法院

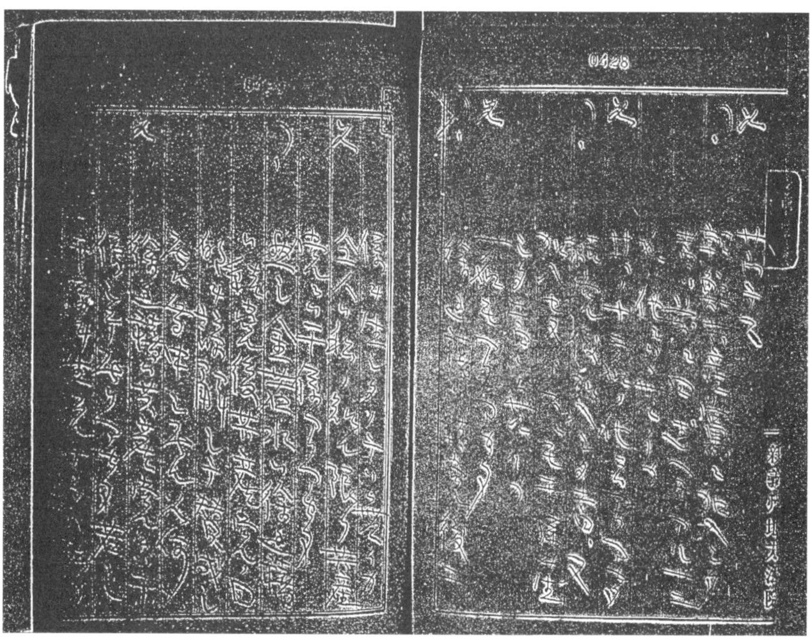
0428

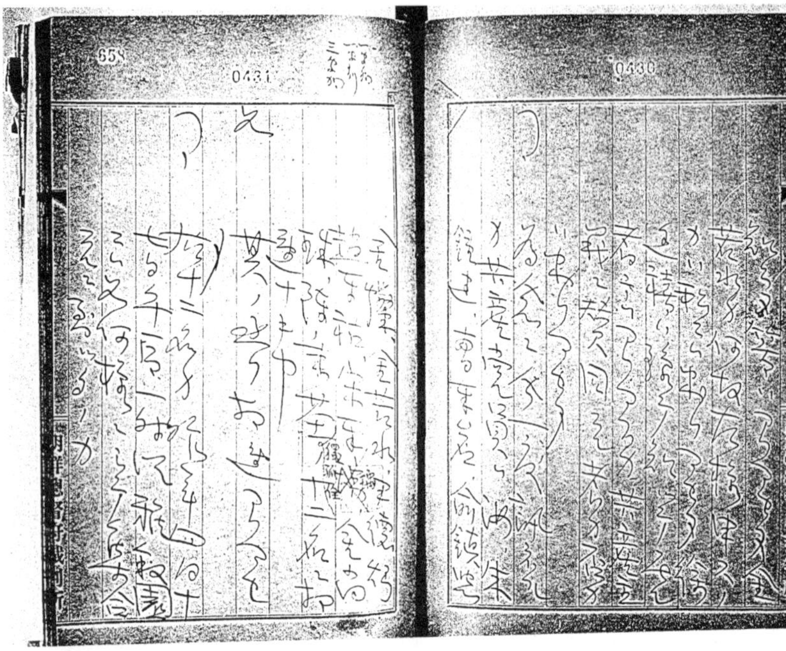

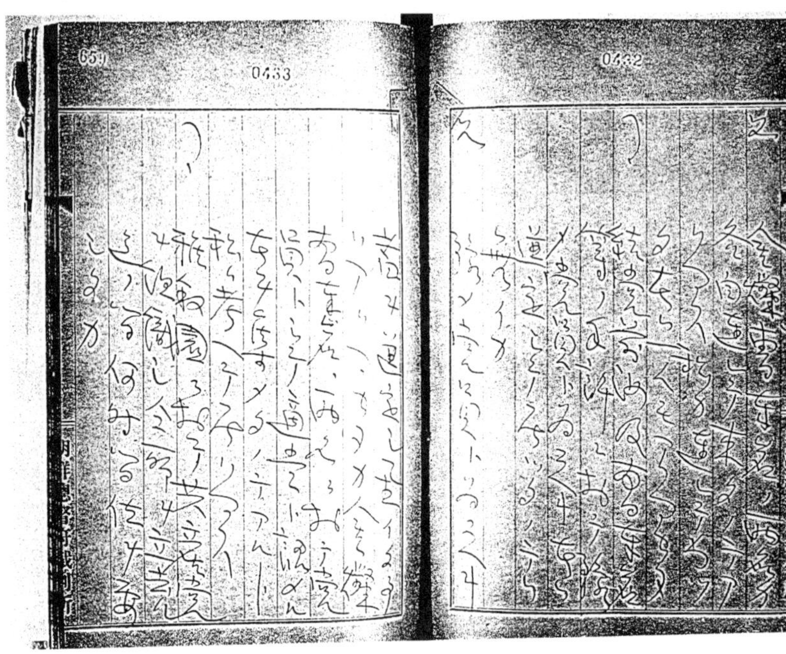

660
0435
0434

661
0437
0436

664 0413 0412

665 0415 0414

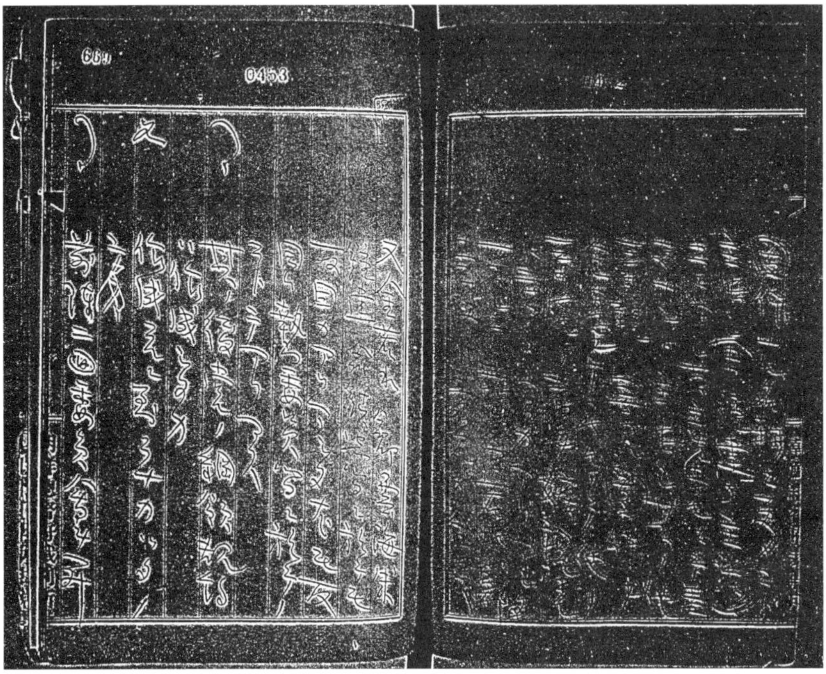

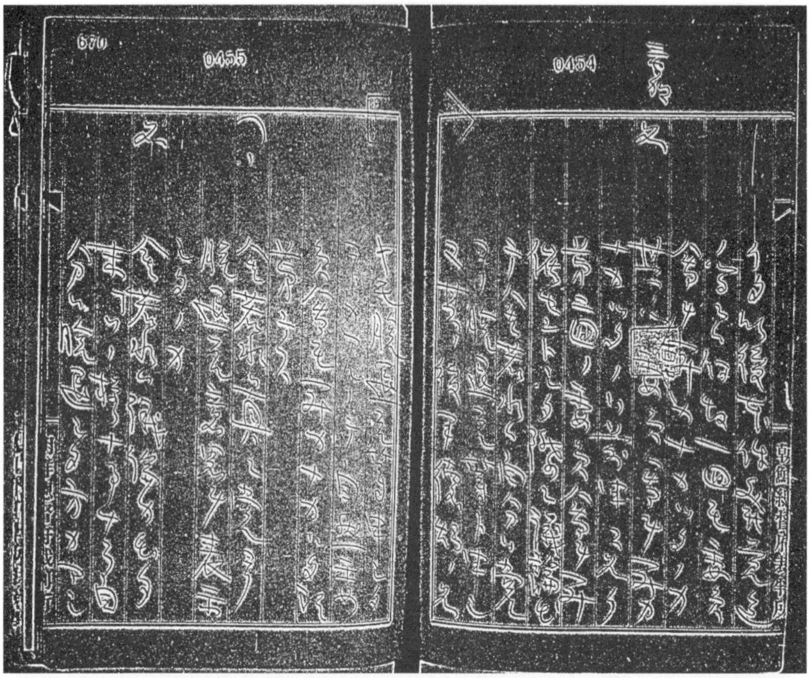

670 0455 0454

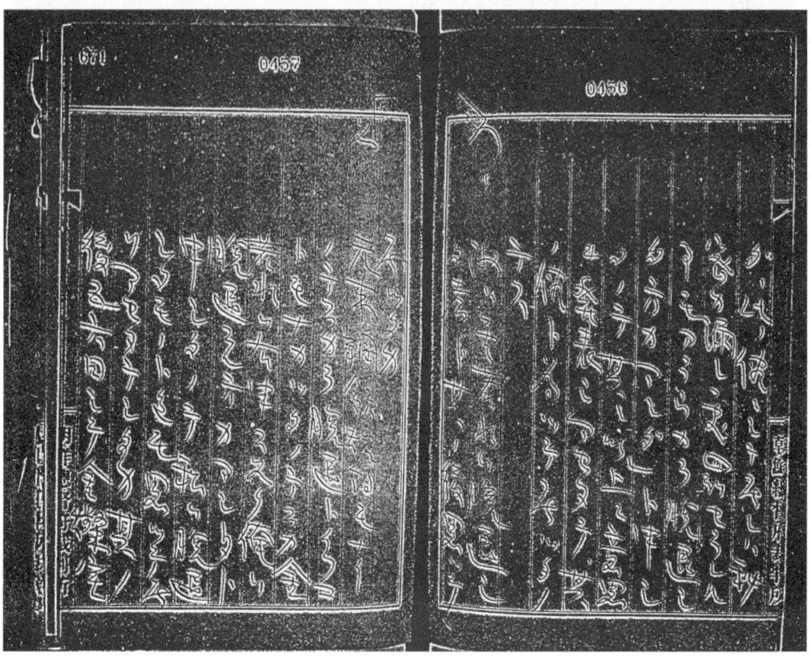

671 0457 0456

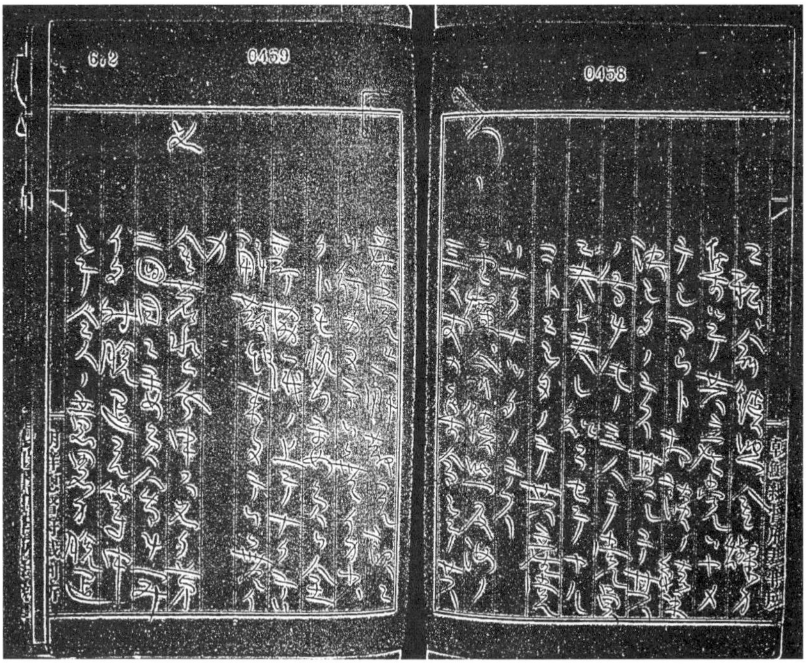
6,2
0459
0458

0460

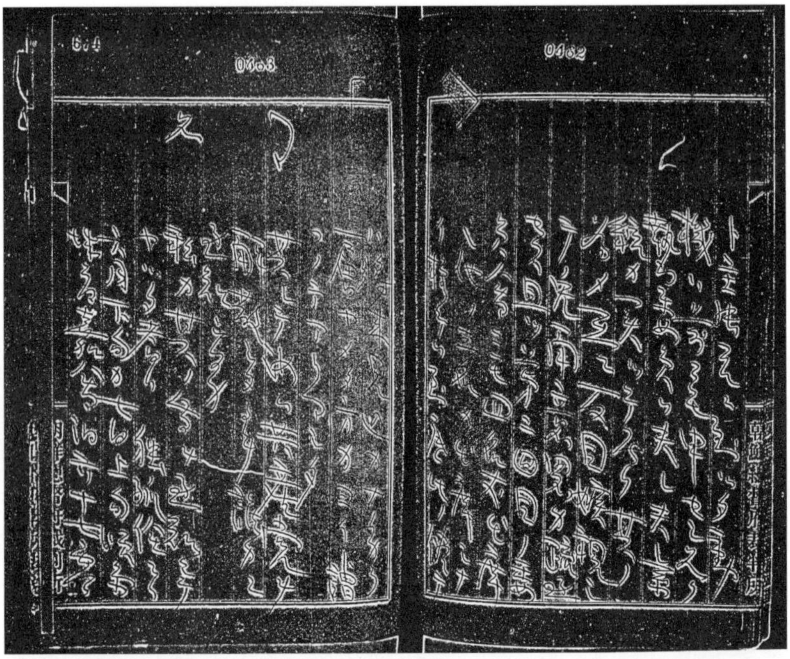

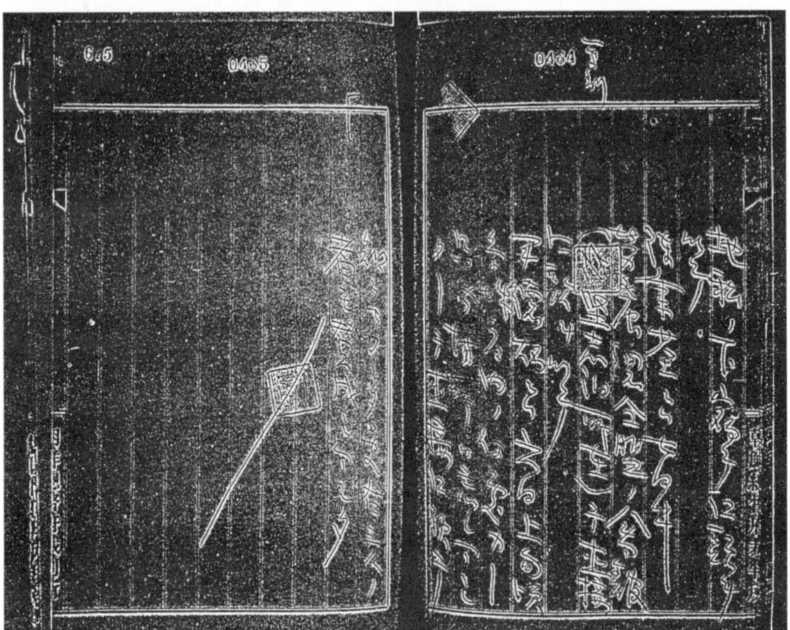

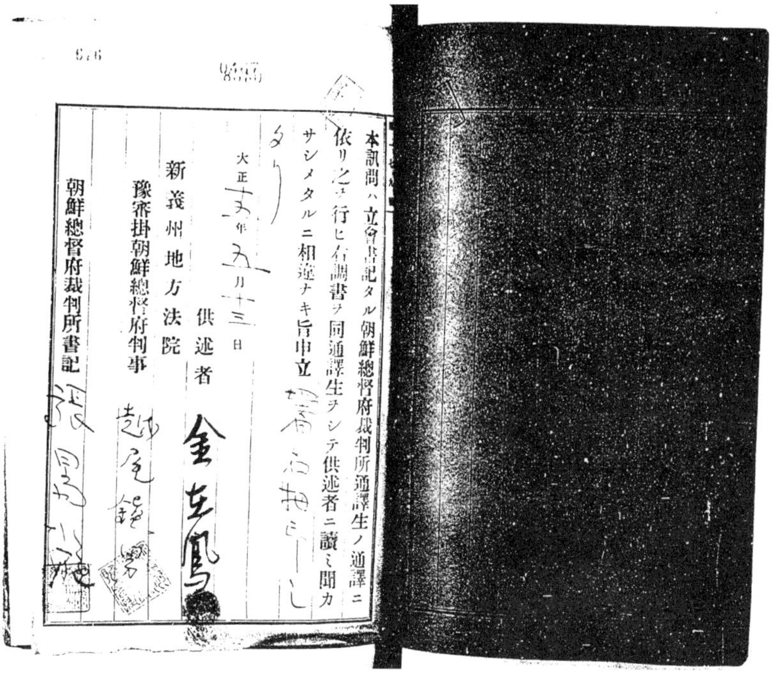

本訊問ハ立会書記タル朝鮮総督府裁判所通訳生ノ通訳ニ依リ之ヲ行ヒ右調書ヲ同通訳生ヲシテ供述者ニ読ミ聞カサシメタルニ相違ナキ旨申立署名捺印シタリ

大正十五年五月十三日

供述者 金在鳳

新義州地方法院

豫審掛朝鮮総督府判事

朝鮮総督府裁判所書記

자료 8 「김재봉 외 19인 조서」(4회), 1926년 5월 21일, 신의주지방법원

피고인 신문조서(제4회)

피고인 김재봉

위 사람에 대한 치안유지법위반사건에 있어서 대정 15년 5월 21일 신의주지방법원에서

예심 담당 조선총독부 판사 越尾鎭男

조선총독부 재판소 서기 신언호

열석하에 판사는 전회에 이어서 피고인에 대해 신문을 한 것이 다음과 같다.

문: 지난번에 제2회 위원회에서 너와 김약수 사이에 의견에 다른 것이 있었다는데, 김약수는 어떤 의견을 갖고 있었고 어떤 주장을 하였나?

답: 김약수와 나 사이에는 어떠한 구체적인 의견 충돌을 가져온 일이 한 번도 없었다. 다만 나는 화요회에 속했고, 김약수는 북풍회에 속했기 때문에 종래의 관습상 계통이 다름에 따른 감정 충돌이 있었다.

문: 북풍회와 화요회 사이에는 종래 그 목적 · 주의, 또는 운동방법 등에서 서로 충돌한 일이 있었나?

답: 양자는 주의 · 목적에 있어서 추호도 어긋나는 점이 없었다. 다만 회원이 서로 중상하는 바람에 자연 양자 회원 사이에 감정의 오해가 있었다. 그 결과 자연 공산당 내부에서도 서로 타협과 양보가 없었다는 뜻이다.

문: 그러나 처음부터 그것은 나눠져 있었던 것 아닌가?

답: 그렇다. 묻고 있는 그 일은 처음부터 나눠져 있었지만, 공산당이 목적하는 사항에 있어서는 모두 일치했기 때문에 당을 조직하였다.

문: 유진희와 당신은 어떠했나?

답: 그 사람은 신생활사 계통이므로 나와 김약수 사이처럼 나와 유진희와의 관계도 감정상 타협이 잘 되지 않았다.

문: 주종건과는 어땠나?

답: 그 사람은 민중사에 속했기 때문에 앞에서 말한 관계와 같았다.

문: 그러나 계통이 다른 사람과의 사이에 감정상 소통이 되지 않는 점이 있더라도 공산당의 주의 · 목적, 또는 그 운동의 방법 등에서 서로 의사를 소통해 온 당원 사이에 서로 반목하고 각자 파를 만들어 싸우는 일은 없었던 것은 아닌가?

답: 그렇다. 그런 일은 없었다.

문: 공산당원 중 당신과 같은 계통에 속한 자는 누구 누구인가?

답: 나, 김찬 · 조동호(이상 위원) · 윤덕병이다. 즉 이들은 화요회원이다.

문: 김약수의 계통, 즉 북풍회에 속한 자는?

답: 김약수 · 정운해 · 송봉우이다.

문: 다음 신생활사 계통의 사람은?

답: 유진희 혼자이다. 하긴 신생활사는 2,3년 전에 없어졌지만, 계통이 신생활사 계통이라고 일컬어진다.

문: 다음 민중사 계통인 사람은?

답: 주종건 혼자이다. 민중사는 공산당 조직 당시 존재했다고 생각된다.

문: 상해와 편지 왕복은 몇 번 있었나?

답: 내 쪽에서 3번(편지를) 보냈고, 상해에서 3번 왔다.

문: 제1회는 언제 왔다 갔다 했나?

답: 처음에는 내가 보냈는데, 그것은 작년 6월 상순이었다.

문: 그 편지 내용은 뭔가?

답: 나, 김약수 · 김찬 · 유진희 4명이 회합하여 공산당 일에 관해 상담하여 볼까 생각한다는 뜻을 밝혔다.

문: 누구 앞으로 보냈나?

답: 조동호 앞이었다.

문: 그에 대한 답신은 있었나?

답: 6월중 답신이 왔다. 공산당은 전망이 없는지 그 일을 상세히 알려달라는 편지였다.

문: 다음 편지는?

답: 다음은 내 쪽에서 보냈는데 6월중이었다. 그 편지에는 "공산당은 해산되었다. 또한 상해의 동맹파업은 어떤지"라고 물었다.

문: 그 다음 편지는?

답: 위에서 말한 두 번째 내 편지가 그쪽에 도착하기 전에 조동호로부터 왔다. 그 편지는 "공산당은 전망이 없는가?"라는 것이었고 만약 조직이 완성되면 자신(조동호)을 모스크바로 당에서 파견하는 데 힘써 달라는 편지였다.

문: 그 다음 편지는?

답: 내가 두 번째 보낸 편지의 답신으로 7월중 조동호로부터 왔다. 그것은 공산당의 전망 유무에 대한 일에서부터 자신이 모스크바행을 그만두고 그대로 상해에 있다는 것, 또 상해의 동맹파업에 각국 축전이 왔는데 조선에서는 오지 않는 이유가 무엇인지 묻는 편지였다.

문: 그 다음은?

답: 7월 중순경 내가 보낸 것이다. 중국의 동맹파업에 축전을 보내려는데 어디 앞으로 타전해야할지 모르겠다고 썼다.

문: 앞의 진술에 의하면 당신이 4번 보냈고, 조동호로부터 3번 왔다고 했는데 1회 차이가 나는 것은?

답: 지금 말한 바와 같이 3회 왕복이었다. 전에 4회라고 말한 것이 틀렸다.

문: 조동호는 상해 어디에 있었나?

답: 김단야로부터 들으니 여운형 집에 있다는데, 독고전 앞으로 보내면 그 사람이 조동호에게 보내주었다. 독고전에게 부탁하면 그 사람이 조동호의 주소를 알고 있다고 김단야로부터 들었다.

문: 당신은 조봉암 앞으로 편지를 보낸 일은 없는가?

답: 없다.

문: 당신이 조동호에게 편지를 보내고, 그 사람으로부터 편지가 온 것은 박헌영도 알고 있나?

답: 박헌영은 알지 못한다.

문: 그러나 박헌영이 상해에 보낸 편지 내용에는 당신이 상해에 보낸 편지를 알고 있는 것이 보이는데 어떤가?

답: 나와 조동호 사이에 오고간 편지에 대해 내가 박헌영에게 말한 일은 없었다.

문: 박헌영이 상해에 편지를 보낸 것을 당신이 알고 있었나?

답: 그것도 몰랐다. 하긴 내가 김단야에 대해 조동호의 주소를 물었을 때 편지를 보내고 싶다고 한 일이 있었기 때문에 김단야가 혹시 박헌영에게 이야기했을지도 모른다. 그렇더라도 단순히 내가 조동호에게 편지를 보낸 일만 알고 있어서 그 외는 분명 모르고 있었을 것이다.

문: 대정 13년(1924) 중 정재달에 이어 이재복이 조선에 잠입하여 블라디보스토크에서 이시파 · 상해파, 기타 중국 · 시베리아 등에 산재한 공산당원 및 조선내 공산주의자를 한 데 모아 공산당을 조직하기 위해 그 대표자로서 김약수 · 신백우 외 1명의 출석을 권유한 일은 그 당시 정재달 등과 자주 왕복했던 당신이 알고 있었겠지?

답: 정재달과 자주 만났지만 그 사람은 블라디보스토크에 공산당을 조직할 뜻을 가지고, 그 일로 와 있어서 나에게도 공산당에 가입할 것을 권유

한 일은 있지만, 상세한 일은 듣지 못했다.

문: 당신은 정재달의 권유에 응해 가입할 의사였나?

답: 나는 정재달의 권유에 응하지 않았다. 하긴 공산당에 반대하기 위해 가입하지 않은 것은 아니다.

문: 재외에 있는 자와 제휴하는 것은 반대하였나?

답: 그 당시 내 생각은 재외에 있는 자와 제휴하는 것을 반대했다. 그 이유는 상해 · 블라디보스토크 근처에 있는 사람은 끊임없이 반목하여 싸우고 있어서 이들 재외의 사람과 제휴하면 비밀이 보장되지 않을 것이므로 반대했다.

문: 조선공산당은 타국과는 완전히 독립된 당이 되려는 의도였나, 아니면 재외의 공산당원과 제휴할 생각이었나?

답: 내 생각으로는 조선공산당은 남과 관계없이 완전히 독립된 당이 되길 바랐다. 하지만 모스크바에 있는 제3 인터내셔널과는 연락할 수밖에 없다고 생각했다.

문: 김약수는 블라디보스토크에 있는 한명서와 항상 교섭이 있었던 모양인데?

답: 나는 알지 못한다.

문: 상해 또는 블라디보스토크로부터 동지가 온 일이 있겠지?

답: 나는 알지 못한다.

문: 독고전이 상해에 보낸 학생의 여비 일부를 가지고 경성에 와서 당신에게 그 돈에 대해 상담한 일이 있지?

답: 그런 일은 없었다.

문: 그때 당신이 그 돈은 박헌영에게 건네줘야 한다고 말한 일은?

답: 그런 일은 없었다.

문: 작년 4월 상순 경성에서 개최한 전선기자대회에 참석했나?

답: 그렇다. 나는 조선일보 기자로서 출석했다.

문: 대회의 회장 및 일시는?

답: 4월 15일 · 16일 · 17일 3일간이었다. 15일은 경운동 천도교 회관 내에서 회의를 하고, 16일은 무엇을 했는지 잊어버렸다. 17일은 동대문밖의 상춘원에서 원유회가 있어서 나도 참석했다.

문: 17일 원유회는 몇 시부터 시작되었나?

답: 오전부터 시작하였지만, 나는 오후 4시경부터 출석했다.

문: 아서원에 집합했던 자는 모두 같이 갔나?

답: 나는 혼자서 상춘원에 갔다. 다른 사람은 뒤에 왔는지도 모른다.

문: 정운해는 공산당원이었고 더구나 집행위원의 한 사람이었는데, 아서원에서 조직 당시는 출석하지 않았던 모양인데 그 사정은 어떤가?

답: 왜 나오지 않았는지 그 사정은 모른다. 그 사람은 김찬과 조봉암이 추천했다.

문: 위원회에 그 사람이 출석했나?

답: 그렇다. 정운해는 제1회 위원회에는 출석했지만, 그 자리에서는 일단 위원이 되는 것을 그 사람이 승낙했다고 기억한다.

문: 두 번째 위원회에는 어땠나?

답: 두 번째 위원회에 정운해는 출석하지 않았다.

문: 두 번째 위원회는 언제 열렸나?

답: 전에도 말한 바와 같이 제1회 위원회 한 달 뒤에 있었다.

본 신문은 입회서기인 조선총독부 재판소 통역생의 통역에 의해 그것을 행하였고, 위 조서를 통역생으로 하여금 공술자에게 읽어 들게 한 후 틀림없음을 진술케 하고 서명 날인하였다.

공술자 김재봉 印

신의주지방법원
예심 담당 조선총독부 판사　　　　越尾鎭男 印
　　　　조선총독부 재판소 서기 신언호　印

325　　0745

被告人訊問調書（第四回）

被告人　金在鳳

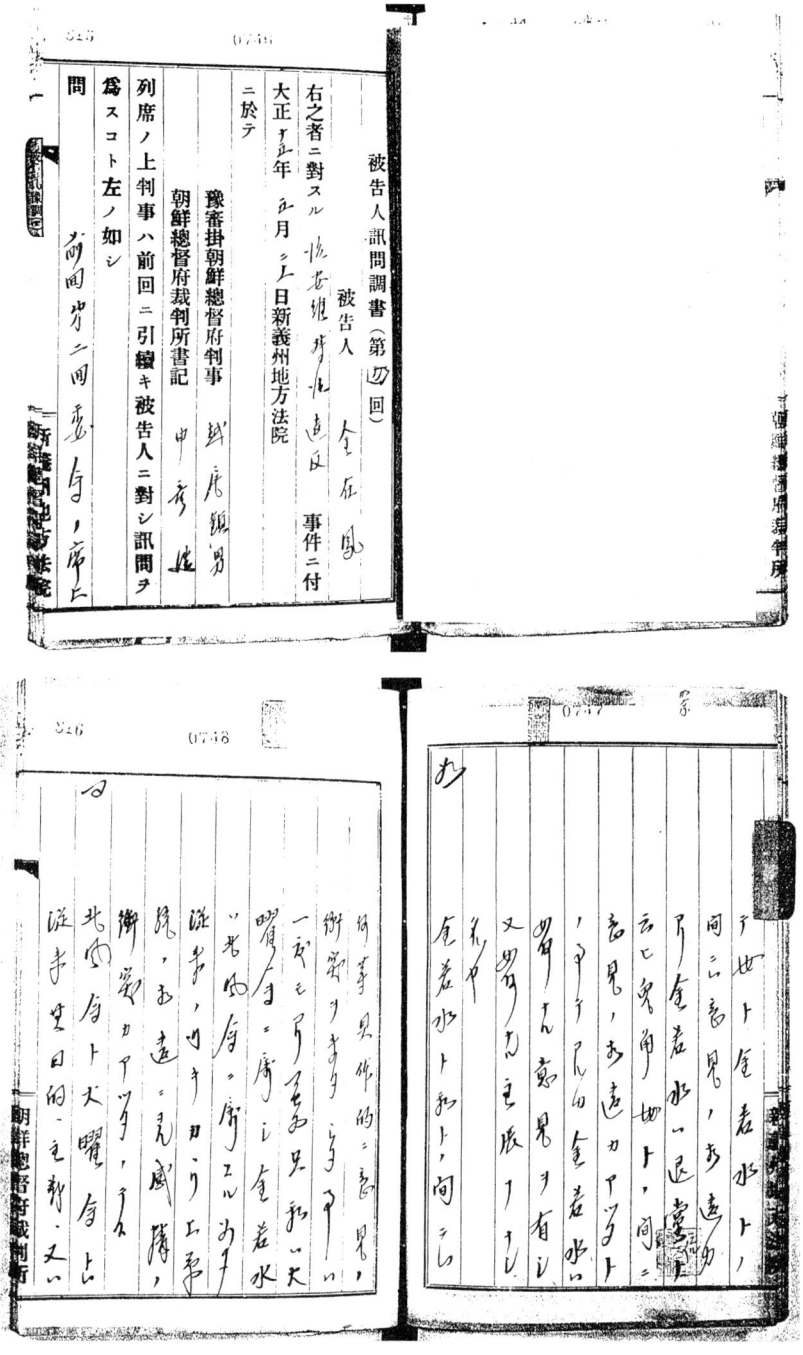

右之者ニ對スル治安維持法違反事件ニ付

大正十五年五月二十七日新義州地方法院

ニ於テ

豫審掛朝鮮總督府判事　越尾鎭男

朝鮮總督府裁判所書記　中奇造

列席ノ上判事ハ前回ニ引續キ被告人ニ對シ訊問ヲ

爲スコト左ノ如シ

問　前回第二回豫審ノ席上

0747

デ此ト金若水トノ

間ニハ意見ノ相違ガ

アリ金若水ハ退黨ト

云ヒ紛爭セトノ間ニ

意見ノ相違ガアツタト

ノ事デアルガ金若水ハ

如何ナル意見ヲ有シ

又如何ナル主張ヲナシ

タカ

答　金若水ト私トノ間ニハ

326　　0748

何等具体的ニ意見ノ

衝突ヲ来タシタ事ハ

一度モアリマセヌ只私ハ大

體ニ於テ金若水

ハ北風會ニ屬スル為メ

従来ノ行キガカリ上爭

鬪ノ方面ニ於テ感情ノ

衝突ガアツタノデス

問　北風會ト火曜會トハ

従来其目的ニ於テハ又ハ

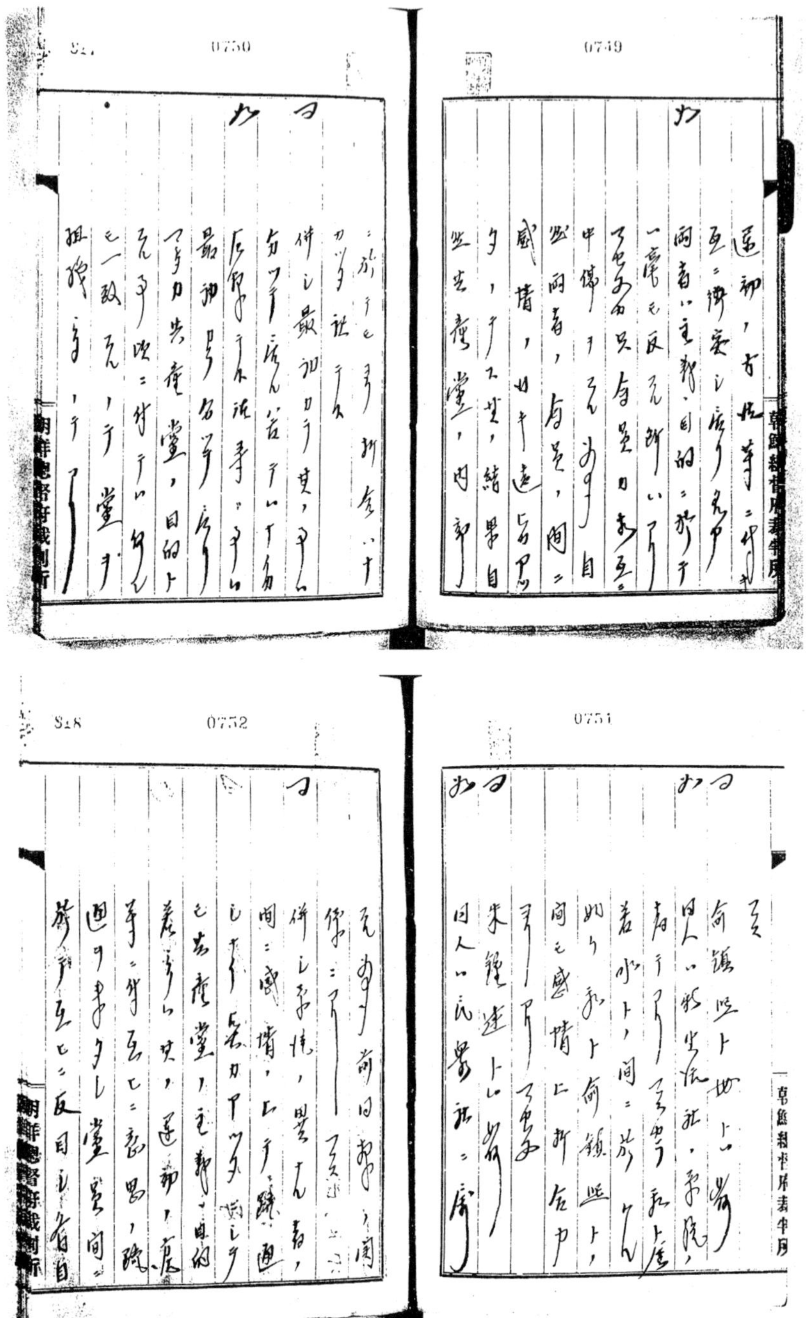
0750
0749
0752
0751
朝鮮總督府裁判所

[illegible]ナリマスカ

ナラム

答 右筆跡ハ[illegible]

[illegible]

問 然ルニ[illegible]

[illegible]

[illegible]

答 [illegible]

[illegible]

又即チ出來タルハ右ニ

大體有ルコトナリ

マス

問 金若水ノ筆跡即チ

北風會ニ屬スル者ニ

答 金若水、鄭雲海、宋

奉瑞デアリマス

問 然ニ新生活社ノ筆跡ノ

者ハ

答 俞鎮熙一人デアリマス

又モ新生活社ニ一、二

年前ニ居リマシタノ

デアリマス筆跡カ新

生活社筆跡ノ者デ

アルト申上ゲルノデ

ス

問 然ニ其ノ農社筆跡ノ

者ハ

答 朱鎮達一人デアリマス

又民衆社ハ宋彦

當租界當時存在

シテ居ルト思ヒ

マス

問 上海トノ間ノ手紙ノ

往復ハ何回アリマスカ

答 私ノ方カラ三回出シ

上海カラ三回來マシ

タ

問 其ノ一回ハ何時カ又出シ

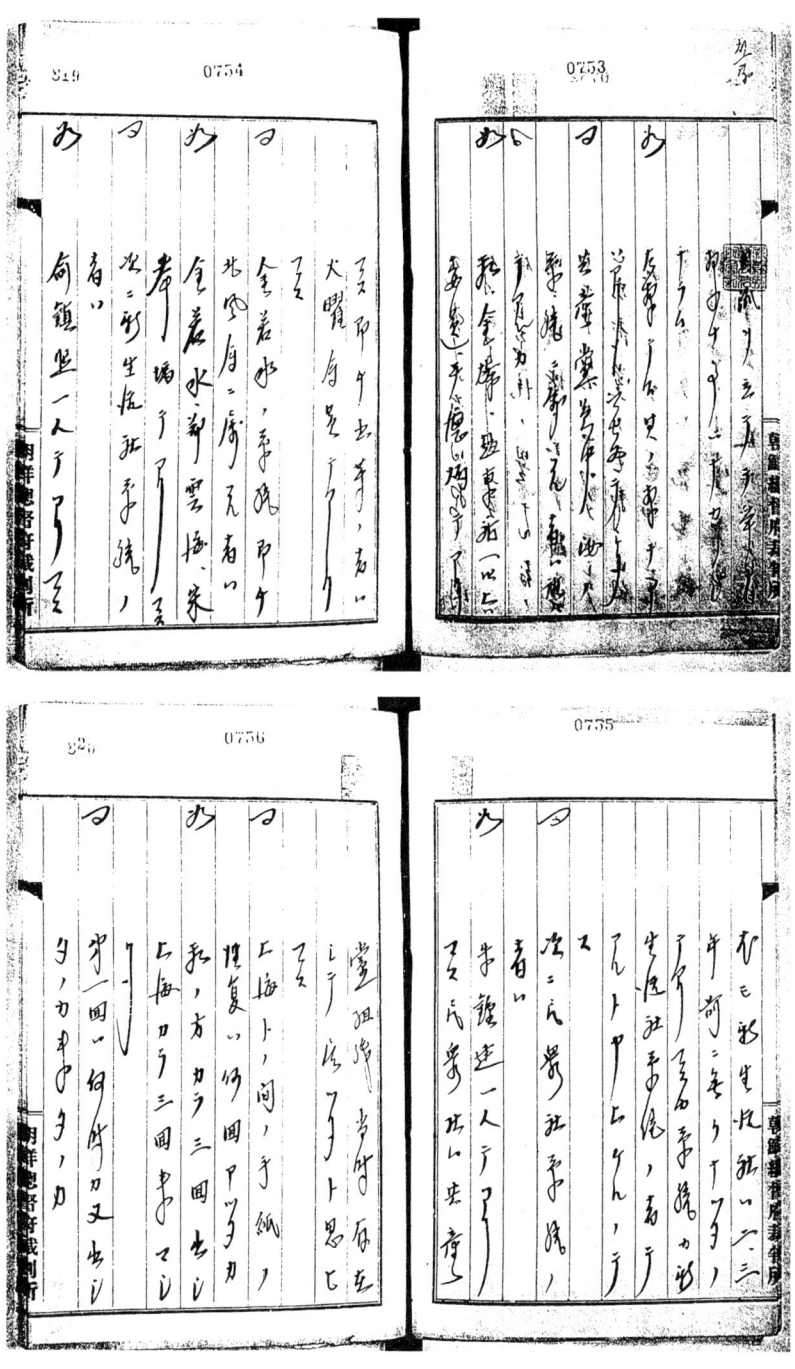

タノカ來タノカ

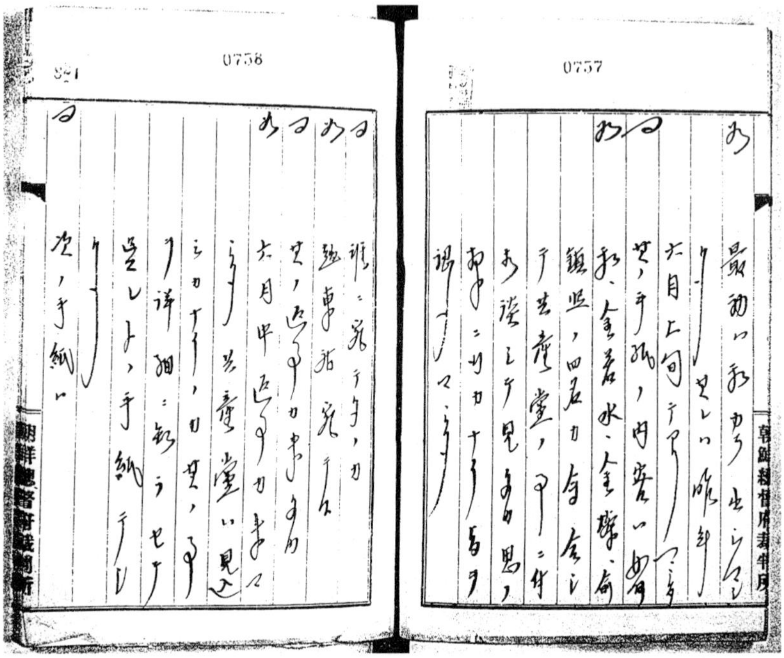
0758
0757
朝鮮總督府裁判所

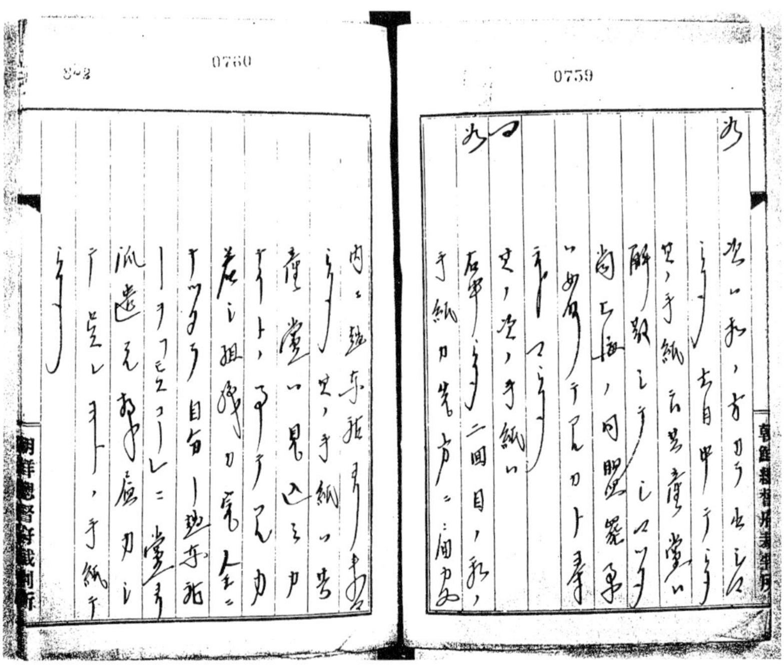
0760
0759
朝鮮總督府裁判所

0761

問 其ノ次ノ手紙ハ

答 私カ二回目ニ出シタル
手紙ノ返事トシテ
七月中ニ趙東祜ヨリ
来マシタカ是レハ発
展ハ見込ミカナキ
トノコトテアルカラ
自分ノ目的ハコレニテ
ヤメル、此ノ後上海ニ
居ル、尚上海ノ同盟

朝鮮總督府裁判所

823　0762

罷業ニ付各国カラ義捐
カ来ル筈新聞カラハ何
故来ナイカトノ手紙
テアリ

問 其ノ後ハ

答 七月中旬頃私ヨリ
出シタル返事ノ内
同盟罷業ニ義捐ヲ
打ツ事ハイカ何デアル
寛テノ打電シテヨカ

朝鮮總督府裁判所

0763

判ラヌト書キマシタ

問 前ノ供述ニヨレハ君ハ
四回出シ三回趙東祜
ヨリ来タトノ事テア
アルカ今一回趙東祜ニ
差出シタルモノアル
カ

答 只今申ス如ク三回往
復シタルノテス前ニ
四回出シタト申シタ

朝鮮總督府裁判所

824　0764

ノハ間違ヒテアル

問 趙東祜ハ上海ノ何処
ニ居ルノカ

答 金丹冶カラ聞イタ
呂運亨方ニ居ルト
聞イテ居ル独孤佺ニ
寛テ送レル日人ヲ
趙東祜ニ送ツテ呉レ
ルノテス、金丹冶ヲ
独孤佺ニ頼メハ日人ガ

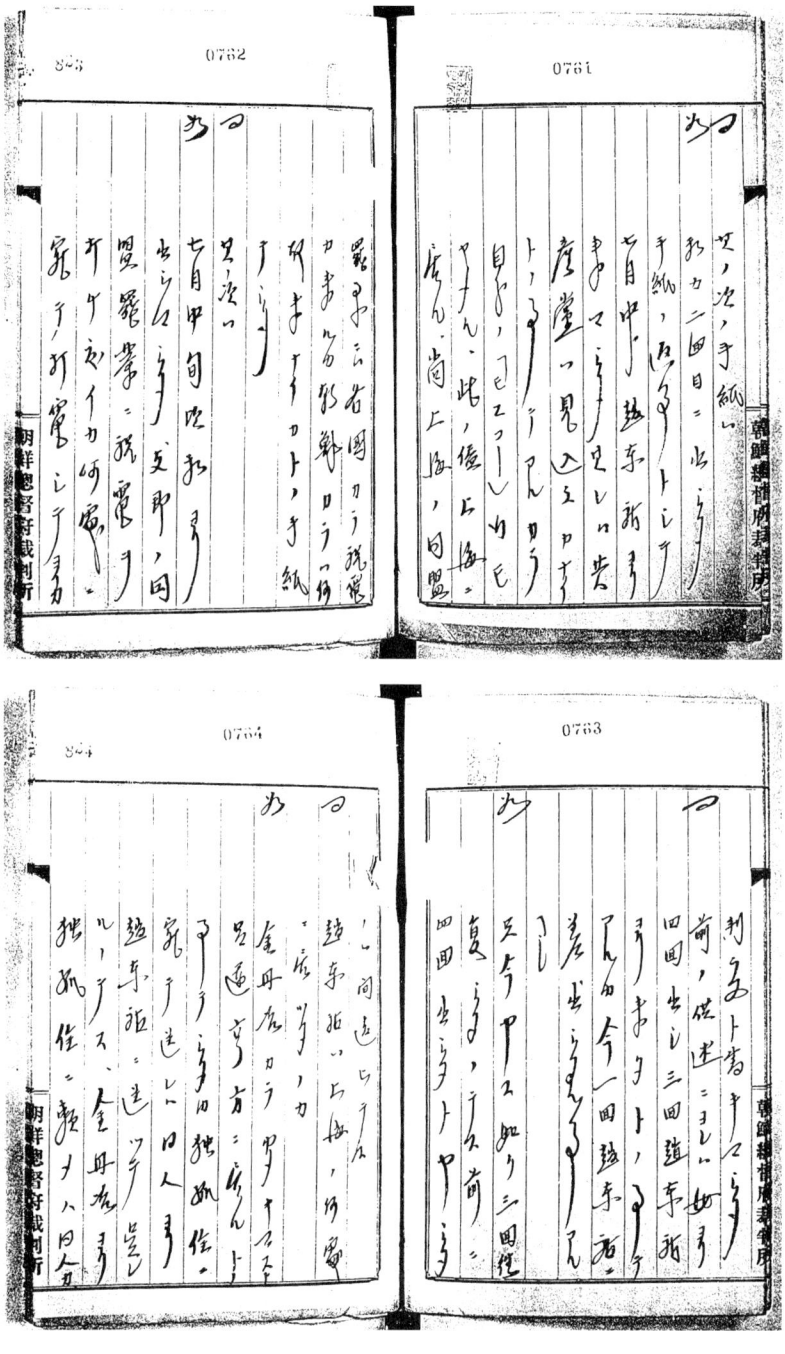

朝鮮總督府裁判所

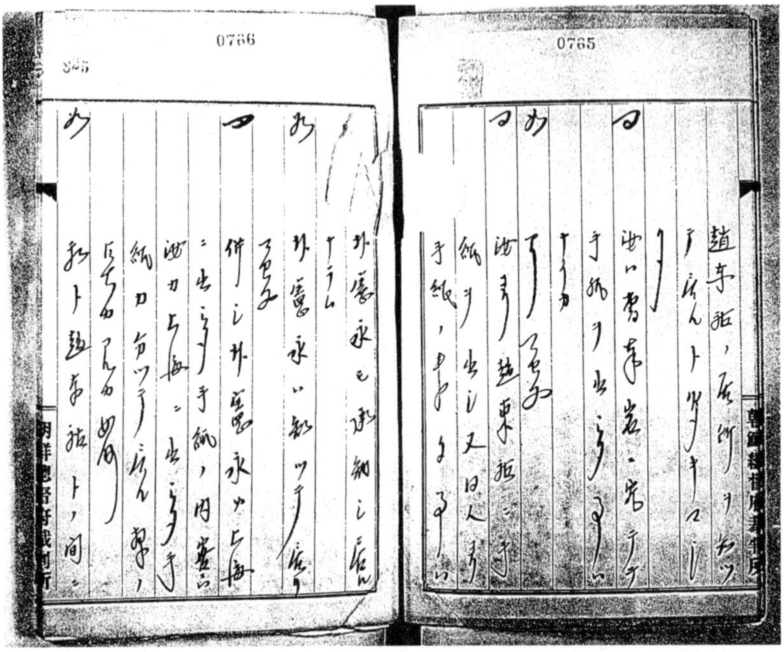

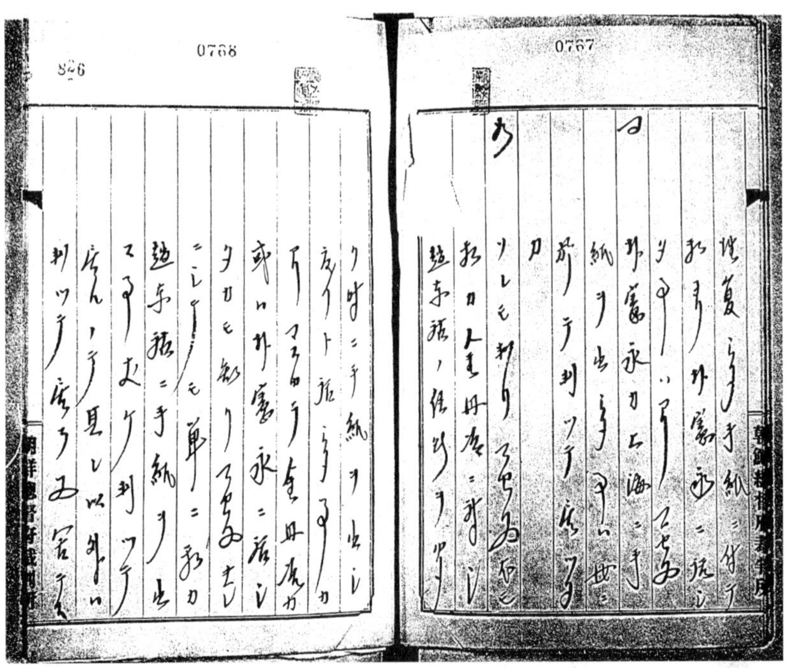

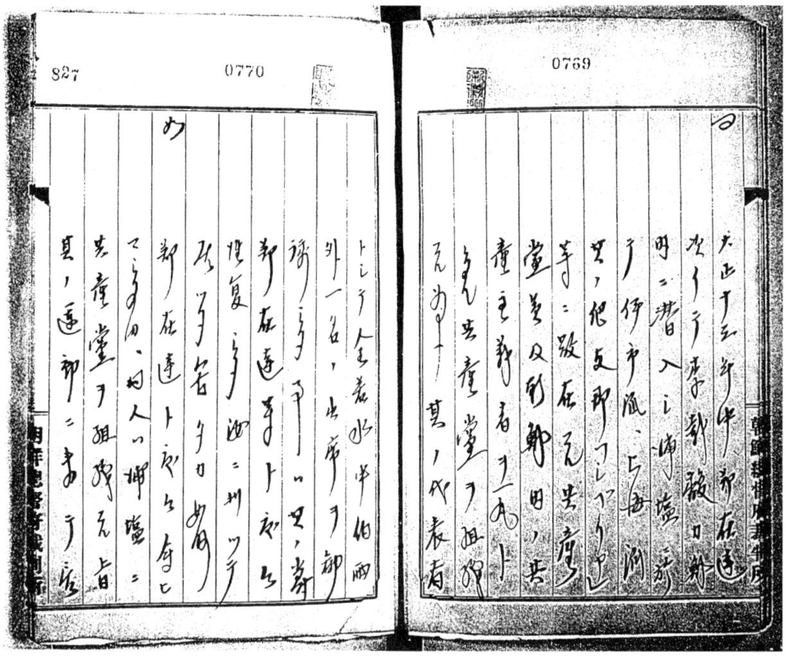
827
0770
0769

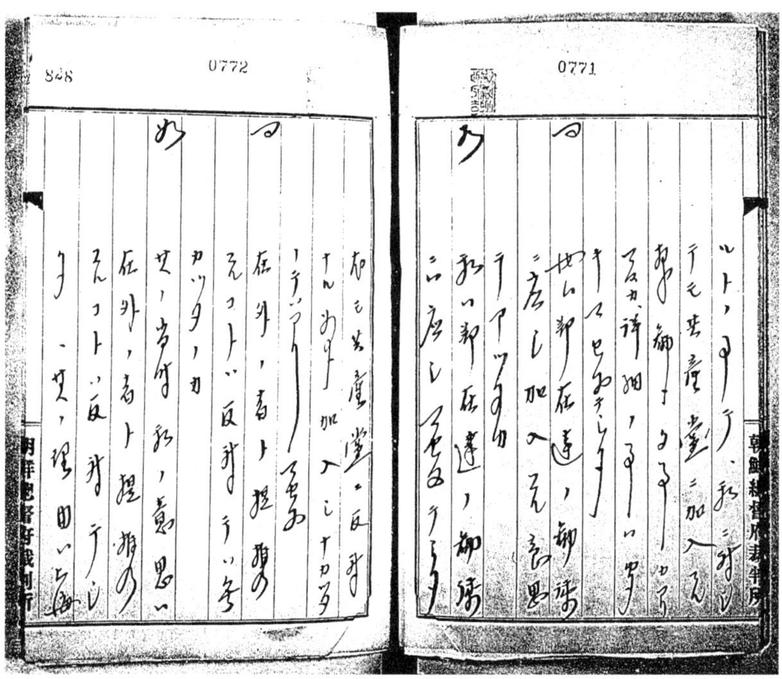
828
0772
0771

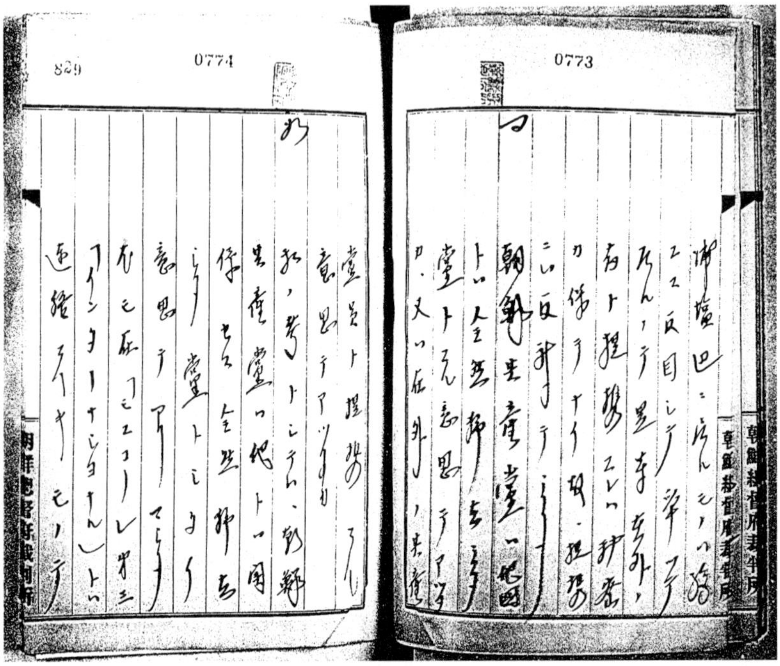

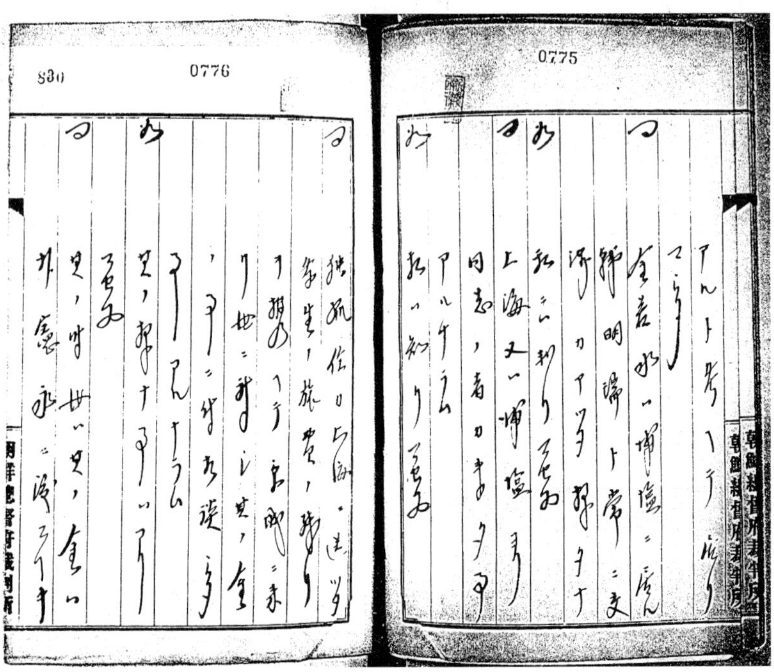

0777

モリデアルト云ッタ
トノ事デアル如ク
其ノ事デアルモアリマセヌ

問 昨年ノ四月上旬京城ニ於テ開催サレタル全鮮記者大会ニ参列シタカ

答 左様デス私ハ朝鮮日報ノ記者トシテ出席

朝鮮総督府裁判所

831　0778

シマシタ

問 大会ノ会場及何日ハ如何

答 四月十五日、十六日、十七日ノ三日間デアリマシタ
十五日ハ慶雲洞天道教会堂内ニ於テ会議ヲシ
十六日ハ何ヲシタカ忘レマシタ

朝鮮総督府裁判所

0779

十七日ハ東大門外ノ常春園ニ於テ園遊会カアリ私モ出席シマシタ

問 十七日ノ園遊会ハ何時カラ始マッタカ

答 午前中デアリマシタガ私ハ午後四時頃ヨリ出席シマシタ
雅叙園デ茶話会

朝鮮総督府裁判所

832　0780

ヲ催シテカラ其ノ足デ常春園ニ行キマシタ

問 雅叙園ニ集合シタ者ハ皆一緒ニ行ッタカ

答 私ハ一人デ常春園ニ行キマシタ他ノ者ハ何処カラ来タカモ知ラヌ
[illegible]

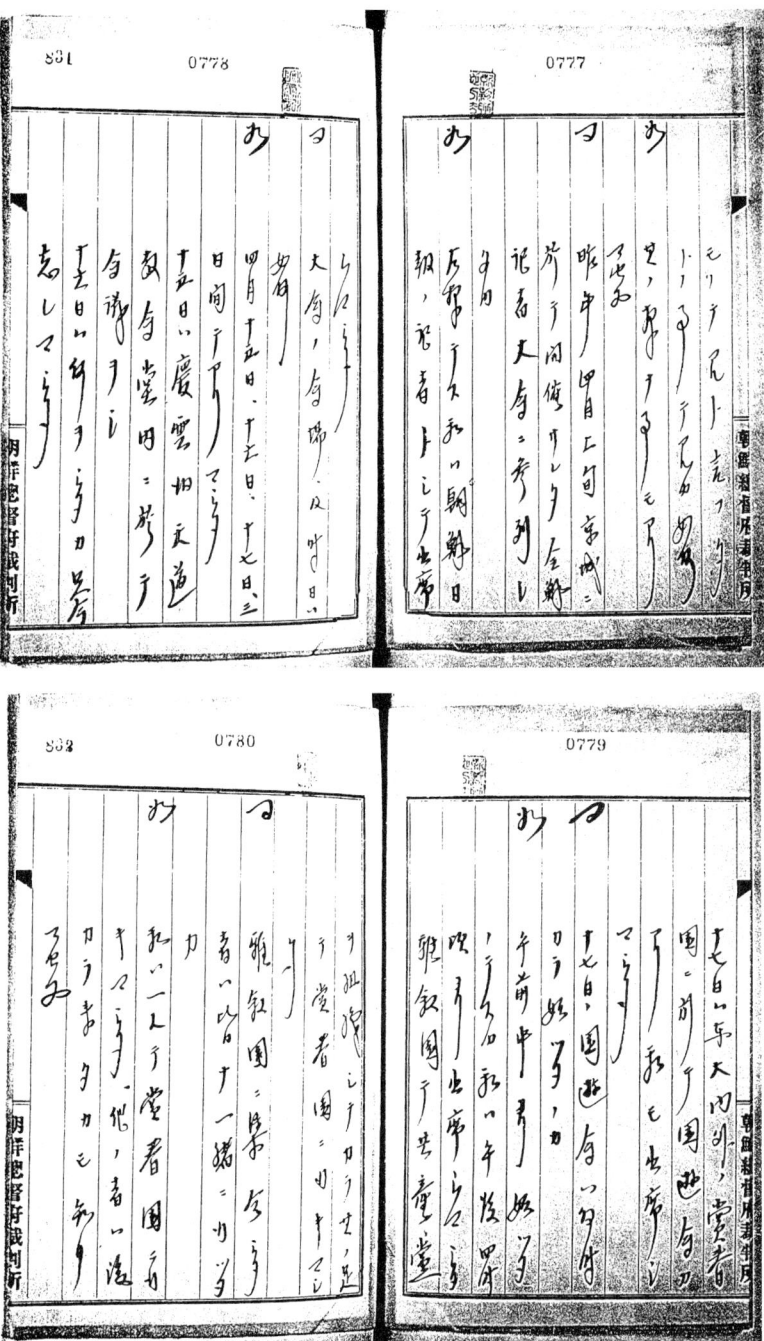

朝鮮総督府裁判所

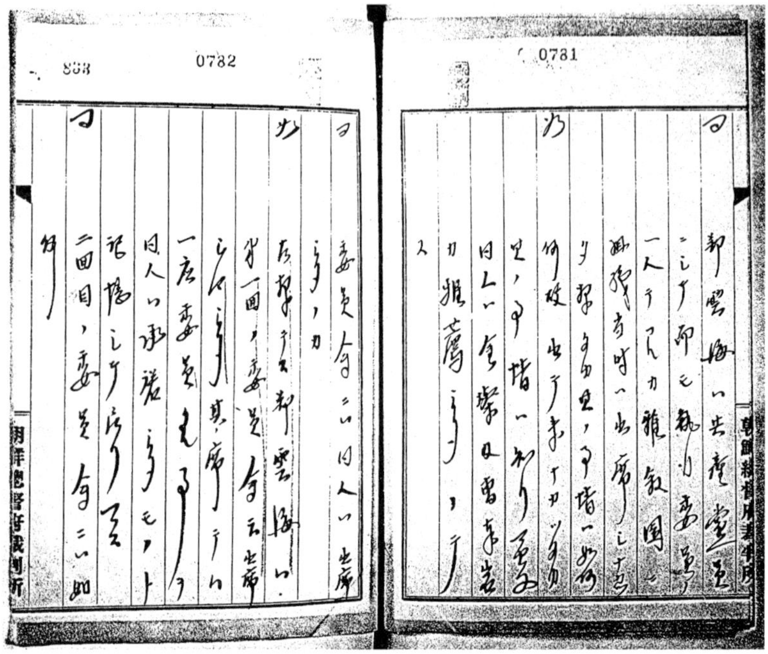

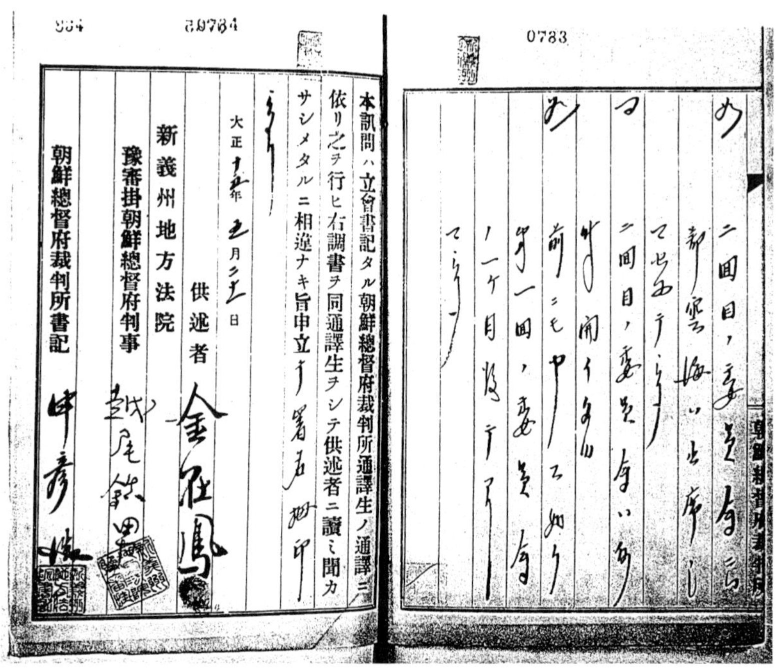
本訊問ハ立會書記タル朝鮮總督府裁判所通譯生ノ通譯ニ依リ之ヲ行ヒ右調書ヲ同通譯生ヲシテ供述者ニ讀ミ聞カサシメタルニ相違ナキ旨申立テ署名拇印

大正十五年五月二十日

供述者 金在鳳

新義州地方法院

豫審掛朝鮮總督府判事

朝鮮總督府裁判所書記

자료 9 「김재봉 외 19인 조서」(본적조회서), 1926년 5월 21일, 신의주지방법원

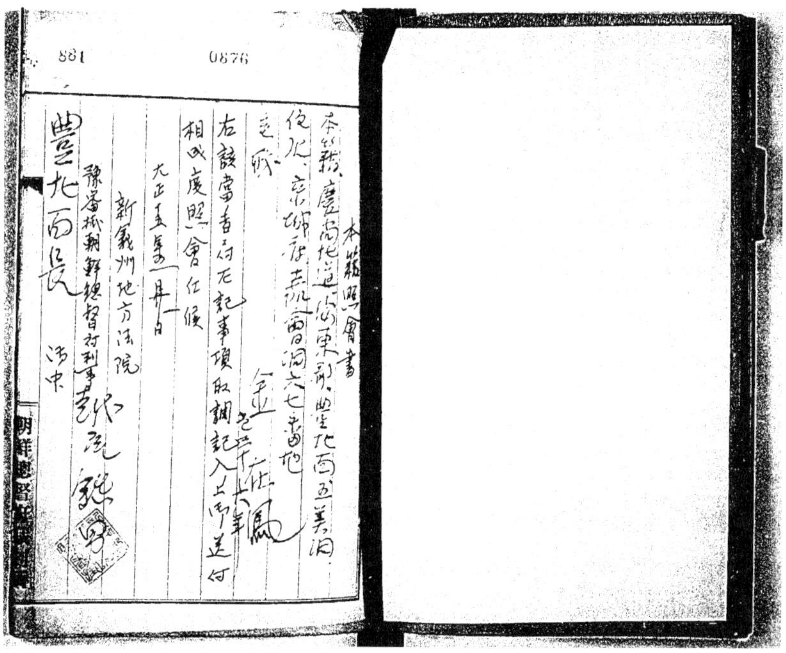

881 0876

本籍照會書

本籍 慶尚北道安東郡豊北面五美洞

住所 [illegible]

[illegible]

右該當者ニ付右記事項取調記入之上御送付

相成度照會候

大正十五年五月廿一日

新義州地方法院

[illegible]

豊北面長 殿

조선공산당 초대 책임비서, 김재봉(1891-1944)

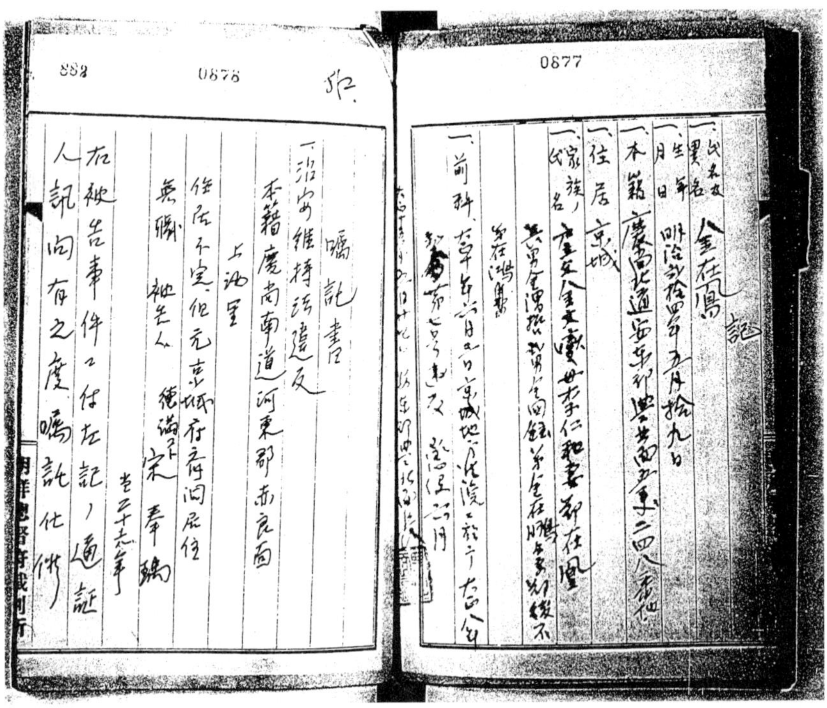
0877
一、氏名 金在鳳
一、生年月日 明治弐拾四年五月拾九日
一、住居 京城
0878
囑託書
一、治安維持法違反

자료 10 「김재봉 외 19인 조서」(更新決定), 1926년 6월 21일, 신의주지방법원

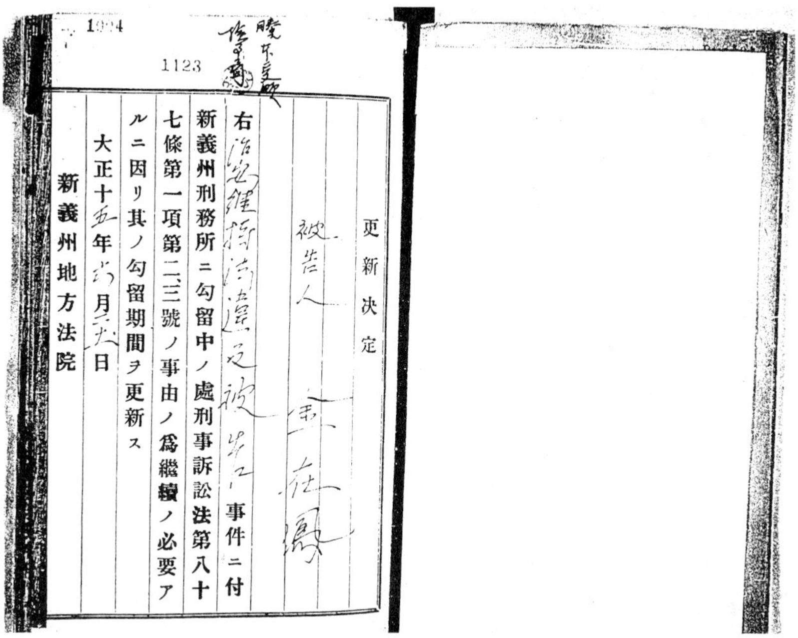

1123

更新決定

被告人 金在鳳

右治安維持法違反被告事件ニ付

新義州刑務所ニ勾留中ノ處刑事訴訟法第八十

七條第一項第二三號ノ事由ノ爲繼續ノ必要ア

ルニ因リ其ノ勾留期間ヲ更新ス

大正十五年六月二十一日

新義州地方法院

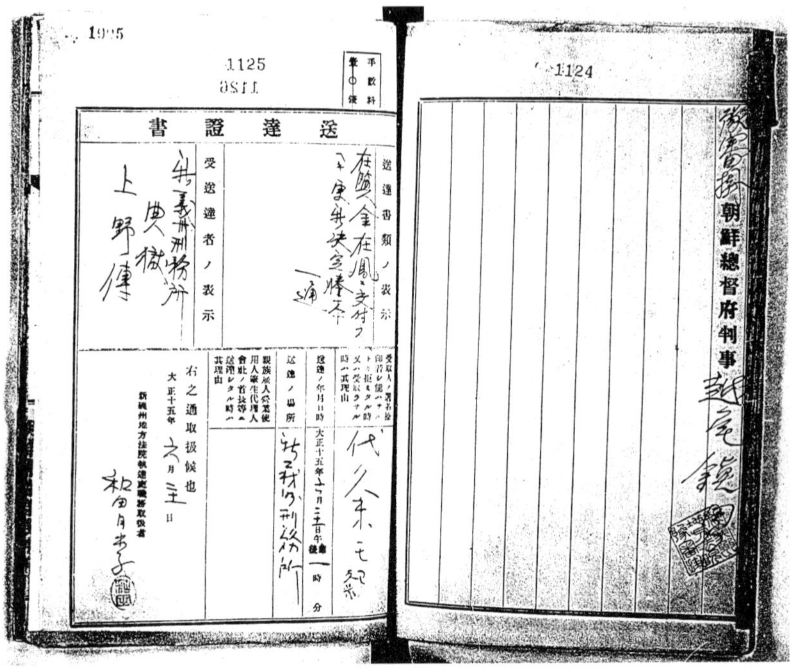
1125

送達證書

送達書類ノ表示 在監人金在鳳ニ交付ス 予審終結決定謄本 一通

受送達者ノ表示 新義州刑務所 典獄 上野傳

送達ノ年月日時 大正十五年七月二十日午後一時 分

送達ノ場所 新義州刑務所

右之通取扱候也

大正十五年七月二十日

新義州地方法院執達吏職務取扱者

1124

朝鮮總督府判事 越尾鎮

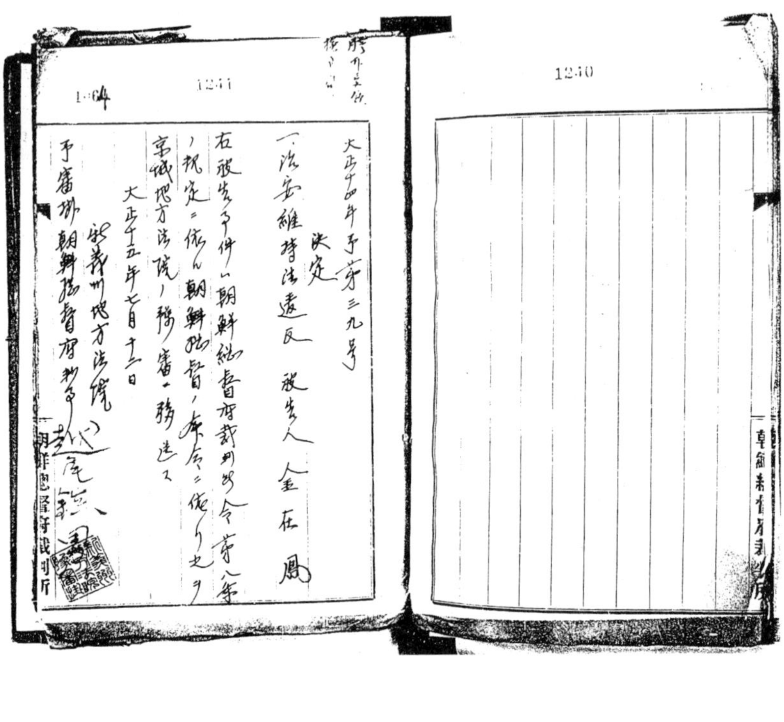
大正十四年予第三九号

決定

一、治安維持法違反 被告人 金在鳳

右被告事件ハ朝鮮總督府裁判所令第八条ノ規定ニ依リ朝鮮總督ノ命令ニ依リ之ヲ新義州地方法院ノ予審ニ移送ス

大正十五年七月十二日

新義州地方法院

予審掛 朝鮮總督府判事 越尾鎮

Ⅲ. 신문 · 잡지 기사

1. 대한민국임시정부 지원활동

「安相吉의 被捉」, ≪독립신문≫ 1921년 2월 7일자

「안샹길씨의 피착」, ≪신한민보≫ 1921년 5월 5일자

2. 대중운동

「公產系의 朝鮮青年」, ≪동아일보≫ 1923년 4월 10일자

「鐘路署의 活動으로 主義者 五人 檢擧」, ≪조선일보≫ 1924년 10월 8일자

「鐘路署의 兩事件」, ≪조선일보≫ 1924년 10월 13일자

「主義者 檢擧內容」, ≪동아일보≫ 1924년 10월 19일자

「鄭氏一派 檢事局에」, ≪시대일보≫ 1924년 10월 23일자

「鄭在達等 五人은」, ≪조선일보≫ 1924년 10월 23일자

「셔울 종로경찰셔의 주의쟈 체포한 내용」, ≪선봉≫ 1924년 11월 7일자

「『火花社』 發起」, ≪동아일보≫ 1925년 1월 28일자

「全朝鮮民衆運動者大會」, ≪동아일보≫1925년 2월 18일자; ≪조선일보≫ 1925년 2월 19일자

「醴泉事件의 影響 = 二十三團體決議」, ≪시대일보≫ 1925년 8월 21일자

「昨日은 兩 金氏」, ≪동아일보≫ 1926년 7월 25일자

3. 조선공산당 창당과 피체

「新義州事件關係 昨夜에는 兩 金氏」, ≪시대일보≫ 1926년 7월 25일자

「新義州事件 今日移監」, ≪조선일보≫ 1926년 7월 25일자

「됴선내디」, ≪선봉≫ 1926년 8월 8일자

「김재봉 외 19인 조서」(1·2·3회), 1927년 2월 17·18일, 3월 5일, 경성지방법원
「권오설 외 103인 예심결정서」, 1927년 3월 31일, 경성지방법원
「乙未運動以後 朝鮮初有의 秘密結社事件」, ≪동아일보≫ 1927년 4월 3일자
「朝鮮共産黨·高麗公産青年會 被告 九十九名」, ≪동아일보≫ 1927년 4월 3일자
「各 被告에 適用法律」, ≪동아일보≫ 1927년 4월 3일자
「朝鮮共産黨事件 豫審決定書 內容(一)·(二)·(三)」, ≪조선일보≫ 1927년 4월 3·5·6일자;
「共産黨事件 豫審終結의 主文과 理由 全文」, ≪동아일보≫ 1927년 4월 6일자
「審理結果로 無罪 六十名?」, ≪조선일보≫ 1927년 9월 11일자
「朝鮮共産黨 組織體系」, ≪동아일보≫ 1927년 9월 13일자
「一百一名 被告」, ≪동아일보≫ 1927년 9월 13일자
「今日 朝鮮共産黨 公判」, ≪조선일보≫ 1927년 9월 13일자
「重要 被告 略歷」, ≪조선일보≫ 1927년 9월 13일자
「百一 被告」, ≪조선일보≫ 1927년 9월 13일자
「中野檢事 公訴事實」, ≪조선일보≫ 1927년 9월 14일자
「됴선공산당사건의 공판」(續報), ≪선봉≫ 1927년 9월 25일자
「101인 비밀공판에 격분하야 됴선민중은 모도 일어난다」, ≪선봉≫ 1927년 10월 13일자
「上海部委員 趙東祜 被逮」, ≪조선일보≫ 1928년 2월 3일자
「趙東祜 畢竟 被捉」, ≪중외일보≫ 1928년 2월 3일자
「重刑을 豫想하는 主要 被告」, ≪조선일보≫ 1928년 2월 13일자
「未曾有의 大秘密結社事件 朝鮮共産黨言渡」, ≪조선일보≫ 1928년 2월 13일자 號外
「金在鳳 이름」, ≪동아일보≫ 1928년 2월 14일자
「朝鮮共産黨 被告」, ≪동아일보≫ 1928년 2월 14일자
「檢擧以來 四個星霜만에 朝鮮共産黨 刑期言渡」, ≪조선일보≫ 1928년 2월 14일자
「◇言渡바든 被告!」, ≪조선일보≫ 1928년 2월 14일자
「近代社會史上의 一大事件인 朝鮮共産黨事件 一審判決」, ≪중외일보≫ 1928년 2월 14일자
「昨 十五日 正午까지 六十七人 服役決定」, ≪동아일보≫ 1928년 2월 16일자
「控訴 斷念한 諸被告의 ●●●●● 最後付托」, ≪중외일보≫ 1928년 2월 16일자
「中國 ○○分子 過檄文密送」, ≪조선일보≫ 1928년 3월 1일자

「朝鮮共產黨事件 第一審 判決文」, ≪중외일보≫ 1928년 3월 3~18일자
「三年間 獄苦도 過去之事」, ≪중외일보≫ 1928년 8월 18일자
「朝鮮共產黨 被告 姜達永等도 減刑」, ≪중외일보≫ 1928년 11월 12일자
「獄中滿悤」, ≪別乾坤≫ 제32호, 1930년 9월 1일
「김낙준 조서金洛俊 調書」(증인심문조서), 1931년 6월 4일, 경성지방법원검사국

4. 출옥후 생활

「第一次 共產黨의 金在鳳氏 出獄」, ≪동아일보≫ 1931년 11월 19일자
「一次 共黨秘書 金在鳳 出獄」, ≪조선일보≫ 1931년 11월 19일자
「김재봉동무가 출옥」, ≪선봉≫ 1931년 12월 28일자
「六年役 치르고 姜達永氏 出監」, ≪조선중앙일보≫ 1933년 9월 17일자
「日中官憲 戰慄케 한 數百次의 直接行動」, ≪조선중앙일보≫ 1933년 9월 25일자
「出頭巨頭의 其後」, ≪삼천리≫ 제6권 5호, 1934년 5월 1일
金璟載, 「金燦時代의 火曜會」, ≪삼천리≫ 제7권 5호, 1935년 6월 1일
「發動하는 思想犯 觀察法」, ≪삼천리≫ 제8권 12호 1936년 12월 1일

5. 해방후 추도

「오늘 故 金在鳳氏 第二週朞 悼追會」, ≪조선인민보≫ 1946년 3월 30일자
「我黨 第一代 責任秘書 故 金在鳳同志 二週年 追悼式」, ≪해방일보≫ 1946년 4월 1일자
「朝共・荊棘의 길 二十一年」, ≪조선인민보≫ 1946년 4월 17일자
「金在鳳 同志」, ≪해방일보≫ 1946년 4월 17일자

자료 1 「安相吉의 被捉」, ≪독립신문≫ 1921년 2월 7일자

「安相吉의 被捉」(京城日報)

敵紙所報에 依컨대 大邱 達城町 十三番地 사는 穀物商 安相吉(二九)은 再昨年 八月 上海에 來하야 我政府職員과 會見한 結果 軍資金 募集의 付托을 受하고 慶北交通部長의 任을 帶한 後 京城에 歸하야 滿洲日報 記者 金在鳳(三○)으로 더부러 協議하고 天道教人과 耶蘇教人間에 檄文을 配布하다가 去月 二十七日 敵手에 被捉하엿더라.

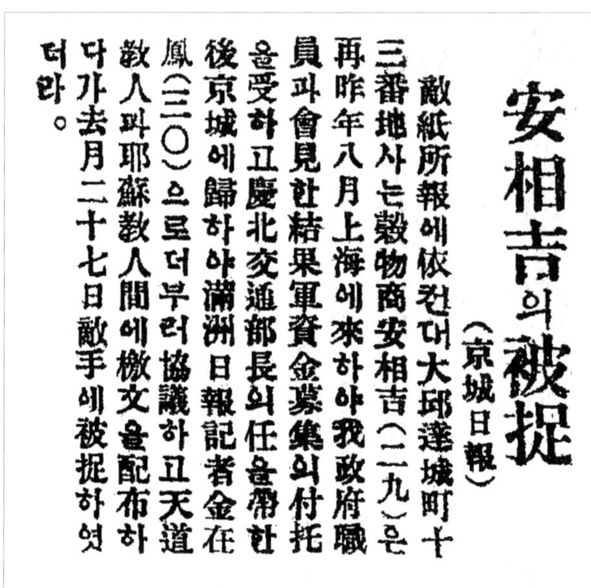
安相吉의被捉
(京城日報)
敵紙所報에依컨대大邱達城町十三番地사는穀物商安相吉(二九)은再昨年八月上海에來하야我政府職員과會見한結果軍資金募集의付托을受하고慶北交通部長의任을帶한後京城에歸하야滿洲日報記者金在鳳(三〇)으로더부러協議하고天道教人과耶蘇教人間에檄文을配布하다가去月二十七日敵手에被捉하엿더라。

자료 2 「안샹길씨의 피착」, ≪신한민보≫ 1921년 5월 5일자

「안샹길씨의 피착」

왜적 신문보도에 의하건ᄃᆡ 대구 달셩뎡 十三번디에 사는 곡물샹 안샹길씨(二九)은 지쟉년 八월 상히에 와서 우리 정부 직원과 회견한 결과 군자금 모집의 부탁을 밧고 경북 교통부당의 임을 대한 후 경셩에 돌아와 만쥬일보 긔쟈 김지봉(三〇)으로 더부러 협의하고 텬도 교인과 예슈교인 간에 격문을 비포하다가 지난 一월 二十九일 왜경에게 피착 하엿다더라.

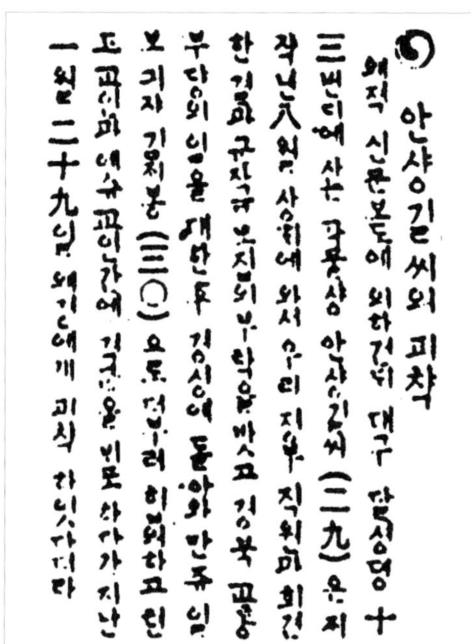

자료 3 「公產系의 朝鮮青年」, ≪동아일보≫ 1923년 4월 10일자

「共產系의 朝鮮青年」 연해현에 잇는 조선청년단톄

연해현(沿海縣) 각디에 잇는 조선인청년회(朝鮮人青年會)는 백군(白軍)이 몰락한 후에 공산당(共產黨)의 지휘를 밧아가지고 설립된 청년회인대 그 중요한 청년회는 다음과 갓더라.

地名	會 長	會員數
海蔘威	金在鳳	三〇〇
尼市	韓千石	一五〇
바라바시	兪文彬	一五〇
煙秋	千 珉	七〇
스라우얀카	金高士	七〇

이러한 청년회는 공산당과 적군(赤軍)의 지휘와 감독을 밧아가지고 그곳에 사는 조선사람들에 대하야 행정(行政)과 사법권(司法權)을 행사하는 중이며 더욱히 해삼위에는 짜로히 오백여명의 회원을 가진 고려공산당(高麗共產黨)이 잇는대 그 간부는 다음과 갓더라.

李成人 李빗록 金炳律 趙丙默 李東國 李 默 韓天白
崔高麗 林老凡 崔忠臣 金允章 徐龍水 申光浩 高德信

이 간부들은 공산주의 선뎐에 밤낫으로 활동중이라하며 오히려 일본사람 중에도 편산잠(片山潛) 무목모(茂木某) 부영킨텝스키(富永) 등은 로국공산당(露國

共產黨)에 가맹하야 가지고 선뎐문 번역에 렬심하는 중이라더라(라남).

共產系의 朝鮮靑年

연해현에잇는조선청년단톄

연해현(沿海縣) 각디에잇는 조선인 청년회(朝鮮人靑年會)는 백군(白軍)이 몰락한후에 공산당(共產黨)의 지휘를 밧아가지고 설립된청년회인데 그중요한 청년회는 다음과 갓더라

地名	會長	會員數
海蔘威	金在鳳	三〇〇
尼市	韓千石	一五〇
바라바시	兪文彬	一五〇
煙秋	千琪	七〇
스라우야카	金高士	七〇

이러한청년회는 공산당과 적군(赤軍)의지휘와 감독을 밧아가지고 그곳에사는 조선사람들에 대하야 행정(行政)과사법권(司法權)을 행사하는중이며 더욱 히해삼위에는 따로히 오백여명의회원을가진 고려공산당(高麗共產黨)이잇는데 그간부는다음과갓더라

李成人 李빗두 金炳律

趙丙獻 李東國 李勳

韓天白 崔高麗 林老凡

崔忠臣 金允章 徐麟水

申光浩 高德信

이간부들은 공산주의선뎐에 밤낫으로활동중이라하며 오히려일본사람중에도 편산잠(片山潛) 무목모(茂木某) 부영(富永)등은로국공산당(露國共產黨)에가맹하야가지고 선뎐문 번역에 렬심하는중이라더라(라남)

자료 4 「鐘路署의 活動으로 主義者 五人 檢擧」, ≪조선일보≫ 1924년 10월 8일자

「鐘路署의 活動으로 主義者 五人 檢擧」
사건의 내용은 절대비밀

시내 종로경찰서에서는 륙일 오후부터 돌연히 활동을 개시하야 마츰 종로 청년회관에 열린 서울청년회 긔념식 구경을 가든 유진희(兪鎭熙) 리셩태(李星泰) 량씨를 청년회 문압헤서 검거하기 시작하야 밤을 새어가며 작 칠일 아츰까지 활동을 계속하야 申伯雨·金在鳳·元友觀 등 삼씨를 각각 그 숙소에서 검거하야 방금 극비밀리에 엄중히 취됴중이라는데 종로서에서는 이 사건에 대하야 도모지 말하기를 피하나 잡힌 사람들이 모다 사회주의자(社會主義者)임으로 사회의 이목을 쓰는 동시에 모사건과 관계되얏다는 혐의로 잡힌 듯 하다더라.

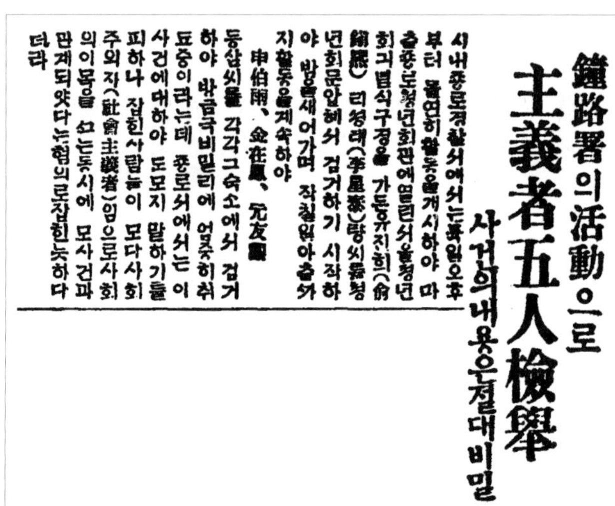
鐘路署의活動으로
主義者五人檢擧
사건의내용은절대비밀
시내종로경찰서에서는륙일오후부터 돌연히활동을개시하야 마츰종로청년회관에열린서울청년회긔념식구경을 가든유진희(兪鎭熙) 리셩태(李星泰)량씨를청년회문압헤서 검거하기 시작하야 밤을새어가며 작칠일아츰까지활동을계속하야 申伯雨、金在鳳、元友觀등삼씨를 각각그숙소에서 검거하야 방금극비밀리에 엄중히취됴중이라는데 종로서에서는이사건에대하야 도모지 말하기를피하나 잡힌사람들이 모다사회주의자(社會主義者)임으로사회의이목을 쓰는동시에 모사건과관계되얏다는혐의로잡힌듯하다더라

자료 5 「鐘路署의 兩事件」, ≪조선일보≫ 1924년 10월 13일자

「鐘路署의 兩事件」
신백우 등 오씨는 계속 취됴 즁 서울청년회 삼씨는 검사국에

시내 죵로경찰서에서는 지나간 륙일 밤 시내 중앙청년회관 안에서 열린 『서울청년회』 창립 사주년 긔념식장에서 마츰 구경갓든 유진희(兪鎭熙) 리셩태(李星泰) 량씨를 돌연 검속한 후 다시 신백우(申伯雨) 김재봉(金在鳳) 원우관(元友觀) 삼씨를 그 숙소에서 검속하엿스며 일변으로는 셔울청년회원 정백(鄭栢) 임봉순(任鳳淳) 신텰호(申哲鎬) 삼씨를 검속 취됴 중이라 함은 임의 보도한 바어니와 이 사건이 발생된 후 사회에서는 모다 가튼 사건의 관계이나 아닌가 추측하는 사람도 잇섯스나 모 방면으로부터 들은 바에 의하면 먼져 잡힌 유·리·신·김·원 등 오씨는 모 중대사건에 대한 련루로 피의됨이오 셔울청년회원의 정·임·신 등 사씨는 서울청년회 긔념식장에서 소위 불온한 행동이 잇셧다고 인명함인 듯 하다는데 신백우씨 등 오씨는 방금 죵로경찰서에서 엄중취됴중인 동시에 오히려 련루자를 잡기위하야 계속 활동중이라하며 서울청년회 사건은 재작일까지 취됴를 마치고 검속된 삼씨는 보안법위반으로 검사국에 송치되엿다는 바 서울청년회 사건도 오히려 련루자를 잡기위하야 역시 계속 활동중이라는데 이에 의하야 보더라도 사건이 전연 별개인 것은 의심업는 사실이며 형편에 의하야서는 신백우 등 오씨 사건은 더욱 확대될지도 알 수 업다는 말이 잇스나 사건인 즉 단순한 모양이라더라.

조선공산당 초대 책임비서, 김재봉(1891-1944)

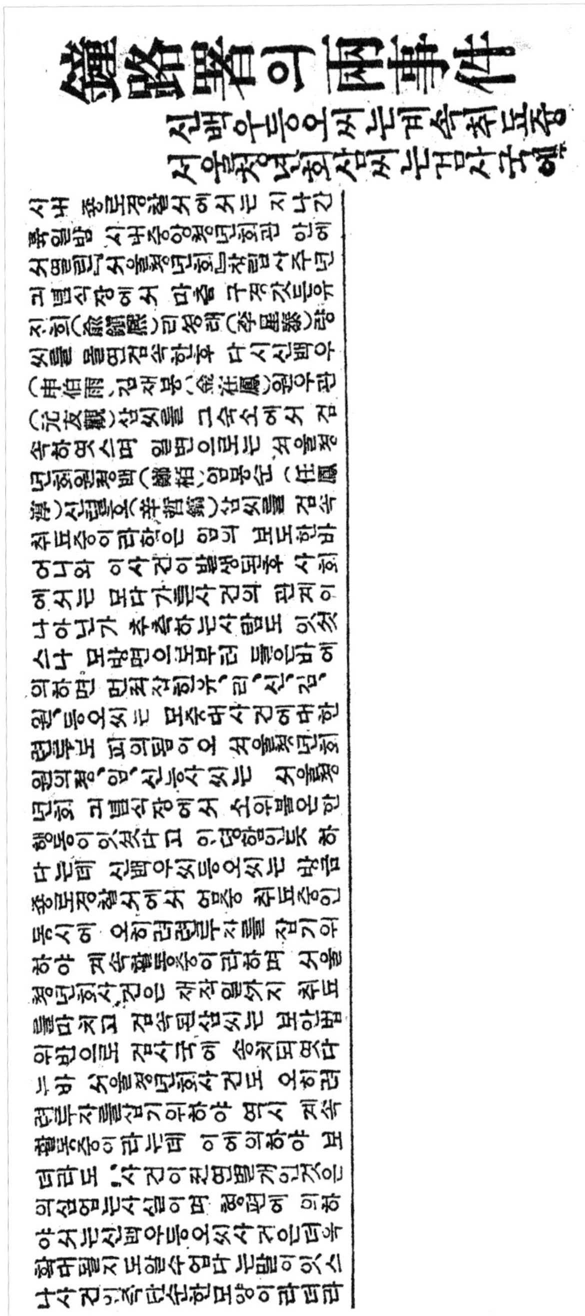

[鍾]路署이兩事件

신백우등오씨는계속취[조]중
서울청년회삼씨는검사국에

시내 종로경찰서에서는 지난간
동일밤 시내중앙청년회관 안에
서열린 서울청년회 창립삼주년
기념식장에서 마츰 구경갓든유
진희(俞鎭熙) 리성태(李晟泰)량
씨를 을명검속한후 다시신백우
(申伯雨) 김재봉(金在鳳) 원우관
(元友觀) 삼씨를 그숙소에서 검
속하엿스며 일변으로는 서울청
년회원정백(鄭栢) 임봉순(任鳳
淳) 신철호(辛哲鎬) 삼씨를 검속
취됴중이라함은 임의 보도한바
어니와 이사건이 발생된후 사회
에서는 모다 가튼사건의 관계이
나아닌가 추측하는사람도 잇섯
스나 모방면으로부터 듯는바에
의하면 [illegible] '리' '신' '진'
'원' 등오씨는 모종의사건에대한
혐의로 피의자이오 서울청년회
원의 '정' '임' '신' 등삼씨는 서울청
년회 기념식장에서 소위불온한
행동이잇섯다고 이러하엿다 하
나는데 신백우씨등오씨는 방금
종로경찰서에서 엄중 취됴중인
동시에 오히려관련자를 잡기위
하야 계속활동중이라하며 서울
청년회사건은 재작일까지 취됴
를마치고 검속된삼씨는 보안법
위반으로 검사국에 송치되엿다
는바 서울청년회사건도 오히려
관련자를잡기위하야 방금 계속
활동중이라는데 이에의하야 보
면관도 이사건이 판명될게 인것은
의심업는사실이며 풍편에 의하
야서는신백우등오씨사건은 며츨
확대될지도알수업다는말이잇스
나사건의중대한모양이라하며라

자료 6 「主義者 檢擧內容」, ≪동아일보≫ 1924년 10월 19일자

「主義者 檢擧 內容」

종로서 주의자 검거 내용은 全部 鄭在達事件 關係

년전 『모스크바』 국제공산당회의에 조선대표로 출석하엿든 뎡재달(鄭在達)과 해삼위(海參威) 공산당신문 선봉(先鋒) 주간이든 리성(李聖)은 모 사명을 가지고 조선으로 드러왓다가 월전에 종로(鐘路) 경찰서에 톄포되엿다함과 그후로 뒤를니어 리성태(李星泰) 유진희(兪鎭熙) 신백우(申伯雨) 원우관(元友觀) 김재봉(金在鳳) 등을 역시 그 사건으로 톄포하엿스며 지난 십륙일에 또 리봉수(李奉洙)를 톄포하엿다함도 긔보한 바어니와 이 여덜사람은 그후 취조한 결과 모두 뎡재달사건과 관계가 잇다하야 이삼일내로 검사국으로 넘기리라고 종로서 삼륜(三輪) 고등계 주임은 말하라더.

主義者檢擧內容
종로서주의자검거내용은
全部鄭在達事件關係
년전『모스크바』국제공산당회의에조선대표로 출석하엿든 뎡재달(鄭在達)과해삼위(海參威)공산당신문선봉(先鋒)주간이든리성(李聖)은모사명을가지고조선으로드러왓다가 월전에 종로(鐘路) 경찰서에 톄포되엿다함과그후로 뒤를니어 리성태(李星泰)유진희(兪鎭熙)신백우(申伯雨)원우관(元友觀)김재봉(金在鳳)등을역시그사건으로 톄포하엿스며 지난십륙일에 또리봉수(李奉洙)를톄포하얏다함도긔보한바어니와 이여덜사람은 그후취조한결과 모두 뎡재달사건과 관계가잇다하야 이삼일내로검사국으로 넘기리라고 종로서삼륜(三輪) 고등계주임은 말하라더

자료 7 「鄭氏一派 檢事局에」, ≪시대일보≫ 1924년 10월 23일자

「鄭氏一派 檢事局에」

오인은 압송 삼인은 석방되어

종로경찰서에 검거되어 취조 중이든 정재달(鄭在達) 리성(李聖)의 공산주의 선전사건과 및 서울청년회 긔념식밤과 및 그후에 검거되엇든 사회주의 관련한 사건은 작일까지 취조를 마치고 전긔 정재달 리성 두 사람과 원정룡(元正龍) 신백우(申伯雨) 리봉수(李奉洙) 등 다섯사람은 서류와 함께 작 이십일 오후에 검사국으로 압송하얏스며 리성태(李星泰) 유진희(兪鎭熙) 김재봉(金在鳳) 세 사람은 일건의 서류만 검사국으로 보내고 작 이십일 오후에 모다 석방되엇는데 사건의 내용은 비밀에 부티고 발표치 안흐나 공산주의 선전부를 경성에 설치하고자 한 것이라고 한다.

鄭氏一派檢事局에

오인은압송삼인은석방되어

종로경찰서에 검거되어 취조중이든정재달(鄭在達)리성(李聖)의공산주의 선전사건과 및서울청년회 긔념식밤과 및그후에검거되엇든 사회주의 관련한사건은작일까지취조를마치고전긔정재달 리성두사람과원정룡(元正龍)신백우(申伯雨)리봉수(李奉洙)등다섯사람은 서류와함께작이십일 오후에 검사국으로압송하얏스며 리성태(李星泰)유진희(兪鎭熙)김재봉(金在鳳)세사람은 일건의서류만 검사국으로보내고 작이십일오후에모다석방되엇는데 사건의내용은 비밀에부티고 발표치안흐나 공산주의 선전부를 경성에설치하고자한것이라고한다

자료 8 「鄭在達等 五人은」, ≪조선일보≫ 1924년 10월 23일자

「鄭在達等 五人은」

필경 작일 검사국에 넘겨 김재봉등 오인은 서류만

그간 시내 종로서에 톄포되야 비밀리에 취됴중이던 정재달(鄭在達) 외 구명에 관한 취됴는 이미 마치엇슴으로 정재달(鄭在達)(三) 리성(李聖)(三七) 신백우(申伯雨)(三九) 리봉수(李鳳洙)(三二) 원뎡룡(元貞龍)(三七) 등 오명은 일건 서류와 함께 작 이십이일에 검사국으로 넘기고 김재봉(金在鳳) 외 사명은 서류만 넘기고 사람은 노히엇는대 일본에는 아즉 과격사상에 관한 법안이 업슴으로 사상선뎐을 하고자 한 것뿐으로 과연 무슨 죄명을 씨울지는 모르나 좌우간 검사국으로 넘기게 된 것이라더라.

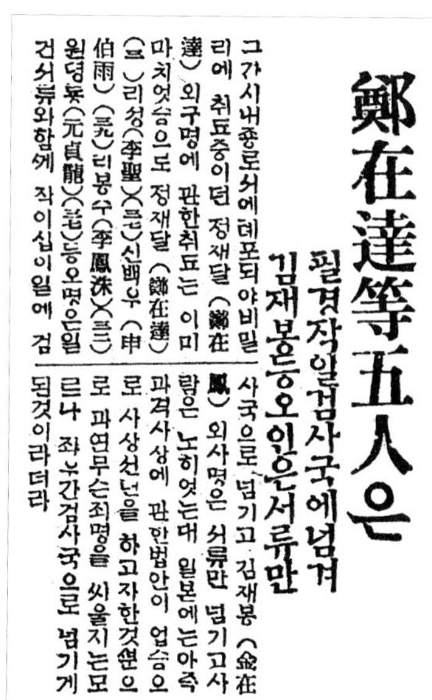

鄭在達等五人은

필경작일검사국에넘겨
김재봉등오인은서류만

그간시내종로서에톄포되야비밀리에 취됴중이던 정재달 (鄭在達) 외구명에 관한취됴는 이미마치엇슴으로 정재달 (鄭在達)(三)리성(李聖)(三七)신백우 (申伯雨) (三九)리봉수(李鳳洙)(三二)원뎡룡(元貞龍)(三七)등오명은일건서류와함께 작이십이일에 검사국으로 넘기고 김재봉 (金在鳳) 외사명은 서류만 넘기고사람은 노히엇는대 일본에는아즉과격사상에 관한법안이 업슴으로 사상선뎐을 하고자한것뿐으로 과연무슨죄명을 씨울지는모르나 좌우간검사국으로 넘기게된것이라더라

자료 9 「셔울 종로경찰셔의 주의쟈 체포한 내용」, ≪선봉≫ 1924년 11월 7일자

「셔울 종로경찰셔의 주의쟈 체포한 내용」
(동아일보에셔) 정재달사건의 관게라고

희삼위로부터 들어간 리셩(李聖) 동무는 九월 즁순에 정지달(鄭在達) 동무와 홈께 셔울 종로경찰서에 체포되얏고 그후로 쥬의자 즁에 리셩태(李星泰) 유진희(兪鎭熙) 신빅우(申伯雨) 원우관(元友觀) 김지봉(金在鳳) 등 동무들이 체포되얏고 지는달 二十六일에 리봉수 동무도 체포되얏는데 그후 취죠흔 결과에 모다 정지달ᄉ건과 관게가 잇다ᄒ야 이삼일내로 검ᄉ국으로 넘기리라고 종로경찰서쟝 삼륜(三輪)은 말흔다더라(十월 十九일 동아일보).

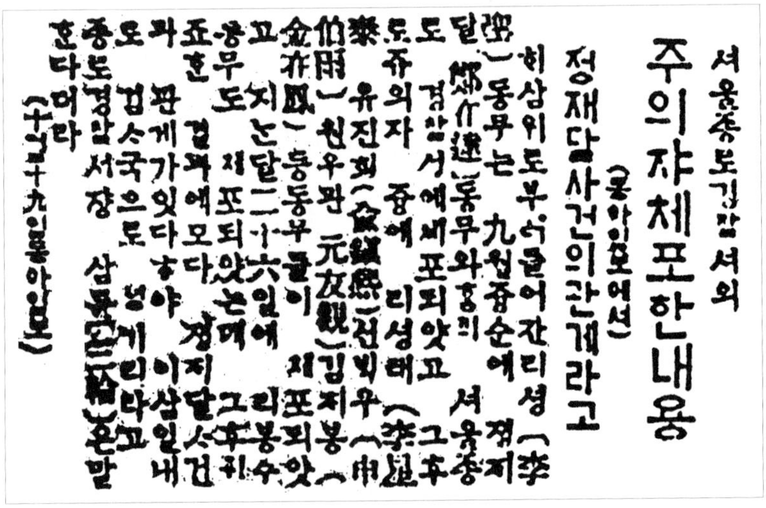
셔울종로경찰셔의
주의쟈체포한내용
(동아일보에셔)
정재달사건의관계라고
희삼위로부터 들어간 리셩(李聖) 동무는 九월 즁순에 정지달(鄭在達) 동무와 홈께 셔울 종로경찰서에 체포되얏고 그후로 쥬의자 즁에 리셩태(李星泰) 유진희(兪鎭熙) 신빅우(申伯雨) 원우관(元友觀) 김지봉(金在鳳) 등 동무들이 체포되얏고 지는달 二十六일에 리봉수 동무도 체포되얏는데 그후 취죠흔 결과에 모다 정지달ᄉ건과 관게가 잇다ᄒ야 이삼일내로 검ᄉ국으로 넘기리라고 종로경찰서쟝 삼륜(三輪)은 말흔다더라
(十월十九일동아일보)

자료 10 「『火花社』 發起」, ≪동아일보≫ 1925년 1월 28일자

「『火花社』 發起」

◇ 경향 각디의 주의자 사회운동에 관계된 잡지와 도서를 출판

각디에 잇는 주의자(主義者) 이십여명의 발긔로 화화사(火花社)를 조직하고 동인제(同人制)로 사상운동잡지(思想運動雜誌) 화화『火花』를 발행하고저 준비중이라는데 그 창간호는 이월중에 나올터이라하며 이외에도 동사에서는 농민잡지(農民) 부인잡지(婦人)『팜푸렛트』『리푸렛트』를 비롯하야 맑—스주의 레—닌주의 연구잡지(硏究) 등을 간행할터이라 하며 발긔인의 씨명은 아래와 갓고 림시사무소는 시내 락원동 일백삼십칠번디(樂園洞一三七)에 설치하엿다더라

◇ 發起人

▲ 京城 金燦·朴一秉·李昇馥·金在鳳·尹德炳·姜相熙 ▲ 晋州 金在泓 ▲ 光州 申東浩 ▲ 順天 李榮珉 ▲ 木浦 曹克煥 ▲ 馬山 金尙珠 ▲ 東萊 白光欽 ▲ 仁川 柳順根 ▲ 平壤 金裕昌 ▲ 新義州 獨孤佺 ▲ 黃州 金璟載 ▲ 載寧 李蒙瑞 ▲ 安東 安相吉 ▲ 鎭川 李庭熙 ▲ 大邱 朴光世 ▲ 襄陽 金大鳳 ▲ 江華 朴吉陽 ▲ 鐵原 李鳳夏

「火花社」發起

◇경향각디의주의자
사회운동에관계된
잡지와도서를출판

각디에잇는주의자(主義者)이십여명의발긔로화화사(火花社)를조직하고동인제(同人制)로사상운동잡지(思想運動雜誌) 화화「火花」를발행하고저준비중이라는데 그창간호는 이월중에나올터이라하며 이외에도 동사에서는농민잡지(農民)부인 잡지(婦人)와팜푸렛트「리푸렛트」를비롯하야맑-스주의레-닌주의연구잡지(研究)등을간행할터이라하며 발긔인의씨명은 아래와갓고림시사무소는시내락원동일백삽십칠번디(樂園洞 一三七)에설치하엿다더라

◇發起人

▲京城金燦、朴一秉、李昇馥、金在鳳、尹德炳、姜相熙 ▲晉州金在泓 ▲光州申東浩 ▲順天李榮珉 ▲木浦曺克煥 ▲馬山金尙珠 ▲東萊白光欽 ▲仁川柳順根 ▲平壤金裕昌 ▲新義州獨孤佺 ▲黃州金璟載 ▲載寧李家瑞 ▲安東安相吉 ▲儀川李庭熙 ▲大邱朴光世 ▲襄陽金大鳳 ▲江華朴吉陽 ▲鐵原李鳳[illegible]

자료 11 「全朝鮮民衆運動者大會」, ≪동아일보≫ 1925년 2월 18일자 ; ≪조선일보≫ 1925년 2월 19일자

「全朝鮮民衆運動者大會」

趣旨

우리는 歷史의 必然을 發見하엿다. 따러서 歷史의 必然이 나흔 民衆의 大衆的 行動과 創造力의 無限大를 確信한다. 그리고 그것이 民衆으로 하여금 理想의 彼岸에 이르게 하는 것임을 밝키 看破하엿다. 理想의 所有者는 民衆인 同時에 언제든지 民衆을 떠나서는 運動의 實現이 업는 것이다. 이에 朝鮮의 民衆運動도 漸次 發達하여 民衆化하려 한다. 그러나 從來 이 運動을 爲한 會合은 各各 部分的이엿고 運動 各方面을 網羅한 全朝鮮的 大會는 업섯다. 그럼으로 全朝鮮運動의 組織的 統一과 根本方針을 討議코자 思想·農民·勞動·青年·衡平·女性 等 各 運動團體의 代表로써 全朝鮮民衆運動者大會를 開催코자 하노라

準備委員

鄭雲海(大邱) 崔元澤(大邱) 李準泰(安東) 金南洙(安東) 張東燮(醴泉) 朴寅玉(尙州) 姜達永(晉州) 趙佑濟(晉州) 白光欽(東萊) 金明奎(馬山) 明東珪(康津) 李榮珉(順天) 朴炳斗(順天) 鄭晋武(光楊) 申東浩(光州) 文泰坤(光州) 曺利煥(唐津) 曺克煥(木浦) 崔重珍(井邑) 金應時(保寧) 曺景敍(和順) 朴昌漢(仁川) 柳順根(仁川) 曺龍煥(開城) 朴吉陽(江華) 鄭順命(海州) 金璟載(黃州) 李根浩(沙里院) 金秉植(沙里院) 李蒙瑞(北栗) 金元浩(載寧) 陳秉基(平壤) 崔允鈺(平壤) 金裕昌(平

壤) 吳基周(鎭南浦) 姜偉情(鎭南浦) 許炯(安州) 林亨寬(新義州) 金鴻爵(長淵) 延在瑄(南川) 方應謨(定州) 李鳳夏(鐵原) 金大鳳(襄陽) 嚴仁基(咸興) 崔昌極(穩城) 李在夏(會寧) 陳景琓(會寧) 李憲(東京) 徐炳河(高原) 洪悳裕(京城) 張志弼(京城) 閔泰興(京城) 金在奎(京城) 金商震(京城) 全無(京城) 具然欽(京城) 金漢卿(京城) 金在鳳(京城) 金隱谷(京城) 朱世竹(京城) 許貞淑(京城) 權泰彙(京城) 尹德炳(京城) 安基成(京城) 金丹冶(京城) 李奭(京城) 朴憲永(京城) 朴元根(京城) 金燦(京城) 曺奉岩(京城) 朴一秉(京城) 權五卨(京城)

◇ 參加資格　思想・農民・勞動・青年・衡平・女性,
各團體(每 團體代表 三人 以內)

◇ 參加申請期日　三月 二十日까지

◇ 參加申請場所　京城府 樂園洞 一七三番地 火曜會內 全朝鮮民衆運動者大會準備會

◇ 大會時日　追後發表

◇ 大會場所　京城

……………………{主催 火曜會}……………………

全朝鮮民衆運動者大會準備會

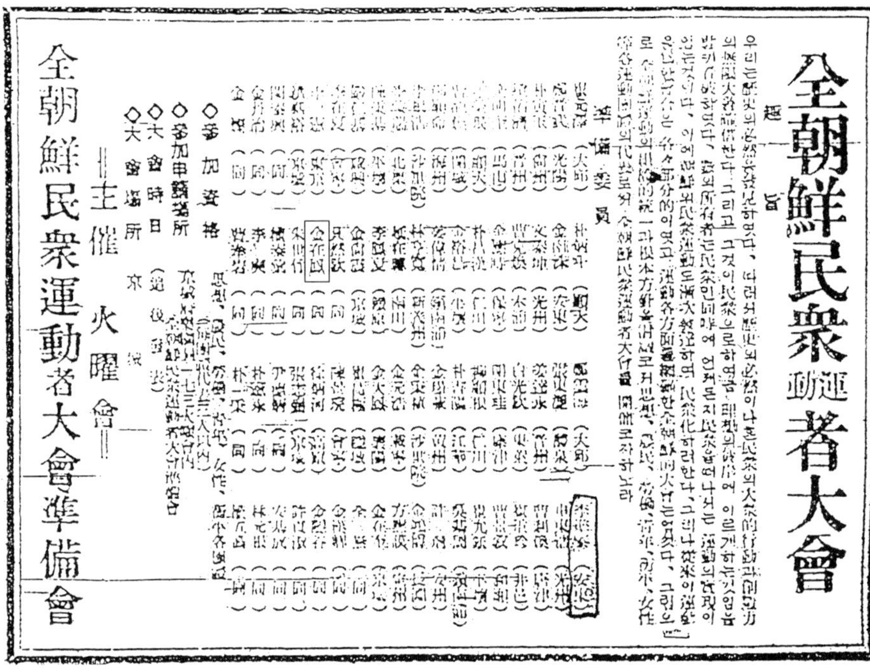
全朝鮮民衆運動者大會

趣旨

準備委員

◇參加資格

◇參加申請場所

◇大會時日

◇大會場所

主催 火曜會

全朝鮮民衆運動者大會準備會

≪동아일보≫ 1925년 2월 18일자

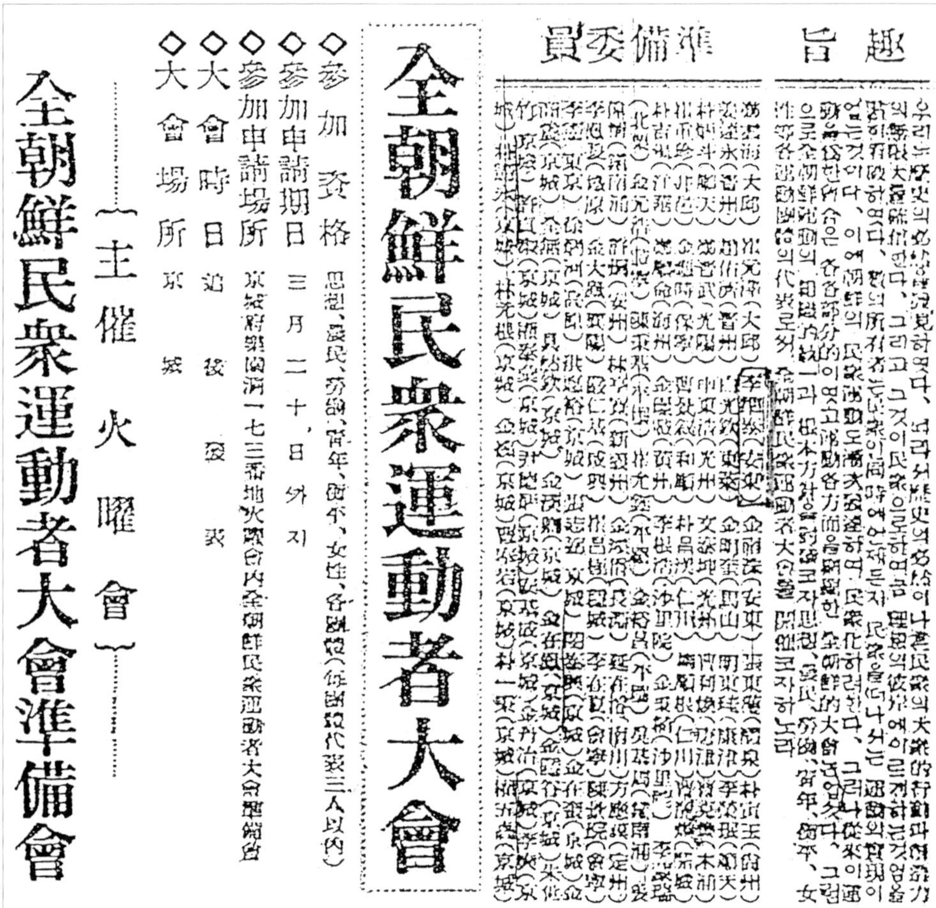

≪조선일보≫ 1925년 2월 19일자

자료 12 「醴泉事件의 影響 = 二十三團體決議」, ≪시대일보≫ 1925년 8월 21일자

「醴泉事件의 影響 = 二十三團體決議」
재작오후에 합동회관에서 실행위원선거, 대표파송

경북예천읍민(慶北醴泉邑民)이 예천형평사원(醴泉衡平社員)을 습격한 후 다수한 중경상자를 내일뿐 아니라 예천읍내에 잇는 형평사원은 그곳에서 방축을 당하며 사방으로 허터지게 되어 전선각지에 잇는 형평단체는 물론, 일반 사회의 중대한 문제가 되어 경성에서도 조선로농총동맹(朝鮮勞農總同盟)을 비롯하야 사상단체(思想團體) 청년단체(青年團體) 노동단체(勞動團體)에서 이에 대한 것을 토의하기 위하야 모임을 주최한다 함은 긔보한 바와 갓거니와 작 십구일 오후 세시에 큰 비가 나림도 불구하고 이십삼단체 회원 오십여명이 시내재동(市內齋洞) 사단체합동위원회(四團體合同委員會) 관에 모이어 권오설(權五卨)씨의 개회사가 잇슨후 림시의장은 서정희(徐廷喜)씨로 선거되어 의사를 진행할새 여러가지 중대문제의 토의가 잇슨후 별도히 결의문을 작성하기 위하야 결의문작성위원(決議文作成委員) 세 사람으로 권오설(權五卨) 리석(李奭) 정마명(鄭馬鳴) 제씨를 선거 일임하고 이십분간을 휴회한후 다시 계속 개회하야 결의문을 수정통과한후 실행위원(實行委員)으로 다섯사람을 선거하고 오후 칠시반에 폐회하얏다고 한다.

◇ 決議文

우리는 今番 醴泉衡平分社被襲事件에 對하야 이것은 우리 社會運動의 一部陣營이 反動分子의 손에 蹂躪된 것으로 認하고 이에 奪起하야 左記 各項

으로 實行하야써 衡平運動을 徹底히 擁護하기로 決議함

一. 今番事件에 犧牲된 同志를 慰問하고 市民의 反省을 促하기 爲하야 代表二人을 派遣할 것.

一. 今番事件은 大衆의 衡平運動의 根本意義를 徹底히 理解치 못함으로부터 이러난 것임으로 우리는 演說會 其他 必要한 方法으로써 衡平運動의 意義를 宣傳하기 爲하야 勞力할 것.

一. 今番事件의 煽動者를 調査하야 社會的으로 制裁할 것.

◇ 實行委員

金燦・金若水・權五卨・李奭・金在鳳

◇ 出席團體

朝鮮勞農總同盟・火曜會・北風會・朝鮮勞働黨・無產者同盟・京城勞働聯盟・京城印刷職工組合・京城汲水夫組合・京城洋靴職工組合・京城洋靴職工組合・漢陽青年聯盟・新興青年同盟・京城青年會・京城女子青年同盟・黎明青年會・協友青年會・美化青年會・京城靴工青年同盟・서울印刷職工青年同盟・革清團・朝鮮女性同友會・民生社・夜珠青年會

靈泉事件의影響!!

二十三團體決議

[illegible]

[illegible]

◇決議文

우리는今番[illegible]에對하야이것은우리[illegible]이[illegible]하기로決議함

一, 今番事件에[illegible]

一, 今番事件은[illegible]

一, 今番事件의[illegible]

◇實行委員

金[illegible], 金若水, 辛[illegible], 李[illegible], 金[illegible]

◇出席團體

[illegible]

자료 13 「昨日은 兩 金氏」, ≪동아일보≫ 1926년 7월 25일자

「昨日은 兩 金氏」 新義州事件 護送日誌

신의주로부터 두 사람식 호송되여 오는 신의주 공산당사건의 피의자 중 작일도 오전 구시 십팔분에 신의주발 렬차로 일본인 순사 두 사람의 호송아래 김재봉(金在鳳) 김상주(金尙珠) 량씨가 경성으로 호송되여 갓는데 경계는 역시 엄중하엿더라(신의주지국특뎐).

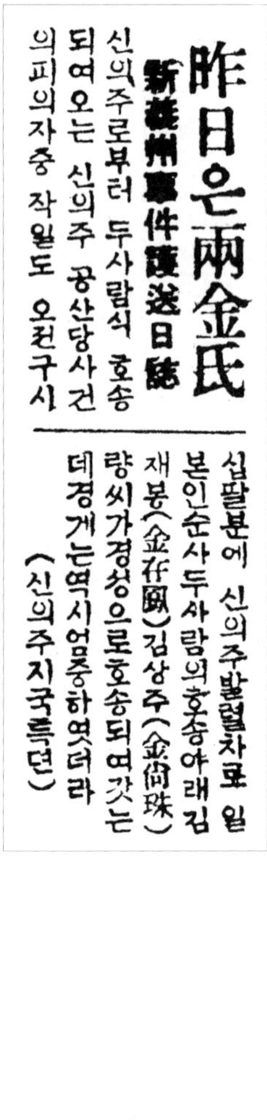

昨日은兩金氏

新義州事件護送日誌

신의주로부터 두사람식 호송되여오는 신의주 공산당사건의피의자중 작일도 오전구시 십팔분에 신의주발렬차로 일본인순사두사람의호송아래김재봉(金在鳳)김상주(金尙珠)량씨가경성으로호송되여갓는데경계는역시엄중하엿더라(신의주지국특뎐)

자료 14 「新義州事件關係 昨夜에는 兩 金氏」, ≪시대일보≫ 1926년 7월 25일자

「新義州事件關係 昨夜에는 兩 金氏」
재작일야는 독고씨와 림씨

신의주공산당(共産黨)관계 피의 독고전(獨孤銓) 림형관(林炯寬) 량씨는 재작야 구시 삼분 경성착 렬차로 신의주서(新義州署) 순사 두 사람에게 호송되어 즉시 서대문형무서에 수감되엇는데 작일 오후 아홉시 삼십분 경성착 렬차로 또 다시 동 관계자 김재봉(金在鳳) 김상주(金尙珠) 량씨가 호송되리라고.

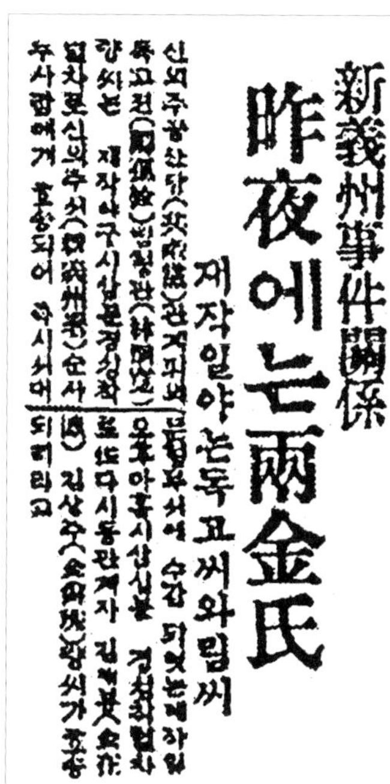

新義州事件關係
昨夜에는兩金氏
재작일야는독고씨와림씨

신의주공산당(共産黨)관계피의
독고전(獨孤銓)림형관(林炯寬)
량씨는 재작야구시삼분경성착
렬차로신의주서(新義州署)순사
두사람에게 호송되어 즉시서대
문형무서에 수감되엇는데작일
오후아홉시삼십분 경성착렬차
로또다시동관계자 김재봉(金在
鳳) 김상주(金尙珠)량씨가호송
되리라고

자료 15 「新義州事件 今日移監」, ≪조선일보≫ 1926년 7월 25일자

「新義州事件 今日移監」 金在鳳 · 金尙珠

이십사일 밤에 경성역에 도착될 신의주 공산당사건의 관련자는 김재봉(金在鳳) 김상주(金尙珠) 두 사람으로 동지들의 묵묵한 전별과 엄중한 경계리에 이십사일 오전 아홉시 십팔분에 신의주역을 떠낫더라(신의주지국뎐보).

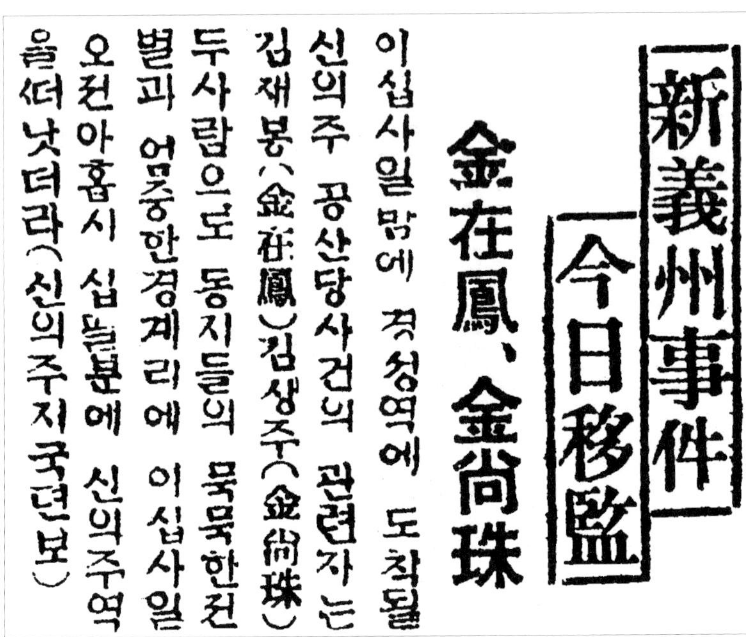
新義州事件 今日移監
金在鳳、金尙珠
이십사일밤에 경성역에 도착될 신의주 공산당사건의 관련자는 김재봉(金在鳳)김상주(金尙珠)두사람으로 동지들의 묵묵한젼별과 엄중한경계리에 이십사일 오젼아홉시 십팔분에 신의주역을떠낫더라(신의주지국뎐보)

자료 16 「됴선내디」, ≪선봉≫ 1926년 8월 8일자

「됴선내디」

작년 신의주에서 검거된 공산주의자를 서울로 옮겨와

작년 십二월에 신의주경찰서에 검거되어 오래동안 예심에 붙이어 있던 공산주의자들은 이번에 검거된 권오설군의 사건과 합동심리(合同審理)하게 되어 사건이 경성디방법원 예심으로 넘어왔음으로 신의주형무소에서 취됴를 받던 주의자 동지들은 경성으로 옴겨오게 되엇다는데 그들의 일음을 들면 : 박헌영 박길영 림원근 조리완 송중식 리형관 김경세 됴동근 댱순명 신열수 김두전 주종건 서뎡희 김재봉 송봉우 윤덕병 유진희 진병긔 독고전 김상주(됴선통신).

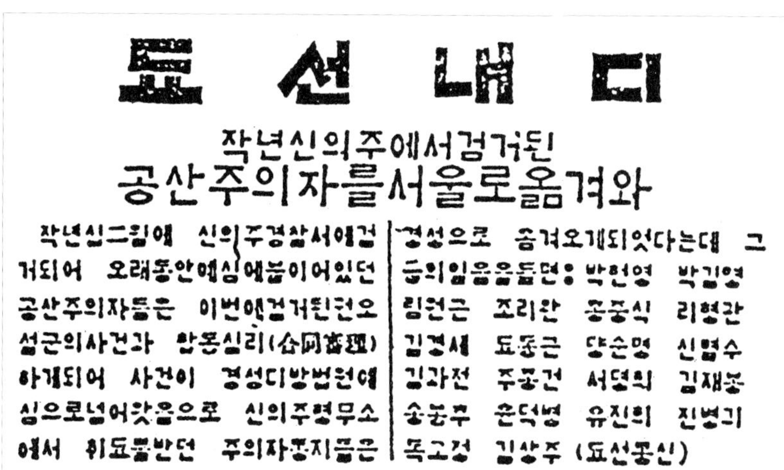

됴 선 내 디

작년신의주에서검거된
공산주의자를서울로옴겨와

작년십二월에 신의주경찰서에검거되어 오래동안예심에붙이어있던 공산주의자들은 이번에검거된권오설군의사건과 합동심리(合同審理)하게되어 사건이 경성디방법원예심으로넘어왓음으로 신의주형무소에서 취됴를받던 주의자동지들은 경성으로 옴겨오게되엿다는데 그들의일음을들면: 박헌영 박길영 림원근 조리완 송중식 리형관 김경세 됴동근 댱순명 신열수 김두전 주종건 서뎡희 김재봉 송봉우 윤덕병 유진희 진병긔 독고전 김상주 (됴선통신)

자료 17 「김재봉 외 19인 조서」(1·2·3회), 1927년 2월 17·18일, 3월 5일, 경성지방법원

피고인 신문조서(서대문형무소 제1회)

피고인 김재봉

위 사람에 대한 치안유지법위반사건에 있어 소화 2년 2월 17일 서대문형무소에서

경성지방법원

예심 담당 조선총독부 판사 五井節藏

조선총독부 재판소 서기 福田淸吉

열석하에 판사는 피고인에 대해 신문을 한 것이 다음과 같다.

문: 이름 · 연령 · 직업 · 주소 및 본적지는?

답: 이름은 김재봉, 연령은 37세, 직업은 무직, 주소는 경성부 가회동 67번지, 본적은 경상북도 안동군 풍북면 오미동 348번지.

문: 작위 · 훈장 · 기장 · 연금 · 은급을 받거나 또는 공무원 직에 있은 일이 없는가?

답: 없다.

문: 이제까지 형벌에 처해진 일은 없나?

답: 대정 10년 6월 20일 경성부 지방법원에서 대정 8년 제령 제7호 위반 죄로 징역 6월에 처해지고 그 형 집행을 마쳤다.

이에 대해 판사는 본건 피고사건을 고하고, 이 사건에 있어 진술할 것이 있는지 없는지를 물음에, 피고인은 진술할 것이 있는지 신문에 응하여 그때마다 답할 뜻을 진술했다.

문: 피고는 조선공산당을 조직하던 시기의 상황을 모두 상세하게 말하라.

답: 나는 김찬 · 조봉암에게 이끌려 대정 14년(1925) 4월 27일 오후 1시경 경성부 황금정 1정목의 중국 요리집 아서원의 누상에 가서 동지인 공산주의자와 함께 모였다. 주연 도중에 김찬이 일어나 일동에게 오늘 모이라고 한 목적이 공산당 조직을 의논하기 위한 것이요, 지금부터 회의를 열자는 뜻의 인사를 하였다. 김약수가 사회자로서 공산당 설립의 필요를 설명하고 일동의 의견을 요구하였는데, 회의에 온 자는 모두 공산주의자뿐이었던 관계로 이의 없이 찬성하여 조선공산당이라는 비밀결사를 창설하였다. 김찬 · 조동호 · 조봉암의 3명을 임원 전형위원으로 천거하고 그 전형위원의 손으로 중앙집행위원 7명, 검사위원 3명을 선정하여 비밀리에 각자에게 그것을 통지하였다. 요강 · 규약의 제정, 부문과 그 담당자 등은 추후 결정하기로 협정하고, 그날 오후 4시경 산회하였다.

문: 김약수는 예정된 프로그램에 기초해 의사진행을 담당한 것이 아닌가?

답: 그런 일은 없었다.

문: 김약수는 그렇게 진술했는데 어떤가?

답: 그 사람의 진술은 틀리다.

문: 김약수는 공산당을 만들 필요를 어떻게 설명했나?

답: 그것은 오랜 세월이 경과하여 지금 기억할 수 없다.

문: 그 회합에 참석한 사람은 누구인가?

답: 김약수 · 김찬 · 조봉암 · 윤덕병 · 조동호 · 주종건 · 유진희 · 송봉우 · 진병기 · 김상주 · 독고전, 나 12명이다.

문: 홍덕유는 그 회합에 참석한 자가 그 자신, 정운해 · 기타 등 20명이고, 그가 검사위원으로 선임되었다고 진술했는데 어떤가?

답: 그 사람도 거기에 참석한 것이 틀림없다. 그러나 정운해가 참석하지 않았던 것은 사실이다. 그 외 사람의 진술은 정말로 생각해 봐도 기억나지 않는다.

문: 윤덕병 · 송봉우 등도 그 회합에 참석하여 조선공산당의 조직에 찬성한 것이 틀림없나?

답: 그건 틀림없다.

문: 송봉우는 자신이 거기에 참석지 않았다고 진술하였는데 어떤가?

답: 그런 일은 없다. 그 사람의 진술은 허위이다.

문: 윤덕병도 자신은 거기에 참석했지만, 김약수와 피고가 일동의 의견을 구할 때 바로 퇴장하여 찬성의사를 밝히지 않았다고 진술하였는데 어떤가?

답: 그런 일은 없었다. 그 사람의 진술도 거짓이다.

문: 송봉우와 다른 사람은 산회 후 당일 동대문 밖 상춘원에서 개최된 기자의 친목회에 참석하지 않았나?

답: 나는 산회 후 거기에 참석할 심산으로 그곳에 가니까 이미 해산된 후였다. 그 사람들이 그곳에 갔는지 안 갔는지 모른다.

문: 중앙집행위원 및 검사위원에 선임된 사람은 누구인가?

답: 김약수 · 김찬 · 유진희 · 주종건 · 조동호 · 정운해, 내가 중앙집행위원, 윤덕병 · 조봉암 · 송봉우는 검사위원으로 선임되었다.

문: 피고와 중앙집행위원은 그 후 중앙집행위원회를 열어 뭔가 결의를 했나?

답: 결당 다음날, 즉 4월 18일 김찬이 은거하던 경성부내 가회동 조선인 어느 사람의 집에서 제1회 중앙집행위원회를 열고, 위 7명의 중앙집행위원 전부가 그곳에 열석하여 비서부 · 정경부 · 조직부 · 인사부 · 조사부

·선전부·노농부를 설치하였다. 비서부는 나, 조직부는 김찬, 정경부는 유진희, 인사부는 김약수, 조사부는 주종건, 선전부는 조동호, 노농부는 정운해가 각각 담당하도록 하고, 강령·규약 등은 다음 집행위원회에서 결정하기로 협의하였다. 그러나 그 후 곧 적기사건赤旗事件이 돌발하여 집회 기회를 잡지 못하다가, 동년 4월 하순경 간신히 앞서 말한 김찬이 은거하던 집에서 제2회 중앙집행위원회를 개최하였다. 김약수·김찬·유진희, 나의 4명밖에 참석하지 않아 이들만으로 강령·규약의 제정에 착수했지만, 의견이 수합되지 않았기 때문에 결의에 이르지 못하고 산회했다. 그 후 이럭저럭 집회도 열리지 않았는데, 뜻밖에 신의주경찰서에서 조선공산당 조직을 탐지하고 당원 검거에 힘쓰는 바람에 전혀 집회를 열지 못했다.

문: 비서부·조직부·선전부·정경부·인사부·조사부·노농부·검사부의 직책은 뭔가?

답: 비서부는 일반 서무, 정경부는 정치·경제의 조사, 조직부는 당의 일반 조직, 인사부는 당원의 인사, 선전부는 공산주의의 선전, 노농부는 농민 또는 노동자로부터 표면단결의 지도 방안, 조사부는 정치·경제를 제외한 기타 제반 조사, 검사부는 회계를 맡아보는 것으로 되어 있었다.

문: 조선공산당은 성립 후 조선 전도에 걸쳐 각 도에 도대회, 각 군에 군대회, 경성부에는 부대회·야체이카·프락치·모플, 일본부·연해주부·상해부·만주부 등의 제도도 설치한 것은 아닌가?

답: 그런 일은 없었다.

문: 조선공산당의 총 당원은 몇 명인가?

답: 그런 일은 나는 알지 못한다.

문: 강달영·이준태·김철수·이봉수·홍남표·구연흠·권오설·김대봉·박민영·전정관(일명 전덕)·이지탁·김단야(일명 김태연)·김동명·김석준·최원택·이융무·김호암·김호선·한인갑·노상렬·성계주·계

봉우 등은 신의주사건 발발 전에 공산당에 입당한 것 아닌가?

답: 김찬이 대정 14년(1925) 12월 10일경 내가 머물던 경성부 낙원동 159번지 김미산 집에서 나에게 홍남표 · 이봉수 · 김철수 · 강달영 · 이준태는 우리 공산당원이라고 말했지만, 그 밖에 묻는 사람은 정말 당원인지 아닌지 모른다.

문: 강달영 · 이준태 등은 위의 사람이 신의주사건의 돌발 전부터 그 공산당에 가입한 사람이라고 진술했는데, 비서부의 중요 지위에 있던 피고가 그것을 모른다고 하는 것은 있을 수 없다고 생각하는데?

답: 그것은 창립 초기에 아직 완전히 통일이 되어 있지 않았을 뿐 아니라 각 간부가 공산주의자를 물색하여 입당을 권유하여 동의를 받은 후 조직부에 그것을 보고하게 되어 있었기 때문에 전부 알 수 없었다.

문: 피고는 독고전을 시켜 조선공산당과 상해 여운형 사이에 왕복서신 중개를 맡게 하지 않았나?

답: 그렇다. 그러나 여운형과 왕복서신의 중개를 시킨 게 아니라 여운형 집에 기거하고 있던 당원 조동호와 사이에 우리 당의 현황에 관해 왕복서면을 중개하게 했다.

문: 조동호는 조선공산당을 대표하여 러시아 모스크바의 제3국제공산당에 공산당 성립사실을 보고하는 임무를 띠고 상해에 건너가 있던 사람이 틀림없나?

답: 그런 일은 없었다. 그 사람은 뭔가 개인 일로 상해에 가 있었다.

문: 피고는 신의주의 예심(신문조서 296丁 이하)에서는 그렇게 진술하였는데 어떤가?

답: 그런 일은 없었다.

문: 피고는 강달영 · 이준태에 대해 대정 14년(1925) 12월 하순경 부내 돈의동 명월관 안의 조선인 어떤 사람 집에서 신의주경찰서가 조선공산당 조직을 탐사하여 당원 검거에 힘쓰는 바람에 당원은 사방으로 흩어지

고 공산당은 와해된 비운을 맞아, 간부로서 그를 만회해 보려고 하지 않았나?

답: 나와 김찬은 같은 달 10일경, 전에 사용하던 나의 집에서 당원 윤덕병·진병기 등이 신의주경찰서에 검거되었기 때문에, 조선공산당 존재가 발각된 것을 알고 서로 어딘가에 자취를 숨기려 했다. 그 때 김찬은 당원 강달영·홍남표·김철수·이봉수·이준태 등을 미리 간부후보로 세워 놓았기 때문에 그들에게 공산당의 뒷일을 부탁하는 분부를 하였다. 따라서 나는 홍덕유를 시켜 강달영을 상경시켜 동년 12월 15일경 그 집에서 강달영·이준태와 각각 따로 만나 "조선공산당 창립 후 신의주경찰서에 발각되어 쫓기게 되고, 자신을 비롯한 간부도 체포되었으므로 피하려 한다. 이 공산당의 운명이 걱정되고 또한 설립초기에 제도도 완비되지 못했으므로 그대들이 홍남표·김철수·이봉수와 함께 간부후보에 선정되었으니, 억지로는 아니지만 모두 간부가 되어 서로 협력하여 이 공산당을 위해 진력해 달라"고 간청했다. 그 사람들은 한번 생각해 본 후 확답하겠다고 했지만, 나는 동월 19일 체포되어 결국은 그들의 회답도 얻을 수 없었다.

문: 조선공산당은 우리 제국의 국체를 변혁하고 사유재산제도를 부인하는 목적을 가지고 조직되었다는데?

답: 그건 그렇다.

문: 피고가 말한 소위 국체의 변혁은 조선의 독립을 의미하고 있나?

답: 그렇지 않다.

문: 강달영·홍덕유, 그 외 당원 중에 그렇게 진술한 자가 많은데?

답: 공산제도하에서는 통치권은 천황이 총괄하는 것이 아니고, 국민이 그것을 가지는 것으로 국민이 선거한 중앙집행위원장에게 위임한다. 따라서 천황은 자연히 그 존재를 인정받지 못하게 된다. 내가 먼저 우리 국체를 변혁하자고 한 것은 이런 의미로 말한 것이다. 그래서 우리 조선공

산당은 우리 조선인의 손으로 조선 공산제도를 실현시키려고 하는데, 만약 그것이 실현되면 순서에 따라 결국 조선은 일본제국의 지배를 벗어나게 된다. 따라서 강달영·홍덕유 등은 이것이 결국 조선의 독립이라고 진술한 것 같다.

본 신문은 조선총독부 재판소 佐々木港의 통역에 의해 그것을 행하였고, 위 조서를 통역생으로 하여금 공술자에게 읽어 듣게 한 후 틀림없음을 진술케 하고 서명 날인하였다.

공술자 김재봉 印

조선총독부 재판소 통역생 佐々木港
소화 2년 2월 17일에 앞서 같은 곳(서대문형무소; 편집자)
경성지방법원
예심 담당 조선총독부 판사 五井節藏 印
조선총독부 재판소 서기 福田清吉 印

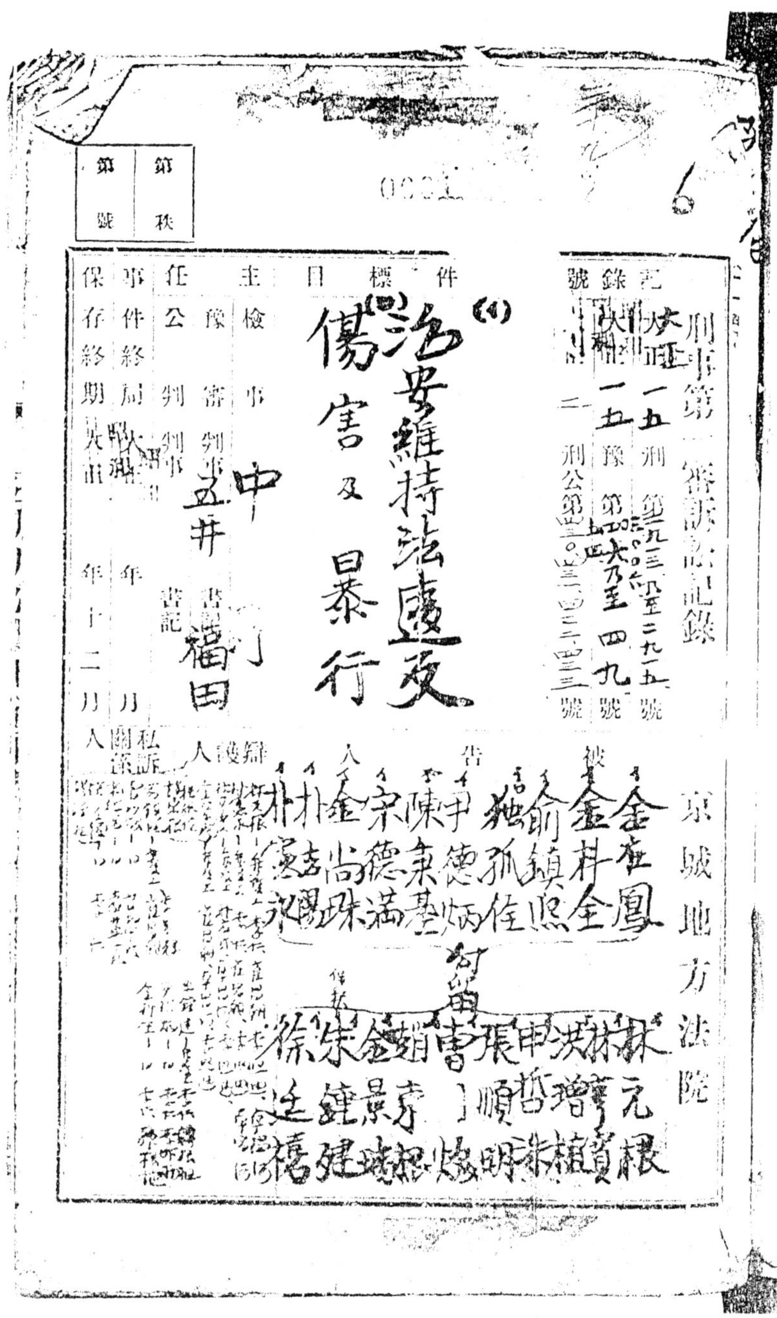

刑事第一審訴訟記録

京城地方法院

大正一五年 刑第 號

件名: 治安維持法違反 傷害及暴行

檢事 中野

豫審判事 五井

公判判事

書記 福田

被告人: 金在鳳 金枓全 兪鎭熙 獨孤佺 尹德炳 陳秉基 宋德滿 金尙珠 朴吉陽

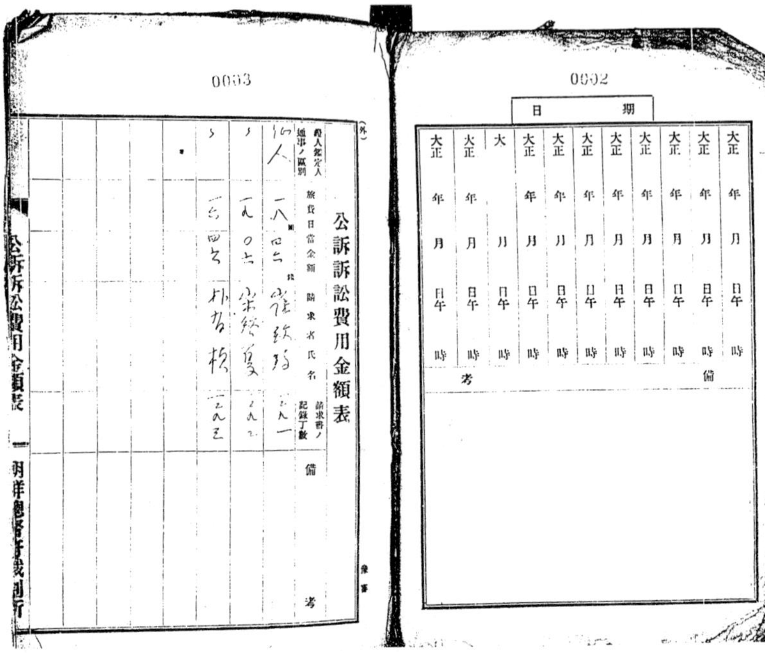

0003

公訴訴訟費用金額表

證人鑑定人通事ノ區別	旅費日當金額	請求者氏名	請求書ノ記錄丁數	備考
證人	一八四六	[illegible]	一九一	
〃	一九〇六	[illegible]	一九[illegible]	
〃	一六四七	[illegible]	一九三	

0002

日期										
大正 年 月 日 午 時	大正 年 月 日 午 時	大正 年 月 日 午 時	大正 年 月 日 午 時	大正 年 月 日 午 時	大正 年 月 日 午 時	大正 年 月 日 午 時	大正 年 月 日 午 時	大 月 日 午 時	大正 年 月 日 午 時	大正 年 月 日 午 時

備考

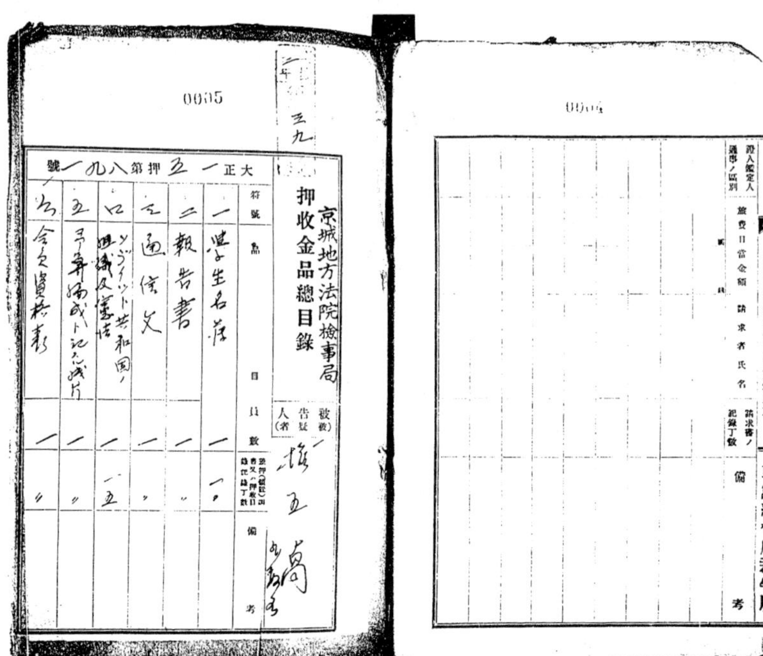

0005

京城地方法院檢事局
押收金品總目錄

大正一五年押第八一九號

符號	品目	員數	備考
一	學生名簿	一	
二	報告書	一	
三	通信文	一	
四	ソヴィエト共和國ノ組織及憲法	一	
五	[illegible]	一	
六	[illegible]	一	

0004

證人鑑定人通事ノ區別	旅費日當金額	請求者氏名	請求書ノ記錄丁數	備考

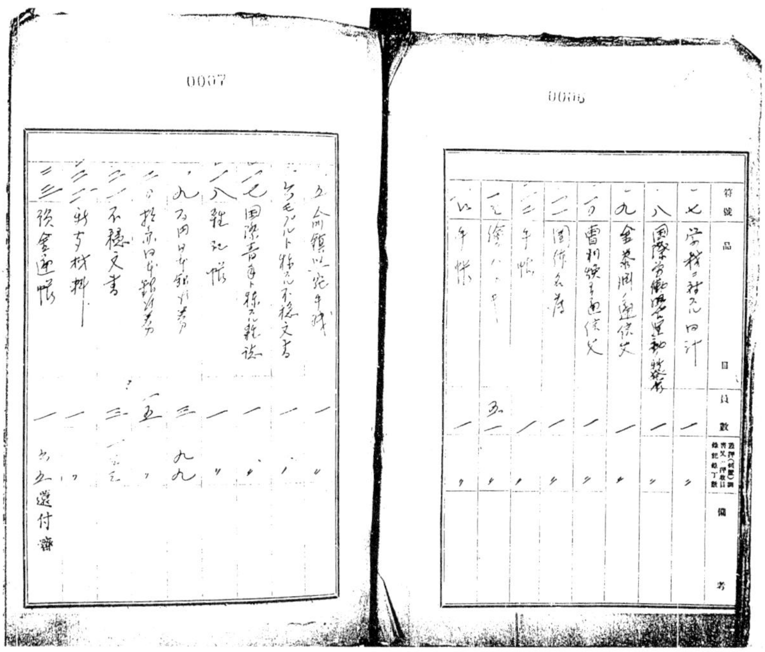

0007
0006
符號
品目
員數
備考

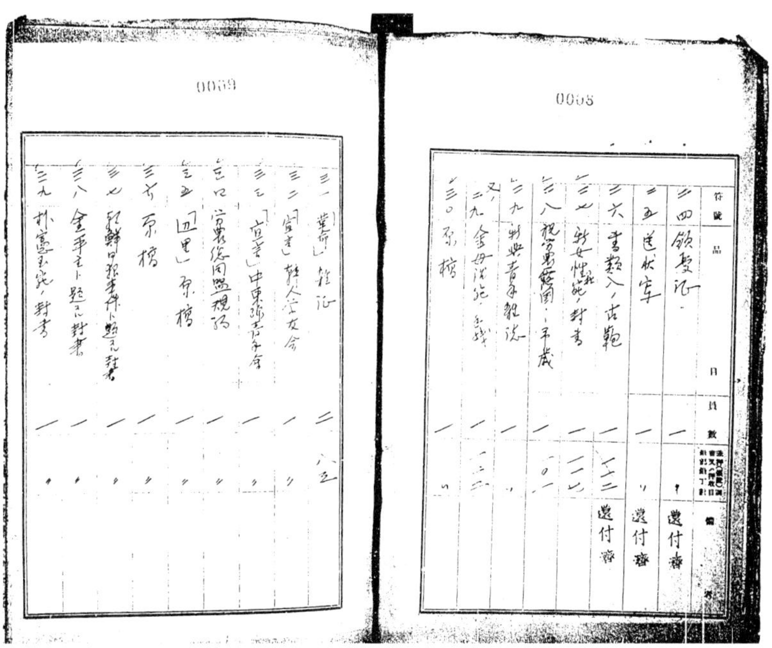

0009
0008
符號
品目
員數
備考

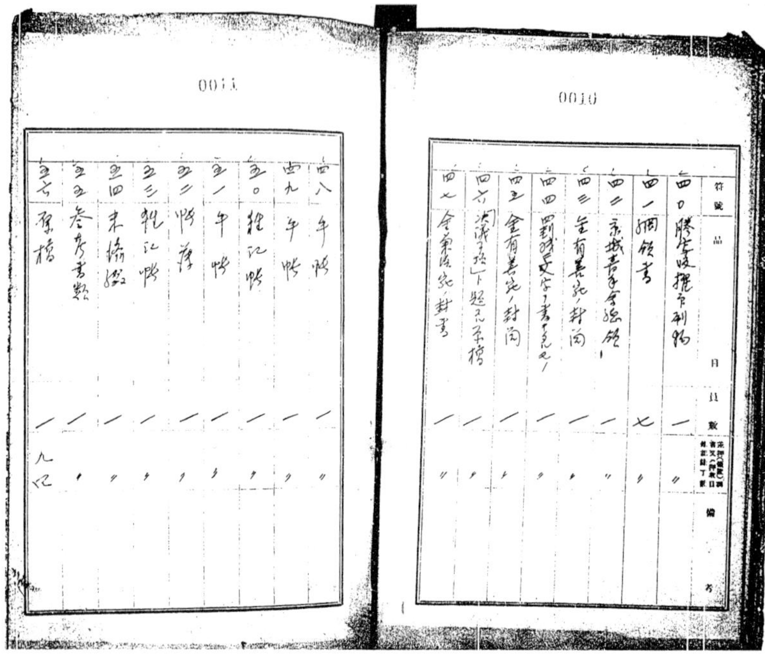
0011

0010

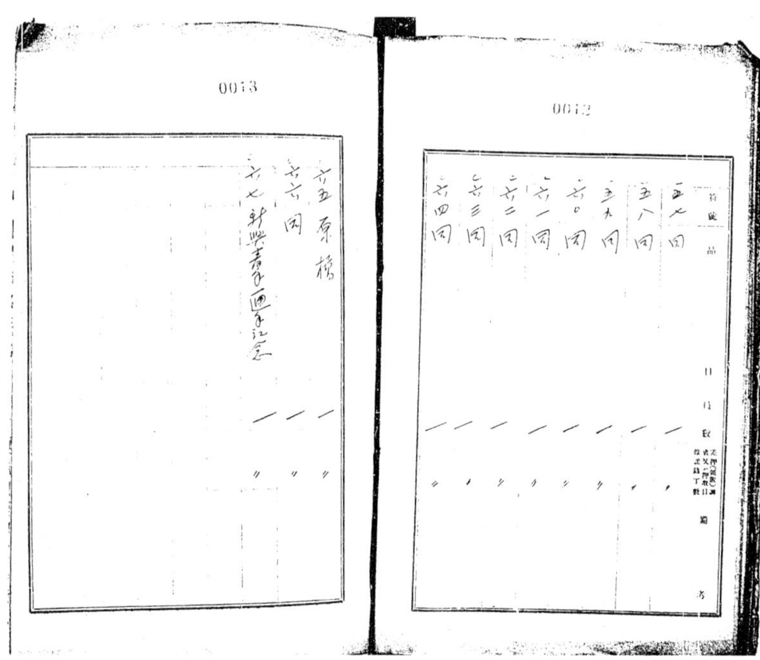
0013

0012

0015

文書標目	丁數	備考
[illegible]		
被告人金奎鳳 訊問調書第一回	一〇七六	
被告人同人 訊問調書第二回	一〇九九	
被告人金枓全 訊問調書第一回	一一一二	
被告人俞鎮旦 訊問調書第一回	一一三六	
被告人獨孤佺 訊問調書第一回	一一五七	
被告人尹滋瑛 訊問調書第一回	一一七〇	
被告人陳秉熙 訊問調書第一回	一一八二	
被告人宋海淳 訊問調書第一回	一一九七	
被告人金日珠 訊問調書第一回	一二〇六	

朝鮮總督府裁判所 刑事事件記錄目錄

0016

文書標目	丁數	備考
被告人朴元陽 訊問調書第一回	一二二八	
被告人朴寅永 訊問調書第一回	一二三九	
被告人宋啓夏 訊問調書第一回	一二五七	
被告人崔致鈺 訊問調書第一回	一二七一	
被告人朴有楨 訊問調書第一回	一二七九	
被告人崔欽錫 訊問調書第二回	一二八五	
被告人獨孤佺 訊問調書第二回	一二八八	
被告人林又松 訊問調書第二回	一二九四	
被告人林學寬 訊問調書第一回	一三〇四	

刑事事件記錄目錄 朝鮮總督府裁判所

（十四、十、松本紙）

0017

文書標目	丁數	備考
被告人洪瓚植 訊問調書第一回	一三一四	
被告人沈璿澤 訊問調書第一回	一三二六	
被告人張順成 訊問調書第一回	一三二九	
被告人康利炳 訊問調書第一回	一三四九	
被告人楊善根 訊問調書第一回	一三五八	
被告人李鍾瑀 訊問調書第一回	一三六四	
被告人金花風 訊問調書第三回	一三七〇	
被告人朱錫楨 訊問調書第一回	一三八二	
被告人徐廷禧 訊問調書第一回	一三九二	

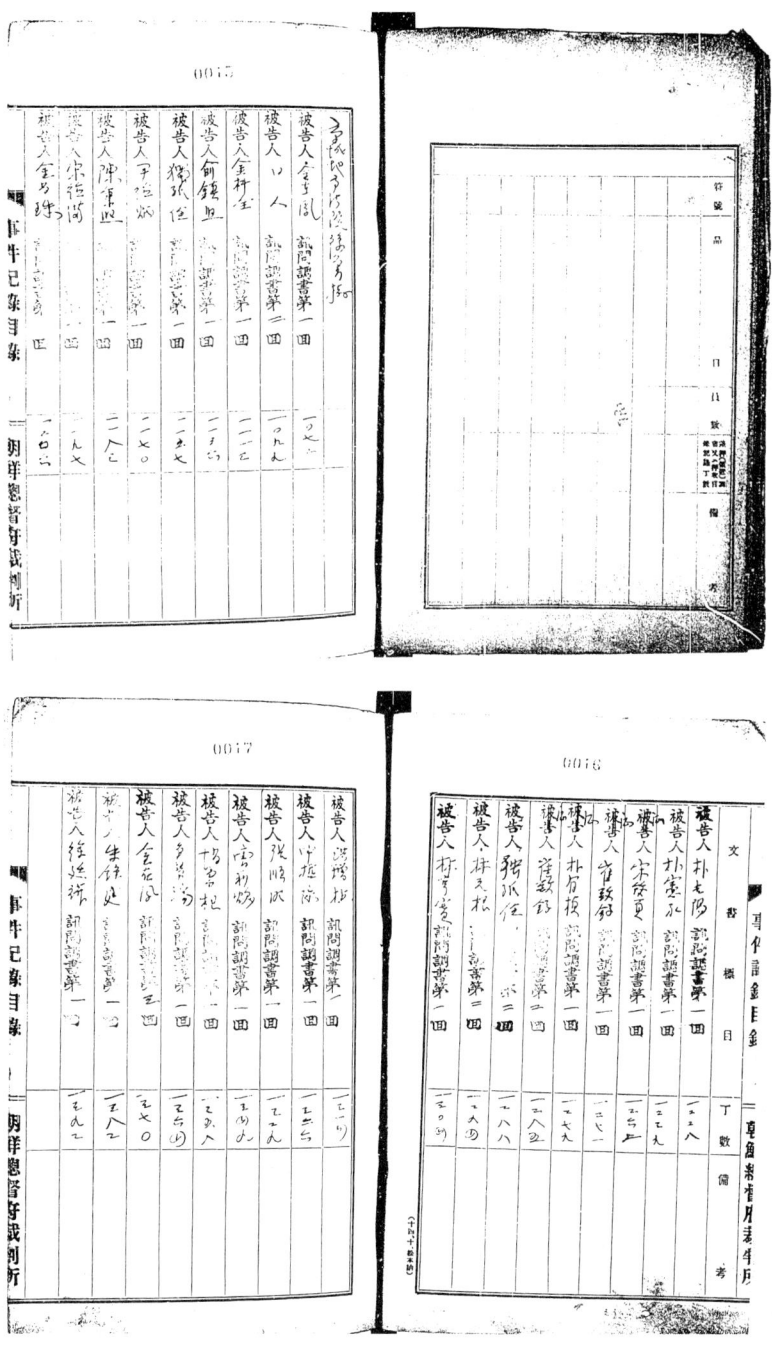

朝鮮總督府裁判所 刑事事件記錄目錄

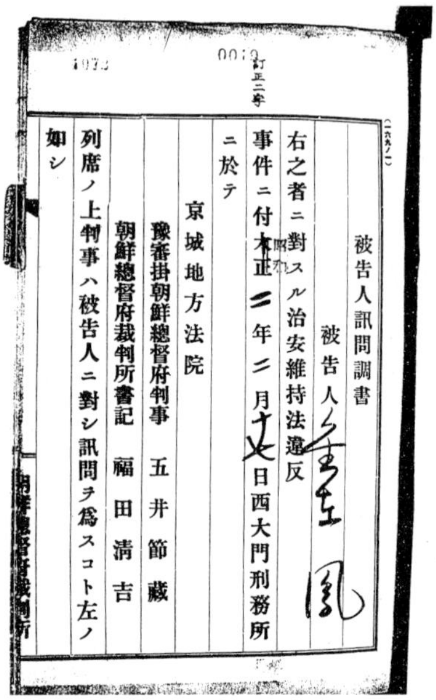

被告人訊問調書

被告人 金在鳳

右之者ニ對スル治安維持法違反
事件ニ付昭和二年二月十七日西大門刑務所
ニ於テ
京城地方法院
豫審掛朝鮮總督府判事 五井節藏
朝鮮總督府裁判所書記 福田清吉
列席ノ上判事ハ被告人ニ對シ訊問ヲ為スコト左ノ
如シ

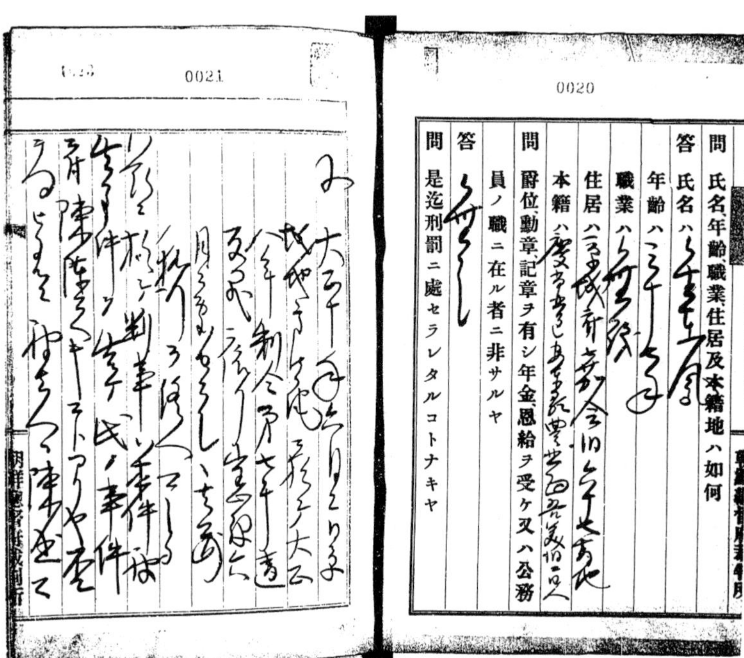

問 氏名、年齡、職業、住居及本籍地ハ如何
答 氏名ハ 金在鳳
年齡ハ
職業ハ 無職
住居ハ
本籍ハ 慶尚北道
問 爵位、勳章、記章ヲ有シ年金、恩給ヲ受ケ又ハ公務員ノ職ニ在ル者ニ非サルヤ
答 無シ
問 是迄刑罰ニ處セラレタルコトナキヤ

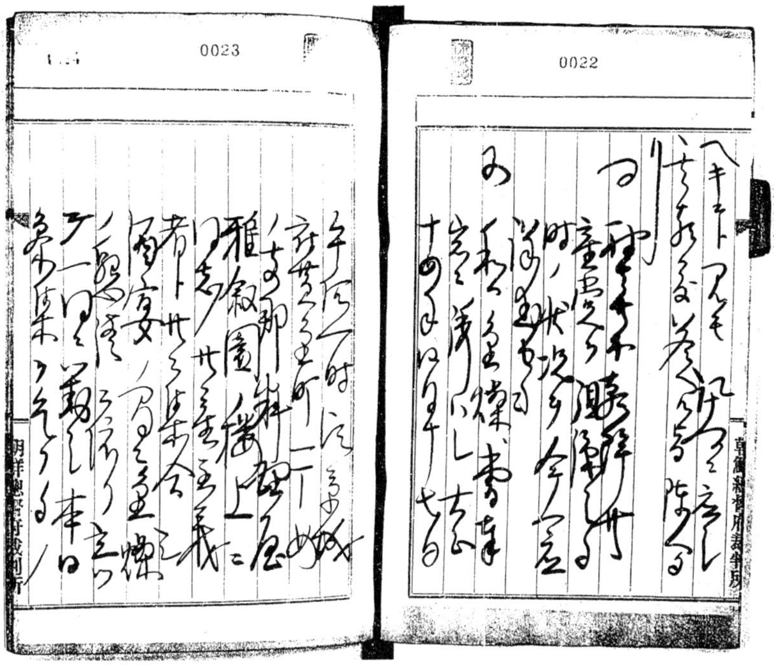
0023
0022

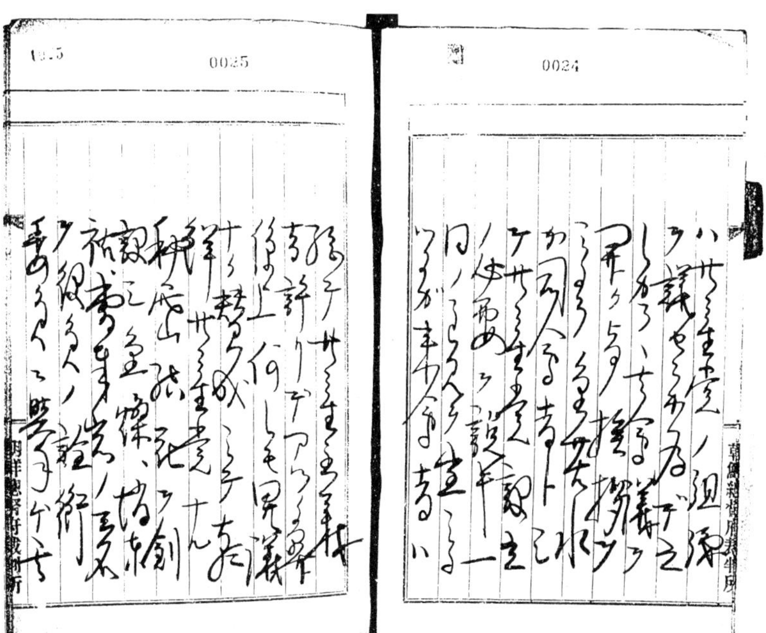
0025
0024

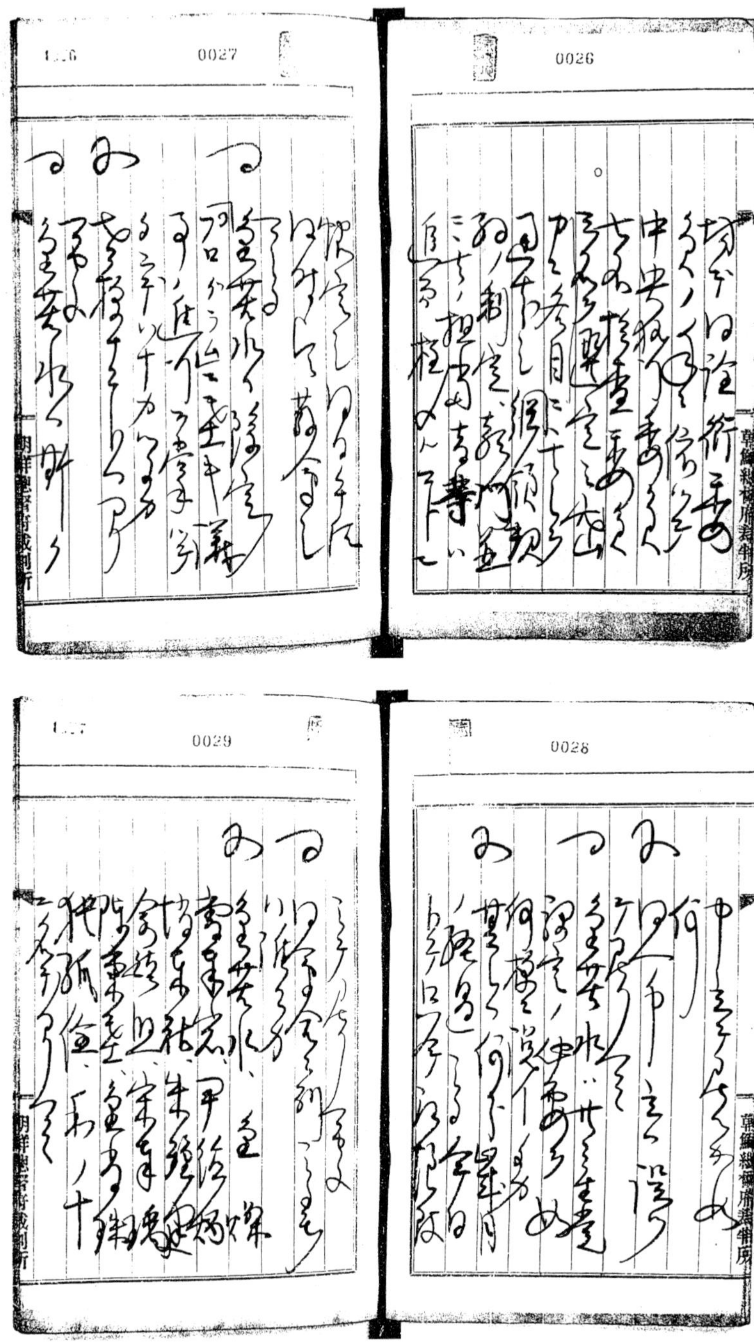
0027
0026
0029
0028

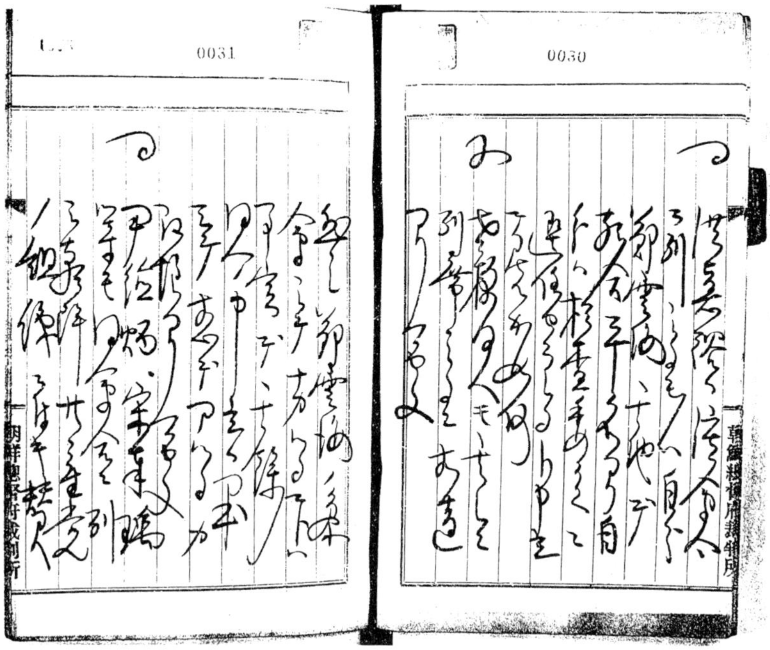
0030

朝鮮總督府裁判所

0031

朝鮮總督府裁判所

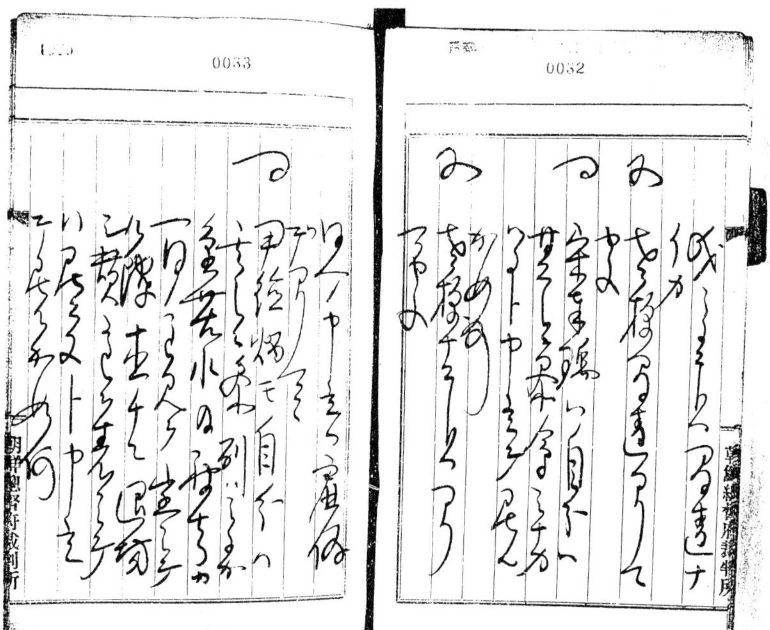
0032

朝鮮總督府裁判所

0033

朝鮮總督府裁判所

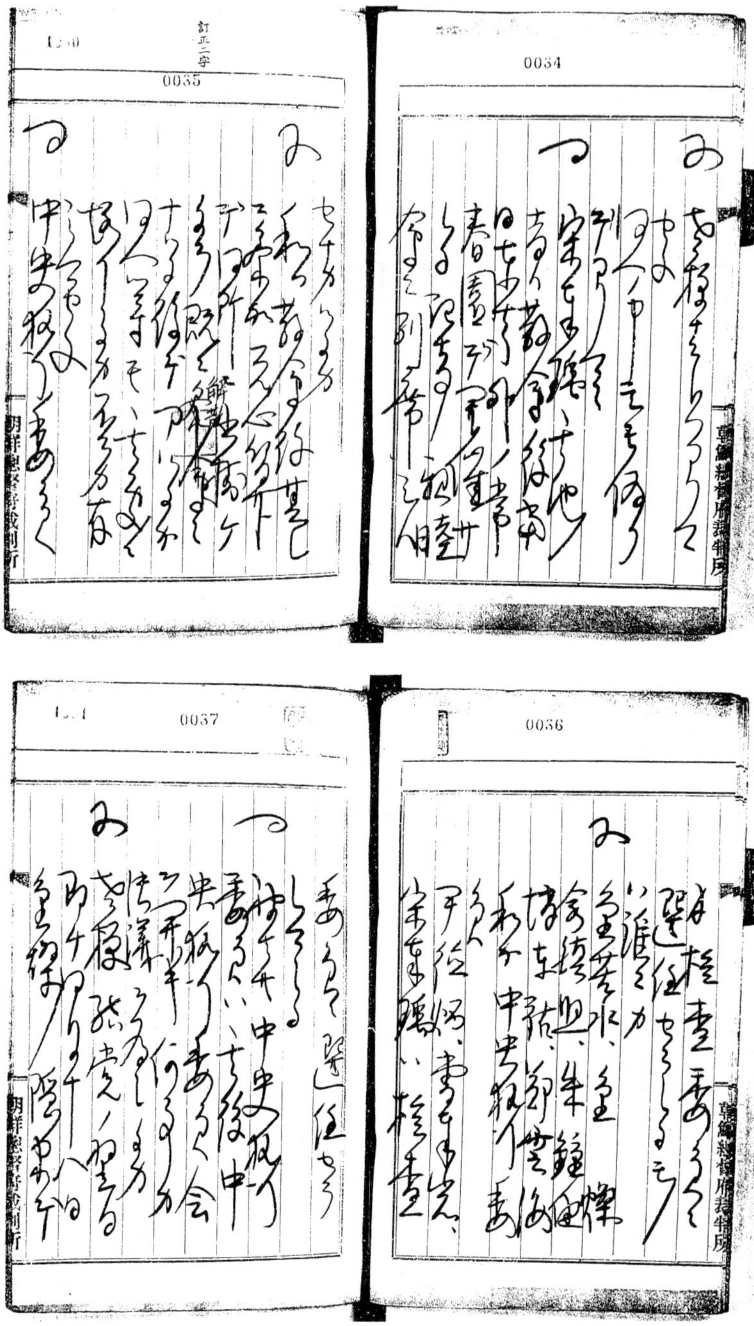

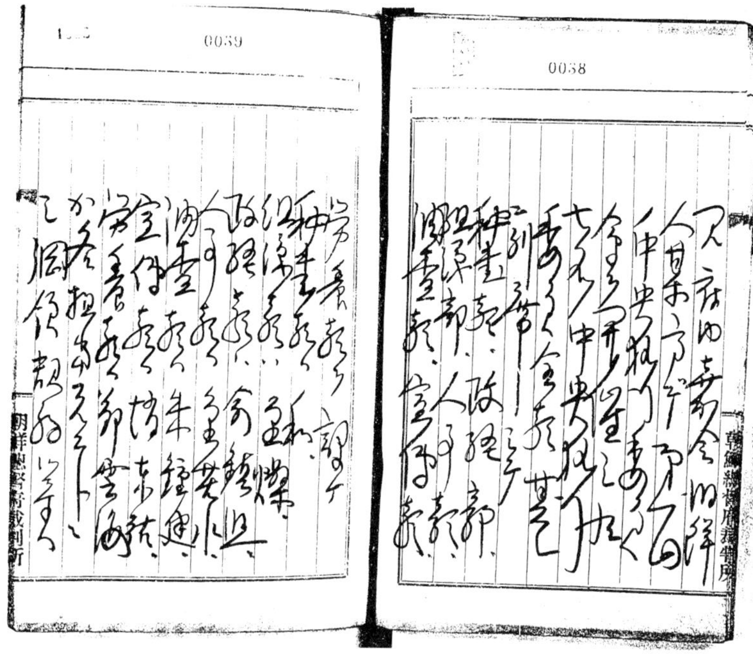
0039
0038
朝鮮總督府裁判所

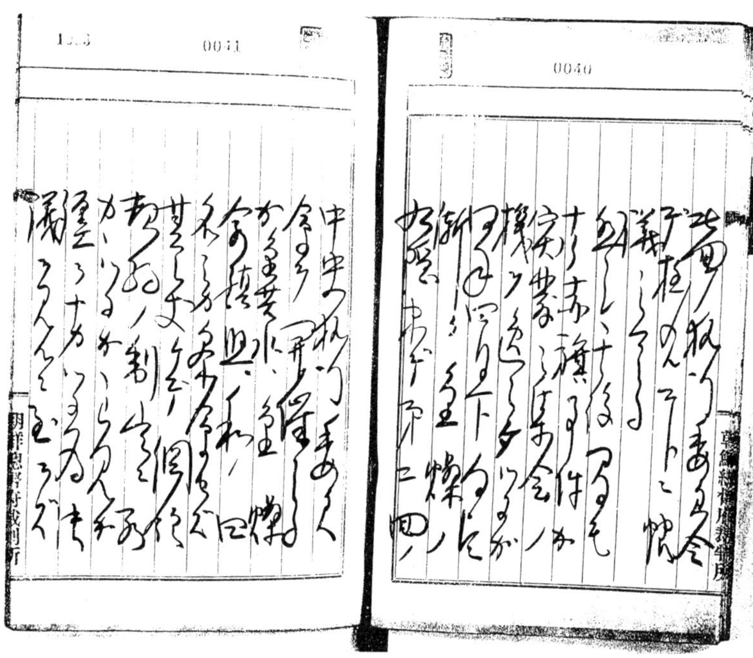
0041
0040
朝鮮總督府裁判所

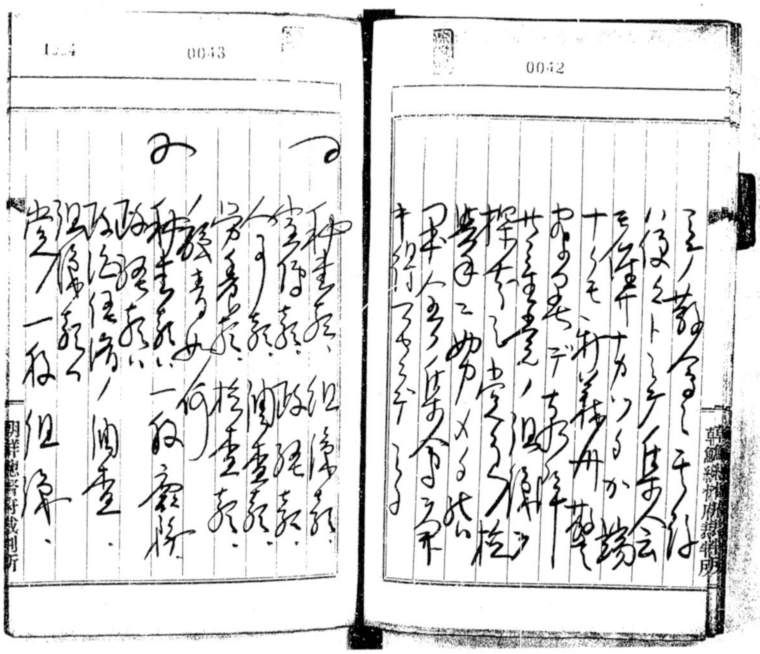
0043
0042
朝鮮總督府裁判所

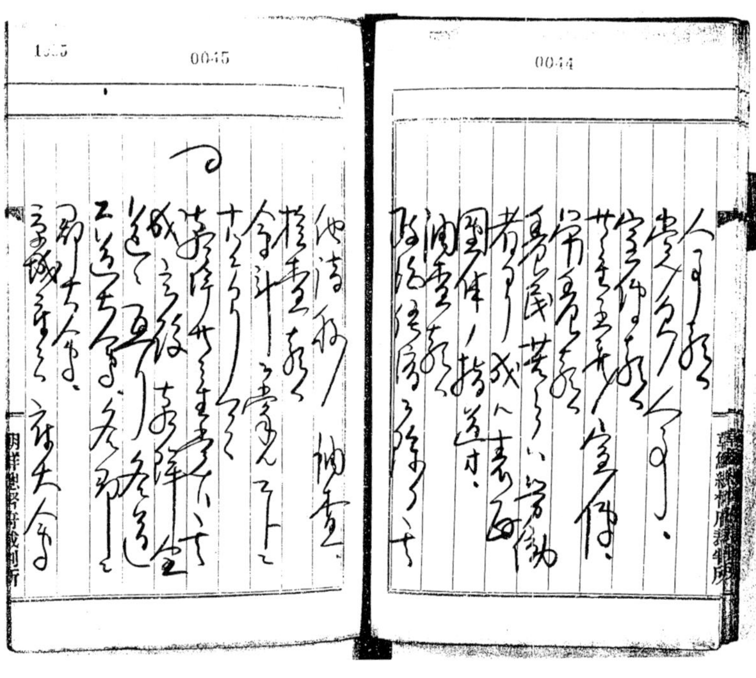
0045
0044
朝鮮總督府裁判所

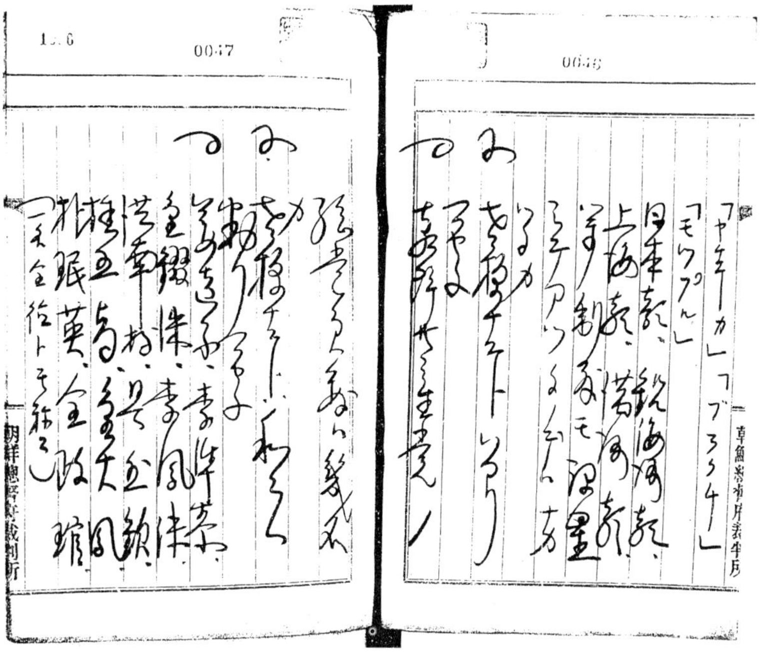
0047
0046
朝鮮總督府裁判所

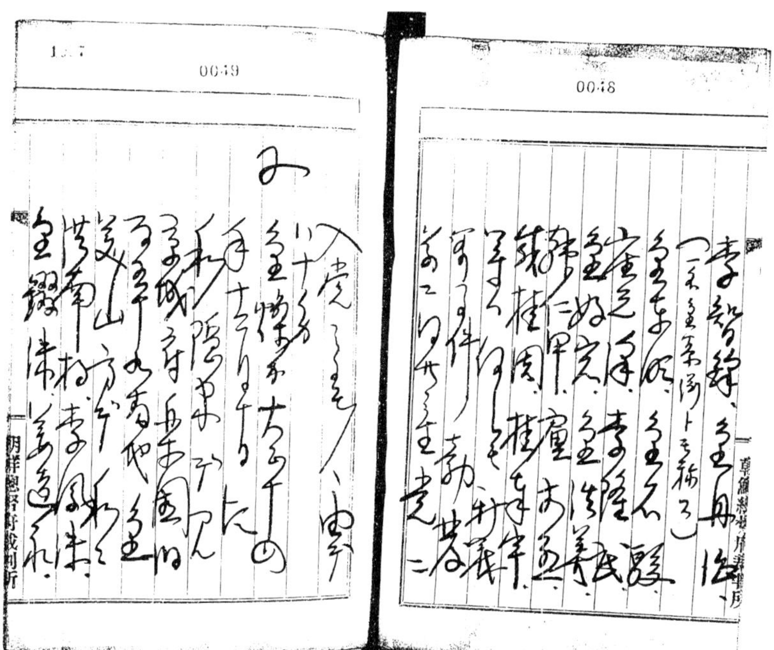
0049
0048
朝鮮總督府裁判所

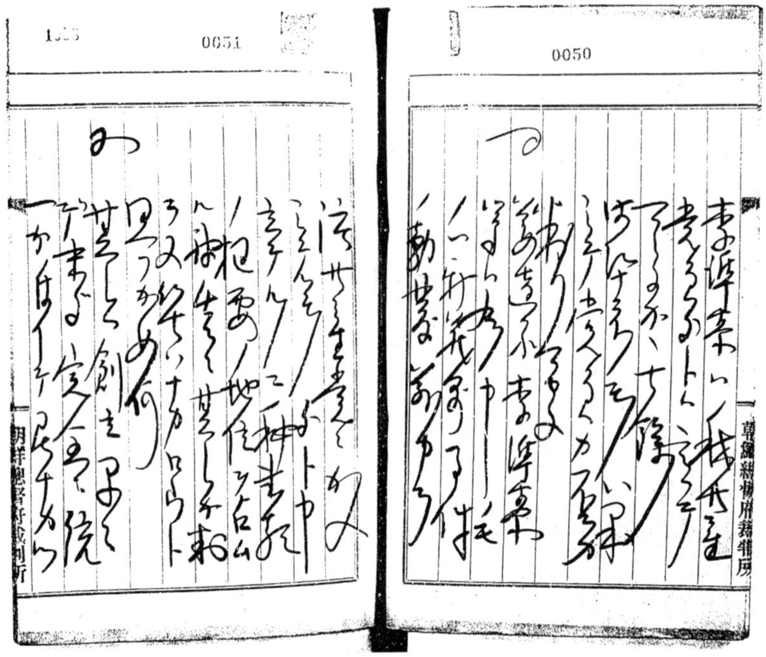
0051
0050

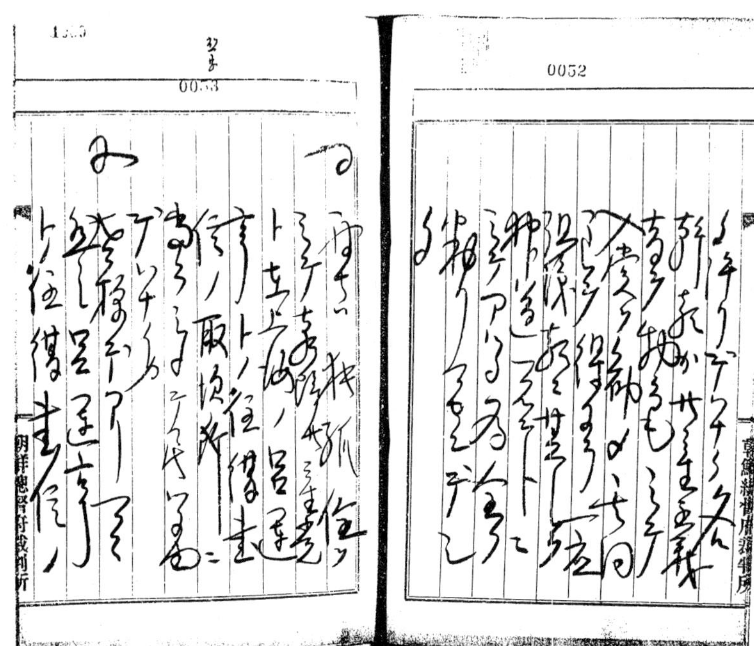
0053
0052

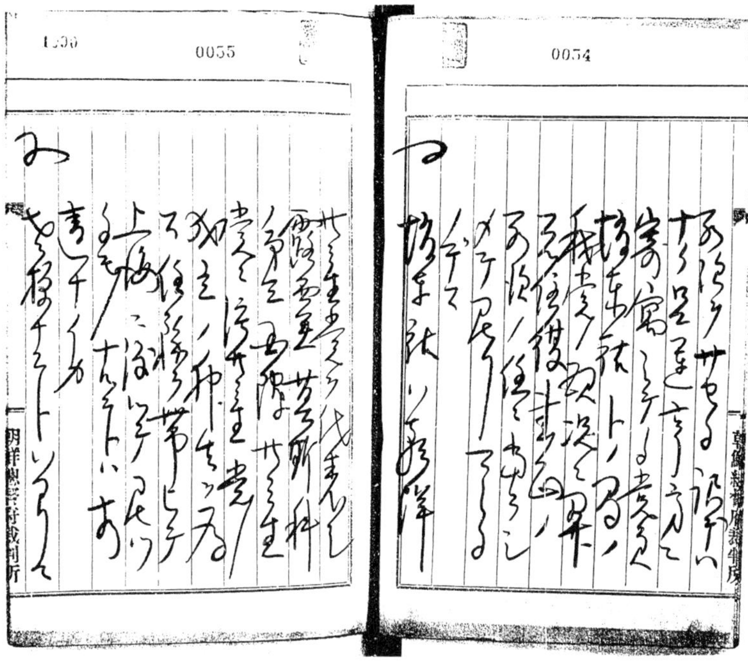
0054
朝鮮總督府裁判所
1590
0055
朝鮮總督府裁判所

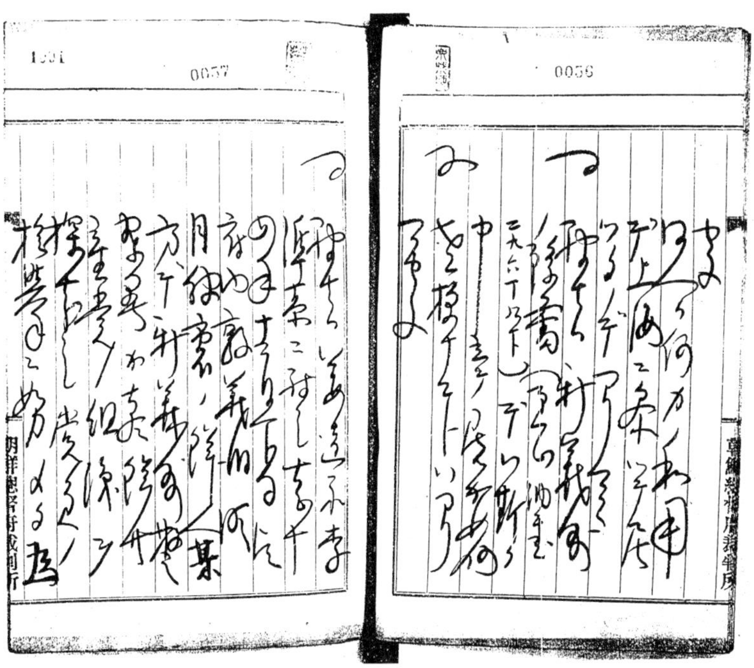
0056
朝鮮總督府裁判所
1591
0057
朝鮮總督府裁判所

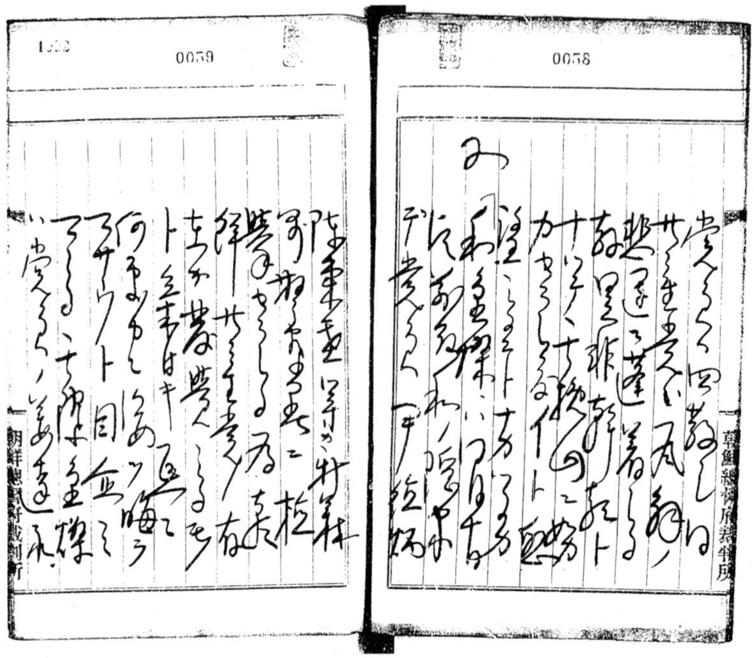
0059
0058
朝鮮總督府裁判所

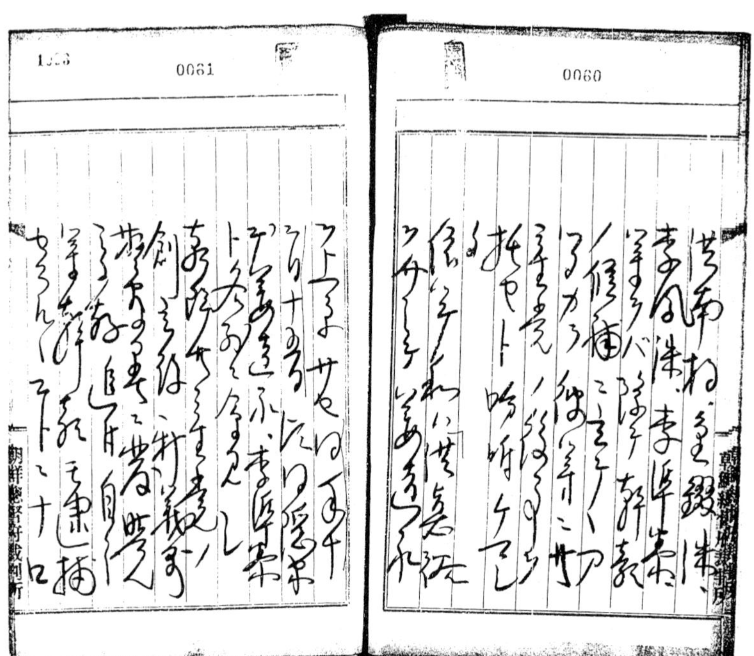
0061
0060
朝鮮總督府裁判所

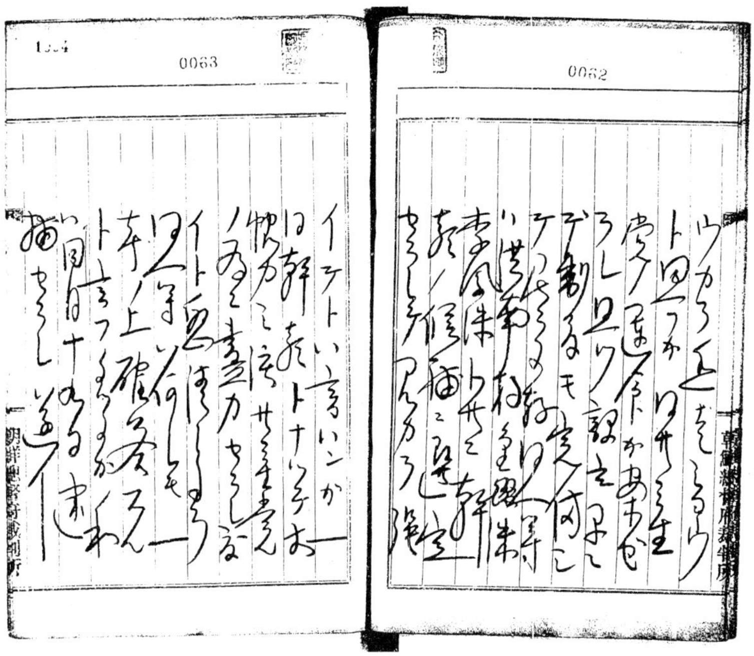
0063
0062
朝鮮總督府裁判所
朝鮮總督府裁判所

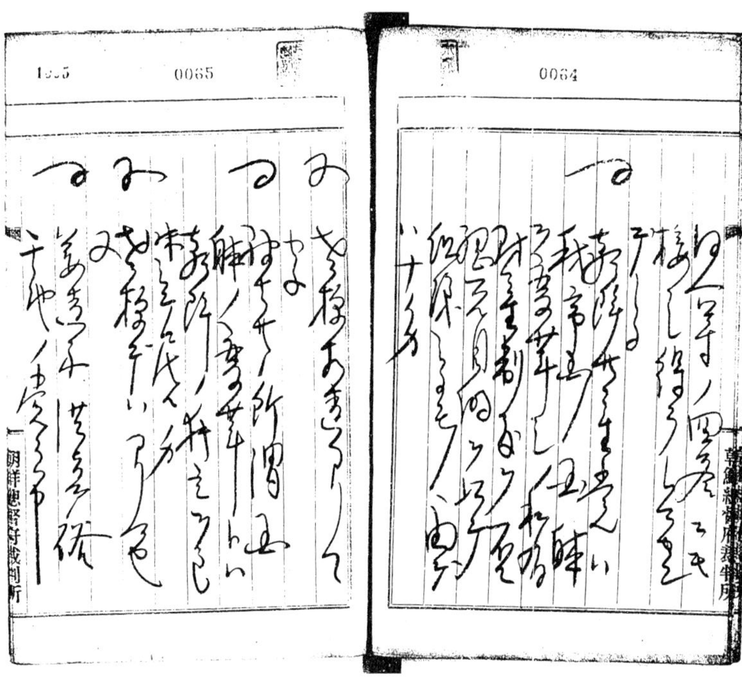
0065
0064
朝鮮總督府裁判所
朝鮮總督府裁判所

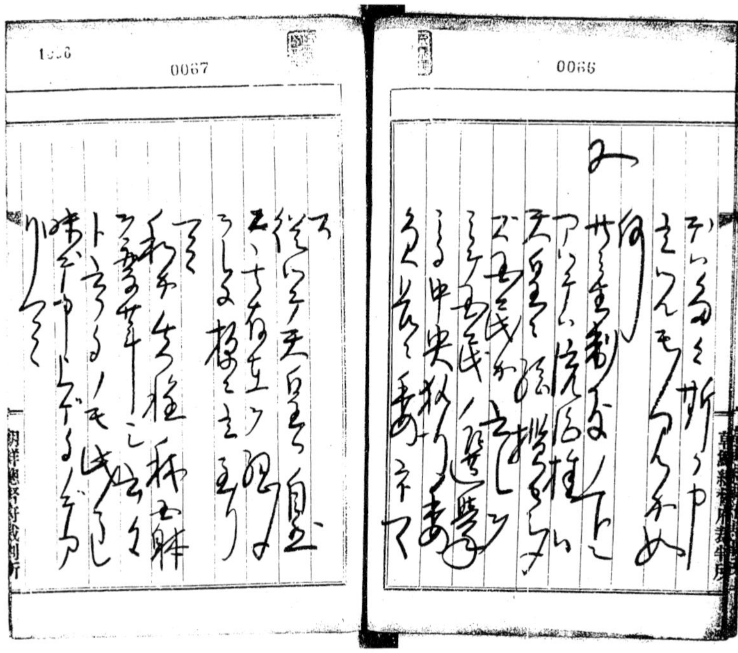
0067
0066
朝鮮總督府裁判所

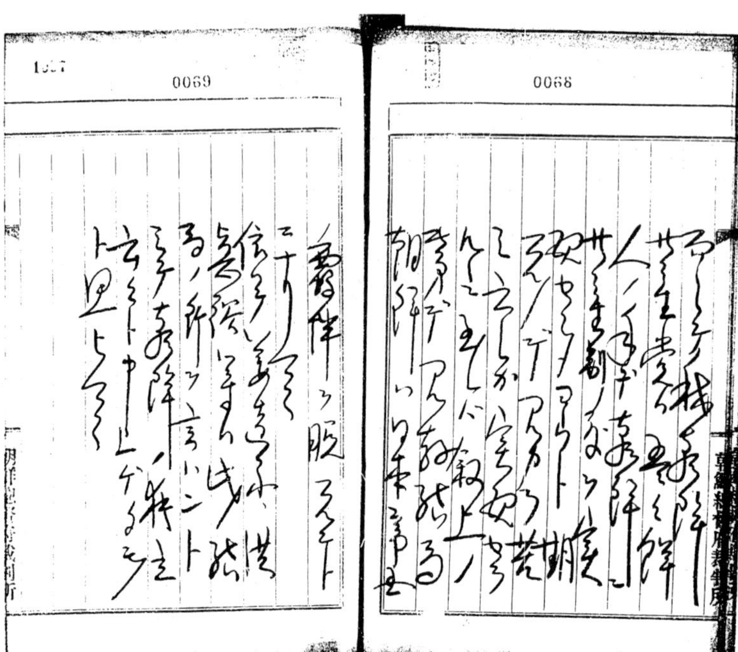
0069
0068

0071

一七八

本訊問ハ朝鮮總督府裁判所通譯生佐々木港ノ
通譯ニ依リ之ヲ行ヒ右調書ヲ同通譯生ヲシテ
供述者ニ讀聞カサシメタルニ相違ナキ旨申立
テ自署

供述者 金在鳳

大正二年二月十七日於前同所

朝鮮總督府裁判所通譯生 佐々木港

京城地方法院

豫審掛朝鮮總督府判事

朝鮮總督府裁判所書記

0070

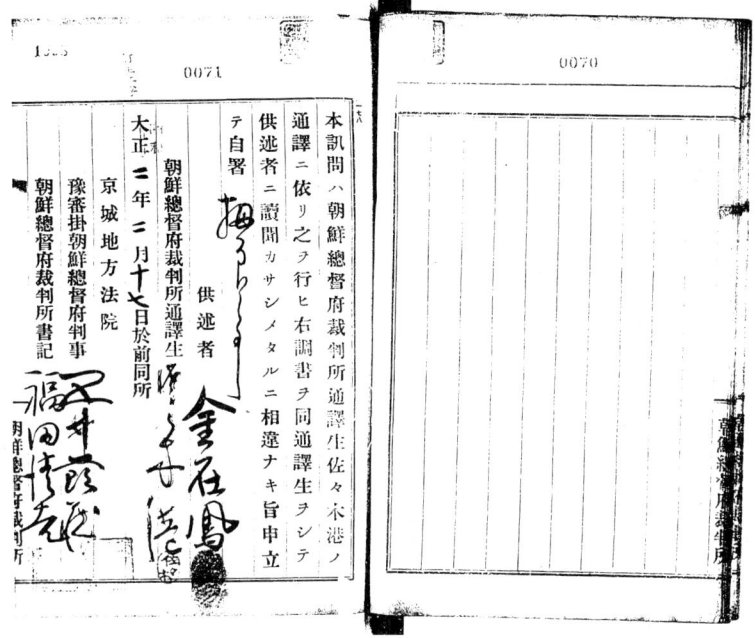

朝鮮總督府裁判所

피고인 신문조서(서대문형무소 제2회)

피고인 김재봉

위 사람에 대한 치안유지법위반사건에 있어 소화 2년 2월 18일에 서대문형무소에서

경성지방법원

예심 담당 조선총독부 판사 五井節蔵

조선총독부 재판소 서기 福田清吉

열석하에 판사는 전회에 이어 피고인에 대해 신문을 한 것이 다음과 같다.

문: 김재봉인가?

답: 그렇다.

문: 조선공산당은 러시아에 있는 국제공산당에 가입을 승인 받았다는데 틀림없나?

답: 그런 일은 없었다.

문: 강달영은 피고가 앞서 말한 것처럼 조선공산당의 뒷일을 부탁할 때 피고가 공산당은 러시아에 있는 국제공산당의 승인을 받았다고 말했다고 진술하였는데?

답: 나는 강달영에게 그런 말을 한 기억이 없다.

문: 조선공산당은 경비를 어디서 어떻게 지출했나?

답: 그것은 뒤에 중앙집행위원회를 열어 금액을 정하고 당원 각자로부터 회비를 징수하여 그것으로 지출을 결정하도록 되어 있었지만, 창립초기라서 그렇게 운영에 들어가지 못했다.

문: 강령 · 선언 등은 조동호가 창립 회합 때 낭독한 것이 아닌가?

답: 그런 일은 없었다. 김찬이 조동호에게 강령 · 규약을 제정하게 했는데,

결함이 많아서 중앙집행위원회에도 제출하지 않았다.

문: 피고는 경찰(제1회 신문조서 4정 이하)에서는 그런 식으로 진술했는데?

답: 나는 경찰에서는 그렇게 진술한 기억이 없다.

문: 그 강령 · 규약은 지금 누구 손에 있나?

답: 그런 일은 나는 모른다. 나는 이제껏 그것을 열람도 못했다.

문: 피고의 소위 공산제도는 어떤 제도를 의미하나?

답: 이 제도는 간단히 말해 일반 인류의 일상생활에 필요한 것은 천연물과 생산기관(자본) · 소비재화(생산물)를 불문하고, 모두 사회를 위해 개인의 사유를 허용치 않는 제도이다.

문: 조선공산당에 입당하는 데는 어떤 수속을 요하는가?

답: 그 수속에 대해서는 창립초기에 어떤 것도 정해진 것이 없다.

문: 조선공산당원에는 연령 제한은 없나?

답: 그것도 앞서와 마찬가지 사정으로 정하지 않았다.

문: 조선공산당과 고려공산청년회와의 관계는 어떤가?

답: 어떤 관계도 없다.

문: 그러나 이 당칙에는 그런 규약을 만들어놓았는데, 이미 창립 당시부터 그렇게 한 것이 아닌가?

이 때 물 제976호의 증 제20호의 해당부분을 보라.

답: 강달영의 시대에 와서 그렇게 정한 것이라 생각되는데, 우리 시대에는 아무런 관계도 없었다.

문: 피고와 유진희 · 김찬이 조선공산당을 해산시킨다고 협정한 것은 허위가 아닌가?

답: 그렇지 않다. 나와 유진희는 대정 14년(1925) 6월 20일경 우연히 김찬이 살던 앞서 말한 그 집에서 만났을 때 김찬 · 유진희, 나 3명이 조선공산

당을 해산시키기로 하고, 각자 당원에게 그 뜻을 통지하자고 협정하였다. 나는 이미 윤덕병 · 독고전에게 구두로, 진병기에게는 서면으로 그것을 통지하였다.

문: 그러나 피고와 김찬이 강달영 · 이준태 등에게 앞서 말한 것처럼 조선공산당의 뒷일을 부탁했고, 이승엽 · 신명준 등은 6월 20일 이후 피고가 체포되기 이전 공산당에 입당하였는데, 이를 따져보면 그것은 허언이라 생각되는데 어떤가?

답: 나를 포함한 3명만의 의사로 조선공산당을 해산시킨 것은 아니다. 따라서 지금 해산 운운 하는 것은 타당성이 없는 것이다. 실은 각 간부 간에 의사소통이 없어서 우리는 도저히 당의 완성을 이룰 수 없다고 생각했다. 그래서 우리 3명은 당의 완성을 꾀하는 것을 그만두자고 협의하고 그 뜻을 각자에게 통달하게 된 것이다.

문: 각 간부사이에 의사소통이 없었던 원인은 무엇인가?

답: 김약수 · 정운해 · 송봉우는 북풍회, 김찬 · 홍덕유, 나는 화요회, 조봉암은 신흥청년회, 주종건은 민중사, 유진희는 신생활사의 각 간부인 관계상, 그들은 서로 조선공산당을 자당의 세력확장에 이용할까 의심하며 보았기 때문에 강령 · 규약의 제정을 의논하려 해도 어쨌든 회의참석도 하지 않고 의견도 일치시키지 못했다.

문: 김약수는 조선공산당을 탈당하지 않았는가?

답: 그런 일은 없었다. 제2회째 중앙집행위원회를 열어 강령 · 규약 제정을 의논할 때 의사가 일치하지 않자, 그는 이런 식이라면 싫다고 했을 뿐 탈당을 발표한 일은 없었다.

문: 위 단체는 어떤 목적으로 조직되었나?

답: 뭔가 신사상의 연구를 해 볼 목적으로 창설되었다.

문: 이 단체는 실제로 공산주의의 선전을 꾀할 목적으로 조직된 것은 아닌가?

답: 그렇지 않다.

문: 이봉수는 별명 이철 또는 이석이라도고 불리지 않았나?

답: 조선일보 기자로 근무한 이봉수는 일명 이석이라고도 불렸지만, 내가 말하는 이봉수가 별명 이철이라고 불렸는지 어떤지 모르겠으나, 동아일보 기자로 근무하였다.

본 신문은 조선총독부 재판소 佐々木港의 통역에 의해 그것을 행하였고, 위 조서를 통역생으로 하여금 공술자에게 읽어 듣게 한 후 틀림없음을 진술케 하고 서명 날인하였다.

공술자 김재봉 印

조선총독부 재판소 통역생 佐々木港

소화 2년 2월 18일에 앞과 같은 곳(서대문형무소; 편집자)

경성지방법원

예심 담당 조선총독부 판사 五井節藏 印

조선총독부 재판소 서기 福田淸吉 印

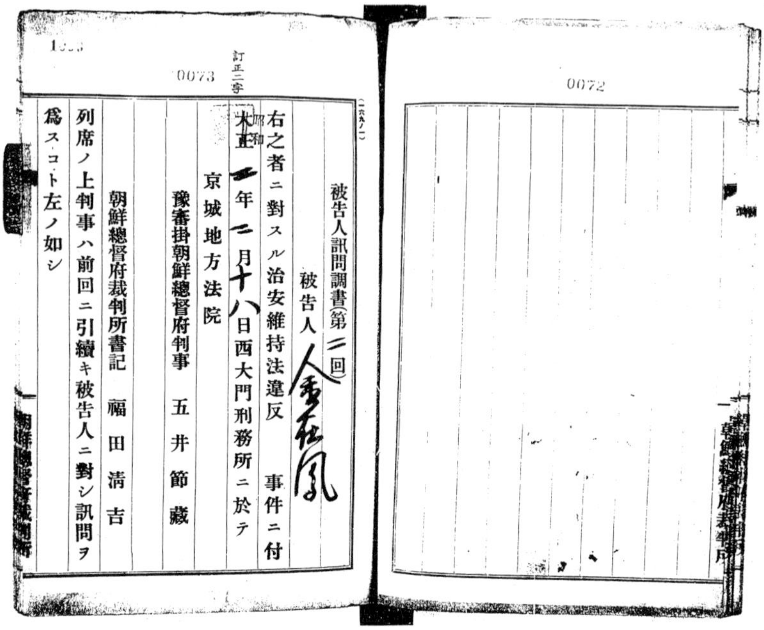

0073

0072

訂正二字

被告人訊問調書(第二回)

被告人 金在鳳

右之者ニ對スル治安維持法違反 事件ニ付

大正[redacted]年二月十八日西大門刑務所ニ於テ

京城地方法院

豫審掛朝鮮總督府判事 五井節藏

朝鮮總督府裁判所書記 福田淸吉

列席ノ上判事ハ前回ニ引續キ被告人ニ對シ訊問ヲ爲スコト左ノ如シ

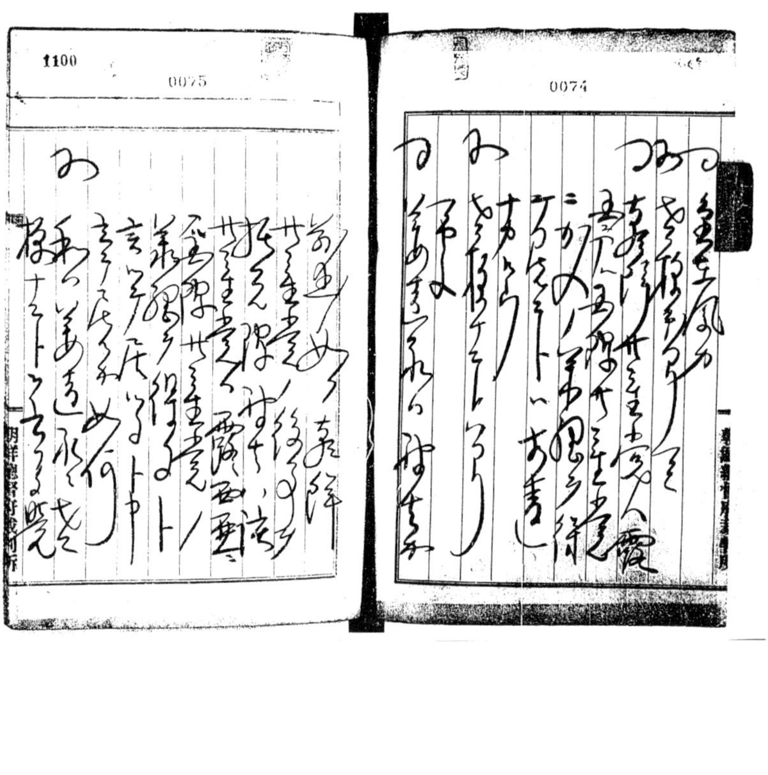

1100

0075

0074

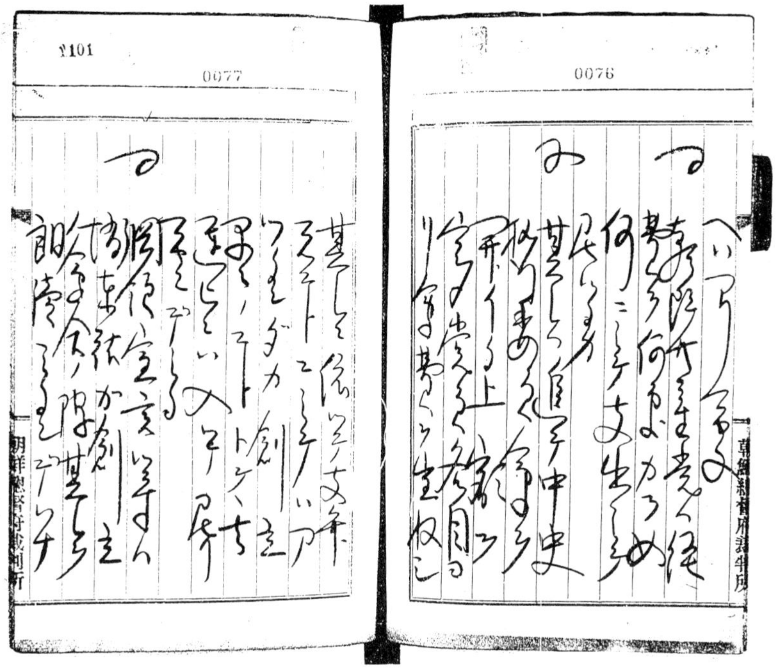
1101
0077
0076
朝鮮總督府裁判所
朝鮮總督府裁判所

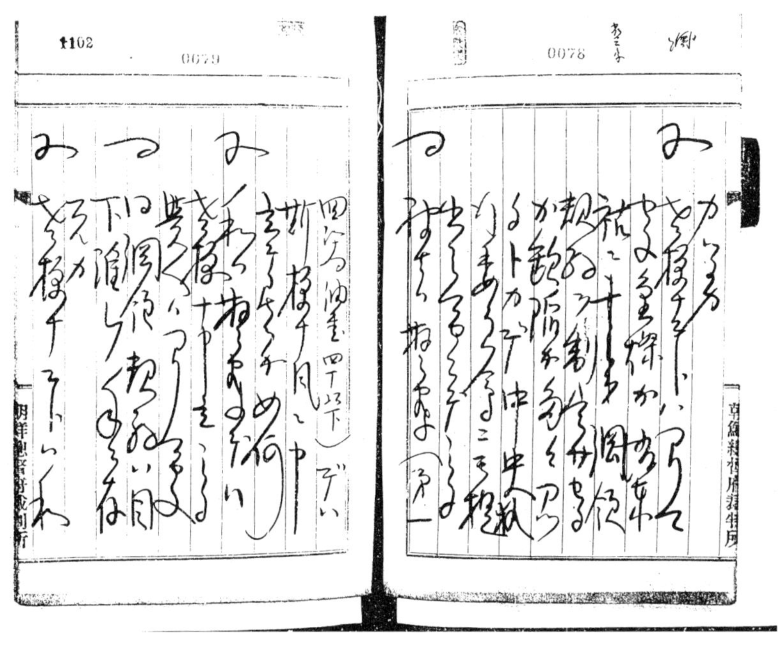
1102
0079
0078
朝鮮總督府裁判所
朝鮮總督府裁判所

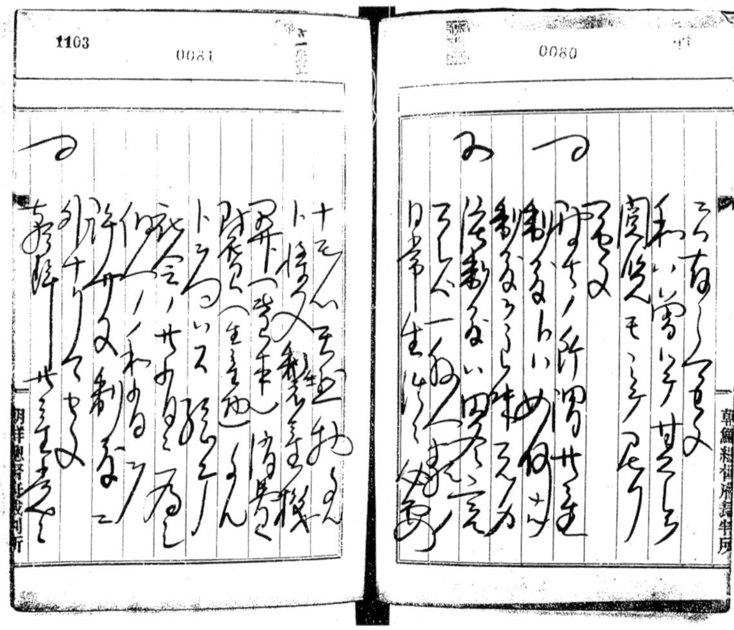
1103
0081
0080
朝鮮總督府裁判所

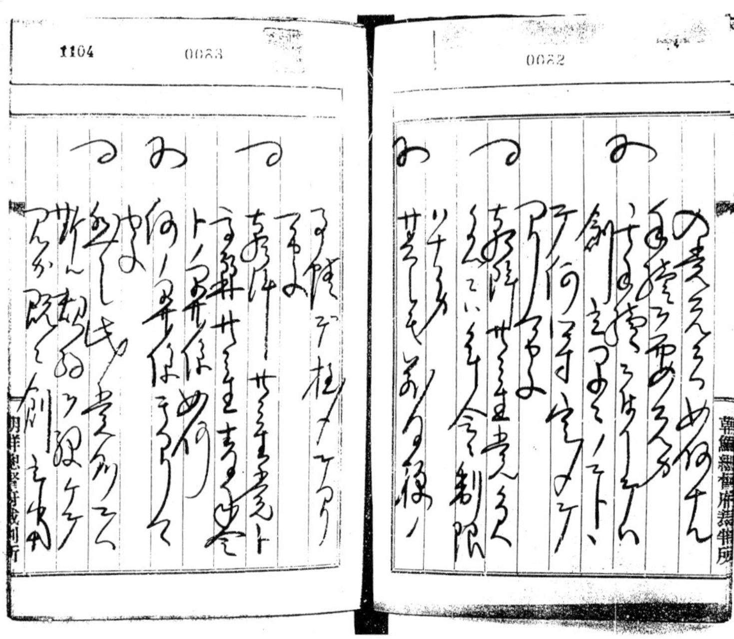
1104
0083
0082
朝鮮總督府裁判所

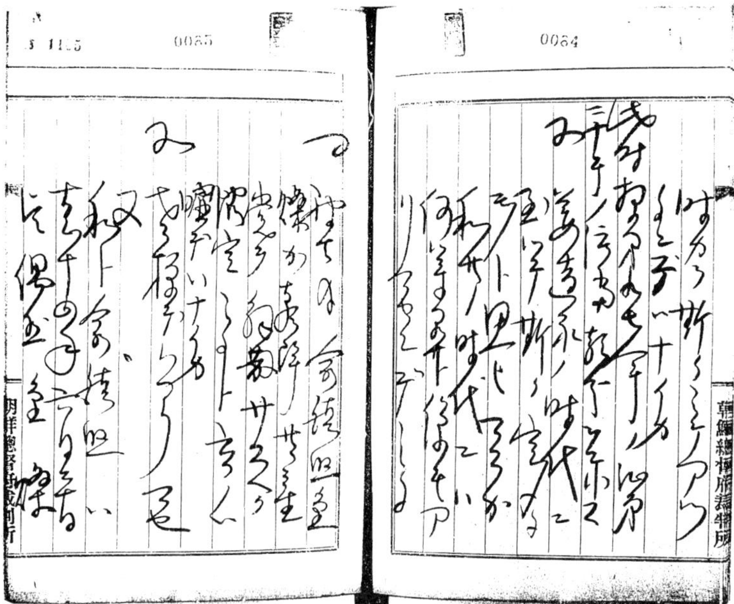
0085
0084

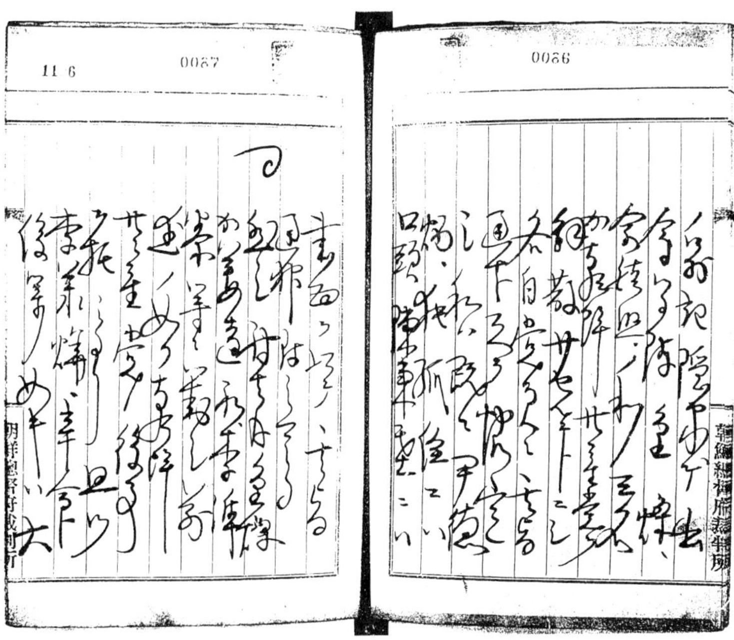
0087
0086

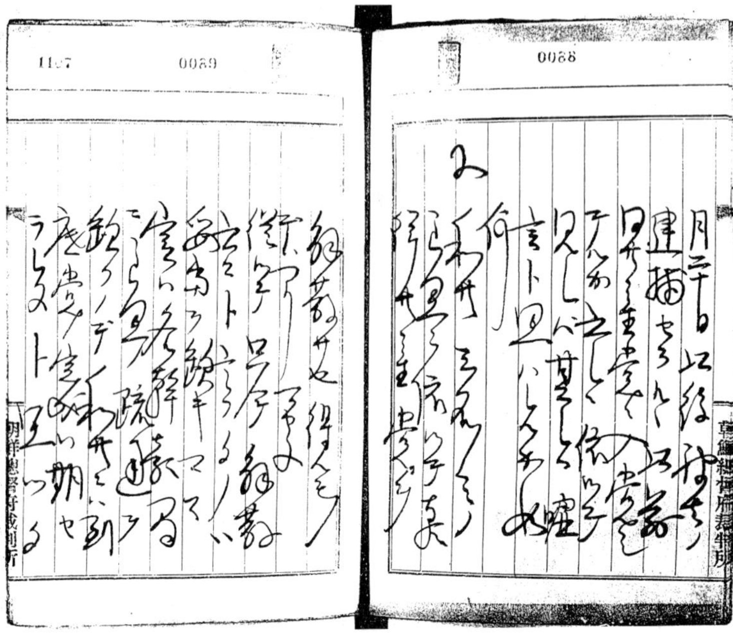

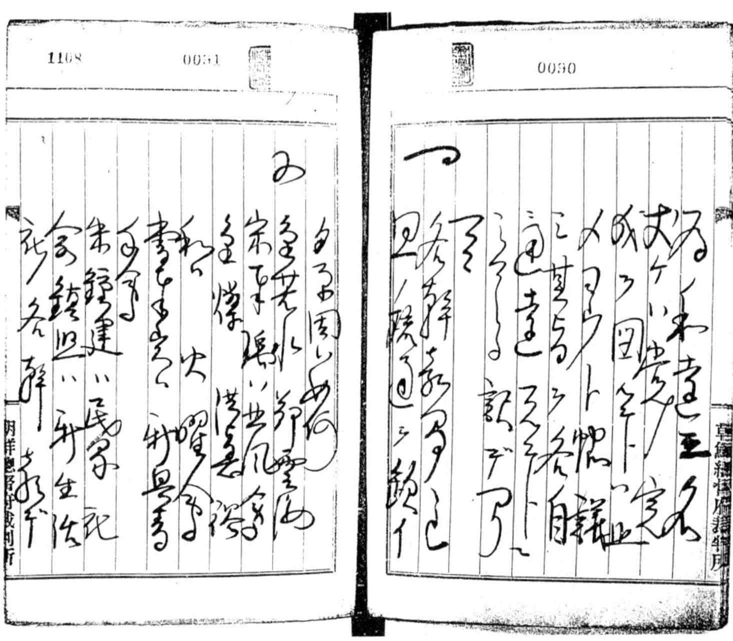

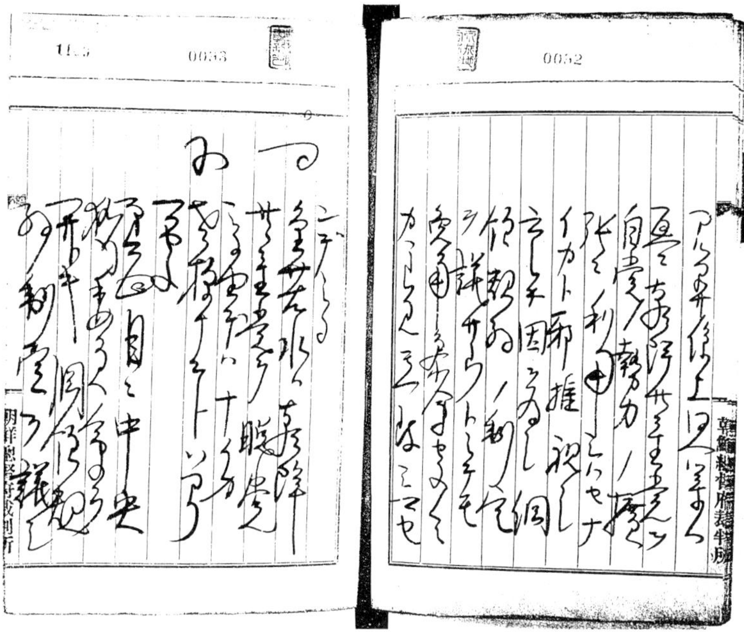

0052
朝鮮總督府裁判所
1115
0053
朝鮮總督府裁判所

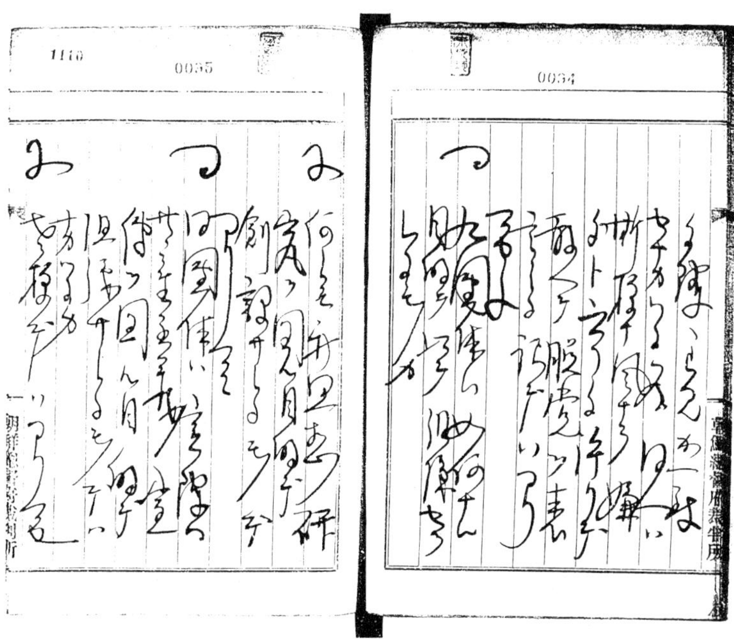

0054
朝鮮總督府裁判所
1116
0055
朝鮮總督府裁判所

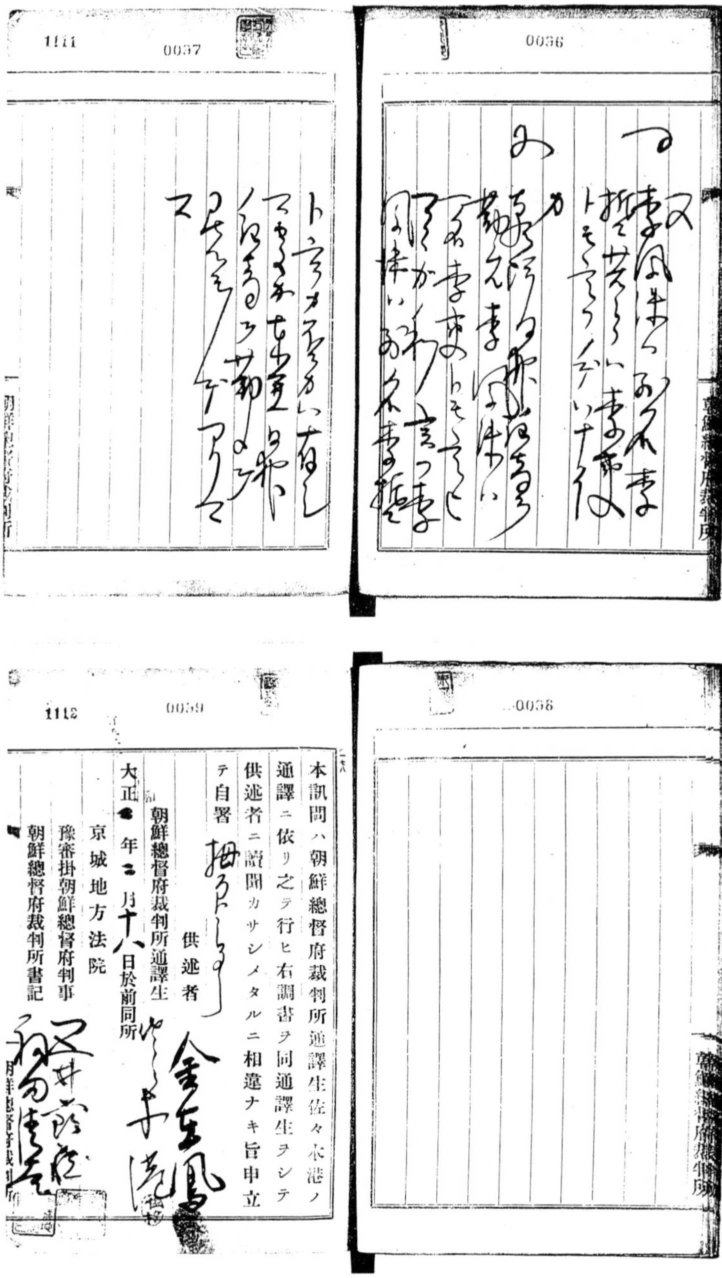

1111 0037

0036

1112 0059

本訊問ハ朝鮮總督府裁判所通譯生佐々木港ノ通譯ニ依リ之ヲ行ヒ右調書ヲ同通譯生ヲシテ供述者ニ讀聞カサシメタルニ相違ナキ旨申立テ自署

供述者 金在鳳

大正　年 二 月十八日於前同所

朝鮮總督府裁判所通譯生

京城地方法院

豫審掛朝鮮總督府判事

朝鮮總督府裁判所書記

0058

피고인 신문조서(서대문형무소 제3회)

피고인 김재봉

위 사람에 대한 치안유지법위반사건에 있어 소화 2년 3월 5일에 서대문형무소에서

경성지방법원

예심 담당 조선총독부 판사 五井節蔵

조선총독부 재판소 서기 福田清吉

열석하에 판사는 전회에 이어 피고인에 대해 신문을 한 것이 다음과 같다.

문: 김재봉인가?

답: 그렇다.

문: 조선공산당을 조직한 회합에 참석한 것은 아무래도 공산주의자에 틀림없나?

답: 틀림없다.

문: 김약수는 자신은 그 회합 때 사회자로서 사회운동 방법의 최선책에 대해 일동과 함께 토의하고 싶었다고 진술하였는데 어떤가?

답: 그렇지 않다. 공산당을 설립하기 위해 일동에게 회의에 참가하라고 요청한 당시 사정에 비추어 봐도, 그는 사회자로서 조선에 공산당을 조직할 필요를 설명한 것이 틀림없다고 생각한다.

문: 조선공산당의 목적에 대해서는 앞서 말한 회합에서 일동 협의한 것이 틀림없겠지?

답: 그 목적에 대해서는 그때 특히 협의를 마치지 못했다. 그러나 거기에 참석한 사람은 아무래도 공산주의자뿐으로 특히 그 자리에서 조선공산당 조직의 필요까지 설명하고, 명칭도 조선공산당으로 부치기로 협의

한 이상, 일동은 이심전심으로 그 목적은 내가 앞서 진술한 것과 같다는 것을 충분히 납득하였음에 틀림없다.

문: 그 회합에서 조선공산당 조직에 대해 온 사람 중에서 찬부를 표명하지 않고 퇴장한 사람은 없었나?

답: 그런 사람은 없었다. 하긴 윤덕병이 있었지만 찬동의 의사를 표했기 때문에 누구보다 먼저 집으로 돌아갔다고 생각했다.

문: 윤덕병 · 독고전은 피고의 권유로 그 회합에 참석한 사람이지 않은가?

답: 그들이 말한 것은 진실이라고 생각하지만, 나에게는 그런 기억이 없다.

문: 피고는 조선공산당 조직의 발기인의 한 사람임에 틀림없나?

답: 그렇지는 않다.

문: 김약수 · 송봉우 · 서정희 · 이호 · 정운해 · 이규송(松 혹은 宋) · 조동혁 · 이헌 · 신철 · 마명 · 배덕수 등은 공산당원으로서 출당 처분에 처해진 것이 아닌가?

답: 그렇지 않다.

문: 이것은 강달영이 손으로 쓴 것인데, 이것은 그것을 약속한 것이다. 이에 따르면 그들은 출당에 처해진 것이 분명한데 어떤가?

이때 押 제978호의 증 제18호(1정 2정) 제53호(73정 74정)의 각 해당부문을 보라.

답: 강달영은 어째서 이런 기재를 했는지 나는 모르겠다.

문: 그러나 서정희 · 정운해 · 이규송 · 조동혁 · 이헌 · 신철 · 마명 · 배덕수가 조선공산당에 입당한 것은 틀림없나?

답: 나는 이규송 이외 사람과는 면식이 있었고, 그들이 공산주의를 신봉하는 자라는 것은 틀림없다. 그러나 그들이 강달영 시대에 거기에 가입했다면 몰라도, 그 이전에는 입당했다는 기억을 가지지 않고 있다.

문: 박헌영은 고려공산청년회는 조선공산당과는 주의를 같이 하기 때문에 중앙집행위원회를 열어 서로 구조하고 합의하여 목적 관철을 힘쓰자고 협정하였다고 진술하였는데 어떤가?

답: 김찬이 혹 그런 계획을 가졌는지 모르지만 나는 전혀 몰랐다.

문: 김약수는 피고와 김찬에 대해 탈당 의사를 표명했다고 진술하였는데?

답: 그런 일은 없었다. 전에도 진술한 것처럼 나머지 위원 의견이 일치하지 않아서 그런 것이라면 싫다고 말했기 때문에 그 사람은 또는 그렇게 말했는지도 모른다.

문: 피고와 정진무 외 12명은 대정 14년(1925) 3월 하순경 박헌영 집에 모여 피고의 발의로 조선공산당을 창설하고, 피고가 정진무에게 귀향하여 공산당을 위해 진력할 것을 요구한 일이 없는가?

답: 그런 일은 없었다.

문: 정진무는 그렇게 진술하였는데?

답: 그 사람의 진술은 거짓이다.

문: 그러나 정진무가 조선공산당 조직의 회합에 참석한 것은 틀림없나?

답: 그런 일은 없었다.

문: 공산제도하에서는 생산물은 사회가 이를 각자에게 평등하게 분배한다고 하지 않았나?

답: 그렇다.

문: 피고의 지금까지의 공술에 의하면 피고가 본 건 죄를 범한 혐의가 충분하다고 생각하는데 특별히 변명할 점은 없는가?

답: 그런 것은 없다.

본 신문은 조선총독부 재판소 佐々木港의 통역에 의해 그것을 행하였고, 위 조서를 통역생으로 하여금 공술자에게 읽어 듣게 한 후 틀림없음을 진술케 하고 서명 날인하였다.

공술자 김재봉 印

조선총독부 재판소 통역생 佐々木港

소화 2년 3월 5일 같은 곳(서대문형무소; 편집자)

경성지방법원

예심 담당 조선총독부 판사 五井節藏 印

조선총독부 재판소 서기 福田淸吉 印

0610

(一七七)

朝鮮總督府裁判所

1570 0611

(一六九ノ一)

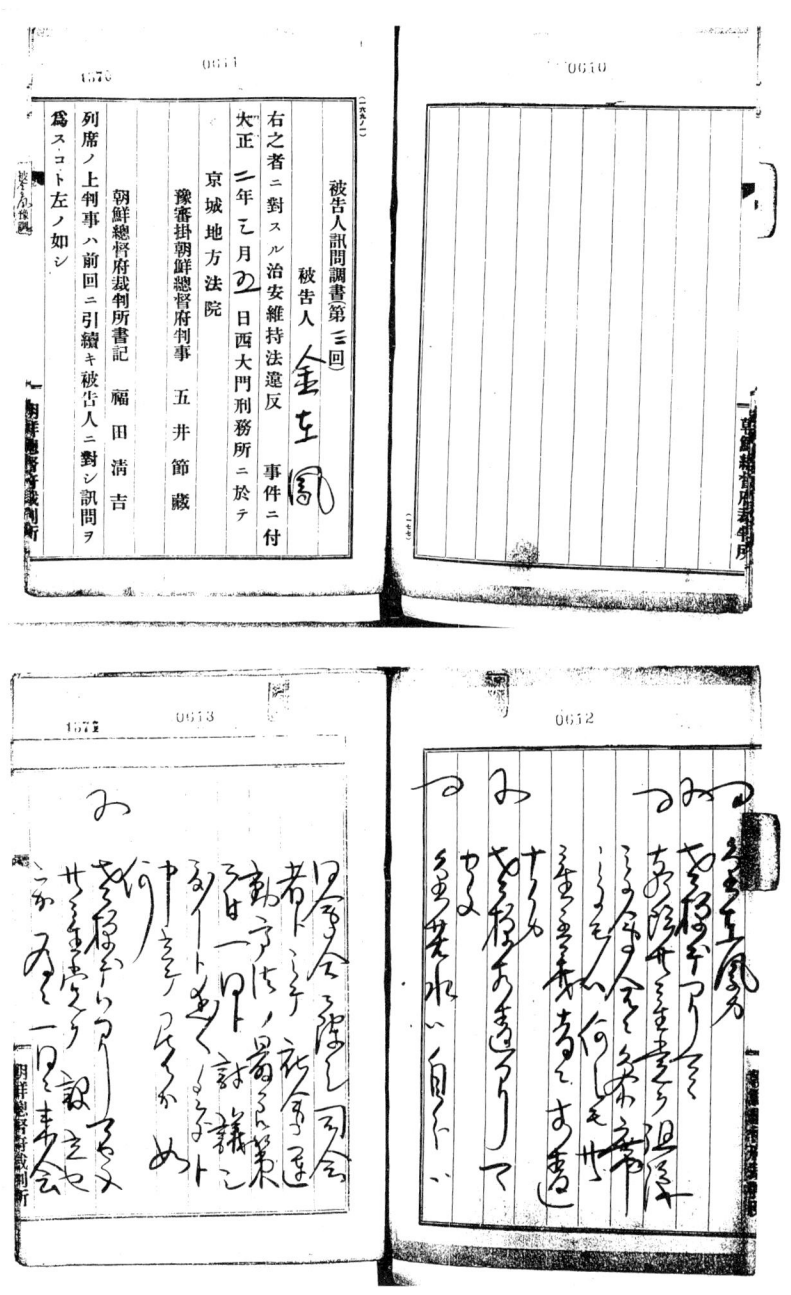

被告人訊問調書(第 三回)

被告人 金左鳳

右之者ニ對スル治安維持法違反 事件ニ付

大正 二年 三月 22 日西大門刑務所ニ於テ

京城地方法院

豫審掛朝鮮總督府判事 五井節藏

朝鮮總督府裁判所書記 福田淸吉

列席ノ上判事ハ前回ニ引續キ被告人ニ對シ訊問ヲ

爲スコト左ノ如シ

朝鮮總督府裁判所

0612

問 [illegible]

[illegible]

1572 0613

答

[illegible]

朝鮮總督府裁判所

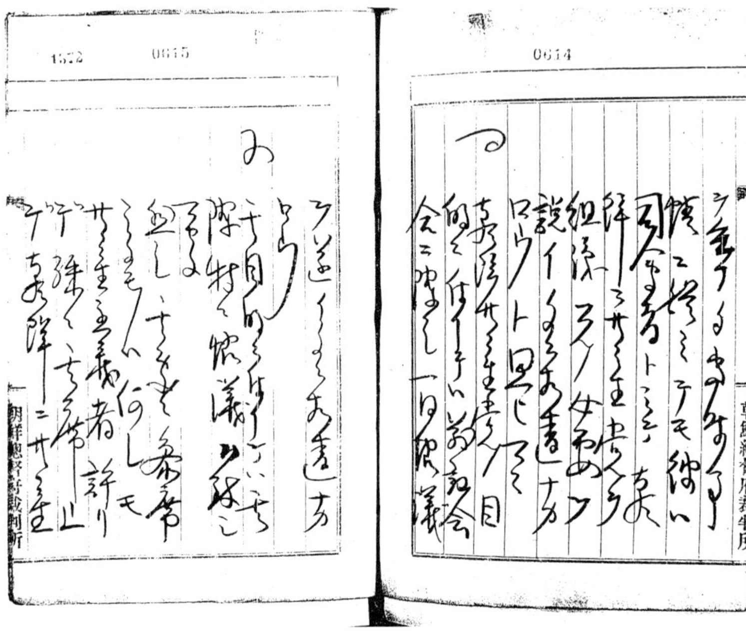
1572
0615
0614
朝鮮總督府裁判所

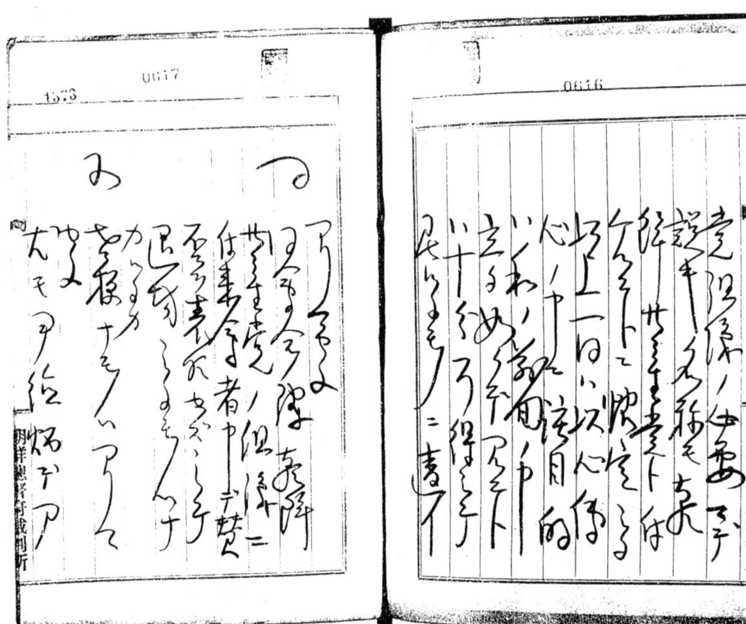
1573
0617
0616
朝鮮總督府裁判所

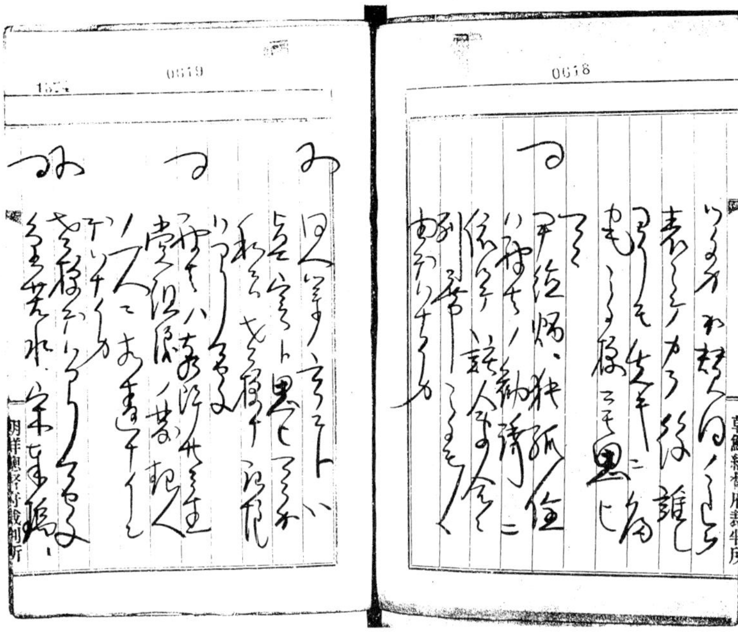

0619
1574
0618

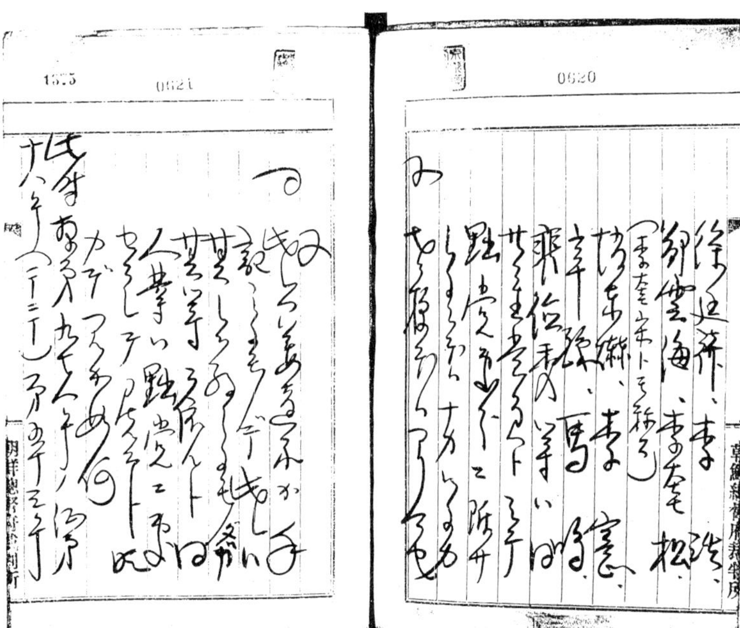

1575
0621
0620

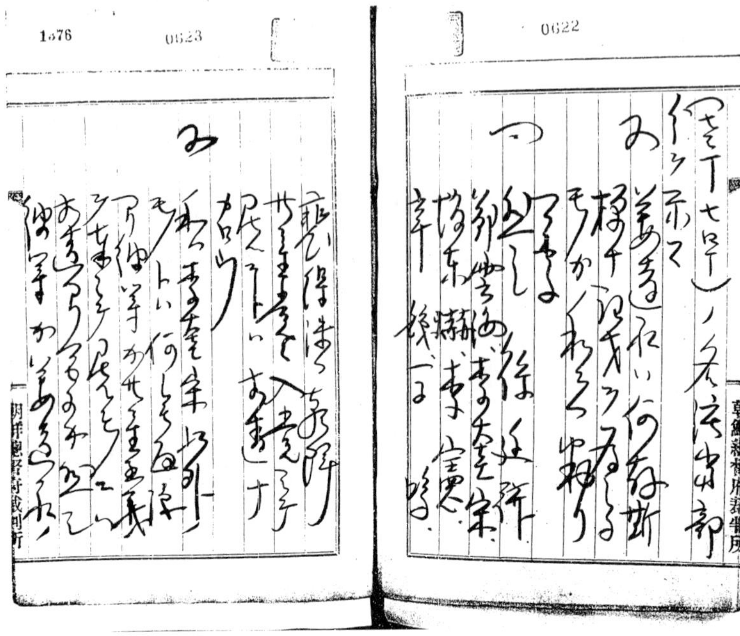

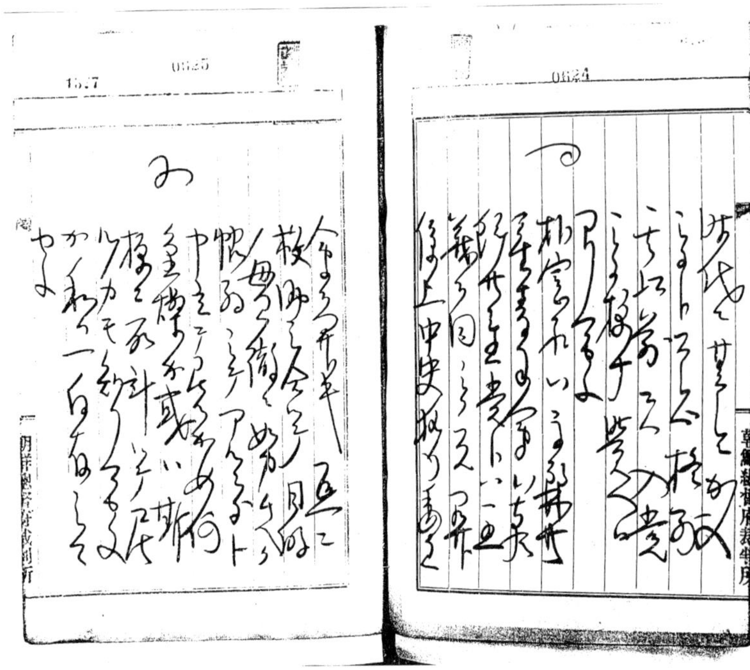

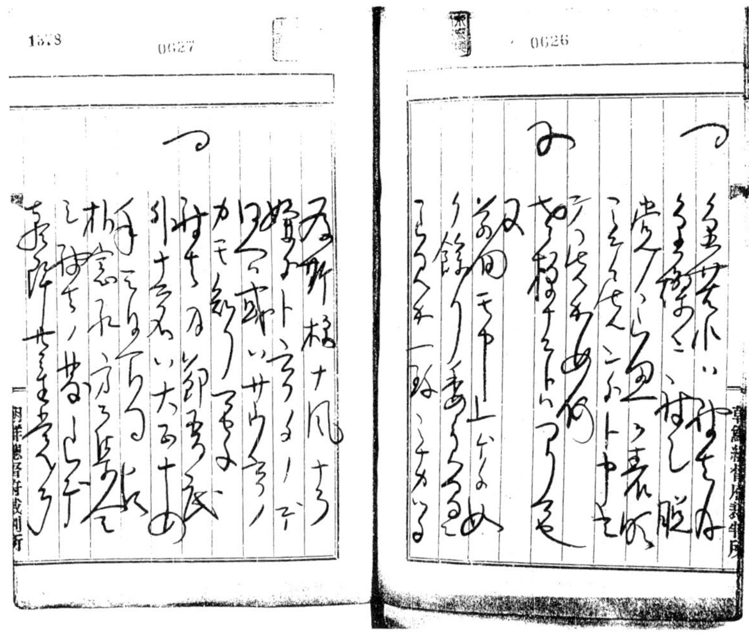
1578
0627
0626
朝鮮總督府裁判所

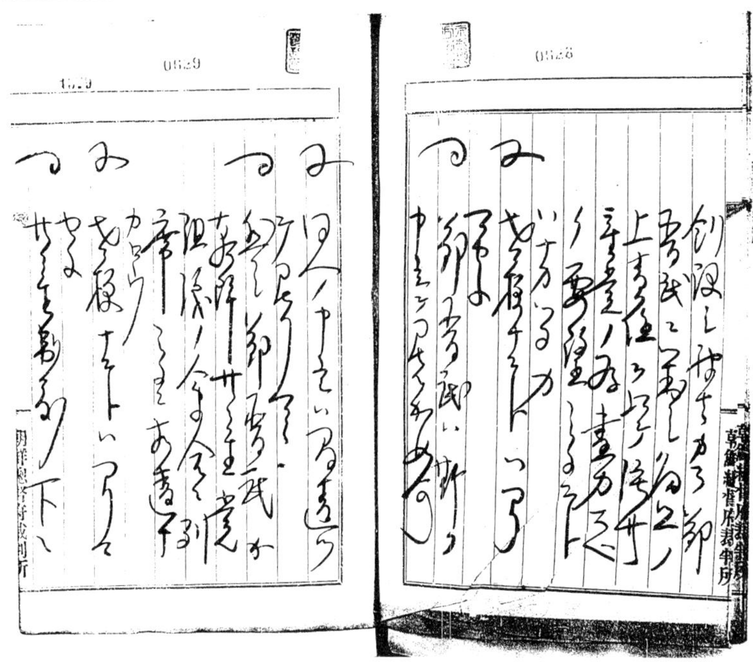
0629
0628
朝鮮總督府裁判所

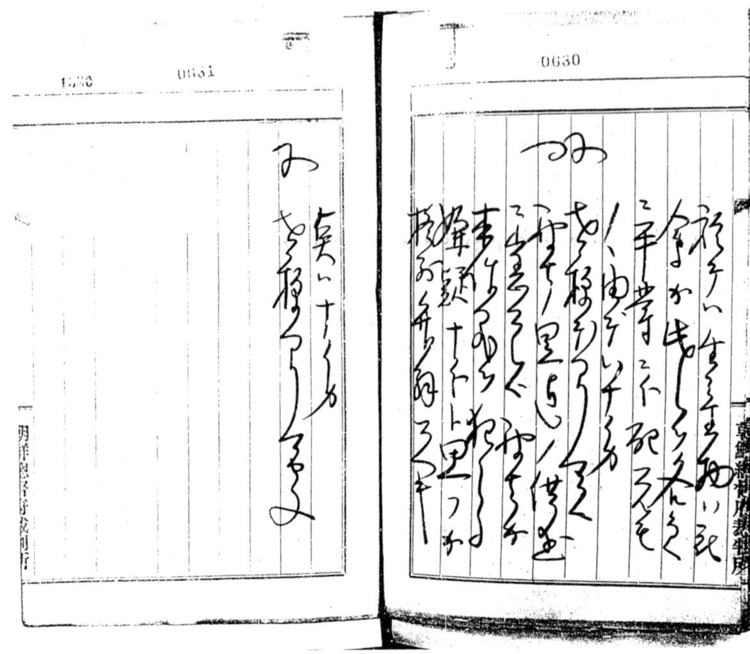

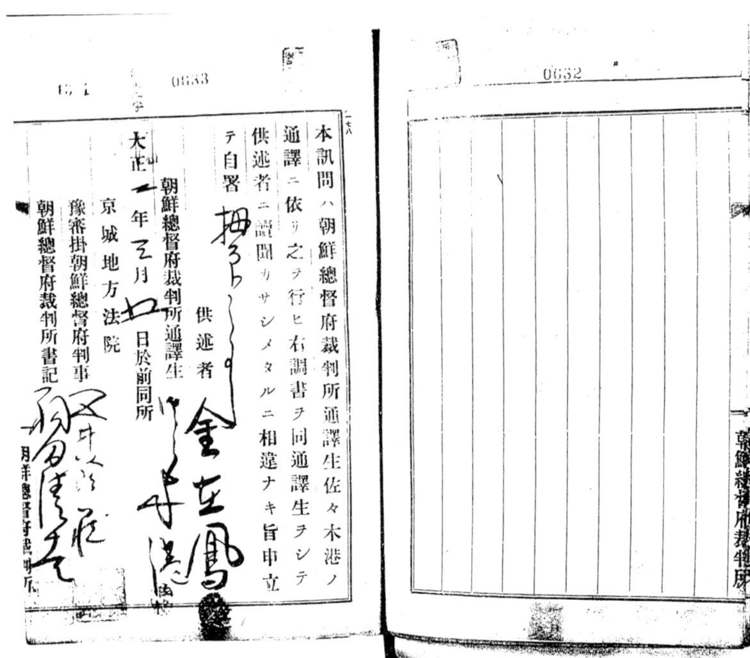

0633

本訊問ハ朝鮮總督府裁判所通譯生佐々木港ノ通譯ニ依リ之ヲ行ヒ右調書ヲ同通譯生ヲシテ供述者ニ讀聞カサシメタルニ相違ナキ旨申立テ自署

供述者 金在鳳

大正　年　月　日於前同所

朝鮮總督府裁判所通譯生

京城地方法院

豫審掛朝鮮總督府判事

朝鮮總督府裁判所書記

0632

朝鮮總督府裁判所

자료 18 「권오설 외 103인 예심결정서」, 1927년 3월 31일, 경성지방법원

대정 15년 예豫 제41·42·45～49·53·54·58·65·68·102호
소화 2년 예豫 제2호
예심종결결정

【김재봉 관련 부분번역】

【6】

본적 경상북도 안동군 풍북면 오미동 248번지
주거 경성부 가회동 67번지
무직
김재봉
당 37세

【27～31】

……… 피고 김재봉에 대한 (同年 豫 제48호) 치안유지법위반 ……… 각 피고사건에 대해 병합倂合 예심을 드디어 다음과 같이 종결 결정합니다.

주 문

…… 피고 김재봉 …… 에 대한 치안유지법위반 ……… 각 피고 사건은 이를 경성지방법원의 공판에 붙인다.

【31】

이 유

제1 (1) 피고 김재봉 · 피고 김두전 · 피고 유진희 · 피고 김상주 · 피고 진병기 · 피고 주종건 · 피고 윤덕병 · 피고 송봉우 · 피고 독고전 · 피고 홍덕유는 조봉암 · 김찬 · 조동호와 함께 대정 14년 4월 17일 오후 1시경 경성부 황금정黃金町 일정목一丁目

【32】

중국요리점 아서원雅敍園에 모여, 조선을 일본의 지배에서 벗어나게 하고 또 조선에서 사유재산제도를 부정할 목적으로 '조선공산당'이라 칭하는 비밀결사를 조직했다. 조동호 · 조봉암 · 김찬 3명을 역원役員의 전형위원으로 선출하고, 동同 전형위원으로서 피고 김재봉 · 피고 김두전 · 피고 유진희 · 피고 주종건 및 조동호 · 정운해 · 김찬 등 7명을 중앙집행위원에, 피고 윤덕병 · 피고 송봉우 및 조봉암 등 3명을 검사위원에 각 선임하고, 동同 중앙위원회에게 이 공산당의 직제와 당칙의 제정 · 기타 일체를 위탁했다. 이상 중앙집행위원회는 동월同月 하순경 이후 2회에 걸쳐 중앙집행위원회를 개최해, 비서부 · 조직부 · 선전부를 설치하고 각자의 관장사무를 정해 당칙의 제정 · 기타에 대한 협의에 몰두했다. 러시아국 모사과莫斯科의 국제공산당과 연락을 취해 당원의 모집에 노력했다. 이에 앞서 드러난 목적의 실행에 관해 종종 책동할 것을 도모했지만 관헌이 이를 탐지해 속속 당원을 검거함에 이르러 同 공산당은 장차 와해의 비경悲境에 봉착했다. 피고 김재봉은 김찬과 함께 이를 우려하여 논의 끝에 대정 14년 12월 중순경 경성부 수창동 김정숙의 집에서 조선공산당에 그 목적을 숙지하고 입당한 피고 강달영 · 피고 이준태를 각 회견하였다. 아울러 同 목적을 잘 알고 이에 가입한 피고 이봉수(일명 이철李哲) 및 김철수·홍남표 등과 함께 간부에 취임하고, 협력해서 그 만회에 노력하고자 힘썼다. 피고 강달영·이봉수 및 김철수·홍남표 등은 이에 위의 목적을 숙지하고 조선공산당에 입당한 피고 전정관·피고 권오설 등에게 권유해 모두 중앙집행위원이 되었다. 이후 수차례 경성부 종로 6정목 양원모의 집 및 기타의 장소에서 중앙집행위원회를 개최하고, 경성부 내에 9개의 「야체이카」(세포단체)·5개의 「프락치」(정책적 집회)·동경에 일본부·상해에 상해부·만주에 만주국·러시아 블라디보스톡에 연해주부를 조직했다. 아울러 예산안·예산편제안 설명서·예산안청구서·「야체이카」·「프락치」의

【34】

조직원칙 등을 제정하고, 이에 관한 것은 위 국제공산당에 송부하고, 당원을 모집해서 위의 「야체이카」·「프락치」 등에 배치했다. 전라남도와 경상남도의 도道 간부를 선임하고 오로지 조선공산당의 발전에 분투함으로써 그 목적의 실행에 힘쓰고자 했다.

【44~46】

제4
이상 소위所爲 중 …… 피고 김재봉 ……의 소위는 모두 계속 범행할 뜻이 있는 자로 인정

【48~50】

…… 이상 피고들의 소위는 공판에 부쳐야 할 범죄의 혐의가 충분하므로

피고 김재봉・피고 김두전・피고 유진희・피고 권오설・피고 김상주・피고 진병기・피고 주종건・피고 윤덕병・피고 송봉우・피고 독고전・피고 홍덕유・피고 박원근・피고 임형관・피고 조이환・피고 박길양・피고 홍증식・피고 신철수・피고 장순명・피고 김정규・피고 황수룡・피고 김직성・피고 김기호 등 비밀결사 조직의 행위는 치안유지법 제1조 제1항, 조직의 목적 실행에 관한 행위는 同法 제2조 …… 에 해당하는 바 同 피고들의 소위 중에는 연속범이거나 1개의 행위로서 여러 개의 죄명에 속하여 거의 再犯併合罪에 관계한 소위가 있으므로 형법 제55조・제54조 제1항 前段, 제57조・제47・제10조를 각각 적용 처단해야할 것으로 사료되어 형사소송법 제312조에 즉해 경성지방법원의 공판에 부치는 것으로 한다. ……

【52】

경성지방법원

예심계 조선총독부판사 오정절장五井節藏

소화 2년 3월 31일

경성지방법원

조선총독부 검사 서기

大正十五年豫第四一號四二號四五號乃至四九號五三號五四號五八號六五號六八號一〇二號
昭和二年豫第二號

豫審終結決定

本籍 慶尚北道安東郡豊西面佳谷里四百二十二番地
住居 京城府長沙洞五十二番地朴永玉方
無職
權五卨
當三十年

本籍 忠清南道禮山郡新陽面新陽洞四百九十九番地
住居 京城府薰井洞四番地
無職
朴憲永
當二十七年

一

本籍 京畿道開城郡臨漢面下租江里
住居 京城府貫鐵洞百十九番地
新聞記者
林容豊事
林元根
當二十八年

本籍 平安北道義州郡加山面玉江洞二百六番地
住居 同道新義州府梅枝町二番地
新聞記者
林亨寬
當二十五年

本籍 京畿道江華郡府内面官廳里二百三十八番地
住居 右同所
時代日報江華支局長
朴吉陽
當三十三年

二

本籍 慶尚北道大邱府德山町九十三番地
住居 同道同府同町百三十一番地
無職
申哲洙
當二十四年

本籍 咸鏡南道元山府龍洞二十二番地
住居 京畿道仁川府金谷里十六番地
無職
張順明
當二十八年

本籍 京畿道高陽郡龍江面東幕上里

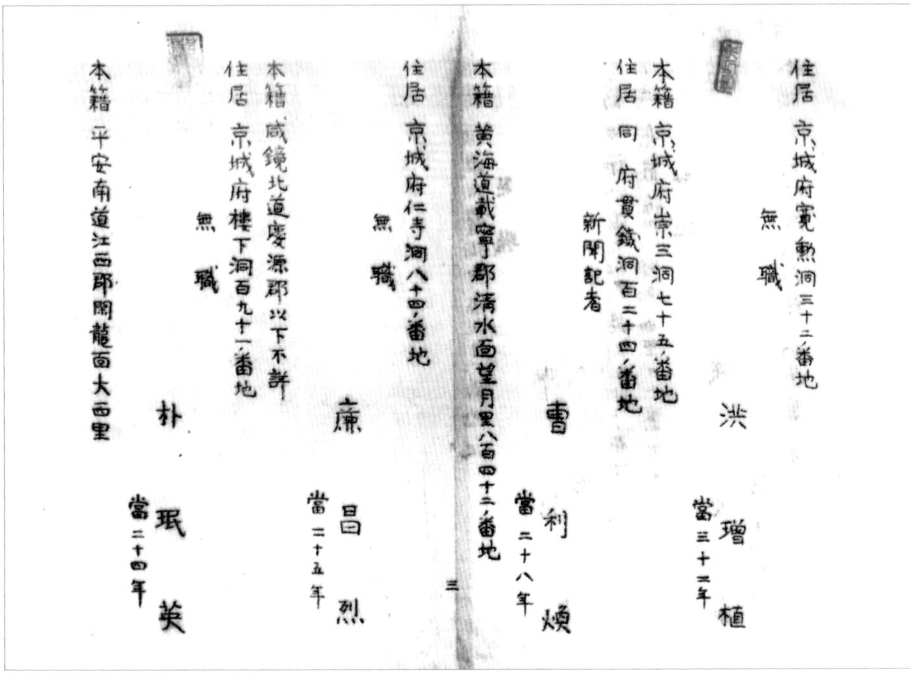

住居 京城府寬勳洞三十二番地
無職
洪璔植 當三十二年
本籍 京城府崇三洞七十五番地
住居 同府貫鐵洞百二十四番地
新聞記者
曺利煥 當二十八年
本籍 黃海道載寧郡淸水面望月里八百四十二番地
住居 京城府仁寺洞八十四番地
無職
廉昌烈 當二十五年
本籍 咸鏡北道慶源郡以下不詳
住居 京城府樓下洞百九十一番地
無職
朴珉英 當二十四年
本籍 平安南道江西郡閑龍面大西里
三

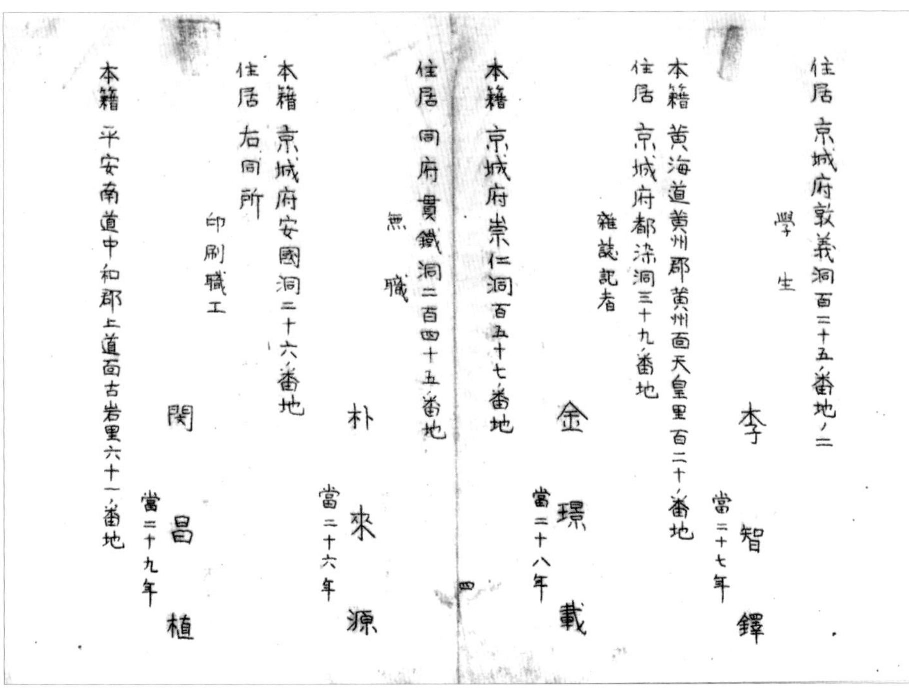

住居 京城府敦義洞百二十五番地ノ二
學生
李智鐸 當二十七年
本籍 黃海道黃州郡黃州面天皇里百二十番地
住居 京城府都染洞三十九番地
雜誌記者
金璟載 當二十八年
本籍 京城府崇仁洞百五十七番地
住居 同府貫鐵洞二百四十五番地
無職
朴來源 當二十六年
本籍 京城府安國洞二十六番地
住居 右同所
印刷職工
閔昌植 當二十九年
本籍 平安南道中和郡上道面古岩里六十一番地
四

住居 京城府安國洞二十六番地閔昌植方

印刷職工

揚在植 當二十九年

本籍 京畿道揚州郡紫芢面民洛里百九十九番地

住居 京城府天然洞二十九番地

印刷職工

李用宰 當二十三年

本籍 平安南道中和郡祥原面新邑里七十番地

五

住居 京城府梨花洞百二十二番地ノ一

印刷職工

白明天 當三十二年

本籍 平安北道宣川郡東面路上洞二百五十番地

住居 同道新義州府若竹町六番地

道廳雇員

金恒俊 當三十一年

本籍 慶尚北道安東郡豊北面五美洞二百四十八番地

住居 京城府嘉會洞六十七番地

無職

金在鳳 當三十七年

本籍 京畿道水原郡西新面前谷里五十五番地

住居 京城府嘉會洞百八十四番地

朝鮮日報社地方部長

笑竹事

洪悳裕 當四十一年

本籍 忠淸南道禮山郡禮山面禮山里

六

住居 京城府都染洞三十九番地朴熙淑方

無職

俞鎭熙 當三十四年

本籍 慶尚北道漆谷郡若木面德山里五百八十八番地

住居 京城府堅志洞八十八番地

無職

陳秉基 當三十二年

本籍 平安北道義州郡古城面煙下洞

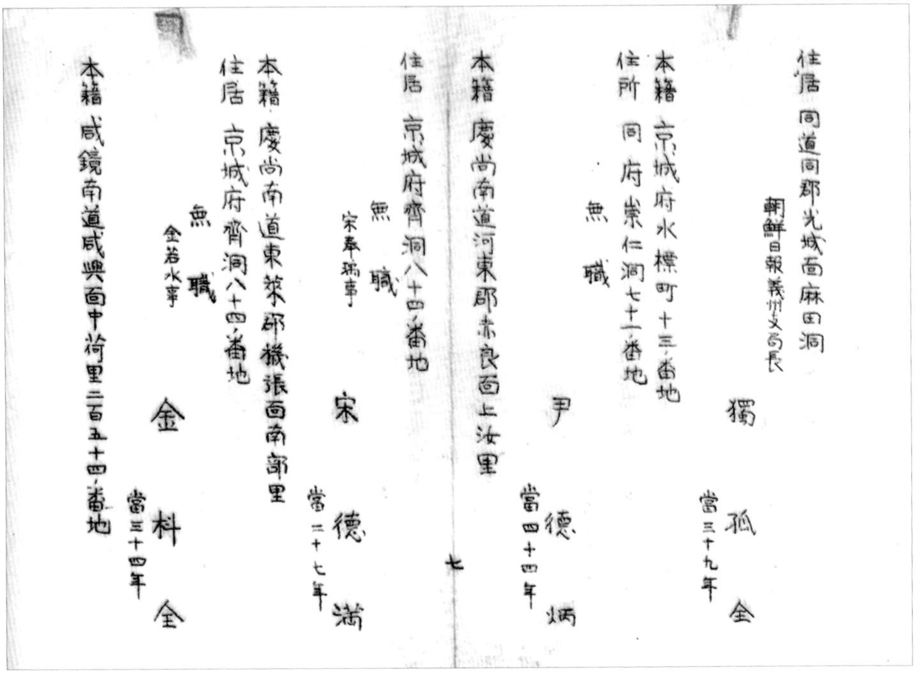

住居 同道同郡光城面麻田洞
朝鮮日報義州支局長
獨孤 全 當三十九年

本籍 京城府水標町十三番地
住所 同府崇仁洞七十二番地
無職
尹 德 炳 當四十四年

本籍 慶尚南道河東郡赤良面上汝里
住居 京城府齊洞八十四番地
無職
宋奉瑀事
宋 德 滿 當二十七年

七

本籍 慶尚南道東萊郡機張面南部里
住居 京城府齊洞八十四番地
無職
金若水事
金 料 全 當三十四年

本籍 咸鏡南道咸興面中荷里二百五十四番地

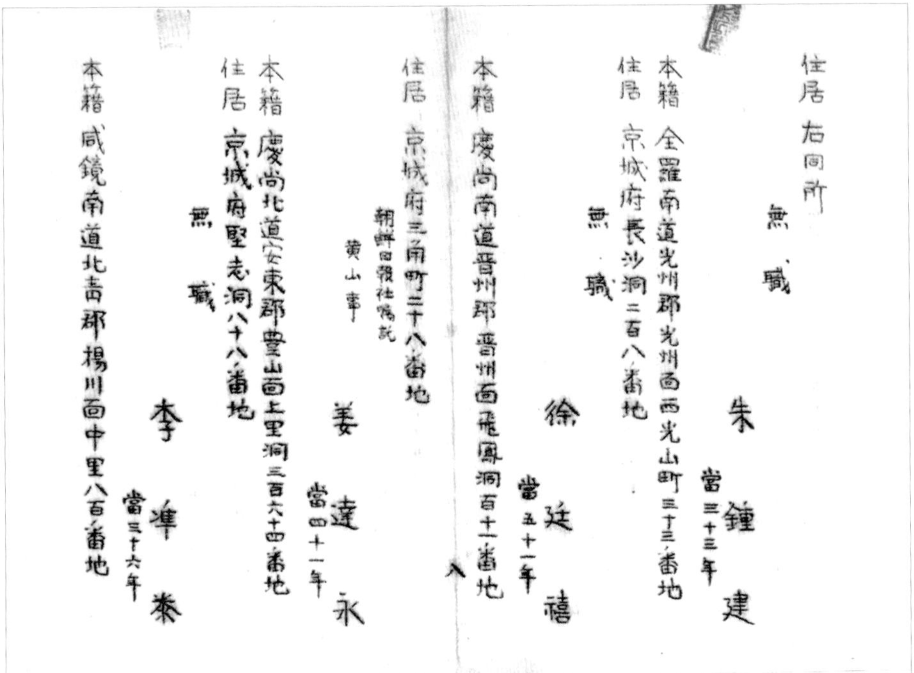

住居 右同所
無職
朱 鍾 建 當三十三年

本籍 全羅南道光州郡光州面西光山町三十三番地
住居 京城府長沙洞二百八番地
無職
徐 廷 禧 當五十一年

本籍 慶尚南道晋州郡晋州面飛鳳洞百十一番地
住居 京城府三角町二十八番地
朝鮮日報社編記
黄山事
姜 達 永 當四十一年

八

本籍 慶尚北道安東郡豊山面上里洞三百六十四番地
住居 京城府堅志洞八十八番地
無職
李 準 泰 當三十六年

本籍 咸鏡南道北青郡楊川面中里八百番地

住居 京城府樓下洞百九十一番地
農
金德事
全政琯
當二十八年
本籍 咸鏡南道洪原郡州翼面倉坪里十八番地
住居 京城府桂洞七十九番地ノ三
新聞記者
李哲事
李鳳洙
當三十六年
本籍 江原道通川郡鶴三面鶴岳里十九番地
九
住居 京城府大平通二丁目百九十八番地
學生
李炳立
當二十四年
本籍 咸鏡北道穩城郡柔浦面香棠洞十一番地
住居 京城府堅志洞八十八番地
無職
朴春濤事
朴一東
當三十五年
本籍 咸鏡北道穩城郡柔浦面豐利洞三百三十六番地

住居 京城府社稷洞百六十六番地
洋服職工
李忠模
當三十二年
本籍 咸鏡北道會寧郡會寧面二洞二百五十六番地
住居 京城府樂園洞百七十一番地
無職
李在益
當三十八年
本籍 京城府蓬萊町四丁目二百八十九番地ノ四
二
住居 同府中學洞百十番地ノ号
時代日報販賣部書記
具昌會
當三十一年
本籍 京城府黃金町四丁目百三十五番地
住居 右同所
靴下職工
李殷植
當三十四年
本籍 慶尚北道安東郡臨何面臨河里

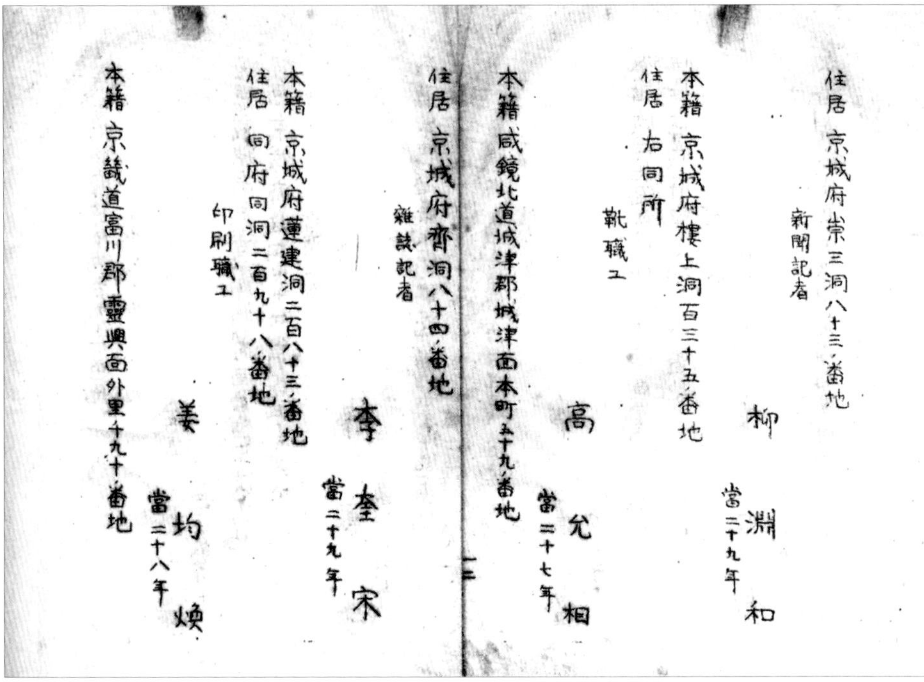

住居 京城府崇三洞八十三番地
新聞記者
柳淵和 當二十九年

本籍 京城府樓上洞百三十五番地
住居 右同所
靴職工
高允相 當二十七年

本籍 咸鏡北道城津郡城津面本町五十九番地

二

住居 京城府齊洞八十四番地
雜誌記者
李奎宋 當二十九年

本籍 京城府蓮建洞二百八十三番地
住居 同府同洞二百九十八番地
印刷職工
姜均煥 當二十八年

本籍 京畿道富川郡靈興面外里十九番地

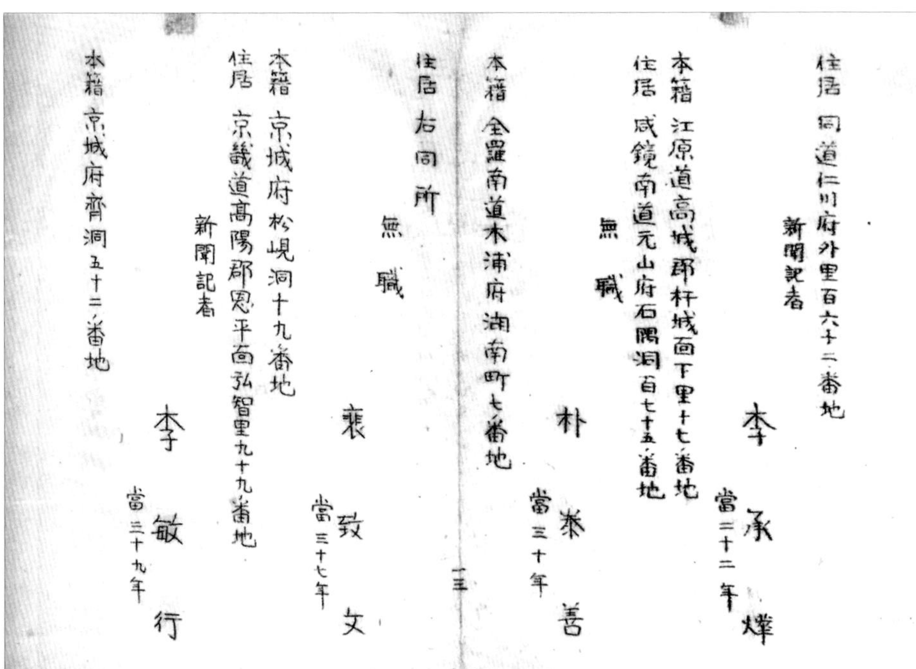

住居 同道仁川府外里百六十二番地
新聞記者
李承燁 當二十二年

本籍 江原道高城郡杆城面下里十七番地
住居 咸鏡南道元山府石隅洞百七十五番地
無職
朴泰善 當三十年

本籍 全羅南道木浦府湖南町七番地

三

住居 右同所
無職
裵致文 當三十七年

本籍 京城府松峴洞十九番地
住居 京畿道高陽郡恩平面弘智里九十九番地
新聞記者
李敏行 當三十九年

本籍 京城府齊洞五十二番地

住居 京城府嘉會洞五十一番地ノ三號
新聞記者
趙鍾周 當三十六年

本籍 慶尚北道安東郡豊谷面佳谷里四百十九番地
住居 右同所
學生
權五尚 當二十八年

本籍 京城府觀水洞百六十番地

一四

住居 同府寬勳洞百十番地
無職
李浩 當二十六年

本籍 京畿道金浦郡大串面大陵里
住居 京城府齊洞八十四番地
無職
金演羲 當三十年

本籍 慶尚北道星州郡星州面京山洞二百五十一番地

住居 京城府樓下洞十番地ノ三號
無職
裵成龍 當三十二年

本籍 慶尚南道晋州郡晋州面平安洞三百三十ノ番地
住居 右同所
農
朴台弘 當三十六年

本籍 慶尚南道晋州郡晋州面飛鳳洞

一五

住居 同道釜山府大新洞三百八十九番地
道廳雇員
南海龍 當三十三年

本籍 忠清南道論山郡陽村面芳村里四百四十番地
住居 右同所
農
愼杓晟 當三十一年

本籍 慶尚南道河東郡河東面邑內洞一千八十五番地

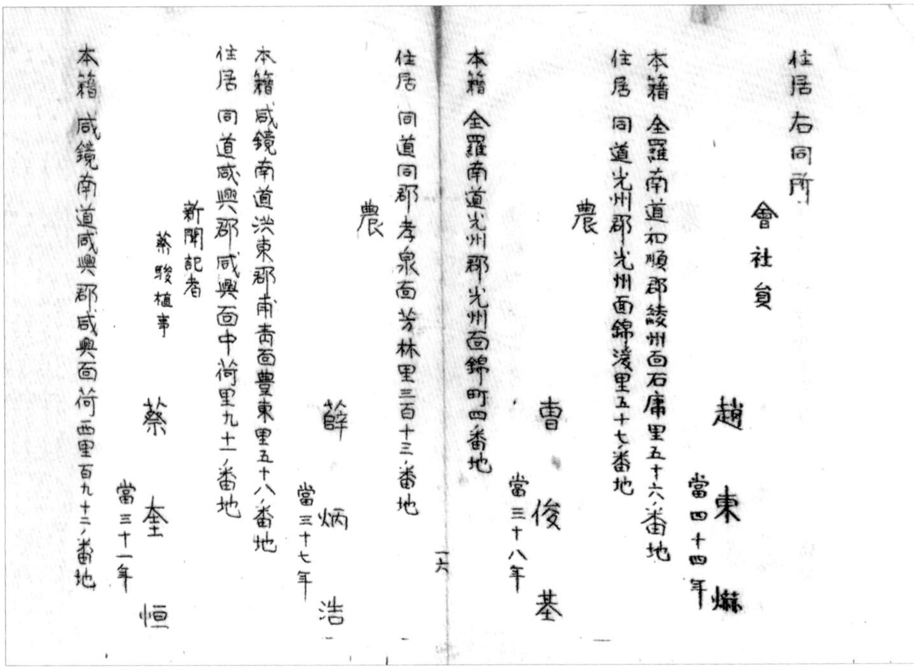

住居 右同所

會社員 趙東爀 當四十四年

本籍 全羅南道和順郡綾州面石席里五十六番地

住居 同道光州郡光州面錦溪里五十七番地

農 曺俊基 當三十八年

本籍 全羅南道光州郡光州面錦町四番地

一六

住居 同道同郡孝泉面芳林里三百十三番地

農 薛炳浩 當三十七年

本籍 咸鏡南道洪東郡甫青面豐東里五十八番地

住居 同道咸興郡咸興面中荷里九十一番地

新聞記者 蔡駿植事 蔡奎恒 當三十一年

本籍 咸鏡南道咸興郡咸興面荷西里百九十二番地

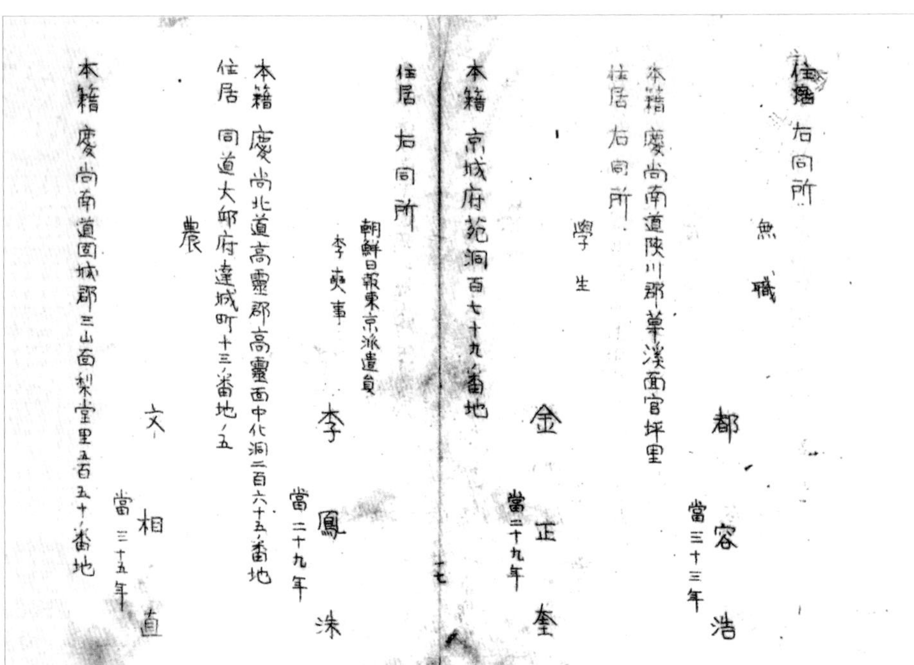

住居 右同所

無職 都容浩 當三十三年

本籍 慶尚南道陜川郡草溪面官坪里

住居 右同所

學生 金正奎 當二十九年

本籍 京城府苑洞百七十九番地

七

住居 右同所

朝鮮日報東京派遣員 李奭事 李鳳洙 當二十九年

本籍 慶尚北道高靈郡高靈面中化洞二百六十五番地

住居 同道大邱府達城町十三番地ノ五

農 文相直 當三十五年

本籍 慶尚南道固城郡三山面梨堂里五百五十番地

住居 同道馬山府新町十四番地ノ二
金融組合書記
黄守龍 當二十一年

本籍 慶尚南道馬山府元町八番地
住居 右同所
理髪業
金琪鎬 當三十三年

本籍 慶尚南道馬山府萬町百番地
住居 右同所
朝鮮日報馬山支局長
金尚珠 當二十六年

一八

本籍 慶尚南道泗川郡昆明面草梁里
住居 同道馬山府城湖洞六十番地
新聞記者
金直成 當二十六年

本籍 慶尚南道昌原郡内西面山湖里二百九十一番地

住居 右同所
穀物商
尹烈事
尹允三 當二十三年

本籍 慶尚南道馬山府萬町五十四番地
住居 右同所
理髪業
金容桑 當二十二年

本籍 慶尚南道馬山府午東洞七十一番地
住居 同道馬山府元町四十番地
店員
李鳳壽 當二十二年

一九

本籍 慶尚南道馬山府城湖洞四十六番地
住居 右同所
理髪業
姜宗祿 當二十四年

本籍 慶尚南道馬山府萬町二百十三番地

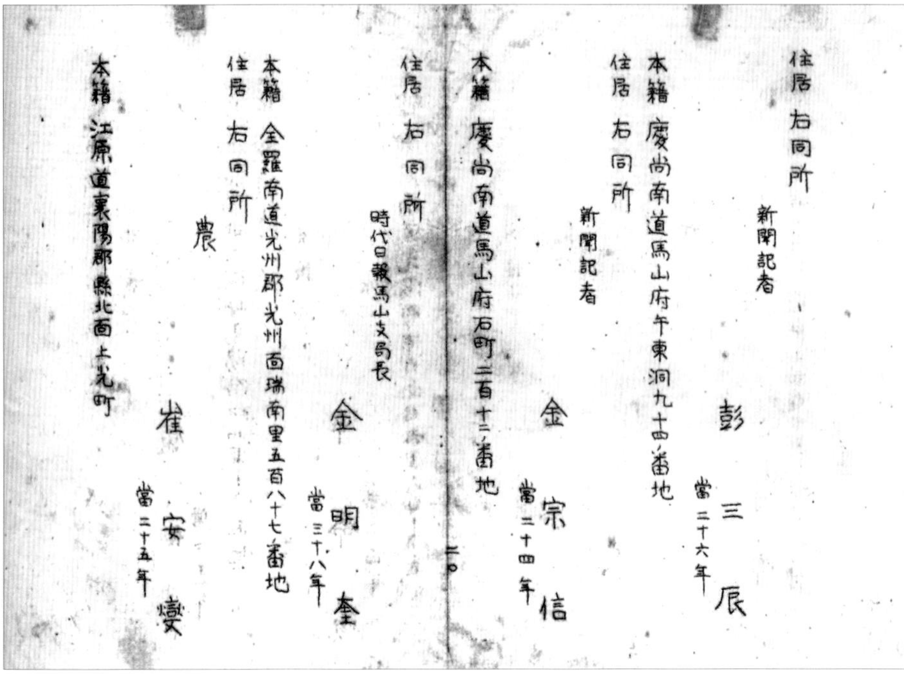
住居 右同所
新聞記者 彭三辰 當二十六年
本籍 慶尙南道馬山府午東洞九十四番地
住居 右同所
新聞記者 金宗信 當二十四年
本籍 慶尙南道馬山府石町二百十二番地
住居 右同所
時代日報馬山支局長 金明奎 當三十八年
本籍 全羅南道光州郡光州面瑞南里五百八十七番地
住居 右同所
農 崔安燮 當二十五年
本籍 江原道襄陽郡縣北面上光町

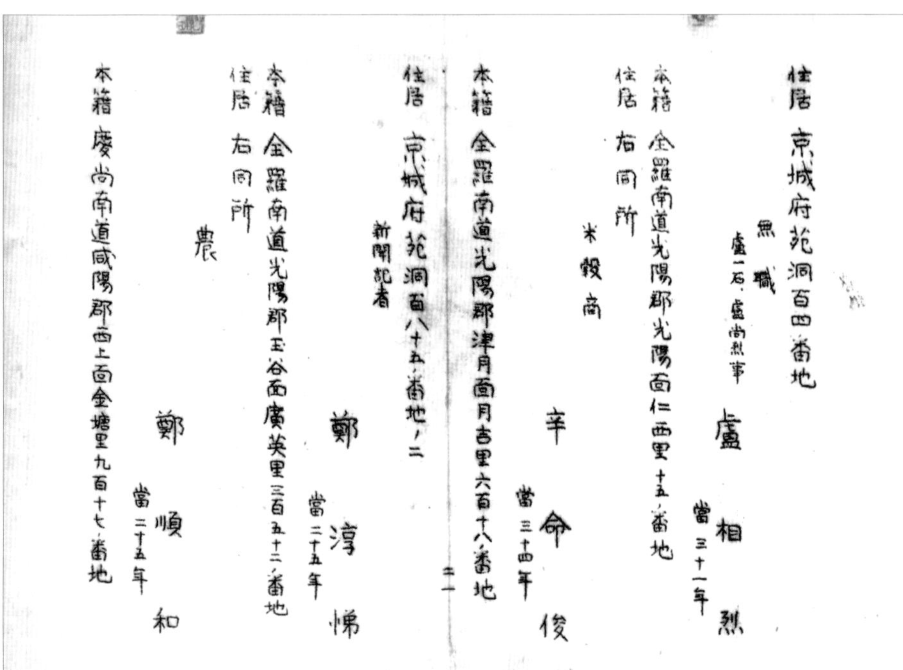
住居 京城府苑洞百四番地
無職 盧一石・盧尙烈事 盧相烈 當三十一年
本籍 全羅南道光陽郡光陽面仁西里十五番地
住居 右同所
米穀商 辛命俊 當三十四年
本籍 全羅南道光陽郡津月面月吉里六百十八番地
住居 京城府苑洞百八十五番地ノ二
新聞記者 鄭淳悌 當二十五年
本籍 全羅南道光陽郡玉谷面廣英里三百五十二番地
住居 右同所
農 鄭順和 當二十五年
本籍 慶尙南道咸陽郡西上面金塘里九百十七番地

住居 全羅南道求禮郡土旨面把道里
朝鮮日報求禮支局長
鄭 泰 重 當二十七年

本籍 全羅南道光州郡光州面錦溪里五十二番地
住居 右同所
農
金 載 中 當二十四年

本籍 全羅南道光州郡光州面瑞南里十八番地
住居 同道濟州島濟州面三徒里
自動車運轉手
崔 一 峯 當二十七年

二二

本籍 全羅南道順天郡西面雲坪里三百七十番地
住居 右同所
大工
許 永 壽 當二十七年

本籍 全羅南道順天郡松光面月山里千七十九番地

住居 同道光州郡光州面須奇屋町五百六十二番地
新聞配達夫
鄭 洪 模 當二十四年

本籍 全羅南道光州郡光州面錦溪里五十五番地
住居 右同所
時代日報支局長
金庚成事
金 有 聲 當三十五年

本籍 全羅南道光陽郡光陽面龜山里百三十四番地

二三

住居 右同所
農
金 完 根 當五十三年

本籍 全羅南道光陽郡玉龍面雲坪里
住居 同道同郡光陽面仁東里百五十二番地
農
鄭 晉 [illegible] 當四十四年

本籍 全羅南道順天郡上沙面鷹嶺里

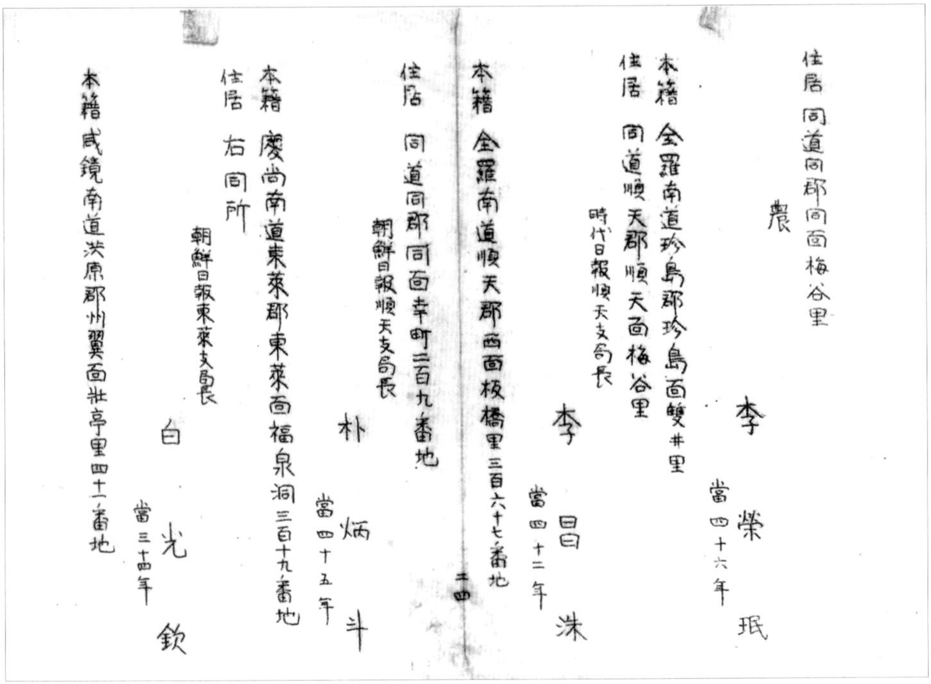

住居 同道同郡同面梅谷里
農 李榮珉 當四十六年
本籍 全羅南道珍島郡珍島面雙井里
住居 同道順天郡順天面梅谷里
時代日報順天支局長
李昌洙 當四十二年
本籍 全羅南道順天郡西面板橋里三百六十七番地
二四
住居 同道同郡同面幸町二百九番地
朝鮮日報順天支局長
朴炳斗 當四十五年
本籍 慶尚南道東萊郡東萊面福泉洞三百十九番地
住居 右同所
朝鮮日報東萊支局長
白光欽 當三十四年
本籍 咸鏡南道洪原郡州翼面壯亭里四十一番地

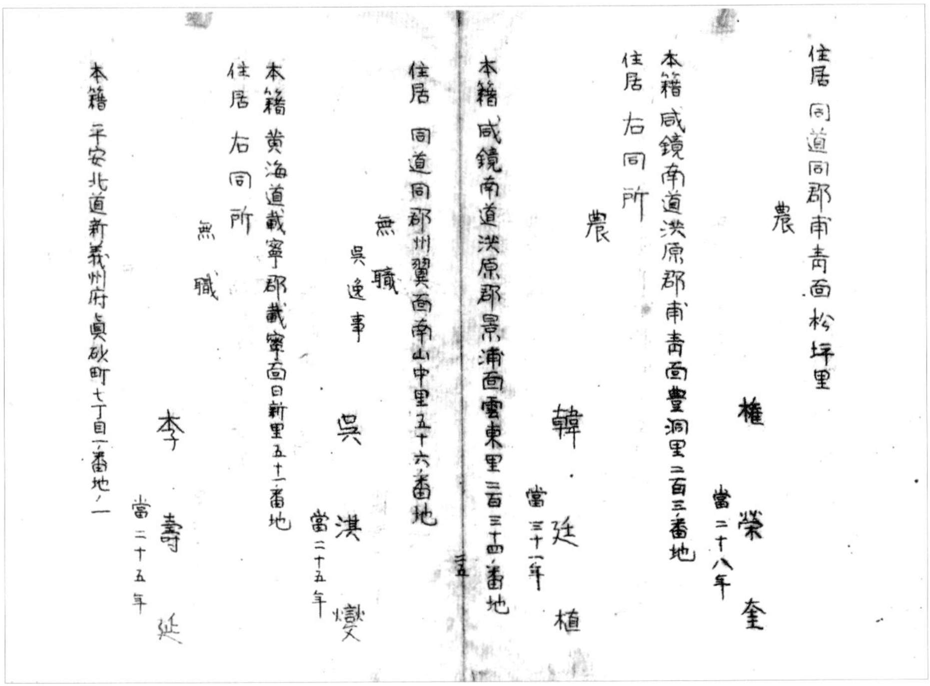

住居 同道同郡甫青面松坪里
農 權榮奎 當二十八年
本籍 咸鏡南道洪原郡甫青面豊洞里二百三番地
住居 右同所
農 韓廷植 當三十一年
本籍 咸鏡南道洪原郡景浦面雲東里二百三十四番地
二五
住居 同道同郡州翼面南山中里五十六番地
無職 呉逸事
呉淇爕 當二十五年
本籍 黃海道載寧郡載寧面日新里五十一番地
住居 右同所
無職
李壽延 當二十五年
本籍 平安北道新義州府眞砂町七丁目一番地ノ一

住居 同道同府雲井町四番地
店員
金景瑞
當二十五年

本籍 平安北道龍川郡楊下面新倉洞
住居 支那安東縣三番通六丁目二番地
朝鮮日報安東縣支局長
趙東根
當三十一年

本籍 忠淸南道論山郡江景面南町三十三番地

二六

住居 京城府勸農洞百八十五番地
無職
金世淵
當二十九年

本籍 京畿道仁川府花平里三百三十番地
住居 京城府嘉會洞百三十四番地
無職
金瑛禧
當二十三年

本籍 慶尚北道永川郡永川面倉邱洞六十六番地

住居 右同所
無職
白基浩
當二十四年

右被告權五卨、同朴來源、同楊在植、同閔昌植、同李用宰、同白明天ニ對スル大正十五年豫第四一號治安維持法及出版法違反被告廉昌烈、同朴珉英、同李智鐸、同金璟載、同金恒俊、同洪眞裕ニ對スル同年豫同號治安維持法違反被告洪悳裕ニ對スル同年豫第四二號名譽毀損、被告權五卨ニ對スル同年豫第四五號治安維持法

二七

違反被告金料全、同俞鎭熙、同獨孤佺、同陳秉基、同朱鍾建、同尹德炳、同徐廷禧ニ對スル同年豫第四六號治安維持法違反被告朴寬永、同林元根、同林亨寬、同金尚珠、同曺利煥、同朴吉陽、同金景瑞、同趙東根、同申晳洙、同張順明、同洪璔植ニ對スル同年豫第四七號治安維持法違反被告金在鳳ニ對スル同年豫第四八號治安維持法違反被告宋德滿ニ對スル同年豫第四九號治安維持法違反被告李鳳洙(一名李晳秀)ニ對スル同年豫第五三號治安維持法違反被告獨孤佺、同金景瑞ニ對スル同年豫第五四號傷害及暴行被告姜達

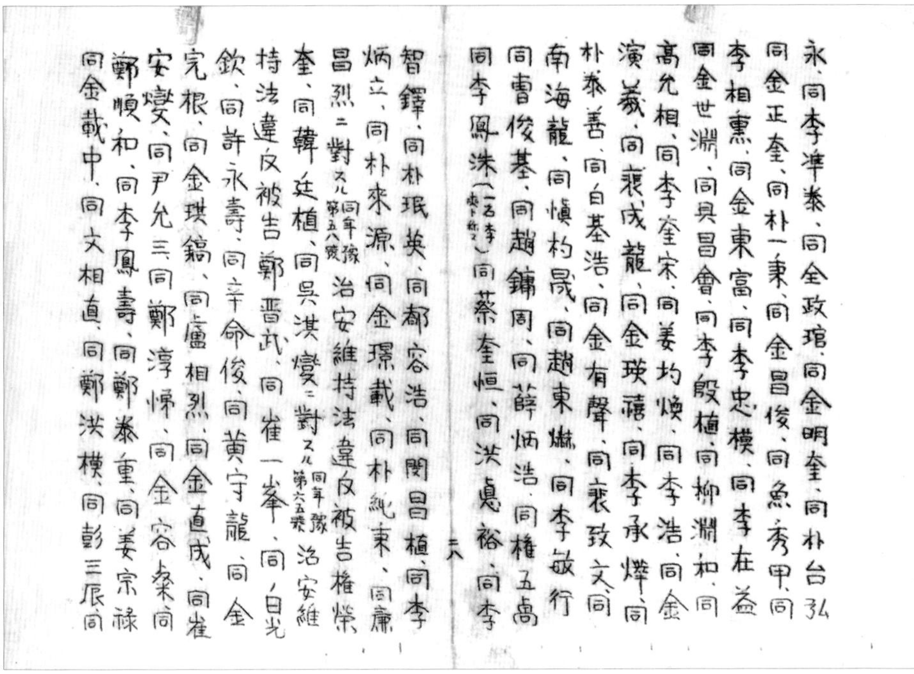

永、同李準泰、同全政琯、同金明奎、同朴台弘
同金正奎、同朴一秉、同金昌俊、同魚秀甲、同
李相熏、同金東富、同李忠模、同李在益
同金世淵、同吳昌會、同李殷植、同柳淵和、同
高允相、同李奎宋、同姜均煥、同李浩、同金
演羲、同裵成龍、同金瑛禧、同李承燁、同
朴泰善、同白基浩、同金有聲、同裵致文、同
南海龍、同愼杓晟、同趙東爀、同李敏行
同曺俊基、同趙鏞周、同薛炳浩、同權五卨
同李鳳洙（一名李鳳株）同蔡奎恒、同洪悳裕、同李

二八

智鐸、同朴珉英、同都容浩、同閔昌植、同李
炳立、同朴來源、同金璟載、同朴純秉、同廉
昌烈ニ對スル同年豫第五八號治安維持法違反被告權榮
奎、同韓廷植、同吳洪燮ニ對スル同年豫第六五號治安維
持法違反被告鄭晋武、同崔一峯、同白光
欽、同許永壽、同辛命俊、同黃守龍、同金
完根、同金琪鎬、同盧相烈、同金直成、同崔
安燮、同尹允三、同鄭淳悌、同金容采、同
鄭順和、同李鳳壽、同鄭泰重、同姜宗祿
同金載中、同文相直、同鄭洪模、同彭三辰、同

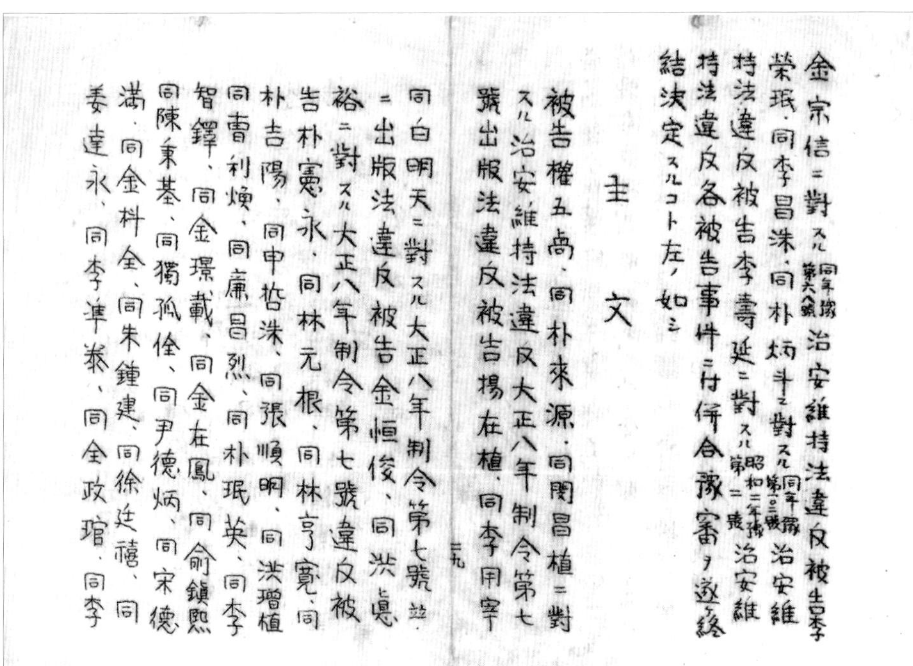

金宗信ニ對スル同年豫第六八號治安維持法違反被告李
榮珉、同李昌洙、同朴炳斗ニ對スル同年豫第一〇三號治安維
持法違反被告李壽延ニ對スル昭和三年豫第二號治安維
持法違反各被告事件ニ付併合豫審ヲ遂ケ終
結決定スルコト左ノ如シ

主　文

被告權五卨、同朴來源、同閔昌植ニ對
スル治安維持法違反大正八年制令第七
號出版法違反被告楊在植、同李用宰

二九

同白明天ニ對スル大正八年制令第七號並
ニ出版法違反被告金恒俊、同洪悳
裕ニ對スル大正八年制令第七號違反被
告朴憲永、同林元根、同林亨寬、同
朴吉陽、同申哲洙、同張順明、同洪璔植
同曺利煥、同廉昌烈、同朴珉英、同李
智鐸、同金璟載、同金在鳳、同兪鎭熙
同陳秉基、同獨孤佺、同尹德炳、同宋德
滿、同金枓全、同朱鍾建、同徐廷禧、同
姜達永、同李準泰、同全政琯、同李

鳳洙（一名李堅燮）、同李炳立、同朴一東、同金昌
俊、同魚秀甲、同李相熏、同金東富、同
李忠模、同李在益、同具昌會、同李殷
植、同柳淵和、同高允相、同李奎宋、同
姜均煥、同李承燁、同朴泰善、同裵致
文、同李敏行、同趙鏞周、同權五尚、同
李浩、同金演義、同裵成龍、同朴台
弘、同南海龍、同愼杓晟、同趙東爀、同
曺俊基、同薛炳浩、同蔡奎恒、同都
容浩、同金正奎、同文相直、同李鳳洙
（一名李泰善）同黃守龍、同金琪鎬、同金尚

三〇

珠、同金直成、同尹允三、同金容桑、同李
鳳壽、同姜宗祿、同彭三辰、同全宗
信、同金明奎、同崔安燮、同盧相烈、同
辛命俊、同鄭淳悌、同鄭順和、同鄭
泰重、同金載中、同崔一峯、同許永壽
同鄭洪模、同金有聲、同金完根、同鄭
晋武、同李榮珉、同李昌洙、同朴炳
斗、同白光欽、同權榮奎、同韓廷植、同
吳淇燮、同李壽延ニ對スル治安維持法
違反及被告洪悳裕ニ對スル名譽毀損ノ

各被告事件ハ之ヲ京城地方法院ノ公判
ニ付ス
被告獨孤佺ニ對スル傷害及損壞同金景
瑞ニ對スル治安維持法違反及傷害、損壞同
趙東根、同金世淵、同金瑛禧、同白基浩
ニ對スル治安維持法違反各被告事件ハ之
ヲ免訴ス
被告權五卨ニ對スル同被告朴憲永其他ノ
者ト謀議ノ上我帝國ノ國體ヲ變革シ且私有財産
制度ヲ否認スル目的ヲ以テ高麗共産青年

三一

會ナル秘密結社ヲ組織シ其ノ目的ノ實行ニ
關シ策動シタル旨ノ大正十五年豫第四一號
被告事件ハ之ヲ棄却ス

理由

第一(一)被告金在鳳、同金枓全、同俞鎮熙、同權五卨、
同金尚珠、同陳東基、同朱鍾建、同尹
德炳、同宋奉瑀、同獨孤佺、同洪悳裕
ハ曺奉岩、金燦、趙東祜ト共ニ大正十四
年四月十七日午后一時頃京城府黃金町一丁

目支那料理店雅叙園ニ會合シ朝鮮ヲ我
帝國ノ羈絆ヨリ離脱セシメ且朝鮮ニ於テ私
有財産制度ヲ否認スル目的ヲ以テ朝鮮共
産黨ト稱スル秘密結社ヲ組織シ趙東祜
曺奉岩、金燦ノ三名ヲ役員ノ詮衡委
員ニ擧ケ同詮衡委員ヲシテ被告金在
鳳、同金科全、同兪鎭熙、同朱鍾建及
趙東祜、鄭雲海、金燦等七名ヲ中央
執行委員被告尹徳炳、同宋奉瑀及
曺奉岩等三名ヲ檢査委員ニ各選任セ

三二

シメ同中央執行委員ニ對シ該共産黨ノ職
制竝黨則ノ制定其ノ他一切ヲ委託シ右中
央執行委員ハ同月下旬頃以來二回ニ亘リ
中央執行委員會ヲ開キ秘書部、組織
部、宣傳部ヲ設ケ各自ノ管掌事務
ヲ定メ黨則ノ制定其ノ他ニ付協議ヲ凝シ
露國莫斯科ノ國際共産黨ト連絡ヲ取リ
黨員ノ募集ニ努メ依テ前顯目的ノ實行
ニ關シ種々策動セシニ圖ラスモ官憲カ之ヲ
探知シ續々黨員ヲ檢擧シタルニ因リ同共

産黨ハ將ニ瓦解ノ悲境ニ逢着セシカ被告
金在鳳ハ金燦ト共ニ之ヲ憂慮シ熟議ノ
末大正十四年十二月中旬頃京城府需昌洞
金貞淑方ニ於テ朝鮮共産黨ニ其ノ目的
ヲ熟知シテ入黨セル被告姜達永、同李凖
泰ニ各會見シ同シク同目的ヲ悉知シテ此ニ
加入シタル被告李鳳洙（一名李哲燮）及金錣洙洪
南杓等ト一緒ニ幹部ニ就キ協力シテ其ノ
挽回ニ努力スヘク慫慂シ被告姜達永、同李
凖泰、同李鳳洙（一名李哲燮）及金錣洙、洪南

三三

杓等ハ依テ右目的ヲ了知シテ朝鮮共産黨
ニ入黨セル被告全政琯、同權五卨等ヲ語
ヒ同中央執行委員トナリ爾後屢々京城
府鍾路六丁目梁源模方其ノ他ニ於テ中
央執行委員會ヲ催シ京城府内ニ九個ノ「ヤ
チエーカ」（細胞團体）五個ノ「ブラクチ」（政策的集
會）東京ニ日本部上海ニ上海部滿洲ニ滿洲
部露國浦塩ニ沿海洲部ヲ組織シ且豫算
案、豫算編製案說明書（押第九七八號ノ證
第八號）、豫算案請求書、「ヤチエーカ」（細胞團体）

「ブラクチ」（政策的集會）ノ組織原則（押同號ノ證第二十
二號ノ證第三号二四号三号二四号）等ヲ制定シ
ニ關スルモノハ右國際共産黨ニ送致シ黨
黨員ニシテ右ノ「ヤチユーカ」「ブラクチ」等
ニ配置シ全羅南道竝慶尚南道ノ道幹部ヲ
選任シ専ラ朝鮮共産黨ノ發展ニ奔騰シ
以テ其ノ目的ノ實行ニ關シ策動シタリ
(二)被告康昌烈、同朴來源、同朴珉英、同李
智鐸、同閔昌植、同金環載、同朴台弘、同
金正奎、同朴一東、同金昌俊、同魚秀甲、同

三四

李相熏、同金東富、同李忠模、同李在益
同具昌會、同李殷植、同柳淵和、同高允相
同李奎榮、同姜均煥、同李浩、同金演義
同裵成龍、同李承燁、同朴泰善、同金有
聲、同裵致文、同南海龍、同愼杓晟、同趙
東爀、同李敏行、同曺俊基、同趙鏞周、同
薛炳浩、同權五尚、同李鳳洙（一名李[illegible]）、同蔡
奎恒、同都容浩、同李炳立、同鄭晋武、同
白光欽、同辛命俊、同金完根、同盧相烈、同
崔安燮、同李榮珉、同李昌洙、同朴炳斗

同李壽延等ハ何レモ朝鮮共産黨ノ創立後其
ノ目的ヲ熟知シテ同共産黨ニ入黨シ被告金
明奎、同朴台弘ハ各慶尚南道ノ道執行委
員被告辛命俊ハ全羅南道ノ道執行委員
被告金正奎ハ日本部ノ責任幹部ニ任命セラレ
被告辛命俊ハ同シク黨員ニシテ全羅南道ノ道
執行委員タル申東浩、金基洙等ト共ニ道執
行委員會ヲ開キ前掲目的ノ實行ニ關シ協議ヲ
為シ秘書部、教養部、責任部ヲ設ケ各
自ノ司掌事務ヲ定メ光州、順天、光陽ノ三箇

三五

所ニ各「ヤチエーカ」（細胞團體）ヲ組織シ被告崔安
燮、同金有聲、同曺俊基ハ光州「ヤチエーカ」（
細胞團體）ニ被告鄭晋武、同金完根、同辛
命俊ハ光陽「ヤチエーカ」（細胞團體）ニ被告李榮
珉、同李昌洙、同朴炳斗ハ順天「ヤチエーカ」
（細胞團體）ニ隷属シ被告康昌烈、同朴來源
同朴珉英其ノ餘ノ被告等ハ京城府ノ「ヤチエ
ーカ」（細胞團體）若クハ「ブラクチ」（政策的集會）ニ夫々
配属セリ
(三)被告金明奎、同黄守龍、同金尚珠、同

金直成、同金琪鎬ハ金炯善ト共ニ大正十三年八月十七日慶尚南道馬山府城湖洞金明奎方ニ集合シ被告金明奎ノ發意ニ依リ朝鮮ニ於テ私有財産制度ヲ否認シ共産制度ノ實現ヲ期スル目的ヲ以テ馬山共産黨ナル秘密結社ヲ創設シ被告金明奎ヲ其ノ責任者ニ推シ爾後時々集會ヲ開キテ右目的ノ實行ニ關シ協議ヲ爲シ被告彭三辰、同金宗信ハ同目的ヲ熟知シテ該共産黨ニ加入セシガ其ノ後大正十四年八月頃同被告等ハ朝鮮共産黨ハ前述ノ

三六

目的ヲ以テ組織セラレタルモノナルノ情ヲ悉知シナガラ馬山共産黨ヲ朝鮮共産黨ニ併合スヘク決議シ名稱ヲ朝鮮共産黨馬山「ヤチエーカ」（細胞團體）ト改メ依テ被告金明奎、同黃守龍、同金直成、同金琪鎬、同彭三辰、同金宗信ハ朝鮮共産黨ニ加入スルニ至リタリ

第二(一)被告朴憲永、同權五卨、同林元根、同林亨寬、同金尚珠、同曺利吉陽、同洪增植、同申哲洙、同張順明等ハ金丹冶、金燦、曺奉岩、鄭敬昌、安相熏、金東明、陳秉基等ト共ニ大正十四年四月十八日午后七時頃京城府薫井洞四番地朴憲永方ニ會合凝議ノ上朝鮮ヲ我帝國ノ覊絆ヨリ離脱セシメ且朝鮮ニ於テ私有財産制度ヲ否認スル目的ヲ以テ高麗共産青年會ト稱スル秘密結社ヲ組織シ被告朴憲永及曺奉岩洪增植等三名ヲ役員ノ詮衡委員ニ擧ケ同詮衡委員ヲシテ被告朴憲永、同權五卨、同洪增植、同申哲洙及曺奉岩及金燦、金丹冶七名ヲ中央執行委員、被

三七

告曺利煥、同林亨寬及金東明三名ヲ檢査委員ニ各選任セシメ該共産青年會ノ職制並會則綱領ノ制定等一切ヲ附託シ同中央執行委員ハ爾來屢々中央執行委員會ヲ開キ秘書部、宣傳部、組織部ヲ設ケ各自ノ分擔ヲ定メ露國莫斯科ノ國際共産青年會ト連絡ヲ取リ會員ヲ募集シ共産主義宣傳ノ鬪士ヲ養成セニカ爲露國莫斯科ノ共産學校ニ留學生トシテ會員安相勳外二十名ヲ派遣シ種々前顯目的ノ實

行ニ關シ策動セシニ端ナクモ官憲カ之ヲ探査シ會員ノ檢擧ニ努メシ故高麗共產青年會ハ殆ント自滅ノ狀態ニ陷リシカ被告權五卨ハ之ヲ苦慮シ同共產青年會ニ其ノ目的ヲ熟知シテ入會シタル被告廉昌烈、同朴珉英、同李智鐸、同金璨載、同李炳立ヲ語ヒ彼等ヲ中央執行委員候補ニ擧ケ大正十四年十二月十日頃以降屢、京城府需昌洞九十七番地趙斗元方其ノ他ニ相會シテ中央執行委員會ヲ開キ英國無

二八

產青年會ノ會則ト題シテ高麗共產青年會ノ會則（押第九七八號ノ證第二九號、押第一二四號ノ證第一〇號、二二號、二〇號、押第一三六一號ノ證第一號）ヲ制定シ會員ノ募集等ニ努メ專ラ高麗共產青年會ノ發展ニ狂奔シ以テ其ノ目的ノ實行ニ關シ策動シタリ

(二) 被告朴來源、同閔昌植、~~同高允相~~、同權五卨、同崔安燮、同盧相烈、同鄭淳悌、同崔一峯、同鄭順和、同鄭泰重、同許永壽、同金載中、同鄭洪權等ハ何レモ高麗共產青年會創設後其ノ目的ヲ了知シテ同共產青年會ニ入會シ被告崔安燮、同盧相烈、同鄭淳悌ハ全羅南道ノ道幹部トナリ大正十五年六月九日全羅南道順天郡順天面幸町農民會館ニ於テ道幹部會ヲ開キ目的ノ實行ニ關シ協議ヲ爲シ光州、順天、求禮、光陽ノ四箇所ニ同共產青年會ノ「ヤチエーカ」（細胞團體）ヲ組織シ被告崔安燮、同崔一峯、同鄭洪權、同鄭順和、同鄭淳悌、同許永壽、同鄭泰重、同金載中ハ同「ヤチエーカ」（細胞團體）ニ夫々配屬セリ

(三) 被告黃守龍、同金尙珠、同金直成ハ金炯善ト共ニ大正十三年八月五日慶尙南道馬山府南洞ノ海岸ニ集合シ謀議ノ上私有財產制度ヲ否認シテ共產制度ヲ實現セシムル目的ヲ以テ馬山共產青年會ト稱スル秘密結社ヲ組織シ被告黃守龍ヲ其ノ責任者ニ擧ケ爾來會員ヲ募集シ時々馬山府萬町被告金尙珠宅ニ於テ集會ヲ開キ

二九

右目的ノ實行ニ關シ協議ヲ重ネシカ其ノ
後大正十五年八月五日頃被告金尚珠ノ
發意ニ依リ一同合議ノ上高麗共産青年
會ニ其ノ目的ヲ熟知シテ此ヲ併合シ同共
産青年會馬山「ヤチエーカ」(細胞團體)ト改
名シ馬山第一「ヤチエーカ」(細胞團體)第二
「ヤチエーカ」(細胞團体)ヲ設ケ會員ノ募集
其ノ他前掲目的ノ實行ニ關シ協議ヲ為シ
被告姜宗錄、同尹允三、同金容粲、
同李鳳壽等ハ高麗共産青年會ノ

四〇

右目的ヲ了知シ此ニ加盟シテ同「ヤチエーカ」
(細胞團體)ニ夫々配属セリ
第三(一)被告權五卨ハ金円洛(一名金泰淵ト称ス)ト謀議
シ被告朴來源、同閔昌植、同楊在植、同
李用宰ヲ語ヒ共謀ノ上李王殿下ノ國葬
ヲ機トシ朝鮮ノ獨立ニ關スル不穩文書
ヲ印刷撒布シ以テ其ノ獨立運動ヲ為
サンコトヲ企劃シ被告權五卨ハ大正十五
年五月十五日頃京城府長沙洞五十二番地
李壽元方ニ於テ密カニ檄告文ト題シ

吾等ハ既ニ民族的及國際的平和ノ為一千九百十九年三月一日ヲ以テ
大韓獨立ヲ宣言セリ吾人ハ歴史的復讐主義ヲ取リ覆セントスルニ
アラスシテ正ニ吾人ノ喪失セル國權ヲ恢復セントスルニアリ日本ノ全民衆
ニ敵對セントスルニアラス單ニ之レ日本ノ統治ヲ離脱セントスルニアリ吾人
ノ獨立宣言ハ實ニ正義ノ結晶ニシテ平和ノ表象ナリ云々兄弟ヨ姉
妹ヨ速カニ進ミ直ニ戰ヘ而シテ完全ナル獨立ノ恢復ヲ期セ云々大
韓獨立萬歳ト題シ朝鮮ハ朝鮮人ノ朝鮮ナリ横暴ナル總督
政治ノ羈絆ヲ脱セヨ九尾狐ノ如キ日本人ヲ朝鮮ノ領域内ヨリ驅逐セヨ云々
朝鮮人教育ハ朝鮮人本位ニト題シ普通學校用
語ヲ朝鮮語ニ普通學校長ヲ朝鮮人ニ云々大學ハ朝鮮人ヲ忠ニセ

四一

ヨ云々産業ハ朝鮮人本位ニト題シ東洋拓殖會社ヲ撤
廢セヨ日本移民制度ヲ撤廢セヨ云々大韓獨立運動者ヲ
團結セヨト題シ一切ノ納税ヲ止メヨ日本物貨ヲ排斥セヨ朝鮮人
官吏ハ一切退職セヨ日本人工場ノ職工ハ總罷業ヲナセヨ日本人土地
ニ小作料ヲ納ムルナカレ云々在獄革命囚ヲ釋放セヨ云々ナル不穩
文書ノ原稿ヲ作成シ被告朴來源、同閔
昌植、同楊在植、同李用宰、同白明天ハ
同月十七日以降同月三十一日迄ノ間同府安國洞
三十六番地被告白明天ノ借家若クハ同府同
洞二十六番地被告閔昌植方ニ於テ押収ニ係ル

印刷機械其ノ他（押第七九二號ノ證第七號乃至第一七號、第三五號）ヲ使用シ濫ニ檄告文一萬二千枚（押第七九二號ノ證第三號）大韓獨立萬歲二萬枚（押同號ノ證第二號）朝鮮人教育ハ朝鮮人本位ニセヨ諸産業ハ朝鮮人本位ニセヨ各六千枚（押同號ノ證第四號、第五號）大韓獨立運動者ヲ團結セヨ八千枚（押同號ノ證第六號）合計五萬二千枚ヲ印刷シ被告白明秀カ其ノ間同不穩文書ニ捺印スヘク右借家ニ於テ調刻シタル大韓獨立黨ノ印章ヲ檄告文ノ約半ニ押捺シ金丹洛カ送附シタル哭シ服スル民

四二

ニ檄ストノ題スル李朝最後ノ君主昌德宮主人李拓ハ五十三春秋ヲ一期トシテ去ル四月二十五日長逝ス此ヲ期シ全朝鮮民衆ハ擧テ總動員シ悲シ哭シ喪ニ服シ三千里疆域ハ俄ニ落淚場ト化セリ云々、悲及嘆其者ハ何等ノ價値ナシ以ハ吾人ノ生活ノ向上ニ何等ノ努力ヲ現シ得ス哀痛其者ハ吾人ノ唯一ノ活路ナル日本帝國主義驅逐ニ何等ノ力量ヲ持タス故ニ吾人ハ此ノ期ヲ利用シ日本帝國主義ヲ驅逐スヘキ闘爭ノ力ヲ扶植シ併セテ一歩タリトモソノ驅逐ヲ目標ニシ闘爭ヲ始メム云々、注ク民衆ヨ一團トナリ革命團體ノ旗下ニ集團セヨ今日哭シ服スル忠誠ト義憤ヲ盡シ吾人ノ解放闘爭ニ捧ケ日本帝國主義ヲ撲滅セヨ云々ノ不隱文書ヲ併セ是等ヲ折半シ其ノ半ハ全鮮ヲ鐵道

線ニ據テ湖南線、京釜線、京元線、京義線ノ四方面ニ分チ被告朴來源ハ湖南線京釜線方面ノ中心地大田、被告閔昌植ハ京義線方面ノ中心地沙里院若クハ平壤竝京元線方面ノ中心地元山ニ潛伏シ
全羅南道光州、木浦、順天、全羅北道ノ全州、群山、井邑、慶尚南道ノ晋州、釜山馬山、河東、慶尚北道ノ大邱、安東、尚州永川、浦項、忠清北道ノ清州、忠州、忠清南道ノ公州、大田、京畿道ノ仁川、開城、黃

四三

海道ノ海州、沙里院、載寧、平安南道ノ平壤、安州、平安北道ノ新義州、宣川咸鏡南道ノ咸興、洪原、永興、北靑、咸鏡北道ノ清津、羅南、穩城
ノ道廳其ノ他ノ官衙靑年團體ニ對シ同不穩文書ヲ開闢、新女性、新民等ノ各雜誌内ニ若干枚究密封シテ郵送配付シ殘餘ノ一半中若干枚ハ被告朴來源、同閔昌植、同李用宰ト同場在植ハ商店ノ廣告郵便ニ擬シ總督府裁判所、京畿道廳其ノ他ノ官衙ニ頒

布シ残餘ノ大半ハ同月十日ノ國葬ノ際被告權
五卨、同朴來源、同閔昌植、同李用宰、同
楊在植ハ學生、靴下職工、印刷職工ヲ使嗾シ
相應呼シテ葬列ノ通過スル沿道ニ於テ群衆中
ニ撒布シ一聲ニ朝鮮ノ獨立萬歳ヲ高唱シ依
テ安寧秩序ヲ妨害セムトシタリ
(二)被告金恒俊ハ前記哭シ服スル民衆ニ檄スト題
スル不穩文書ハ李王殿下ノ國葬ニ際シ朝鮮ノ
獨立運動ヲナス目的ヲ以テ頒布スルモノナルノ情
ヲ知リナカラ金円洛ノ使春金必成ノ被告洪
四三
悳裕ニ送致スヘキ旨ノ依賴ニ應シ大正十五年五
月二十八日右簞笥ニ隱匿シテ引越荷物ノ如ク
裝ヒ支那安東縣堀割南道九丁目一番地三成
運送店ノ店員姜延夫ヲ詐罔シ右不穩文書ヲ
京城ニ運送セシメ同年六月三日自ラ其ノ貨物引換
證(押第七九二號ノ證第一九號)ヲ携ヘテ上京シ同日正午
頃朝鮮日報社ニ被告洪悳裕ヲ訪ツレ右發荷
ノ顚末ヲ告ケテ同引換證ヲ交付シ以テ被告權
五卨一味ノ前顯犯行ヲ幇助シ被告洪悳裕
ハ右犯情ヲ承知シナカラ被告權五卨ノ要請

ヲ容レ被告金恒俊ヨリ該貨物引換證ヲ受取
リ被告權五卨ニ此ヲ送致シテ其ノ趣ヲ傳達シ
以テ同被告等ノ該犯行ヲ幇助シタリ
第四被告洪悳裕ハ朝鮮日報社ニ勤務シ地方
部長トシテ編輯事務ヲ擔當中大正十四年
四月十八日附朝鮮日報朝刊第一千六百八十二號
東北版第二面ニ賭博團及強盗團ナル題目ノ
下ニ金昌元、金洛鳳外二名ハ賭博ヲ業トナス
浮浪ノ徒ニシテ賭銭ニ困窮シタル結果同年四
月八日永興郡順寧面豊東里金東吉方ニ於
四四
テ李景洙ノ妻女某ノ裳ヲ脱シ其ノ所持金四
十圓ヲ強奪シタル旨ノ虛僞ノ事實ヲ公然摘
示發行シ以テ金昌元、金洛鳳ノ名譽ヲ毀損
シタリ
右所爲中被告金在鳳、同金枓全、同俞鎭熙、同
權五卨、同金尚珠、同陳東基、同朱鍾建、同
尹德炳、同宋奉瑀、同獨孤佺、同洪悳裕(但第三ノ(二)第四ノ所爲ハ除ク)同姜達永、同李準泰、同金政琯、同
李鳳洙(一名李哲ト称ス)、同廉昌烈、同朴來源(但第三ノ(一)ノ所爲ヲ除ク)
同林元根、同林亨寬、同曺利煥、同朴吉陽

同洪璔植、同申晳洙、同張順明、同朴琠英、同
李智鐸、同閔昌植、同金環載、同李炳立、同盧
相烈、同崔安燮、同鄭洪模、同金明奎、同黄
守龍、同金直成、同金琪鎬、同彭三辰、同金
宗信等ノ所為ハ何レモ犯意継續シテ敢テシタルモノト認ム

被告文相直ハ大正九年七月十日大邱地方法院ニ於テ
大正八年制令第七號銃砲火薬取締令施行規
則違反罪ニ依リ懲役五年ニ處サレ大正十三年恩赦
ニ依リ懲役四年十四日ニ減刑セラレ其ノ刑ノ執行ヲ
終了シタリ

四六

被告金立鳳ハ大正十年六月二日京城地方法院ニ
於テ大正八年制令第七號違反罪ニ依リ懲役
六月ニ處セラレ其ノ刑ノ執行ヲ終了シタリ

被告朴吉陽ハ大正十年十二月十四日京城地方
法院ニ於テ大正八年制令第七號違反罪ニ依リ
懲役一年六月ニ處セラレ其ノ刑ノ執行ヲ終了シタリ

被告魚秀甲ハ大正十一年二月二十七日京城覆審
法院ニ於テ大正八年制令第七號違反罪ニ依リ
懲役一年ニ處セラレ其ノ刑ノ執行ヲ終了シタリ

被告李鳳洙（一名李哲ト云称ス）ハ大正十一年七月二十七日平壤
覆審法院ニ於テ朝鮮阿片取締令違反罪ニ依
リ懲役六月ニ處セラレ其ノ刑ノ執行ヲ終了シタリ

被告朴憲永ハ大正十一年十月二十八日平壤覆審
法院ニ於テ大正八年制令第七號違反罪ニ依リ
懲役一年六月ニ處セラレ其ノ刑ノ執行ヲ終了シタリ

被告林元根ハ同年同月同日同覆審法院ニ於テ
同罪ニ依リ懲役一年六月ニ處セラレ其ノ刑ノ執行ヲ
終了シタリ

被告俞鎮熙ハ大正十二年一月十五日京城地方法

四七

院ニ於テ大正八年制令第七號違反及新聞紙法
違反罪ニ依リ懲役一年六月ニ處サレ其ノ服役中
大正十三年ノ恩赦ニ因リ懲役一年三月五日ニ減刑
セラレ其ノ刑ノ執行ヲ終了シタリ

被告都容浩ハ大正十二年八月二日新義州地方
法院ニ於テ大正八年制令第七號違反罪ニ依リ
懲役一年ニ處サレ其ノ服役中大正十三年ノ恩赦
ニ因リ懲役九月ニ減刑セラレ其ノ刑ノ執行ヲ終了
シタリ

被告金料全ハ大正十二年十一月五日京城法院ニ於テ

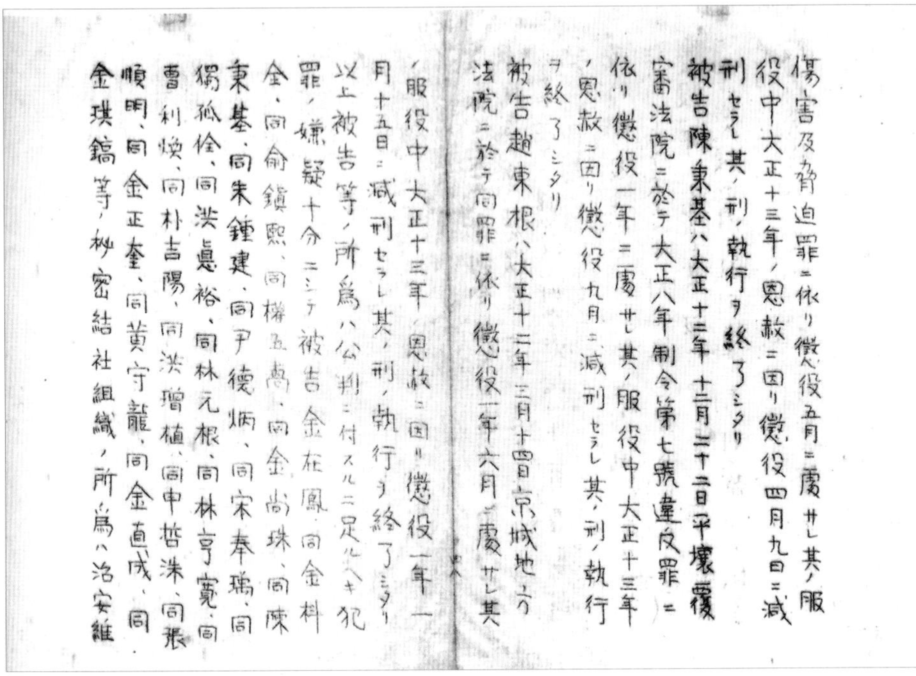

傷害及脅迫罪ニ依リ懲役五月ニ處セレ其ノ服
役中大正十三年ノ恩赦ニ因リ懲役四月九日ニ減
刑セラレ其ノ刑ノ執行ヲ終了シタリ
被告陳東基ハ大正十二年十二月二十二日平壤覆
審法院ニ於テ大正八年制令第七號違反罪ニ
依リ懲役一年ニ處セレ其ノ服役中大正十三年
ノ恩赦ニ因リ懲役九月ニ減刑セラレ其ノ刑ノ執行
ヲ終了シタリ
被告趙東根ハ大正十二年三月十四日京城地方
法院ニ於テ同罪ニ依リ懲役一年六月ニ處セレ其
ノ服役中大正十三年ノ恩赦ニ因リ懲役一年一
月十五日ニ減刑セラレ其ノ刑ノ執行ヲ終了シタリ
以上被告等ノ所爲ハ公判ニ付スルニ足ルヘキ犯
罪ノ嫌疑十分ニシテ被告金在鳳、同金料
金、同俞鎭熙、同権五卨、同金尚珠、同陳
東基、同朱鍾建、同尹德炳、同宋奉瑀、同
獨孤佺、同洪悳裕、同林元根、同林亨寬、同
曺利煥、同朴吉陽、同洪璔植、同申哲洙、同張
順明、同金正奎、同黄守龍、同金直成、同
金琪鎬等ノ秘密結社組織ノ所爲ハ治安維

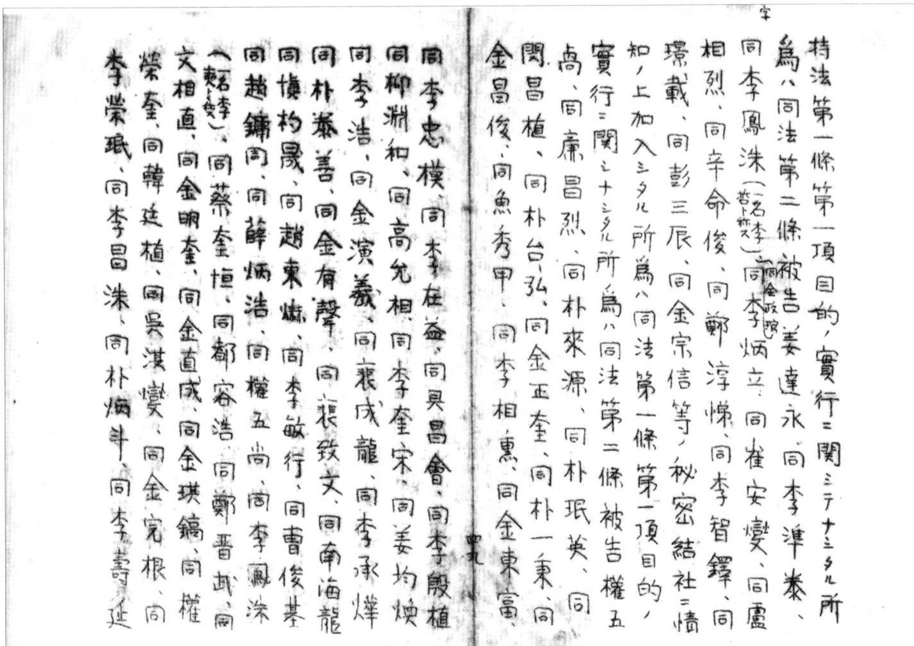

字
持法第一條第一項目的ノ實行ニ関シテナシタル所
爲ハ同法第二條被告姜達永、同李準泰、
同李鳳洙(一名李哲洙)、同李炳立、同崔安燮、同盧
相烈、同辛命俊、同鄭淳悌、同李智鐸、同
環載、同彭三辰、同金宗信等ノ秘密結社ニ情
知ノ上加入シタル所爲ハ同法第一條第一項目的ノ
實行ニ関シテナシタル所爲ハ同法第二條被告權五
卨、同廉昌烈、同朴來源、同朴珉英、同
閔昌植、同朴台弘、同金正奎、同朴一秉、同
金昌俊、同魚秀甲、同李相熏、同金東富、
同李忠模、同李在益、同吳昌會、同李殷植
同柳淵和、同高允相、同李奎宋、同姜均煥
同李浩、同金演羲、同裵成龍、同李承燁
同朴泰善、同金有聲、同裵致文、同南海龍
同愼杓晟、同趙東爀、同李敏行、同曺俊基
同趙鏞周、同薛炳浩、同權五尚、同李鳳洙
(一名李軫鎬)、同蔡奎恒、同都容浩、同鄭晋武、同
文相直、同金明奎、同金直成、同金琪鎬、同權
榮奎、同韓廷植、同吳淇燮、同金完根、同
李棠珉、同李昌洙、同朴炳斗、同李壽延

同鄭洪模、同崔一峯、同鄭順和、同鄭泰
重、同許永壽、同金載中、同姜宗錄、同尹
允三、同金容粲、同李鳳壽等ノ秘密結社ニ
情知ノ上加入シタル所爲ハ同法第一條第一項被告
權五卨、同朴來源、同閔昌植、同楊在植、同
李用宰等ノ安寧秩序ヲ妨害セントシタル所
爲ハ大正八年制令第七號第一條第一項不穩
文書出版ノ所爲ハ出版法第十一條第一項被告
洪悳裕ノ名譽毀損ノ所爲ハ刑法第二百三十條
ニ各該當スル所同被告等ノ所爲中ニハ連續犯並

五〇

ニ一個ノ行爲ニシテ數個ノ罪名ニ觸レ若クハ両犯併
合罪ニ係ル所爲アルヲ以テ刑法第五十五條第
五十四條第一項前段第五十七條第四十七條第
十條ヲ夫々適用處斷スヘキモノト思料スルニ付刑
事訴訟法第三百十二條ニ則リ京城地方法院
ノ公判ニ付スヘキモノトス
被告李榮珉、同李昌洙、同朴炳斗カ大正十四
年九月以降大正十五年六月頃迄ノ間順天郡
順天面幸町農民聯合會館ニ於テ我帝國ノ
國体ヲ變革シ且私有財産制度ヲ否認スル目的

ヲ以テ順天農民聯合會及無産者同盟會ナル
秘密結社ヲ組織シタル旨ノ公訴事實ハ公判ニ付
スルニ足ルヘキ嫌疑十分ナラサルモ同被告等ニ對スル
前顯犯罪ト連續犯ノ關係アルモノトシテ起訴セラレ
タルモノナルヲ以テ特ニ免訴ノ言渡ヲナスヘキモノニ非ス
被告金晉瑞、同趙東根カ高麗共産青年
會ニ入會シ新義州或ハ安東縣ニ居ヲ構ヘ該共
産青年會本部ト國外派遣ノ同共産青年會員
曺奉岩間ニ於ケル文書其ノ他ノ連絡ヲ取リタル
旨

五一

被告金世淵、同金瑛禧、同白基浩カ大正十
四年四月頃ヨリ大正十五年三月頃迄ノ間朝鮮共産
黨ノ前顯目的ヲ悉知シナカラ各入黨シタル旨
被告金景瑞、同獨孤佺カ大正十四年十一月二十二
日新義州府内京城食堂ニ於テ朴有楨其ノ他
ヲ毆打シ朴有楨ニ對シ治療二週間ヲ要スル傷
害ヲ加ヘ且同人所有眼鏡時計ヲ損壞シタル旨
ノ各公訴事實ハ公判ニ付スルニ足ルヘキ嫌疑ナ
キヲ以テ刑事訴訟法第三百十三條ニ依リ何レモ
免訴スヘク

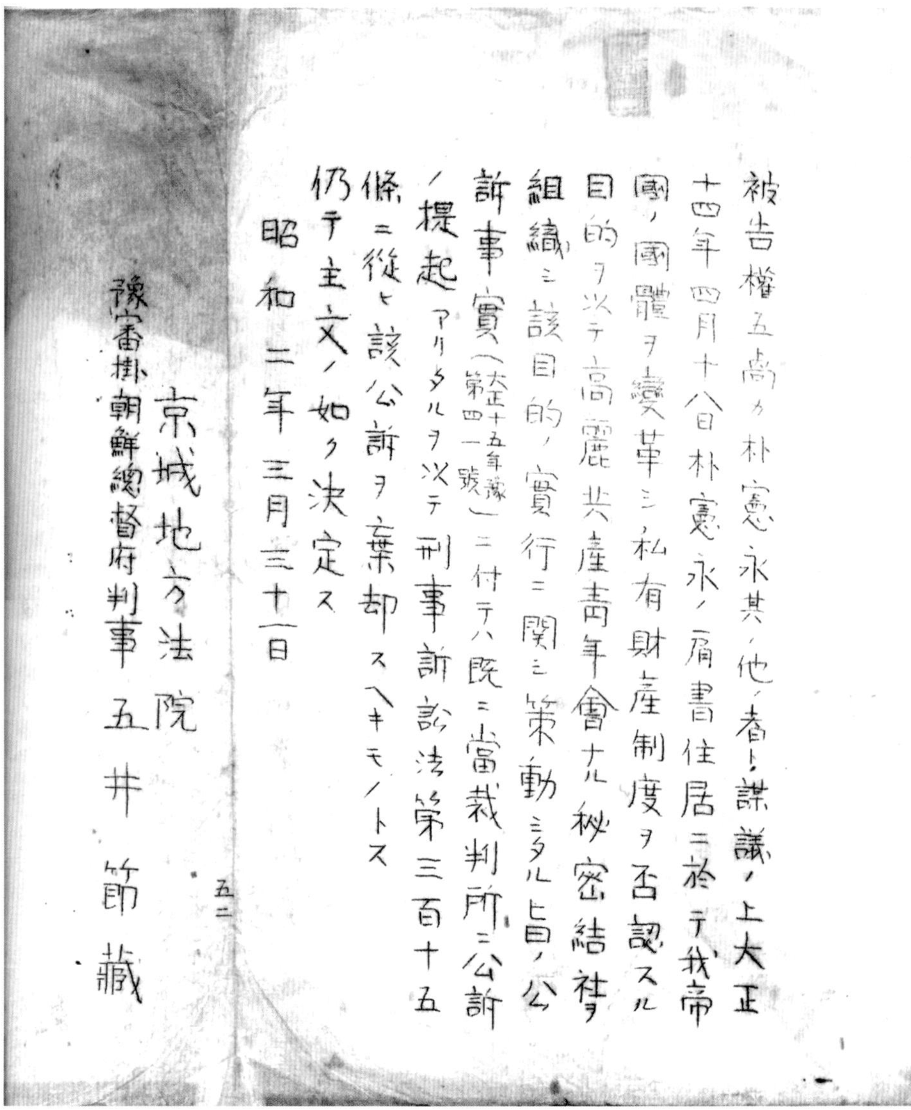

被告權五卨ヵ朴憲永其ノ他ノ者ト謀議ノ上大正
十四年四月十八日朴憲永ノ肩書住居ニ於テ我帝
國ノ國體ヲ變革シ私有財産制度ヲ否認スル
目的ヲ以テ高麗共産青年會ナル秘密結社ヲ
組織シ該目的ノ實行ニ關シ策動シタル旨ノ公
訴事實（大正十五年豫第四一號）ニ付テハ既ニ當裁判所ニ公訴
ノ提起アリタルヲ以テ刑事訴訟法第三百十五
條ニ從ヒ該公訴ヲ棄却スヘキモノトス
仍テ主文ノ如ク決定ス
昭和二年三月三十一日
京城地方法院
豫審掛朝鮮總督府判事 五井節藏

五二

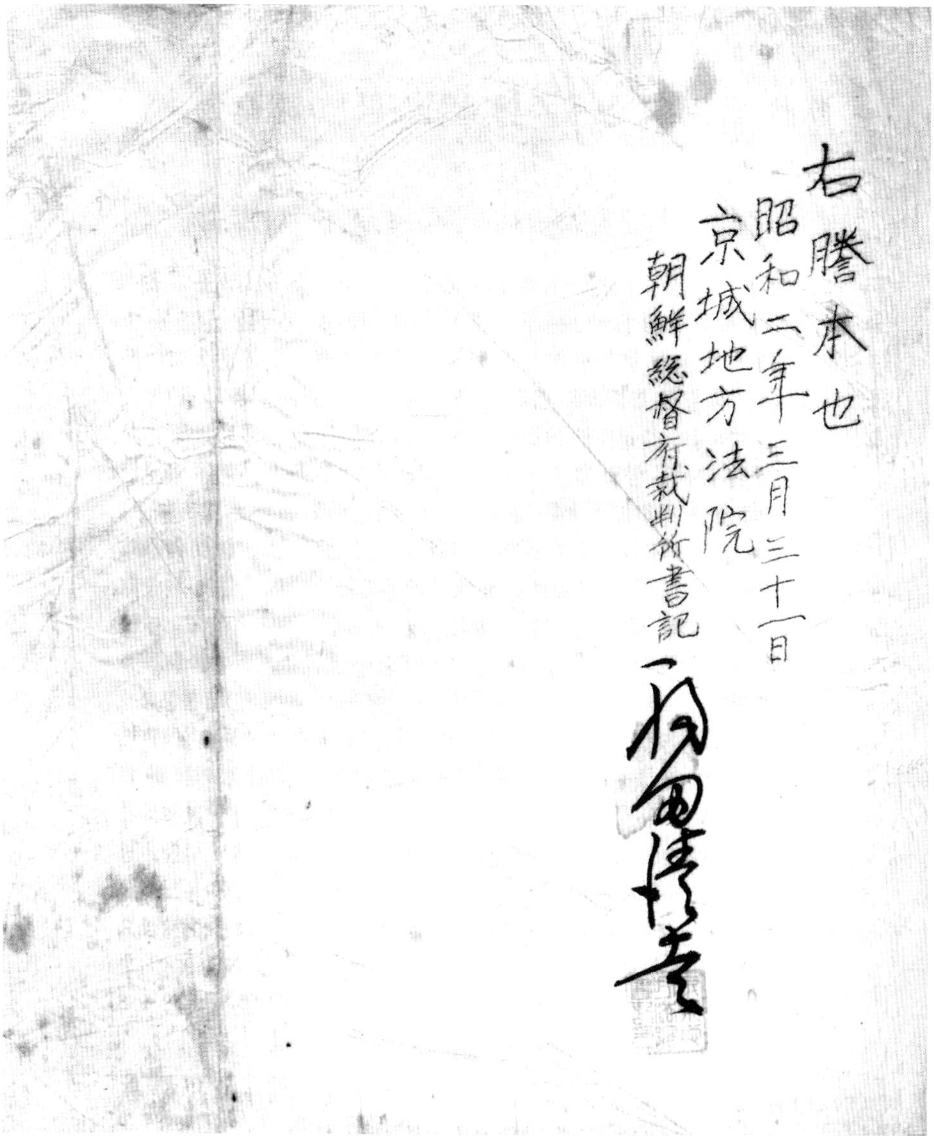
右謄本也
昭和二年三月三十一日
京城地方法院
朝鮮総督府裁判所書記

자료 19 「乙未運動以後 朝鮮初有의 秘密結社事件」, ≪동아일보≫ 1927년 4월 3일자

前受刑 十一名 太半은 制令關係事件

… 金在鳳은 대정 십년 륙월 이일에 경성디방법원에서 제령위반으로 륙개월 징역 처분을 바덧고 …

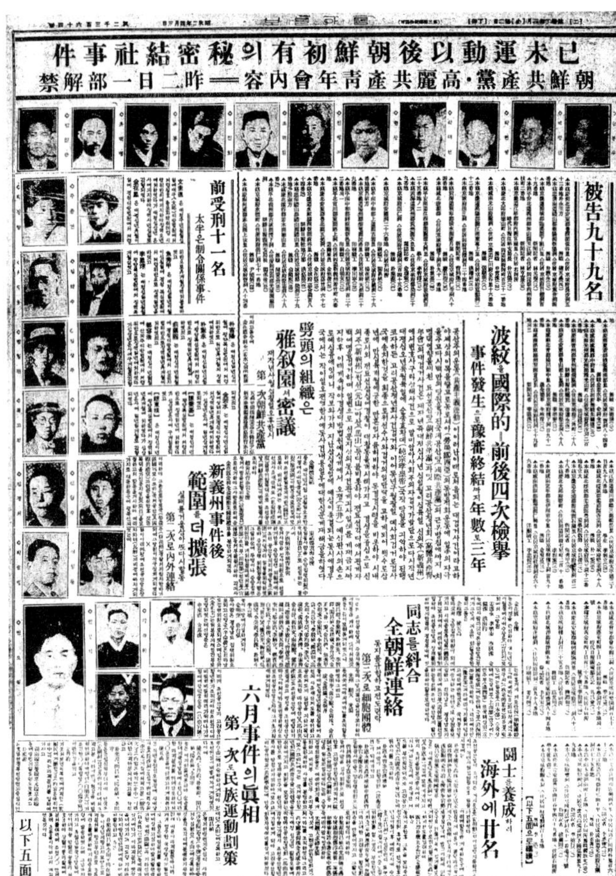

已未運動以後朝鮮初有의秘密結社事件

朝鮮共産黨·高麗共産青年會內容＝昨二日一部解禁

被告九十九名

前受刑十一名 太半은制令關係事件

波紋은國際的－前後四次檢擧 事件發生으로豫審終結까지年數로三年

劈頭의組織은 雅叙園서密議 第一次朝鮮共産黨

新義州事件後 範圍를더擴張 第二次로內外連絡

同志를糾合 全朝鮮連絡

六月事件의眞相 第一次는民族運動計策

鬪士를養成하야 海外에廿名

以下五面

자료 20 「朝鮮共産黨・高麗公産青年會 被告 九十九名」, ≪동아일보≫ 1927년 4월 3일자

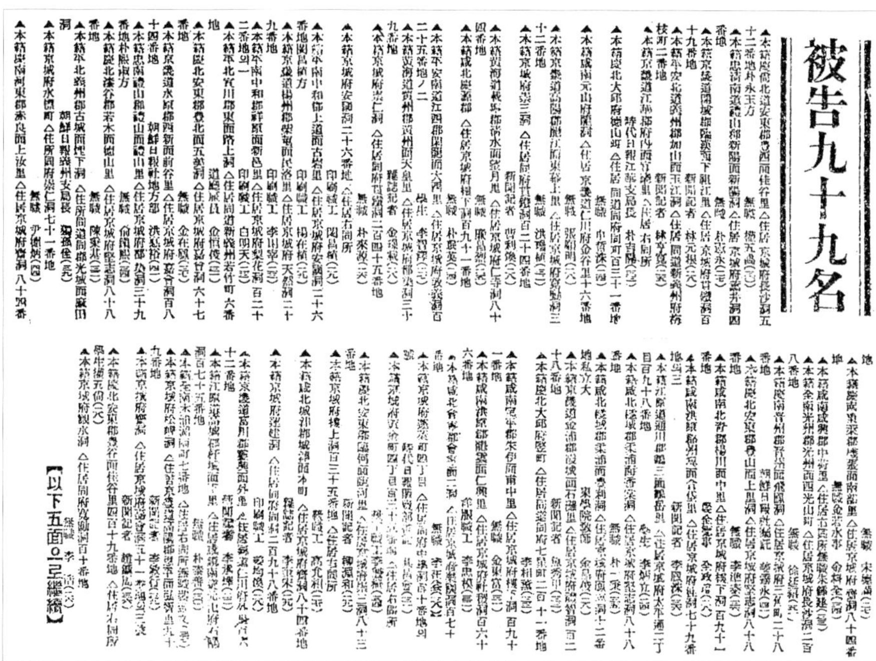

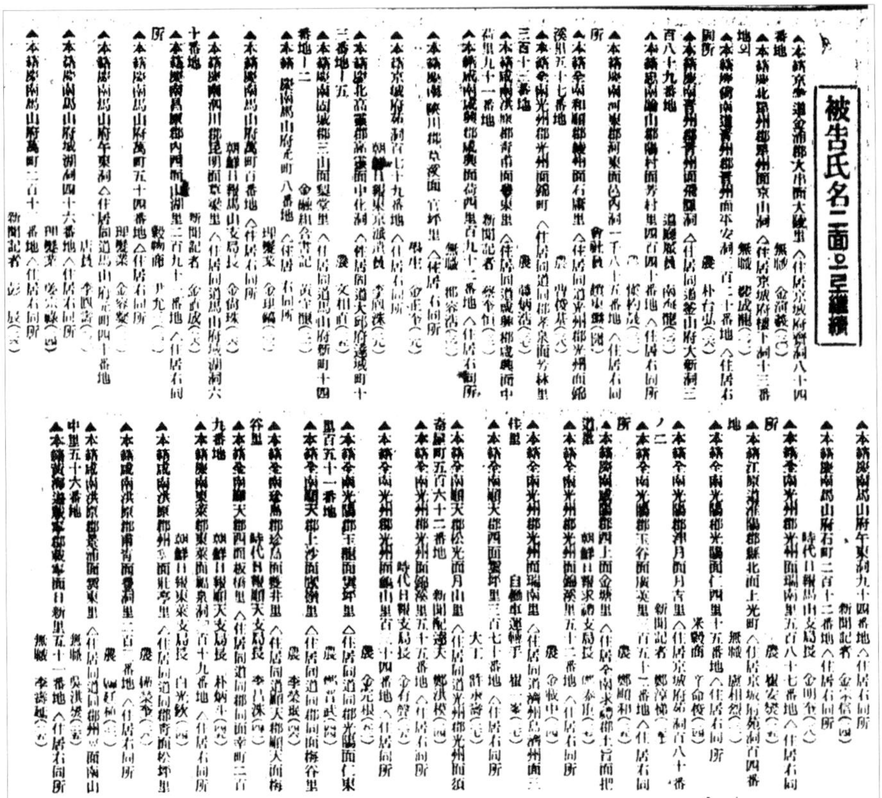
被告氏名二面으로繼續

자료 21 「各 被告에 適用法律」, ≪동아일보≫ 1927년 4월 3일자

「各 被告에 適用法律」

金在鳳・金若水(金枓全)・兪鎭熙・權五卨・金尙珠・陳秉基・朱鍾建・尹德炳・宋奉瑀・獨孤佺・洪悳裕・林元根・林亨寬・曹利煥・朴吉陽・洪瑠植・申哲洙・張順明・金正奎・黃守龍・金直成・金璟鎬 등의 비밀결사 조직의 소위는 치안유지법 뎨일조 뎨일항 목뎍의 실행에 관하야 행한 소위는 치안유지법 뎨이조…

各被告에適用法律

자료 22 「朝鮮共產黨事件 豫審決定書 內容(一)·(二)·(三)」, ≪조선일보≫ 1927년 4월 3·5·6일자; 「共產黨事件 豫審終結의 主文과 理由 全文」, ≪동아일보≫ 1927년 4월 6일자

「朝鮮共產黨事件 豫審決定書 內容」(一)
(被告人의 住所職業年齡은 號外에 旣報하얏기 此를 省略함)

被告 權五卨 朴來源 楊在植 閔昌植 李用宰 白明天에 對한 大正 十五年 豫第四一號 治安維持法及出版法違反 被告 廉昌烈 朴珉英 李智鐸 金璟載 金恒俊 洪悳裕에 對한 同年 豫 同號 治安維持法違反 被告 洪悳裕에 對한 同年 同豫 第四二號 名譽毁損 被告 權五卨에 對한 同年 豫 第四五號 治安維持法違反及 被告 金枓全 兪鎭熙 獨孤佺 陳秉基 朱鍾建 尹德炳 同 徐廷禧에 對한 同年 豫 第四六號 治安維持法違反 被告 朴憲永 林元根 林亨寬 金尙珠 曹利煥 朴吉陽 金景瑞 趙東根 申哲洙 張順明 洪璔植에 對한 同年 豫 第四七號 治安維持法違反 被告 金在鳳에 對한 同年 豫 第四八號 治安維持法違反 被告 宋德滿에 對한 同年 豫 第四九號 治安維持法違反 被告 李鳳洙(一名 李哲)에 對한 同年 豫 第五三號 治安維持法違反 被告 獨孤佺 金景瑞에 對한 同年 豫 第五四號 傷害及暴行 被告 姜達永 李準泰 全政琯 金明奎 朴台弘 金正奎 朴一秉 金昌俊 魚秀甲 李相熏 金東富 李忠模 李在益 金世淵 具昌會 李殷植 柳淵和 高允相 李奎宋 姜均煥 李浩 金演羲 裵成龍 金瑛禧 李承鐸 朴泰善 白基浩 金有聲 裵致文 南海龍 愼均晟 趙東燦 李敏行 曹俊基 趙鏞周 薛炳浩 權五卨 李鳳洙(一名 李奭) 蔡奎恒 洪悳裕 李智鐸 朴珉英 都容浩 閔昌植 李炳立 朴來源 金璟載 朴純秉 廉昌烈에 對한 同年 豫 第五八虎 治安維持法違反 被告 權榮奎 韓廷植 吳淇燮에 對한 同年 豫 第六五號 治安維持

法違反 被告 鄭晋武 崔一峰 白光欽 許永壽 辛命俊 黃守龍 金完根 金琪鎬 盧相烈 金直成 崔安燮 尹允三 鄭淳梯 金容粲 鄭順和 李鳳壽 鄭泰重 姜宗穆 金載中 文直相 鄭洪模 彭三辰 金宗信에 對한 同年 豫 第六八號 治安維持法違反 被告 李榮珉 李昌洙 朴炳斗에 對한 同年 豫 第一○二號 治安維持法違反 被告 李壽廷에 對한 昭和 二年 豫 第二號 給安維持法違反 各 被告事件에 對하야 倂合豫審을 遂하고 終結決定을 左와 如히함.

主文

被告 權五卨 朴來源 閔昌植에 對한 治安維持法違反 大正 八年 制令 第七號 出版法違反 被告 楊在植 李用宰 白明天에 對한 大正 八年 制令 第七號 及 出版法違反 被告 金恒俊 洪悳裕에 對한 大正 八年 制令 第七號 違反 被告 朴憲永 林元根 林亨寬 朴吉陽 申哲洙 張順明 洪瑠植 曹利煥 金璟載 金在鳳 廉昌烈 朴珉英 李智鐸 兪鎭熙 陳秉基 獨孤佺 尹德炳 宋德滿 金科全 朱種建 徐廷禧 姜達永 李準泰 全政琯 李鳳洙(一名 李哲) 李炳立 朴一秉 金昌俊 魚秀甲 李相熏 金東富 李忠模 李在益 具昌會 李殷植 柳淵和 高允相 李奎宋 姜均煥 李承鐸 朴泰善 裵致文 李敏行 趙鏞周 權五尙 李浩 金演羲 裵成龍 朴台弘 南海龍 愼均晟 趙東燦 曹俊基 薛炳浩 蔡奎恒 都容浩 金正奎 文相直 李鳳洙(一名 李奭) 黃守龍 金琪鎬 金尙珠 金直成 尹允三 金容粲 李鳳壽 姜宗穆 彭三辰 金宗信 金明奎 崔安燮 盧相烈 辛命俊 鄭淳梯 鄭順和 鄭泰重 金載中 崔一峰 許永壽 鄭洪模 金有聲 金完根 鄭晋武 李榮珉 李昌洙 朴炳斗 白光欽 權榮奎 韓廷植 吳洪燮 李壽延에 對한 治安維持法違反 及 被告 洪悳裕에 對한 名譽毁損의 各 被告事件은 此를 京城地方法院의 公判에 附함.

被告 獨孤佺에 對한 傷害及損害 同 金景瑞에 對한 治安維持法違反 及 傷害損害 同 趙東根 金世淵 同 金瑛禧 同 白基浩에 對한 治安維持法違反 各

被告事件은 此를 免訴함.

被告 權五卨에 對한 同 被告 朴憲永 其他의 者외 謀議한 後 帝國의 國體를 變革하고 또 私有財産制度를 否認할 目的으로써 高麗共産靑年會란 秘密結社를 조직하고 其目的의 實行에 關하야 策動한 旨의 大正 十五年 豫 第四一號 被告事件은 此를 棄却함.

理由

第一(一) 被告 金在鳳 金枓全 兪鎭熙 權五卨 金尙珠 陳秉基 朱鍾建 尹德炳 宋奉瑀 獨孤佺 洪悳裕는 曺奉岩 金燦 趙東祐와 가티 大正 十四年 四月 十七日 午後 一時頃에 京城府 黃金町 一丁目 中國料理店 雅叙園에 會合하야 朝鮮을 帝國의 ◯◯으로부터 ◯◯케 하고 또 朝鮮의 私有財産制度를 否認할 目的으로써 朝鮮共産黨이라 稱하는 秘密結社를 組織하고 趙東祐 曺奉岩 金燦의 三名을 役員銓衡委員으로 選擧하고 同 銓衡委員으로 하야금 被告 金在鳳 金枓全 兪鎭熙 朱鍾建 及 趙東祐 鄭雲海 金燦 等 七名을 中央執行委員 被告 尹德炳 宋奉瑀 及 曺奉岩 等 三名을 檢査委員으로 各 選任하고 同 中央執行委員에 對하야 該共産黨의 職制 及 黨則의 制定 其他 一切를 委託하야 右 中央執行委員은 同月 下旬頃以來 二回에 亘하야 中央執行委員會를 開하고 秘書部 組織部 宣傳部를 設하고 各自의 管掌事務를 定하고 黨則의 制定其他에 對하야 協議를 凝하고 露國莫斯科의 國際共産黨과 連絡을 取하야 黨員의 募集에 努力하야써 前項目的의 實行에 관하야 種種 策動하엿는데 意外에 官憲이 此를 探知하고 續續 黨員을 檢擧하엿슴으로 因하야 同共産黨은 將次 瓦解의 悲境에 逢着하엿스나 被告 金在鳳은 金燦과 가티 此를 憂隱하야 熱議 後 大正 十四年 十二月 中旬頃에 京城府 需昌洞 金貞淑 方에서 朝鮮共産黨의 其目的을 熟知하고 入黨한 被告 姜達永 李準泰와 各各 會見하고 同目的을 悉知하고 此에 加入한 被告 李鳳洙(一名 李哲) 及 金錣

洙 洪南杓 等과 가티 幹部에 就하야 協力하야 其挽回에 努力하랴고 慫慂하야 被告 姜達永 李準泰 李鳳洙(一名 李哲) 及 金錣洙 洪南杓 等은 다 右目的을 了知하고 朝鮮共產黨에 入黨한 被告 全政琯 權五卨 等과 相議하야 一同이 中央執行委員이 된 爾後 屢屢히 京城府 鐘路六丁目 梁源模方 其他에서 中央執行委員會를 開催하고 京城府 內에 九個의『야체이카』(細胞團體) 五個의『부락치크』(政策的集會) 東京에 日本部 上海에 上海部 滿洲에 滿洲部 露國海蔘威에 沿海州部를 組織하고 또 豫算案 豫算編成說明書(押 第九七八號의 證 第八號) 豫算案請求書『야체이카』(細胞團體)『부락치크』(政策的集會) 組織原則(押 同號의 證 第二十二號 押 第 一一三四號의 證 第二號, 一四號, 二三號, 二四號) 等을 制定하고 豫算에 關한 것은 右國際共產黨에게 送致하야 黨員을 募集한 後 右『야체이카』『부락치크』等에 配置하고 全羅南道 及 慶尙南道의 道幹部를 選任하야 專혀 朝鮮共產黨의 發展에 莾騰하야써 其目的의 實行에야 關하야 策助하얏다.

(二) 被告 廉昌烈 朴來源 朴珉英 李智鐸 閔昌植 金璟載 朴台弘 金正奎 朴一秉 金昌俊 魚秀甲 李相薰 金東富 李忠模 李在益 具昌會 李殷植 柳淵和 高允相 李奎宋 姜均煥 李浩 金演羲 裵成龍 李承燁 朴泰善 金有聲 裵致文 南海龍 愼杓晟 趙東燦 李政行 趙俊基 趙鏞周 薛炳浩 權五尙 李鳳洙(一名 李奭) 蔡奎恒 都容浩 李炳立 鄭晋武 白光欽 辛命俊 金完根 盧相烈 崔安燮 權榮奎 韓廷植 吳琪燮 李榮珉 李昌洙 朴炳斗 李壽延 等은 모다 朝鮮共產黨의 創立後 其目的을 熟知하고 同共產黨에 入黨하야 被告 金明奎 朴台弘은 各慶尙南道의 道執行委員 被告 辛命俊은 全羅南道의 道執行委員 被告 金正奎는 日本部의 責任幹部로 任命되엇고 被告 辛命俊은 同 黨員으로서 全羅南道의 道執行委員인 申東浩 金基洙 等과 共히 道執行委員會를 開하고 前 揭目的의 實行에 關하야 協議를 하고 秘書部 敎養部 責任部를 設하야 各自의 司掌事務를 定하고 光州 順天 光陽의 三個所에 各『야체이카』(細胞團體)를 組織하고 被告 崔安燮 金有聲 趙俊基의 光州『야체이카』도 피고 鄭晋武 金完

根 辛命俊은 光陽『야체이카』(細胞團體)로 피고 李榮珉 李昌洙 朴炳斗는 順天『야체이카』(細胞團體)에 隷屬하고 被告 廉昌烈 朴來源 朴珉英 其餘의 被告等은 京城府『야체이카』(細胞團體) 或은『부락치크』(政策的集會)에 各各 配屬하엿다.

(三) 被告 金明奎 黃守龍 金尙珠 金直成 金琪鎬는 金炳善과 共히 大正 十三年 八月 十七日 慶尙南道 馬山府 城湖洞 金明奎方에 集合하야 被告 金明奎의 發意에 依하야 朝鮮의 私有財産制度를 否認하고 共産制度의 實現을 期할 目的으로써 馬山共産黨이란 秘密結社를 創設하고 被告 金明奎를 其 責任者로 推한 爾後 時時 集會를 開하야 右目的 實行에 關하야 協議를 하고 被告 彭三辰 金宗信은 同目的을 熟知하고 該 共産黨에 加入하엿스나 其後 大正 十四年 八月頃에 同 被告等은 朝鮮共産黨은 前述의 目的으로써 組織된 者임의 情을 悉知하면서 馬山共産黨을 朝鮮共産黨에 併合하고저 決議하고 名稱을 朝鮮共産黨馬山『야체이카』(細胞團體)라 改하야써 被告 金明奎 黃守龍 金直成 金琪鎬 彭三辰 金宗信은 朝鮮共産黨에 加入하게되엇다(繼續).

「朝鮮共産黨事件 豫審決定書 內容」(二)

第二(一) 被告 朴憲永 同 權五卨 同 林元根 同 林亨寬 同 金尙珠 同 曹利煥 同 朴吉陽 同 洪瑠植 同 申哲洙 同 張順明 等은 金丹冶 金燦 曺奉岩 鄭敬昌 安相熏 金東明 陳秉基 等과 가티 大正 十四年 四月 十八日 午後 七時頃 京城府 薰井洞 四番地 朴憲永 方에 會合 凝議後 朝鮮을 ○○의 ○○로부터 離脫케 하고 또 朝鮮의 私有財産制度를 否認할 目的으로써 高麗共産青年會라 稱하는 秘密結社를 組織하고 被告 朴憲永 及 曺奉岩 洪瑠値 等 三名을 役員의 銓衡委員에 擧하고 同 銓衡委員으로써 被告 朴憲永 同 權五卨 同 洪瑠値 同 申哲洙 及 曺奉岩 金燦 金丹冶 七名을 中央執行委員 曹利煥 林亨寬 及 金東明 三名을 檢査委員으로 各 選任케 하야 該 共産青年會의 職制

及 會則 綱領의 制定 等 一切를 附託하고 同 中央執行委員은 爾來 屢屢히 中央執行委員會를 開하고 秘書部 宣傳部 組織部를 設하야 各自의 分擔을 定하고 露國莫斯科의 國際共產青年會와 連絡을 取하야 會員을 募集하고 共產主義 宣傳의 鬪士를 養成하기 爲하야 露國莫斯科의 共產學校에 留學生으로서 會員 安相勳外 二十名을 派遣하야 種種 前記目的의 實行에 關하야 策動하얏스나 意外로 官憲이 此를 探査하고 會員의 檢擧에 努力한 故로 高麗共產青年會는 거의 自滅狀態에 陷하얏는바 被告 權五卨은 此를 苦慮하야 共產青年會의 其目的을 熟知하며 入當한 被告 廉昌烈 同 朴珉英 同 李智鐸 同 金璟載 同 李炳立과 協議하고 彼等을 中央執行委員 候補로 擧하고 大正 十四年 十二月 十日頃以來 屢屢히 京城府 需昌洞 九十七番地 趙斗元 方 其他에 相會하야 中央執行委員會를 開하고 英國無產青年會의 會則이라 題하야 高麗共產青年會則(押 第九七八號의 證 第二九號, 押 第一・一三四號의 證 第一〇號, 一二號, 二〇號 押 第一・二六一號, 第一號)을 制定하야 會員募集에 努力하야 高麗共產青年會 發展에 狂奔하야 其目的 實行에 關하야 策動하엿다.

(二) 被告 朴來源 同 閔昌植 同 高允相 同 權五卨 同 崔安燮 同 盧相烈 同 鄭淳悌 同 崔一峰 同 鄭順和 同 鄭泰重 同 許永壽 同 金載中 同 鄭洪模 等은 高麗共產青年會 創設 後 其目的을 了知하고 同 共產青年會에 入會하야 被告 崔安燮 同 盧相烈 同 鄭淳悌는 全羅南道의 道幹部가 되어 大正 十五年 六月 九日 全羅南道 順天郡 順天面 幸町 農民會舘에서 道幹部會를 開催하고 目的實行에 關하야 協議를 한 後 光州 順天 求禮 光陽 等 四個所에 同 共產青年會의 『야체이카』(細胞團體)를 組織한 後 被告 崔安燮 同 崔一峰 同 鄭洪模 同 鄭順和 同 鄭淳悌 同 許永壽 同 鄭泰重 同 金載中 等은 各各 同 『야체이카』에 配屬되어다.

(三) 被告 黃守龍 同 金尚珠 同 金直成 等은 金炯善과 共히 大正 十三年 八月五日 慶尙南道 馬山府 南洞 海岸에 集合하야 謀議 上 私有財產制度를

否認하는 同時에 共產制度를 實現할 目的으로써 馬山共產青年會라 稱하는 秘密結社를 組織한 後 被告 黃守龍으로써 其 責任者로 하야 以來 會員을 募集하는 一面 時時로 馬山府 萬町 被告 金尙珠 方에 集會하여 右目的의 實行에 關하야 協議를 거듭하엿스나 其後 大正 十五年 八月 五日頃에 被告 金尙珠의 發意에 依하야 一同이 合議한 後 高麗共產青年會의 其目的을 熟知하면서 此에 併合하야 共產青年會 馬山『야체이카』(細胞團體)라고 改名하고 馬山 第一『야체이카』와 第二『야체이카』를 設하야 會員募集과 其他 前揭 目的의 實行에 關하야 協議하고 被告 姜宗錄 同 尹允三 同 金容粲 同 李鳳壽 等은 高麗共產青年會의 右目的을 了知고 此에하 加盟하야『야체이카』에 各各 配屬하엿다.

第三(一) 被告 權五卨은 金丹冶(一名 金泰淵이라 稱함)와 謀議하고 被告 朴來源 同 閔昌植 同 楊在植 同 李用宰에게 語하야 共謀하고 李王殿下의 國葬을 機會로 朝鮮獨立運動을 할 것을 企劃하고 被告 權五卨은 大正 十五年 五月 十五日頃에 京城府 長沙洞 五十二番地 李壽允 方에서 秘密히 檄文이라고 題하고(中略) 云云하는 不穩文書의 原稿를 作成하야 被告 朴來源 同 閔昌植 同 楊在植 同 李用宰 同 白明天은 同月 十七日 以降 同月 三十一日까지의 사이에 同府 安國洞 三十六番地 被告 白明天의 借家와 또는 同府 同洞 二十六番地 被告 閔昌植 方에서 押收에 係한 印刷機械 其他를 使用하야 濫이 檄告文 一萬二千枚 ○○○○○ 二萬枚『○○○○○○○○○○○○○○○○』並『○○○○○○○○○○』各 六千枚『○○○○○○○○○○○○○○○』八千枚 計 五萬二千枚를 印刷하야 被告 白明天이 其間에 同 不穩文書에 捺印코자 右 借家에서 彫刻한『大韓獨立黨』의 印章을 檄告文의 約半이나 押捺하야 金丹冶가 附送한『哭하고 服입은 民衆에게 檄함』이라 題한(檄告文畧)의 不穩文書를 併하야 是等을 折半하야 그 半은 全朝鮮을 鐵道線으로 湖南線 京釜線 京元線 京義線의 四方으로 分하야 被告 朴來源은 湖南線 京釜線 方面의

中心地 大田을 被告 閔昌植은 京義線 方面의 中心地 沙里院과 平壤 並 京元線 方面의 中心地 元山에 潛伏하야 全羅南道 光州 木浦 順天 全羅北道 全州 群山 井邑 慶尙南道 晋州 釜山 馬山 河東 慶尙北道 大邱 安東 尙州 永川 浦項 忠清北道 清州 忠州 忠淸南道 公州 大田 京畿道 仁川 開城 黃海道 海州 沙里院 載寧 平安南道 平壤 安州 平安北道 新義州 宣川 咸鏡南道 咸興 洪原 永興 北靑 咸鏡北道 清律 羅南 穩城의 道廳 其他 官衙 靑年團體에 對하야 同 不穩文書를 開闢 新女性 新民 等의 各 雜誌社에 各各 若 千枚式 密封하야 郵便으로 配送하고 殘餘의 一半中 若 千枚는 被告 朴來源 同 閔昌植 同 李用宰 同 楊在植은 商店의 廣告 郵便에 擬하야 總督府 裁判所 京畿道聽 其他의 官衙에 頒布하고 殘餘의 太半은 同月 十日의 國葬의 際에 被告 權五卨 同 朴來源 同 閔昌植 同 李用宰 同 楊在植은 學生 洋襪職工 印刷工을 使族하야 서로 呼應하야 葬列의 通過하는 沿道에서 群衆中에서 撒布하야 一聲으로 朝鮮의 ○○萬歲를 高唱하야 安寧秩序를 妨害코자 하얏다.

(二) 被告 金恒俊은 前記哭하고 服입은 民衆에 檄한다고 題한 不穩文書는 李王殿下의 國葬에 際하야 朝鮮의 ○○運動을 할 目的으로서 頒布하는 것인 情을 알면서 金丹冶의 使者 金必成으로부터 被告 洪悳裕에게 送致할 旨를 依賴밧고 이에 應하야 大正 十五年 五月 廿八日에 날근 籍子에 隱匿하야 引越荷物과 가티 假裝하고 中國 安東縣 掘割南道 九丁目 一番地 三成運送店의 店員 姜延夫를 欺罔하고 右不穩文書를 京城에 運送케 하야 同年 ●月 三日에 스스로 其 貨物引換證을 携帶하고 上京하야 同日 正午頃에 朝鮮日報社로 被告 洪悳裕를 訪問하고 右發荷의 題末을 告하고 同引換證을 交付하야써 被告 權五卨 一派의 前記犯行을 幇助하야 被告 洪悳裕는 右犯情을 承知하며 被告 權五卨의 要請을 受하야 被告 金恒俊으로부터 該 貨物引換證을 受取하야 被告 權五卨에게 此를 送致하야 其趣旨를 傳達함으로서 同被告 等의 該 犯行을 幇助하엿다(中略).

右所爲中 被告 金在鳳 同 金料全 同 兪鎭熙 同 權五卨 同 金尙珠 同 陳

秉基 同 朱鍾建 同 尹德炳 同 宋奉瑀 同 獨孤佺 同 洪悳裕(但 第三의 (二) 第四 의 所爲는 除外) 同 姜達永 同 李準泰 同 全政琯 同 李鳳洙(一名 李哲) 同 廉昌烈 同 朴來源(第三의 (一)의 所爲롤 除外) 同 林元根 同 林亨寬 同 曹利煥 同 朴吉陽 同 洪瑠植 同 申哲洙 同 張順明 同 朴珉英 同 李智鐸 同 閔昌植 同 金璟載 同 李炳立 同 盧相烈 同 崔安燮 同 鄭洪模 同 金明奎 同 黃守龍 同 金直成 同 金琪鎬 同 彭三辰 同 金宗信의 所爲는 모다 犯意 繼續하야 敢行하엿슴을 認定함(繼續).

「朝鮮共產黨事件 豫審決定書 內容」(三)

以上 被告 等의 所爲는 公判에 附함에 足한 犯罪의 嫌疑가 充分하고 被告 金在鳳 同 金枓全 同 兪鎭熙 同 權五卨 同 金尙珠 同 陳秉基 同 朱鍾建 同 尹德炳 同 宋奉瑀 同 獨孤佺 同 洪悳裕 同 林元根 同 林亨寬 同 曹利煥 同 朴吉陽 同 洪瑠植 同 申哲洙 同 張順明 同 金正奎 同 黃守龍 同 金直成 同 金琪鎬 等의 秘密結社組織의 所爲는 治安維持法 第一條 第一項 目的의 實行에 關한 所爲는 同法 第二條 被告 姜達永 同 李準泰 同 李鳳洙(一名 李哲) 同 全政琯 同 李炳立 同 崔安燮 同 盧相烈 同 辛命俊 同 鄭淳悌 同 李智鐸 同 金璟載 同 彭三辰 同 金宗信 等의 秘密結社의 情을 知한 後 加入한 것은 同法 第一條 第一項 目的의 實行에 關하야 한 所爲는 同法 第二條 被告 權五卨 同 廉昌烈 同 朴來源 同 朴珉英 同 閔昌植 同 朴合弘 同 金正奎 同 朴一秉 同 金昌俊 同 魚秀甲 同 李相薰 同 金東富 同 李忠模 同 李在益 同 具昌會 同 李殷植 同 柳淵和 同 高允相 同 李奎宋 同 姜均煥 同 李浩 同 金演義 同 裵成龍 同 李承燁 同 朴泰善 同 金有聲 同 裵致文 同 南海龍 同 愼杓晟 同 趙東燦 同 李敏行 同 曹俊基 同 趙鏞周 同 薛炳浩 同 權五尙 同 李鳳洙(一名 李奭) 同 蔡奎桓 同 都容浩 同 鄭晋武 同 白光欽 同 文圭植 同 金明奎 同 金直成 同 金琪鎬 同 權榮奎 同 韓廷植 同 吳琪燮 同 金完根 同 李榮

珉 同 李昌洙 同 朴炳斗 同 李壽延 同 鄭洪模 同 崔一峰 同 鄭順和 同 鄭泰熏 同 許永壽 同 金載中 同 姜宗錄 同 尹允三 同 金容粲 同 李鳳洙 等의 秘密結社의 情을 知한 後 加入한 所爲는 同法 第一條 第一項에 被告 權五卨 同 朴來源 同 閔昌植 同 楊在植 同 李用宰 等의 安寧秩序를 妨害한 所爲는 大正 八年 勅令 第七號第一條第一項 不穩文書 出版의 所爲는 出版法 第十一條 第一項 被告 洪悳裕 名譽毁損의 所謂는 刑法 第二百卅條에 該當하고 同 被告 等의 所爲 中에서 連結犯 及 一個의 行爲도 數個의 罪名에 屬하고 或은 再犯併合罪에 係하는 所爲가 잇슴으로써 刑法 第五十五條 第五十四條 第一項 前條 第五十七條 第四十七條 第十條를 各各 適用 處斷할 것으로 思料함으로 刑事訴訟法 第三百二十條에 依하야 京城地方法院公判에 附하기로 함 被告 李榮珉 同 李昌洙 同 朴炳斗는 大正 十四年 九月以來 大正 十五年 六月頃까지의 間에 順天郡 順天面 幸町 農民聯合會 會舘에서 帝國의 國體를 變革하고 또 私有財産制度를 否認할 目的으로써 順天農民聯合會 及 無産者同盟會라는 秘密組織한 公訴事實은 公判에 附함에 足한 嫌疑가 充分치 안흐나 同 被告 等에 對한 前項犯罪와 連結犯의 關係가 잇는 것으로 起訴되엇슴으로써 特히 免訴의 言渡를 할 수 업는 것이라 함.

被告 金景瑞 同 趙東根이 高麗共産靑年會에 入會하야 新義州 或은 安東縣에 居住하고 該共産靑年會 本部와 國外派遣의 同共産靑年會員 曺奉岩 間에서 文書其他의 連絡을 取하얏슴에 依함.

被告 金世淵 同 金瑛禧 同 白基浩가 大正 十四年 四月頃부터 大正 十五年 三月頃까지의 間에 朝鮮共産黨의 前項目的을 悉知하면서 各各 入黨 하엿슴에 因함.

被告 金景瑞 獨孤佺은 大正 十四年 十一月 二十二日 新義州府內 京城食堂에서 朴有楨 其他를 毆打하고 朴有楨에게 對하야 治療 二週間을 要할 傷害를 加하고 또 同人 所有 眼鏡 時計를 損壞한 旨의 各 公訴事實은 公判에 附하기에 足한 嫌疑가 업슴으로써 刑事訴訟法 第三百十三條에 依하야 모다

免訴하겟고 被告 權五卨이가 朴憲永 其他와 謀議한 後 大正 十四年 四月 十八日 朴憲永의 眉書任所에서 帝國의 國體를 變革하고 私有財產制度를 否認할 目的으로써 高麗共產青年會라는 秘密結社를 組織하고 該目的의 實行에 關하야 策動하엿다는 旨의 公訴事實(大正 十五年 豫 第四十一號)에 對하야는 旣히 當裁判所에서 公訴提起가 잇섯슴으로써 刑事訴訟法 第三百十五條에 依하야 公訴를 棄却할 것이라함.

仍히 主文과 如히 決定함

昭和 二年 三月 三十一日

京城地方法院 豫審掛判事

五井節藏

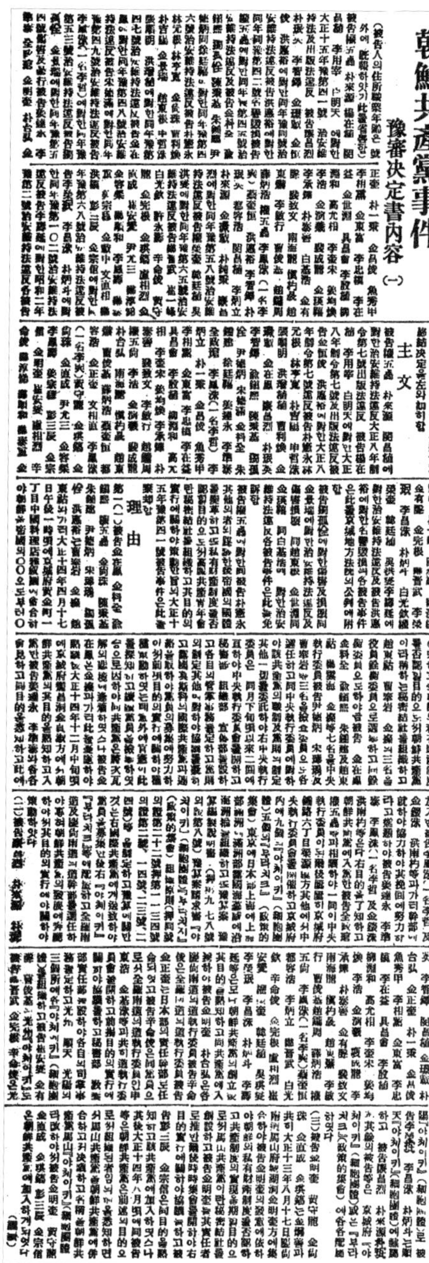
朝鮮共産黨事件
豫審決定書內容 (一)

主文

理由

≪조선일보≫ 1927년 4월 3일자

≪조선일보≫ 1927년 4월 5일자

朝鮮共産黨事件

豫審決定書內容(三)

以上被告等의所爲는公判에附할에足한犯罪의嫌疑가充分하고被告金在鳳同金科全 同兪鎭熙同權五卨 同金尙珠同陳秉基同朱鍾建同尹德炳同宋奉瑀同獨孤佺同洪惠裕同林元根同林亨寬同曺利煥同朴吉陽同洪瑨裕同申哲洙同張順明同金正奎同黃守龍同金直成同金璞鎔等의秘密結社組織의所爲는治安維持法第一條第一項目的의實行에關한所爲는同法第二條被告姜達永同李準泰同李鳳洙(一名李哲)同全政琯同李炳立同崔安燮同盧相烈同辛命俊同廉淳悌同李智鐸同金璨同彭三辰同金宗信等의秘密結社의情을知한後加入한것은同法第一條第一項目的의實行에關하야한所爲는同法第二條被告權五卨同廉昌烈同朴來源同朴珉英同閔昌植同朴合弘同金正奎同朴一秉同金昌俊同魚秀甲同李相薰同金東富同李忠模同李在益同具昌會同李殷植同柳淵和同高允相同李奎宋同裵均煥同李浩同金淵義同裵成龍同李承燁同朴泰善同金有鱗同裵致文同南海龍同愼杓晟同趙東爀同李鐵行同曺俊基同趙鏞周同薛炳浩同權五尙同李鳳洙(一名李爽)同崔奎植同都容浩同鄭晋武同白光欽同文圭直同金尙奎同金直成同金璞鎔同權榮奎同鄭延植同吳璞燮同金光根同李榮珉同李昌洙同朴炳斗同李聯延同廉洪植同崔一峰同卞龍和同嚴洪澤同許永鎬同金瓉中同姜宗錄同尹允三同金容粲同李鳳洙等의秘密結社의情을知한後加入한所爲는同法第一條第一項에被告權五卨同朴來源同閔昌植同楊在植同李用宰等의安寧秩序를妨害한所爲는大正八年勅令第七號第一條第一項不穩文書出版의所爲는出版法第十一條第一項被告洪德裕名譽毀損의所謂는刑法第二百卅條에該當하고同被告等의所爲中에서連結犯及一個의行爲로數個의罪名에觸하고或은再犯併合罪에係하는所爲가잇슴으로써刑法第五十五條第五十四條第一項前條第五十七條第四十七條第十條를各各適用處斷할것으로思料함으로刑事訴訟法第三百十二條에依하야京城地方法院公判에附하기로함

被告李榮珉同李昌洙同朴炳斗는大正十四年九月以來大正十五年六月頃外지의間에醴天郡醴天面幸町漢民聯合會館에서帝國의國體를變革하고또私有財産制度를否認할目的으로써醴天漢民聯合會及無産者同盟會라는秘密組織한公訴事實은公判에附함에足한嫌疑가充分치안흐나同被告等에對한前項犯罪와連結犯의關係가잇는것으로起訴되엇슴으로써特히免訴의言渡를할수업는것이라함

被告金景瑞同趙東根이高麗共產靑年會에入會하야新義州或은安東縣에居住하고該共產靑年會本部와國外派遣의同共產靑年會員[illegible]間에서文書其他의連絡을取하얏슴에依함

被告金世淵同金璨韓同白基浩가大正十四年四月頃부터大正十五年三月頃外지의間에朝鮮共產黨의前項目的을悉知하면서各各入黨하엿슴에因함

被告[illegible]獨孤佺은大正十四年十一月二十二日新義州府內京城食堂에서朴有楨其他를毆打하고朴有楨에게對하야 治療二週間을要할傷害를加하고또同人所有眼鏡時計를損毀한旨의各公訴事實은公判에附하기에足한嫌疑가업슴으로써刑事訴訟法第三百十三條에依하야모다免訴하겟고

被告權五卨이가朴憲永其他와謀議한後大正十四年四月十八日朴憲永의 原籍住所에서 帝國의國體를變革하고私有財産制度를否認할目的으로써高麗共產靑年會라는秘密結社를組織하고該目的의實行에關하야策動하엿다는旨의公訴事實(大正十五年豫第四十一號)에對하야는旣히當該判所에公訴提起가잇섯슴으로써刑事訴訟法第三百十五條에依하야公訴를棄却할것이라함

仍히主文과如히決定함

昭和二年三月三十一日

京城地方法院豫審判事

五井節藏

≪조선일보≫ 1927년 4월 6일자

조선공산당 초대 책임비서, 김재봉(1891-1944)

共產黨事件
豫審終結의主文과理由全文

有益한말 속살잇는글、大好評！大歡迎！
月刊雜誌 東光
號마다絶版
四月號出來
崔南善著 百八煩惱
要先金
東光社
三十錢

≪동아일보≫ 1927년 4월 6일자

자료 23 「審理結果로 無罪 六十名?」, ≪조선일보≫ 1927년 9월 11일자

「審理結果로 無罪 六十名?」 변호를 압헤 노코서
◇ …… 辯護마튼 李仁氏談

이번 사건을 마튼 변호 이십오인 중의 한 사람인 변호사 리인(李仁)씨는 알에와 가티 말하더라.

이번 사건은 시일이 오래 걸리고 법뎡이 복잡한 관계와 기타 여러 가지로 오전 아홉시 정각에 시작하야 오후 네시 정각이면 엇더한 사정이 잇든지 꼭 폐정하게 될 모양입니다. 그런데 이번 사건이 비밀결사로는 조선에서 처음되는 큰 사건이나 우리 변호인의 생각으로 공판 후에 무죄될 사람이 약 륙십명 가량은 될 줄 압니다. 포시변호사는 이번에 처음부터 오지 못하는 것을 대단히 유감으로 역이어 만사를 제처노코 오겟다는 것을 미리부터 오지 안트라도 변론은 다 할것이며 온대야 밧분 사람이 두 달식이나 오래 잇슬 수 업슴으로 림시하야 내가 긔별한 후 오기로 하얏습니다. 피고인들의 건강(健康)은 모다 별이상이 업는터인데 그중에 김경재(金璟載)와 리봉수(李鳳洙) 김재봉(金在鳳) 등의 세 사람이 병상(病床)에 잇스나 공판때 출정치 못할 디경의 중태는 아니니까 안심할 수 잇습니다.

審理結果로 無罪六十名?

변호를압헤 노코서

◇……辯護마튼 李仁氏談

이번사건을 마튼 변호이십오인중의 한사람인 변호사 리인(李仁) 씨는알에와가티말하더라

이번사건은 시일이 오래걸리고 법뎡이복잡한관계와 기타여러가지로오전아홉시정각에시작하야 오후 네시정각이면엇더한사정이잇든지폐정하게될모양입니다 그런데이번사건이 비밀결사로는 조선에서처음되는 큰사건이나 우리변호인의생각으로공판후에무죄될사람이 약륙십명가량은 될줄압니다 다포시변호사는이번에처음부터오지못하는것을대단히유감으로역이어만사를제처노코오겟다는 것을미리 부터오지안트라도 변론는다 할것이며오대야 밧분사람이 두달식이나 오래잇슬수 업슴으로림시하야 내가긔별한후 오기로하얏습니다 피고인 들의건강(健康)은 모다별이상이 업는터인데 그중에김경재(金璟載)와리봉수(李鳳洙)김재봉(金在鳳)등의세사람이 병상(病床)에잇스나공판에출정치못할디경의중태는아니니까안심할수잇습니다

자료 24 「朝鮮共產黨 組織體系」, ≪동아일보≫ 1927년 9월 13일자

共產黨組織體系

共產青年會體系

자료 25 「一百一名 被告」, ≪동아일보≫ 1927년 9월 13일자

一百一名被告

慶北安東郡 無職 權五卨(三二)
忠南禮山郡 無職 朴純永(二七)
京畿道開城郡 新聞記者 林元根(二八)
平北義州郡新聞記者林有寬(二五)
京畿道江華郡新聞記者 朴吉陽(三三)
慶北大邱府 無職 申哲洙(二四)
咸南元山府無職張水山事 張順明(二八)
京畿道高陽郡 無職 洪增植(三二)
京城府 新聞記者 曹利煥(二八)
黃海道載寧郡 無職 裵昌烈(二五)
咸北慶源郡 無職 朴珉英(二四)
平南江西郡 學生 李智鐸(二七)
黃海道黃州郡 雜誌記者 金璟載(二八)
京城府 無職 朴來源(二六)
京城府 印刷職工 閔昌植(二九)

平南中和郡 印刷工 楊在植(二九)
京畿道楊州郡 印刷工 李用宰(二三)
平南中和郡 印刷工 白明天(二三)
平北宣川郡 道廳員 金恒俊(三二)
慶北安東郡 無職 金在鳳(三七)
京畿道水原郡 新聞記者 竹癸事 洪惠裕(四一)
忠南禮山郡 無職 俞鎭熙(四四)
慶北漆谷郡 無職 陳秉基(三二)
平北義州郡新聞記者獨孤佺(二九)
京城府 無職 尹德炳(四四)
慶南河東郡宋奉瑀事宋憲謨(二七)
慶南東萊郡 無職 金若水事 金科全(三四)
咸南咸興郡 無職 朱鍾建(三三)
全南光州郡 無職 徐廷禧(五一)
慶南晉州郡 新聞記者 黃山事 姜達永(四一)
慶北安東郡 無職 李準泰(三四)

咸南北靑郡農全德事全政琯(二八)
咸南洪原郡 新聞記者 李哲事 李鳳洙(二六)
江原道通川郡 學生 李炳立(二四)
咸北鏡城郡 無職 朴洛鍾事 朴一秉(二五)
咸北鏡城郡 敎師 金昌俊(二八)
京畿道金浦郡 新聞記者 魚秀甲(三三)
慶北大邱府 敎師 李相薰(三三)
咸南定平郡 無職 金東富(三三)
咸南洪原郡 洋服工 李忠模(三三)
咸北會寧郡 無職 李在益(二六)
京城府 新聞社員 具昌會(三二)
京城府 洋襪職工 李殷植(二四)
慶北安東郡新聞記者柳淵和(二九)
京城府 洋襪職工 高允相(二七)
咸北城津郡雜誌記者李奎宋(二九)
京城府 印刷職工 姜均煥(二八)
京畿道富川郡 新聞記者 李承燁(三二)
江原道高城郡 無職 朴泰善(三七)
全南木浦府 無職 裵致文(三七)
京城府 新聞記者 李敏行(二九)
京城府 新聞記者 趙鏞周(二六)
慶北安東郡 學生 權五尙(二四)
京城府 無職 李浩(二六)

京畿道金浦郡 無職 金尙駿(三七)
慶北星州郡 無職 裵成煥(三二)
慶南晉州郡 農 朴台弘(二六)
慶南晉州郡道雇員 南海龍(三三)
忠南論山郡 農 崔杓晟(三二)
慶南河東郡 會社員 趙東赫(四四)
全南和順郡 農 曹俊善(二八)
慶州大邱府 無職 鄭雲海(三三)
慶南金海郡 無職 裵德秀(三三)
全南光州郡 農
咸南洪原郡新聞記者 薛炳浩(二七)
蔡駿植事 蔡奎恒(三一)
咸南咸興郡 無職 鄭容浩(三三)
慶南陝川郡 學生 金正奎(二九)
京城府 新聞記者 李碩事 李鳳洙(二九)
慶北高靈郡農 文秉直(三五)
慶南固城郡 金融組合書記 黃守龍(三一)
慶南馬山府 理髮業 金琪鎬(三三)
慶南馬山府新聞記者金尙珠(二六)
慶南泗川郡新聞記者金直成(二六)
慶南昌原郡 穀物商 尹烈事 尹允二(二三)
慶南馬山府 理髮業 金容燦(二三)
慶南馬山府 店員 李鳳壽([illegible])
慶南馬山府 理髮業 姜宗祿(二四)

慶南馬山府 新聞記者 彭三辰(二六)
慶南馬山府新聞記者 安宗信(二四)
慶南馬山府新聞記者 金明奎(二八)
全南光州郡 農 崔安燮(二五)
江原道襄陽郡 無職
盧一石、盧尙烈 盧相烈(三二)
全南光陽郡 米穀商 辛命俊(三四)
全南光陽郡新聞記者 鄭淳悌(二六)
全南光陽郡 農 鄭順和(二五)
慶南咸陽郡新聞記者 [illegible](二七)
全南光州郡 農 金[illegible]中(二四)
全南光州郡 自動車運轉手 崔一奎(二七)
全南[illegible]大郡 木手 許永壽(二七)
全南順天郡新聞配達 鄭洪模(二四)
全南光州郡 新聞記者 金庚成事 金有聲(二五)
全南光陽郡 農 金完根(五三)
全南光陽郡 農 鄭[illegible](四[illegible])
全南順天郡 農 李夢琨(四六)
全南珍島郡新聞記者 李昌洙(四二)
全南順天郡新聞記者 朴炳斗([illegible])
慶南東萊郡新聞記者 白光欽(二四)
咸南洪原郡 農 權榮奎(二八)
咸南洪原郡 [illegible] [illegible]廷植(三一)
黃海道[illegible] [illegible](二五)
[illegible]延(二五)

자료 26 「今日 朝鮮共產黨 公判」, ≪조선일보≫ 1927년 9월 13일자

「今日 朝鮮共產黨 公判」

조선 미증유(未曾有)의 큰 비밀결사(秘密結社)인 조선공산당 공판은 금 십삼일 오전 아홉시부터 열리게 되엇다. 재작년 사월 전조선긔자대회(全朝鮮記者大會)가 잇슬 당시 동 사월 십칠일에 시내 황금뎡(黃金町)에 잇는 중국 료리점 아서원(雅叙園)에서 당시 각 사회주의 단톄의 령수(領袖)를 망라하야 조선공산당을 조직하고 그 이튿날인 십팔일에 시내 훈정동(薰井洞) 사번디 박헌영(朴憲永)의 집에서 고려공산청년회(高麗共產青年會)를 조직하고 역시 전과 가티 표면운동(表面運動)을 하는 동시에 리면운동(裏面運動)으로 각 디방에 『야체이가』(支部)를 두어 활동하고 국경 신의주를 거치고 중국 상해 려운형(呂運亨)의 손을 거치어 아라사 『모스크쓰바』에 잇는 국제공산당(國際共產黨)(第三인터내슈낼)과 련락하게 되어 ○○○도 밧고 쏘는 장래 사회주의혁명(社會主義革命)을 위하야 역군을 양성코자 청년 류학생을 『모스쓰바』로 파견하다가 그 해 십일월 이십이일 신의주에서 신만청년회원(新滿青年會員) 전득린(全得麟)의 실수로 검거의 단서가 시작되어 신의주서와 경성종로서의 련합활동으로 뎨일차로 이십여명 검거를 보게되매 공산당책임비서로 잇든 김재봉(金在鳳)이가 자긔가 잡힐 것을 예측하고 후임으로 강달영(姜達永)을 추천하고 잡히이니 강달영은 작년 이월 중순경에 시내 운이동(雲泥洞) 공산당원 중의 한사람인 구연흠(具然欽)의 집에서 뎨이차로 공산당을 조직하야 역시 표면과 리면으로 운동하다가 그 해 륙월 십일 순종효황제(純宗孝皇帝) 인산(因山) 째를 타서 해외에 망명하야 잇는 김단야(金丹冶) 권오설(權五卨) 등이 책동하야 권오설이 다시 조선에 들어와 다수히 준비한 격문으로 인산당일에 크게 민족운동을 일으키려다가 칠일에 권오설이 체포되고 격문이 압수되어 다시 삼십여명이 검거되고 인산당일에는 조선○○만세사건이 잇섯스며 칠월 십구일 명치뎡(明治町)에서 강달영이 체포되고 공산당의 문부인 암호문서(暗號文書)와 인장(印章)이 시내 립정뎡 일백삼십오번디에 잇는 보성고보학생 김현철(金鉉哲)에게서 압수되어 또 다수한 당원이 전조선덕으로 잡히어 검사국으로 넘기어 예심(豫審)에부터서 재작년 첫 검거당시부터 해수로 삼년을 걸리어 금년 삼월 삼십일일에 예심이 결뎡되고 이래 공판준비 중이다가 금일의 공판에 붓게된 것이다.

今日! 朝鮮共産黨公判

萬人注視中에 一大史劇은開幕되다

조선미증유(未曾有)의큰비밀결사(秘密結社)인 조선공산당공판은 금십삼일오전아홉 부터 열리게되엇다 재작년사월전조선긔자대회(全朝鮮記者大會)가 잇슬당시 동사월십칠일에시내황금뎡(黃金町)에잇는중국료리점아서원(雅叙園)에서 당시각사회주의단톄의 령수(領袖)를망라하야 조선공산당을조직하고 그이튿날인십팔일에 시내훈정동사번디(薰井洞)박헌영(朴憲永)의집에서 고려공산청년회(高麗共産靑年會)를조직하고 역시전파가리표면(表面)과리면운동(裏面運動)을하는동시에 리면운동(裏面運動)으로 각디방에『야체이카』(支部)를두어활동하고 국경신의주를거치고 중국상해려운형(呂運亨)의손을거치어 아라사『모스크바』에잇는 국제공산당(國際共産黨)(第三인터내슈날)과 련락하게되어○○도밧고또는장래사회주의혁명(社會主義革命)을 위하야역군을양성코자 청년류학생을『모스크바』로 파견하다가그해십일월이십이일신의주에서 신만청년회원(新滿靑年會員) 전득린(全得麟)의 실수로검거의단서가시작되어신의주서와 경성종로서의련합활동으로 톄일차로이십여명검거를보게되매 공산당책임비서로잇든김재봉(金在鳳)이가자긔가잡힐것을 예측하고후임으로강달영(姜達永)을추천하고 잡히이니강달영은 작년이월중순경에시내운니동(雲泥洞)공산당원 중의한사람인구연흠(具然欽)의집에서 톄이차로공산당을조직하야 역시표면파리면으로 운동하다가그해륙월십일순종효황제(純宗孝皇帝)인산(因山)때를타서 해외에망명하야잇는김단야(金丹冶)권오설(權五卨)등이책동하야 권오설이다시조선에들어와 다수히준비한격문으로 인산당일에크게민족운동을일으키려다가 칠일에권오설이체포되고 격문이압수되어다시 삼십여명이검거되고인산당일에는 조선○○만세사건이잇섯스며칠월십구일명치뎡(明治町)에서강달영이체포되고공산당의문부인 암호문서(暗號文書)와인장(印章)이시내립정뎡일백삼십오번디에잇는보성고보학생김현철(金鉉哲)에게서 압수되어또다수한당원이전조선뎍으로잡히어검사국으로넘기어예심(豫審)에부려서 재작년첫검거당시부터해수로삼년을 걸리어금년삼월삼십일일에예심이결뎡되고 이래공판준비중이다가 금일의공판에붓게된것이다

被告百單一인全朝鮮的大秘密結社

組織、發覺、活動한重要人物

◇一次와再次發覺

◇第一次中央幹部

◇高麗共靑幹部는

◇第二次의人選은

◇馬山共産파人物

朝鮮日報 號外

자료 27 「重要 被告 略歷」, ≪조선일보≫ 1927년 9월 13일자

「重要 被告 略歷」

金在鳳=삼일운동(三一運動) 때에 제령위반(制令違反)으로 징역(懲役) 륙개월을 마친 후 상해(上海)로 건너가서 민족운동에 활동하다가 다시 모스크바(莫斯科)로 향하야 그곳 고려공산당원(高麗共產黨員)이 된 후 대정 십이년 십이월에 조동호(趙東祜)와 함께 공산당조직의 사명을 씌고 조선으로 돌아온 후 즉시 신사상연구회(新思想硏究會)에 입회하야 구연흠(具然欽)과 친밀한 동지로서 만흔 활동을 하엿섯스며 공산당 조직후에는 당의 책임비서(責任秘書)이엇섯다.

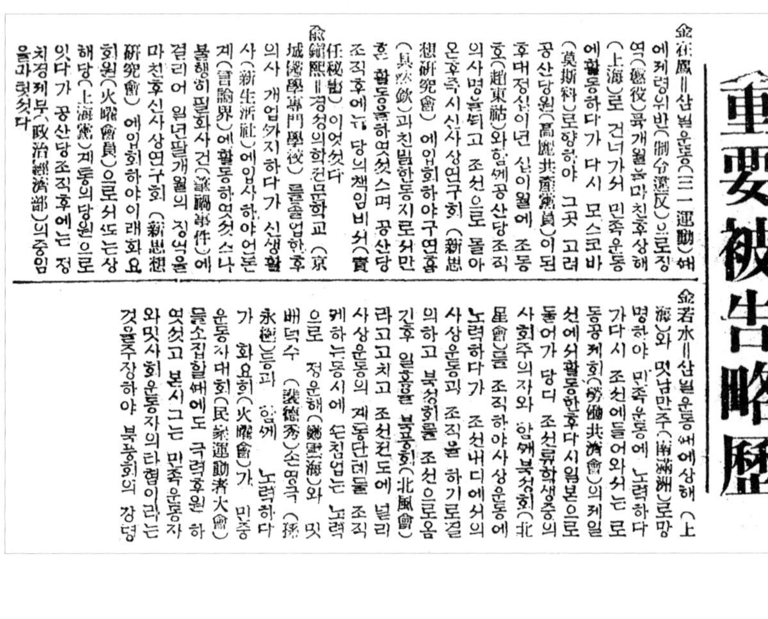

重要被告略歷

金在鳳=삼일운동(三一運動)쌔에제령위반(制令違反)으로징역(懲役)륙개월을마친후상해(上海)로 건너가서 민족운동에활동하다가 다시 모스크바(莫斯科)로향하야 그곳 고려공산당원(高麗共產黨員)이된후대정십이년 십이월에 조동호(趙東祜)와함께공산당조직의사명을씌고 조선으로 돌아온후즉시신사상연구회 (新思想硏究會) 에입회하야구연흠(具然欽)과친밀한동지로서만흔활동을하엿섯스며 공산당조직후에는 당의책임비서(責任秘書)이엇섯다

兪鎭熙=경성의학전문학교 (京城醫學專門學校) 를졸업한후의사 개업까지하다가 신생활사(新生活社)에입사하야언론계(言論界)에활동하엿섯스나불행히필화사건(筆禍事件)에걸리어 일년팔개월의 징역을마친후신사상연구회 (新思想硏究會) 에입회하야이래화요회원(火曜會員)으로서또는상해당(上海黨)계통의당원으로잇다가 공산당조직후에는 정치경제부(政治經濟部)의중임을마텃섯다

金若水=삼일운동쌔에상해 (上海)와 및남만주(南滿洲)로망명하야 민족운동에 노력하다가다시 조선에들어와서는 로동공제회(勞働共濟會)의제일선에서활동한후다시일본으로 들어가 당디 조선류학생중의사회주의자와 함께북성회(北星會)를 조직하야사상운동에노력하다가 조선내디에서의사상운동과 조직을 하기로결의하고 북성회를 조선으로옴긴후 일홈을 북풍회(北風會)라고고치고 조선전도에 널리사상운동의 계통단톄를 조직케하는동시에 숸칩업는 노력으로 정운해(鄭雲海)와 및배덕수 (裵德秀)손영극 (孫永極)등과 함께 노력하다가 화요회(火曜會)가 민중운동자대회(民衆運動者大會)를소집할때에도 극력후원하엿섯고 본시그는 민족운동자와및사회운동자의타협이라는것을주장하야 북풍회의 강령

자료 28 「百一 被告」, 《조선일보》 1927년 9월 13일자

조선일보

辯護士豫備會議

百一被告

三種罪名

創立準備

龍山强盜

자료 29 「中野檢事 公訴事實」, ≪조선일보≫ 1927년 9월 14일자

「中野檢事 公訴事實」 세조항에 나눈 공소사실
중야검사 공소사실(公訴事實) 요령은 알에와 갓다

(第一) 朝鮮共産黨

一. 大正 十四年 四月 十七日 京城府 黃金町 一丁目 支那料理店 雅叙園에 金在鳳・金若洙・權五卨・曹奉岩・鄭雲海 等 集合 朝鮮共産黨을 組織한 事.

二. 金在鳳・金煥 等은 新義州事件 後 共産黨이 悲運에 陷하엿슴으로 姜達永・李準泰 等과 會合 中央執行委員을 改選하고 目的 達成에 努力, 他는 情을 知하고 加盟한 者(…이하 생략).

中野檢事公訴事實

세조항에나눈공소사실

중야검사공소사실(公訴事實)요
령은왼에와갓다

(第一) 朝鮮共産黨

一、大正十四年四月十七日京城
府黃金町一丁目支那料理店雅
敍園에金在鳳、金若水、權五卨
曹奉岩、朴憲永等이會合朝鮮共
産黨을組織하고

二、金在鳳、金燦等은新義州事
件後共産黨이悲運에陷하엿슴
으로姜達永、李準泰等과會合
中央執行委員을改選하고目的
達成에努力、他는情을知하고
加盟한者

三、金明奎、黃守龍等은大正十
三年八月十七日馬山府城湖洞
金明奎方에馬山共産黨을組織
하엿다가大正十四年八月朝鮮
共産黨에倂合하엿다

(第二)高麗共産青年會

一、朴憲永、權五卨、林元根、金
丹冶等은大正十四年四月十八
日午後七時府內薰井洞朴憲永
方에會合高麗共産青年會를組
織하고

二、權五卨、李炳立은檢擧에依
하야瓦解의窮地에陷한同會를
爲하야大正十四年十二月以來
屢屢執行委員會를擧하고目的
達成에努力하매他는情을知하
고此에加入하엿다

三、黃守龍、金昌珠、金直成等
은大正十三年八月五日馬山府
南洞海岸에서馬山共産青年會
를組織하고十五年八月高麗共
産青年會에倂合하엿다

(第三) 天道敎事件

權五卨、金丹冶는故李王拓殿下
國葬을期하야不穩文書五萬枚를
印刷하야全鮮各地에送付하고六
月十日을期하야一齊히撒布民族
主義的運動에利用의大陰謀를企圖
한者이라

자료 30 「됴선공산당사건의 공판」(續報), ≪선봉≫ 1927년 9월 25일자

「됴선공산당사건의 공판」(續報)

악법의 재판에 반항하야 五백여명의 주의자들이 경성에 집중

종로경찰서로부터 二쳔 四백명의 졍사복경관을 법뎡내외에 느리어 세우고 엄혹하게 경계하며 이런 재판을 위하야 특별히 개량된 큰 법뎡은 변호사·방텽군중으로 가득채윗다

됴선혁명자 령수들 일백일인의 공판이 지난 십삼일 경성디방법원에서 열리엇다함은 전호에 이미 보도한 바와 같거니와 좀더 자세한 보도에 의하면 이 재판은 재판장 야모도(矢本)란 자의 손에 걸리엇고 검사 나까노(中野)가 립조하엿스며 후루야(古屋) 변호사외 十三명 변호사가 렬석한 중에 이 재판이 열리엇다.

바로 그 전날 밤 열한시로 붙어 비를 무릅쓰고 문밖에서 날 새기를 기다리고 있던 피고의 친족들과 공산주의자들은 오전 四시에 구내로 밀려드러갓다. 이런 사건의 재판을 위하야 특별히 개량한 대법뎡이 방텽군중으로 갓득 채우엇다. 이날 공판을 앞두고 미리 붙어 경성으로 모혀든 五百여명의 주의자들로 붙어 반항의 형새가 보이엇음으로 종로경찰서에서는 길가와 법뎡내외에 二千四百여명의 정사복경관을 배치하고 엄혹하게 경계하고 있다. 이러케 극도로 긴장된 공긔 속에서 오전 九시 五십분에 이 재판이 개뎡되엇다. 재판장 야모도의 「좀 정숙하게 들어주」하는 말을 잇대어 신분됴사가 있는 후 검사 나까노는 김재봉·김억수 등 여러 사람이 재작년 四월 十七일 됴선공산당을 조직하고 국제공산당과 련락하야 됴선 각도에 세포단톄를 배치하고 됴선사회 조직을 개혁하려던 사실과 박헌영·권오설 등 여러 사람이 됴선의 독립과 공

산주의 실현을 위한 고려공산청년회를 조직한 일과 모스크바공산학교에 二十여명의 학생을 보낸일로 붙어 검거되기에 이르기까지의 공소사실을 일일이 진술한 후에 정오에 잠시 휴게하게되어 피고들은 법뎡에 가저다엇던 「주먹밥」을 논아먹고 오후 한시반에 다시 재판을 열엇다. 변호사 김태영(金泰榮)은 「권오설 이외 十九명이 신의주 디방법원으로붙어 경성디방밥원에 이송된 것은 총독의 명령이 안이엇으니 그것은 위법이며 삼심(三審)이 종결되지 못하엿으나 공판에 부힐 리유가 없다」하야 반대의견을 세윗다.

됴선공산당사건의공판(續報)

악법의재판에반항하야五백여명의주의자들이경성에집중

종로경찰서로부터 二천四백명의정사복경관을 법뎡내외에느러세우고 엄혹하게경계하며 이런재판을위하야특별히개량된 큰법뎡은 변호사, 방텽군중으로 가득채웟다

됴선혁명사련수범 일백일인의 공판이 지난십삼일 경성디방법원에서 열리엇다함은 전호에이미보도한바와 [illegible] 옴더자세한보도에의하면 이재판은 재판장야모도(矢本)판사의손에 걸리엇고 검사나까노(中野)가 립회하엿으며 후루야(古屋)변호사외 十三명변호사가 렬석한중에 이재판이열리엇다

바로그전날밤열한시로붙어 비를무릅쓰고 문밧에서 밤새기를기다리고잇던 피고의친족[illegible]과 공산주의자들은 오전四시에 구내로밀려드러갓다 이런사건의재판을위하야 특별히개량한 대법뎡이 방텽군중으로갓득채우엇다 이날공판을압두고 미리붙어경성으로모혀든 五百여명의주의자들로붙어 반항의형세가보이엇음으로 종로경찰서에서는 경가[illegible]와 법뎡내외에 二千四百명의 정사복경관을 배치하고 엄혹하게경계하고잇다 이러케극도로긴장된공긔속에서 오전九시五십분에 이재판이 개뎡되엿다 재판장야모도의 「좀정숙하게들이주」 하는말을잇대어 신분도사가잇은후 검사나까노는

김재봉, 김약수등여러사람이 재작년四월十七일 됴선공산당을 조직하고 국제공산당과련락하야 됴선각도에 세포단테를배치하고 됴선사회조직을 개혁하려던사실과 박헌영, 권오설등여러사람이 됴선의독립과 공산주의실현을위한 고려공산청년회를조직한일과 모스크바공산학교에 二十여명의 학생을보낸일로붙어 검거되기에 이르기까지의 공소사실을 [illegible]

이간공판후에 정오에잠시휴게하게되어 피고들은 법뎡에가저다잇던 「[illegible]」을는하먹고 오후한시반에 다시개판을하엿다 변호사김태영(金泰榮)은 「권오설이외 十九명이 신의주디방법원으로붙어 경성디방법원에 이송된것은 종로의명령이안이엿으니 그것은 위법이며 [illegible]이종결되지못하엿으나 공판에부칠리유가없다」 하야 반대의견을 세웟다

변호사들은분개하야법뎡에서퇴석

「이따위꼴은 경계는전무산계급을압박하는것이니 차라리재판을그만두는것이좋다」라고 피고박헌영은 주장하엿고 법뎡은아조소동, 혼란을일으키엇다

십五분오전십시, 공판은계속되어열리엇는데 김태영변호사는 신의주[illegible]사가 [illegible] 사건을경성에옴긴것임으로 경성디방법원의 예심종결은 위법이라하야 피고박헌영외 十九명에대하야는 공소기각(公訴棄却)이란결정을구하는 항변(抗辯)서를 재판장에게제출하고 개뎡벽두에 변호사는 피고로하여금 자유로공술케함필요가잇다 주장하야 검사[illegible]특별방텽인과 뎡내의정경관들의 퇴석을요구하엿는데 재판장은 그것을받지안이하엿고 피고박헌영은 일어나서주장하기를 「이따위꼴은경계는 전무산계급을압박하는것이니 차라리재판을그만두는것이조다」 하엿음으로 법뎡은아조 혼란하기시작하여 재판은잠시중지하게되엿다가 십一시에다시열고 재판장은 「공안을[illegible]」케하는위엄이잇다하야 방청을금지한다는 포고를하엿는데 변호사들에서는 어데까지던지 공개를주장하야 변호사와재판장사이에 강경한론단이잇다갓다하다가 재판장은완악하게그요구를거절하엿음으로 변호사들은 분연하게 일어나서법뎡에서퇴각하엿다

자료 31 「101인 비밀공판에 격분하야 됴선민중은 모도 일어난다」, ≪선봉≫ 1927년 10월 13일자

「101인 비밀공판에 격분하야 됴선민중은 모도 일어난다」
일본 무산계급은 애써 후원한다
치안유지법의 텔폐를 웨치며 비밀공판의 공개를 요구하야

[일본(무산자신문) 특별보도] 됴선 공산주의자 101인에 대한 공판은 一九一九년 三월 운동자공판사건과 함께 됴선혁명운동의 피의력사를 장식하는 중대사건임으로 전 됴선민중의 주목은 모도 이 공판에 집중되어 말할 수 없는 격분의 공긔가 전됴선의 하늘을 덮엇다. 됴선내디의 각 디방은 물론이요 북경·상해·한구·광동·만주·대판·동경 등 각디에 있는 됴선인들은 모도 공판의 공개와 운동령수들의 즉시 석방을 요구하는 맹렬한 운동이 돌개바람처럼 원통 전테를 휘말어간다.

1. 됴선총독경찰정치의 반대
2. 암흑공판의 절대공개 요구
3. 101인의 무죄석방요구

이런 표어를 들고 수십만개의 비라를 뿌리며 시위운동과 폭로연설회를 각디에서 개최되고 일본내각 총리대신·됴선총독·재판장 등에게 대한 항의문이 날마다 들어간다. 일본에서까지 광포한 압박이 미침을 불관하고 반항하는 운동은 계속되여 일어난다. 일본에 있는 됴선로동총동맹·신간회동경지회·됴선총독 폭압정치반대동맹 기타 단테들은 비밀공판을 반대하는 항의를 일본정부에 데출하고 일본 무산계급의 좌익정당인 「로동농민당」은 전일본 무산계급을 선동하는 반항격문을 산포하며 됴선혁명자들에 대한 절대후원을 부르짖

으며 일본 뎬중내각과 됴선총독부를 계급의 위력으로써 협박한다. 일본 로동자들은 모도 「됴선동포의 투쟁을 돕와주자」라는 표어 아래에서 반항운동을 확장한다.

「됴선 피압박 민중의 원수는 일본 무산계급의 원수다」라고 일본 무산군중은 절규
됴선총독정치를 반대하는 대연설회를 개최하고

일본 경도에서는 됴선총독폭압정치에 반대하는 대연설회가 개최되엿다. 일본 「무산자신문」은 보도하되 「전일본 피압박 민중의 반항을 온갖 폭력으로 진압하는 전제정부는 됴선 二천만 피압박민들의 반항운동에 대하야는 보다 더 몇 배나 심한 횡포와 잔인을 다하고 있다. 이것은 됴선을 금융자본의 식민디로 하야 로동자 농민의 고혈을 착취함과 동시에 사회주의 쏘베트공화국동맹의 창립과 중국국민혁명의 발전으로 인하야 위긔에 빠진 만주 몽고의 무력적 정치지배를 보전하려는 일본 데국주의의 최후의 발악에 불과하다. 포악한 됴선총독부의 소위 제령(制令)은 전됴선 민족의 민족뎍 언론・출판・명사의 자유를 빼앗섯다. 온갓 집회는 경관과 헌병의 「구쓰」발아래 짓밟히고 온갓 신문 잡지는 불법의 몰수를 당한다. 그리고 민족해방을 위하야 싸우는 몇 천 몇 만의 투사들은 모도 생명을 갓기워간다. 「됴선총독폭압정치반대관서디방동맹(朝鮮總督暴壓政治反對關西地方同盟)」에서는 금번 됴선공산당사건공판을 긔회로 하야 「로동농민당」 후원하에서 됴선총독부의 폭압정치를 반대하는 대연설회를 개최하고 공판의 공개, 됴선총독경찰정치타도를 절규한다. 됴선민중의 뎍은 곳 일본 무산계급의 뎍이며 동시에 됴선민중의 투쟁은 곳 일본무산계급의 투쟁이다. 일본 로동자들은 일어나서 됴선동포들의 반항운동을 원조하라. 일본 무산계급의 승리없이는 됴선민중의 승리도 없는 동시에 됴선민중의 해방이 없

이는 일본 무산계급의 승리가 없을 것이다」라고 하엿더라.

※ 사진설명

* 상면…윈렬…대일렬…왼쪽으로붙어

1. 독고전 2. 조리완 3. 주종건 4. 유진희 5. 장수산 6. 신철수 7. 김한 8. 권오설 9. 서뎡희 10. 윤덕병

* 상면…윈렬…대二렬…왼쪽으로붙어

1. 김약수 2. 리규송 3. 리봉수 4. 리수연 5. 김재봉(사진대신 명함) 6. 강달영 7. 뎡운해 8. 문상직 9. 됴동호 10. 김항준

* 왼쪽…종렬……위로붙어

1. 홍증식 2. 리상훈 3. 박태선 4. 김긔호 5. 배성룡 6. 박민영 7. 백광흠 8. 박래원

* 올음쪽…종렬…위로붙어

1. 뎡순화 2. 뎡순명 3. 뎡순뎨 4. 고윤상 5. 류연화 6. 리호 7. 박병두 8. 김종신

* 아래…왼쪽…횡렬…밋다슷사람

1. 림천곤 2. 림영관 3. 박헌영 4. 진병긔 5. 김상주

* 아래…횡렬…여들사람

1. 조봉암 2. 박길양 3. 김영규 4. 김경재 5. 윤윤삼 6. 배덕수 7. 렴창렬 8. 송봉우

그 밖에 여러 사람은 사진대신에 명함들

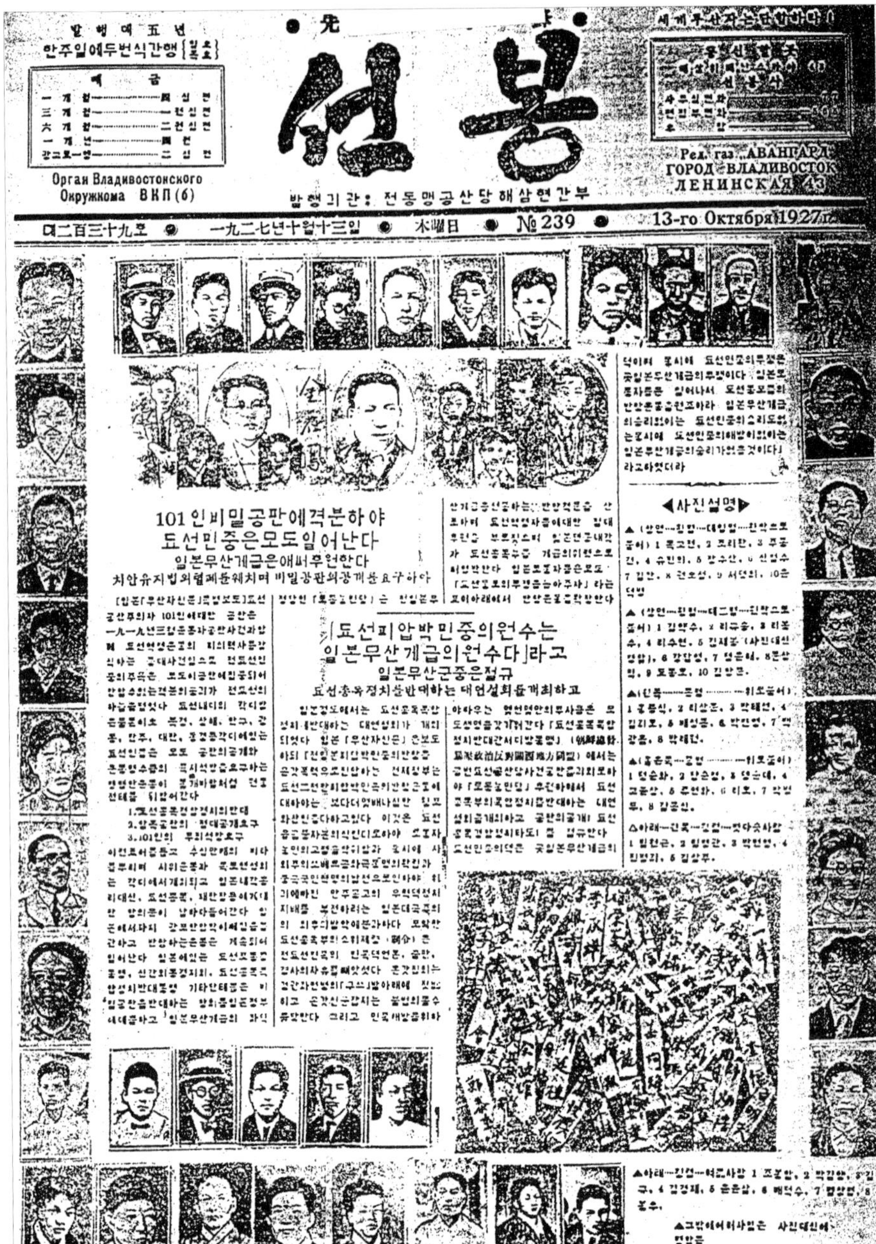

발행 제五년
한주일에두번식간행 {일요 목요}

Орган Владивостокского Окружкома ВКП (б)

선봉

세계무산자는단합하라!

Ред. газ. „АВАНГАРД" ГОРОД ВЛАДИВОСТОК ЛЕНИНСКАЯ 43

발행기관: 전동맹공산당해삼현간부

대二百三十九호 ● 一九二七년十월十三일 ● 木曜日 ● №239 ● 13-го Октября 1927 г.

101인비밀공판에격분하야 됴선민중은모도일어난다

일본무산계급은애써후원한다

치안유지법의철폐를웨치며 비밀공판의공개를요구하야

「됴선피압박민중의원수는 일본무산계급의원수다」라고

일본무산군중은절규

됴선총독정치를반대하는 대연설회를개최하고

◀사진설명▶

253

一九二七년十월三十일 선 봉 뎨二百四十三호 (4)

잇대어웨치는반항의고함! 101인 됴선공산당원과모든정치범들의즉시석방을요구! 일본데국주의의타도를절규!

계속하여일어나는해삼위로력군중의 101인공판반항대회

十월二十二일—신한촌쓰탈린구락부에서

해삼위의신한촌, 해천구락부, 시와재에서 지난달18일 됴선서울에 잇는 됴선공산당사건공판에대한 반항연설대회를열엇엇다는소식은의미 본보에서소개한바어니와 지난二十二일밤七시에 해삼위고려인로력군중의 반항대연설회가 다시 신한촌 쓰탈린구락부안에서 열니엇다 이 날에는 특히 101인동의안사함으로 …

이 금속으로 됴선에뿌리를박고도 선근로군중말살하는일. 그로인하야드 선혁명의선봉대요 세계혁명의한부대인 「됴선공산당」, 「고려공청회」가 성립되는일, 그후의걸거되는일들을 자례〃〃로 설파하엿다 …

…

해삼바다에는청어가벌서난다

쁘쪼로쁘니 만과 큰 미드존으만에 본월十二일부터 가을청어가 생기어낫다 그이튼날 한그물에五만머리나 잡히엇다한다 가을청어는 항상기름진까닭에 매천마리에 二十八뿌드의중량이간다한다

고년쯤이는 몰려오는시긔가대우일즉이시작된다더러 그수효도매우풍부하다

정어리도요사이에 많이난다

쉬밤라단에는 정어리가 어찌 만던지 바다뚝갑에밀리어 해변에 밀린다

근일해삼위바다에 정어리가 비상히 만이나는데 특히해삼위에서 쎄시예르로가는길목에더만다한다

정어리와함께희생

十월三일새벽에 외발선의정어리그물을실은배가 바다에드려오다가「쓰트레룩」해변에서 광풍을만나서 배가뒤엎이엇는데 사람두명이 물에빠지고 배에실은짐은 전부잃어젓다

누구의칙임이냐? 잠자는두단테사업

…

정병욱동무의비통한영결식

모쓰크바에있는 됴선인 적위군, 학생(赤衛軍, 學生)일동의명의로보낸 정병욱(鄭秉旭) 동무의 약력과 긔사는 받엇으나 본보(本報)에 …

… 재모쓰크바 됴선인 적위군 학생일동

긔자도돌어—긔사에게

「긔관에허무한일곤! 주민에게굴면한 연동하는교원허다 !」이란긔사쓴동무에게!

—찬긔통앙긔자—

…

론문

…

1927년 9월일

됴선공산당원망명자일동

발행자: 원동변공산당 해삼연 간 부 (Издатель Владивостокский Окружком В. К. П.(б)
책임인: 리 백 초 (Ответственный редактор Ли—Пяк—чо)

Окрлит № 1904 Типография № 17 Тираж 2000.

274

자료 32 「上海部委員 趙東祜 被逮」, ≪조선일보≫ 1928년 2월 3일자

「上海部委員 趙東祜 被逮」

일본령사 경찰이 잡어서 不日內로 護送決定

조선공산당(朝鮮共產黨)이 지금부터 사년전인 일천구백이십오년 사월에 서울에서 조직되엇슬 때에 김재봉(金在鳳) 김약수(金若洙) 등 거두들과 가티 중앙집행위원(中央執行委員)으로 선거되어 만히 활약하여 오다가 대검거의 선풍이 일어나자 몸을 피하야 상해(上海)에 이르러 그곳에서 김단야(金丹冶) 등과 가티 림시상해부집행위원(臨時上海部執行委員)으로 잇스면서 활동을 여전히 계속하고 잇든 충북 옥천군(忠北 沃川郡) 출생의 조동호(趙東祜)(四0)는 그동안 경무당국의 수배로 최근에 상해 일본총령사관 경찰서(上海 日本總領事館 警察署)에 톄포되어 엄중한 경계리에 불일내로 경성에 호송되리라더라.

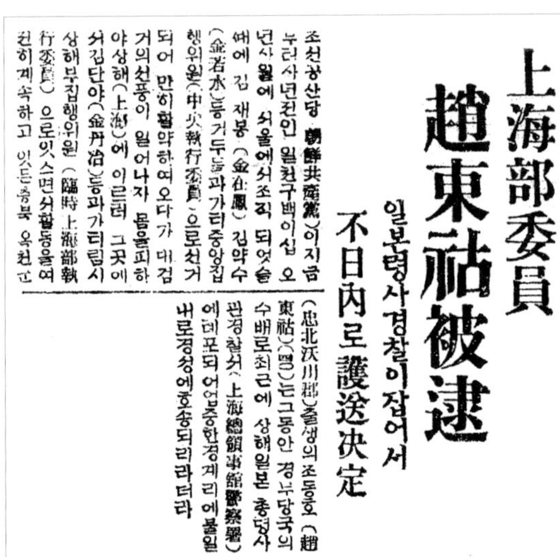
上海部委員
趙東祜被逮
일본령사경찰이잡어서
不日內로護送決定

조선공산당(朝鮮共産黨)이지금부터사년전인 일천구백이십오년사월에 서울에서조직 되엇슬때에 김재봉(金在鳳) 김약수(金若水)등거두들과가티중앙집행위원(中央執行委員)으로선거되어 만히활약하여오다가 대검거의선풍이 일어나자 몸을피하야상해(上海)에 이르러 그곳에서김단야(金丹冶)등과가티림시상해부집행위원(臨時上海部執行委員)으로잇스면서활동을여전히계속하고 잇든충북 옥천군(忠北沃川郡)출생의조동호(趙東祜)(四○)는그동안 경무당국의수배로최근에 상해일본총령사관경찰서(上海總領事館警察署)에톄포되어엄중한경계리에불일내로경성에호송되리라더라

자료 33 「趙東祜 畢竟 被捉」, ≪중외일보≫ 1928년 2월 3일자

「趙東祜 畢竟 被捉」

불원 경성으로 호송한다

데일차 조선공산당사건(朝鮮共產黨事件)의 관계자로 사년전 사월 김재봉(金在鳳) 김약수(金若洙) 등과 가티 조선공산당중앙집행위원(朝鮮共產黨中央執行委員)으로 선거되엿다가 데일차의 대검거 선풍이 닐어나자 상해(上海)로 망명하야 림시상해부(臨時上海部)의 집행위원으로 김단야(金丹冶)와 가티 활동을 하야오든 충북 옥천군(忠北 沃川郡) 출생 조동호(趙東祜)(四0)는 최근 상해령사관경찰(上海領事館警察)의 손에 테포되어 근근 경성으로 압송되리라더라.

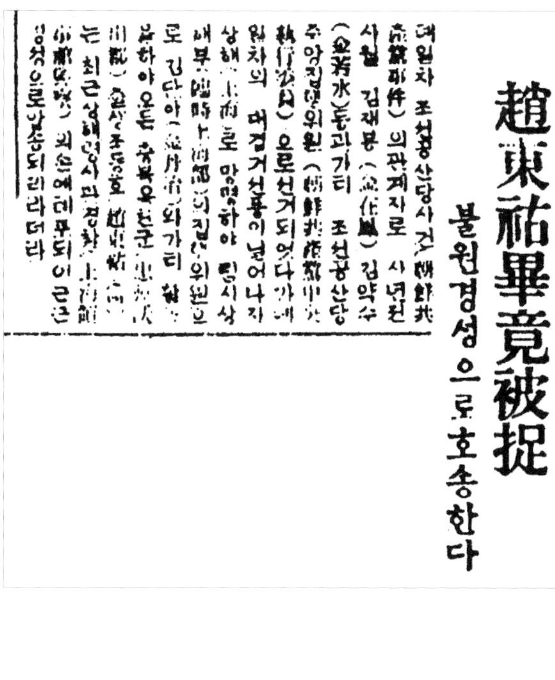

趙東祜畢竟被捉
불원경성으로호송한다
데일차 조선공산당사건(朝鮮共產黨事件)의관계자로 사년전 사월 김재봉(金在鳳) 김약수(金若水)등과가티 조선공산당중앙집행위원(朝鮮共產黨中央執行委員)으로선거되엿다가데일차의 대검거선풍이닐어나자 상해(上海)로 망명하야 림시상해부(臨時上海部)의집행위원으로 김단야(金丹冶)와가티 활동을하야오든 충북옥천군(忠北沃川郡)출생조동호(趙東祜)(四〇)는 최근상해령사관경찰(上海領事館警察)의손에데포되어근근경성으로압송되리라더라

자료 34 「重刑을 豫想하는 主要 被告」, ≪조선일보≫ 1928년 2월 13일자

자료 35 「未曾有의 大秘密結社事件 朝鮮共産黨言渡」, ≪조선일보≫ 1928년 2월 13일자 號外

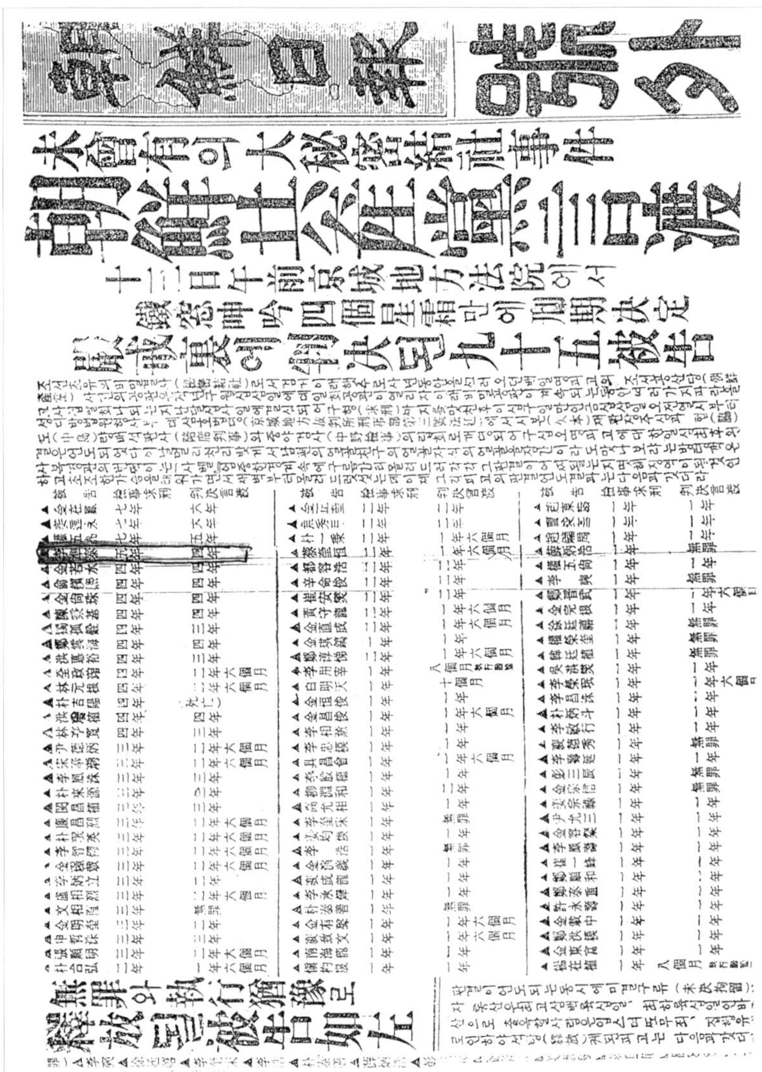
朝鮮日報 號外

未曾有의 大秘密結社事件

朝鮮共産黨言渡

十三日午前京城地方法院에서

鐵窓呻吟四個星霜만에 初期決定

嚴秘裏에 判決된 九十五被告

無罪와 執行猶豫로 釋放될 被告如左

자료 36 「金在鳳 이름」, ≪동아일보≫ 1928년 2월 14일자

前夜初更부터殺到
法院前佇立十四時
『열네시간을기다려도방텽권못어더
눈물흘리며돌아서는가족도만핫다』
血淚얼킨傍聽券一枚

入廷傍聽客
身體一一搜索
『발조차잘못옴겨놋는철통갓흔경게와
주의자신여성동각양각색방텽객』
嚴重한法院內警戒

金在鳳

자료 37 「朝鮮共産黨 被告」, ≪동아일보≫ 1928년 2월 14일자

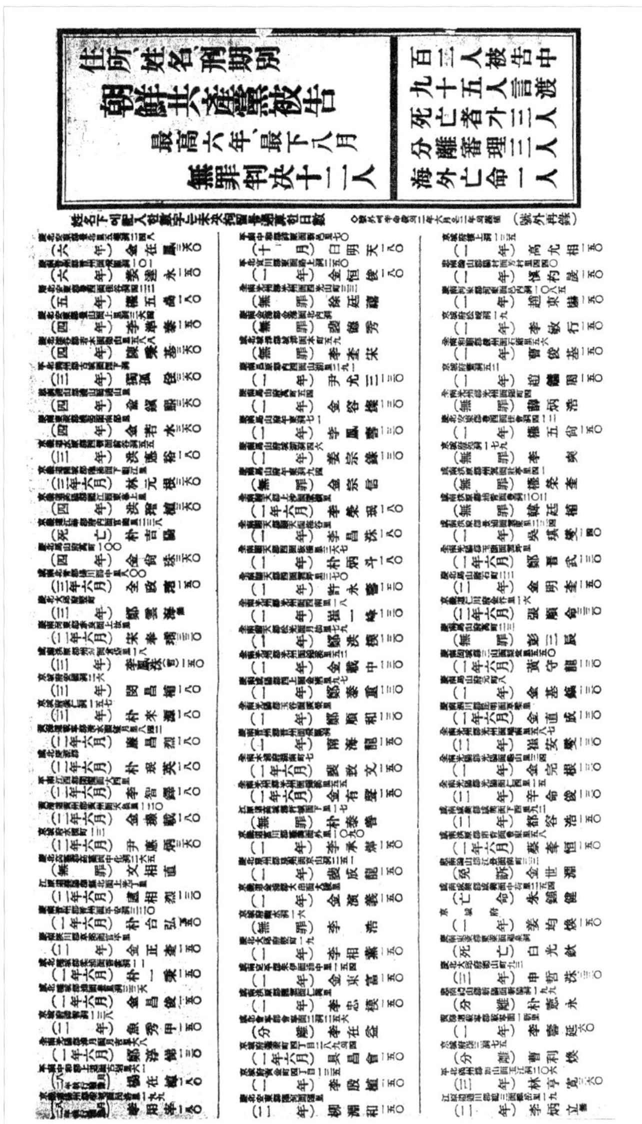

住所, 姓名, 刑期別

朝鮮共產黨被告

最高六年, 最下八月

無罪判決十二人

百二人被告中

九十五人言渡

死亡者가二人

分離審理三人

海外亡命一人

자료 38 「檢擧以來 四個星霜만에 朝鮮共産黨 刑期言渡」, ≪조선일보≫ 1928년 2월 14일자

檢擧以來四個星霜만에
朝鮮共産黨刑期言渡
十三日午前京城地方法院에서
最高六年無罪十二、猶豫二名
嚴戒裡判決된九十五名

無罪、執行猶豫로
釋放될十四被告

자료 39 「◇言渡바든 被告!」, ≪조선일보≫ 1928년 2월 14일자

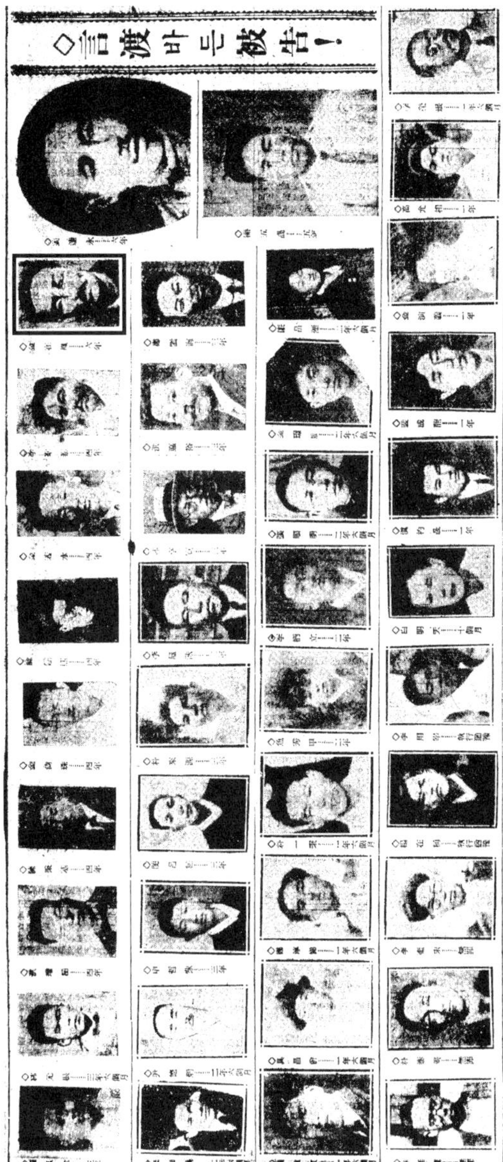
◇言渡바든 被告!

자료 40 「近代社會史上의 一大事件인 朝鮮共產黨事件 一審判決」, ≪중외일보≫ 1928년 2월 14일자

近代社會史上의 一大事件인 朝鮮共產黨事件 一審判決

檢擧以來實로四個星霜을經過한 昨十三日午後零時에니르러言渡

最高는懲役六年刑

被告九十五名의刑期

六年以下八十一、無罪와猶豫十四

暴風雨前의靜寂가튼 判決言渡前의法廷

肅殺,不安의空氣廷內에彌滿

皮骨相接으로목 衰弱한被告들

中野檢事 控訴抛棄?

過重判決로認定

傍聽客雲集

適用한法律은 治維法과制令

昨曉西小門町火災 一族六名燒死의慘劇

被害者는中國人

愼重考慮하야 判決하얏노라고

妓生出演으로一問題

關係學校에서 抗議할듯

本報號外發行

자료 41 「昨 十五日 正午까지 六十七人 服役決定」, ≪동아일보≫ 1928년 2월 16일자

「昨 十五日 正午까지 六十七人 服役決定」 ◇ 공소작뎡한 피고는 세명뿐◇ 共産黨 被告의 態度

지난 십삼일에 판결언도를 바든 조선공산당사건(朝鮮共産黨事件)의 피고들은 지난 십사일까지에 공소권(公訴權)을 포기한 사람이 복역할 사람중에 사십오인이요. 무죄 혹 집행유예로 나온 사람이 십사인으로 전부 오십구명이요. 남어지 삼십륙인은 공소여부에 대하야 고려중이라 함은 작보와 갓거니와 십사일 오후에 변호사 허헌(許憲) 김태영(金泰榮) 량씨가 형무소로 나가서 여러 피고들과 협의한 결과 작 십오일까지에 공소권을 포기한 사람이 전부 륙십칠인이요. 공소하기로 결뎡한 사람이 전부 세사람이요. 아즉까지 태도를 결뎡치 못한 사람이 열한사람으로 그 성명은 다음과 갓다더라.

◇ 控訴決定

▲ 金科佺=若水= ▲ 尹德炳 ▲ 鄭雲海

◇ 態度未定

▲ 金在鳳 ▲ 金尙珠 ▲ 全致琯 ▲ 李準泰 ▲ 金有聲 ▲ 裵致文 ▲ 金演羲 ▲ 李忠模 ▲ 申哲洙 ▲ 宋德滿=奉瑀= ▲ 朴一秉

昨十五日正午까지 六十七人服役決定

◇공소작뎡한피고는세명뿐◇

共産黨被告의態度

지난십삼일에판결언도를바든조선공산당사건(朝鮮共産黨事件)의피고들은지난십사일까지에공소권(控訴權)을포기한사람이복역할사람중에 사십오인이요 무죄혹집행유예로나온사람이십사인으로 전부오십구명이요 남어지삼십륙인은 공소여부에 대하야고려중이라함은작보와갓거니와 십사일오후에변호사허헌(許憲)김태영(金泰榮)량씨가 형무소로나가서 여러피고들과 협의한결과 작십오일까지에 공소권을포기한사람이 전부륙십칠인이요 공소하기로 결뎡한사람이전부세사람이요 아즉까지 태도를결뎡치못한사람이열한사람으로그성명은다음과갓다더라

◇控訴決定

▲金枓佺‖若水‖▲尹德炳▲鄭雲海

◇態度未定

▲金在鳳▲金尙珠▲全政琯▲李準泰▲金有聲▲裵致文▲金演羲▲李忠模▲申哲洙▲宋德滿‖李琪‖▲朴一秉

자료 42 「控訴 斷念한 諸被告의 ●●●●● 最後付托」, ≪중외일보≫ 1928년 2월 16일자

「控訴斷念한 諸被告의 ●●●●● 最後付托」

控訴提起는 金若洙外 單 二人 金在鳳以下 十一人 猶豫未定 姜達永等 六十七人 服役

뎨일심판결(第一審判決)을 언도바든 조선공산당사건(朝鮮共產黨事件) 피고들의 공소여부(控訴)에 대하야는 작지에 대강 보도한 바 잇거니와 십사일 오후에 변호사 허헌(許憲) 김태영(金泰榮) 량씨가 서대문형무소(西大門刑務所)로 피고 팔십일명 전부를 자저보고 의견을 교환한 결과 金若洙 鄭雲海 尹德炳의 세 사람은 공소를 하겟다 결심하야 이미 재판소 당국에 수속을 취하얏스며 金在鳳 李準泰 金尙洙 全政琯 裵致文 金有聲 金演羲 李忠模 申哲洙 宋奉瑀 朴一秉 등 열한명은 아즉 공소를 하게 될는지 포기할는지 좌우간 태도를 결뎡치 못하고 유예미결중에 잇는터이오. 그 남아지 륙십칠명은 단연히 공소권을 포기하고 복역(服役)하기로 태도를 결뎡하얏다는 바 이와가티 복역을 결뎡한 피고들은 전긔 면회한 변호사들에게

一. 每月 一次式 面會하야 줄 일

一. 世界運命에 對한 敎示

一. 朝鮮 最近의 自然形便

一. 落鄕하는 同志의 消息

등을 반듯이 옥의 동지들에게 뎐하야 실행하도록 하여 줄것과 기타관계 변호사 제씨도 매월 ●차례식 반듯이 맛나 주기를 바란다는 부탁이 잇섯다더라.

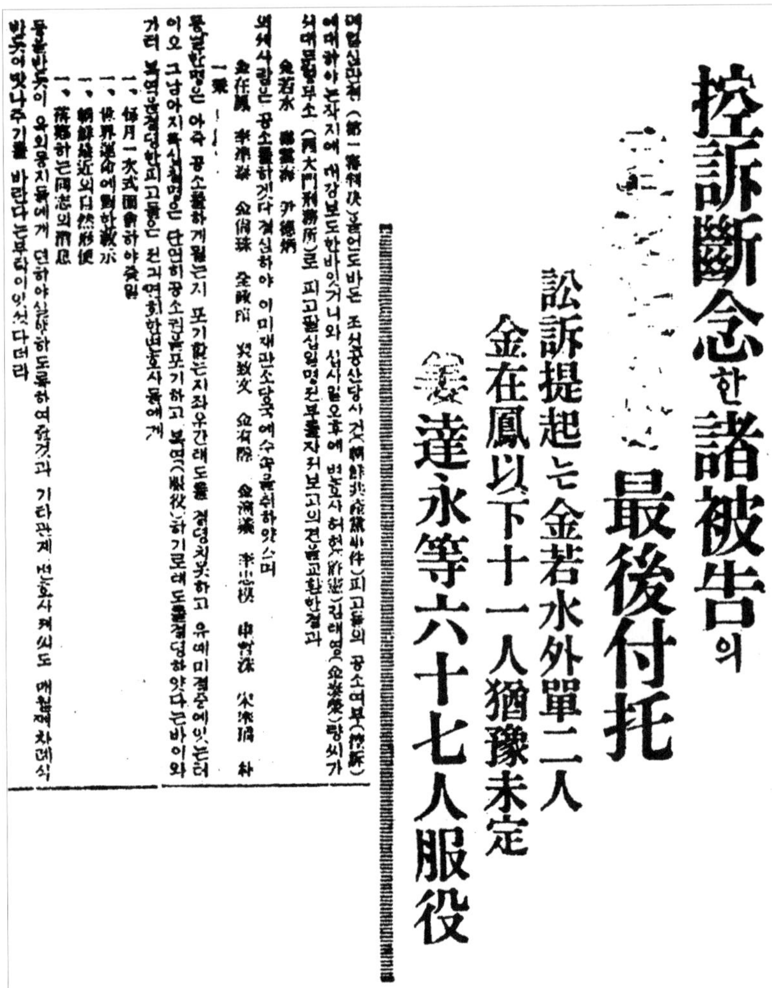

控訴斷念한諸被告의 最後付托

訟訴提起는金若水外單二人

金在鳳以下十一人猶豫未定

達永等六十七人服役

예엄심판결(第一審判決)을언도바든 조선공산당사건(朝鮮共産黨事件)피고들의 공소여부(控訴)에대하야는작지에 대강보도한바이거니와 십사일오후에 변호사허헌(許憲)김태영(金泰榮)량씨가 서대문형무소(西大門刑務所)로 피고팔십일명전부를차저보고의견을교환한결과

金若水 鄭雲海 尹德炳

외세사람은 공소를하겟다결심하야 이미재판소당국에수속을취하얏스며

金在鳳 李準泰 金尙珠 全政琯 吳致文 金在[illegible] 金璟載 李[illegible]模 申哲洙 宋來琯 朴一乘

등열한명은 아즉 공소를하게될는지 포기할는지좌우간태도를 결뎡치못하고 유예미결중에잇는터이오 그남아지륙십칠명은 단연히공소권을포기하고 복역(服役)하기로태도를결뎡하얏다는바이와가티 복역을결뎡한피고들은 전긔면회한변호사들에게

一、每月一次式面會하야줄일

一、世界運命에對한指示

一、朝鮮社近의自然形便

一、落鄕하는同志의消息

등을반듯이 우리동지들에게 뎐하야실행하도록하여줄것과 기타관계 변호사제씨도 매월제차례식 반듯이맛나주기를 바란다는부탁이잇섯다더라

자료 43 「中國 ○○分子 過檄文密送」, ≪조선일보≫ 1928년 3월 1일자

「中國 ◯◯分子 過檄文密送」

제란회라는 일흠으로 警察은 嚴重 警戒中

최근에 북경(北京)과 상해(上海)를 중심으로 하고 전중국의 ××분자들을 망라하야 조직한 제란회(濟亂會)에서는 조선공산당사건의 김재봉(金在鳳) 외 구십구명에게 보낸다고 표데를 부친 과격한 격문(檄文)을 조선내디에 밀송하는 형적이 잇다하야 경찰당국에서는 경계중이라더라.

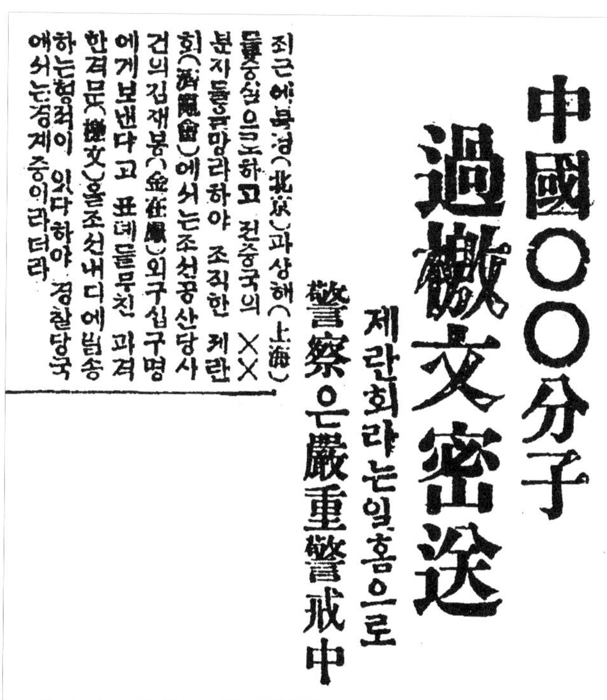

中國○○分子 過檄文密送

제란회라는일흠으로 警察은嚴重警戒中

최근에북경(北京)과상해(上海)를중심으로하고 전중국의 ××분자들을망라하야 조직한 제란회(濟亂會)에서는조선공산당사건의김재봉(金在鳳)외구십구명에게보낸다고 표데를부친 과격한격문(檄文)을조선내디에밀송하는형적이 잇다하야 경찰당국에서는경계중이라더라

자료 44 「朝鮮共産黨事件 第一審 判決文」, ≪중외일보≫ 1928년 3월 3~18일자

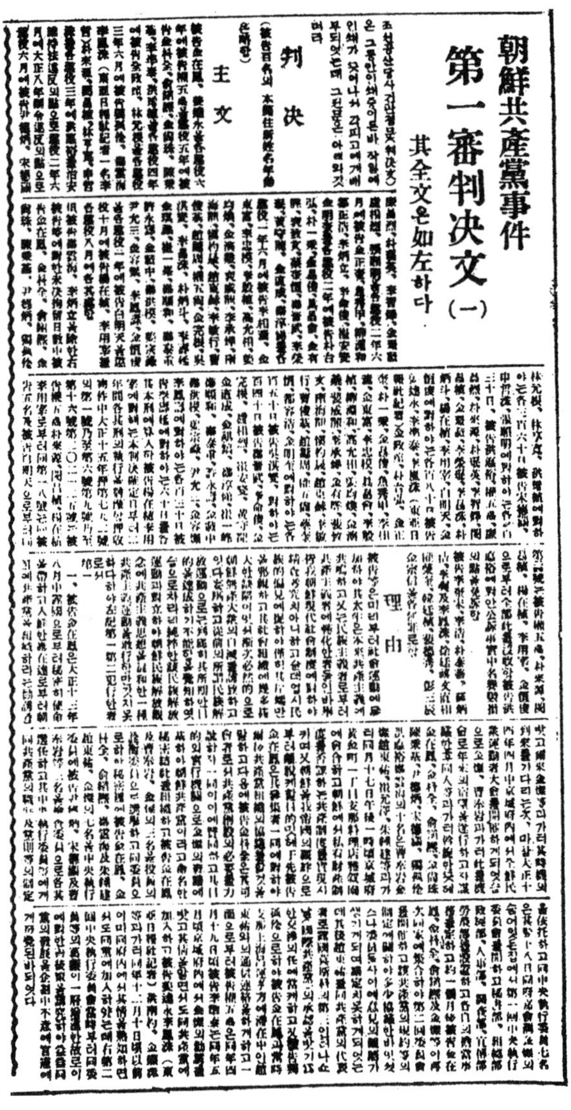
朝鮮共產黨事件
第一審判決文 (一)
其全文은如左하다

判決

主文

理由

朝鮮共産黨事件
第一審判決文(二)
其全文은如左하다

前記事實가一部[illegible]에支障을來하게되얏슴에被告金在鳳은同月十日頃當時其隱家인同府[illegible]金英山方에서金燦과[illegible]同月十五日頃同所에서被告[illegible]水、李[illegible]따로會見하고同人等에게[illegible]하야朝共產黨의[illegible]金[illegible]、李鳳洙(一名李哲)等과함께同黨의[illegible]에就하야其[illegible]에努力하야달나는[illegible]承[illegible]水、李[illegible]는[illegible]月下旬頃同府[illegible]洞八十八番地[illegible]

[illegible]同[illegible]所에[illegible]하야被告李鳳洙(一名李哲)及其[illegible]、金[illegible]洙等[illegible]시켜어共히努力하야依然同黨[illegible]할것을[illegible]한後其[illegible]被告李[illegible]는被告李鳳洙(一名李哲)及其[illegible]與被告李鳳洙(一名李哲)는金[illegible]洙[illegible]하야보다其[illegible]을[illegible]한다음一同이同黨의中央執行委員이되야大正十五年一月下旬頃以來同府[illegible]洞二十九番地具然欽方其他에서中央執行委員會[illegible]고其部署[illegible](以下省略)

內容[illegible]及國際共產黨과의連絡方法等約百行省略)

(二)被告[illegible]五名、洪[illegible]은朴[illegible]永、曺奉岩、金丹冶(一名金泰淵)金[illegible]等과前示全鮮民衆運動者大會로[illegible]各地에서京城에[illegible]會運動者等이上京함을機會로하야大正十三年八月頃以[illegible][illegible]하야朴[illegible]永、曺奉岩、金[illegible]、金丹冶等이主가되야其[illegible]五名、洪璿[illegible]、林[illegible]、林[illegible]、金[illegible]、申[illegible]、[illegible]明、[illegible]는朴[illegible]永曺[illegible]、朴[illegible]、金丹冶、金[illegible]、曺奉岩、[illegible]、安[illegible]、金東明(一名金光)等과함께大正十四年四月十八日午後七時頃에京城府[illegible]井洞四[illegible]地朴[illegible]永家에會合하야私有財産制度를否認하고共產主義의宣傳[illegible]士의[illegible]하야[illegible]하야는朝鮮에共産制度를實現케하기[illegible]하야爲先朴[illegible]永은共[illegible]介者一同에對하야[illegible]共產青年會[illegible]에[illegible]하지는說明을하고니어曺奉岩이其同會者가되어同青年會[illegible]의必要[illegible]하고更히金丹冶는[illegible]會員[illegible]하야共產主義[illegible]에努力하고共産制度社會의實現[illegible]하기爲하야同青年會[illegible]한다는旨의[illegible]를[illegible]하자一同이이에贊成하고一[illegible]의[illegible]으로曺奉岩의[illegible]에依하야서高麗共產青年會라命名한[illegible]社[illegible]組織하고被告洪[illegible]及朴[illegible]永、曺奉岩의[illegible]三名을[illegible]員의[illegible]委員으로[illegible]하야同委員으로하야曺被告[illegible]五名、洪[illegible]、申[illegible]及朴[illegible]永、曺奉岩、金[illegible]、金丹冶외七名을中央執行委員에被[illegible]林[illegible]及曺[illegible]、金東明외三名을[illegible]委員에各各就任하얏다

——[illegible]——

朝鮮共産黨事件 第一審判決文 (三)

其全文은如左하다

朝鮮共產黨事件 第一審判決文 (四)

其全文은如左하다

第三

[illegible]

朝鮮共産黨事件

第一審判决文 (五)

其全文은如左하다

朝鮮共產黨事件 第一審判決文 (六)

其全文은如左하다

[illegible]

朝鮮共產黨事件
第一審判決文
其全文은如左하다
(七)

朝鮮共產黨事件 第一審判決文 (八)

其全文은如左하다

[illegible]

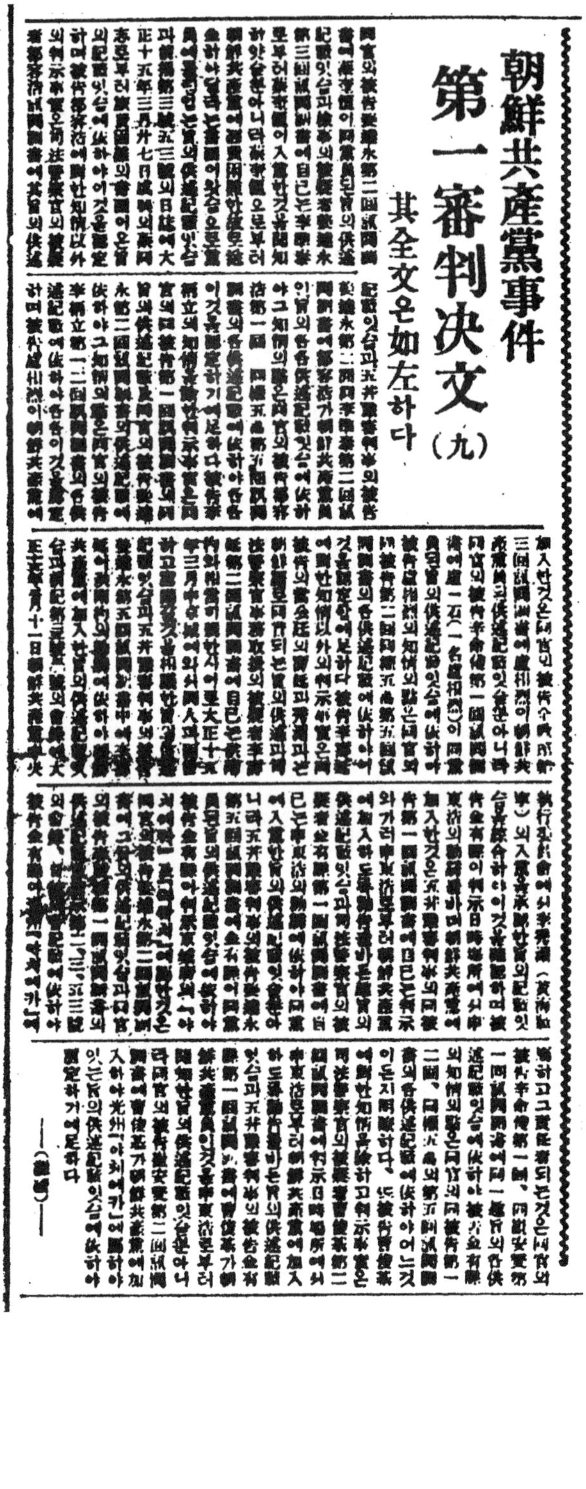

朝鮮共產黨事件 第一審判決文 (九)

其全文은如左하다

朝鮮共產黨事件 第一審判決文(十)

其全文은如左하다

[illegible]

朝鮮共產黨事件 第一審判決文(十一)

其全文은如左하다

朝鮮共產黨事件 第一審判決文 (十二)

其全文은如左하다

判示第二의(二)事實中被告[illegible]洪[illegible]에對한知情의外의事實은五井[illegible]豫審判事의同被告第二回[illegible]問調書中에同人의供述記載가잇슴에依하야 同被告知情의點은同人의同被告[illegible]第五回訊問調書의各供述記載에依하야各各此를認하고 被告朴來源에對한判示事實은同被告의當公廷에서自己는判示月日에火曜會에서金東明으로부터高麗共產青年會에加入하라는勸誘를바든旨의自供과五井豫審判事의同被告第一回訊問調書中에判示場所[illegible]同一趣旨의供述記載가잇슴에依하야此를認함에足하다 被告[illegible]이가 判示月日[illegible]바더高麗共產青年會에加入한것은同人의同被告第一回訊問調書에 同人의供述記載가잇슴에依하야 同被告의知情의點은同人의被告[illegible]回訊問調書의供述記載에依하야各各此를 認定할수잇고 被告[illegible]이가判示月日 [illegible]所에서[illegible]의 勸誘에또한知情하고 高麗共產青年會에加入한것은同人의同被告第一回訊問調書中其旨의供述記載가잇슴에依하야被告[illegible]이가判示月日[illegible]所에서同青年會에加入한것은同人의同被告第一回訊問調書에同一趣旨의供述記載가잇슴에依하야同被告의知情의點은同人의同被告第二回訊問調書의供述記載에依하야又被告[illegible]가判示와가티知情한[illegible]青年會에加入한것은同人의同被告第一回訊問調書에同人의供述記載가잇슴에依하야各各此를認定할에充分하고被告[illegible]、[illegible]가全[illegible]의[illegible]部로選定된것은同人의被告[illegible]第一二回[illegible]第一回訊問調書의各供述記載에依하야全[illegible]判示와가티[illegible]가」[illegible]하고判示와가티會員이各各[illegible]된것은同人의被告[illegible]第一回訊問調書에同人의供述記載가잇는것과同人의被告[illegible]第一回訊問調書中에光州「야체이카」에判示者等이[illegible]된[illegible]의供述記載가잇슴에依하야各各此를認하고被告[illegible]一派이가判示月日[illegible]所에서[illegible]의勸誘에依하야高麗共產青年會에加入한것은[illegible]第一[illegible]濟에[illegible]는判示月日[illegible]所에서[illegible]安[illegible]으로부터[illegible]에서[illegible]가잇는故로 加入하다는[illegible]맛고 承諾한旨[illegible]의[illegible] 第一[illegible]第一回訊問調書中에自己는高麗共產青年會에加入한[illegible]의各供述記載가잇슴과五井豫審判事의被告[illegible]、[illegible]에各第一回訊問調書에第一[illegible]은同會員인旨의各供述記載가잇슴에依하야全部此를認定함에足하다被告[illegible]에對한「야체이카」以外의判示事實은五井豫審判事의同被告第一回訊問調書에[illegible]의同一趣旨의供述記載와同人의被告[illegible]第三回訊問調書의供述記載에依하야[illegible]對한「야체이카」의[illegible]를除하고判示事實은同人의同被告第一回訊問調書에自己는[illegible]하야入[illegible]시킨旨의供述記載가잇는것에依하야各各此를認定함에足하다 被告[illegible]가被告[illegible]勸誘를바다高麗共產青年會에加入한것은同人의被告[illegible]第一回訊問調書에[illegible]의供述記載가잇슴과同人의被告[illegible]、[illegible]第一回[illegible]의[illegible]供述記載가잇슴에依하야各各此를認定하고被告[illegible]에對한知情及「야체이카」組織以外의判示事實은 [illegible]의[illegible]安實 第四回訊問[illegible]에[illegible] 大正十五年四月[illegible]에[illegible]中을勸誘하야高麗共產青年會에加入시킨旨의供述記載가잇슴과 五井豫審判事의被告[illegible]第一回訊問調書中에自己及[illegible]이가[illegible]에서金[illegible]中을勸誘入會시킨旨의供述記載가잇슴과同人의被告[illegible]第三回訊問調書에金[illegible]中은自己及[illegible]이가勸誘하고同會에加入시킨旨의供述記載에依하야各各此를認定함에足하다被告[illegible]가判示月日[illegible]에서[illegible]의勸誘를바다 高麗共產青年會에加入한것은同被告의當公廷에서의同旨의供述記載와五井豫審判事의被告[illegible]、[illegible]第一回訊問[illegible]中에[illegible]가同[illegible]인旨의各供述記載等이잇슴에依하야又被告[illegible]一[illegible]、[illegible]、金[illegible]中[illegible]의知情의點은 同人의被告[illegible]第[illegible]回[illegible]、[illegible]의各供述記載에依하야各各此를認定할수잇슴으로써以上證據를合하면判示第二의(二)의犯行은[illegible]定할수잇다

(續)

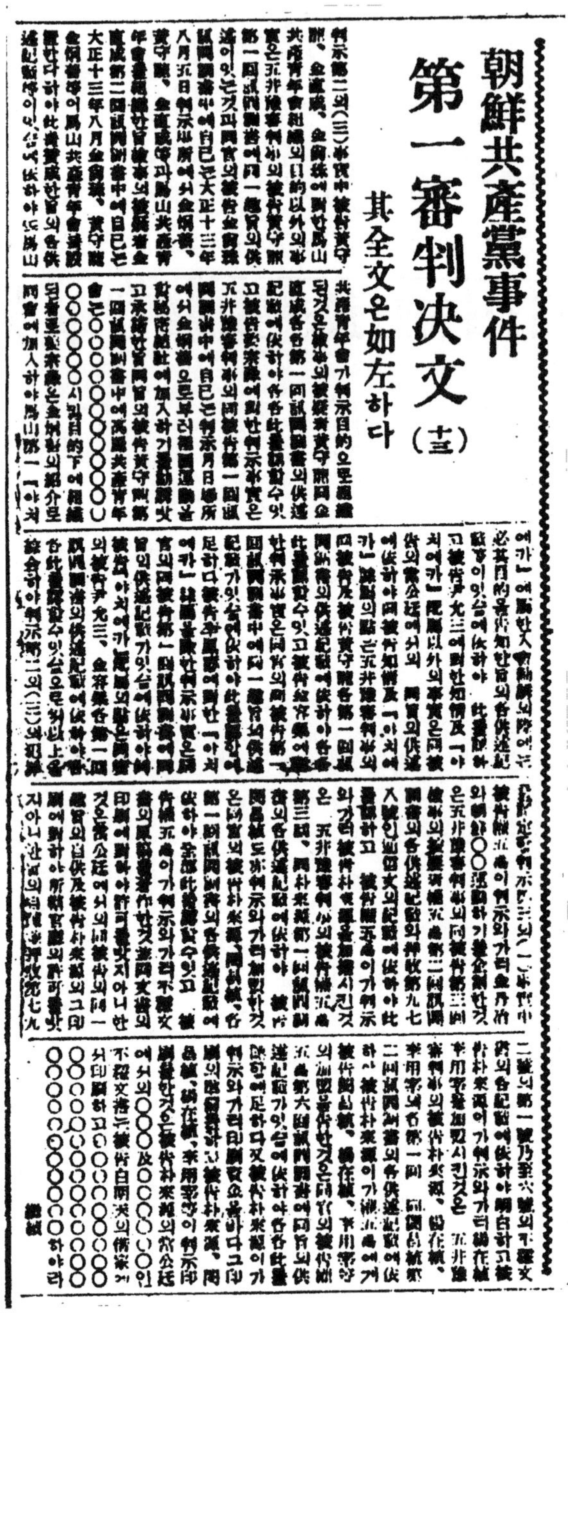

朝鮮共産黨事件

第一審判決文（十三）

其全文은如左하다

朝鮮共產黨事件 第一審判決文 (十四)

其全文은如左하다

[illegible]

朝鮮共產黨事件
第一審判決文
其全文은如左하다
(十五)

朝鮮共產黨事件

第一審判決文 (完)

其全文은如左하다

[illegible]

昭和三年二月十三日

京城地方法院刑事部

裁判長 朝鮮總督府判事 矢本正平

朝鮮總督府判事 [illegible]

朝鮮總督府判事 中島 [illegible]

右謄本也

昭和三年二月二十一日

京城地方法院

朝鮮總督府裁判所書記 牛島 [illegible]

자료 45 「三年間 獄苦도 過去之事」, ≪중외일보≫ 1928년 8월 18일자

「三年間 獄苦도 過去之事」
건강하게 만긔 출옥한 朝鮮共產黨員 三名

조선공산당(朝鮮共產黨) 사건의 관계인물로 대정 십오년 륙월 중순경에 경찰에 톄포된이래 지난 이월에 판결을 바든 후 근 삼년간 서대문(西大門) 형무소에서 신음중이든

平北 宣川郡 東面 路上里 金恒俊(三二)
全南 順天郡 西面 雙井里 李昌洙(四二)
全南 順天郡 西面 板橋里 朴炳斗(四五)

의 삼명은 각 형긔 일개년에 미결 구류일수 일백팔십일 등 산의긔관이 만긔되여 십일 오전 륙시경 다수 동지들의 영접을 밧고 출감하여 방금 시내 공평동(公平洞) 평화려관(平和旅館)에 투숙하엿든데 그들 세명은 모다 지극히 건강하야 원긔잇는 말로

그간은 요행 여러 동무들의 념려하여준 덕을 극히 건강히 잇던 것을 감사히 생각합니다. 물론 감옥샤리니까 불편도 만치만 이새에는 날은 덥고 감방은 좁아서 퍽 고통되엿는데 세평 삼홉 방에 팔인이나 잇서야 될 곳에 십륙명내지 십팔명식 잇스니까 넘어 더워서 몸에는 물이 흘음니다. 그러고 일반 재감자는 처음 일개월간은 작업(作業)이 힘든것도 잇섯스나 지금은 그물쓰기나 봉투 부치는 것 등이 태반으로 작업에는 과히 힘들지 안코 대개는 건강상태에 잇스나 그중 김재봉(金在鳳)은 폐병(肺病)으로 신음중이라 하며 병감에 잇는 사람들 중에는 신철수(申哲洙) 권오설(權五卨) 강균환(姜均煥) 뎡태중(鄭泰重) 송봉우(宋奉瑀) 다섯명인데 그중 신철수는 퍽 회복되엇다하고 송봉우는 신경쇠약으로

병감에 잇다가 병감 간수의 의견충돌이 잇서 관리에게 반항하얏다고 병감중의 감방에 너엇다합니다. 그러고 그 외는 다른 병은 업다합니다.

고 말하며 그들은 금명간에 각각 고향에 돌아가리라더라.

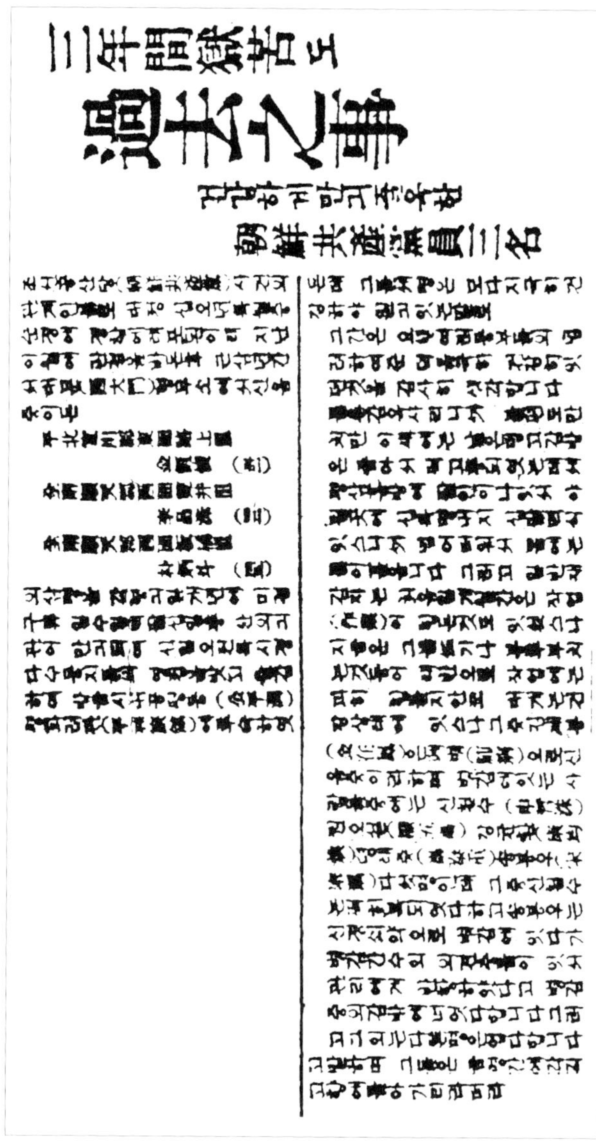

자료 46 「朝鮮共産黨 被告 姜達永等도 減刑」, ≪중외일보≫ 1928년 11월 12일자

「朝鮮共産黨被告 姜達永等도 減刑」

西門刑務所 死刑囚 三名은 無期 정치사상범 등은 모다 오십여명 京城 西門 兩處 千百九十七名

금번 은사령(恩赦令)으로 전조선의 감형된 죄수의 수는 십일부 호외(號外)로 보도한 바어니와 사상범(思想犯)이 만이 드러잇는 서대문형무소(西大門刑務所)에는 전부 칠백오십칠명으로 이것을 상세히 구별하면

死刑이 無期로 三名

無期가 有期로 三名

三分之一減刑 九名

四分之一減刑 五一一名

二分之一減刑 二三一名

이 칠백오십칠명 중 대개는 잡범이거니와 치안유지법위반(治安維持法違反) 제령위반(制令違反) 등 정치범도 오십여명인 바 데일차공산당사건(第一次共産黨事件) 관계자 강달영(姜達永) 김재봉(金在鳳) 김약수(金若水) 송봉우(宋奉瑀) 권오설(權五卨) 등도 감령되얏스며 경성형무소(京城刑務所)에는 감형수 사백사십명으로 그 중에는 무긔수가 유긔형으로 감형된 자가 십이명이엇다더라.

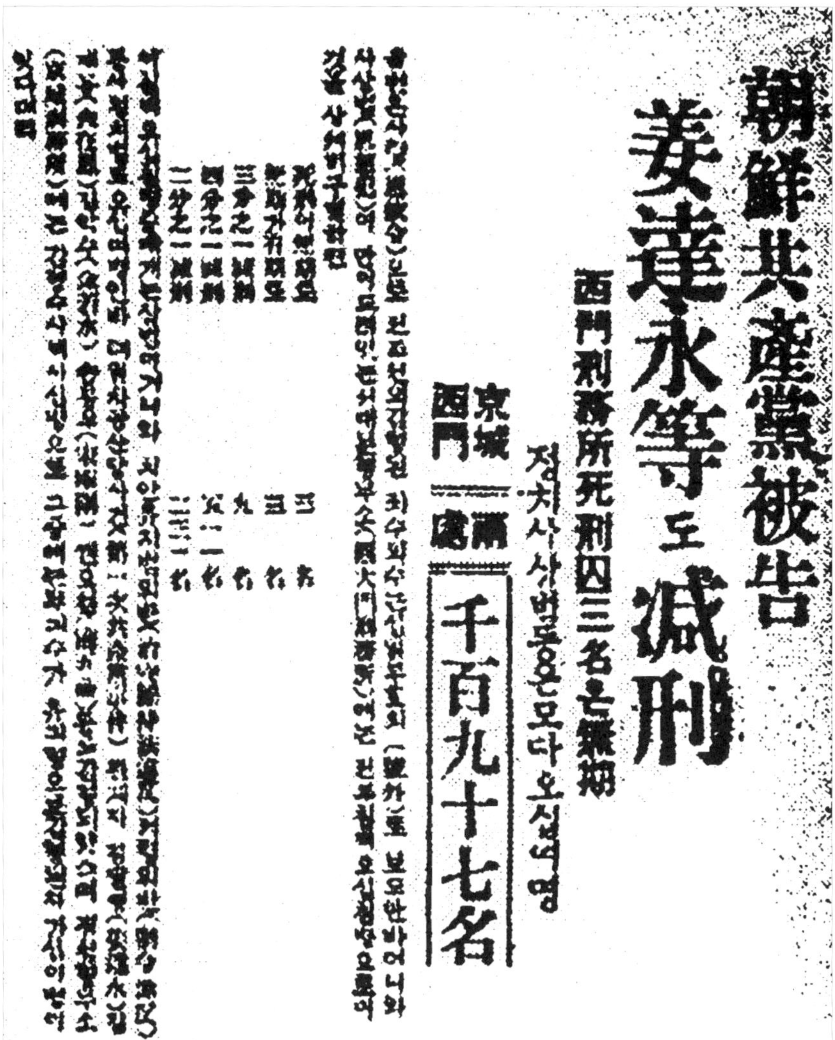

朝鮮共産黨被告

姜達永等도 減刑

西門刑務所死刑四三名은無期

정치사상범은모다오십여명

京城 西門 兩處 一千百九十七名

자료 47 「獄中滿悤」, ≪別乾坤≫ 제32호, 1930년 9월 1일

잡지(호수) 별건곤(제32호)
발행년월일 1930-09-01
필 자
기사 제목 獄中滿悤
기사 형식 소식

본 문

兪鎭熙

第一次 共産黨事件으로 四箇年 重刑을 밧고 爾來 鐵窓生活을 하는 兪鎭熙. 박게 잇는 우리의 상상 以外로 身體가 매우 健康하야 楚江漁父 모양으로 날마다 그물(網)만 쓰더니 요새에는 쏘 그 그물工場의 雜役이 되엿다 한다. 雜役은 밥도 잘 어더 먹거니와 일도 편하고 그 工場內의 여러 罪囚를 監督하다 십히하는 服役인 까닭에 監獄罪囚로서는 박게 社會에서 銀行會社 重役보다 더 조케 녁이는 榮役이다. 그런 中에 그는 監獄官吏의 選出 卽 官選이 안이요 그 工場內 一般 政治犯 及 思想犯人의 公選에 依하야 被選되엿슴으로 一般 看守와 罪囚들은 그를 별명하야 曰 監獄 쏘베트 그물部 委員長이라고 한단다. 讀書는 未決 때에는 經濟學書類를 만히 읽더니 近來에는 自然科學을 만히 읽는 中 特히 天文地理學 가튼 것에 致重한다고 하고 眼鏡은 박게 잇슬 때보다도 더 잘 써서 看守들이 『메가네』先生이라고 稱號를 지엿다 한다 滿期는 明年 二月 中旬頃.

姜達永

亦是 其黨 事件에 總秘書로 六箇年 長期刑을 바든 그는 未決期 六箇月 通算을 하야도 來來明年(昭和 七年) 九月에야 겨우 이 세상의 光明한 日月을 보게 된다 그는 未決時부터 神經病으로 呻吟하다가 旣決에는 더욱 甚하게 되야 一時에는 情神에 異狀까지 생겨서 누구와 말을 하다가는 픽 웃고는 「別有天地非人間」이란 소리를 잘하며 쏘 自己 머리 속에는 鬼神이 잇는데 그 鬼神을 잡아내야만 되겟다는 等 여러가지의 荒唐한 소리를 함으로 病監에 드러가 한동안 治療를 박게 되엿섯다 그러나 亦是 効果가 업습으로 監獄에서도 最後 執行停止를 하기로 決定하고 그의 家族에게 通知하야 婦人이 上京까지 하엿더니 幸인지 不幸인지 그의 病이 意外로 差度가 잇슴으로 다시 停止處分을 中止식히고 그양 在監하게 되얏다 한다 只今은 前比하야 좀 나흔듯 하나 如干 治療가 안이고서는 비록 出獄을 한다 하야도 前日과 가튼 活動을 다시 하기는 어러울듯 하다고 한다 그의 하는 일도 例의 그물쓰기요 讀書는 漢文 以外 佛敎 及 基督敎書類라 한다.

金若水

그는 박에 잇슬 째에도 약속 빠르고 每事에 약은이만큼 監獄生活도 쏘한 눈치 빠르게 잘 한단다 언제이나 看守를 잘 놀이기도 有名하지만은 同志의 罪囚를 만날 째에도 남처럼 눈짓이나 입짓만으로 하지안코 반드시 擧手敬禮를 한다 그래도 엇지 눈치 잇게 잘 하는지 한번도 看守에게 들키지를 안는다고 한다 그도 일은 亦是 그물쓰기요 讀書는 經濟學이나 政治學보다 自然科學을 만히 읽고 얼골은 在外時나 별로 다를 것이 업스나 前齒가 모도 沒落이 되고 金齒를 새로 해 박은 것이 前과 싼판의 일입니다 그의 出獄期를 알고 십흐면 누구나 六字 석자만 잘 記憶하면 될 터이니 卽 昭和 六年 六月 六日이다 그가 入監된 後로 가진 정성을 다하야 衣服 其他 物品 差入을 잘 하던

禹鳳雲氏야 누구보다도 잘 記憶하겟지.<122>

金在鳳

그는 六年의 刑을 바든 까닭에 來來 明年(昭和 七年) 四月에나 다시 이 세상 봄 구경을 할 것이다 날마다 工場에 드러가서 그 괴로운 일을 하면서도(網絲) 漢學者인 舊風이 그저 남어서 漢詩를 짓너라고 흥얼흥얼 한다고 한다 그의 詩를 아즉 發表치 못함이 遺憾이나 佳作도 만히 잇다고 한다 身體는 별 故障이 업스나 感情이 너무 예민하게 되야 박게 잇는 親知間에 편지 한장이나 書籍 한册 差入식혀 주지 안는 것을 퍽이나 섭섭하게 생각하고 엇던 때에는 興奮이 되야 혼자 怒叱하다가 또 悲哀를 한다고 한다 平素에 그와 親한 이들은 勿論이고 다른 同志間이라도 一字慰問의 편지라도 하는 것이 그에 對하야 퍽이나 慰安이 될 듯하다.<123>

李準泰

平素에도 沈默寡言한 그는 在監 中에도 亦是 一樣인 까닭에 누구와 무슨 이약이하는 일도 별로 업다고 한다 讀書도 별로 하는 것이 업고 일은 例의 그물뜨기라는데 刑期 五年에 未決期 六箇月 通算을 하고 賜까지 먹고보니 出監期는 明年 五月 中旬頃인 듯.

陳秉基

그는 入監初부터 木工場에 드러가서 掃除夫가 된 까닭에 監獄生活을 편이 잘 하기로는 그 事件 入監者 中에 第一이라고 한다. 따라서 身體도 健康하닛가 刑期 四年間은 無事히 잘 지내리라고.

朴衡秉

은 四箇年의 役을 밧고 平壤監獄에 잇는데 未決 一年 半 通算을 除하면 昭和 七年 十一月頃에 出監 된다 元來에 性格이 圓滿하고 柔한 까닭에 苦役도 잘 견듸며 健康하다고 한다 讀書는 「世界文化史大系」란 英文册 한 권을 未決때부터 이잡덧이 한자도 빼지안코 精讀하며 하는 일은 織造=가스리 工場.

李丙儀

는 同年 十月頃에 出監된다고 한다 身體가 不健한 中 목에 腫處가 나서 이 더위 中에 苦生이 적지 안코 肺가 쏘한 弱하야 服藥 中이란다 글은 天道敎의 水雲 心法講義와 西洋哲學史를 耽讀하고 하는 일은 朴氏와 同.

徐郜錫

健康은 良好하고 工夫는 露語, 出獄은 明年 十月.

李英

明年 七月에 나오는데 身體는 在外時보다도 健康하고 讀書는 別로 업고 일은 亦是 織造란다.

仝一

그는 昭和 十年이라야 겨우 나오게 되는데 前날 監獄經驗이 잇는 이만치 安心하고 잘 지내며 身體도 健康하고 工夫는 露語라고

許憲

身體는 매우 健康하야 差入의 食事도 항상 잘 하며 獄中에서도 新幹會 일

을 걱정하는 同時 大會를 召集하야 自己 責任을 免하여 달나고 面會하는 사람에게나 또는 書面으로 부탁 云云.

金俊淵

은 判決도 멀지 안엇슴으로 長篇書籍은 差入할 수가 업서 短篇册인 가정매일을 본다고 하며 身體는 昨年보다 매우 健康하고 다른 사람들은 差入하는 私食을 身病이나 其他 口味 關係로 十日 二十日式 中絶을 하지마는 氏는 하로도 빼지안코 한결가티 食事를 한다고 한다 此外에 洪命熹 趙炳玉 李源赫 李灌鎔도 身體는 모도 健康한다고 한다.<123>

<122~123>

別乾坤
九月號

기나길고 외로운길을
오직 三百萬 어린동무의
어린이 잡지를
당신의귀여운 어린子女에게
읽히십니까?
보시오!
우리가가지고있는
「어린이」잡지를!
귀여운어린子女에게
어린이
十月號

獄中消息

俞鎭熙 第一次共産黨事件으로四箇年重刑을밧고 爾來鐵窓生活을하는 俞鎭熙 박게잇는우리의상상以外로 身體가매우健康하야 楚江漁父모양으로날마다 그물(網)만뜨더니 요새에는 또그그물工場의雜役이되엿다한다 雜役은밥도 잘어더먹거니와일도편하고 그工場內의여러罪囚를監督하다십히하는服役인아닭에 監獄罪囚로서는 박게社會에서 銀行會社重役보다더조케녁이는榮役이다 그런中에그는 監獄官吏의 選出卽官選이안이요 그工場內一般政治犯及思想犯人의公選에依하야 被選되엿슴으로 一般看守와罪囚들은 그를별명하야曰 監獄쏘베트그룹部委員長이라고한단다 讀書는未決때에는 經濟學書類를만히읽더니 近來에는自然科學을만히읽는中 特히天文地理學가른것에致重한다고하고 眼鏡은박게잇슬때보다도 더잘써서看守들이「메가네」先生이라고 綽號를지엿다한다 滿期는明年二月中旬。

姜達永 赤化共産黨事件에關係者로 六個年懲役刑을바다 그는 未決期六箇月通算을하야도 來來明年(昭和七年)九月에야겨우이세상의 光明한日月을보게된다 그는未決時부터神經病으로呻吟하다가 旣決에는더욱甚하게되야 一時에는精神에異狀까지생겨서 누구와말을하다가는 픽웃고는「別有天地非人間」이란소리를잘하며 또自己머리속에는 鬼神이잇는데 그鬼神을잡아내야만되겟다는等 여러가지의荒唐한소리를함으로 病監에드러가한동안 治療를박게되엿섯다 그러나亦是効果가업슴으로監獄에서도 最後執行停止를하기로決定하고 그의家族에게通知하야 婦人이上京까지하엿더니 幸인지不幸인지 그의病이意外差度가잇슴으로 다시停止處分을中止식히고 그양在監하게되얏다한다 只今은前比하야 좀나흔듯하나 如干治療가안이고서는비록出獄을한다하야도 前日과가른活動을다시하기는 어려울듯하다고한다 그의하는일도例의그물뜨기요 讀書는漢文以外佛敎及基督敎書類라한다。

金若水 그는박게잇슬때에도 약속빠르고無事에 약은이만큼監獄生活도 또한눈치빠르게잘한단다 언제이나看守를잘눅이기도有名하지만은 同志의罪囚를만날때에도남처럼눈짓이나 입짓만으로하지안코반드시 擧手敬禮를한다 그러도엇지눈치잇게잘하는지한번도 看守에게들키지를안는다고한다 그도일은亦是그물뜨기요 讀書는經濟學이나 政治學보다自然科學을만히읽고 얼물은在外時나별로다를것이업스나 前齒가모도沒落이되고 金齒를새로해박은것이 前과딴판의일이다 그의出獄期를알고십흐면 누구나六字석자만잘記憶하면될터이니 卽昭和六年六月六日이다 그가入監한後로가진정성을다하야 衣服其他物品差入을잘하던僞同志氏야누구보다도잘記憶하라지。

—(122)—

金在鳳 그는六年의刑을바든아닭에 來來明年(昭和七年)四月에나 다시이세상봉구경을할것이다 날마다工場에드러가서그괴로운일을하면서도(網絲)漢學者인擀風이 그저남어서漢詩를짓너라고 홍얼홍얼한다고한다 그의詩를아즉發表치못함이 遺憾이나作作도만히잇다고한다 身體는별故障이업스나 感情이너무예민하게되야박게잇는 親知間에편지한장이나 稀罕한冊差入식혀주지안는것을퍽이나 섭섭하게생각하고 엇던때에는興奮이되야혼자怒叱하다가 또悲哀를한다고한다 平素에그와親한이들은勿論이고 다른同志間이라도 一字慰問의편지라도하는것이 그에對하야퍽이나慰安이될듯하다。

李準泰 平素에도沉默寡言한그는 在監中에도亦是一樣인아닭에 누구와우숨이약이하는일도별로업다고한다 讀書도별로하는것이업고입은例의그물뜨기라는데 刑期五年에未決期六個月通算을하고賜아지먹고보니 出監期는明年五月中旬頃인듯。

陳秉基 그는入監初부터木工場에드러가서 掃除夫가된아닭에監獄生活을퍽이잘하기로는 그事件入監者中에 第一이라고한다따러서身體도健康하냇가 刑期四年間은無事히잘지내리라고。

朴衡秉 은四個年의役을밧고平壤監獄에잇는데未決一年半通算을除하면 昭和七年十一月頃에出監된다 元來에性格이圓滿하고柔한아닭에苦役도잘견듸며 健康하다고한다 讀書는「世界文化史大系」란英文冊한권을未決때부터 이잡덧이한자도씨지안코精讀하며 하는일은織造‖가스리工場。

李丙儀 는同年十月頃에出監된다고한다 身體가不健한中옥에腫氣가나서 이더위中에苦生이적지안코 肺가또한弱하야服藥中이란다 글은天道敎의水雲心法講義와 西洋哲學史를 耽讀하고하는일은朴氏와同。

徐部錫 健康은良好하고 工夫는露語、出獄은明年十月。

李英 明年七月에나오는데 身體는在外時보다도 健康하고讀書는別로업고 일은亦是織造란다。

金一 그는昭和十年이라야 져우나오게되는데 前날監獄經驗이잇는이만치安心하고잘지내며身體도健康하고工夫는露語라고

許憲 身體는매우健康하야 差入의食事도항상잘하며 獄中에서도 新幹會일을걱정하는同時 大會를召集하야 自己責任을免하야달나고 面會하는사람에게나 또는書面으로부탁云云。

金俊淵 은判決도밧지안엇슴으로 技術冊籍은差入할수가업서經濟冊인가정매일읽을본다고하며 身體는昨年보다매우健康하고 다른사람들은差入하는 私食을身病이나 其他口味關係로十日二十日式中絶을하지마는 氏는하로도씨지안코한결가티 食事를한다고한다 此外에洪命熹 趙炳玉 李源赫 李灌鎔도身體는모도健康하다고한다。

자료 48 「김낙준 조서金洛俊 調書」(증인심문조서), 1931년 6월 4일, 경성지방법원검사국

증인 신문조서

증인 김재봉

金燦에 대한 치안유지법위반 피의사건에 관하여 소화 6년(1931) 6월 4일 경성지방법원 검사국에서

조선총독부 검사 森浦藤郎

조선총독부 재판소 서기 鈴木直夫

열석하고 검사는 위 사람에 대하여 신문한 것이 다음과 같다.

문: 이름 · 연령 · 직업 및 주거는?

답: 이름은 김재봉, 연령은 41세, 직업은 무직, 주거는 지금 서대문 형무소 기결수.

검사는 형사소송법 186조 제1항에 기재된 것인지 아닌지를 묻고 그에 해당되는 것을 인정하는 증인으로서 신문할 것을 고한다.

문: 대정 11년(1922) 가을 러시아 블라디보스토크에서 신철 · 김찬 · 김하석을 만나 조선의 적화 건에 관하여 협의한 사실이 있는가?

답: 그런 일은 없었다.

문: 대정 12년(1923) 5월 경성에 돌아온 이유 무엇인가?

답: 신철보다 조금 늦어서 경성에는 그해 4월경 왔다고 생각한다.

문: 당시 이르쿠츠크파와 상해파의 파벌투쟁이 있었던 이유는?

답: 대정 9년(1920) 무렵 이르쿠츠크와 상해에 고려공산당이 조직되어 그 이래로 파쟁이 있었던 것으로 생각된다.

문: 조선에 들어 왔을 때 이르쿠츠크파로부터 조선에서 당신은 공산당을, 신철은 공산청년회를 조직하도록 지령을 받고 온 것은 아닌가?

답: 그런 일은 없었다.

문: 경성에 온 후 김찬이 당신에게 신백우 · 이영 · 한신교 · 김유인 · 임봉순 등과 상담을 하여 운동을 하도록 말한 이유는?

답: 당시 원우관의 소개로 신백우 · 이영을 알게 되었다.

문: 대정 12년(1923) 8월경 경성부내 경운동, 당시 김찬의 집에서 김찬 · 신백우 · 원우관 · 신철 등을 만난 이유는?

답: 그 사람들은 그때 수시로 만나고 있었다.

문: 그 무렵 그들과 상담한 뒤 꼬르뷰로를 조직하고 공산당과 공산청년회로 나누어 당 쪽은 당신이 공산청년회 쪽은 신철이 각각 책임비서가 된 것은?

답: 그런 일은 없었다. 당시 공산주의 비밀결사의 필요 여부에 관해 조선에는 아직 비밀결사를 조직하는 것이 이르다고 말한 일은 있지만, 신문한 내용과 같은 일은 없었다.

문: 그 후 경성 · 신의주 · 마산 · 평택 · 인천 등에 공산당의 야체이카를 조직하고, 조선공산당을 조직하기 전에 당원과 공산청년회원이 각 130명 생겨난 것으로 생각하는데 아닌가?

답: 그런 일은 없었다.

문: 당신은 조선일보 사원 67명과 함께 야체이카를 조직한 책임자로서 살았다는데?

답: 그런 사실은 없었다.

문: 김찬은 이상과 같이 진술하였는데?

답: 그 사람이 그렇게 진술했다는 것은 거짓이다.

공술자　김재봉　印

위 조서는 공술자에게 읽고 듣게 하여 틀림없다고 진술케 하고 스스로 날인케 하였다.

소화 6년(1931) 6월 4일
경성지방법원 검사국
조선총독부 검사　　　　森浦藤郎 印
조선총독부 재판소 서기　鈴木直夫 印

263

0542

0543

証人訊問調書

証人 金在鳳

金燦ニ対スル治安維持法違反被告事件ニ付

昭和六年六月十二日京城地方法院検事局ニ於テ

朝鮮総督府検事 [illegible]

朝鮮総督府裁判所書記 [illegible]

列席ノ上検事ハ右之者ニ対シ訊問スルコト左ノ如シ

朝鮮総督府裁判所

264

0544

問 氏名、年齢、職業及住居ハ如何

答 氏名ハ 金在鳳

年齢ハ 四十一年

職業ハ 無職

住居ハ [illegible]

検事ハ刑事訴訟法第百八十六條第一項ニ記載シタル者ナリヤ否ヤヲ問ヒ其ノ該當セサルコトヲ認メ證人トシテ訊問スヘキ旨ヲ告ケタリ

問 [illegible]

朝鮮総督府裁判所

0545

[illegible]

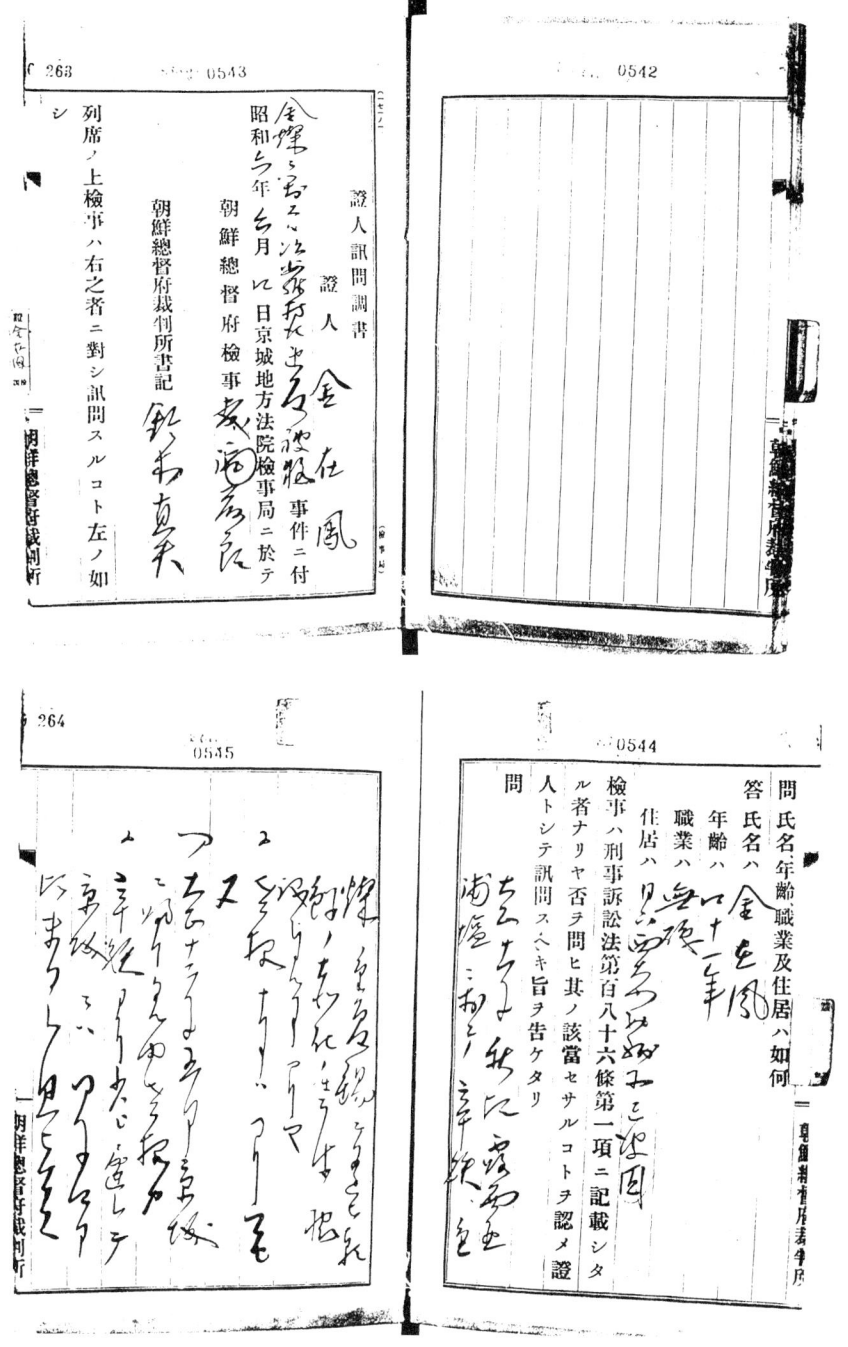

朝鮮総督府裁判所

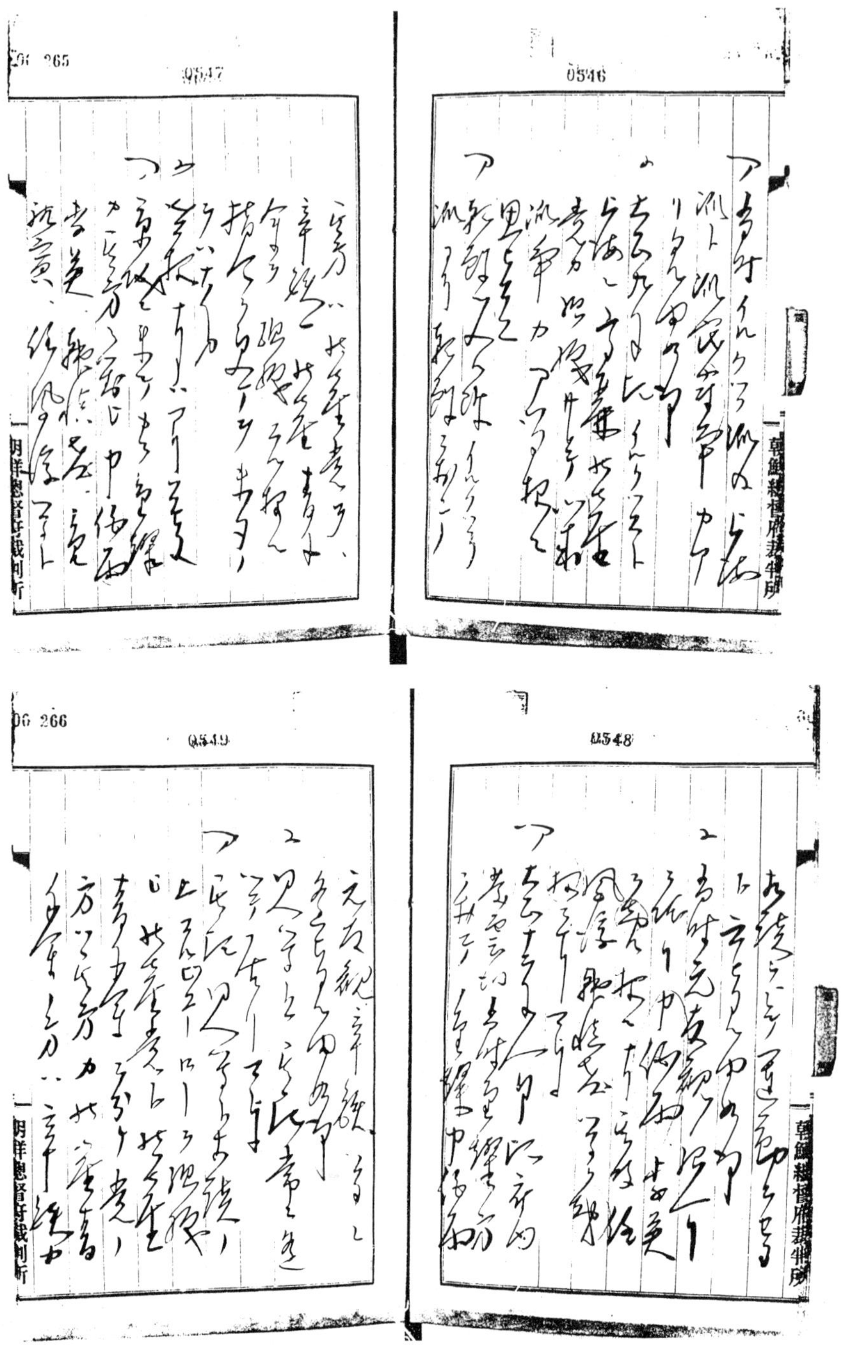
06 265
0547
0546
朝鮮總督府裁判所
06 266
0549
0548
朝鮮總督府裁判所

0550

朝鮮總督府裁判所

0551

朝鮮總督府裁判所

0552

朝鮮總督府裁判所

0553

右調書ハ之ヲ供述者ニ讀聞カサシメタルニ相違ナキ旨申立テ自署

供述者

昭和六年六月廿日

京城地方法院檢事局

朝鮮總督府檢事

朝鮮總督府裁判所書記

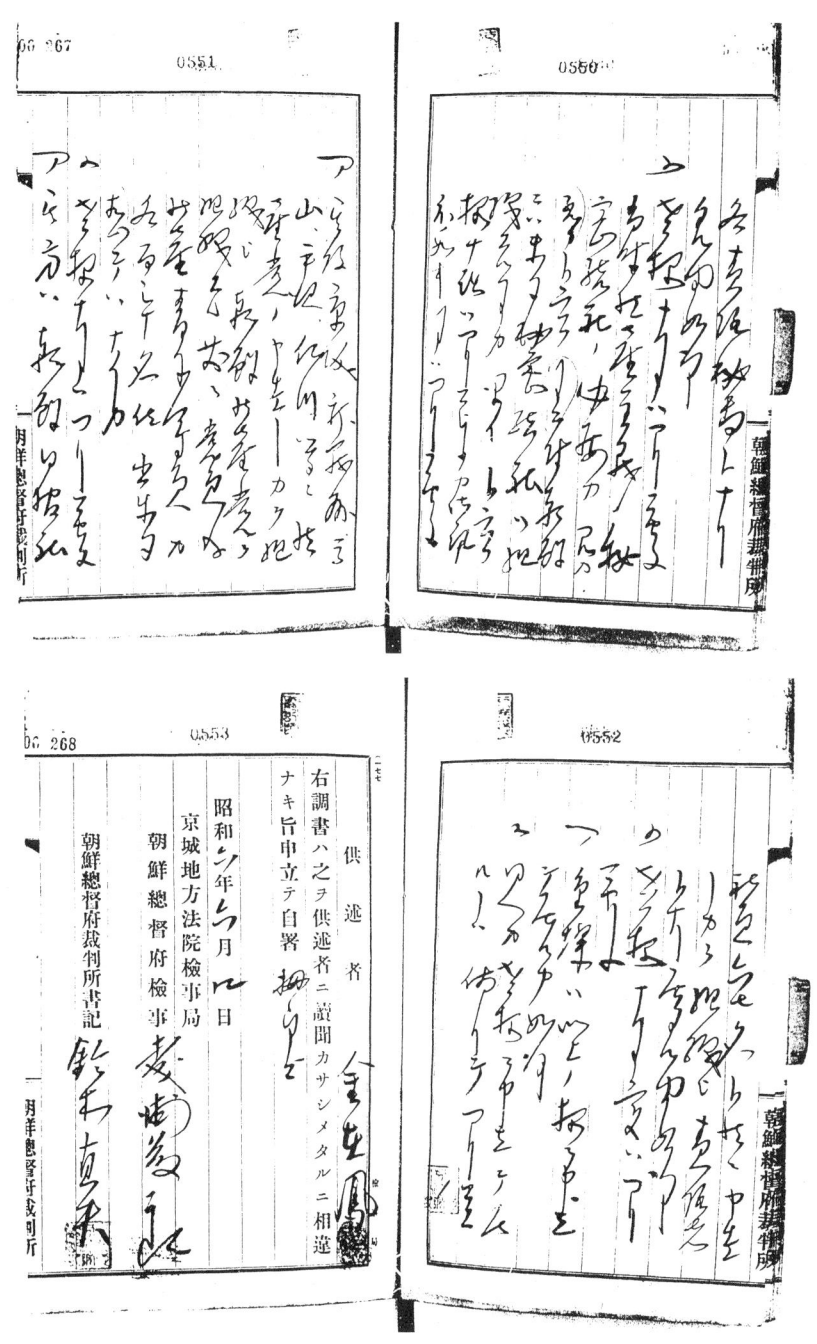

朝鮮總督府裁判所

자료 49 「第一次 共產黨의 金在鳳氏 出獄」, ≪동아일보≫ 1931년 11월 19일자

「第一次 共產黨의 金在鳳氏 出獄」
시내 락세려관에 투숙 중 比較的 身體는 健康

제일차 공산당사건(第一次 共產黨事件)의 중요한 간부로 이래 서대문형무소(西大門刑務所)에 입감중이든 김재봉(金在鳳)(四一)씨는 금 八일 아츰에 만 六년의 형긔를 마치고 무사히 출감하야 방금 시내 인사동(仁寺洞) 락세려관(樂世旅館)에서 료양중이라는데 몸은 비교적 건강하다 한다. 씨는 왕방한 긔자에게 『만 六년만에 출옥하니 격세의 감이 잇습니다. 그저 별다른 소감이 업다는 것이 나의 소감입니다』라고 말하엿다.

第一次共產黨의 金在鳳氏 出獄
시내 락세려관에 투숙중
比較的身體는健康

제일차 공산당사건(第一次共產黨事件)의 중요한 간부로 이래 서대문 형무소(西大門刑務所)에 입감중이든 김재봉(金在鳳)(四一)씨는 금八일아츰에 만六년의 형긔를마치고 무사히출감하야 방금 시내 인사동(仁寺洞)락세려관(樂世旅館)에서 료양중이라는데 몸은 비교적건강하다한다
씨는 왕방한 긔자에게 『만六년만에출옥하니격세의감이잇습니다 그저 별다른 소감이업다는것이 나의 소감입니다』라고 말하엿다

자료 50 「一次 共黨秘書 金在鳳 出獄」, ≪조선일보≫ 1931년 11월 19일자

「一次 共黨秘書 金在鳳 出獄」
시내 락세려관에 류숙중 七年만에 滿期出監

조선의 력사적 대비밀결사인 제일차조선공산당(第一次朝鮮共產黨)의 책임비서(責任秘書)로 륙년 징역을 밧고 서대문형무소(西大門刑務所)에 복역 중이든 김재봉(金在鳳)은 금 십팔일 오전 아홉시경에 만긔로 출옥하야 시내 인사동(仁寺洞) 락세려관(樂世旅舘)에 륙숙하는 중이다. 제일차사건에서 최고 륙년형을 밧고 미결 삼백륙십일 통산을 바덧스나 미결에서 륙백여일을 잇섯슴으로 칠년만인 만 륙년만에 출옥하엿는데 장구한 시일을 감옥에서 신음한 관계로 그의 건강은 극히 조치못하야 위장염(胃臟炎)과 신경통(神經痛)으로 고민하는 중이며 시골인 경북 안동(安東)에는 로친의 병환이 또한 위독함으로 수일 후 그의 향제로 도라가리라는데 다음과 가티 감상을 말하엿다.

칠년만에 조선사회를 대하게 되니 별세긔의 사람이 나타나는 것 갓습이다. 그동안에 조선은 여러 가지 방면으로 만히 변천되엇다 함이다마는 그 변천이라는 것이 엇더한 천변인지 머라고 엿줄 말이 업습이다. 소위 일차사건의 관계자로는 강달영(姜達永) 한사람을 남기고 마지막으로 나왓습니다. 감옥에서는 칠년동안에 대부분을 독방(獨房)에 잇섯습이다마는 감옥내의 대우는 말할 것도 업지마는 항상 병자가 만히 생기는 원인은 장긔수(長期囚)을 독방에 두는 것이 정신상은 물론 륙체에도 병이 나도록 하는 것임이다. 운운

조선공산당 초대 책임비서, 김재봉(1891-1944)

一次共黨秘書 金在鳳出獄

시내락세려관에류숙중 七年만에滿期出監

조선의 력사적대비밀결사인 제일차조선공산당(第一次朝鮮共產黨)의책임비서(責任秘書)로 륙년징역을밧고 서대문형무소(西大門刑務所)에 복역중이든 김재봉(金在鳳)은 금십삼일 오전아홉시경에 만긔로 출옥하야 시내인사동(仁寺洞) 락세려관(樂世旅館)에 류숙하는중이다 제일차사건에서 최고륙년형을 밧고 미결삼백륙십일 통산을바덧스나 미결에서 륙백여일을잇섯승으로 칠년만인 만륙년만에 출옥하엿는데 장구한시일을 감옥에서 신음한관계로 그의건강은 극히조치못하야 위장염(胃腸炎)과신경통(神經痛)으로 고민하는중이며 시골인경북안동(安東)에는 로친의병환이 또한 위독함으로 수일후 그의향제로

도라가리라는데 다음과가티감상을발하엿다

칠년만에 조선사회를 대하게되니 별세게의사람이 나타나는것갓승이다 그동안에 조선은여러가지 방면으로 만히변천되엿다 합이다마는 그변천이라는것이 엇더한변천인지 머리고엿줄밧기 업승이다 소위일차사건의 관계자로는 강달영(姜達永) 한사람을남기고 마지막으로나왓승이다 감옥에서는 칠년동안에 대부분을 독방(獨房)에 잇섯승이다마는 감옥내의더우는 말할것도업지마는 항상병자가만히 생기는원인은장긔수(長期囚)을 독방에두는것이 정신상은 물론륙체에도 병이나도록하는것임이다 운운

자료 51 「김재봉동무가 출옥」, ≪선봉≫ 1931년 12월 28일자

「김재봉동무가 출옥」

비교적 신체는 건강해

제일차공산당사건에 중요한 간부로 서대문형무소에 가치우어 중역하던 김재봉동무는(41세) 6년의 중역을 맞후고 11월 8일 아츰에 출옥하여 락세여관에서 지금 요양중인데 몸은 비교적 건강하다고 한다.

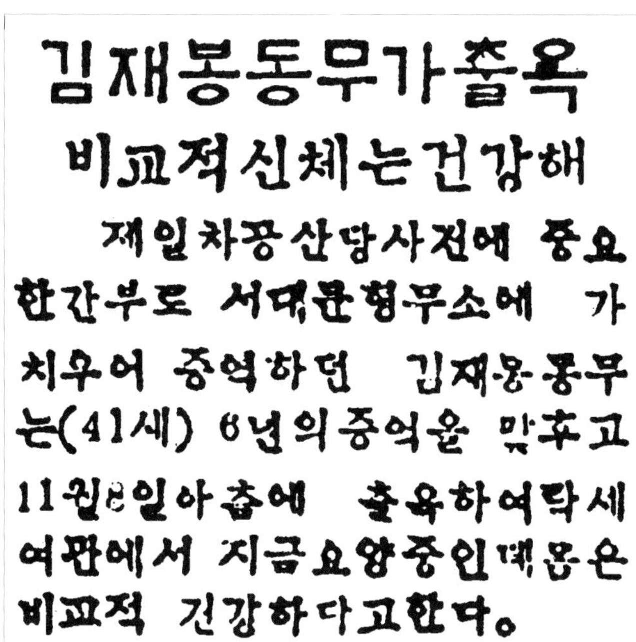

김재봉동무가출옥
비교적신체는건강해
제일차공산당사건에 중요
한간부로 서대문형무소에 가
치우어 중역하던 김재봉동무
는(41세) 6년의중역을 맞후고
11월8일아츰에 출옥하여락세
여관에서 지금요양중인데몸은
비교적 건강하다고한다。

자료 52 「六年役 치르고 姜達永氏 出監」, ≪조선중앙일보≫ 1933년 9월 17일자

「六年役 치르고 姜達永氏 出監」
十六日 朝 大田刑務所에서 一次共產黨의 責任秘書

[大田支局電話] 제一차조선공산당(第一次朝鮮共產黨)의 책임비서(責任秘書) 김재봉(金在鳳)이 검거된 후 그 뒤를 니어 책임비서가 되엿든 강달영(姜達永)씨는 六년 징역의 판결을 밧고 복역중이든 바 十六일 아츰 여덜시에 마츰내 대전형무소(大田刑務所)로부터 만긔출옥(滿期出獄)이 되엿다. 이날의 대전형무소 아패는 六년이란 긴세월을 형무소에서 보내고 비로소 전전일일의 돈이되는 씨를 막기위하야 씨의 부인인 박긔영녀사(朴基榮女史)가 멀리 고향 진주(晉州)로부터 와서 잇섯고 그 외에도 대전 각 사회단체의 인물들이 형무소 문전에서 그를 대하게엿다. 강달영씨는 오래인 철창생활중에서 정신의 이상(精神異狀)이 생기여 종시 쾌하지 못하고 출감하여서도 본정신으로 하는 말이 별로 업서 보는 사람의 마음을 아프게하엿다. 박긔영녀사는 폐인(廢人)된 부군(夫君) 강달영씨를 다리고 十六일 오후 한시발 긔차로 고향 진주로 향하엿는데 진주에는 맛딸 정순(貞淳)(十六)과 아들 병순(柄淳)(一二)의 두 남매가 잇다한다.

六年役치르고 姜達永氏出監

十六日朝大田刑務所에서

一次共黨의責任秘書

[大田電話] 제一차조선 [illegible] 그외에 공산당 (第一次共產黨) 으로도 [illegible] 이 [illegible] 하엿다 [illegible] 나엇다 [illegible] 형무소에서 그와 대하야 잇엇다 (姜達永)이 [illegible] 오래동안 사실 확인되지 못하엿는 강달영 (姜 [illegible] 중에서 정신이상 (精神異狀) 達永)씨는 大正 [illegible] 이생기어 [illegible] 못하고 복역중이든바 十六일에 출옥하고 [illegible] 하여서도 [illegible] 엿스며 마중나온 대전형무소 (大 [illegible] 하는 [illegible] 보는 사 田刑務所)로부터 한걸음 [illegible] 람의 마음 [illegible] 하엿스나 과거 [illegible] 되엿다 [illegible] 형무소에서 大田이란 [illegible] 十六일오 [illegible] 형무소에서 [illegible] 하엿는데 진주에는 [illegible] 강달 [illegible] 가겟다 한다

자료 53 「日中官憲 戰慄케 한 數百次의 直接行動」, ≪조선중앙일보≫ 1933년 9월 25일자

「日中官憲 戰慄케한 數百次의 直接行動」陸軍 兵舍 襲擊·市街戰 等等 可驚할 이 事件의 內容

이제 그들 배동건(裵東●)외 二百六十三명의 피고가 전긔와 가튼 놀나운 직접행동을 하게된 상세한 내용은 이미 이 사건이 예심종결된 당시(작년 十二월 二十八일)에 호외로 자세히 보도한 바 어니와 그들이 직접 손에 무긔를 들고 철도를 파괴하고 전선(電線)을 단절하고 혹은 전등공사를 습격하야 암흑세계를 맨들고 산상(山上)에서 랍팔신호를 하야 육군병사를 습격하야 무긔을 탈취하고 시가전(市街戰)을 하야 채용증서 등을 소각하고 학교를 습격하야 교장을 총살하고 납세불납과 추수폭동 등의 적색폭동(赤色暴動)을 일으키게 된 것은 一九二四년 十二월 조선내지에서 검거된 김재봉(金在鳳) 박헌영(朴憲永) 등 제一차공산당사건을 비롯하야 계속적으로 공산당사건이 검거된데 따라 간도(間島)와 로령(露領)등지로 망명한 운동자들이 만헛을 지을에 一九二八년 十二월 국제당(國際黨) 지령인 一국一당의 원측에 의하야 중국지역내에 잇는 공산당원은 전부 중국공산당의 지령에 의하야 一체의 행동을 하기로 되엇든 까닭이엿나 당시(一九二八~一九三0) 중국공산당 중앙간부(中央幹部)에는 유명한 좌익 정략가(政略諾)로서 중국의 『스탈린』이라는 말을듯든 리립삼(李立三)(四0)이가 총지휘를 하게되여 그는 당시 중국의 내외정세(內外政勢)에 비처서 一九二七년 무한정부(武漢政府) 실패후에 비혁명분자는 철저히 배격하는 동시에 공산진영은 총공세를 취하야 중국 각 시에서 대대적으로 적색 『테도』의 정책을 세웟섯니 이리하야 간도의 五·三0적색폭동 사건이후 계속 폭동사건으로 검거된

전긔 二백 六十四명의 피고들의 무서운 행동도 전부 전긔 리립삼과 一맥 상통한 점이 잇섯든 것이다.

日中官憲戰慄케한

數百次의 直接行動

陸軍兵舍襲擊·市街戰等等

可驚할이事件의內容

[illegible]

…공산당사건으로 검거된 전긔二백 六十四명의 피고들의 무서운 행동도 전부 전긔리립삼과 一맥상통한점이 잇섯든것이다.

자료 54 「出頭巨頭의 其後」, ≪삼천리≫ 제6권 5호, 1934년 5월 1일

잡지(호수)	삼천리(제6권 제5호)
발행년월일	1934-05-01
필　　자	
기사 제목	出頭巨頭의 其後 ＝第一·二次 共産黨事件의 首腦者, 民衆運動者大會事件의 首腦者

본 문

봄바람 가을비 번가라 거듭하는 사이에 세월은 흘너흘너 그러케도 몹시 세상을 격동식혀 놋튼 큼직큼직한 사건들이 어느 사이에 歷史라는 墓標 속에 고요히 숨어버리고 그러고 그 事件을 꾸미든 한다하든 當代 人物들도 한 사람 두 사람식 世人의 머리 가운데서 자최를 거두어 버리고 잇는 것이 現實이다.

그러컨만 비록 史上의 事件 史上의 人物로 永遠히 銀幕 뒤에 숨어버린다 할지라도(略) 큰 事件으로 比較的 記憶에 새로운 것이 一曰 朝鮮共産黨事件이요 二曰 民衆大會事件이다 이제 붓가는 대로 이 두 事件의 關係人物들로서 지금은 어느 별밋헤 무슨 꿈을 꾸면서 하로 二十四時間이라는 長長 긴세월을 보내고 잇는가 그를 밝혀보려 이 붓을 잡엇노라.

여러분의 머리 가운데는 제일차 공산당사건이라 하면 저 六十만세사건 등 派生的인 모든 사건의 광경이 떠오르리라 그리고 간부급 인물이 新義州署로 잡혀가든 光景 裁判所에서 審理밧든 때 光景, 新聞社號外와 중로 네거리 가고 오는 市民들이 수군거리든 光景.

그 때는 아직 다른 데에도 공산당이란 조직체가 업는 때 突然 官憲의 손으로 一百一名이란 多數한 思想運動者가 十三道에서 檢擧되든 그 무시무시한 消息을 바로 어적게 잇든 일가치 記憶이 鮮明하건만 해수로 짜지면 벌서 十年前의 녯날 일이 되엇다.

그때 第一次 공산당의 幹部는 責任秘書 金在鳳, 中央委員 金若水·兪鎭熙·朱鍾建·金燦·趙東祐·鄭雲海의 七人이요, 공산청년회에 洪瑠植·朴憲永·林元根·金○治 등이 잇섯다.<112>

金在鳳의 養蜂

舊治安維持法에 依하야 그는 六年의 刑을 밧엇다 그가 最高의 刑이엇다 이박게 未決로 三年을 잇섯스니 해수로 짜지면 監房에 잇기를 九年 동안을 한 세음이 된다 그가 出獄한 것이 昭和 六年 九月이엇다 一時 서울에서 病을 養하고 잇다가 지금은 故鄕인 慶尙道 安東郡 豊山面 제집에 이르러 버리를 치고 잇다 生計에 도음이 되도록 그러케 크게 함은 아니요 養蜂하면 버리를 싸라다니느라고 新鮮한 空氣를 마일 수 잇고 쌋듯한 해볏을 바들 수 잇스니 싸 消日삼아 하는 中이라 한다.

金若水의 雜誌

四年의 服役에 未決 三年까지 하고 나왓스니 七年을 在監한 세음이 된다 그는 出獄하야 얼마동안 時勢를 靜觀하고 잇더니 決然히 言論의 陳頭에 나설 準備를 마련하여 가지고 다시 街頭에 나와 無產大衆을 讀者層으로 하는 「大衆」이란 月刊雜誌를 刊行하야 여러 號를 거듭하다가 中途의 蹉跌로 몃 號를 缺하기는 하엿스나 今春부터 다시 復活하여 自己가 主幹하리다든가.

在獄

檢擧일자 멀니 莫斯科에 走하엿다가 滿洲에서 도로 잡혀 드러와서 十年의

刑의 言渡를 밧고 지금 京城刑務所에 服役中이다 듯건대 이번 恩赦로 四分一이 減刑되엿다 하니 今后 七八年 后면 다시 세상에 나오리라.

朱鍾建의 亡命

그때 檢擧의 旋風이 일자 이 눈치를 차이고 자최를 멈추어 버린 뒤 그는 或은 쏘비엣의 모스쑤바로 갓다고도 하고 或은 上海에서 國內운동을 획책하고 잇다고도 하나 確實한 所在는 아모도 모르는 모양이다 그의 녯 愛人이든 李德耀 마저 北京가서 客死하엿스니 그의 구름자는 누구의 입으로 다시 차저지랴 오직 막막할 뿐.

兪鎭熙의 新階段

그도 四年 服役에 三年 동안을 未決로까지 잇섯스니 前后 七年을 콩밥에 오동저고리입엇다 나와서 金演義氏 等으로 더부러 月刊雜誌「新階段」을 創刊하야 얼마 繼續하다가 문을 닷고 잇다 이리됨에는 外部와 內部에 諸原因이 잇섯겟지만 들니는 말에 다시 陳容을 새로 組織하야 올 봄부터 復活한다는가.

趙東祐의 再檢擧

그도 七年을 치르고 나와서 얼마를 病治療하다가 中央日報에 入社하야 늘 政治論文을 發表하야 世人의 注目을 끄을고 잇든 중 바로 昨年 겨을에 新義州署에 檢擧되야 또 豫審에 너머 가 잇다.

鄭雲海의 消日

그도 四年 징역에 산년 미결로 前后 七年을 철창에서 신음하다가 출옥하여 大邱의 故鄕에 나려가서 或은 老子와 가치 行雲流水로 벗을 삼기도 하고 或은 蕩子인 체 狹斜紅燈으로 몸을 잠그고 或은 圖書館에 盡日을 보내기도 하야 悠悠自若 歲月을 보내고 잇다.

洪璔植의 營業局長

그도 七年을 太陽업는 거리에서 呻吟하고 나온 이다 그는 檢擧 前에도 朝鮮日報 營業局長으로 잇섯거니와 나온 뒤에도 亦 中央日報의 營業局長으로 艱難만흔 言論機關의 살님사리를 마터 從橫으로 手腕을 휘둘느고 잇다 얼마 전에 趙東祐와 함께 新義州로 拘(?)禁되어 간 적이 잇섯스나 곳 嫌疑가 벗기어 도라 왓다 그는 共靑의 幹部엿다.<113>

朴憲永의 潛跡

그는 刑을 밧고 服役 中에 病이 危篤하야 假出獄되어 나왓다 그래서 서울에서 얼마동안 醫藥에 親하다가 山水 조흔 愛人 朱世竹 女史의 故鄕인 咸鏡道 咸興으로 가서 靜養하든 중 하로 아츰 바람갓치 사라젓다 들니는 風聞에 朱女史와 함께 모스쑤바에 갓다 하나 지금쯤 어듸 잇는지 아모도 아는 이가 업다.

林元根의 商界投身

그도 六年을 服役하고 나와서 서울에서 새로운 愛人을 맛나 結婚까지 하고 벌서 第二世 林元根까지 엇게 되엇다 그의 兄이 大阪商界紳商이라 그를 싸라 두 內外는 大阪에 移住하야 아조 珠盤들고 帳薄에 數子記入하는 商人이 되엇다 以前에도 中央日報 大阪特派員으로 活躍한 일이 잇섯스나 只今은 아모 言論機關에도 關係를 맷지안코 잇다고 한다.

金丹冶의 遠走

그도 六年의 缺席判決을 밧엇다 檢擧旋風 속에서 미리 종적을 감추어 露西亞로 上海로 北京으로 도라다니며 國內運動을 지시하엿고 昭和 四年 博覽

會 때에는 警戒綱을 뜰고 서울 桃花洞에 나타나 第몃次 黨을 그의 愛人 高明子와 함께 組織하여 노코 活躍하다가 官憲의 追及이 甚하여 다시 海外로 潛跡하여 버리엇다.

이밧게 간부는 아니엇스나 一世의 雄辯家로 일홈을 날니든 朴一秉은 刑을 다 치르고 나오자失明하야 只今은 鄕里 咸北 穩城에 잇서 治療中다.

=第二次 共產黨事件=

제일차 당이 이와가치 檢擧로 괴滅을 당하자 곳 再建하야 제이차 당을 조직하엿스니 그때의 간부는

責任秘書 姜達永,

洪悳裕

權五卨

李鳳洙

金璟載

등이다 그 중에

姜達永은 臥病

그는 六年의 刑을 치르고 나오자 極度로 衰弱한 몸에다가 精神狀態까지 一時는 常軌를 버서젓다는 所聞이 나도록 神經이 弱하엿다 그래서 只今은 慶尙道 晋州 自宅에서 고요히 身病을 養하고 잇다 그가 六十萬歲事件을 指導하엿고 그리고 責任秘書로 地下에 潛行할 때 빠나나 장수로 行跡을 감추고 다녓다 함은 이미 다 아는 事實이리라.

洪悳裕의 新聞人

그도 四年의 役을 치르고 나와서 一時는 自宅에서 病을 養하고 잇다가 再昨年부터 中央日報에 드러가 只今은 營業局 販賣部長으로 活躍하고 잇다 아

마 당의 관계자로 다시 言論機關에 드러간 이로는 洪璔植氏와 이 洪眞裕의 兩氏가 잇슬 뿐이리라.<114>

權五卨의 死亡

五年의 刑을 밧고 服役 中에 監獄에서 死亡하엿다 그의 舍弟 權五稷도 思想關係로 投獄되어 잇더니 얼마 前에 出獄하엿다고 한다 지금은 무얼하고 잇는지 알 길이 업다.

金璟載의 論客

그도 四年의 刑을 치르고 나와서 몸을 養하고 잇더니 그 뒤 快差하야 새로 令夫人까지 마저 드리어 새문밧 洗劍亭附近에 新接살림을 꾸미고 잇다 讀書와 思索으로 일삼는 한편 각금 侃侃愕愕의 警世의 붓대를 잡고 잇슴은 世人이 다 아는 바와 갓다 徐廷禧氏의 ●郎이요 徐範錫君의 妹夫다.

李鳳洙의 再入獄

四年의 刑을 치르고 身病을 養하기 爲하야 鄕里 咸鏡道에 가잇든 중 엇든 友人의 結婚式에 가서 祝辭하다가 舌禍에 걸니어 二年의 判決을 박고 只今 咸興刑務所에서 服役 중이다.

이 다음 第三次의 金俊淵·韓偉鍵·安光泉·李星泰·朴洛俊·河弼源·金復鎭·朴泉 等의 事件이 잇스나 이것은 次號에 記코저 한다.

=民衆運動者大會事件=

그 다음은 民衆大會事件이다 그것은 一九二九年 十二月 十一日에 京畿道 警察部의 손에 檢擧되어 곳 起訴되엇는데 이 事件은 더 길게 說明할 것 업시 光州學生事件이 起因이 되야 當時 新幹會 首惱者들이 民衆大會를 開催하려다가 事前發覺으로 被逮된 것이다.

그때 有罪決定되야 服役한 이가 許憲·洪命憙·李灌鎔·趙炳玉·李源赫·金武森의 六人이요 또 감곡에 까치 갓다가 不起訴釋放된 이가 權東鎭·韓龍雲·朱耀翰·金恒圭 等 諸氏엇다.

許憲의 讀書消日

그는 一年 六個月의 判決을 박고 未決 一年 半까지 合치면 三年동안 獄中사리를 한 뒤 昭和 七年 二月 十五日에 나왓다 몸이 弱하야 서울 三淸洞 自宅에서 病을 養하고 잇다가 그동안 여러가지 일로 다시 活躍을 試하고 잇다 그러치만 무슨 方面으로 엇든 일로 꼭 指摘하여 말하기까지 아직 具體化되지 안엇슴으로 다만 讀書消日이라고나 하여 둘가 辯護士의 復權도 不久하엿스니 아마 다시 法曺界에 나서리란 灌測도 잇다.

洪命憙의 小說

그도 一年 六個月의 服役에 壹年 半의 未決에 이리하야 三個年 間을 獄中에서 呻吟하고 나온 뒤 健康을 回復하자 곳 一代의 心力을 드리어 執筆 中이든 巨作 「林巨正傳」이란 소설에 붓을 들어 方今 朝鮮日報紙社上에 連載 中이다.

宇內의 形勢를 觀望하며 老棋伏●式으로 小說 執筆로나 消日中.<115>

李灌鎔의 長遊

그도 一年 六個月의 判決에 一年 半의 未決로 三年동안 苦楚를 격것다 나와서는 朝鮮日報에 據하야 侃侃의 筆陳를 펴고 잇더니 嗟乎 咸北 淸津 海水浴場에서 千萬意外에 溺死하엿다 그의 遺稿를 發刊한다는 說이 잇더니 아직 寂然無聞.

趙炳玉의 鑛山

그는 一年 四個月의 刑期에 一年 半의 未決과 合하야 三個年 갓가운 歲月을 獄苦를 격것다 나와서 朝鮮日報의 營業局長에 就任하야 活躍하다가 只今은 言論機關에서 손을 끈고 忠淸道와 咸鏡道로 도라다니며 鑛山經營을 하고 잇다 그의 鑛業을 더부러 하는 이에 閔丙疇氏 等이 잇다고 한다 들이는 말에 永興金鑛은 매우 有望하다든가.

李源赫의 讀書消日

그도 一年 四個月에 一年 半의 未決까지 三年의 獄中生活을 하고 나온 뒤 身病을 養하고 잇는 兼 지금은 고요히 自宅에서 讀書와 思索으로 지내고 잇다.

金武森의 建築業

그는 事變 卽后에 朝鮮劇場에 나타나 宣傳삐라를 뿌리고 아지 演說을 한 이 事件에 잇서 唯一의 實行者이다 一年 四個月의 刑과 一年 半의 未決 苦楚을 밧고 나온 뒤 趙炳玉氏 等과 함께 朝鮮日報에 據하야 活躍하고 잇더니 다시 言論陳에서는 손을 끈고 最近은 建築界에 投足하야 諸氏와 함께 京城建物株式會社라는 五十萬圓의 株式會社의 創立에 間接關聯를 가지고 活躍한다 傳하다.

이박게 不起訴로 나온 數人에 一言式試하고 지난다면 權東鎭氏는 天道敎에 據하야 舊派의 最高執權者로서 數萬敎徒에 指令을 發하고 잇스며 韓龍雲氏는 佛敎社라는 佛敎界 言論機關에 據하야 깁흔 哲理를 衆生에 說示하고 잇스며 朱耀翰氏는 朝鮮日報 專務取締役을 辭하고 지금은 和信商會에 轉身하엿스며 金恒圭氏는 그때 不起訴 放免后 다시 新幹會關係로 一時 刑務所에서 一年의 役을 치르고 나와서 只今 서울 昭格洞 自宅에서 思索과 讀量와 時世靜觀으로 消日하고 잇다.<116>

<112-116>

出頭巨頭의 其後

=第一、二次共產黨事件의首腦者
=民衆運動者大會事件의首腦者

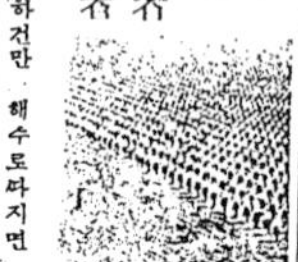

봄바람 가을비 번가라 거듭하는사이에 세월은 흘너흘너 그러케도 몹시 세상을격동식혀놋튼 큼직 큼직한 사건들이 어느사이에 歷史라는 墓標속에 고요히 숨어버리고 그러고 그 事件을 꾸미든 한다하든 當代人物들도 한사람 두사람식 世人의 머리가운데서 자최를 거두어 버리고잇는것이現實이다

그러컨만 비록 史上의事件 史上의人物로 永遠히 銀幕뒤에 숨어버렷다할지라도(뿐) 큰事件으로 比較的 記憶에새로운것이 一曰 朝鮮共產黨事件이요 二曰 民衆大會事件이다 이제 붓가는데로 이두事件의關係人物들로서 지금은 어느 범밋헤 무슨 꿈을꾸면서 하로 二十四時間이라는 長長 긴세월을 보내고잇는가 그를 밝혀보려이붓을잡엇노라

×

여러분의 머리가운데는 제일차 공산당사건이라하면 저 六十만세사건등派生的인 모든 사건의 광경이 떠오르리라 그리고 간부급인분이 新義州署로 잡혀가든光景 裁判所에서 審理밧든때 光景, 新聞社號外와 중로네거리가고오는 市民들이 수군거리든 光景

그때는 아직 다른데에도 공산당이란 조직체가업는때 突然 官憲의 손으로 一百一名이란 多數한 思想運動者가 十三道에서 檢擧되는 그무시무시한 消息을 발 어적게잇든일가치 記憶이 鮮明하건만 해수로따지면 벌서十年前의넷날일이되엇다

그때 第一次 공산당의 幹部는

責任秘書 金在鳳
中央委員 金若水
兪鎭熙
朱鍾建
金燦
趙東祐
鄭雲海

의七人이요, 공산청년회에

洪瑠植
朴憲永
林元根
金〇治

등이잇섯다。

金在鳳의養蜂 舊治安維持法에 依하야 그는六年의 刑을밧엇다 그가 最高의刑이엇다 이박게 未決로 三年을잇섯스니 해수로따지면 監房에 잇기를 九年동안을 한세음이된다 그가 出獄한것이 昭和六年九月이엇다 一時서울에서 病을養하고잇다가 지금은 故鄕인 慶尙道安東郡豐山面제집에이르러 버리를치고 잇다 生計에도움이 되도록 그러케크게함은아니요 養蜂하면 버리를 따라다니느라고 新鮮한 空氣를 마일수잇고 쌋뜻한 해빗을 바들수잇스니까 消日삼아 하는 中이라한다

—(112)—

자료 55 金璟載, 「金燦時代의 火曜會」, ≪삼천리≫ 제7권 5호, 1935년 6월 1일

잡지(호수)	삼천리(제7권 제5호)
발행년월일	1935-06-01
필　　자	金璟載
기사 제목	金燦時代의 火曜會
기사 형태	회고·수기

본 문

火曜會의 前身은 新思想硏究會이엿고 新思想硏究會의 前身은 無産者同盟이엿음니다. 無産者同盟은 金翰·申伯雨·朴一秉·陳秉基 等의 손으로 創立되엿으며 朝鮮의 初期 社會運動에 잇서 貢獻이 만슴니다. 그때에 朝鮮勞働共濟會가 잇고 서울靑年會가 잇서 階級的 色彩가 업지 안엇으나 그 中에 가장 그가 鮮明한 것이 無産者同盟이엿음니다. 그리다가 金翰이 義烈團事件과 朴烈事件에 連座하야 入獄케 되니 無産者同盟은 當局의 ｘｘ으로 하야 能動的 活動을 할 수 업시 되엿음니다. 여기에서 그의 對策으로 나온 것이 新思想硏究會이니 無産者同盟은 實行團體이엿으나 新思想硏究會는 名實 그대로 當時에 새로 輸入되고 잇든 콤문이즘의 硏究가 그의 目的이엿음니다. 洪命熹·具然欽·申伯雨·洪璔植·朴一秉·洪南杓 等이 그때의 會員이엿음니다. 그러나 金在鳳·李準泰·金燦·尹德炳 等의 實際運動家가 그 會에 加入케 되면서 方法을 달니하야 단순한 硏究機關에서 實際運動의 集團으로의 再組織을 主張하게 되엿으며 그에서 나온 것이 이제 여기에서 말하려는 火曜會

임니다.<45>

金燦은 咸北 明川사람으로 일즉이 東京에 가서 自由勞働者가 되야서 품파리도 하얏고 紡績工場의 職工으로도 잇섯읍니다. 그럼으로 그는 社會主義思想을 册에서 엇은 것이 아니요 實際勞働을 하는 中에서 階級意識이 눈트기 시작햇고 그 後 海參威에 가서 얼마 잇는 동안에 그는 完全히 콤문이스트가 되여서 朝鮮에 도라왓읍니다. 그가 朝鮮에 도라 왓건만 金燦은 넘우도 一般에게 알귀즈지 못햇읍니다 한 個의 無名의 青年이엿읍니다. 다만 露領에서 新ｘｘ을 習得하고 왓다는 것이 京城에 잇는 同志間에서 多少 信賴를 엇게 된 것임니다. 그때가 時代日報에는 崔南善이 社長時代이고 時代日報는 經營難에서 不得已 普天敎의 돈을 끄러드리려고 劃策하고 잇든 것이 世上에 發露된 때임니다. 그래서 普天敎의 排擊運動이 猛烈히 이럿읍니다. 金燦은 그때에 演壇에서 一席의 雄辯을 吐햇읍니다. 그는 雄辯이라기 보다, 熱辯임니다 그가 한창 熱이 나서 洋服 『우와기』를 버서서 演壇 우에 내여 던지면서 비지땀을 흘니여 가며 普天敎와 崔南善 攻擊에 한바탕의 熱辯을 쏘다노흐니 그것을 듯고 잇든 同志들은 비로서 金燦이 外貌는 그럿케 적고 性味는 燥急하야서 팔닥—하건만 凡人은 아니라고 아러주게 된 것임니다. 그리하야 金燦은 火曜會의 重鎭으로 活躍하게 되엿읍니다.

그 보다도 一層 重要한 原因은 그때에 박게서는 派爭이 甚하야 上海派 伊市派하고 서로 갈니여 잇든 때이요 火曜會는 伊市派의 海外出張所나 다름업는 役割과 立場이엿으니 西伯利亞에 잇서서 直接으로 그들 伊市派와 關聯을 갓고 잇든 金燦 金在鳳 等이 그의 重鎭이 됨은 當然한 일이엿읍니다. 그 後에 曺奉岩이 露領에서 나왓고 朴憲永 金丹冶 林元根 等이 平壤刑務所에서 出獄하야서 그에 加盟하니 火曜會는 完然히 伊市派의 出張所가 되고 마럿읍니다.

『金燦時代의 火曜會』 이것이 三千里 編輯者의 要求임니다 그러나 火曜會란 團體가 世上에 나왓다가 사라즈기까지 겨우 三年間이요 그럼으로 火曜會

는 누구 時代에는 全盛時期이요 누구 時代에는 退縮期이엿다 볼 수는 업습니다.<46>

現在 樂園洞의 沐浴湯으로 잇는 그 자리가 바루 火曜會會舘이엿읍니다 그때에 木製의 二層建物인 바 아레層은 理髮所이엿고 우層만이 火曜會舘이엿으나 大正 十二年에 全朝鮮民衆運動者大會를 發起하니 事務가 多端하야 그렇케 협착한 會舘으로는 到底히 감당하는 수가 업서 지금의 松竹園으로 會舘을 옴기엿읍니다. 그때에는 그 집이 朝鮮製 瓦家로 相當히 큰 建物이엿읍니다. 그러나 火曜會가 全朝鮮民衆運動者大會를 發起하니 서울青年會側에서는 全朝鮮民衆運動者大會의 反對會合을 發起햇읍니다. 그리하야 朝鮮안에 잇서서의 派爭도 熱度가 오를대로 올나서 最高峯에 達햇읍니다. 그때에 北風會는 火曜會를 도와서 全朝鮮民衆運動者大會의 後援會를 發起하얏고 朝鮮勞働黨은 두 派로 갈니여 한 部分은 서울系에 接近햇고 한 部分은 火曜北風과 接近하야서 四團體合同委員會에 加盟케 되엿읍니다 이때에 火曜會에는 朱鍾建 兪鎭熙의 國內에 잇서서의 上海派도 가입햇고 筆者도 그 前부터 全朝鮮民衆運動者大會에는 發起者의 一人이엿으나 正式으로 火曜會에 加入하기는 이때이엿읍니다.

全朝鮮民衆運動者大會는 드듸여 集會禁止로 會合에 이르지 못햇으나 그 後는 北風會·火曜會·朝鮮勞働黨·無產者同盟은 合同大會를 열고 한 團體 아레로 會員을 모으려고 하다가 그 亦是 禁止로 못하고 지금은 齊洞 八四番地 閔丙奭의 집이나 그 집이 그때에는 北風舘이엿음으로 그 집으로 前記 四個團體의 看板을 옴기고 四團合同委員會를 두기로 햇읍니다. 그때에 北風會에서는 金若水·李奎宋이가 委員으로 나왓고 火曜會에서는 金과 筆者가 委員으로 나왓섯읍니다.

그 後 大正 十三年 十二月末에 新義州署에서 檢擧에 着手한 所謂 第一次 ｘｘ黨으로 하야 金燦은 東京을 것처서 海外에 亡命햇읍니다. 그러나 新義州署에서 檢擧하기는 햇으나 그것은 極히 小部分이엿고 그 後 半年이 못가 李

王殿下 國葬을 機會로 하야 鍾路署가 檢擧에 着手햇읍니다. 世人은 第一次 共產黨과 第二共產黨과를 別個視하는 모양이나 決코 그런 것은 아니임니다 다만 同一한 人間이요 同一한 組織이것만 第一次黨이란 것은 新義州署의 손에 檢擧된 것이고 第二次黨은 京城에서 鍾路署의 손에 檢擧되엿다는 差異가 잇을 쁜이며, 그리고 檢事局 豫審도 갓고 裁判도 갓치 밧은 것임니다. 따라서 別個의 것이 아니고 第三次부터는 다른 것임니다.<47>

金燦은 키가 적습니다. 그리고 性味는 燥急하고 아주 神經質이엿읍니다. 그 우에 讀書力이 업서서 그의 말에는 理論이 업고 글을 쓰면 滿身瘡이엿읍니다. 그러되 金燦에게는 남이 따르지 못하는 豪담이 이섯읍니다. 그러케 적은 키에 輕설한 行動에 比하면 豪협한 곳이 잇고 담이 컷읍니다. 그럼으로 金燦은 前衛에 낫으되 그 背後에는 언제나 智謀가 兼全한 參謀가 緊要함니다. 金燦도 自己의 그 點을 認識하는 듯하여서 自己 周圍에 잇는 同志의 智謀를 빌기에 늘 애썻읍니다.

그 當時의 朝鮮의 社會運動에는 三派가 鼎立時代이엿읍니다. 火曜·北風·서울 三派인 바 서울靑年會의 金思國, 北風會의 金若水에 比하면 火曜會의 金燦은 한 派의 頭領으로의 地位가 鮮明치 못햇읍니다. 金燦이 火曜會의 前衛인 것은 事實이나 北風會의 金若水, 서울靑年會의 金思國과 갓흔 現代語로 表現하면 그런 獨裁者가 못되엿섯읍니다. 그가 다른 까닭이 아니고 火曜會에는 若干의 封建臭가 잇달지라도 智謀가 雙全한 일군들이 만엇읍니다. 그럼으로 金燦이 前衛에 서서 活躍하는 그 背後에는 그들의 智謀가 陰으로 陽으로 顯現되고 잇는 까닭이엿읍니다.<48>

<45-48>

그러고 다만 幹事들彼此에 박구어 連絡을 取하기로 하고ㅡ甚히어려운 사람이엇더면 十中七八人이모다 主張을 세우지못햇슬 이甚히어려운일을 滿足하게 歸決을짓고 마랏슴니다。

大體，巨人이란，日常의小事에 그全貌가나타나는것이아니라 非常之秋ㅡ卽一投鬪이 亡하느냐興하느냐 하는때에 그들잘調整하는데 力量과氣慨을 볼수잇슴니다．

翁이 仕官時代 駐米使臣時代의 業積을이제 새삼스럽게 말하기를 避하거니와엇잿든 七十平生을 오직 民族의繁榮과 基督敎의 事業의 바친點ㅡ實로 우리들后輩는 우러러봄이 잇슬뿐이외다

□

十年을 翁이 首領으로 게신동안에 全朝鮮의 基督敎靑年會를 聯結하여 聯合會를 組織하엿슴니다。그런데이 十年동안에 氏의傘下에모엿든 사람은 總務에 尹致旲氏 敎育部幹事로는 后日朝鮮日報社長을지낸. 安在鴻氏，前日作故한 金一善氏，金昶濟，兪億兼與鼓路의諸氏와 또한申興雨氏，洪秉璇，玄東完，陸定洙，이사람等여 러사람이잇지요내가 長蓋하게 諸氏의 人物評論할수는업스나 엇지하엿든，모다，意思가合一하고，事業에純一한마음과 執誠을가젓든분들뿐이외다。그러기에 對外에對한 交涉이란다든지 對內에對한 統制란다든지，모든組織과事業에 大飛躍이잇섯든터이외다。

더욱 記錄할일은 악가 말한저젼基督敎靑年會와의사이에 幹事를 交換하여 서로連絡을 맷는다하든 그協定도 己未卽后에 申興雨氏 總務時모다 破棄하여，버리고오직 今日의 地盤을 築成하기에 成功한뿐이외다。

□

全盛時代에 基督敎徒는 얼마나되엇드냐 하고뭇는다면 그當時 우리의 調査에依하건대 敎人이라고 名目만전사람을 全部빼여버리고 오직「洗禮」을밧은 참다운 敎人만이 二十餘萬名이엇고 그러고 天主敎卽 카르릭敎徒의 數가 九十萬몃千名에達하엿섯스니 말하자면 眞敎人三十萬人을數할줄암니다。

米國서 나오든 補助金도 只今보다는 巨額이엇고 人材도 만히모엿고 首領으로는 李商在가튼 一代의 人格

者을 모시엇스니 可謂 大飛躍時代라할것입니다

지금도 回想되는일은 이靑年會 새建物의 定礎式때光貴이엇슴니다 그때式은 宏壯히 盛大하게하엿는데 李王殿下께서 世子로게실때 伊藤統監도 來場하여 祝辭하엿스며 英米各國公使들도 來場하여 半島文明의 第一步는 여기서 始作될것이라고 讚辭를퍼부어줄데다

金燦時代의火曜會

金 璟 載

火曜會의前身은 新思想硏究會이엇고 新思想硏究會의前身은 無産者同盟이엇읍니다。無産者同盟은 金翰、申伯雨朴一秉、陳秉基等의손으로 創立되엿으며 朝鮮의 初期社會運動에잇서 貢獻이만슴니다。그때에 朝鮮勞働共濟會가잇고 서울靑年會가잇서 階級的色彩가업지안엇으나 그中에 가장그가 鮮明한것이 無産者同盟이엇슴니다 그리다가 金翰이 義烈團事件과 朴烈事件에連座하야 入獄케되니無産者同盟은 當局의××으로하야 能動的活動을할수업시되엿읍니다。여기에서 그의對策으로나온것이 新思想硏究會이니 無産者同盟은 實行團體이엇으나 新思想硏究會는名實그대로 當時에 새로 輸入되고잇든 콤문이즘의 硏究가 그의目的이엿읍니다。洪命熹、具然欽、申伯雨、洪璔植朴一秉、洪南杓等이 그때의會員이엿읍니다。그러나 金在鳳、李準泰、金燦、尹德炳等의 實際運動家가 그會에加入케되면서 方法을달니하야 단순한 硏究機關에서 實際運動의集團으로의 再組織을主張하게되엿으며 그에서나온것이 이제 여기에서말하려는 火曜會입니다。

□

金燦은 咸北明川사람으로 일즉이 東京에가서 自由勞働者가되야서 쭐와리도하얏고 紡績工場의職工으로도잇섯읍니다。그럼으로 그는 社會主義思想을 冊에서엇은것이 아니요 實際勞働을하는中에서 階級意識이 눈트기시작햇고 그後 海參威에가서 얼마잇는동안에 그는 完全히콤문이스트가되여서 朝鮮에도라왓읍니다。그가 朝鮮에도라왓건만 金燦은 넘우도 一般에게 알커즈지못햇읍니다한個의 無名의靑年이엿읍니다。다만 露領에서 新××을習得하고왓다는것이 京城에잇는同志間에서 多少信賴를엇게된것입니다。그때가 時代日報에는 崔南善이 社長時代이고 時代日報는 經營難에서 不得已 普天敎의돈을 끄러드리려고劃策하고잇든것이 世上에 發露된때입니다。그래서 普天敎의排擊運動이 猛烈히이럿읍니다。金燦은 그때에 演壇에서 一席의雄辯을吐햇읍니다。그는 雄辯이라기보다，熱辯입니다 그가 한창熱이나서 洋服「우와기」를버서서 演壇우에내여던지면서 비지땀을흘니여 가며普天敎와崔南善攻擊에 한바탕의 熱辯을쏘다노흐니 그것을듯고잇든 同志들은 비로서 金燦이 外貌는 그럿케적고 性味는 燥急하야서 팔딱〱하건만 凡人은아니라고 아러주게된것입니다。그리하야 金燦은 火曜會의重鎭으로 活躍하게되엿읍니다。

□

그보다도 一層重要한原因은 그때에 학계서는 派爭이 甚하야 上海派 伊市派하고 서로 갈니여잇든때이요 火曜會는 伊市派의 海內出張所나다름업는 役割과立場이엿으니 西伯利亞에잇서서 直接으로 그들 伊市派와關聯을 갓고잇든 金燦 金在鳳等이 그의 重鎭이됨은 當然한일이엿읍니다。그後에 曹奉岩이 露領에서나왓고 朴憲永金丹冶 林元根等이 平壤刑務所에서「出獄하야서 그에加盟하니 火曜會는 完然히 伊市派의 出張所가되고 마럿읍니다。

□

『金燦時代의火曜會』이것이 三千里編輯者의 要求입니다 그러나 火曜會란團體가 世上에나왓다가 사라즈기까，겨우 三年間이요 그럼으로 火曜會는 누구時代에는 全盛時期이요 누구時代에는 退縮期이엿다 볼수는업슴니다

現在樂園洞의 沐浴湯으로잇는 그자리가바루 火曜會々館이엿읍니다 그때에 木製의二層建物인바 아래層은 理髮所이엿고 우層만이 火曜會館이엿으나 大正十二年에全朝鮮民衆運動者大會를發起하니 事務가 多端하야 그럿케 협착한會館으로는 到底히 감당하는수가업서 지금의 松竹園으로 會館을옴기엿읍니다。그때에는 그집이 朝鮮製瓦家로 相當히큰建物이엿읍니다。그러나 火曜會가 全朝鮮民衆運動者大會를發起하니 서울靑年會側에서는 全朝鮮民衆運動者大會의 反對會合을 發起햇읍니다。그리하야朝鮮안에잇서서의 派爭도 一層가 오를대로 올나서 最高潮에達햇읍니다。그때에 北風會는 火曜會를도와서 全朝鮮民衆運動者大會의 後援會를發起하얏고 朝鮮勞働黨은두派로갈니여 한部分은 서울系에接近햇고 한部分은 火曜北風과接近하야서 四團體合同委員會에 加盟케되엿읍니다 이때에 火曜會에는 朱鍾建 兪鎭熙의 國內에잇서서의上海派도加入햇고 筆者도 그前부터 全朝鮮民衆運動者大會에는 發起者의一人이엿으나 正式으로 火曜會에加入하기는 이때이엿읍니다。

全朝鮮民衆運動者大會는 드되여 集會禁止로 會合에아르지못햇으나 그後는 北風會 火曜會、朝鮮勞働黨、無産者同盟은 合同大會를열고 한團體아레로 會員을모으려고 하다가 그亦是禁止로 못하고 지금은 齊洞八四番地 丙寅의집이나 그집이 그때에는 北風館이엿음으로 그집으로 前記四個團體의看板을옴기고 四團合同委員會를 두기로햇읍니다。그때에 北風會에서는 金若水、李奎宋이가委員으로나왓고 火曜會에서는 金과筆者가 委員으로나왓섯읍니다。

그後 大正十三年十二月末에 新義州署에서 檢擧에 着手한 所謂第一次××黨으로하야 金燦은 東京을것처서海外에 亡命햇읍니다。그러나 新義州署에서 檢擧하기는햇스나 그것은 極히少部分이엿고 그後半年이못가李王殿下國葬을 機會로하야 鍾路署가 檢擧에 着手햇읍니다。世人은 第一次共產黨과 第二共產黨파를 別個視하는모양이나 決코 그런것은아니입니다 다만 同一한人間이요 同一한組織이것만 第一次黨이란것은 新義州署의손에 檢擧된것이고 第二次黨은 京城에서 鍾路署의손에檢擧되엿다는

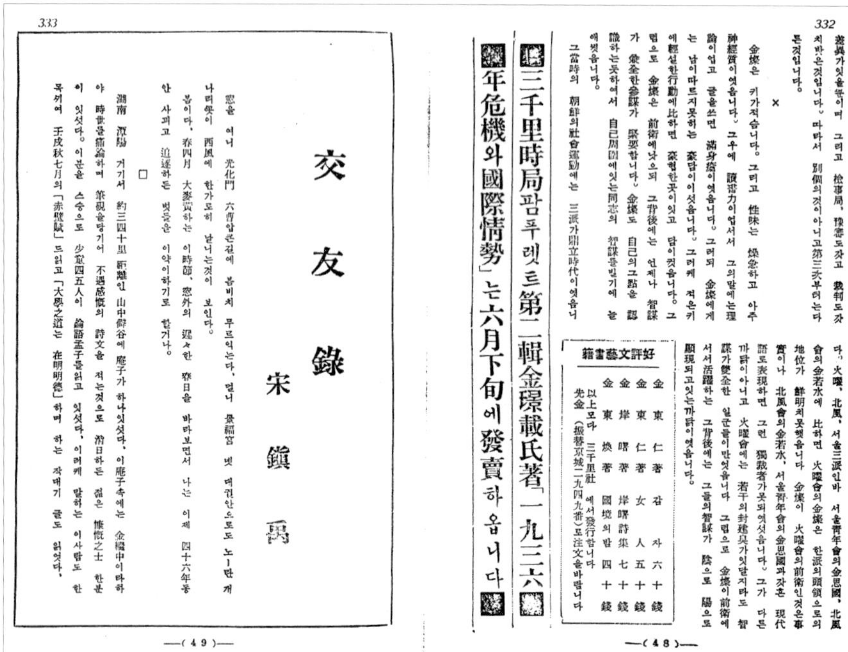

332

差異가잇을뿐이며 그리고 檢事局, 豫審도잣고 裁判도잣치받은것입니다。따라서 別個의것이아니고第三次부터는다른것입니다。

×

金燦은 키가적습니다。그리고 性味는 燥急하고 아주神經質이엿읍니다。그우에 讀書力이업서서 그의말에는理論이업고 글을쓰면 滿身瘡이엿읍니다。그러되 金燦에게는 남이따르지못하는 豪담이이섯읍니다。그러케 적은키에輕설한行動에比하면 豪협한곳이잇고 담이컷읍니다。그럼으로 金燦은 前衛에낫으되 그背後에는 언제나 智謀가 俊全한參謀가 緊要합니다。金燦도 自己의그點을 認識하는듯하여서 自己周圍에잇는同志의 智謀를빌기에 늘애썻읍니다。

그當時의 朝鮮의社會運動에는 三派가鼎立時代이엿읍니다。火曜, 北風, 서울三派인바 서울靑年會의金思國, 北風會의金若水에 比하면 火曜會의金燦은 한派의頭領으로의地位가 鮮明치못햇읍니다 金燦이 火曜會의前衛인것은事實이나 北風會의金若水, 서울靑年會의金思國과갓흔 現代語로表現하면 그런 獨裁者가못되엿섯읍니다。그가 다른까닭이아니고 火曜會에는 若干의封建的가잇달지라도 智謀가雙全한 일군들이만엇읍니다 그럼으로 金燦이前衛에서서活躍하는 그背後에는 그들의智謀가 陰으로 陽으로顯現되고잇는까닭이엿읍니다。

好評文藝書籍

金東仁著	감자	六十錢
金東仁著	女人	五十錢
金岸曙著	岸曙詩集	七十錢
金東煥著	國境의밤	四十錢

以上모다 三千里社 에서發行합니다
先金(振替京城二一九四九番)로注文을바람니다

三千里時局팜푸렛트第二輯金璟載氏著「一九三六年危機와國際情勢」는六月下旬에發賣하옵니다

—(48)—

333

交友錄

宋鎭禹

窓을 여니 光化門 六曹압큰길에 봄비치 무르익는다, 멀니 景福宮 뒷 대궐안으로도 노-란 개나리꽃이 西風에 한가로히 날니는것이 보인다。

봄이다, 春四月 大麥嶺하는 이時節, 窓外의 遲々한 春日을 바라보면서 나는 이제 四十六年동안 사괴고 追逐하든 벗들을 이약이하기로 할가나。

□

湖南 潭陽 거기서 約三四十里 距離인 山中僻谷에 庵子가 하나잇섯다, 이庵子속에는 金鶴中이라하야 時世를痛論하며 筆硯을당기어 不遇感慨의 詩文을 저는것으로 消日하든 젊은 慷慨之士 한분이 잇섯다。이분을 스승으로 少童四五人이 論語孟子를읽고 잇섯다, 이러케 말하는 이사람도 한목끼여 壬戌秋七月의「赤壁賦」드읽고「大學之道는 在明明德」하며 하는 작대기 글도 읽엇다,

—(49)—

자료 56 「發動하는 思想犯 觀察法」, ≪삼천리≫ 제8권 12호 1936년 12월 1일

잡지(호수)	삼천리 제8권 제12호
발행년월일	1936-12-01
기사 제목	發動하는 思想犯 觀察法

본 문

「發動하는 思想犯 觀察法」 日獨協定으로 더욱 强化? 서울에만 思想犯 千名 超過

『思想善導』를 식히기 爲하야 昭和 三年 以來의 左翼思想犯 六千 八百名 중에서 轉向을 表明했든 마든 準轉向을 盟誓했든 마든, 結局 疑心스러운 者에 對하야, 모다 適用하기로 된 思想犯保護觀察法은 日本 內地에서는 十一月 二十日부터 實施했고, 朝鮮에서는 十二月 二十日부터 實施된다 이제 그 內容을 探聞하여 보면, 思想犯이 가장 많이 있기로는 京城으로서 그 數가 千名은 超過될 모양인데 이 중에 아조 非轉向者로써, 過去에 重刑(적어도 五六年 以上의 懲役)을 치르고 나온 某某等 幾許人에 對하여는 收容所 收容을 免치 못할 것이요. 要視察人物 中 乙種程度에 該當하면서 轉向을 表明한 者 中 比較的 危險性이 輕微한 者에 對하여는 서울을 退去, 故鄕에 도라가게 하는 「居住制限」에 부칠 者가 大部分이요, 그리고 그보다도 더 安心되는 穩健者에 對하여는 信書制限 讀書制限, 交友制限 程度에 끈칠 모양인데 다만 이 法이 實施되는 卽日부터 이 모든 處分이 곳 實行되기는 困難하니, 거기에는 收容

所建物 準備와 審査會組織과 所長・保護司 等, 當務者의 任命 等으로 아마 年內는 이 모든 陣營의 整備에 虛費되고, 실상 本格的 活動을 하기는 明春부터나 되리라고 觀測하는데 아무튼 日獨防共協定으로 이 觀察法은 더욱 徹底强化되리라고.

警部補 巡査 等 十五名 任命

서울에는 누가 保護司되나?

總督府法務局에서 法制局에 廻轉한 該法案의 審査에 日字가 걸닌 까닭에 日本內地보다 發表가 한 달 늦게 되는 朝鮮에서는, 爲先, 그 準備로 全鮮을 連絡하는 連絡係 警官을 警部補 三名, 巡査 十二名을 任命하여 十二月 初旬부터 全鮮에 配置・活動을 開始케 하였다고 한다.

그런데 注目을 끄으는 것은 平壤・大邱・淸津・咸興・光州・新義州의 各地 事情도 事情이려니와 가장 重要한 思想犯들이 만히 모여 있는 京城에 對하야 그 保護司로 누가 될가 함이 그 方面의 注目거리가 되여 있는데, 一說에는 東京에서도, 警視廳 特高課長 毛利警視가튼, 思想事件에 가장 老熟한 敏腕家를 起用한 點으로 보아, 京城에서도 金在鳳・姜達永・金燦・曺奉岩・金若水 等의 第一次 共産黨 以來, 여러 次의 共産黨을 檢擧하였든 ○○警視나, ○○警部가 任命되지 안을가 고하는 바, 아무튼 思想犯들의 再斷罪의 日은 迫頭하여 잇서 世人의 注目을 끄으는 바가 만타.<15>

檢事出身으로 所長任命

東京은 警視廳 毛利課長 就任(寫眞은 毛利氏)

思想犯保護觀察法은 끗끗내 十一月 二十日부터 日本 內地에서는 一齊히 實施되였다 벌서 內地全部의 觀察所長을 任命하고, 十一月 二十五, 六의 兩日 林司法大臣은 이 모든 觀察所長을 召集하여 여러 가지 具體的 實施方針

을 指令하였다. 더욱 保護司는 囑託까지 合하야 內地에만 六百五十名의 多數에 達하야 그 大部分이 各 府縣 特高課長 다니든 사람, 또는 共產黨檢擧에 從事하든 高等警察 方面의 警察官 出身이 多數 起用된 것으로, 이 人物布石을 中心으로 한 陣營을 바라볼 때 司法省과 內務省의 用意를 알 수 있다. 그런데 注目을 끄으는 것은 思想犯이 가장 많은「東京」에 對한 陣營으로서 거기에는, 大審院檢事로 保護所長을 삼고 特히 歷代 共產黨檢擧에 가장 敏腕을 날니든 警視廳 特高課長 毛利警視를 保護司로 任命한 것인데 이 毛利警視로 말하면 大正 十二年 五月 佐野學 等의 第一次 共產黨 事件을 檢擧하고, 三·一五事件과 四·一一事件도 同氏의 손으로 檢擧되었고, 昭和 五年의 田中淸玄 一派의「新生共產黨」의 武裝蜂起事件도 亦 同氏 손에 檢擧되었다. 지난 二·二六事件 卽後에는 또한 右翼的 勢力 取締에 나서서 많은 事件을 處理하였는데 特記할 것은 滿洲○○反對를 하려든 再建共產黨, ●海事件, 昭和 九年 秋 笹政之輔 等의 戰慄할린치 共產黨事件, 昭和 七年의 血盟團 五·一五事件, 昭和 八年의 神兵隊事件, 十年 十二月의 二見敏雄一派의 無政府共產黨檢擧 事件, 等 日本內地의 모든 左翼事件에 있어 氏의 손이 아니간 것이 없으리만치 그 方面에 有名한 분이다. 毛利氏는 다만 그 一例로서, 保護司 中에는 共產黨事件 檢擧에 多年 從事하든 警視級 人物이 多數히 配置되었다 한다.<16>

<15-16>

자료 57 「오늘 故 金在鳳氏 第二週朞 悼追會」, ≪조선인민보≫ 1946년 3월 30일자

「오늘 故 金在鳳氏 第二週朞 悼追會」

第一次 朝共責任秘書 故 槿田 金在鳳氏의 第二週기 追悼會는 在京同志들의 主催로 오는 三月 三十日 午後 七時 桂洞 一四0의 三號 二層에서 開催하게 되였는데 一般同志의 多數 參席을 기리고 있다.

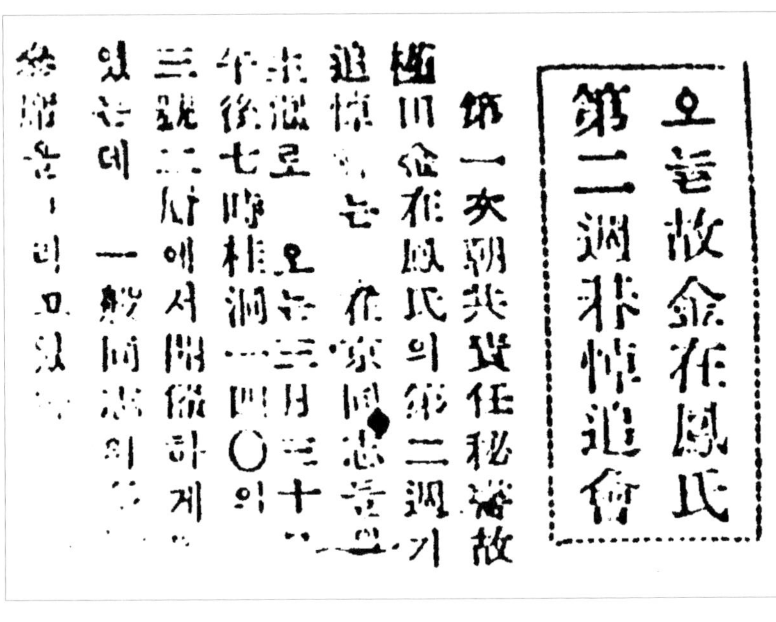
오늘 故金在鳳氏 第二週朞悼追會

第一次朝共責任秘書故槿田金在鳳氏의第二週기追悼會는在京同志들의主催로오는三月三十日午後七時桂洞一四〇의三號二層에서開催하게되엿는데一般同志의多數參席을기리고잇다

자료 58 「我黨 第一代 責任秘書 故 金在鳳同志 二週年 追悼式」, ≪해방일보≫ 1946년 4월 1일자

「我黨 第一代責任秘書 故 金在鳳同志 二週年 追悼記」

朝鮮에 있어서 最初의 共産主義者의 하나로서 海內 海外에서 共産黨 組織을 爲한 鬪爭에 努力하여 一九二五年 四月에 朝鮮共產黨이 創立되자 最初o 責任秘書로 推任되여 爾來 朝鮮民族解放과 無產階級의 利益을 爲하야 或은 監獄에서 或은 海外에서 勇敢하게 鬪爭하던 故 槿田 金在鳳 동무의 第二週年 忌日인 三月 三十日을 마지하야 우리 黨에서는 이날 午後 四時붙어 黨本部에 總秘書 朴憲永 동무를 비롯하야 百餘名 동무의 參集 下에 第二週年 記念祭를 嚴肅하게 擧行하였다. 먼저 李舟河 동무로붙어 우리의 偉大한 指導者 金在鳳 동무가 오날 生存하야 같이 싸호지 못함을 無限 슬어하는 同時에 우리는 金동무의 偉業을 繼承 發展식혀 우리 黨의 볼세비키化 大衆化를 通하야 朝鮮民族의 解放 無產階級의 解放을 完遂하야 金동무의 遺業을 成就하자는 開會辭가 있은 다음 黨中央委員會로붙어의 悲壯하고 鬪志에 찬(解放週報에 게재 豫定) 追悼文을 權五稷 동무가 朗讀하였으며 이여서 洪悳裕 동무의 個人追悼文 朗讀이 있은 다음 金在鳳 동무의 從叔되시는 金完燮氏로 붙어 切切한 追悼辭가 있었고 이여서 朴憲永 동무의 別項과 같은 敎訓에 찬 金在鳳 동무의 事業을 通하야 얻은 우리 黨의 볼세비키化를 爲한 貴重한 敎訓에 차인 追悼辭로써 午後 五時 半에 閉會하였다.

故 金在鳳 同志를 爲한 追悼辭(要旨) 朴憲永

동무들!

艱難한 時局을 當함에 우리들의 先輩에 對한 追慕의 情은 더욱 切切하지 안는가!

우리는 얻더한 團體이건 個人이건 歷史的 發展을 推進식히는 役割을 노는 것은 進步的이라고 規定하고 그와 反對로 歷史的 發展을 妨害하는 役割을 노는 것은 反動的이라고 規定한다. 金在鳳 동무는 朝鮮에 있어서 歷史的 發展을 힘있게 推進식히는 가장 進步的 黨의 最初의 指導者로서 그 동무가 한 朝鮮解放運動 線上의 役割을 볼 때에 우리는 金在鳳 동무를 進步的이라고 規定하며 朝鮮의 偉大한 指導者라고 할 수 있는 것이다.

우리는 우리의 이 偉大한 동무를 追悼함에 있어서 金在鳳 동무의 歷史的 役割을 높이 評價하는 同時에 이 追悼를 通하야 우리 黨 事業의 한 教訓을 차저내지 안으면 안된다. 一九二五 年前 朝鮮共產主義運動이 海外에서 發展하다가 朝鮮 안으로 드러와 海內運動으로 發展하게 되여 朝鮮共產黨이 一九二五年에 組織되게 된 것은 한개의 偉大한 進步이다. 그러나 이 黨은 完全한 共產黨이라고 할 수 없었다. 派的 傾向을 克服치 못하얏스며 오히려 派的 傾向에 克服當하였다. 우리 共產黨 안에는 社會的 背景이 黨內에 反映되는 것이다. 黨內에는 眞正한 勞働階級을 代表하는 볼세비키的 傾向이 있는 同時에 他階級의 영향을 反映하는 右傾的 左傾的 傾向이 있는 것이다. 그럼으로 우리 黨의 볼세비키化를 爲하야는 올은 볼세비키的 原則을 내세우고 黨內 思想鬪爭을 適當한 時期에 强力히 展開해야 한다. 그런대 二九年 以前의 黨은 이러한 올은 原則을 내세우고 올치 못한 派的 傾向과 鬪爭하지 못하였다. 도리혀 올치 못한 派的 傾向에서 克服當하였다. 오날 우리 黨은 黨이 再建된지 五.六 箇月 동한 올은 原則을 내세우고 原則을 中心으로 싸우고 있고 또 싸워야 한다.

둘재로 黨의 規律問題에 있어서 二九年 以前의 黨은 黨의 規律을 잘 직히

지 못하였다. 卽 鋼鐵같은 볼세비키의 規律이 없섯다. 얻더한 組織에 있어서도 이 規律은 그 組織의 生命이다. 軍隊에 있어서 嚴格한 軍律이 있는 것과 같이 우리 黨에는 鋼鐵과 같은 볼세비키의 規律이 必要하다. 아랫 機關은 윗 機關에 少數는 多數決에 絶對 服從해야 한다. 思想과 理論의 統一 强力한 意志와 行動의 統一이 있어야 한다. 그러나 二九年 前의 黨은 이러한 鋼鐵과 같은 規律이 없었든 것이다. 우리는 오날의 追悼式을 通하야 過去 黨의 이러한 缺點을 教訓삼어 우리 黨의 眞實한 볼세비키化를 爲하야 싸우자. 우리 黨은 오날 親日派 民族叛逆者와 팟쇼勢力을 對抗하야 朝鮮의 참되 民主主義的 建設을 爲한 重大한 使命이 노여있다. 이 使命을 完遂하자면 黨內의 完全한 思想的 行動的 統一이 필요하다. 完全한 結束이 絶對 要請된다. 黨內 結束을 부시고 黨의 規律을 破壞하는 것은 客觀的으로는 敵에게 利益을 주는 것이다. 우리 黨은 黨內의 달은 黨보다는 偉大하다. 이것은 敵도 承認하는 바이다. 그러나 偉大한 쏘聯 中國 等의 兄弟黨에 比하면 아직 어리고 弱하다. 그런 兄弟黨의 經驗 가운데서 만이 배워서 偉大한 黨으로 만들자!

各國에 있어서 共產黨은 그 國內에 있어서 指導的 役割을 놀고 잇다. 우리 黨도 朝鮮에 있서서 指導的役割을 놀 것을 一般大衆은 알고 또 期待하고 있으며 ●서 指導役割을 놀기 始作하엿다. 그러나 以上 말한 두 가지 條件을 克服해야 한다. 우리 黨員들은 모다 共產黨員이라는 높은 志操를 가지고 自己犧牲的으로 民衆 사이에 活動하야 人民의 政府竪立의 先頭에서 싸우지 안으면 안된다. 그리하야 우리 黨이 참으로 人民의 支持를 밧는 黨, 人民에게서 사랑밧는 黨이 되지 안으면 안된다. 동무들! 우리의 金在鳳 동무의 追悼式을 通하야 이러한 새로운 決心을 갖이고 우리는 前進하자!

故 槿田 金在鳳 동무의 略歷

동무는 一千八百九十年 四月에 儒生 金文燮 氏의 長男으로 慶尙北道 安東郡 豊山面 五美洞에서 出生하야 七歲에 그의 再從祖인 雲齋公門下에서 漢學을 受業하야 造詣가 優秀하였으며 十九歲에 大邱啓聖學校를 卒業한 後 京

城工業傳習所를 卒業하고 家庭에서 農業에 從事하는 一方新舊學術을 混習하였었다.

동무의 性質이 渾厚仁慈하면서도 어릴 때부터 忍耐力이 强하야 무슨 일이던지 한번 먹은 마음은 언제든지 변치 않는 것이 그의 特性이였었다.

家計는 大農이라 할 만한 遺傳世業이 있었으나 大勢에 따라 漸漸 零零함으로 左右로부터 就職을 勸告하였으며 그의 父親을 爲始하야 一般 家族들도 돈버리하기를 希望하였으나 恒常 努力만 드리면 굼지는 않는다 하야 婉曲히 拒絶하였었다.

一九一九年 三一運動이 이러나매 鄕里農民을 指導하야 이 反日帝運動을 이르켰다. 그리하야 日本警察이 逮捕하려 하였음으로 京鄕 各處로 亡命을 하면서 同志를 糾合하야 潛行的 反帝運動을 繼續하다가 드듸여 敵의 손에 檢擧되여 六 個月의 投獄生活을 하엿다.

出獄 後 一九二二年에 上海 滿洲를 經由하야 모스크바에 開催遠東民族大會에 參加하였고, 露領 일구쓰끄에서 開催되는 革命者大會에 參加하고 因하야 그 地方에 있서 共產黨에 加入하야 黨일에 온밧쳤으니 이것이 동무의 ●●한 民族主義로붙어 共產主義者로 轉換한 始初였으며 實로 동무는 朝鮮人으로 共產主義者가 된 最初의 一人이였었다. 때는 맛침 第三國際黨에서 尼市派와 上海派는 一國一黨의 原則 下에서 統一組織하라는 指令 下에서 兩派聯合幹部를 指定하야 合同再組織을 準備하였음으로 이 合同工作에 全力을 다하였으나 結局은 尼市는 尼市대로 上海는 上海대로 各各 組織되여 이 分立組織된 尼市派의 中央幹部의 一人으로 選任되였고 그 後 兩派는 結局 解散케 되며 同志들과 갓치 朝鮮內地에 潛入하야 黨組織에 全力하야 新思想硏究會 火曜會에서 表面運動을 하였고 裡面으로 黨內 地部에서 活躍하다가 被檢되여 다시 영어 生活을 하였다.

其後 一九二五年 四月 十七日 雅敍園에서 朝鮮共產黨을 組織하고 責任秘書로 地下工作을 猛烈히 展開하다가 一九二五年 十二月에 畢竟은 倭敵의

毒手에 걸려 無數한 苦楚를 當한 後 六년 懲役을 맛치고 僅僅 出獄한 後 倭警의 公然한 監視와 暗中尾行이 嚴酷함에도 不拘하고 生活打開라는 表面裝飾 下에서 勞働者 農民層에 꾸준히 革命的 敎養事業을 繼續하였다. 그러나 獄中에서 원체 極度로 衰弱한 健康을 恢復할 길이 없어 一九四四年 오날 드듸여 不幸하게도 千秋의 遺恨을 품고 五十四年을 一期로 하야 이 世上을 떠낫스니 오날은 곳 동무의 別世한 二週年 祭日이다.

我黨第一代責任秘書
故金在鳳同志二週年追悼式
總本部에서 嚴肅히 擧行하다

동무들!
艱難한 時局을 當한에 우리들의
先驅에 對한 追慕의 情은 더욱
切하지 안는가!

자료 59 「朝共・荊棘의 길 二十一年」, ≪조선인민보≫ 1946년 4월 17일자

「朝共・荊棘의 길 二十一年」

一九二五年 四月 十七日 지금으로부터 廿一年前의 이달 이날은 우리 民族解放의 前衛部隊인 朝鮮共產黨이 創建된 날이다.

惡毒한 日帝의 탄壓 아래의 廿一年이란 길고도 길었다. 强盜 日本의 合併의 魔手가 뻗인지 十五年 三・一運動의 苦杯를 맛본지 六年 當時 滔滔히 흘으는 世界史的 潮流에 발마추어 가장 愛國的이오 革命的인 前衛鬪士들로서 맺어진 朝鮮共產黨의 형극의 길은 이날부터 시작된 것이다.

이제 解放의 白光에 쌓인 合法的 舞臺에서 南朝鮮에 있어서만 이미 三萬餘名의 黨員을 擁하고 民族의 陳頭에서 正堂正堂한 致戰을 開始하게 된 오늘날 同黨의 榮光 그어듸다 비길것인가. 憲義깊은 同黨 創立 廿一周年記念日을 마지하야 當時 黨創立의 中心人物로서 神出鬼沒의 活躍을 하고 同黨이 再起된 오늘날에 있어서도 第一線 鬪士로 그 일흠을 떨치는 분들의 回顧談을 肝銘하야 앞날의 指針을 삼기로 하자.

長安 복판에 뜻깊은 擧事 黨創立式에 參席한 洪德裕氏 談

一九二五年 四月 十七日 서울 雅叙園에서 朝鮮最初의 革命政黨인 朝鮮共產黨創立 當時 出席하였든 한 사람인 洪德裕氏는 感慨無量의 回顧談을 往訪한 記者에게 다음과 같이 말하며 끌일줄을 몰랐다.

二十一年前일입니다. 그때 일을 생각하면 이 늙은 몸에 熱血이 끓어오르는듯합니다. 지금 半島호텔 옆에 있는 雅叙園에 各道 黨代表들이 極秘密裡에 參集하여 歷史的인 朝鮮共產黨 第一次 大會가 열리였든 것입니다. 오늘날을

當하야 그 大會에 參加하고 이미 世上을 떠난 金在鳳 朱鍾健 陳秉基 세 동무를 생각하면 강개함을 禁할 수 없습니다.【寫眞 洪德裕氏】그때 그 大會에 參集한 사람은 一生을 朝鮮民獨立解放運動에 바치겠다는 强鐵같은 意志의 革命家들이였습니다. 그 大會가 서울서 開催하게 된 것은 金在鳳 朴憲永 동무들의 피눈물나는 努力과 犧牲的 鬪爭의 結晶입니다. 表面으로는 四月 十五 十六 兩日에 全朝鮮記者大會을 召集하고 記者大會를 利用하여 地方黨員을 上京케하고 四月 十九日에는 全朝鮮民衆運動者大會를 開催한다하야 警察의 血眼을 以上兩大會에 總集中시킨 다음 豫定하였든 四月 十七日에는 前記 記者大會로 하여금 東大門外 賞春園에 花遊會을 開催케하여 長安 全 警察의 神徑을 賞春園으로 總集中시키고 그틈을 타서 우리는 黨 第一次 大會을 白晝에 長安 복판 雅叙園에서 열었든 것입니다. 日警의 壓迫과 監視가 혹甚하였든이만치 우리의 技術工作赤 血淚의 努力이 必要하였고 따라서 그 工作을 우리는 언제나 자랑거리로 생각하고 있습니다.

朝共·荊棘의 길 二十一年

長安복판에 뜻깊은 擧事

黨創立式에 參席한 洪德裕氏談

一九二五年四月十七日 지금으로부터 卄一年前의 이날이 낳은 우리民族解放의 前衛部隊인 朝鮮共産黨이 創建된 날이다 [illegible]한 日帝의 彈壓아래 卄一年이란 길고도 긴 었다 强盜日本이 合倂의 陰謀가 편인지 十六年 三·一運動의 苦杯는 맛본지 六年 當時澗々히 흘으는 世界史的潮流에 만마주어 가장 愛國的이오 革命的인 前衛鬪士들로서 뭉어진 朝鮮共産黨의 첫극이 진은 이날부터 시작된 것이다

이제 解放의 白光에 쌓인 合法的 舞台에서 南朝鮮에있어서만 이미 三萬餘名의 黨員을 擁하고 民族의 陣頭에서 正黨正當한 政戰을 開始하게된 오늘날 同黨의 榮光도 이되나 비길것인가 意義깊은 同黨創立卄一周年記念日을 마지하야 當時黨創立의 中心人物로서 神出鬼沒의 活躍을하고 同黨이 再建은 오늘날에 있어서도 鐵한 一線鬪士로 그 인흠을 떨치는 분들의 回顧談을 버銘하야 앞날의 指針을 삼기로하자

一九二五年四月十七日 서울 雅敍園에서 朝鮮最初의 革命政黨인 朝鮮共産黨創立當時 出席하였든 한사람인 洪德裕氏는 感慨無量의 回顧談을 往訪한記者에게 다음과같이 말하며 [illegible]다

二十一年前인입니다 그때일을생각하면 이늙은몸에 熱血이끓어오르는듯합니다 지금中島호텔에있는 雅敍園에 各道黨代表들이 極秘密裡에 參集하여 歷史的인 朝鮮共産黨第一次大會가 열리였든것입니다 오늘날을當하야 그大會에參加하고 이미 世上을 떠난 金在鳳 朱鍾健 陳秉基 제동무를생각하면 감개함을 禁할수없읍니다 【寫眞洪德裕氏】

그때 그大會에參集한 사람은 一生을朝鮮民族解放運動에 바치겠다는 鋼鐵같은 意志의 革命家들이였읍니다 그大會가 서울서 開催하게된것은 金在鳳, 朴憲永 동무들의 피는물나는 努力과 犧牲的鬪爭의 結晶입니다 表面으로는 四月十五 十六兩日에 全朝鮮記者大會를 召集하고 記者大會를 利用하여 "地方黨員"을 上京케하고 四月十九日에는 全朝鮮民衆運動者大會를 開催하다하야 警察의 血眼을 以上兩大會에 集中시킨다음 [illegible] 四月十七日에는 [illegible] 記者大會로 하어금 [illegible] 大門外 [illegible] 花[illegible] 長安[illegible] [illegible] 中시키고 그곳으로 [illegible] 組織中시키고 우리는 黨第一次大會를 內[illegible]에 長安복판 雅敍園에서 열었든것입니다 [illegible] 日停의 眼目과 監視를 가[illegible]할수 있었든 이만치 [illegible]의 技術工作亦 血淚의 努力이 必要하였고 따라서 工作은 우리는 어제나 자만거리로 생각하고 있읍니다

자료 60 「金在鳳 同志」, ≪해방일보≫ 1946년 4월 17일자

「金在鳳 同志」

一千八百九十年 儒生 金文燮氏의 長男으로 慶北 安東郡 豊山面 五美洞에서 出生하였다. 七歲時 再從叔인 雲齊公 門下에서 漢字를 배우고 十九歲에 大邱 啓聖學校를 卒業하고 이어 京城工業傳習所를 卒業한 後 歸省하야 農事에 從事하는 一方 新舊學術을 演習하였다.

一九一九年 三一運動이 展開되자 農民을 指導하야 鬪爭을 展開하였으며 惡毒한 日警의 追迹을 避하야 京鄕各處로 亡命生活을 하여가면서 꾸준히 反帝運動을 繼續하다가 檢擧을 當하고 六個月間의 獄中生活을 하였다. 出獄한 後 一九二二年 上海 滿洲를 거쳐 모스크바에서 開催되였든 遠東民族大會에 參加하고 다음 露領 『일크쓰크』에서 開催된 革命者大會에 參席한 後 그곳 共産黨에 入黨하야 活動하였다. 이것이 金在鳳同志가 民族主義로부터 共産主義에 悛換한 것이니 實로 朝鮮人으로서 共産主義者가 된 最初의 一人이였다. 尼市派와 上海派의 合同에 全力을 다하였으나 成功을 보지 못하고 尼市派의 中央幹部로 選任되여 表面으로는 新思想硏究會 火曜會에서 活動하면서 裏面에서는 尼市派의 黨●로서 奪鬪하였다.

一九二二年 四月 十七日 雅叙園에서 우리 黨이 組織되자 責任秘書로 被選되여 一九二五年 十二月 被檢될 때까지 우리 黨 發展을 爲하야 活動을 展開하였다. 六年間의 投獄生活을 마치고 倭敵의 監視下에 一般民衆의 革命的 敎養事業에 努力하다가 一九四四年 三月 三日(음력; 편집자) 享年 五十四歲를 一期로 不歸의 客이 되였다.

조선공산당 초대 책임비서, 김재봉(1891-1944)

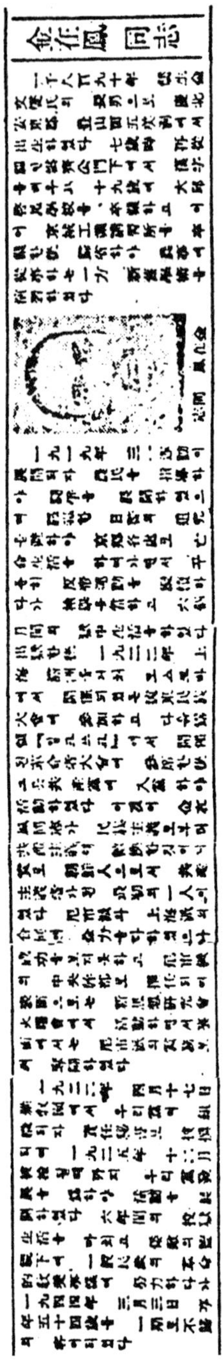

Ⅳ. 증명서 · 수형카드

극동인민대표회의 조선노동대회 대표「위임장」, 1921년

조사표

조선공산당창립 총회의록 및 증명서(조동호)와 위임장(조봉암)

「수형카드」, 서대문형무소

자료 1 극동인민대표회의 조선노동대회 대표「위임장」, 1921년

「委任狀」第拾參號

本會 會員 金在鳳을 代表로 選定ᄒᆞ야 本年 拾壹月 拾壹日 露西亞 일쑤스크에서 開催하난 東洋民族革命團体代表會에 出席하난 一切 權限ᄒᆞ 委任함.

一九二一年 拾月 二十四日

朝鮮勞働大會

會長 文 鐸

書記 洪聖玉

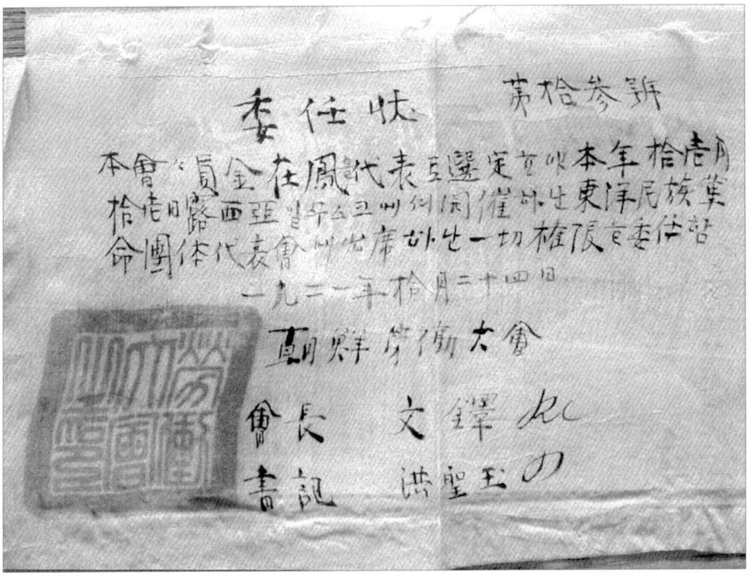

자료 2 조사표

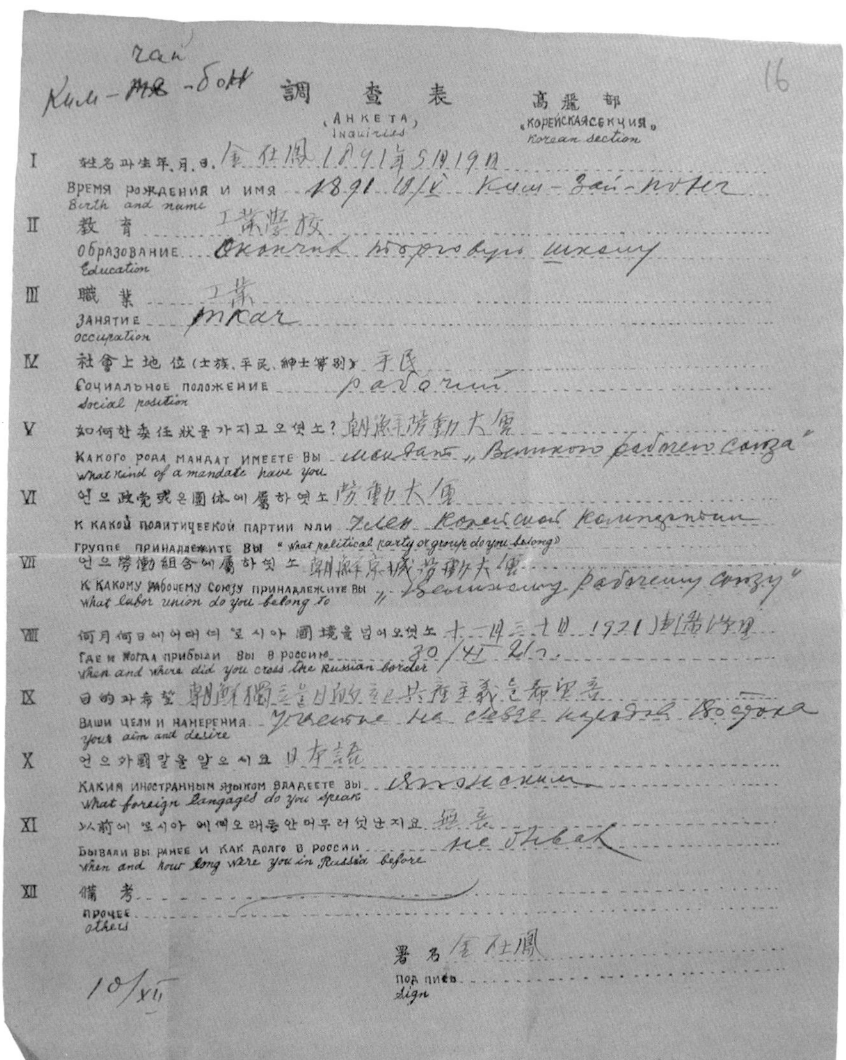
調查表 (АНКЕТА) Inquiries

高麗部 «КОРЕЙСКАЯ СЕКЦИЯ» Korean section

I 姓名과生年,月,日.	金在鳳 1891年5月19日
ВРЕМЯ РОЖДЕНИЯ И ИМЯ
Birth and name

II 教育
ОБРАЗОВАНИЕ
Education

III 職業
ЗАНЯТИЕ
occupation

IV 社會上地位(士族、平民、紳士等別)
СОЦИАЛЬНОЕ ПОЛОЖЕНИЕ
social position

V 如何한委任狀을가지고오셧소?
КАКОГО РОДА МАНДАТ ИМЕЕТЕ ВЫ
what kind of a mandate have you

VI 언으政党或은團体에屬하엿소
К КАКОЙ ПОЛИТИЧЕСКОЙ ПАРТИИ ИЛИ ГРУППЕ ПРИНАДЛЕЖИТЕ ВЫ "what political party or group do you belong"

VII 언으勞働組合에屬하엿소
К КАКОМУ РАБОЧЕМУ СОЮЗУ ПРИНАДЛЕЖИТЕ ВЫ
what labor union do you belong to

VIII 何月何日에어대서로시아國境을넘어오셧소
ГДЕ И КОГДА ПРИБЫЛИ ВЫ В РОССИЮ
when and where did you cross the Russian border

IX 目的과希望
ВАШИ ЦЕЛИ И НАМЕРЕНИЯ
your aim and desire

X 언으外國말을알으시요
КАКИМ ИНОСТРАННЫМ ЯЗЫКОМ ВЛАДЕЕТЕ ВЫ
what foreign langages do you speak

XI 以前에로시아에何오래동안머무러섯난지요
БЫВАЛИ ВЫ РАНЕЕ И КАК ДОЛГО В РОССИИ
when and how long were you in Russia before

XII 備考
ПРОЧЕЕ
others

署名 金在鳳
ПОДПИСЬ
sign

자료 3 조선공산당창립 총회의록 및 증명서(조동호)와 위임장(조봉암)

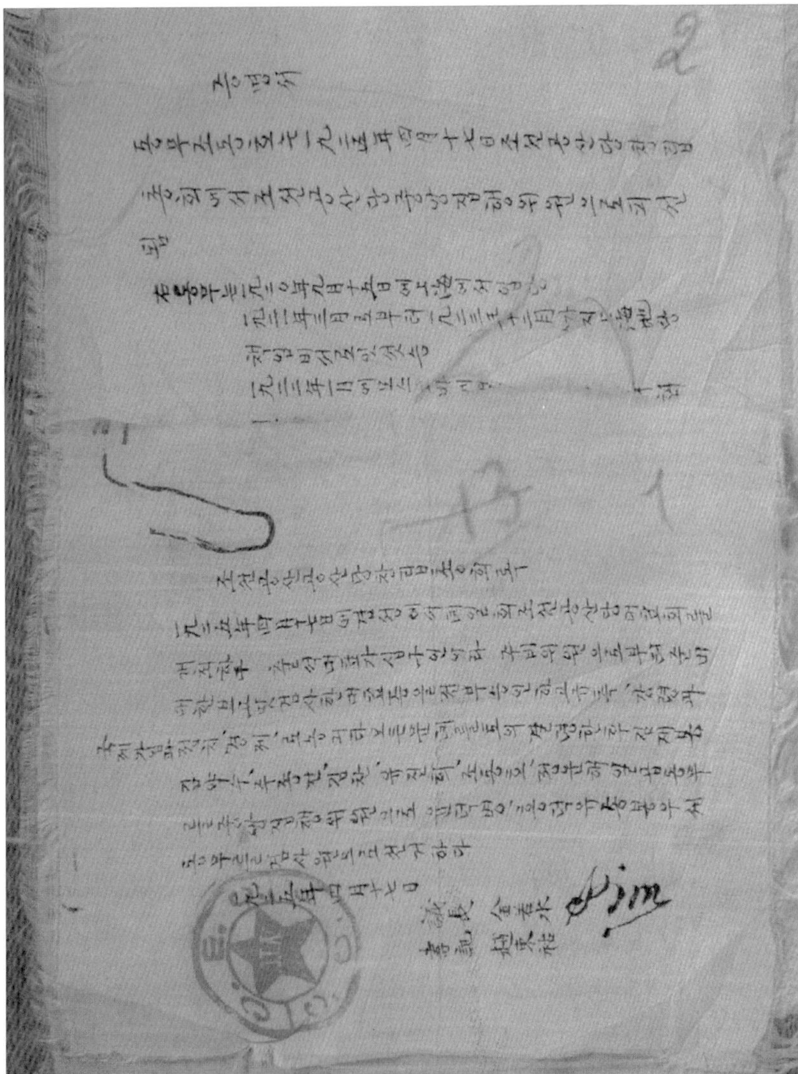

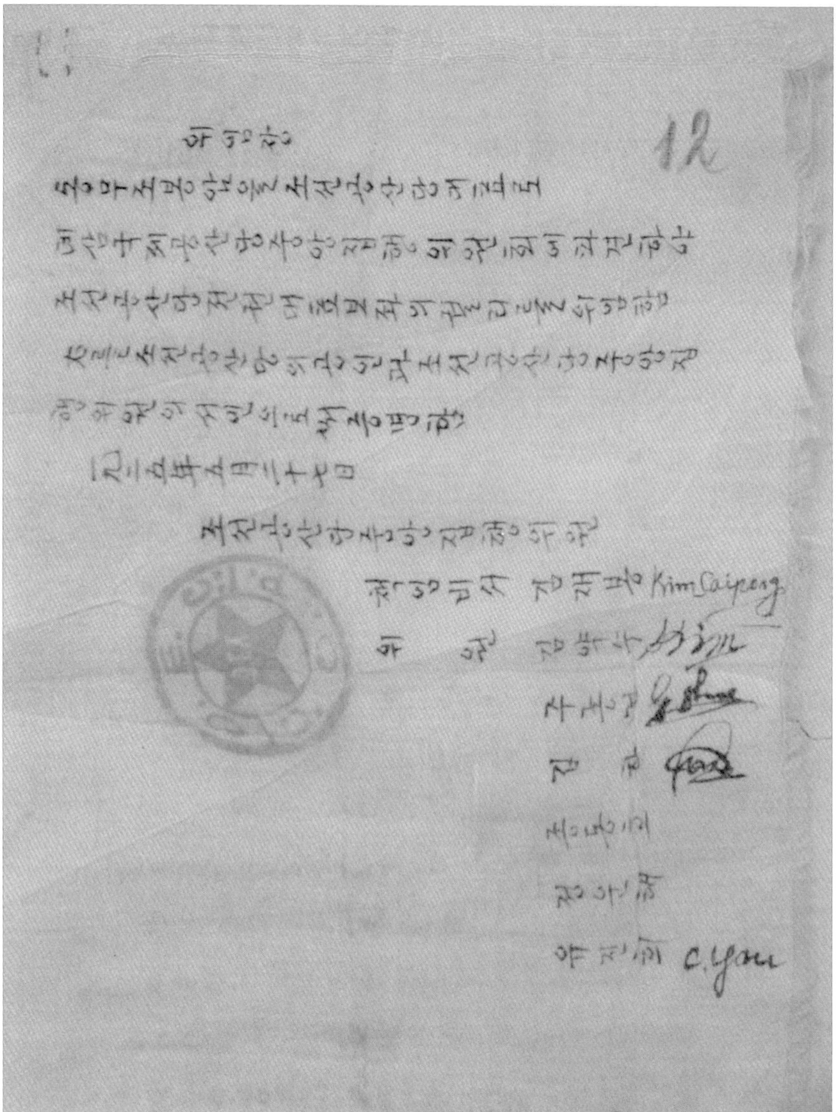
12
Kim Saipeng
C. You

자료 4 「수형카드」, 서대문형무소

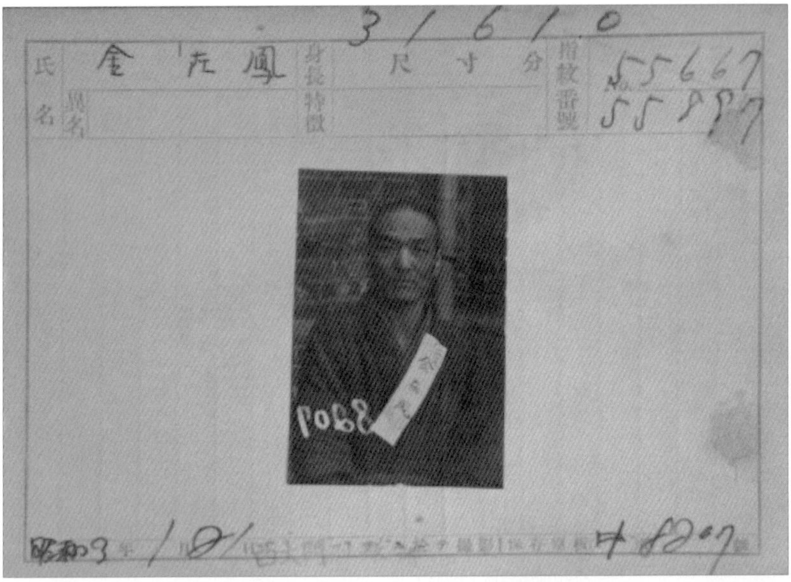

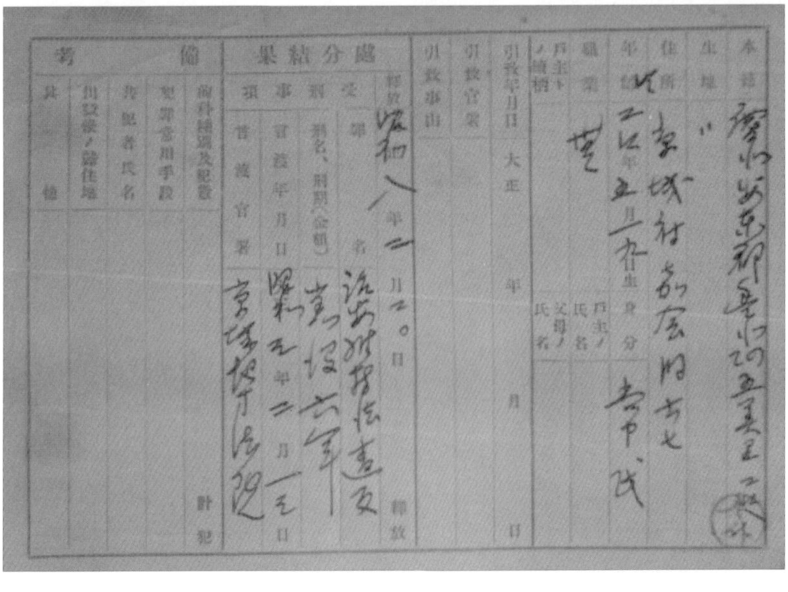

V. 서간문

1. 옥중엽서

「慶北 安東郡 豊北面 五美洞(醴泉郵區內) 金在河君, 新義州刑務所內 舍兄 金在鳳」, 1926년 4월 29일자

「慶北 安東郡 豊北面 五美洞 金在鳳氏 本第入納, 京城府 樂園洞 一九五 李卿芳」, 1926년 4월 29일자

「慶北 安東郡 豊北面 五美洞 金在鴻君, 新義州刑務所 舍兄 金在鳳」, 1926년 5월 7일자

「慶北 安東郡 豊北面 五美洞(醴泉郵區) 金在鴻君, 新義州刑務所 金在鳳」, 1926년 5월 28일자

「慶北 安東郡 豊北面 五美洞(醴泉郵區) 金在鴻 親展, 新義州刑務所 金在鳳」, 1926년 6월 6일자

「慶北 安東郡 豊北面 五美洞 金在鴻君, 新義州刑務所 金在鳳」, 1926년 6월 9일자

「慶北 安東郡 豊北面 五美洞 金在鴻君, 京 刑務所 舍兄 金在鳳」, 1926년 7월 28일자

「慶北 安東郡 豊北面 五美洞 金在鴻君, 西大門刑務所 舍兄 金在鳳」, 1926년 8월 27일자

「慶北 安東郡 豊北面 五美洞 金在鴻君, 西大門刑務所內 舍兄 金在鳳」, 1926년 10월 15일자

「慶北 醴泉區內 豊北面 五美洞 金在河君, 京 西大門刑務所 監房 舍兄 金在鳳」, 1926년 11월 19일자

「慶北 安東郡 豊北面 五美洞 金在鴻君, 西大門刑務所 拘置監 金在鳳」, 1926년

「慶北 安東郡 豊北面 五美洞 金在鴻君, 京 西大門刑務所 拘置監 金在鳳」, 1927년 1월 6일자

「慶北 安東郡 豊北面 五美洞 金在鴻君, 京 西大門刑務所 未決監 金在鳳」, 1927년 3월 8일자

「慶北 安東郡 豊北面 五美洞(醴郵區內) 金在鴻君, 京 西大門刑務所 拘置監 金在鳳」, 1927년 4월 12일자

「慶北 安東郡 豊北面 五美洞 金在鴻君, 京 西大門刑務所 未決 金在鳳」, 1927년 5월 9일자

「慶北 安東郡 豊北面 五美洞 金在河君, 京 西大門刑務所 未決監 舍兄 金在鳳」, 1927년 6월 4일자

「慶北 安東郡 豊北面 五美洞 金在河君, 京 西大門刑務所 未決 金在鳳」, 1927년 7월 23일자

「慶北 安東郡 豊北面 五美洞 金在河君, 京 西大門刑務所 未決 舍兄 金在鳳」, 1927년 8월 12일자

「慶北 安東郡 豊北面 五美洞 金在河君, 京 西大門刑務所 舍兄 金在鳳」, 1927년 9월 24일자

「慶北 安東郡 豊北面 五美洞(醴泉郵區內) 金在河君, 京 西大門刑務所 舍兄 金在鳳」, 1927년 10월 31일자

「慶北 安東郡 豊北面 五美洞(醴泉區內) 金在河君, 京 西大門刑務所 在監 舍兄 金在鳳」, 1927년 12월 12일자

「慶北 安東郡 豊北面 五美洞 醴泉郵區內 金在河君, 京城 峴底洞 百一番地 金在鳳」, (1927년?) 12월 23일자

「慶北 安東郡 豊北面 五美洞 金在河君, 京 西大門刑務所內 舍兄 金在鳳」, 1928년 1월 20일자

「慶北 安東郡 豊北面 五美洞 醴泉郵區內 金在鴻君, 京城府 峴底洞 百一番地 舍兄 金在鳳」, 1929년 4월 29일자

「慶北 安東郡 豊北面 五美洞(醴泉區內) 金在鴻君, 京城府 峴底洞 101 舍兄 金在鳳」, 1929년 6월 16일자

「慶北 安東郡 豊北面 五美洞 金在鴻君, 京城府 峴底洞 101 舍兄 金在鳳」, 1929년 8월 16일자

「日本 東京府 下龜戶 七-一三五 伊藤官太郎方 留 金鍊 郎展, 朝鮮 京城府 峴底洞 101 父 金在鳳」, 1929년 10월 21일자

「慶北 安東郡 豊北面 五美洞 金在鴻君, 京城府 峴底洞 101 舍兄 金在鳳」, 1929년 12월 24일자

「慶北 安東郡 豊北面 五美洞 金在鴻君, 京城府 峴底洞 101 舍兄 金在鳳」, 1930년 6월 19일자

「慶北 安東郡 豊北面 五美洞 金在鴻君, 京城府 峴底洞 101 舍兄 金在鳳」, 1930년 10월 15일자

「慶北 安東郡 豊北面 五美洞 金在鴻君, 京城府 峴底洞 101 舍兄 金在鳳」, (1930년?) 12월 20일자

「慶北 安東郡 豊北面 五美洞 金在鴻君, 京城府 峴底洞 101 舍兄 金在鳳」, (1931년?) 2월 16일자

「慶北 安東郡 豊北面 五美洞 金在鴻君, 京城府 峴底洞 101 舍兄 金在鳳」, 1931년(소인 4월 28일자)

「慶北 安東郡 豊北面 五美洞 金在鴻君, 京城府 峴底洞 101 舍兄 金在鳳」, 1931년 6월 19일자

「慶北 安東郡 豊北面 五美洞 金在鴻君, 京城府 峴底洞 101 舍兄 金在鳳」, 1931년 8월 20일자

「京城 西大門刑務所 金在鳳君, 聞慶 身北面 葛平 鄭絅欽」, 년도미상 음력 윤달 25일자

2. 수신엽서

「朝鮮 京城府安 西大門刑務所內 金在鳳 樣」, 1927년 10월 19일자
「朝鮮 京城府安 西大門刑務所 金在鳳 先生」, 1927년 12월
「西大門刑務所 金在鳳氏」, 1928년 1월 1일자
「安東郡 豊北面 五美洞 金在鳳君, 才山留 春燮」, 1931년 음력 10월 14일자
「慶北 安東邑內 五美洞 豊北 金在鳳兄, 京城 寬勳洞 廿一日 宋弟」, 1931년 12월 21일자
「慶北 安東郡 豊北面 五美洞 金在鳳氏」, 1931년 12월 8일자
「慶北 安東郡 豊北面 五美洞 金在鳳氏」, 1931년 12월 17일자

3. 간찰

「外舅主前 疏上」, 1912년 3월 14일자
「外舅主前 上答書」, 1914년 2월 12일자
「聘祖主前 上候疏」, 1916년 4월 11일자
「尙州郡 尙州面 草山里 鄭在鑲 哀座前, 安東郡 安東邑 西部洞 十四番 權丙喆方 金在鳳」, 1918년 12월 25일자
「慶北 安東郡 豊北面 五美洞 醴泉區內 金在鳳 本第入納, 京城府 松峴洞 十三番 權勢錫方 留子 上平書」, 1919년 9월 12일자
「慶北 安東郡 豊北面 五美洞 醴泉區內 金在鳳 本第入納, 京 西大門界 滿洲日報京城支社 留子 上平書」, 1921년 8월 3일자
「慶北 醴泉郵區 豊北 五美洞 金在鳳 本第入納, 京城 孝子洞 一七一 金芝秀方 留子 上平書 陰八月 初九日付上」, 1924년 8월 9일자
「安東郡 豊北面 五美洞 醴泉郵局 金在鳳 本第入納, 京城府 孝子洞 一七一 金芝秀方 留子 上平書 九月 十九日 付上」, 1924년 8월 21일 · 9월 25일자
「外舅主前 上答書」, 1925년 3월 7일자
「安東郡 豊北面 五美洞(醴泉區內) 金在鳳 本第入納, 京 臥龍洞 三八-二 黃苾周方 留子 上平書」, 1925년 4월 15일 · 29일자

「慶北 安東郡 豊北面 五美洞 醴泉郵區內 金在鳳 本第入納, 京 嘉會洞 六七 黃苾周方 留子 上平書 陰八月十三日」, 1925년 8월 13일자

「安東郡 豊北面 五美洞(醴泉區內) 金在鳳 本第入納, 京 嘉會洞 六七 黃苾周方 留子 上平書」, 1925년 9월 22일자, 년도미상 8월 13일 · 8월 그믐날

「송봉우 편지」, 1931년 4월 7일자

「慶北 安東郡 豊山面 五美洞 金在鳳 孝廬入納, 京城 勸農洞 一四0 蔡箕錫方 趙東祜」, 1931년 12월 3일 · 년도미상 12월 그믐날

「서신」, 년도미상 4월 19일자

조선기자대회준비회 편지봉투, 1925년?

4. 전보

경북 안동 권승렬, 1924년 5월 17일자

경성 종로 삼 명현모, 1924년 5월 17일자

풍긔 김의재, 1924년 5월 17일자

강원 화천 핀재, 1924년 5월 18일자

경성 아현 경박, 1924년 5월 18일자

황회 신천 염창열, 1924년 5월 19일자

황회 신천 리명환, 1924년 5월 19일자

경성 종로 이 박낙종, 1924년 5월 20일자

영산포 홍덕유, 1924년 5월 21일자

안동군 오미동 김직봉 殿, 1931년 12월 8일자

五美洞 김재봉 殿, 1931년 12월 19일자

자료 1 「慶北 安東郡 豊北面 五美洞(醴泉郵區內) 金在河君, 新義州刑務所內 舍兄 金在鳳」, 1926년 4월 29일자

1-1

慶北 安東郡 豊北面 五美洞(醴泉郵區內)
金在河 君
新義州 刑務所內
舍兄 金在鳳

1) 너들의 여러 叔侄이 준 편지는 바다
2) 보앗다 그리고 累日된다
3) 父主外內分 筋力이 大添 업사다 하니 遠外
4) 伏幸은 그지업다 그러나 일향 너들의 書
5) 信은 昭詳치 못하다 天眞이 爛漫한 鋌
6) 皃의 편지가 가장 昭詳하다 어마님은 늘
7) 微寧[1]하시다 하엿다 나의 斟酌에 틀리지 안
8) 는다 아마 이 無狀한 나로서 添損을 더하
9) 시는 듯 焦悶은 엇지 다 말하랴 아모조록 安
10) 心하시라고 엿주어라 君은 날로 蘇快하여 간
11) 다니 또한 慶幸이다 그리고 아히들 面〃이 無頉
12) 하며 渾率이 無故하며 大小家가 無故한가 在

1) 미녕 : 안녕하시지 못함. '欠寧'으로도 쓴다.

13) 元니는 아즉도 池後에 寓居하야 잇나? 周〃願
14) 聞[2]일다 나는 늘 그 모양 지내온다 이만 하야도 幸
15) 이라 할 박게 업다 이 사람아 婚姻大事 그런 것
16) 도 무러도 趁時[3] 알여 주지 안엇나 이런 것을 미
17) 루어 너들의 無心함을 推想할 수 잇다 그리고
18) 그전 편지에도 累差付託하엿지만은 餘暇를
19) 차저 常識準備에 힘을 쓰고 그대의 여러 叔侄이
20) 집에서 副業을 힘써라 家畜 그런 것을 아모
21) 쪼록 專혀 힘써라 이러지 안코는 안 된다 이만
22) 큼은 너들도 알만치 철이든 줄 안다 내가
23) 밋는다 非聽하지 말고 實行하여라 洋服과 안
24) 경은 둔 곳이 잇스니 걱정 마러라 옷은 겹周衣
25) 를 아즉 부치지 안엇거든 홋두루막을 부쳐
26) 라 두루막가튼 것은 豫審廷에 갈 때나 입을 뿐
27) 이다 편지에 番號 업서도 關係업다 편지는
28) 오는 대로 너허 준다 同氣 또는 子息의 書信을 아니

1-2

29) 줄가바 걱정하지 마러라 親舊의 安否書信도
30) 遺漏업시 바더본다 그리고 나는 편지 쓰고 십흐면 곳
31) 스게 되는 것이 아니라 次例와 期間도 잇다 鋋이가 나를
32) 언제 오는가 무럿다 또는 答을 긔다린다 하엿다 나도 내
33) 가 언제 나가서 부모를 뵙고 너들의 낫흘 볼는지

2) 주주원문 : 두루 두루 듣기를 원함.
3) 진시 : 때에 맞추어서.

34) 나도 아즉 모르고 잇다 겹옷은 서울서도 한 벌이 올

35) 듯하다 이만 그친다 힘이 자라거든 돈 拾円만 되도

36) 록 速히 부처 줄 수 업나? 더욱히 近頃에는 어려울

37) 것 갓다만은 힘써 보아라

四月 二十九日 舍兄 平信

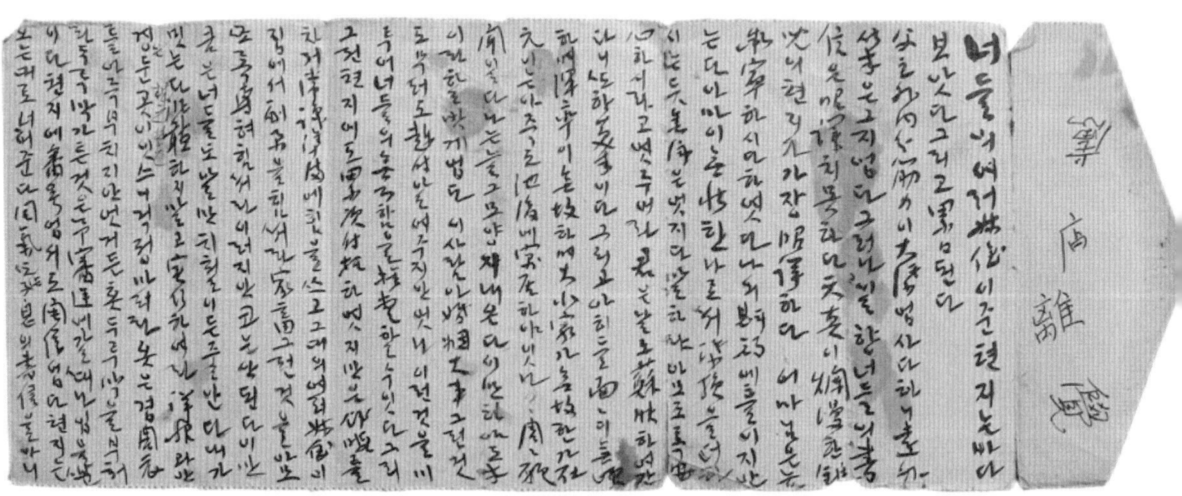

자료 2 「慶北 安東郡 豊北面 五美洞 金在鳳氏 本第入納, 京城府 樂園洞 一九五 李卿芳」, 1926년 4월 29일자

2-1

慶北 安東郡 豊北面 五美洞
金在鳳氏 本第入納
京城府 樂園洞 一九五
李卿芳

1) 오릐 문안 모로와 죄송
2) 홉니다 그간
3) 긔쳬 안녕ᄒᆞ시고
4) 양당 긔쳬후 일향 만안ᄒᆞ
5) 옵시며 뒥닉가 균안ᄒᆞ옵신
6) 지 알고자 ᄒᆞ오며 이 사람은
7) 별고 업시 지닉옵고 감옥
8) 쇼식도 죵〃 듯사오니 그
9) 리 아시옵쇼셔 닉려 가신 후
10) 편지ᄒᆞ신 것을 답장을 못ᄒᆞ
11) 야 미안홉니다 그런듸 감옥
12) 에 ᄒᆞ로 한 씨식 ᄎᆞ입을 이 사람
13) 이 ᄒᆞ야 왓는데 지금에 와셔는

14) 이 사람도 형편이 엇지 홀 슈 업
14) ᄉ온 즁 四月分食價 十円五十錢
15) 을 닉일 형편 못 되옵고 그곳에셔
16) 독촉이 심홀 ᄲᅳᆫ 안이라 五月부터
17) 는 現金이 안이면 차입을 中止ᄒᆞᆯ깃
18) 다 ᄒᆞ오니 엇지ᄒᆞ면 죳습닛가 참다 못
19) ᄒᆞ야 참다 못ᄒᆞ야 앙달ᄒᆞ오니
20) 형편이 되실 슈 잇으면 五月分ᄶᅡ지 二十
21) 一円만 지급히 주션ᄒᆞ셔〃 左記處

2-2

1) 로 보닉주시옵쇼셔 만약 그럿치 못
2) ᄒᆞ면 감옥에 게신 분에게 민망ᄒᆞ기
3) 그지 업습닉다

新義州 驛前
監獄 指定 差入屋
朴善玉

(소인 1926. 4. 29)

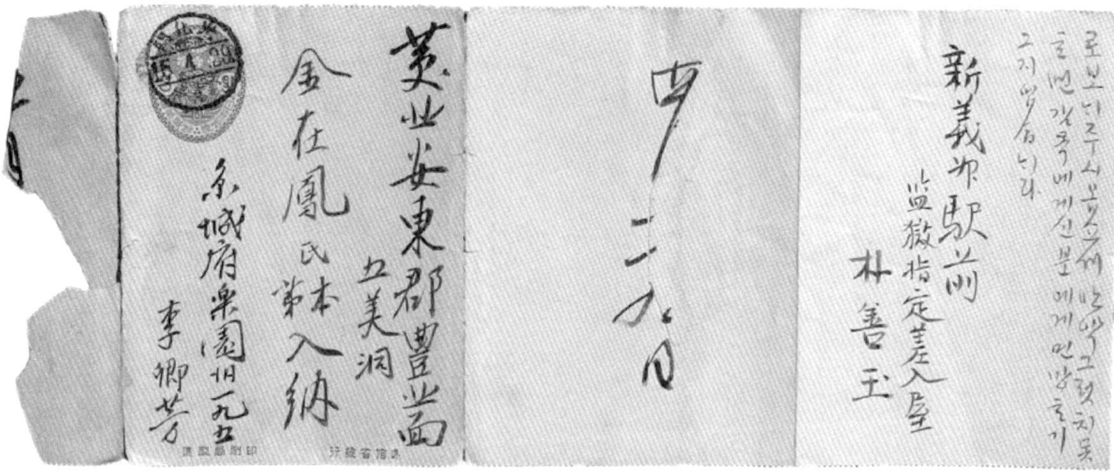
慶北安東郡豊北面 五美洞
金在鳳氏 本第入納
京城府樂園町一九五
李鄕芳

新義州驛前
監獄指定差入屋
朴善玉

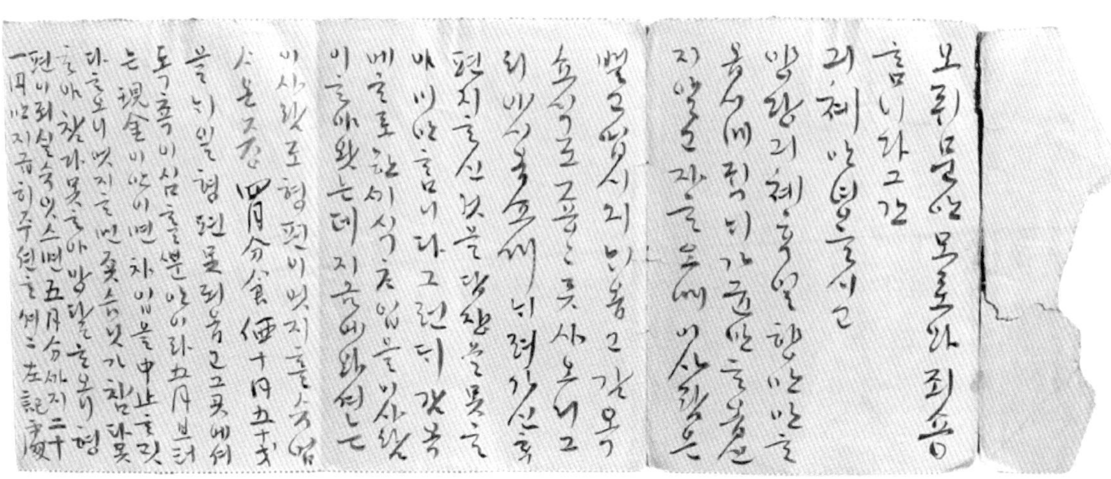

자료 3 「慶北 安東郡 豊北面 五美洞 金在鴻君, 新義州刑務所 舍兄 金在鳳」, 1925년 5월 7일자

3-1

慶北 安東郡 豊北面 五美洞
金在鴻 君
新義州 刑務所
舍兄 金在鳳

1) 압서 너 叔兄에게 부친 편지는
2) 보앗는가 아즉 答을 보지 못하
3) 얏슴으로 궁〃하다 이때를 니어
3) 父主外內分 筋力이 一向[4] 그만하시고
4) 叔父主 氣候 늘 康寧하시며
5) 그대들도 次第로 健全하며 渾
6) 眷이 無頉한가 또는 요전 鋌兒의
7) 편지를 보면 行禮日字가 갓가운
8) 듯하나 너들의 편지에 말이 업섯슴
9) 으로 밋을 수도 업고 또는 天眞이 爛漫
10) 한 것이 보고 듯는대로 쓴 것임으로 안 밋
11) 수도 업다 果然이면 업는 집 窮春의

4) 일향 : 늘.

12) 일이라 얼마나 頭序 업습을 멀니 안저
13) 斟酌할 수 이다 그러나 吉慶임으로 깃
14) 븜을 못 이긴다 겹옷을 速이 부처다
15) 고 두루막은 홋것이 조타 前에 입던
16) 春秋服內衣하고 겹옷을 速히 부
17) 처다고 그리고 너들이 집에 잇서〃 아
18) 모조록 집일에 着心하여라 이 말
19) 은 내가 番하게 된다 나는 큰 탈은 업
20) 다 그러나 豫審이 언제나 끗치 날는
21) 지 悶憐을 마지 안는다 그러나 되여 가
22) 는 대로 安心하고 잇다 이만 그친다.

3-2

1) 內衣 이저 버리지 마러라 그리고
2) 速히 부터다고

(1926) 五月 七日

조선공산당 초대 책임비서, 김재봉(1891-1944)

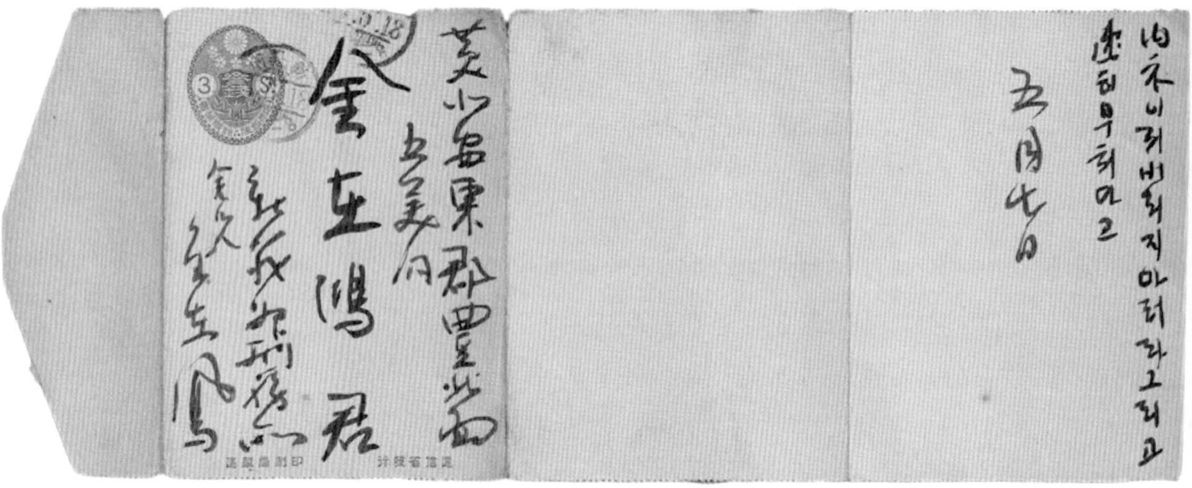

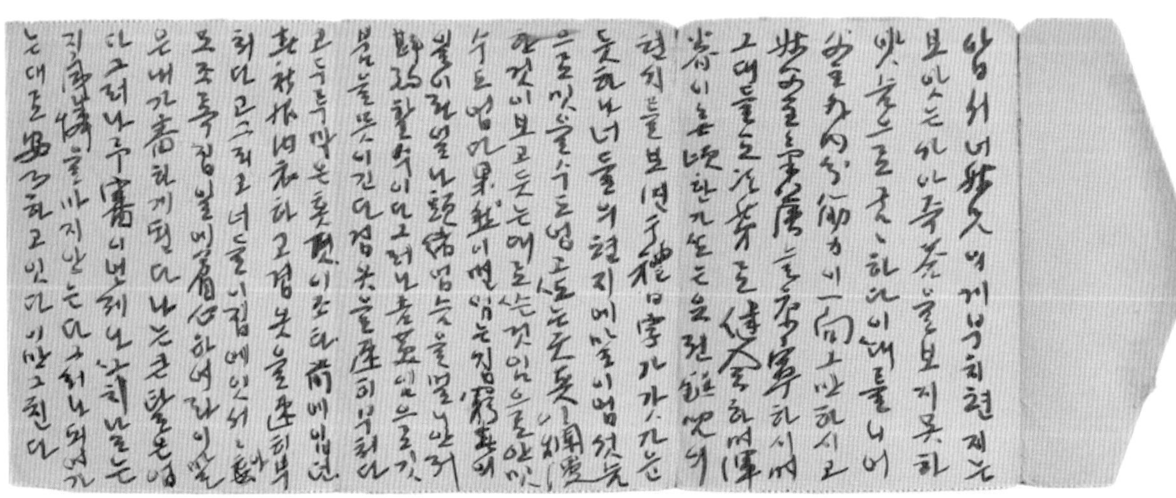

자료 4 「慶北 安東郡 豊北面 五美洞(醴泉郵區) 金在鴻君, 新義州刑務所 金在鳳」, 1926년 5월 28일자

4-1

慶北 安東郡 豊北面 五美洞(醴泉郵區)
金在鴻 君
新義州 刑務所
金在鳳

1) 너들이 面〃이 준 글은 틀님업
2) 시 바다 보앗다 그리고 累日된다 伏不
3) 審 辰下[5)]
4) 父主外內[6)] 氣力 大添損節[7)] 업사시고
5) 그대들도 次第[8)]로 健全하며 渾眷[9)]이
6) 無頉[10)]한가 또는 그 박게 집안 事情이 前
7) 書에 알여줌과 別로 틀림이 업는
8) 가 알고져 한다 舍兄[11)]은 늘 그 모양 지

5) 복불심 신하伏不審 辰下 : '伏不審'은 '삼가 · · · 을 확인하지 못했다.'는 뜻이고, '辰下'는 '時下', 즉 '이때', '요즈음' 이다. 합하면 '삼가 요즘 · · · · 인지 확인하지 못하였습니다.'라는 뜻이 된다.
6) 부주 외내 : 아버님 내외 분.
7) 대첨손절 : 크게 손상이 되는 일.
8) 次第 : 위에서 아래로 차례 차례.
9) 혼권 : 모든 권속, 전 식구. 혼솔渾率, 전권全眷으로도 쓴다.
10) 무탈 : 탈이 없음.

9) 내 간다 日前에 보내준 衣服과 金円도 바
10) 닷다 그리고 冬服 卽 헌 옷은 小包로 부
11) 처 보낼 터이니 到着되거든 仔細히 領
12) 收해 件數를 다시 알여 다고 털 內服은
13) 곳 시처서 좀이 치지 안케 잘 간수하여
14) 라 그리고 시츨 때 잿물을 쓰면 버리게 된
15) 다 外套는 겨울에 너들이 出入할 때 입어
16) 라 李卿芳에게 二十円만 부처 주어라 내
17) 가 오늘까지 뎜심 한 끠 私食을 繼續하여
18) 왓는대 너들이 아는 바와 가치 이 사람이 애
19) 를 쓴 것이다 아마 이만 돈을 私食 집에 못
20) 준 듯하다 그리고 至今부터는 私食을 끈
21) 으라고 편지를 至今 부친다 그리 알고 二拾
22) 円만 힘써서 速히 부처 줄 때에 빈말로나마
23) 致謝하여라 이리 밋는다 거긔서 겹옷 바
24) 지 저고리 한 벌이 왓다 겹옷은 넉〃하다
25) 그 전 주인집에 食價會計할 때에 或 잘 되지나 안

4-2

1) 엇나? 十一日月치에 六円만을 못 주엇고 十二月치
2) 는 너들 둘이 먹은 것 분이다. 그리 아러라
3) 行禮는 가을로 미룬 쥴 아럿다
4) 그대의 말도 李경방에게 돈 二拾円을
5) 보내겟다 하니 더 말치 안코 이러케 밋는

11) 사형 : 집 형, 형이 아우에게 편지할 때 자신을 지칭하는 말.

6) 다 이만 그친다.

(1926) 五月 二十八日

조선공산당 초대 책임비서, 김재봉(1891-1944)

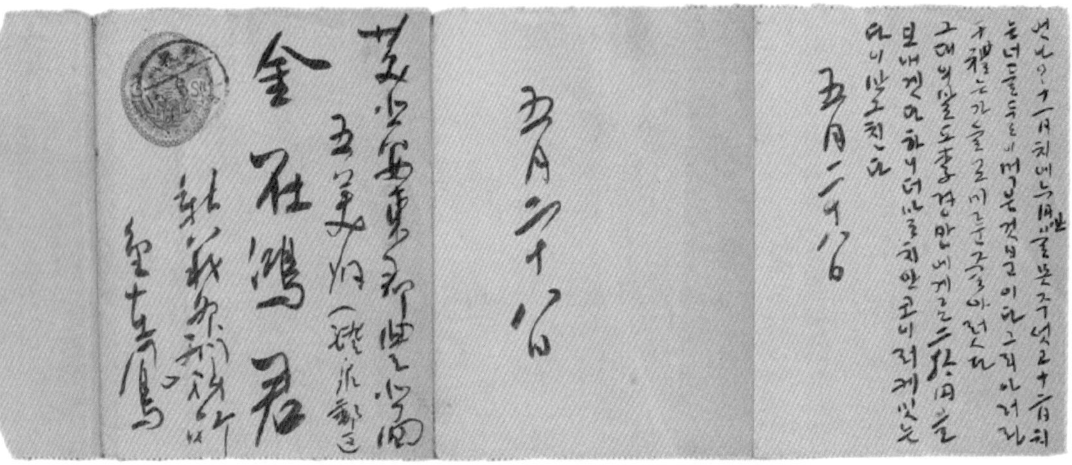

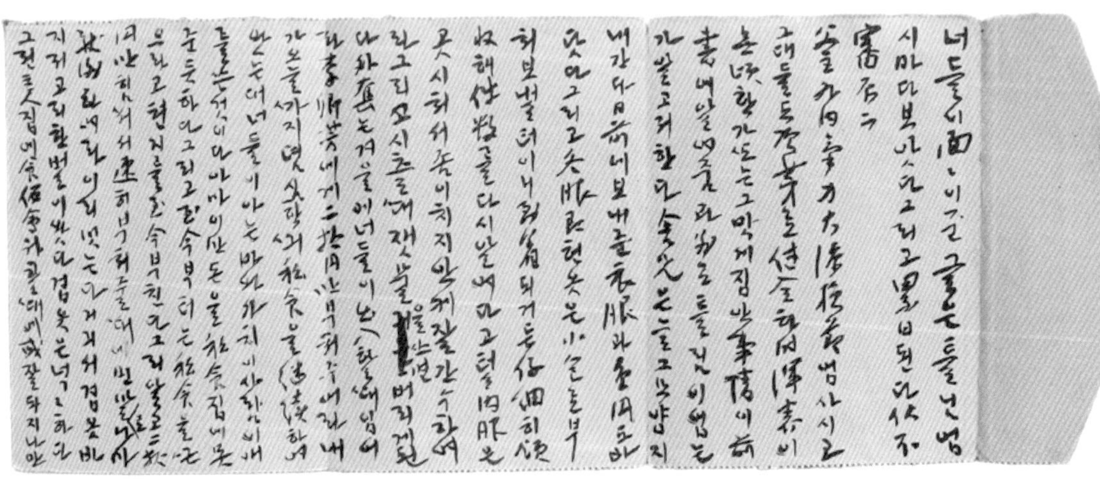

자료 5 「慶北 安東郡 豊北面 五美洞(醴泉郵區) 金在鴻 親展, 新義州刑務所 金在鳳」, 1926년 6월 6일자

5-1

慶北 安東郡 豊北面 五美洞(醴泉郵區)
金在鴻 親展
新義州 刑務所
金在鳳

1) 日前에 너들의 편지를 보앗다
2) 더욱히 이번은 매우 기달니든 남어
3) 지랫다 漸漸日氣가 熱度를 더하
4) 여 온다 時下를 넌하와[12)]
5) 父主二位分 筋力이 大添[13)]업사시고
6) 너들도 次第로 無頉함을 아럿다
7) 먼전번 편지에 父主께서 이 곳을 오옵
8) 신단 말을 하엿슴으로 오히려 焦悶
9) 으로 度日하던 터이다 遠路에 오섯드라
10) 도 몃 分間동안 참홀한 말로 相面에
11) 不過할 것이다 그럼으로 넘우나 죄로

12) 시하를 연하와 : 요즈음까지 연이어. 이 전 일정 시기부터 계속하여 지금까지라는 뜻.
13) 대첨 : 큰 변동. 이 때 '첨'은 '보태다'는 뜻인데, 일상에서 무슨 좋지 않은 일이 보태어지는 것을 의미한다.

12) 운 下懷를 늣겻다 그리고 너들의 편지
13) 를 보면 豫審만 긋나면 그날로 公判
14) 이 되는 줄로 아는 듯하다 그런 것이 아니
15) 다 豫審이 긋나드라도 公判까지 쏘 몃
16) 달도 걸리게 된다 事件의 긋나는 것
17) 을 무럿스나 아즉 알 수 업다 豫審이 쏘 延
18) 期되엿다 衣服은 보낸 대로 다 바덧다 春秋
19) 服內衣는 서울서 왓다 李卿芳에게 넘어
20) 도 未安하게 되엿다 좀 더 힘써 보아라 아모
21) 록 그것은 부처 주어야 된다 헌 옷은 아즉
22) 가지 안엇다 그것도 서울로 갈 듯하다 그
23) 리 간다면 압흐로 精케 하여 집으로 보낼
24) 것이니 念慮할 것 업다 아마도 그 옷을 안즌
25)자리에서 쏘 입을 것 갓다 在淵의 편지도 보

5-2

1) 앗다 答 못한다 말하여라 이 다음이
2) 라도 父主께서 이곳까지 오시(지?) 안케 엿주
3) 라 이만 그친다

(1926) 六月 六日

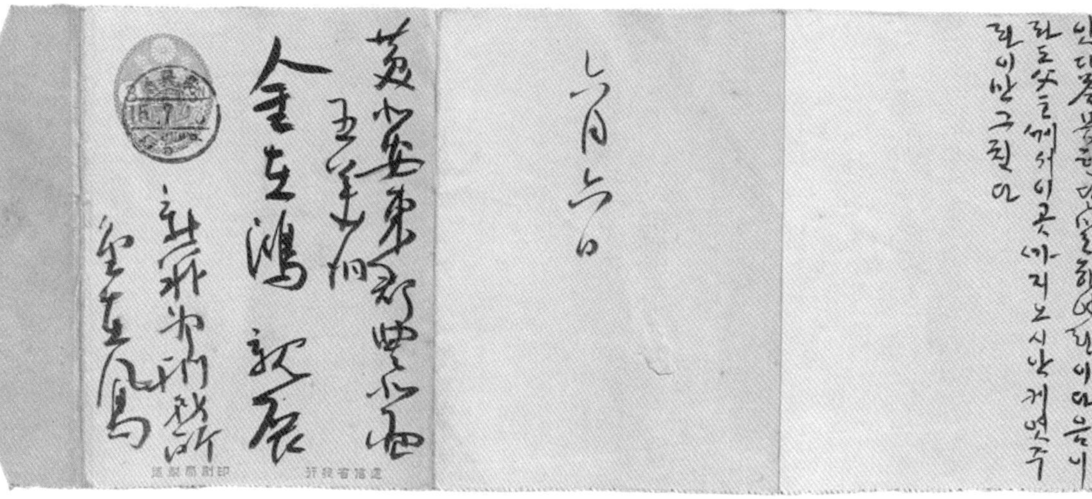

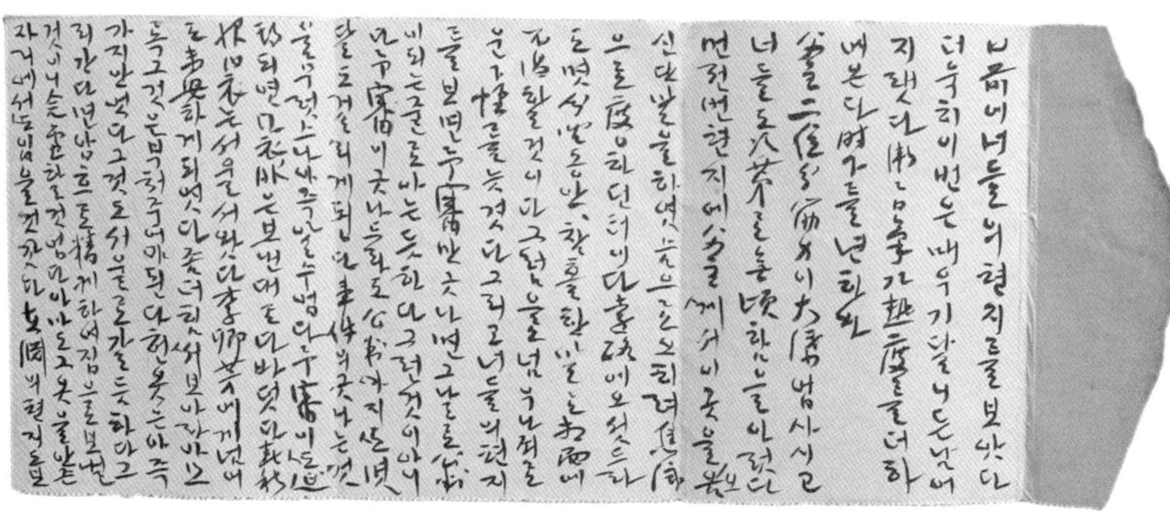

자료 6 「慶北 安東郡 豊北面 五美洞 金在鴻君, 新義州刑務所 金在鳳」, 1926년 6월 9일자

6.

慶北 安東郡 豊北面 五美洞

金在鴻 君

新義州 刑務所

金在鳳

1) 前月에 부친 편지는 보앗슬 것이다 짐

2) 작건대 蠶農으로서 汨沒할 줄 안다 또는 큰

3) 년고 업슴을 無消息으로서 八九分[14]밋는

4) 다 伏不審辰下

5) 二位分[15]筋力이 大家[16]損節 업사사고 그대들

6) 도 次第로 頃 업스며 渾率[17]이 無故한가 또

7) 는 각 곳 消息까지 無故한 音信이 繼續

8) 되는가 晝夜로 俯仰焦悶[18]한 생각으로

9) 지나오는 나도 아즉것 그 모양이다 또한 다행

---

14) 팔구푼 : 십 가운데 팔이나 구 정도.

15) 이위분 : 두 어른 분. 보통 '조부모님'이나 '부모님'과 연용되는 말이다. 양위분이라고도 한다.

16) 대가 : '대단히'와 같은 의미이다. 우리식 한자어로서, 이 때 '家'자가 왜 여기에 쓰이는 지는 미상이다.

17) 혼솔 : '모든 식솔'이라는 뜻으로 '渾眷', '全眷', '全率'로도 쓰인다.

18) 부앙초민 : 고개를 숙이기도 하고, 우러르기도 하며 안절부절하는 모양.

10) 이라 할 박게 그러나 豫審은 언제나 ᄭᅳᆺ날지
11) 아즉도 確定할 수 업다 至今부터는 차차
12) 날이 덥기를 始作하니 미리 홋옷 한 벌 보내
13) 다고 여름 옷도 한거번에 보내주는 것이 便宜
14) 할 것이다 그리고 저번에도 말한 바이지마는
15) 二拾円도 李경방에게 부처 주어라 한 번
16) 더 말한다 압흐로는 私食도 ᄭᅳᆫ어 버렷
17) 다 좀 어렵기도 하지마는 長久한 時日에 엇
18) 지 繼續을 할 수 잇나 그리 아러라 헛(헌?)옷은
19) 보내지 안은 듯하다 만일 가거던 調査하
20) 여 알여 다고 가지 數말이다 이만 그친다

(1926) 六月 九日 舍兄 平信

조선공산당 초대 책임비서, 김재봉(1891-1944)

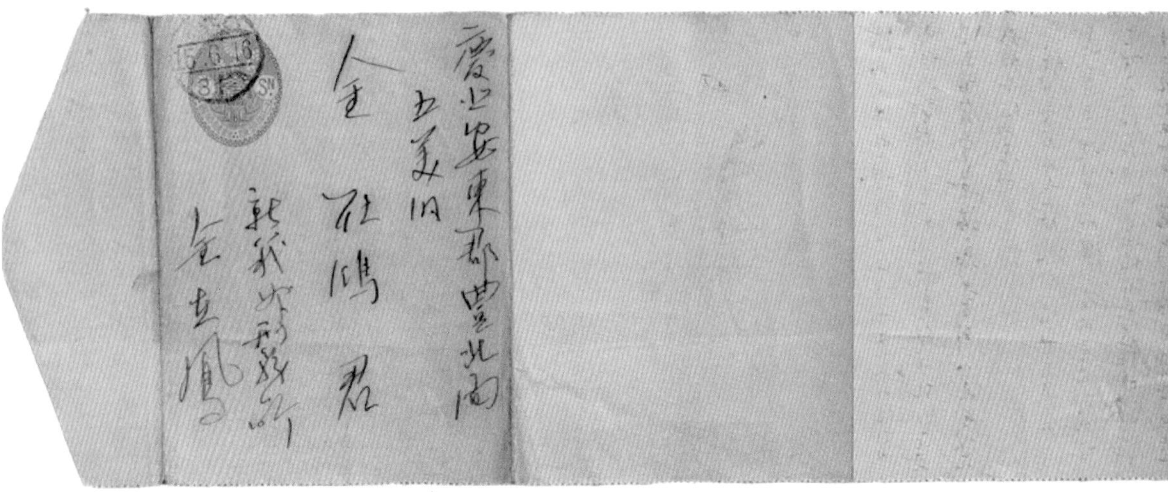

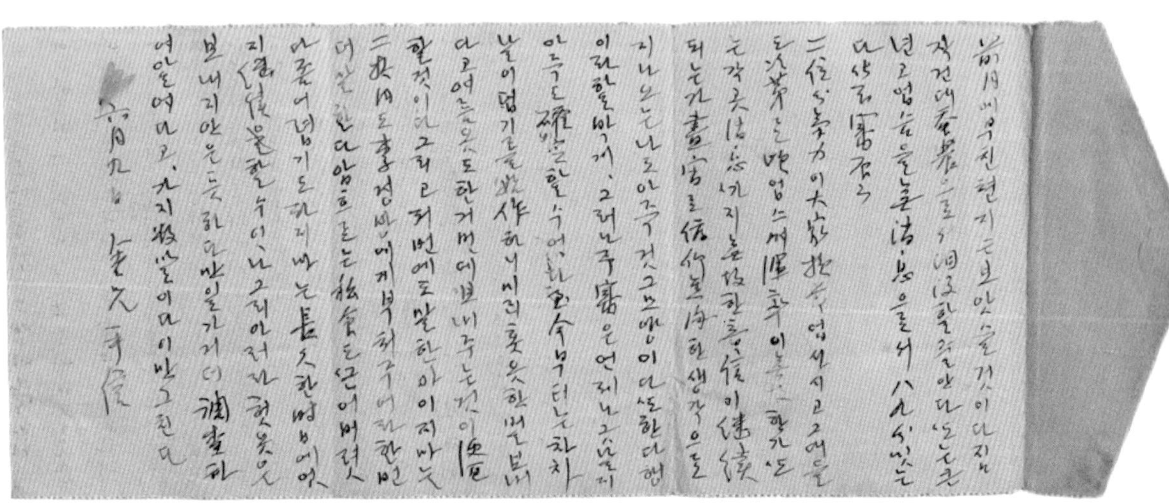

자료 7 「慶北 安東郡 豊北面 五美洞 金在鴻君, 京 刑務所 舍兄 金在鳳」, 1926년 7월 28일자

7-1

慶北 安東郡 豊北面 五美洞
　金在鴻 君
京 刑務所
　舍兄 金在鳳

1) 前日에 이곳으로 올나왓다 너
2) 들의 書信을 못 본지가 時日이
3) 오래다 伏不審 辰下炎熱
4) 父主外內分 氣力 大家損下節은 업
5) 사시고 그대들도 次第로 無頉하며 渾
6) 劵이 別告警은 업는가 晝宵伏慕[19]
7) 쏘는 周〃 願聞이다 舍兄은 京城地方
8) 法院으로 옴겨 왓다 엇지 되는 事情
9) 인지 나도 모른다 조금 가직히 왓다고 或
10) 이나 面會를 오거나 그런 생각은 하지 마
11) 러라 무슨 必要할 것가? 그리고 鍊이
12) 는 至今에 學校도 繼續할 수 업는 形便이

19) 주소복모 : 밤 낮으로 엎드려 사모함.

13) 니까 또는 벌서 나이 그만하니 適當한 婚處
14) 를 求하는 것이 조흘 듯하다 閨節[20] 하나만
15) 볼 것 뿐이다 父主께서는 넘우도 一般의 圓
16) 滿을 期待하시니 그런 곳이 쉬울 수 잇나?
17) 이러케 엿주어라 今年農事는 旱水災
18) 間 別被害는 업나? 나는 私食 한끼 式은
19) 먹는다 亦是 그 전과 갓다 여름 內衣가 서
20) 울 잇나 엇제서 우에치 하나만 보내나 九鉉이
21) 가 大邱에서 내게 편지하엿는대 수이 집으로 간
22) 다 하엿드라 答狀 못 한단 말하여라 이 다
23) 음에 돈 拾円만 더 부처 다고 勿論 求하

7-2

1) 기 어려울 것이다 그러나 나도 그만큼 斟酌
2) 하면서도 이런 말을 하게 된다 그리 아
3) 러라 이만 그친다

(1926) 七月 二十八日 舍兄 平信

20) 규절 : 규수의 범절.

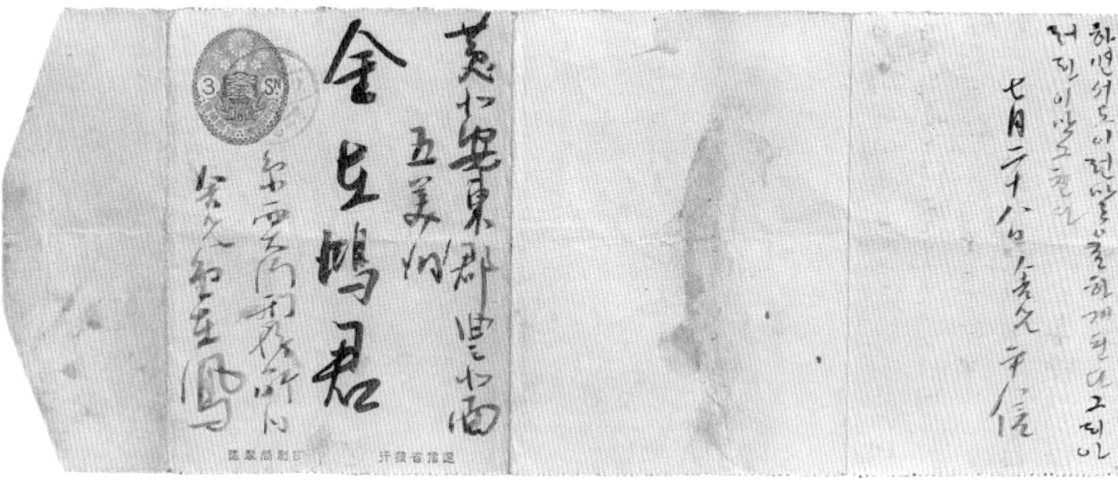

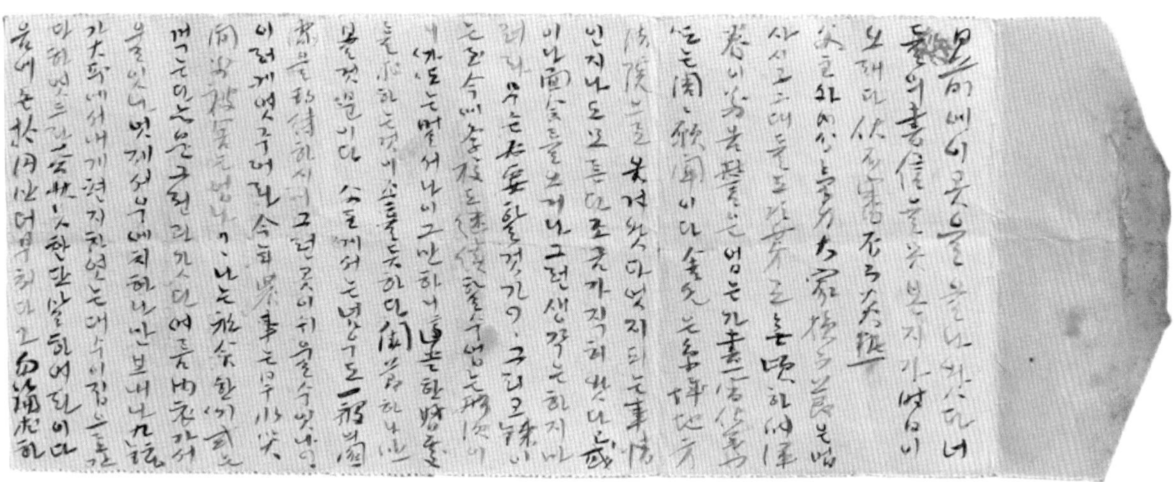

자료 8 「慶北 安東郡 豊北面 五美洞 金在鴻君, 西大門刑務所 舍兄 金在鳳」, 1926년 8월 27일자

8-1

慶北 安東郡 豊北面 五美洞
　金在鴻 君
西大門 刑務所
　舍兄 金在鳳

1) 너들의 편지는 遺漏업시 다 바
2) 다 보앗다 老炎이 尤酷한 辰下
3) 父主二位分 氣候 大家損下節이
4) 시고 叔父主게서도 氣候無大添이시
5) 며 너이들도 無頉 또는 渾率이 警告
6) 업스며 在元이는 이어 池後 寓居하여 잇
7) 나 압서도 무럿스나 너들이 答이 업섯다
8) 大小家가 一安들 한가 伏慕 또는 두루
9) 알고 접다 나는 그 모양 지나 온다 別
10) 로히 걱정 마러라 그리고 부처 준 돈도
11) 틀림업시 바덧다 宗宅叔主께 다시
12) 엿주어라 要緊하게 쓴다고 求하기 어
13) 려운 돈 더 구할려 하지 마러라 些少한
14) 周旋은 李가 보아준다 衣服도 새로 짓

15) 는 것은 어렵드래도 洗濯 그런 것은 또
16) 는 一般便宜를 침쓴다[21] 新義州에 부친
17) 돈이 얼마나 되나? 엇제서 그런 것을
18) 仔細히 알려 주지 안느냐? 또는 李에
19) 게는 알려 주엇나? 만일 알려주지 안엇
20) 으면 食價가 얼마가 適實한지 너들은 모
21) 를 것이 아닌가 모든 것이 그러케 不分明하냐
22) 너들이 工夫에는 等閒한 것을 알겟다 鍊
23) 이는 늘 글자를 잘 못쓴다 '是' '慈 '이런 字
24) 도 한 번 올케 못 쓰니 이 뒤로는 편지를 써
25) 서 서로 보고 잘못된 것은 곤치고 그리하여
26) 라 그리하면 차〃 늘기도 한다 鋌이도 쓴 것이
27) 낫간보다는 으법이다 그러나 亦是 저대로
28) 放任함으로 글자를 못 쓴다 그런 것을 엇제서

8-2

1) 가르처 주지 안느냐 서로 注意하여라 水島
2) 內行이 와서 게신 中 身恙도 前에 比하여 差
3) 度잇다니 매우 든〃하다 近來에 너의 叔兄
4) 은 書字가 업나? 身恙은 快祛되엿드
5) 래도 一向注意하여라 깁히 부탁한다
6) 이만 그친다

(1926) 八月 二十七日 舍兄 平信

21) 일반편의를 침쓴다 : 미상. '침'이 '힘'의 오기라면, 형무소에서 갖추고 있는 세탁시설 등 일반 시설물을 힘써 활용한다는 뜻이 될 수도 있을 듯하다.

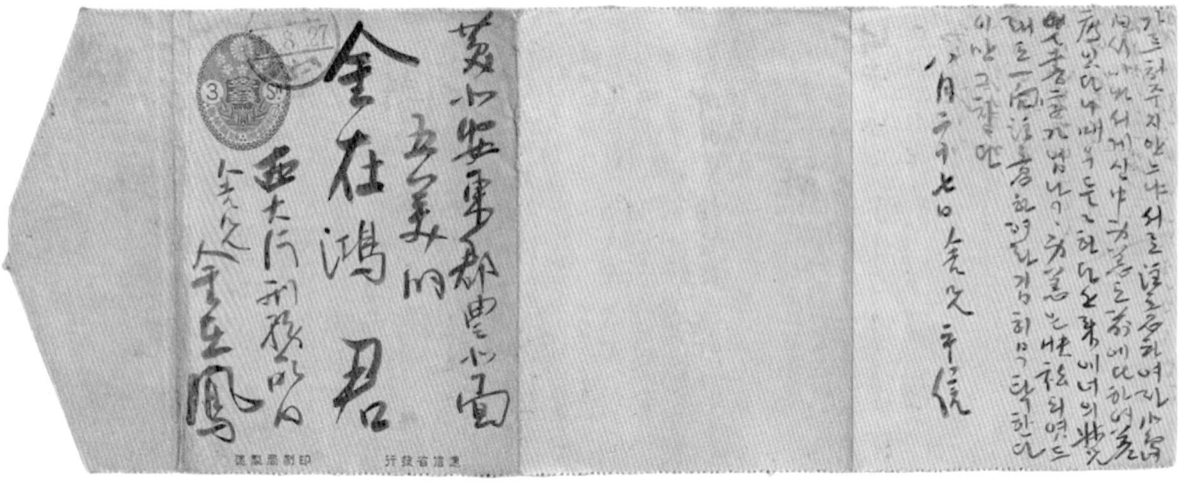
慶北安東郡豊北面
五美洞
金在鴻 君
西大門刑務所
金在鳳
遞信省發行
印刷局製造

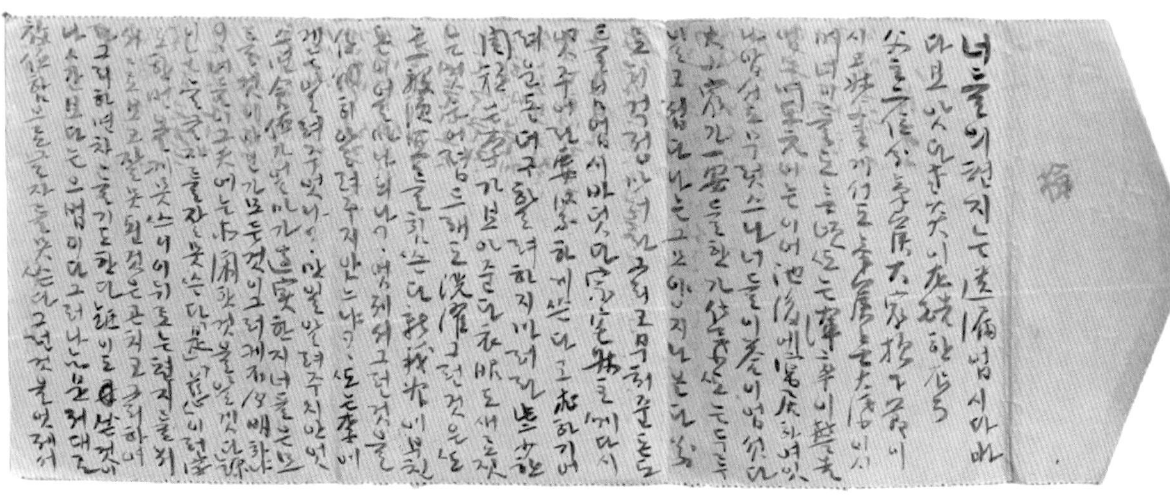

자료 9 「慶北 安東郡 豊北面 五美洞 金在鴻君, 西大門刑務所內 舍兄 金在鳳」, 1926년 10월 15일자

9-1

慶北 安東郡 豊北面 五美洞
金在鴻 君
西大門 刑務所
內 舍兄 金在鳳

1) 前日 너들의 書信도 보앗다 가을 깁허 온
2) 다 辰下에
3) 父主內外分 氣力 損下節 업사신가 母主께
4) 서는 늘 欠寧[22]으로 지내시는 듯하다 쏘야 편지를
5) 보아 안다 焦泣을 마지 안는다 너들도 次第로 無
6) 頉한가 大小各節이 一安들 하시며 在元君은 至
7) 今도 池後에 寓居하여 잇나? 몃 번 무럿지만은
8) 너들의 答이 업섯다 울어[23] 伏慕 쏘는 두루 알고
9) 저 한다 舍兄 늘 그 모양으로 지나간다 前月에도 數
10) 十日동안은 하로 한 씨 差入을 먹엇다 옷도 지금 차
11) 림을 입엇다 이것이면 陰十月 晦間[24]짜지 지나가

22) 흠녕 : 안녕하지 못하다는 뜻. 微寧과 같다.
23) 울어 : '우러러'의 근대적 표기 방식이다.
24) 회간 : 그믐께.

12) 겟다 鏈이 婚姻은 그날로 完定되얏나? 無
13) 論頭序업겟지 그러나 形式等節次가 不圓滿
14) 함이 무슨 欠節될 것 잇나 그대의 편지가 넘우
15) 도 簡單하다 누 집인지 閨節의 年齡이 얼마인지
16) 또는 그 집 形便이 엇던지 조곰도 周詳한 말이 업시
17) 다만 臨河 金門이라고만 하엿스니 좀 궁금하다 그
18) 러나 내가 이 속에서 궁금症이 銳敏해진 까닭이겟
19) 지 別必要는 업다 今年農事는 엇더냐? 그리고 或이
20) 나 新義州 差入 집에서 外套 털 싼 內衣가 너들에게
21) 로 간나? 樂園洞으로는 오지 안엇다 한다 速히 알
22) 여 주되 만일 가지 안엇거든 너들도 그들 差入主人에게
23) 편지하고 速히 樂園洞으로 보내라 하여라 價格
24) 으로도 不少한 物品이다 注意하여 찻도록 하여
25) 라 겨울날 솜두루막을 하나 지여 보내라 모양
26) 볼 것 업시 솜을 만이 두어 이불 겸 두루막 겸 입
27) 게 하여 주되 무명으로 하여 다고 안도 당목 等 洋屬
28) 헌 것은 너치 마러 다고 昨年에 입은 두루막이 안이 납
29) 버서 有感이랫다 너들은 늘 노지 안는가 싼 소리
30) 하지 말고 아모쪼록 暇及이 잇는 대로 工夫에 由意
31) 하여라 眉湖 從叔母主 喪事 痛哭〃〃일다 이 ●
32) 境을 보신 從祖母主筋力이 過이 疚損이 업사시며
33) 아이들도 다 扶支하는가 臨河叔主께 편지도 못한다
34) 고 엿주어라 在鸞이 편지는 한 번도 못보앗다 그
35) 대로 학교 다니나? 그리고 편지 할 째 陰陽曆을

9-2

1) 다 적어 다고 鋌이 이름은 鍛字로 곤처라 鋌字
2) 僻에 近한 嫌이 잇다[25] 至今에는 이런 것 不必要하다 너
3) 들이 間或 樂園洞으로 衣服에 對한 것 알여
4) 주어라 이만 주린다

(1926) 十月 十五日

25) 정자~잇다 : '鋌'字는 僻字에 가까운 혐의가 있다.

조선공산당 초대 책임비서, 김재봉(1891-1944)

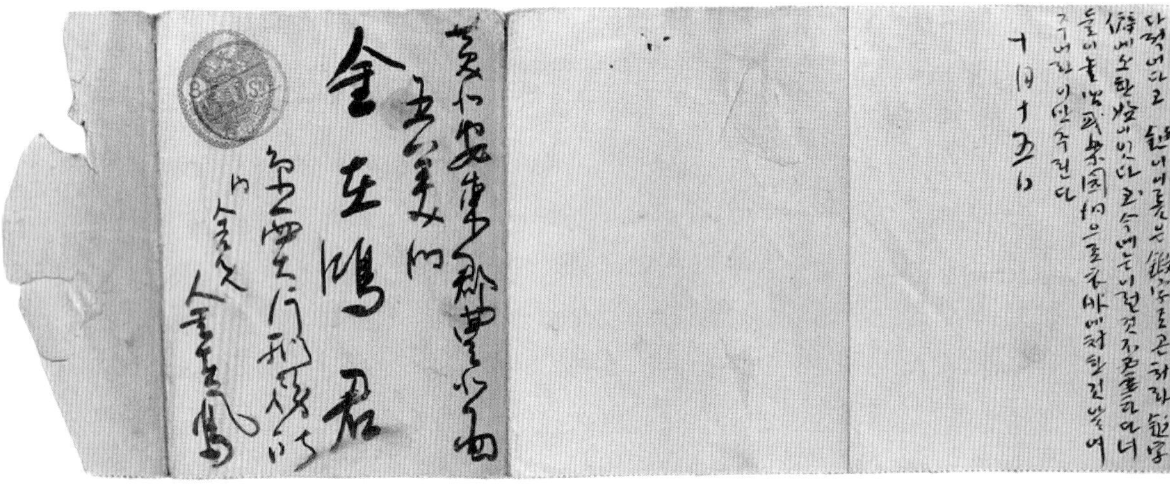

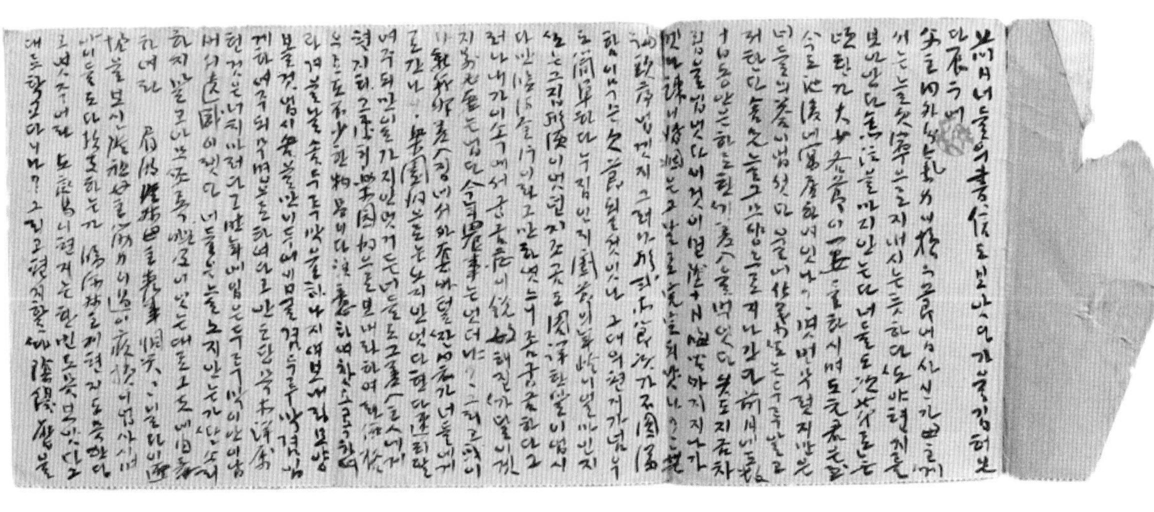

자료 10 「慶北 醴泉區內 豊北面 五美洞 金在河君, 京 西大門刑務所 監房 舍兄 金在鳳」, 1926년 11월 19일자

10-1

慶北 醴泉區內 豊北面 五美洞
　金在河 君
京 西大門 刑務所 監房
　舍兄 金在鳳

1) 늘 잔소리를 하게 된다 엇제서
2) 書信은 주지를 아니하는가 지나
3) 간 九月初旬 卽 公判이 開始하기
4) 되는 때 葉書 한 狀 보고는 다시 업
5) 스니 아무리 밥부다 할지라도 그러케
6) 餘暇가 업슬가 疑心치 안을 수 업
7) 다 벌서 冬節로 드러 왓다 辰下에
8) 父主外內分 筋力 大添 업사시고
9) 君의 侍履가 紛忙 中 別故나 업는
10) 가 君의 편지가 업스면 또 니어 不健한
11) 까닭인가 遠慮를 아니 일으키지 못한
12) 다 그러코 渾眷이 別警 업스며 大小家
13) 節이 一安들 하신가 두루 알고저 마지
14) 지 안는다 舍兄은 그 모양 지나온다 公判

15) 은 支離하든 中 또 停止되엿다 新聞을
16) 通해 알엇겟지 몃칠 前에 鴻君의 叔侄
17) 書字는 보앗다 無頉하다니 든〃할 뿐이
18) 다 衣服이 더듸옴으로 初七日에 托電한 일이
19) 이섯다 그러나 十日에 옷을 입엇다 걱정마러
20) 러라 時祀로 紛忙할 줄은 斟酌된다
21) 그러나 편지 좀 해 주기를 바란다 이만
22) 그친다 姻婭 各處消息도 대개 아는 대
23) 로 적어 주기를 바란다 外套가 집으로

10-2

1) 갓거든 出入할 때 입어라

(1926) 十一月 十九日

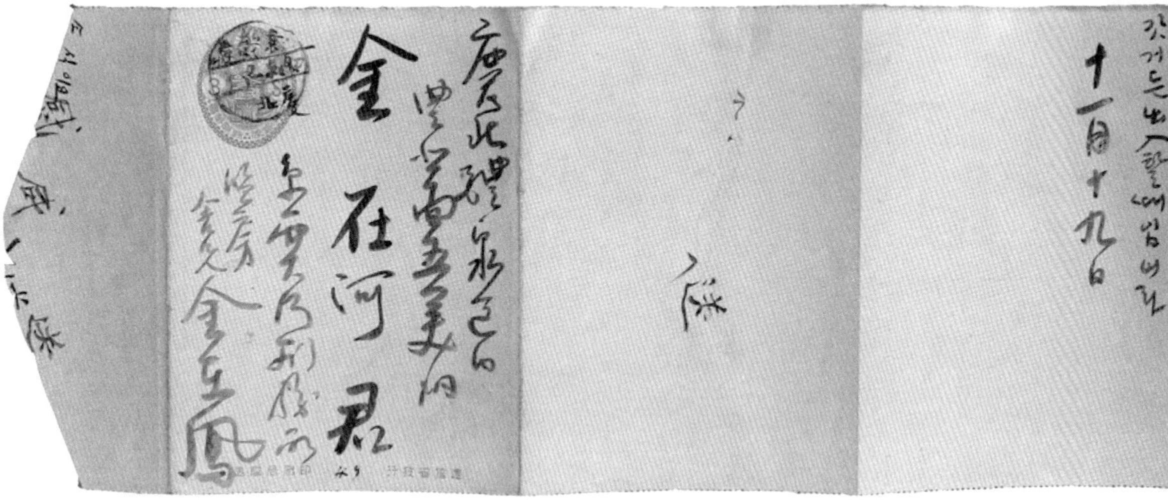
金在河君
十一月十九日

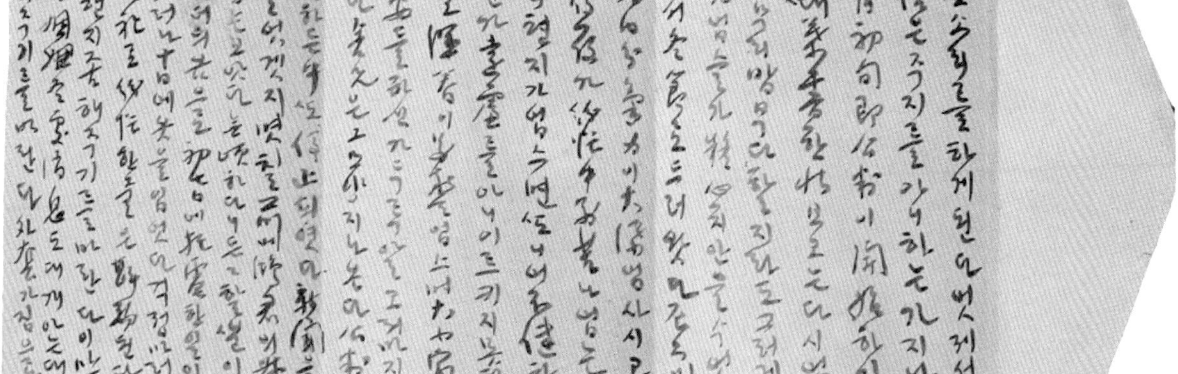

자료 11 「慶北 安東郡 豊北面 五美洞 金在鴻君, 西大門刑務所 拘置監 金在鳳」, 1926년

11

慶北 安東郡 豊北面 五美洞
　金在鴻 君
西大門 刑務所
　拘置監 金在鳳

1) 前日의 편지는 錬兒 兄弟가 적은 것 뿐
2) 니어섯다 그대의 글이 업슴은 그때가 多少
3) 의 芧栗[26]를 거둣키에 밥붐이 은연히 表
4) 示된다 그리고 벌서 一朔이 넘엇다 또는
5) 寒氣가 漸漸 緊迫하여 온다 辰下
6) 父主外內分 氣候 一向康寧하시고 그대
7) 들도 뫼시고 別頉업스며 渾眷이 無故
8) 하고 大小家가 一安들 한가 우으로 伏慕
9) 또는 두루 알고져 한다 나는 그 모양이다 豫
10) 審은 아죽 어제나 終了될지 조금도 斟酌이
11) 아니 된다 錬兒의 편지에 父主께서 수이 이
12) 곳까지 慰旆[27]하실 듯하다 하엿기에 매우 罪

26) 서율芧栗 : 작은 밤. 산 밤.
27) 위패 : 위로를 목적으로 행차함.

13) 悚을 마지 안엇다 日氣도 寒節이고 ᄯᅩ는 오
14) 섯자 조금도 慰安되심을 못 보실 것임으
15) 로 차라리 이다음 公判 쌔나 오섯스면 하고 心祝
16) 하엿서다 봄에 가을로 미룬 行禮는 어느 쌔로
17) 定日 되엿나? 錬兒 醮禮도 그날로 돈뎡
18) 하엿나 먼저 번에 仔細히 좀 알고저 무럿더
19) 니 그대의 편지 업슴으로 듯지 못 하엿다 新義
20) 州 差入家에서는 옷을 덜 보내서 걱정된다.
21) 그리고 볼만한 書籍이 업서 ᄯᅩ한 민망하
22) 다 그대들인들 엇질 수 업지마는 京城에 마을
23) 사람이 或 누가 잇는지 미들만한 사람이 잇거든 다
24) 문 漢文書册(孟子 詩傳等)을 좀 付託하여
25) 다고 樂園洞 李는 近間 離舍를 한 모양
26) 인대 아즉 그 住所番地를 내가 모른다 日前에도
27) 돈을 拾円을 差入하엿스나 바닷다는 答도
28) 못 하엿다 이만 그친다.

(소인 1926. 12. 4)

조선공산당 초대 책임비서, 김재봉(1891-1944)

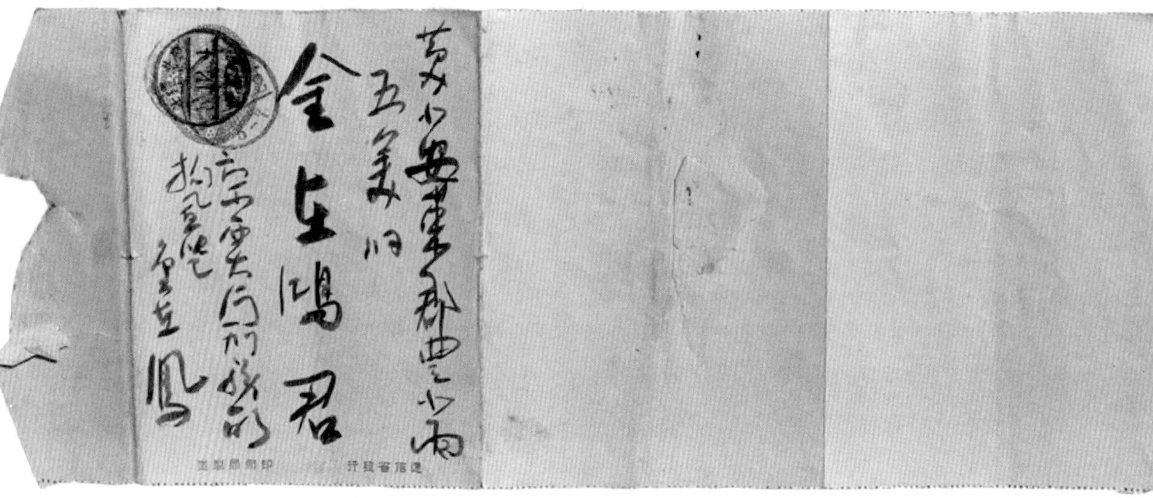

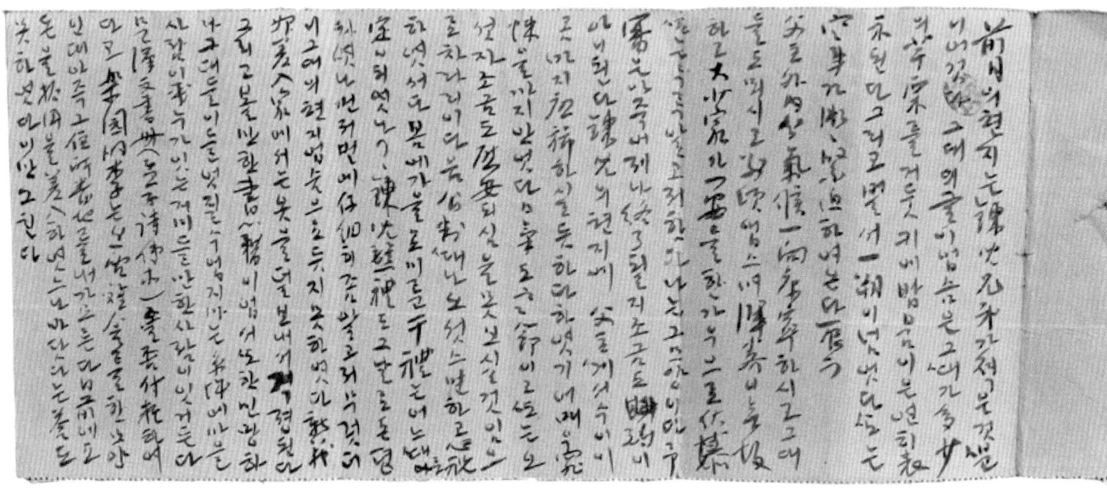

자료 12 「慶北 安東郡 豊北面 五美洞 金在鴻君, 京 西大門刑務所 拘置監 金在鳳」, 1927년 1월 6일자

12-1

慶北 安東郡 豊北面 五美洞
金在鴻 君
京 西大門刑務所 拘置監
金在鳳

1) 十二月 十日의 君의 手書를 보앗다 그리
2) 고 陽曆으로는 쏘 換歲도 되엿거니와 그 사이
3) 行禮와 加冠의 두 吉日도 이섯고 쏘 鍊兒의
4) 醮禮의 吉日도 新年과 가티 왓다 이사이 집
5) 을 向하여 궁금함은 더욱 간절하다 辰下에
6) 父主二位分 循序萬康하시고 그대
7) 들도 次第로 無警하며 渾眷이 그만큼 紛
8) 忙한 남머지 別故업는가 우러〃 伏慕 그지
9) 업사오며 쏘는 니어 두루 알고 접다 舍兄은
10) 그 모양 지나간다 今年은 아즉 그러케 至酷
11) 한 寒苦는 업섯다 이것만이 幸이다 鍊에게 이
12) 말을 일너라 至今부터는 人間의 完全한 資格
13) 을 가추엇다 다시 말하면 그것을 成人이라 남이 보
14) 는 바 至今부터는 過去와 가티 無責任하게 보

15) 지 안는다 그러타고 본대 훌륭한 修養이 업는 터
16) 에 卒然이 老成의 凡節을 가지게 된다는 것은
17) 넘우도 當치 안은 期待이겟지만은 아모쪼록 至
17) 今부터는 過去보다 觀念부터 달니 가저야 한다
18) 그리고 十이면 十을 모르는 터이니까 무엇을 더 注意
19) 하여 아러라 할 수 업다 已往부터 늘 注意를 주엇
20) 지만은 言辭가 分明치 못 한 것이 亦是 큰 欠點이다
21) 天然의 不具者가 아닌 以上에 그만 것은 注意하면 될
22) 것이니 꼭 分明 活發하게 힘써라 鍊이 뿐 아니 그대의
23) 여러 叔侄이 다 그 弊가 잇다 互相 注意하여라 册子는
24) 어대로 보냇는지 아즉 接受치 못 하얏다 무엇을
25) 郵便으로 보내개 되거든 直接 이 곳으로 보내라
26) 鍊이가 저의 甥館으로서 도라오거든 仔細한 手
27) 字 다고 新義州에 漏落되엿든 옷은 왓다
28) 옷은 이 입은 것으로서 차림 입을 때까지 繼續

12-2

1) 하겟다 그리 아러라

(1927) 一月 六日

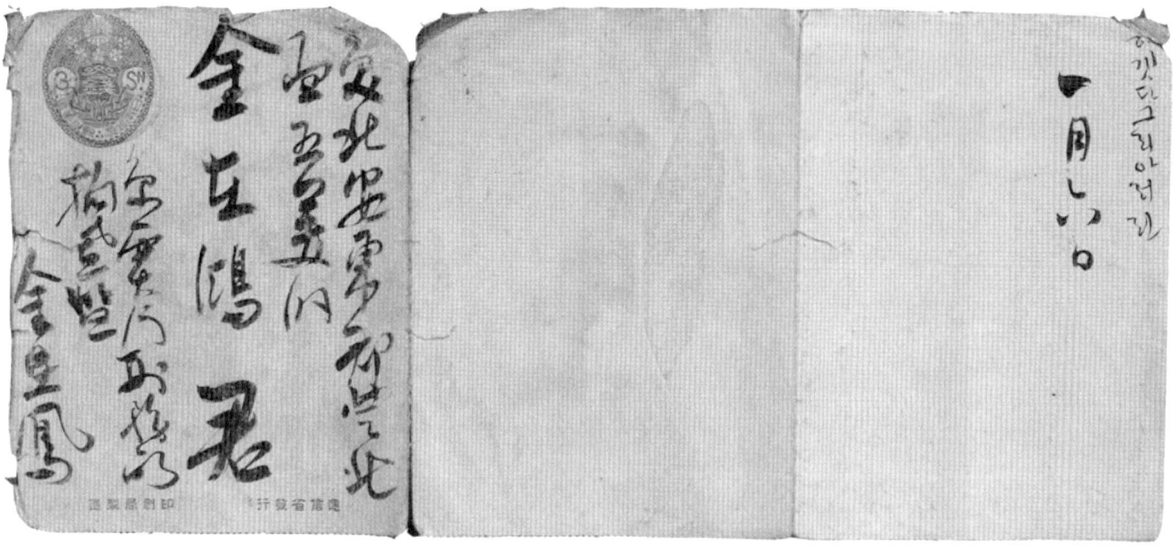
金左鎭 君

遞信省發行 印刷局製造

一月八日

자료 13 「慶北 安東郡 豊北面 五美洞 金在鴻君, 京 西大門刑務所 未決監 金在鳳」, 1927년 3월 8일자

13

慶北 安東郡 豊北面 五美洞
金在鴻 君
京 西大門刑務所 未決監
金在鳳

1) 前月에 從祖母主 實音을 밧자
2) 왓다 病哭 〃〃이다 그러나 나는 飮泣으로 지
3) 날 쑨이다 온 堂內는 悲遑中[28]에 잇슬 것이
4) 다
5) 父主外內分 體候 大添은 업사신지 더
6) 욱이 伏慕의 誠이 그지 업사며 渾眷이 無警
7) 하며 大小家節이 別故업는가 周〃願聞일다
8) 新人은 그처름 出等하다니 참으로 질겹다
9) 그박게 무엇 더 바랄 것이냐 歲前에 그대의
10) 편지에 鍊兒가 저의 甥館[29]으로 도라온 後 仔
11) 細한 手滋가 잇겟다 하엿기에 기다리는 中이랫
12) 다 二月 四日의 鍊兒의 적은 것을 보앗다 너

28) 비황중悲遑中 : 슬픔 때문에 허둥거리는 상황을 말함.
29) 생관 : 사위가 거처하는 방을 말하는데, 전하여 처가를 일컫는 말임.

13) 무도 常識이 업는 말을 하엿더라 이런 點을
14) 미루어 보면 在監한 사람의 情狀이 엇덤을
15) 조곰이라도 알 니 萬無한 듯하다 私食을 다
16) 문 하로 한 끼식이라도 먹엇스면 십다 몃 拾
17) 円 돈 보내줄 수 엄나 돈도 업지만.......
18) 池後 새로난 놈은 새 旺氣를 씌고 낫는지
19) 이름은 鏞이라고 지어라 從叔主 兄弟分
20) 께와 浮浦 兄主께 말슴 드려다고 紙上●
21) 慰도 견듸어 고만 드리지 못 한다 幽明間에
22) 辜負[30]가 이에 니르럿다 그대는 편지글시
23) 가 너무도 荒雜하다 좀 注意하여라 錬
24) 兒는 을과 를, 는과[添] 은을 分別업시 쓴다 이
25) 만 그친다 다시 주겟다는 昭詳한 편지
26) 를 바란다

(1927) 三月 八日 舍兄 信

30) 고부辜負 : 배반함. 孤負라고도 쓴다.

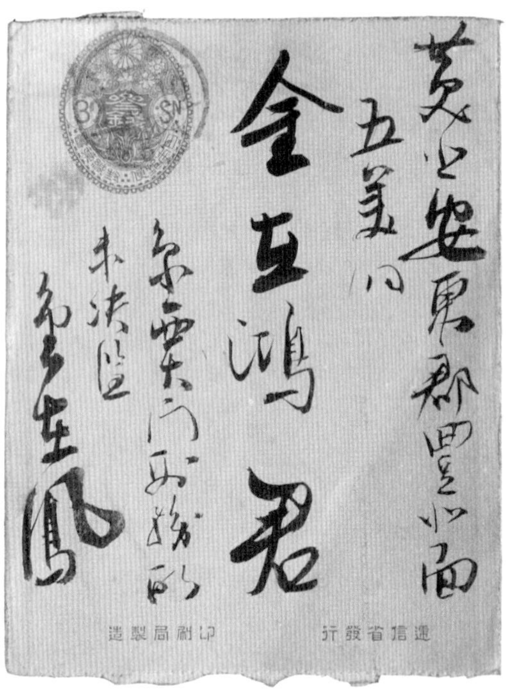
遞信省發行
印刷局製造

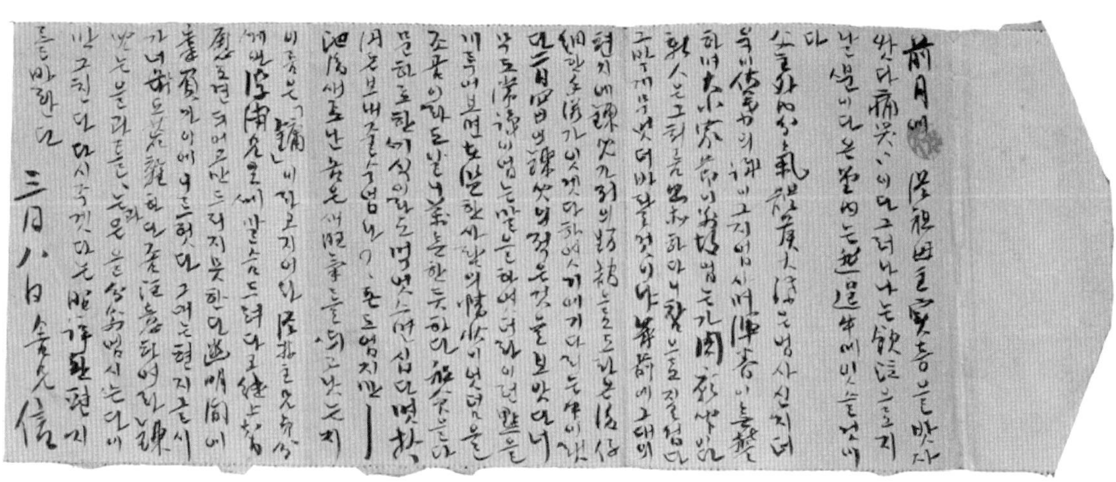

자료 14 「慶北 安東郡 豊北面 五美洞(醴郵區內) 金在鴻君, 京 西大門刑務所 拘置監 金在鳳」, 1927년 4월 12일자

14-1

慶北 安東郡 豊北面 五美洞(醴郵區內)
　金在鴻 君
京 西大門刑務所 拘置監
　金在鳳

1) 前月에 書留로 보내준 편지는 바
2) 다 보앗다 그래고는 寥〃하얏다 봄
3) 도 벌서 저무러 가나부다 辰下에
4) 父主外內分 氣體候 循序萬康
5) 하시고 그대들도 次第로 無頉하
6) 며 餘眷이 別警 업스며 大小家
7) 節 一安하신가 우러〃 伏慕 이어
8) 周〃顧聞일다 舍兄은 늘 그 모양
9) 으로 지난다 支離하다던 豫審도 씃
10) 날 적이 잇섯다 그대들도 벌서 아
11) 릿겟지 쏘 公判이 어느 쌔나 될 지 弁
12) 護士는 韓相億氏와 崔鎭氏에
13) 게 委任하엿다 이런 것은 너들이
14) 애쓰지 마러라 뎜심 한 끼式 먹는다

15) 그대의 편지에 人蔘을 栽培하기로
16) 하엿다니 極히 贊成하는 바이다 나의 生
17) 覺에도 그런 것을 하엿스면 하엿다
18) 아무쪼록 副業이라 하기보다 그것을
19) 너들은 專力을 드려라 아모쪼록 今年
20) 부터 着手하기 바란다 近者에는 엇
21) 제서 手書를 주지 안는가 한다 이만

14-2

1) 그친다 늘 내가 말하엿지만은 글
2) 자를 草書로 쓰드래도 글자가 되
3) 도록 注意하여라 더욱이 남은 엇더
4) 케 쓰는가 첫재 慶字부터

(1927) 四月 十二日

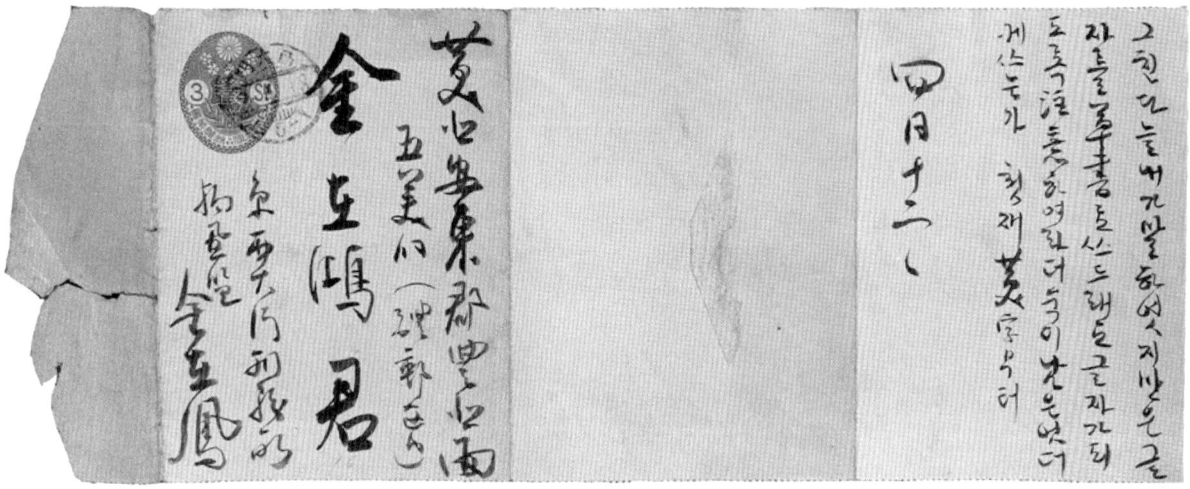

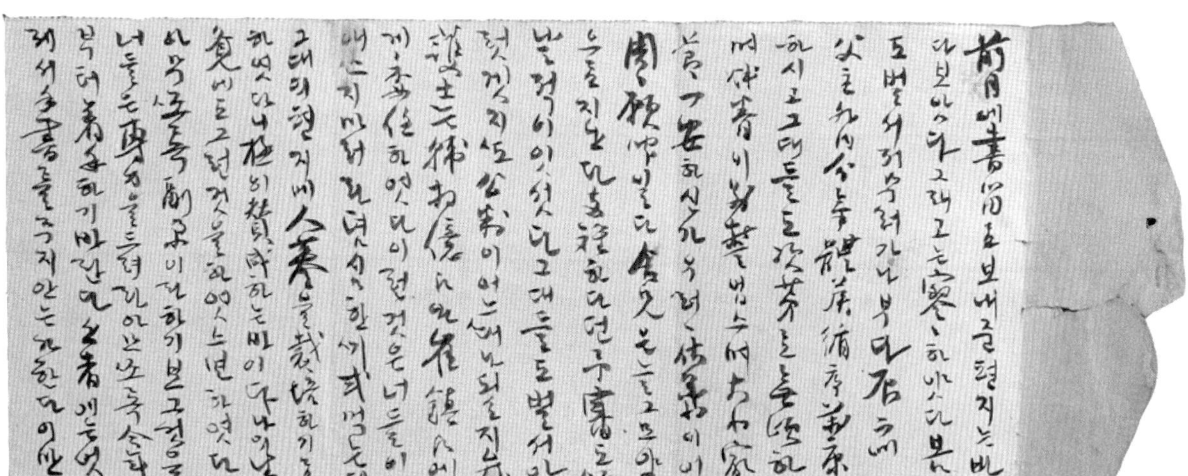

자료 15 「慶北 安東郡 豊北面 五美洞 金在鴻君, 京 西大門刑務所 未決 金在鳳」, 1927년 5월 9일자

15-1

慶北 安東郡 豊北面 五美洞
　金在鴻 君
京 西大門刑務所 未決
　金在鳳

1) 君의 手書를 오랫동안 못 보
2) 앗다 辰下에
3) 父主外內分 氣體候 以時萬康하
4) 시고 그대를 侍履[31]도 次第로 無頉
5) 하며 渾率이 無警하며 大小各家
6) 節 一安들 한가 우러 伏慕下誠[32] 그
7) 지 업스며 니어 들우 알고저 한다
8) 舍兄은 늘 그 모양이다 至今은 公
9) 判도 머지안어 잇슬 것이다 그럭
10) 저럭 끄치야 난다 하겟지만은 …
11) 公判 때 父主께서 오시기 되시는지 알
12) 고저 한다 나는 겹옷은 입엇다 홋

31) 시리 : 웃 어른을 모시고 살아가는 범절.
32) 복모하성 : 삼가 흠모하는 아랫 사람의 정성.

13) 옷은 昨年에 입엇든 그 옷을 보내라
14) 그 두루막도 보내라 쏘야는 저의 外
15) 家에 가 잇다고 그대로 놀고 잇서서
16) 는 안 된다 그 곳에서 榮州普通學校
17) 에 단이게 할 수 업는지? 놀게 하지
18) 마러라 人蔘栽培에 對한 成績이 엇
19) 던가 아즉 時日은 얼마 되지 안엇지만
20) 當地에 누가 늘 가 잇게 되는가 그리고

15-2

1) 편지를 자조 주지 안는가 매우 바라
2) 는 中이다

(1927) 五月 九日 舍兄 平信

조선공산당 초대 책임비서, 김재봉(1891-1944)

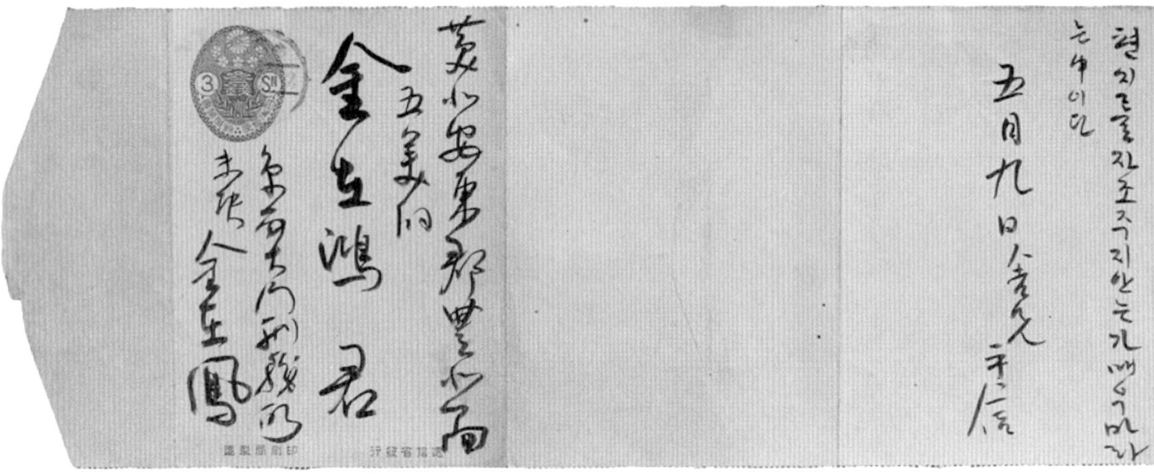

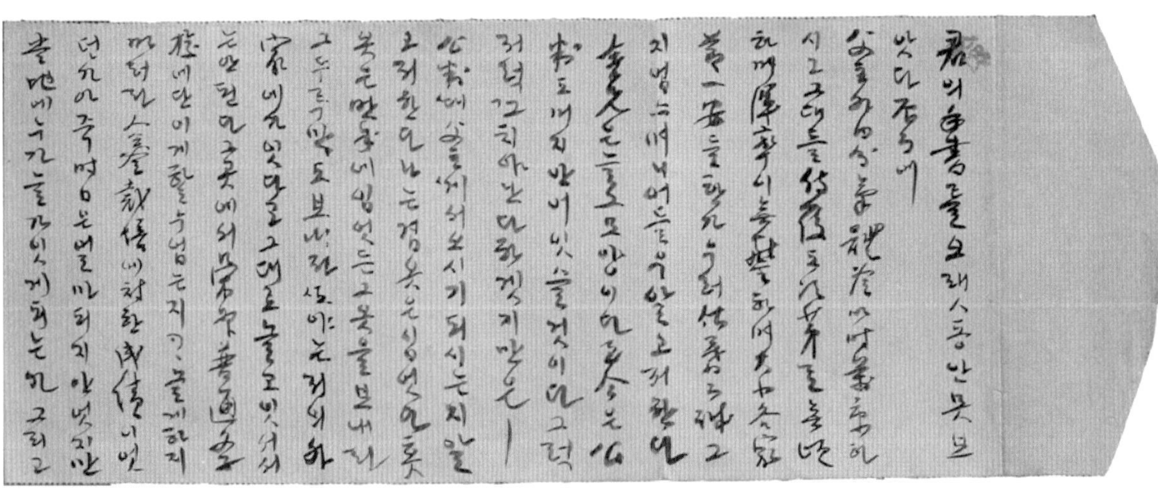

자료 16 「慶北 安東郡 豊北面 五美洞 金在河君, 京 西大門刑務所 未決監 舍兄·金在鳳」, 1927년 6월 4일자

16-1

慶北 安東郡 豊北面 五美洞
金在河 君
京 西大門刑務所 未決監
舍兄 金在鳳

1) 君이 前后 二次 준 片紙는 다 바다 보
2) 앗다 그리고 몃칠 前에 芝鉉君이
3) 面會를 왓슴으로 집 安否와 또는
4) 東京 아이들 經過도 大概 들엇다
5) 그런대 日前에 저의들 叔侄의 片紙
6) 를 또 보앗다 그동안 亦是 別頃 업는
7) 모양이나 前日 말하든 그 業所에 從
8) 業은 아니하는 듯하다 그리고 그 편지
9) 에 母主께서는 落傷을 하시서 달초
10) 起動을 못 하신다고 하엿다 焦泣을
11) 마지 안는다 엇제서 君은 편지에 이런 말
12) 을 쓰는 일 업는가 어대를 엇더케 다치어
13) 싯는지 달포 起動을 못 하실까? 辰下에
14) 父主 氣體候 大添 업사시고 어머님께서

15) 좀 엇더신가 焦泣할 분이다 그대도 侍
16) 履가 別頃 업스며 渾眷이 別故업는가 두
17) 루 알고저 한다 나는 그 모양이다 公判
18) 은 언제될지 그러케 별지 안어 잇겟지 그 때
19) 父主께서 오시게 되시는 지 炎節이니까 오시지
20) 마시는 것이 조흘 듯하다고 알외여라 그리고
21) 蠶農과 麥作은 失敗는 업는가 亦是 알
22) 고저 한다 在淵君은 在鴻의 叔侄에게 過
23) 度한 援助이라 하겟다 참으로 쓰거운 情
24) 念에서 나온 바임을 알겟다 내가 알건대

16-2

1) 저도 手分이 그러케 넉〃지 못한 터이 아니
2) 냐? 그 報答은 저의 叔侄이 成功을 하여
3) 야 될 것이나 모든 사람이 中道에 말게 되
4) 는 바이니 하물며 저들에게 바랄 수 잇나
5) 苦學이란 것이 말과 가치 그러케 쉬운 것
6) 이 아니다 엇제던 在淵君에게 내 말하여라
7) 그리고 편지하여 다고

(1927) 六月 四日

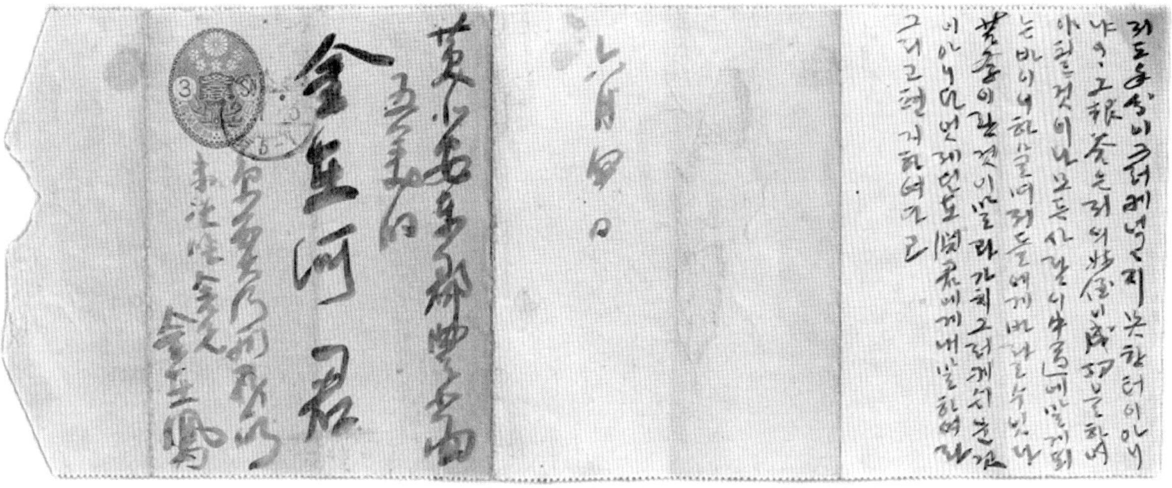

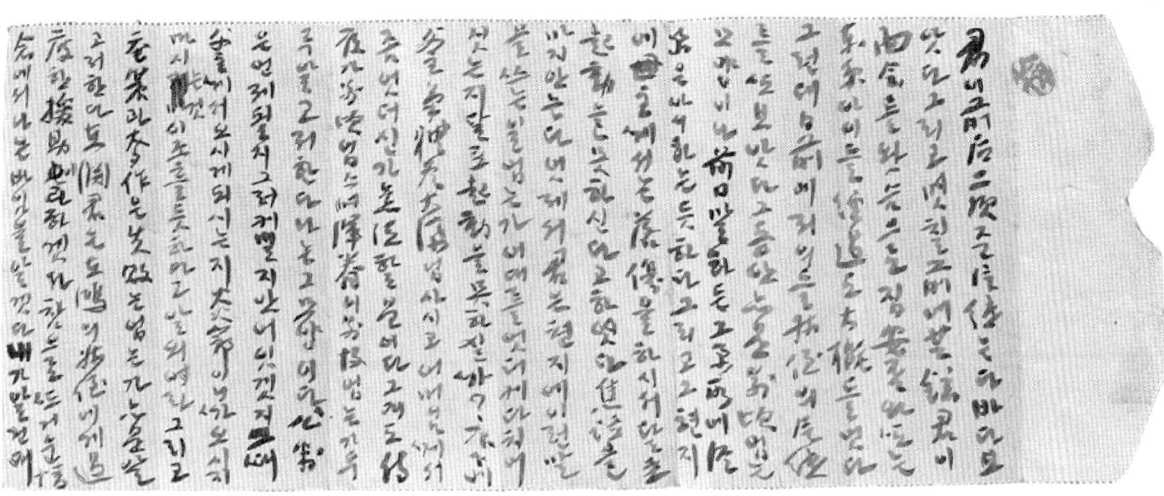

자료 17 「慶北 安東郡 豊北面 五美洞 金在河君, 京 西大門刑務所 未決 金在鳳」, 1927년 7월 23일자

17-1

慶北 安東郡 豊北面 五美洞
金在河 君
京 西大門刑務所 未決
金在鳳

1) 요전에 부친 편지는 보앗나 엇
2) 제서 이러케 答을 주지 안는가
3) 君의 手書를 못 본지가 近數朔
4) 이 되는 듯하다 辰下 炎熱이 太
5) 甚하온대
6) 父主 二位分氣力이 大添 업시고
7) 母主께서 落傷을 하섯다는 말을
8) 들은 后 焦泣으로 지낸다 至今은
9) 復常이 되섯는가 伏慕下忱이 그지
10) 업스며 君도 兄弟 侍履가 無頉
11) 하며 渾率이 別警은 업는가 두
12) 루 알고저 한다 舍兄은 늘 그
13) 모양이다 公判이 또 支離하게도 된
14) 다 日前에 在鴻의 三叔侄의 手字를

15) 보앗다 別頃은 업는 모양이다 그
16) 러나 그 지나는 狀況은 보지 안어도 눈
17) 에 걸닌다 君은 엇제서 편지를 자
18) 조 주지 안는가 압흐로 旣決이 되면 그
19) 것도 자조 못 보게 된다 요지음은 每日
20) 牛乳를 한 甁式 먹는다 이만 그친
21) 다 편지하여 다고 모든 것을 昭詳하

17-2

1) 게

(1927) 七月 二十三日 舍兄 平信

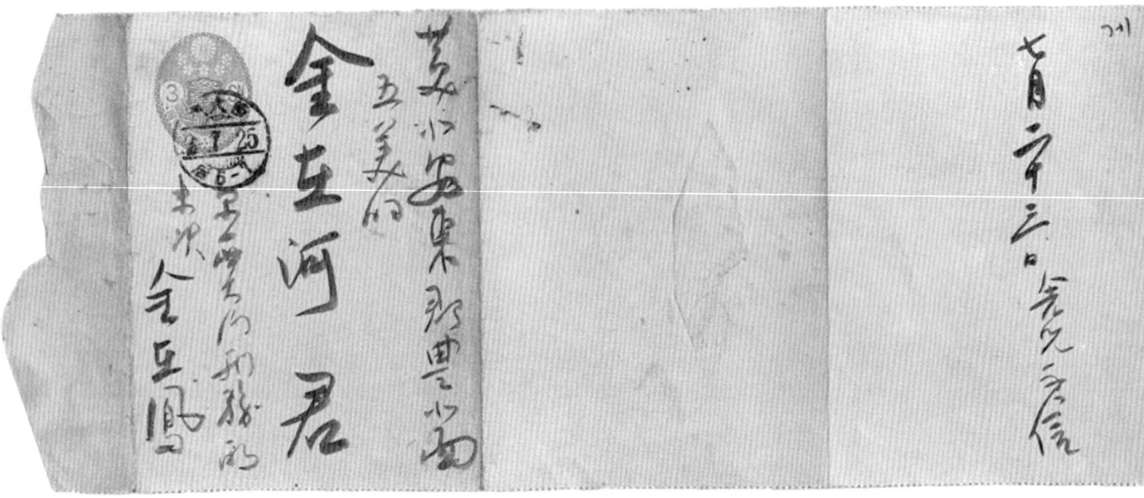

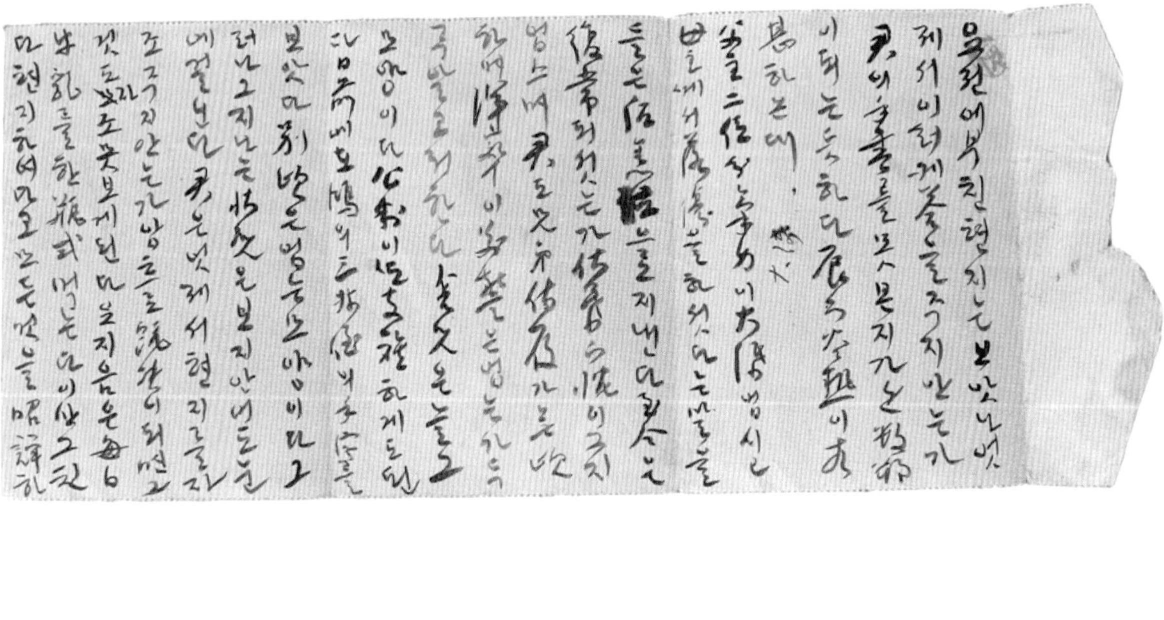

자료 18 「慶北 安東郡 豊北面 五美洞 金在河君, 京 西大門刑務所 未決 舍兄 金在鳳」, 1927년 8월 12일자

18-1

慶北 安東郡 豊北面 五美洞
金在河 君
京 西大門刑務所 未決
舍兄 金在鳳

1) 지나간 二月 十二日付로 온 書字를
2) 바다 보고는 滿 두 달이 되여도 다시
3) 는 편지가 업스니 엇젠 일인가
4) 罕舌炎熱[33]이라 할 만한 辰下
5) 父主外內 氣體候 大添 업사시고 母
6) 主께서 그간 落傷을 하섯다는 말
7) 을 들엇는데 至今은 復常되섯는
8) 가 君도 兄弟 侍履가 別苦 업스며
9) 全眷이 警告 업스며 大小各節이
10) 一安하신가 伏慕 또는 周〃願聞일
11) 다 舍兄은 그 모양 지난다 十餘日前
12) 에 芝鉉君의 面會가 잇섯다 亦是 집

33) 한설염열 : 혓 바닥까지 마르는 불볕 더위.

13) 安否를 仔細히 모르는가 부드라 東京
14) 在鴻의 편지도 近者에는 업다 두루
15) 궁금하다 君은 집에 잇지 안는가
16) 볼 일이 잇서 다른 곳에 갓더라도 그
17) 동안 葉書 한 狀이야 부처줄 수 업
18) 겟나? 내가 그동안 두 번이나 편지하
19) 엿스나 바다 보앗는지 公判은 각가워 온

18-2

1) 다 그러나 어느 날이 正確한 날인지 아
2) 즉 모르겟다 農形은 엇던 모양이냐
3) 또 蔘栽培도 成績이 엇던가 그대가 或
4) 그곳에 갓는가 이러케 생각도 하여 본다
5) 아모조록 편지하여 다고

(1927) 八月 十二日 舍兄 平信

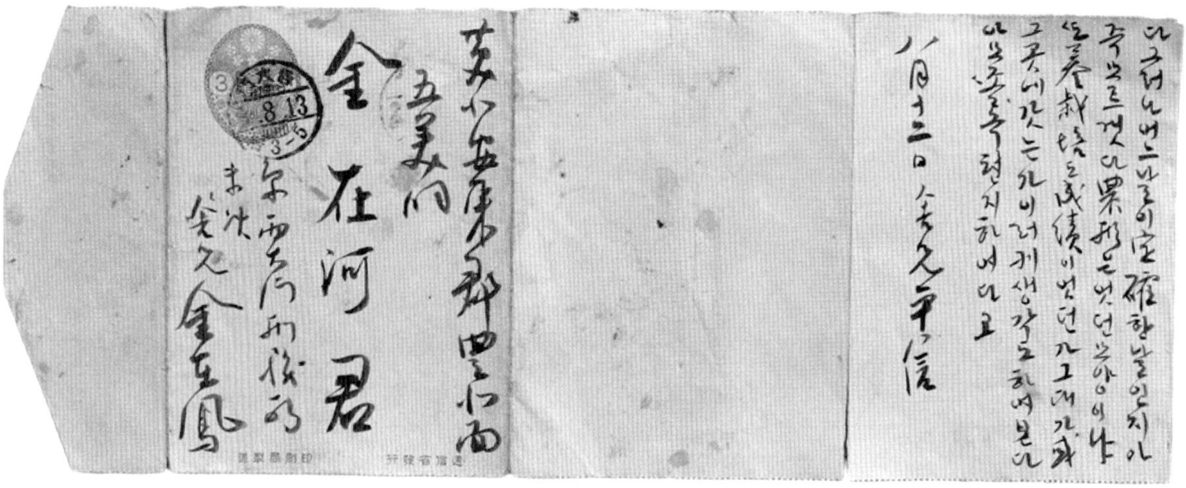

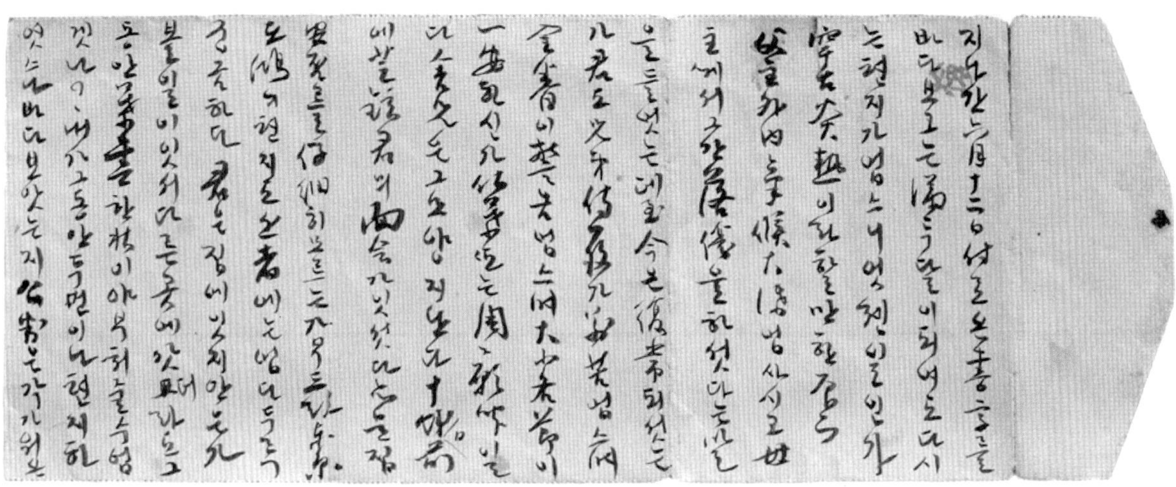

자료 19 「慶北 安東郡 豊北面 五美洞 金在河君, 京 西大門刑務所 舍兄 金在鳳」, 1927년 9월 24일자

19-1

慶北 安東郡 豊北面 五美洞
金在河 君
京 西大門刑務所
舍兄 金在鳳

1) 去月 二十日 頃에 君의 편지를 보앗
2) 다 이니 今月 初生에도 葉書 한 狀 바다보
3) 앗다 辰下에
4) 父主外內分 氣體候 損下節 업사시
5) 고 그대도 奉率하고 頉 업스며 大小家
6) 節이 一安한가 아니 내가 精神이 업는
7) 업는 말이다 요전 葉書에 적은 말
8) 인 지 水島 弟嫂氏의 病患이 危重狀
9) 態에 잇다 하엿는대 至今은 엇더신가
10) 漸次 減勢되엿는가 亦是 날로 그대의
11) 편지 오기만 기달인다 나는 그 모양 지나온
12) 다 요사이는 公判廷에 間日 來往하게
13) 되는 바 公判도 亦是 支離하게 쓰어나
14) 가게 되는 세음이다 至今 形便보아서

15) 는 언제 쓰치 날 지 각금 다 父主께서
16) 오시지 마시기를 伏望하는 바이다 집안에
17) 모든 걱정도 걱정이거니와 오시드래도
18) 傍聽도 못 하실 것이다 그럿케 엿주어라
19) 日前까지 私食 한 끼식 먹엇다 오늘날까지 李
20) 卿芳이가 보아 왓다 日間에 옷을 부처 보
21) 낸는가 알고저 한다 만일 안 부첫거든 速히
22) 李氏게로 부처 다고 東京鴻君 叔侄
23) 의 편지는 七月二十日頃에 보고 다시 못 보앗
24) 다 내가 편지하엿는대 엇제서 答도 업다 至
25) 今 또 한다 모든 것을 昭詳이 적어 答하

19-2

1) 여 다고 그대는 그대 말과 가치 至今은 참사
2) 람 卽 完人이 되엿다 하엿슴으로 나는
3) 다시 업는 慶幸으로 질거워한다 在鸞
4) 의 편지도 보앗다 이름을 鸞字麟字
5) 로 곤치면 조켓다 이만 그친다

(1927) 九月二十四日 舍兄 平信

조선공산당 초대 책임비서, 김재봉(1891-1944)

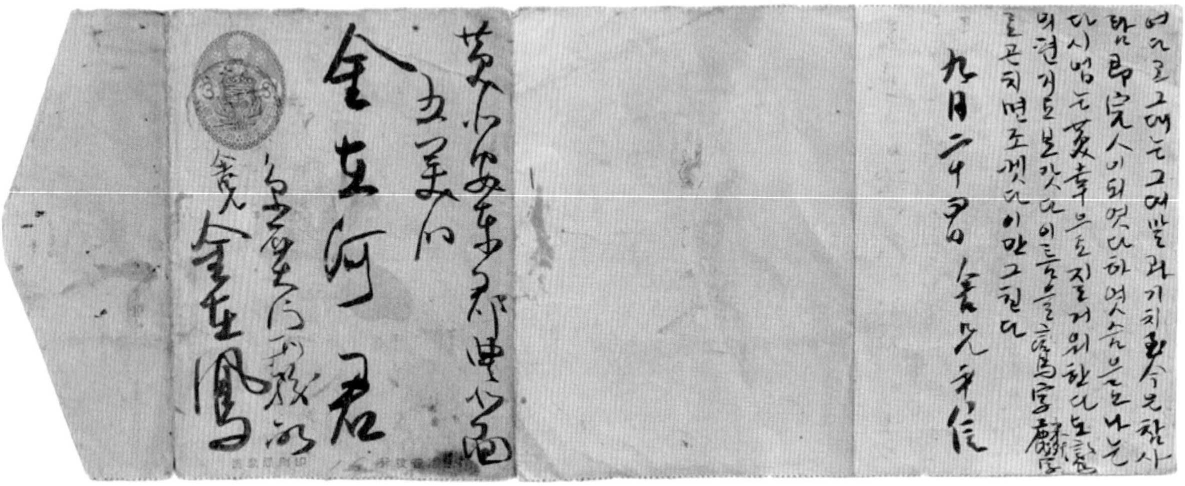

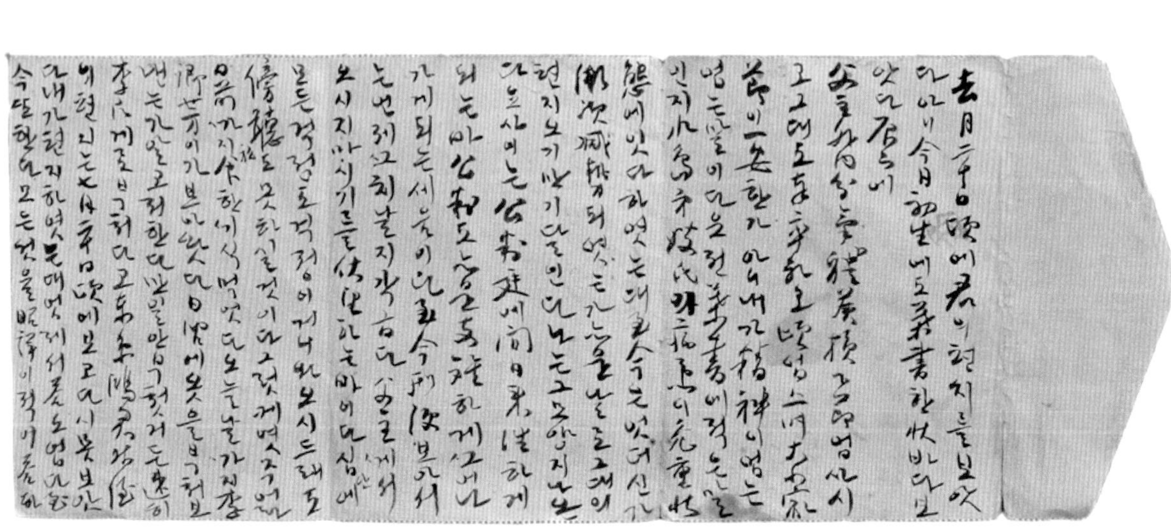

자료 20 「慶北 安東郡 豊北面 五美洞(醴泉郵區內) 金在河君, 京 西大門刑務所 舍兄 金在鳳」, 1927년 10월 31일자

20-1

慶北 安東郡 豊北面 五美洞 (醴泉郵區內)
金在河 君
京 西大門刑務所
舍兄 金在鳳

1) 今月 初生에 부친 편지를 보앗
2) 는가 秉鎔氏와 寅在君의 面會
3) 로서 그간 모든 安否를 仔細히 듯
4) 기는 하엿다 그리고 달포된다 辰下
5) 에
6) 父主外內分 氣體 大添 업사시고
7) 그대도 侍履가 前과 가트며 渾眷이
8) 別警업고 姻婭 각 곳 消息이 亦是
9) 無故들 한가 두루 알고저 한다 舍
10) 兄은 亦是 한 모양이라 할 수 잇다 日
11) 前에 鴻君의 叔侄의 手字도 바다 보
12) 앗다 亦是 無頉하다고 그런대 저들
13) 도 집 문안을 밧든 지가 오래 된다고

14) 하엿더라 그러고 엇제서 핫옷을 부
15) 처 주지 아는가 아마 박게 잇는 사람은
16) 아즉 겹옷이 適當할는지 모르겟
17) 지마는 居處하는
18) 사람 또는 더욱히 늘 몸이 압흔 사람의
19) 게 그만큼 無關心하고 잇단 말인가 만
20) 일 옷이 업다면 바라지도 안엇슬 것
21) 이다 그러나 昨年 아니 今春까지 입든 옷
22) 이 잇슬 것을 아는 까닭에 미면[34] 날마
23) 다 바라고 잇는 터이다 만일 부처줄
24) 생각이 잇거든 하로라도 速히 부처

20-2

1) 주기 바라고 그친다

(1927) 十月 三十一日 舍兄 平信

34) 미면 : '·····을 면치 못하다.'라는 뜻의 한자어 '未免'인 듯하다.

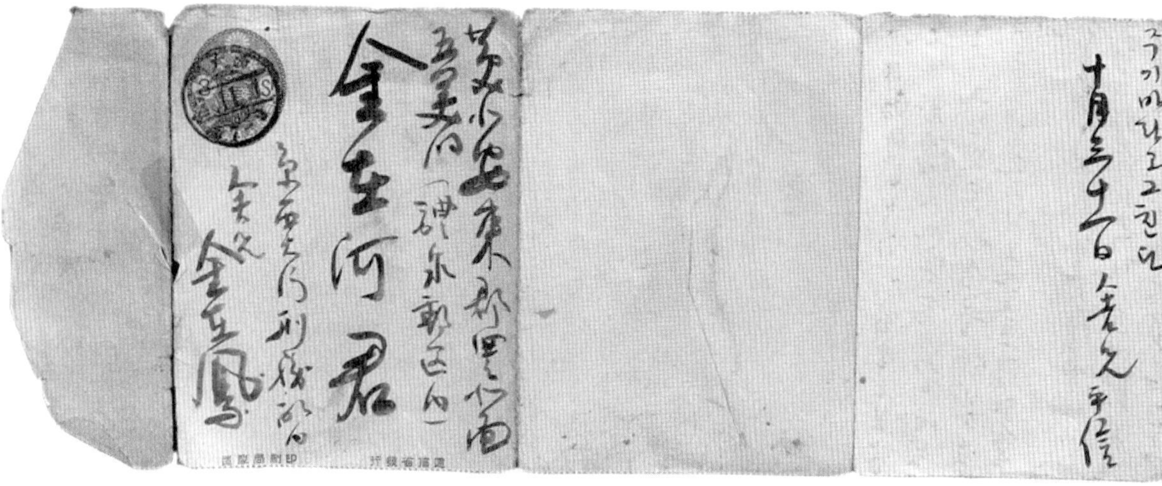

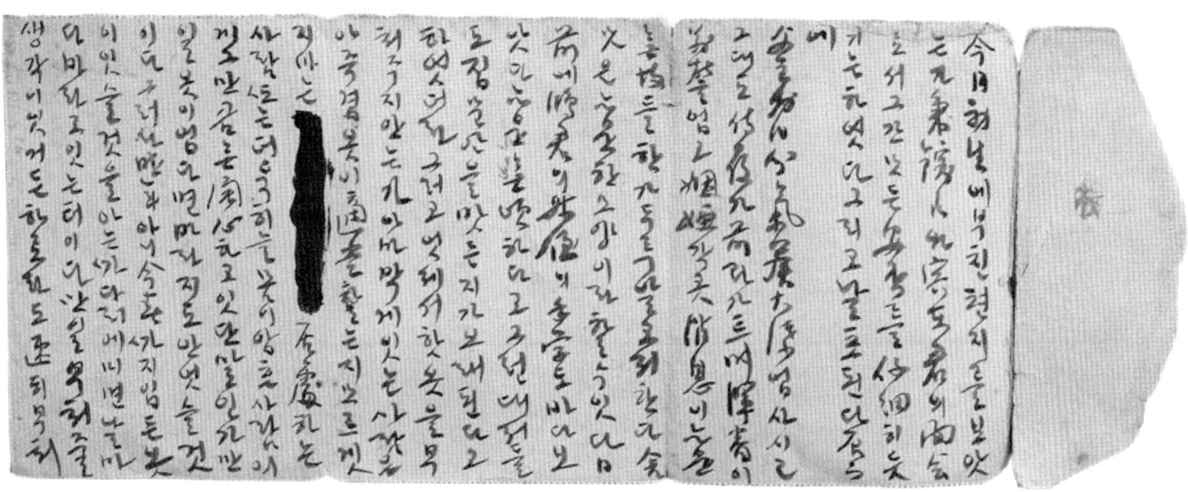

자료 21 「慶北 安東郡 豊北面 五美洞(醴泉區內) 金在河君, 京 西大門刑務所 在監 舍兄 金在鳳」, 1927년 12월 12일자

21-1

慶北 安東郡 豊北面 五美洞(醴泉區內)
金在河 君
京 西大門刑務所 在監
舍兄 金在鳳

1) 今月 五日付로 보낸 手書는 바다 보앗
2) 다 넉 달만에 보앗다 바라고 바라든 次이다
3) 깁버하얏다 辰下至寒에
4) 父主二位分 氣體 大添 업사시다 하니 遠
5) 外下誠 伏幸[35]이다 그대도 兄弟 別苦 업고
6) 渾率이 또 別警 업는 줄 아럿다 나는 그
7) 럭저럭 지난다 差入으로서 걱정할 것
8) 업다 옷은 춥지 안케 입벗다 그러나 아즉
9) 은 深冬도 아니고 또는 아즉것 큰 추위는 업섯
10) 다 鴻君의 편지는 보지가 月餘가 된다 그러나 日
11) 前에 九鉉君의 편지를 보앗다 저들도 다 無

35) 원외하성 복행 : 멀리 있는 아랫사람의 정성에 비추어 삼가 다행스럽다는 뜻.

12) 頃한 줄 아럿다 行禮는 언제 할지 未定
13) 이라니 다른 關係라면 모르나 公判 끗날
14) 때를 기달닐 意味는 업다 公判도 언제 끗
15) 날는 지 모르거니와 곳 난다 할지라도 내가 보
16) 게 된다던지 그럴 것도 아니 바에 끗날 때까지
17) 기달닐 必要가 업다 무엇 〃〃해 주지 못 하엿
18) 다는 것은 힘이 업는 바에 걱정하면 別道理잇
19) 나 내 생각에는 新行前이면 모든 것이 不便한 點
20) 이 잇게 되는 것이니 左右間 치루어두는 것이 조흘
21) 듯하다 해주지 못 한 것으로서 섭〃히 안다면
22) 이 다음에 만이 해 준다 하여라 우술 박게 업다
23) 人蔘栽培가 成績이 좃타하면 그것을 副業
24) 이라 글기보다 專力을 쓰는 것이 좃켓다 엇더
25) 케 하드라도 豫算과 가티 明春에 繼續하여
26) 라 그런 生產을 힘 안 쓰면 안된다 또야는 저
27) 일흠자를 그릇 쓴다 '鍛' 이러케 써라 네가 쓰는

21-2

1) 字는 다른 字가 된다 그러고 學校에 다니는 이
2) 야기를 쓰지 안늬? 今年에 몇 年級에 다니나
3) 또는 冬期放學 成績表도 적어 이 다음 편지
4) 할 때 써 보내라 鸞도 學校에 對한 것을
5) 써 보내 다고 外套는 아러 보아야 알겟다 이만
6) 그친다 한 달에 한 번 식은 편지하여 다고 먼
7) 저도 말하엿지만은 姻婭各處 安否도 아는 대로

8) 알여 다고

(1927) 十二月 十二日

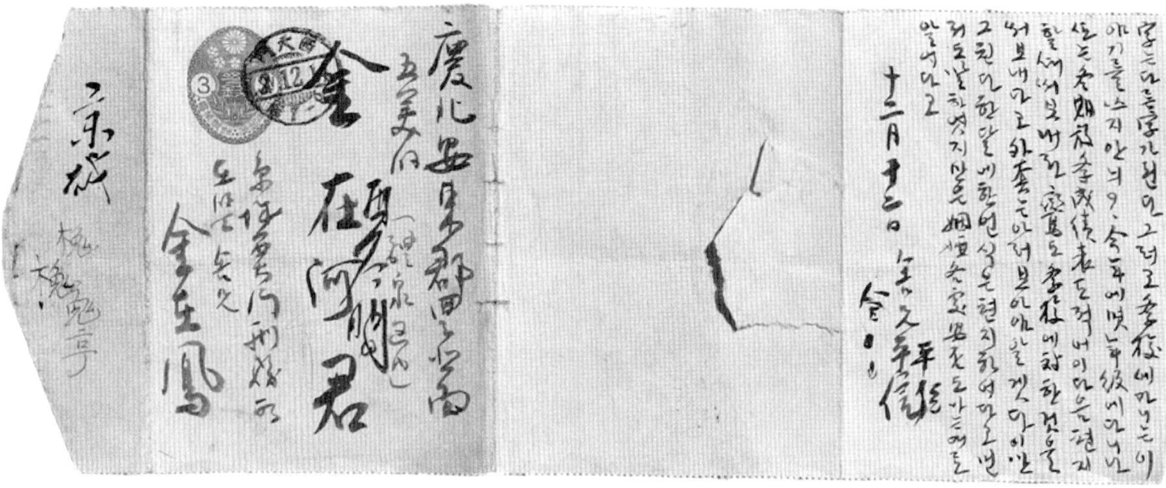

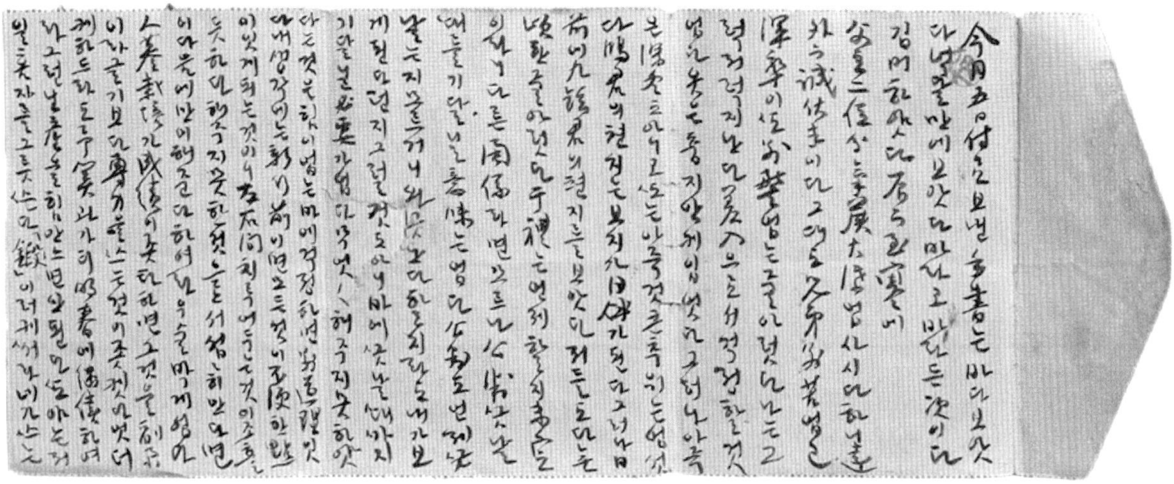

자료 22 「慶北 安東郡 豊北面 五美洞 醴泉郵區內 金在河君, 京城 峴底洞 百一番地 金在鳳」, (1927년?) 12월 23일자

22

慶北 安東郡 豊北面 五美洞 醴泉郵區內
金在河 君
京城 峴底洞 百一番地
金在鳳

1) 前月에 부친 편지는 바다 보엇는●●
2) 寒이 尤酷한 辰下에
3) 父主外內分 氣體候 大家損下節은
4) 업사시고 그대도 兄弟 侍履가 旺健하며
5) 渾眷이 亦是 別苦 업스며 大小宅 都候
6) 가 一安들 한가 周〃願聞이다 舍兄은 前
7) 書와 갓다 그러나 嚴冬을 經過할 일이
8) 참으로 悶憐하다 泰山羊腸을 넘으려
9) 는 것처름 걱정이 된다 ●●[36]
10)
11)
12) ●●● 鴻君의 書信

---

36) 9)행 뒷부분 ~ 12)행 앞부분까지 검열에서 지워진 것으로 추정됨.

13) 이 자조 잇는가 저들 叔侄은 今年에도 나올
14) 意思가 업는가 엇더케 지나는가 前書에도
15) 말햇지마는 이번에는 仔細히 알게 하여 다고
16) 그리고 現住所도 적어 보내다고 新行은
17) 그 期日로 利行하엿든가 쏘한 궁금하다
18) 그리고 어렵지마는 돈 五円만 더 부처주기를
19) 바란다 緊急히 쓸 대가 잇스니 되도록 速
20) 히 부처주기를 바란다 年사는 그처름 聲
21) 凶이란대 엇더케 濟接하여 나가는가 얼마만
22) 이라도 金円갓흔 것은 보내 달나 하기도 어렵
23) 다 그러나 꼭 부처 보내야 되겟다 이만 그친다
24) 例定으로 오는 그대의 書信을 기다리
25) 는 中이다

(1927?) 十二月 二十三日 舍兄 平信

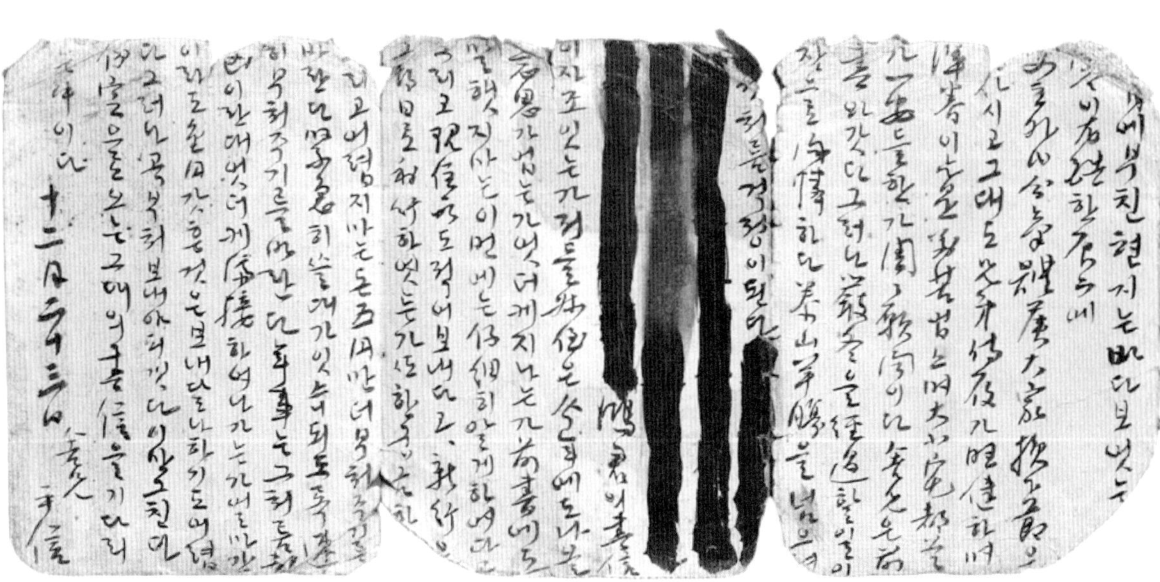

자료 23 「慶北 安東郡 豊北面 五美洞 金在河君, 京 西大門刑務所內 舍兄 金在鳳」, 1928년 1월 20일자

23-1

慶北 安東郡 豊北面 五美洞
金在河 君
京西大門刑務所內
金在鳳

1) 幾日 前에 鍛兒의 적은 것을 바다 보
2) 앗다 仔細하지는 못하나 別故 업는 줄
3) 알엇다 또 陰曆 歲際를 當하엿다 平
4) 常時일지라도 이 때를 當하면 別樣의
5) 感想이 업지 못 하거든 이 모양으로 세 번
6) 재 換歲를 하게 되엿다 그대들도 내가 가
7) 진 感想과 틀님이 업슴을 黯〃히 생
8) 각할 뿐이다 더욱히 우우로 우러〃서
9) 참으로 만흔 罪를 기처들인 줄은 이
10) 러 때를 當하면 深刻히 늣긴다 辰下에
11) 父主外內分 氣體 大添은 업사시고 그대
12) 도 別苦업스며 渾眷이 다 頗업스며 大
13) 小家節이 一安한가 伏慕 또는 두루 알
14) 고저 한다 舍兄은 그 모양 지나온다 公判

15) 은 結審은 되엿다 나는 七年이란 長期求
16) 刑이 잇다 놀랄 것이 업다 아즉 言渡를 보
17) 아야 確的히 얼마나 될 것으로 判決이 된다
18) 畧 一個月 前부터 한 끠 私食을 하기는
19) 한다 그러나 몸은 한끋 虛弱하엿다 그러나
20) 別로 걱정할 것이 업다 鴻君의 叔侄의
21) 편지도 朔 十日前에 보앗다 無頉한 모양
22) 이다 요전 편지에도 말하엿지만은 人蔘
23) 栽培는 아모조록 明年에도 繼續하여라
24) 新行은 어느 때나 하게 되나 나의 關係로 日字를

23-2

25) 左右할 까닭이 업다 그리 아러라 鍛兒는 글
26) 자를 그릇 쓰는 자가 만타 잘 가르처라 이만 그
27) 친다

(1928) 一月 二十日 舍兄 平信

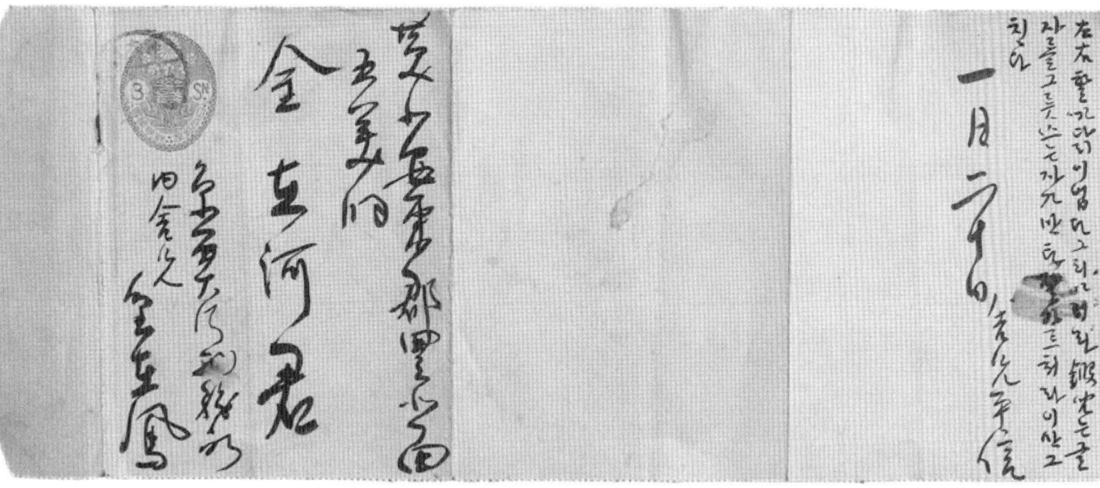

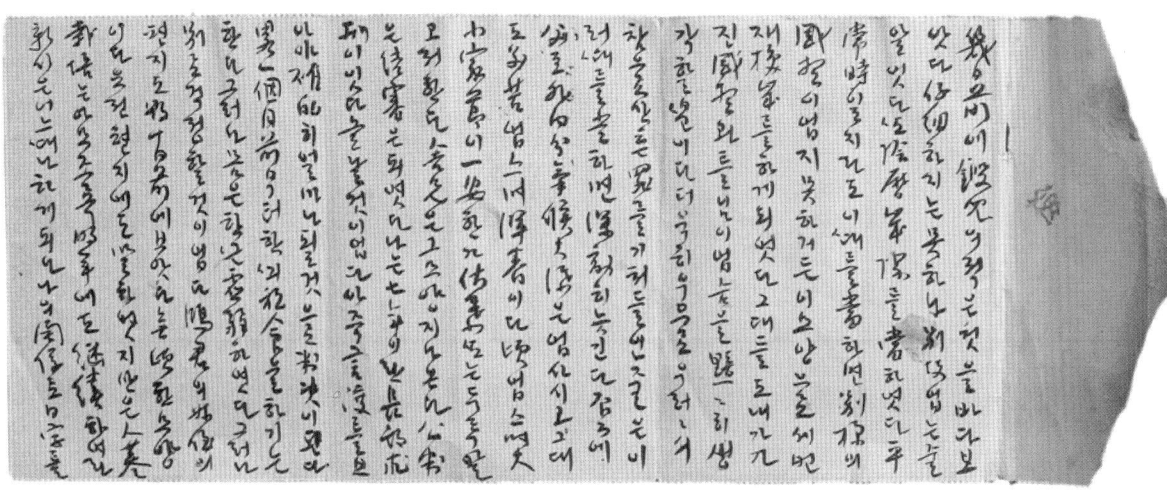

자료 24 「慶北 安東郡 豊北面 五美洞 醴泉郵區內 金在鴻君, 京城府 峴底洞 百一番地 舍兄 金在鳳」, 1929년 4월 29일자

24-1

慶北 安東郡 豊北面 五美洞 醴泉郵區內
金在鴻 君
京城府 峴底洞 百一番地 舍兄
金在鳳

1) 瞬間面接이기 까닭에 未盡한 말도 만
2) 엇다 그 뿐 아니라 四五年을 隔하야 또는 몃 千
3) 里를 距하고 兄弟 서로 그립던 나머지 그만
4) 한 時間 만으로만 面接도 慰安이 안 됨은
5) 아니다
6) 日前
7) 에 君의 手紙도 보아서 無事히 歸省한 것
8) 은 알엇다 그러나 그 뒤도 積日되엿다
9) 父主二位分 氣力이 別添損의 節은 업사
10) 시고 三兄弟 侍履도 別苦 업스며 渾眷이
11) 警告 업는가 니어 알고저 한다 舍兄은 그대가
12) 보고 가든 그 때의 상태를 가젓슬 뿐이다 册子
13) 에 對한 말은 或 잇지나 안엇는지 또는 그만 것
14) 을 求할 만한 힘이 잇슬는 지 알 수 업다 그러

15) 나 在元君에게 편지도 하여 보아라 辭林(金
16) 澤의 編纂)과 心理學 種의源 生物學
17) 其他 自然科學 等屬으로 될 수 잇는 대로 求
18) 해 보내게 하여 다고 이 곳으로 小包로 보내도록
19) 하여라 在元君에게 내가 편지 답 못한 것도 말하
20) 여라 鍊兒는 그 곳에 잇는 동안 英語工夫하도록
21) 하여라 그 전부터도 늘 말한 것이 아니냐 그러케 말
22) 하여라 그간 果然 얼마만큼 工夫하엿나? 이 다음
23) 편지에 알여 다고 釀造를 하게 된 것은 나의 생
24) 각에는 뜻박이다 또는 그대로 자미잇다니 다행이
25) 다 蔘栽培는 專力하여라 그리고 그대는 모든 생
26) 각을 停止하고 叔兄과 가치 집일 보면서 봄에
27) 병업게 하기로 決心하여라

24-2

1) 在河는 病이 낫다 하드라도 不注意하지 말
2) 러라 밋는다 더 큰 부탁업다 鍊兒에게 편지할
3) 때 무엇보다 몸을 조심하라 하고 내게도 편지하라
4) 고 하여라 卿芳의 住所는 모른다 鍛兒는 水島가
5) 다 왓는가 집은 果然 今年에 짓게큼 되엿나 그런
6) 것도 먼저 편지에 말이 업는가 이다음 편지는 좀
7) 더 昭詳함을 바란다 이만 그친다

(1929) 四月 十九日 舍兄 平信

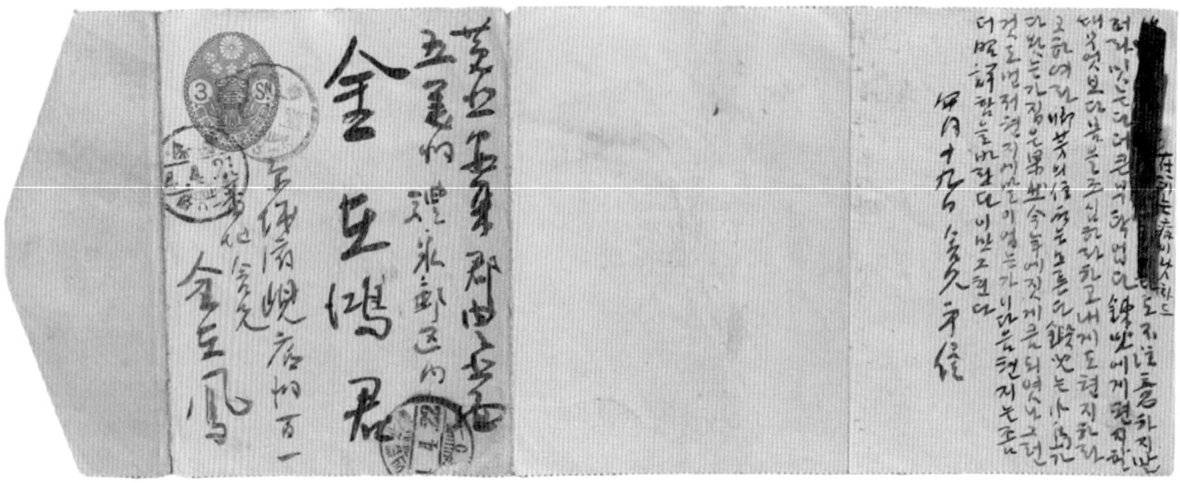

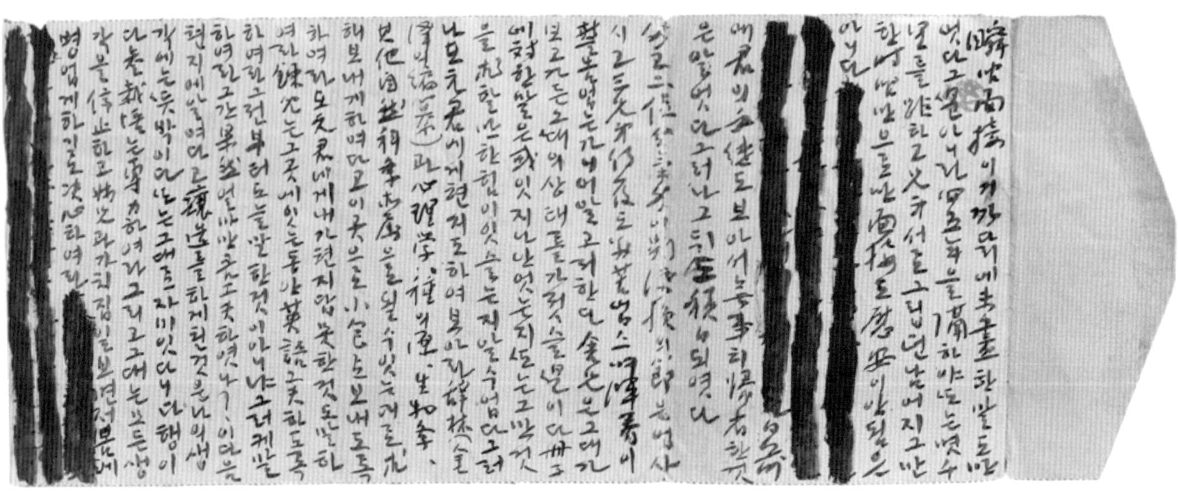

자료 25 「慶北 安東郡 豊北面 五美洞(醴泉區內) 金在鴻君, 京城府 峴底洞 101 舍兄 金在鳳」, 1929년 6월 16일자

25

慶北 安東郡 豊北面 五美洞(醴泉區內)
　金在鴻 君
京城府 峴底洞 101
　舍兄 金在鳳

1) 압달에 보내온 글은 보앗다 또 同封한
2) 鍛兒의 적은 것도 보앗다 그러나 그 후 동안도
3) 오래지마는 日氣도 漸漸 熱度를 도두어 간다
4) 辰下에
5) 父主二位分 氣力이 大添은 업사시고 三兄弟
6) 侍履도 別苦 업스며 渾率이 無頉하며 大小家
7) 都候가 一安들 하신가 두루 알고저 한다 舍兄
8) 은 전과 갓다 더위가 切迫한 것이 걱정이다 그러나
9) 추위 보담은 겁이 덜하다 月前에 鍊兒의 외
10) 삼촌이 面會를 하고 갓다 그 때에 大槪의 安否
11) 는 듯기는 햇다 鍊兒는 여름에 나온다더니 果然如
12) 意하게 될 것인가 온다면 언제쯤 되겟나? 나온다
13) 면 그 길에 내게 面會하고 가라 하여라 그러나 그것도
14) 旅費問題일 것이다 冊은 付托한 대로 되지 안는

15) 가 헌 册이라도 破紙나 쏘는 樂書 쏘는 鉛筆 등으
16) 로 雜書한 册은 되지 안는다 그런 것을 注意하
17) 여라 요전에 在元君이 내게 돈 五円을 付來한 것을
18) 바든 적이 잇다 그러나 回答을 해 주지 못 햇다 君이 편
19) 지 할 때 이 말을 하여라 鍛兒는 明年에 卒業하고 大邱나
20) 京城이나 就學을 하겟다 하엿스니 무슨 힘으로
21) 實行이 될 것인가 엇젯던 놀리지 말고 가르처라
22) 여름 敎學에는 저의 成績表를 보내라고 하여라 今
23) 年도 旱氣가 甚한 듯하다 家近은 엇던가 지나간 해
24) 그러타는 聲凶을 당한 나머지에 春耕은 또 엇더하엿
25) 스며 또 蠶農은 成績이 엇던가 蔘栽培도 늘 良
26) 好하며 釀造는 그대로 繼續하는가 그런 것도 이
27) 다음 좀 자세이 알여 다고 그러고 君은 아무 病
28) 업다는 편지를 보고는 다시 安心하엿다 그러나
29) 늘 衛生에 操心하기 바란다 이만 그친다

(1929) 六月 十六日 舍兄 平信

金在鴻 君

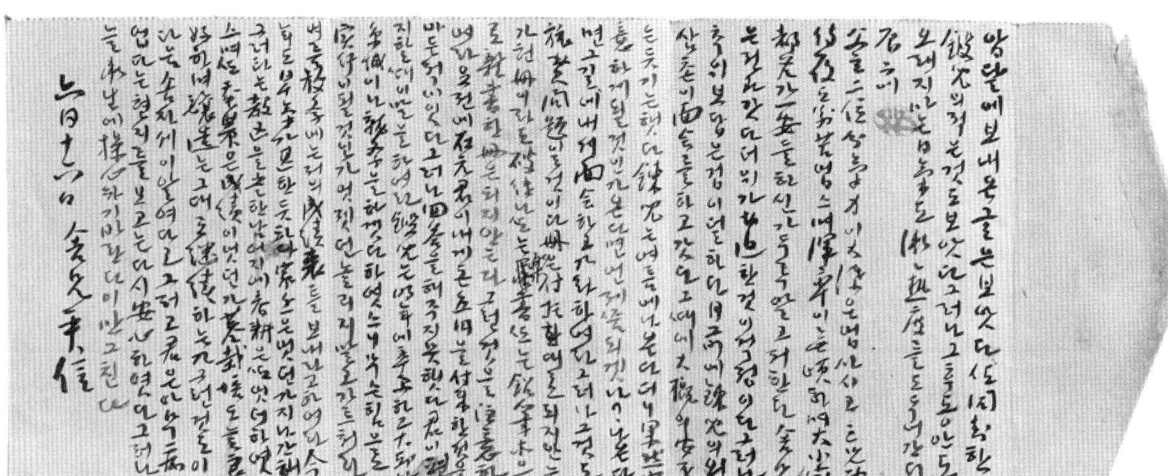

자료 26 「慶北 安東郡 豊北面 五美洞 金在鴻君, 京城府 峴底洞 101 舍兄 金在鳳」, 1929년 8월 16일자

26-1

慶北 安東郡 豊北面 五美洞
金在鴻 君
京城府 峴底洞 101
舍兄 金在鳳

1) 前月 念間에 보내온 君의 手書는
2) 틀님업시 바다 보앗다 今年 더위는 近
3) 年 듬은 듯하게도 酷毒하다 辰下에
4) 父主二位分 氣體候 이덧한 더위에 別
5) 損下節은 업사시고 君도 三兄弟 侍履
6) 가 別苦 업스며 渾率이 別警 업스며 大
7) 小各節이 쏘한 一安들하며 鍛兒는 夏期
8) 에 水島가서 잇겟다고? 그리고 錬兒는 엇젠
9) 일인가 前月 中旬에 在元君의 편지에도 그
10) 달 中旬間에 집으로 나온다고 쏘는 나오는 길
11) 에는 나를 와 보고 가리라던 것이 벌서 한 달
12) 이 넘어도 아니 온다 엇젠 까닭인가 마음에 조인
13) 다 바로 집으로 갓슬가 하고 생각도 한다 여러
14) 곳으로 두루 아울너 알고저 한다 舍兄은 그

15) 모양 지나온다 在元君이 부칫다는 二卷 册子는
16) 아즉 監房에는 들여오지 안엇스나 와 잇는 줄
17) 로 짐작된다 在元君의 편지에 必要한 册子는 저
18) 의게 通奇하면 求해 보내겟다고 하엿스나 저
19) 인들 手分이 그만큼 미칠 수 잇슬가 하고 잇다
20) 釀造는 歸竟 그러케 된다면 도리여 안 하기만 갓
21) 지 못할 것은 더 말할 것 업슬 것이다 다시 繼續할
22) 수 업는가? 人蔘도 地質이 不適하면 그역 압
23) 흐로도 滋味업슬 것이 안인가 그야말로 窮人
24) 謀事처름 그런 것도 여의치 못한가 부다 在元
25) 君도 數年되엿스니 歸省이나 할 것 아닌가 저의
26) 편지는 여러 번 본 세음이나 내가 答을 못하
27) 엿다 君이 이 말하여라 在麟이는 그저 놀겟지
28) ? 그럿트래도 서로 常識的 工夫에만은 留意

26-2

1) 를 씩혀라 이만 그친다

(1929) 八月 十六日 舍兄 平信

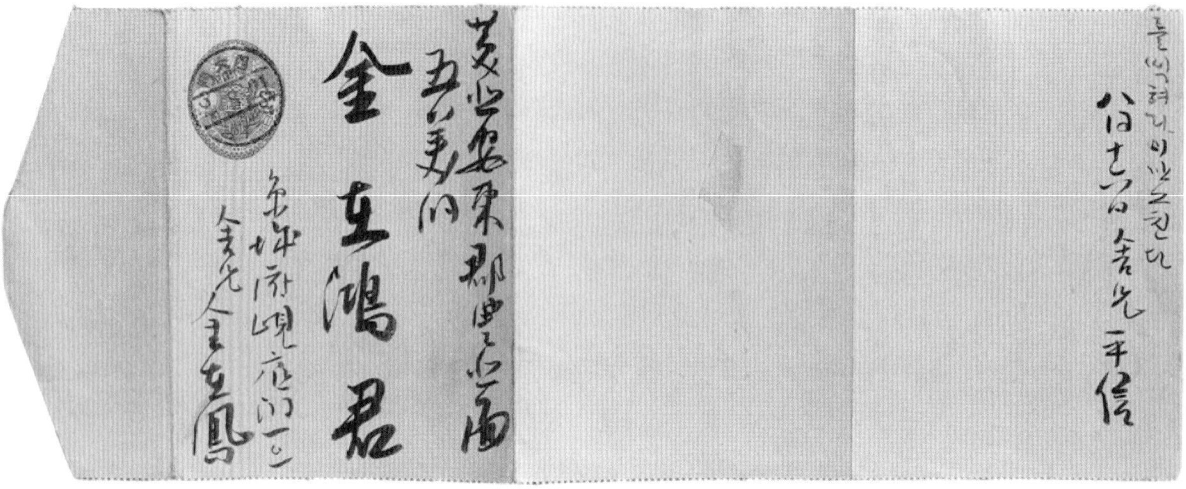

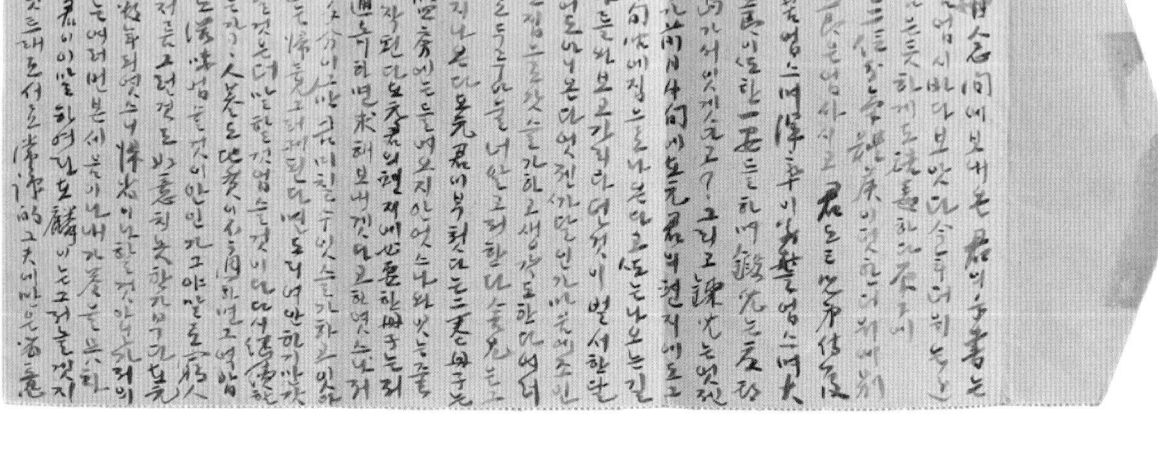

자료 27 「日本 東京府 下龜戶 七-一三五 伊藤官太郎方 留 金鍊 即展, 朝鮮 京城府 峴底洞 101 父 金在鳳」, 1929년 10월 21일자

27-1

日本 東京府 下龜戶 七-一三五 伊藤官太郎方 留
  金鍊 即展
朝鮮 京城府 峴底洞 101
  父 金在鳳

1) 너의게 이것을 적어 보기는 數年만
2) 이다 네가 나의 편지를 바라기도 햇슬 것
3) 이고 나도 하고저 아니한 바는 아니나 如意치
4) 못햇다 九月初旬에 너의 手書를 바닷
5) 다 그때는 너의 面會를 바라든 次이랫다 그
6) 편지를 보고 조이든 생각을 安心으로 돌이
7) 기는 햇다만은 각기로 성치 못하다든 것
8) 이 至今은 快差가 되엇나? 다시금 알고저
9) 햇스나 집에 편지까지 업슴으로 알 길이
10) 업섯다 그박게 별 頉은 업스며 너의 從叔도
11) 別苦 업는가 대개 엇던 經營과 抱負를 가젓
12) 는가 七月에 내게 온 편지는 보앗다 그러나 조곰도
13) 저의 지나는 凡百은 말을 아니하엿다 너도 그러햇지
14) 이러고 저러고 간에 모도 집으로 도라 오느라 아무 所

15) 得이 업는 터에 짜닭 업는 고생을 할 것이 무엇이
16) 냐 九鉉君 兄弟와 寅在君 兄弟도 잘 지나며 亦
17) 是 經營이 어대 잇는가 다 知傳에 뜻이 잇다면 讚
18) 意를 表할 바이나 너 從叔侄처름 지나는 것은 한
19) 갓 誤入에 不過한 것이 아닌가 한다 旅費가 問題
20) 라더니 엇더케 求處가 잇나 그리고 말이 順序가 업다
21) 집 安候는 언제 들엇나 내게 오래 동안 편지 업다
22) 火災를 본 것도 너의 편지에서 아랏다 損失은 姑
23) 舍하고 얼마나 놀나갯느냐 이번 편지는 너의게
24) 하기에 집에 편지 못한다 이것 보고 집으로 편지하
25) 여라 在元君의 부처온 冊은 바닷다 이전에 돈 五円도
26) 바닷다 그러나 편지 못한다 이것을 가치 보아라 冊은
27) 볼 만한 것이 업다 잘 보지도 못 한다만은 너들에게
28) 말한들 무슨 도리잇겟나 이 다음이라도 보내줄 수
29) 잇거든 別項에 적은 것으로 보내다고 鍊兒 너는 곳
30) 나오느라 在淵君에게 다문 무엇이던지 紀念品으로 면
31) 푼자리 안 되는 것이라도 그 곳 物品으로 가저다 주어라 그것

27-2

1) 이 人情이 그런 것이다 在元君은 그곳에 잇는 동안 洋
2) 靴製造를 배왓스면 조흘 듯하다 參考로 말한다
3) 冊은 最精世界地圖, 明鮮漢和辭典 이것은 사보내
4) 다고 그리고 心理學, 論理學, 倫理學, 其他自然科
5) 學 等으로 어더 보낼 수 잇스면 보내주고 억지 애써서
6) 求할 것은 업다 할 말이 만으나 精神이 混亂하

7) 다 이만 그친다

(1929) 十月 二十一日 父 艸

조선공산당 초대 책임비서, 김재봉(1891-1944)

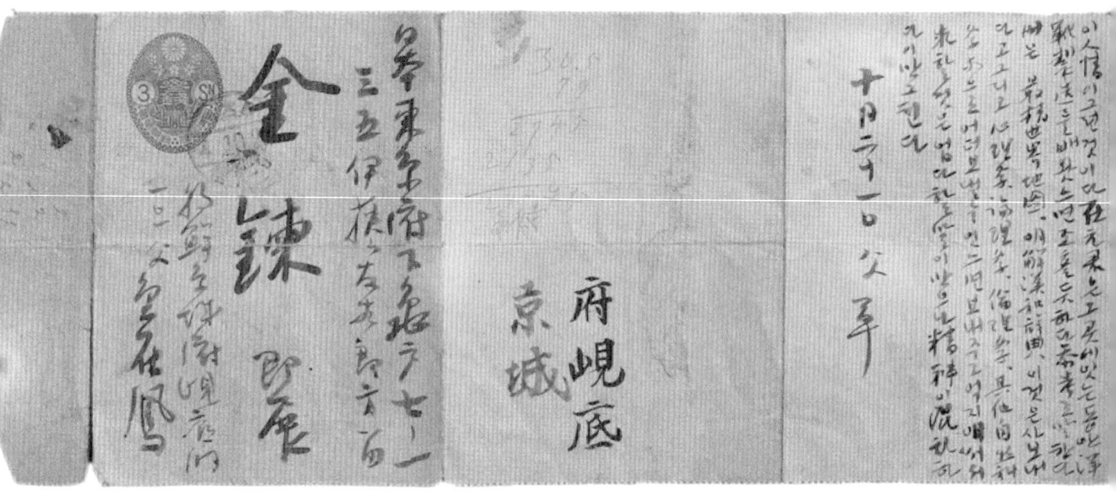

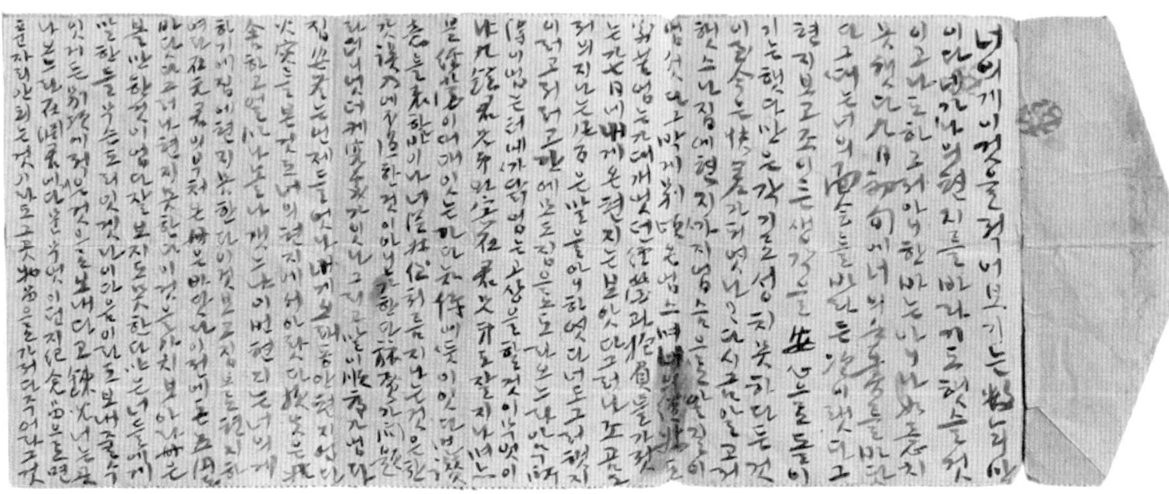

자료 28 「慶北 安東郡 豊北面 五美洞 金在鴻君, 京城府 峴底洞 101 舍兄 金在鳳」, 1929년 12월 24일자

28-1

慶北 安東郡 豊北面 五美洞
金在鴻 君
京城府 峴底洞 101
舍兄 金在鳳

1) 歲暮를 際하얏다 辰下에
2) 父主二位分 氣體候 以時萬康하시
3) 와 別損下節 업사시고 君의 三兄弟 侍履
4) 도 늘 健旺하며 渾眷이 別故 업스며 大
5) 少各節이 一安들 하며 鍊兒 저들 從
6) 叔侄 近況도 들엇는가 歲際들 臨하야
7) 울어서 더욱 下誠 그지업스며 또는 두루
8) 알고저 한다 舍兄은 一様이라 할가 한다
9) 요전 定期 편지는 鍊兒에게 하엿다 매우 바
10) 랏슬 것이다 큰 사랑채를 태웟다는
11) 말을 鍊兒의 편지에서 어더 들엇다 그러나 君
12) 의 前書에는 그런 말 업스니 이상하다 얼마나 태
13) 엇는지 損失보다도 얼마나 놀나슬가 蔘은
14) 元來 期望하던 바와는 그처럼 틀인다고 또

15) 그와 가튼 凶歲이라고 濟接하여 나갈 方針
16) 무엇 잇는가 釀造는 손 끈엇나 요전 편지에 말
17) 이 업슴으로 굼검다 그러나 저러나 別故업다면
18) 다행이겟다고 君의 편지만 기달니고 잇다 아니
19) 錬兒는 엇젠 일인가 今年도 나오지 못하는
20) 가부다 그 역 몸이나 잘 잇다면 別念慮 아니한
21) 다 요전에는 脚氣로서 못 나왓다더니 이번도
22) 그런지 旅費關係인 지 알 수 업다 在麟은
23) 그간 어데 定婚處 잇는가 父主甲年前 成就되
24) 엿스면 조켓다 鍛兒는 그처름 熱心으로 工夫
25) 한다고 또는 明年에 上級學校에 가겟다니 무슨 힘

28-2

1) 으로 가기 되갯나 엇젯던 工夫나 잘 하여라 姻
2) 婭 각곳 消息을 자조 듯는가 늘 하는 말이지
3) 만은 편지할 때는 仔細히 또는 漏遺업시 하
4) 여 다고 이만 그친다

(1929) 十二月 二十四日 舍兄 平信

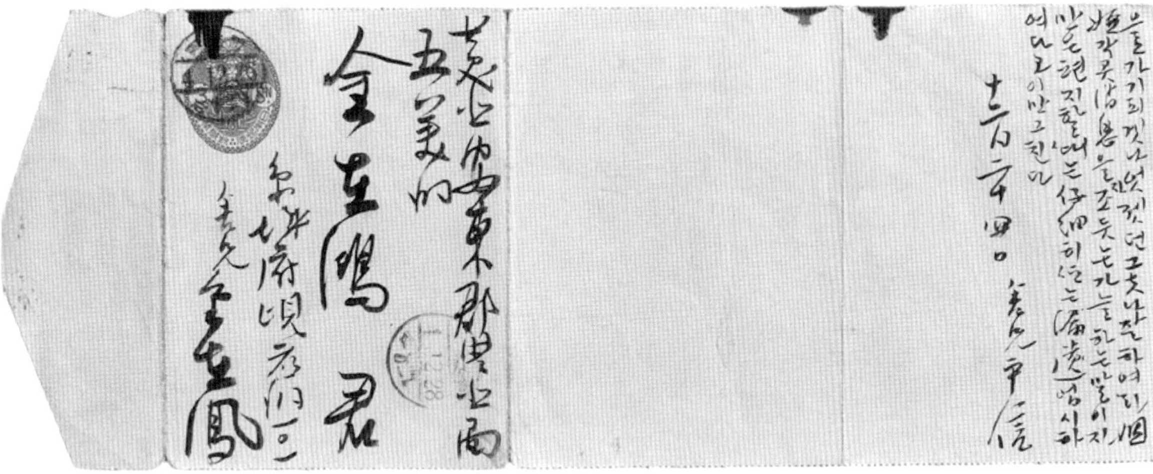

자료 29 「慶北 安東郡 豊北面 五美洞 金在鴻君, 京城府 峴底洞 101 舍兄 金在鳳」, 1930년 6월 19일자

29

慶北 安東郡 豊北面 五美洞
　金在鴻 君
京城府 峴底洞 101
　舍兄 金在鳳

1) 前月에 叔侄이 적은 것은 바다 보앗
2) 다 이로부터 炎熱이 각가워 온다 辰
3) 下에
4) 父主二位分 氣體候 一向萬康하
5) 시와 조금도 損下節 업사시고 君의
6) 三兄弟 侍履도 늘 旺健하며 渾眷
7) 面〃이 別頉업스며 大小各家節이 一
8) 安들 한가 울어 伏慕下誠 그지업스
9) 며 이어 아울너 두루 알고저 한다 舍兄
10) 은 一様[37]이라 할가 한다 짐작되는 바 今年
11) 麥作은 그처름 聲凶이라니 엇터케 濟
12) 接해 가는가 크게 보탬될 것은 아닐지

---

37) 일양 : 한 가지 모양. 이 전과 동일한 상태.

13) 라도 蠶農 그것은 조흔 成績을 어덧
14) 나 日氣가 旱兆가 甚한 듯하다 家近
15) 은 엇던가 累年 農作은 그처름 失敗
16) 에 거듭한 나머지라 나의 無益생각도
17) 그치지 안는다 鍊兒의 片紙는 늘 荒雜
18) 이 나터난다 글자를 빼먹고 誤書한 적
19) 이 만타 慈主는 玆主로 伏慕는 伏暮
20) 로 쓰는 적이 만타 荒雜치 안케 注意
21) 하여라 내가 늘 注意를 주는 바이니 저도
22) 銘心할 줄 밋는다 別로 적을 말 업
23) 기에 이만 그친다 仔細한 回答바란
24) 다

(1930) 六月 十九日 舍兄 平信

조선공산당 초대 책임비서, 김재봉(1891-1944)

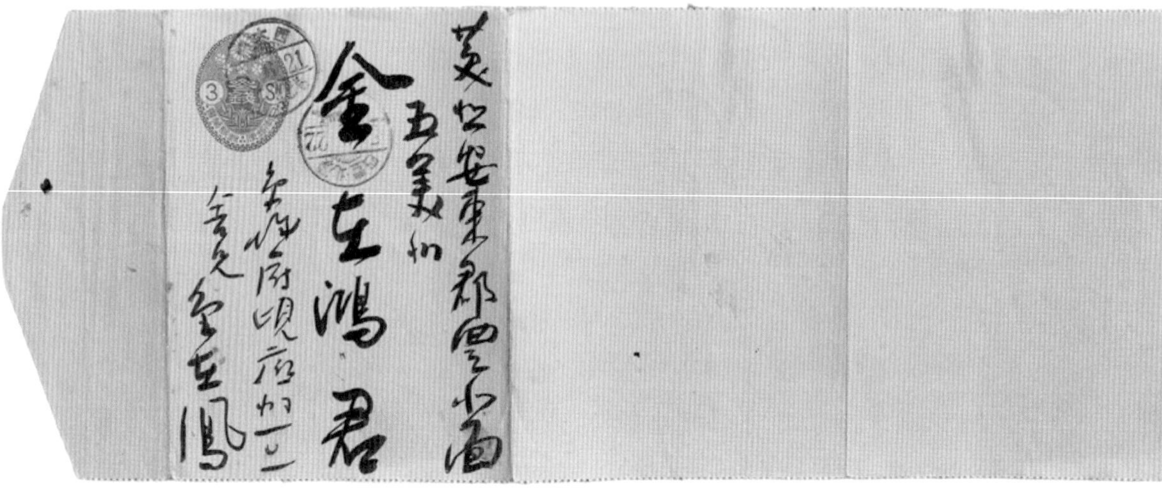

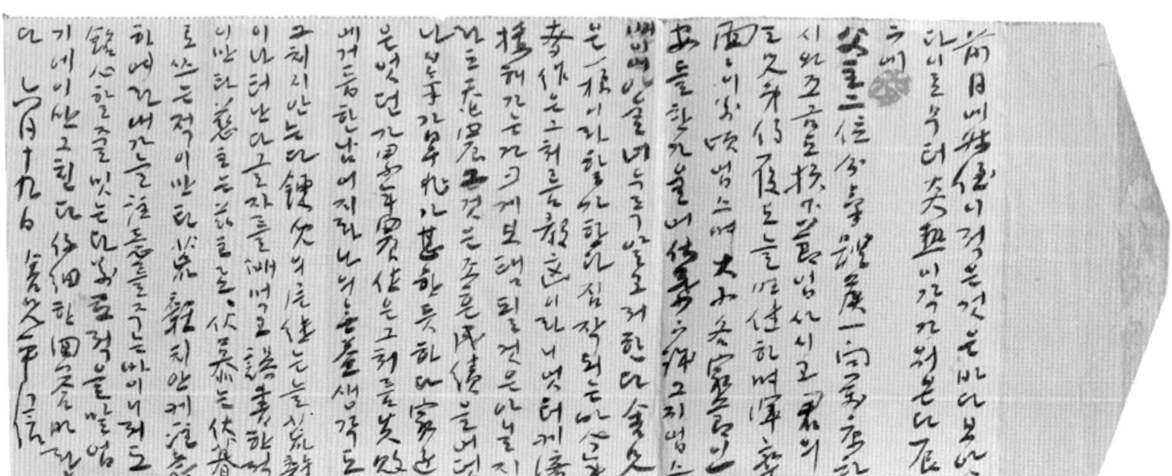

자료 30 「慶北 安東郡 豊北面 五美洞 金在鴻君, 京城府 峴底洞 101 舍兄 金在鳳」, 1930년 10월 15일자

30-1

慶北 安東郡 豊北面 五美洞
金在鴻 君
京城府 峴底洞 101
舍兄 金在鳳

1) 前月에 君의 手書를 받아 보
2) 앗다 그러나 鍊兒 저 兄弟의 적음
3) 은 업섯다 짜라서 疑訝를 가젓다
4) 今年도 벌서 仲秋에 넘어 섯다 次
5) 次 嚴한 霜雪氣候도 곧 닥쳐
6) 오나부다 辰下에
7) 父主二位分 氣體候 連向萬
8) 寧하시와 寢饍等節이 損下節
9) 업사시고 君의 三兄弟 侍履도 늘
10) 健旺하며 渾率이 次第로 警告 업
11) 스며 大小各家節이 一安들 姻婭間
12) 安信도 陸續한가 들우 알고자 한다
13) 舍兄은 한 모양 지나온다 이 박게 더
14) 알려 줄 것이 업다 今年 〃事는 豊

15) 作이라니 그만큼 安心된다 册子에 對
16) 해서 요전에 말한 것은 或 可能性이
17) 잇나 알고저 한다 麟兒 婚事는 아
18) 직 定處업는가 明年 안으로 成人
19) 시켯시면 조치 안을가 한다 그리고
20) 너들의 工夫는 늘 熱心으로 해나가는가
21) 쏘다시 부탁한다 그리고 요다음 答
22) 狀에는 집안일이나 너들 工夫等까지도

30-2

23) 詳細히 적어 다고 이만 그친다

(1930) 十月 十五日 舍兄 平信

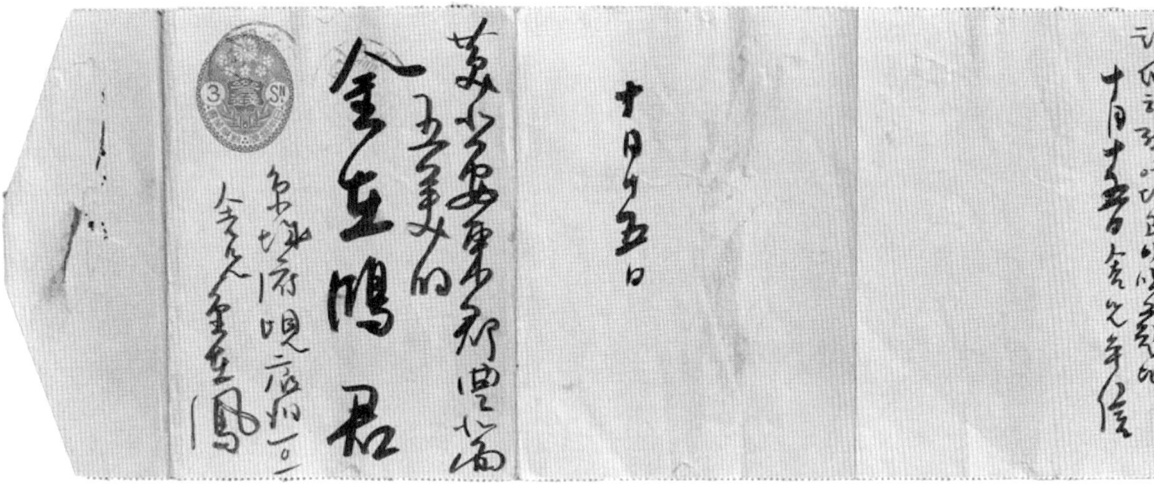
金正鳴 君
十月十五日

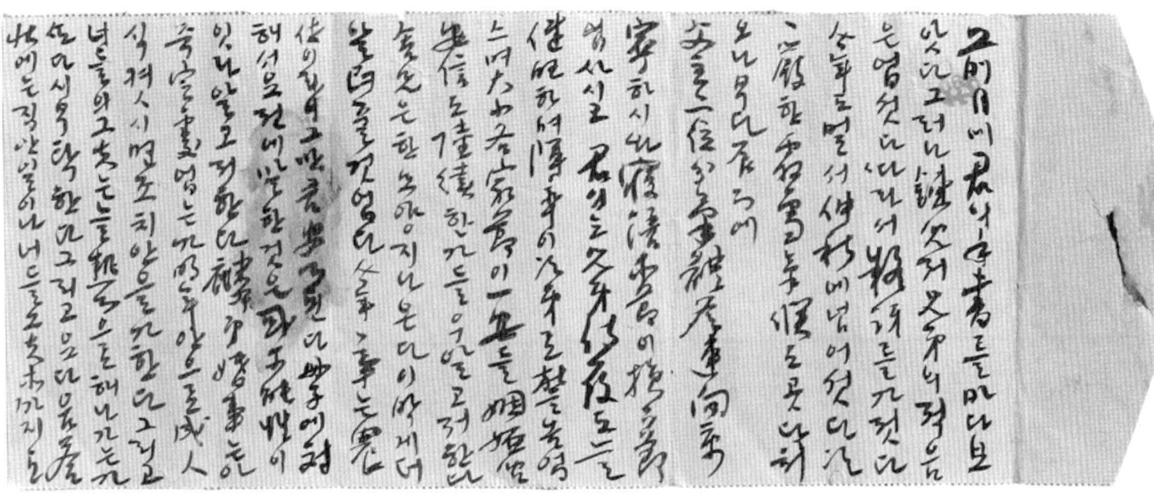

자료 31 「慶北 安東郡 豊北面 五美洞 金在鴻君, 京城府 峴底洞 101 舍兄 金在鳳」, (1930년?) 12월 20일자

31-1

慶北 安東郡 豊北面 五美洞
　金在鴻 君
京城府 峴底洞 101
　舍兄 金在鳳

1) 歲際를 當하엿다 따라서 深
2) 冬이 된 것만큼 일기도 陰酸하
3) 다 辰下에
4) 父主二位分 氣體候 連向萬
5) 康하시고 君의 三兄弟 侍履도 健
6) 旺하며 渾眷이 無警하고 大小各
7) 家節이 一安들 하신가 아울러 알
8) 고저 한다 舍兄은 亦是 적어 자미스
9) 러울 말이 업다 月前인가 幹燮
10) 氏가 面會를 왓다 간 일이 잇다 經濟
11) 恐惶은 極度에 達하엿다니 大同의
12) 患이라 할지나 우리집 形便은 더욱
13) 모양 업슬 것을 想像하겟다 在元
14) 君의 音信도 자조 잇느냐 從嫂氏까지

15) 가신다는 것은 誤計가 아닐가 한다
16) 늘 하는 말이지마는 여러 叔侄이
17) 工夫에 熱誠을 가졌나? 在麟은
18) 아즉 結婚한 곳이 업는가 요전에도
19) 내가 알고자 하엿서도 그대가 答이 업섯
20) 다 무엇이던지 仔細히 하여 다고 쏘

31-2

1) 야는 요전에 편지 업섯다 工夫 잘 하느
2) 냐 英語도 가르쳐 주어라 앞으로
3) 上級學校에 보내야 될 것이 아니냐
4) 이만 그친다

(1930?) 十二月 二十日 舍兄 平信

조선공산당 초대 책임비서, 김재봉(1891-1944)

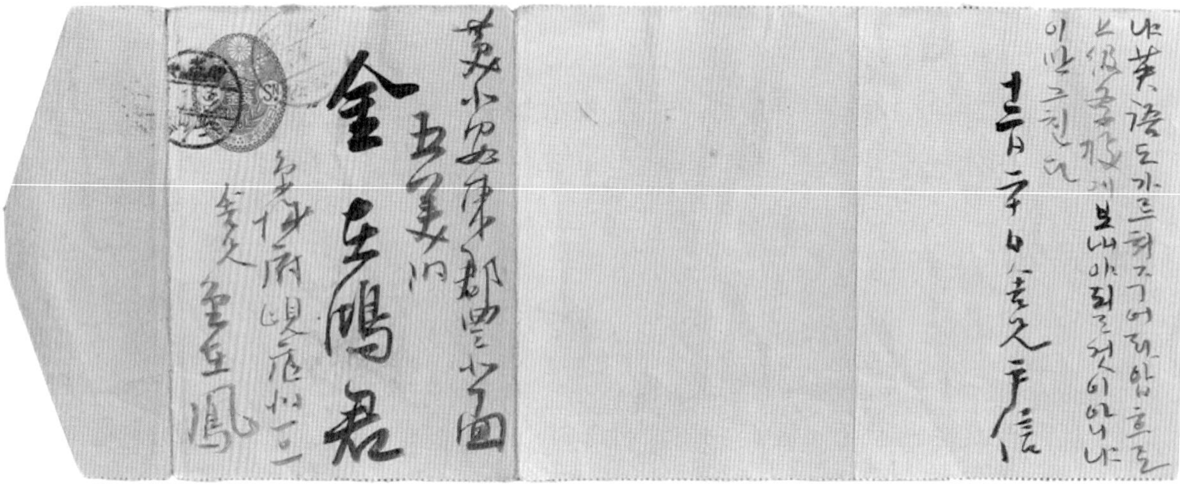

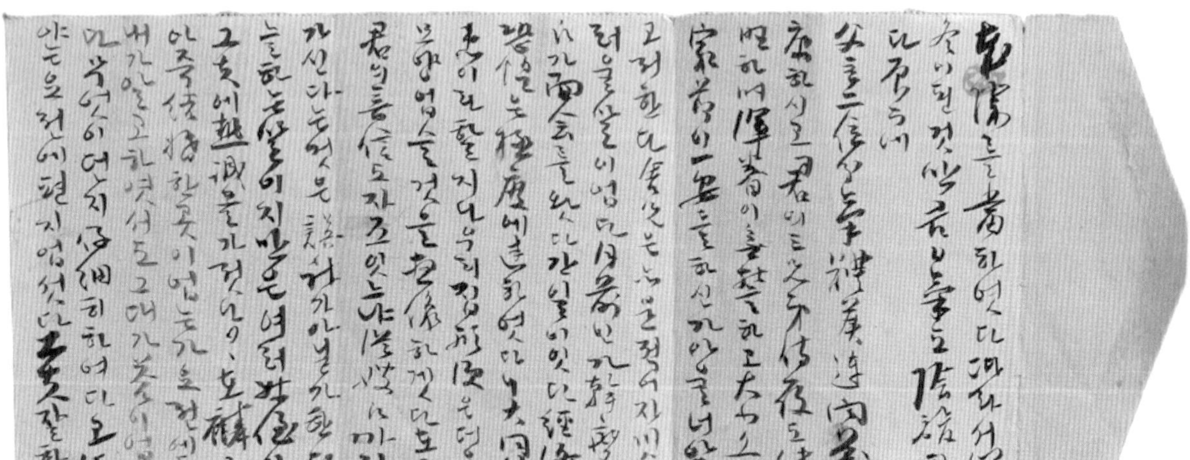

자료 32 「慶北 安東郡 豊北面 五美洞 金在鴻君, 京城府 峴底洞 101 舍兄 金在鳳」, (1931년?) 2월 16일자

32-1

慶北 安東郡 豊北面 五美洞
金在鴻 君
京城府 峴底洞 101
舍兄 金在鳳

1) 또 新春을 마지하엿다 辰下
2) 父主二位分 氣體候 一向萬康
3) 하시와 조금도 損節이 업사시고
4) 君의 三兄弟 侍履가 늘 健旺하며
5) 渾率이 別警告 업스며 大小家節
6) 이 一安들 하고 姻婭各處 安信까지
7) 陸續되는가 아울너 알고저 한다 舍兄
8) 은 그럭저럭 지나온다 新年을 마지하
9) 니 나도 世上을 나가는 날자를 손쉽아
10) 보기도 한다 그러나 아직은 창〃하다
11) 父主晬辰이 今年이다 우리에게는 이 보
12) 다 더 질거운 해가 업슬 것이다 極端에
13) 이른 이곳에서도 나는 깃분 생각쁜으로서
14) 지나간다 그러나 날자를 쉽아보니 내가 한

15) 달 가량만 먼저 나간다면 班衣祝盃로
16) 뫼시게 될 것인대 遺恨이 만타 在元君
17) 의 書信도 자조 오는가 내가 엣스語를
18) 배와 볼가한다 엣스語 講義가 있다니 速히
19) 購買해 줄 수 있나 바란다 文學專集
20) 은 잘 許可 안 된다 너들이 보고 두어라 이 다음
21) 에 가서 볼 수 박게 업다 이번 편지는 定期
22) 로 보아 느젓다 仔細한 回信을 바란다
23) 父主晬辰에 需供으로 新家有無로의 準
24) 備를 至今부터도 留意하여라 내가 업드
25) 라도 그대들과 아이들이 잇스니 禮床까

32-2

1) 지도 宜當 할 줄로 안다 그리 밋는다

(1931?) 二月 十六日(三月 二日)

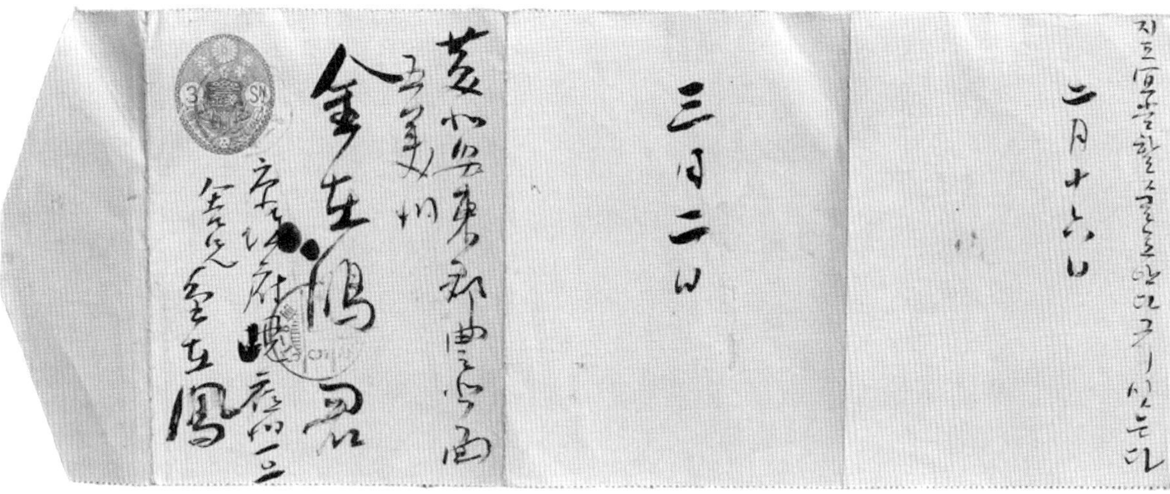

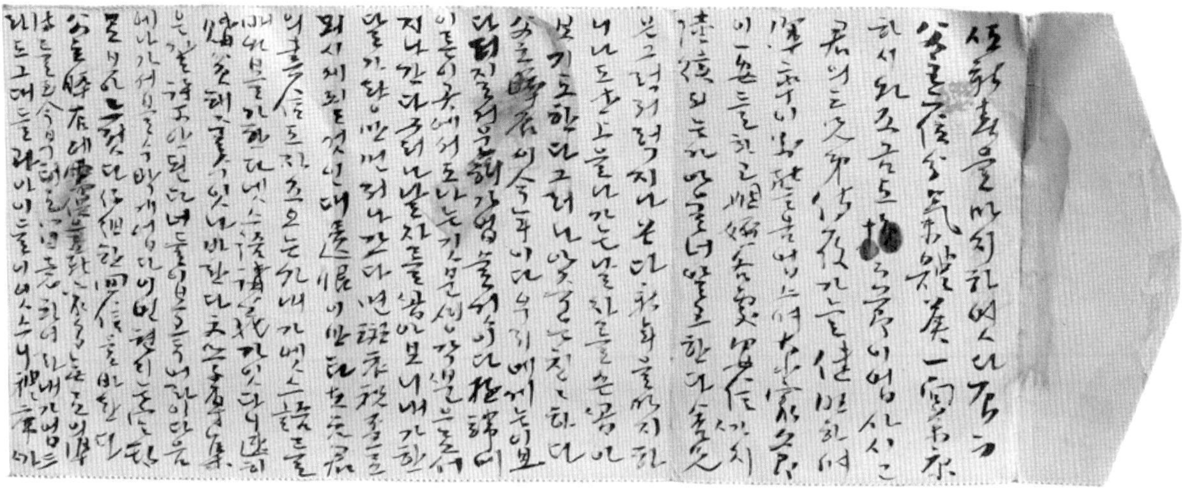

자료 33 「慶北 安東郡 豊北面 五美洞 金在鴻君, 京城府 峴底洞 101 舍兄 金在鳳」, 1931년(소인 4월 28일자)

33-1

慶北 安東郡 豊北面 五美洞
　金在鴻 君
京城府 峴底洞 101
　舍兄 金在鳳

1) 君의 手書를 바다 보앗다 그리
2) 고 數日되엿다 辰下에
3) 父主 二位分 氣體候 늘 康寧
4) 하시고 君의 三兄弟 侍履도 旺健하
5) 며 全眷이 別頉 업시며 大小各節
6) 一安들 하신가 둘우 알고저 한다
7) 아니 요전에 鍊兒는 적은 것이 없었
8) 다 或 어데 갓섯든 터인가 鍛兒는 大
9) 邱가서 試驗에 落第를 햇다고 놀
10) 리기 어려우니 보낸 것이겟지 至今은 집
11) 으로 도라왓는가 在元君 音信도 늘
12) 잇는가 엣스語 冊子를 물어보았나
13) 만일 講義가 업다면 달니라도 두어
14) 卷 求해 부쳐 다고 成功을 할 만큼

15) 練習은 못 할지라도 消日兼 볼
16) 가 한다 君은 나의 出獄을 父主 回
17) 甲前에 或이나 될 수 잇슬가고 기달
18) 엿지마는 그런 希望은 斷念하여라
19) 그리고 今春經過는 넘어나 窮乏
20) 한 形便은 아닌가 헛되이 마음만 조일
21) 분이다 君의 兄嫂氏는 언제 歸覲
22) 하엿기에 不遠間 오리라고 하엿나?
23) 이만 주리고 모든 仔細한 적음 기

33-2

1) 다린다

(소인 서울 1931. 4. 28, 안동 4. 30)

조선공산당 초대 책임비서, 김재봉(1891-1944)

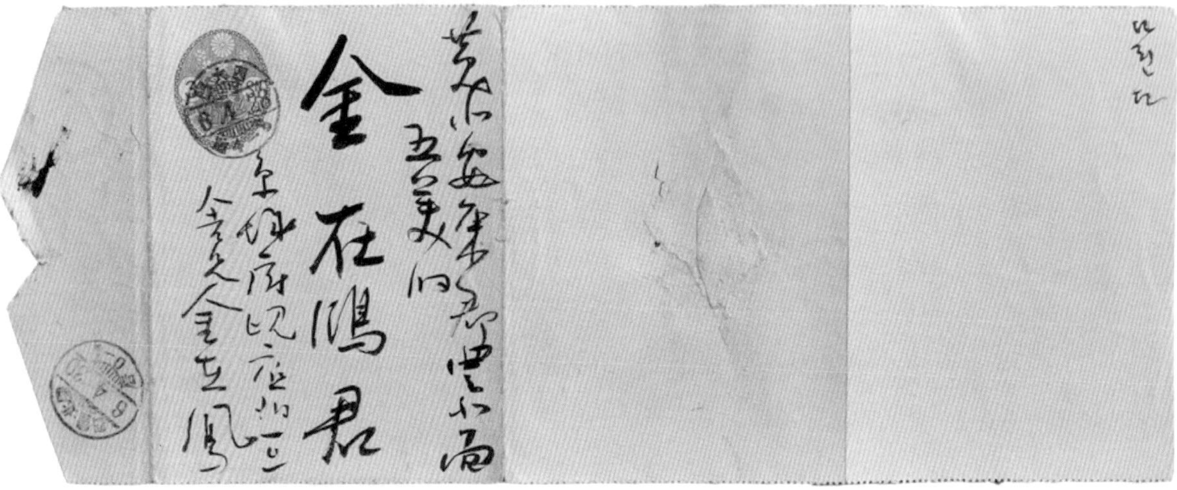

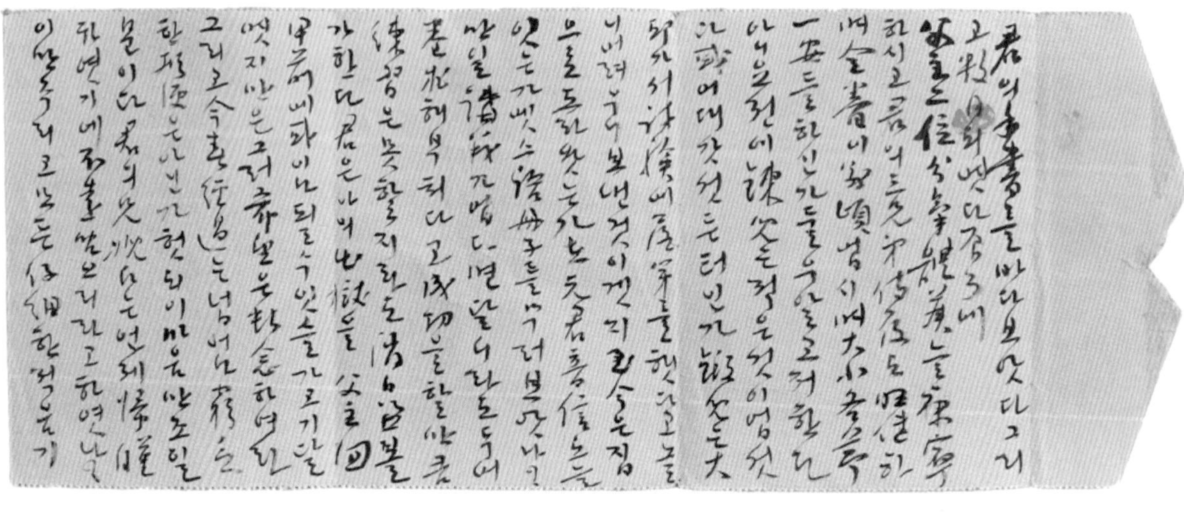

자료 34 「慶北 安東郡 豊北面 五美洞 金在鴻君, 京城府 峴底洞 101 舍兄 金在鳳」, 1931년 6월 19일자

34-1

慶北 安東郡 豊北面 五美洞
金在鴻 君
京城府 峴底洞 101
舍兄 金在鳳

1) 요전 定期書信은 바다 보앗
2) 다 炎節이 갓가워 온다 辰下에
3) 父主二位分 氣體候 循序康
4) 寧하시고 君의 三兄弟 侍履도
5) 늘 健旺하며 全眷이 別樣의 頉
6) 이 없으며 大小各家 都節이 一安
7) 들 하며 今年 麥農이라던지 또
8) 는 蠶農까지라도 失敗나 업섯는
9) 가 그처름 不景氣에 呻吟한다니
10) 엇더케 濟接하여 가는가 晝夜로 두
11) 루 알고저 헛된 생각만 쓰일 쑨이
12) 다 舍兄은 一樣이라 할가 한다 如前
13) 히 居房作業으로 지나온다 作業은
14) 今年부터는 封套를 부친다

15) 鍊兒는 前後 二回에 一字도 적지
16) 안엇다 그때 집에 업섯던가 만약 出
17) 他하얏다면 君의 편지에 말이 잇섯
18) 슬 것이나 그런 말도 업섯다 日氣가 漸
19) 次 더워 온다 이것이 頭重한 걱정
20) 일다 그러고 昭詳한 편지를 要求한
21) 다는 것은 별 말이 아니다 家內安否 쏘
22) 는姻婭間 消息까지라도 될 수 잇
23) 는 대로 좀 알여 달난 말이다 이만 주린

34-2

1) 다

(소인 1931) 六月 十九日 舍兄 平信

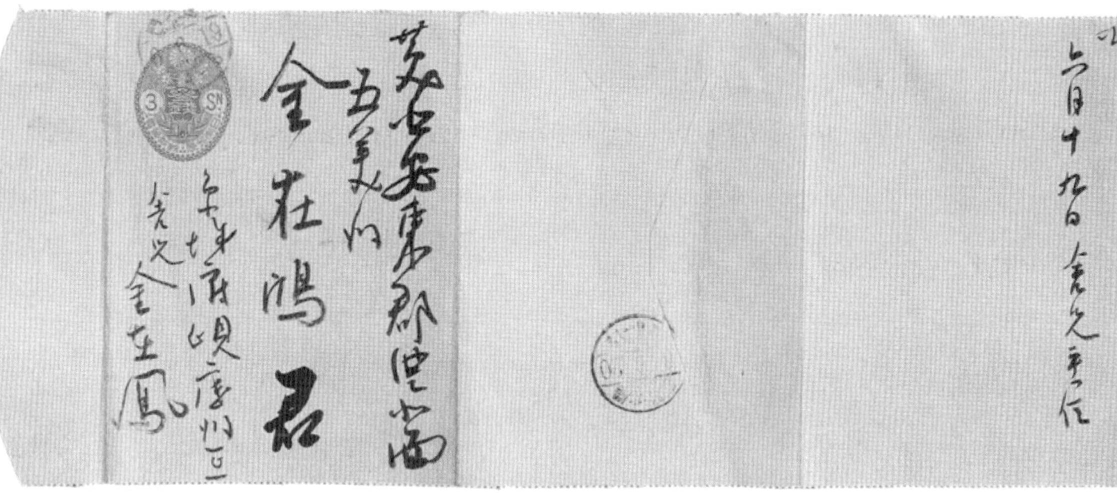

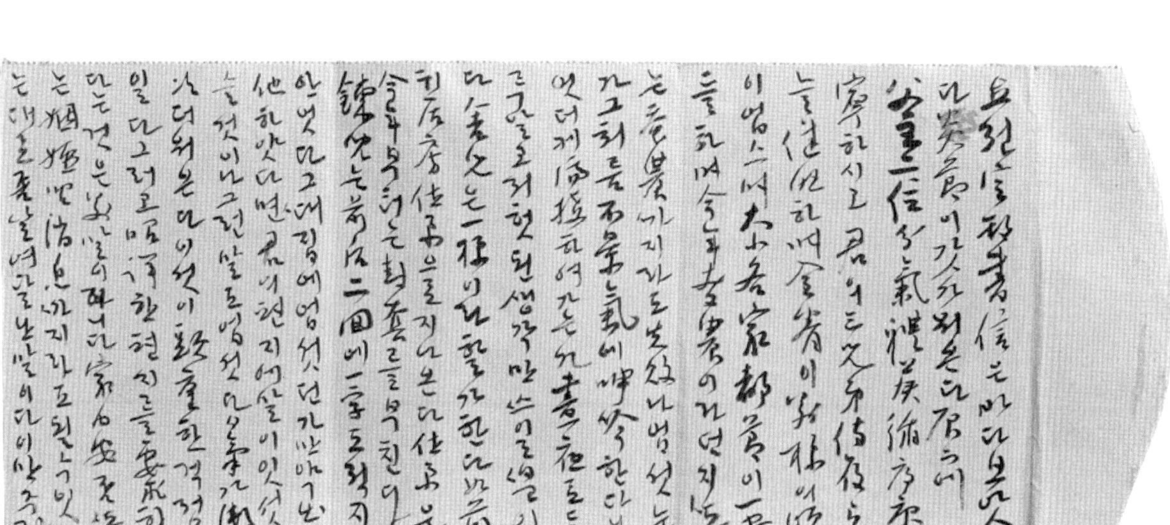

자료 35 「慶北 安東郡 豊北面 五美洞 金在鴻君, 京城府 峴底洞 101 舍兄 金在鳳」, 1931년 8월 20일자

35-1

慶北 安東郡 豊北面 五美洞
金在鴻 君
京城府 峴底洞 101
舍兄 金在鳳

1) 君의 手書를 바든 后 月餘나 된다
2) 그러나 놀랍기 그지없다 어머니 患候
3) 는 그 처름 오랜 時日에 彌留하셨다
4) 니 지금은 좀 엇더하신가 復常되섯
5) 는가 焦泣으로 보나는 日月은 더욱히
6) 더듸기도 하다 老炎이 酷熱한 辰下에
7) 父主 氣體候 늘 康寧하시와 寢
8) 饍等節이 損下 업사시고 어머니는 그간
9) 勿●으로 復常되섯는가 그러치 안으
10) 면 얼마나 差度가 게신가 朝暮伏慕에
11) 焦泣만 할 쓴이다 그런 病患은 醫院에
12) 뫼시고 가 新醫術의 治療를 바덧시면
13) 應當히 君等도 생각이 못 미치는 바

14) 는 아니겟지만은? 그러나 엇더케 艱寒
15) 한 터일지라도 新醫의 授術을 밧게
16) 誠力을 다하여 보아라 君의 三兄弟 侍湯
17) 中에 別樣의 苦 업스며 渾眷이 또 別告 업
18) 는가 婦阿는 例症으로 벌서 거의 滿朔되
19) 엿다고 쏘 다시 반갑다 鍛兒 婚姻은 그처름
20) 급할 것이 무엇이냐 더욱히 오늘날에 閨
21) 節이 郎자보다 三年 맛이란 것은 더욱 안 된
22) 말이다 三歲 가량 적다면 容或으로 結婚
23) 해 둘넌지 나의 意思는 이렇다 今年 作
24) 農은 別 失敗는 업는가 東田叔主는 病院

35-2

1) 에서 오래 게시게 되는가 或 速히 退院하
2) 게 될 希望이 잇는가 病勢도 좀 아는대
3) 로 다음 편지에 말해 다고 이만 그치고
4) 어머니 患候 不日復常하시기만 축원
5) 하고 짜라서 그대의 昭詳한 回答을 速〃
6) 히 보기만 기달인다

(1931) 八月 二十日 舍兄 平信

조선공산당 초대 책임비서, 김재봉(1891-1944)

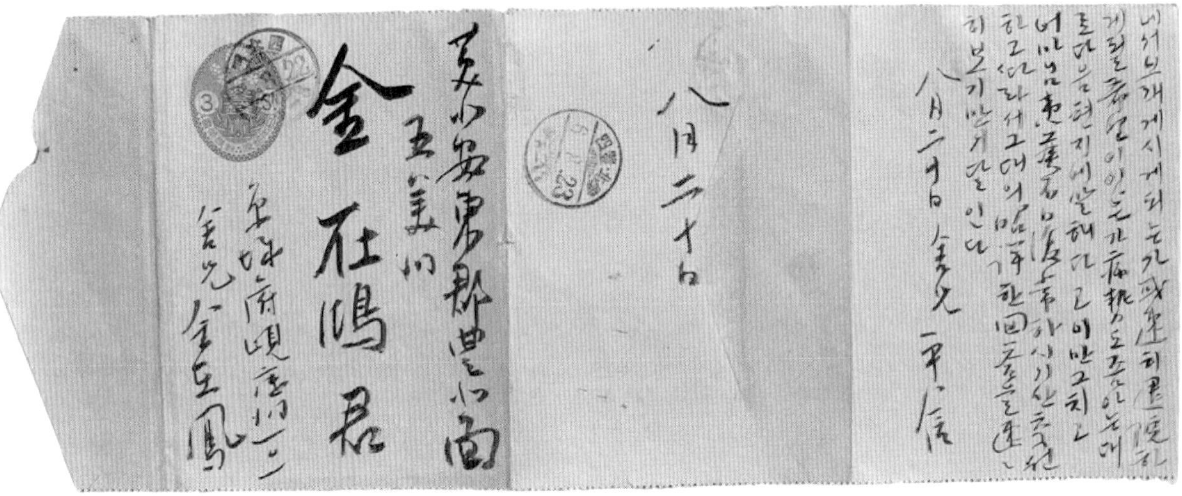

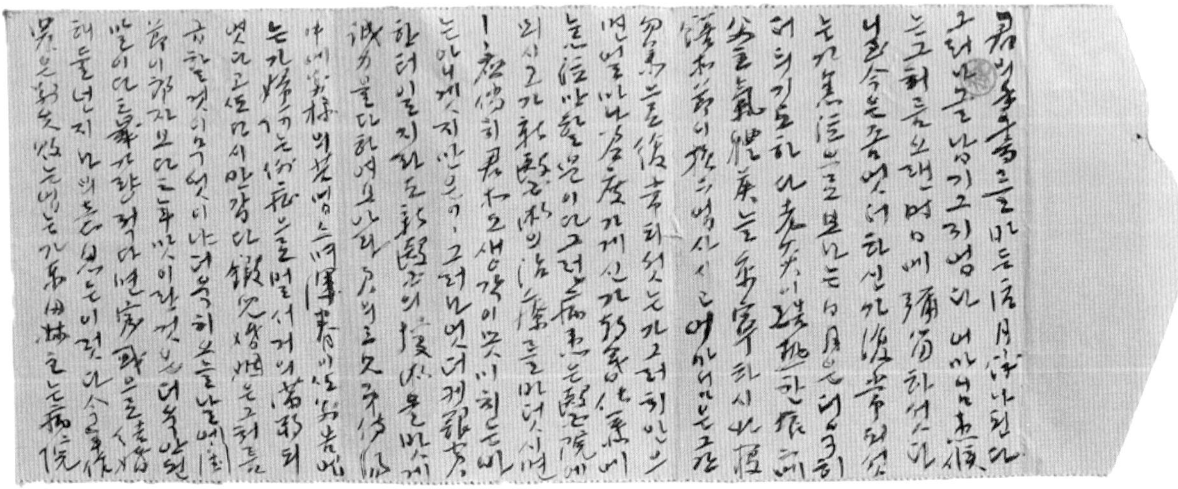

자료 36 「京城 西大門刑務所 金在鳳君, 聞慶 身北面 葛平 鄭絅欽」, 년도미상 음력 윤달 25일자

京城 西大門刑務所
　金在鳳 君
聞慶 身北面 葛平
　鄭絅欽[38]

積懷 非片?可旣 晩熱比酷 縲絏中體況何似 無別生病敗否 吾亦劫界人 不能將召散魄 至於合做人事 一切謝却 牢臥窮廬 自憐奈何 此近農形 可謂均登 連歲大歉之餘 是爲差强耳 餘在默會 紙窄不戩禮
　舊 閏月 卄五日

쌓인 회포를 조금이라도 다하지 못했네. 늦더위가 혹심한데 영어 중 견디기가 어떤가? 별다른 병이나 나지 않았는지? 나 또한 생・사간을 오가는 사람이라 흩어지려는 혼백을 장차 부를 수 없을 지경인데, 인사를 차리는 일에 있어서는 일체 사양해 물리치고 항상 군색한 집에 누워 지내네. 스스로 가련한들 어쩌는가? 여기는 근래 농사가 고루 풍작이라 할 수 있지만, 해마다 대 흉년이었던 나머지에 그래도 조금 나은 정도일 뿐이네. 나머지는 짐작해서 헤아리게. 종이가 좁아서 격식을 다 갖추지 않네.
　음력 윤달 이십오일.

38) 정경흠鄭絅欽: 김재봉의 고모부. 관은 淸州, 梅窓 鄭士信의 후손이다.

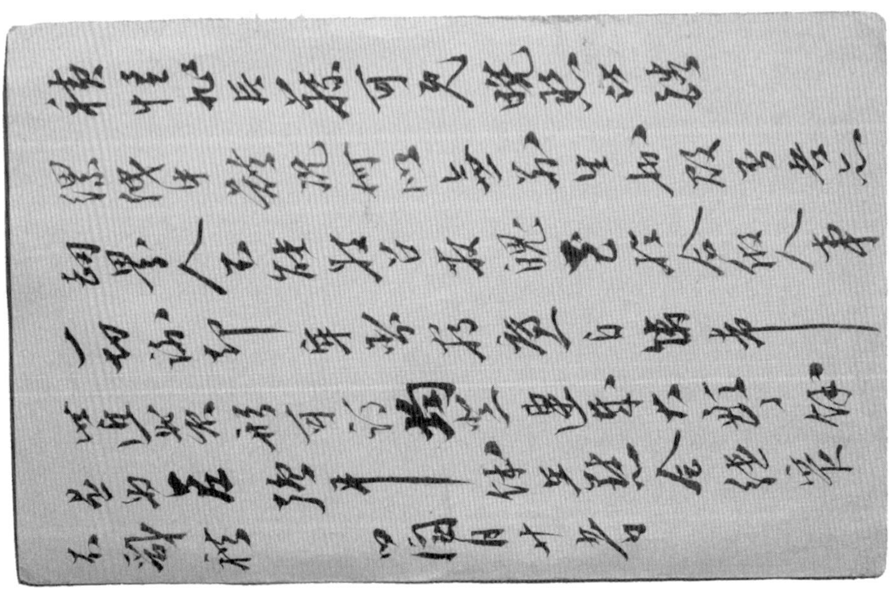

자료 37 「朝鮮 京城府安 西大門刑務所內 金在鳳 樣」, 1927년 10월 19일자

삼가 아룀

나는 15일 오후 9시 55분 경성 역을 출발하여 도중에 대구에 내려서 眞友 연맹 사건의 피고 여러 명을 면회하고 18일 오전 10시 10분 동경 역에 도착하였다. 제일 먼저 동경에 와서 법정의 공판에 입회한 나의 직감은 너무나 무이해 몰인정한 재판소의 공판 진행의 방법에 참을 수 없습니다.

그러나 우리들은 변호인으로서 진지한 직면 항쟁과 사회운동자로서의 열렬한 배후의 무산대중 여론 환기에 노력하여 어디까지나 귀하 등을 위해 싸울 것입니다.

내가 이번 우선 동경으로 온 것도 그것을 위해서이니까 그렇게 알아주십시오. 일본 무산대중에게 공산당 사건의 탄압을 폭로함과 동시에 책임당국에도 항의하고 나아가서 열렬한 무산대중의 여론을 업고 다시 조선으로 돌아가겠습니다.

아무쪼록 몸 건강히

1927년 10월 18일 포시진치布施辰治(후세 다츠지)

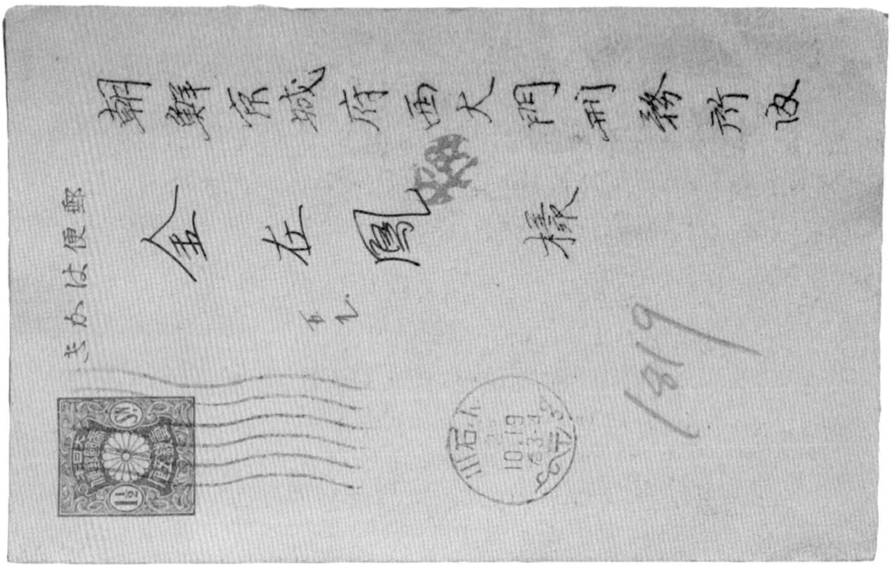
郵便はがき
朝鮮京城府西大門刑務所
金在鳳 様

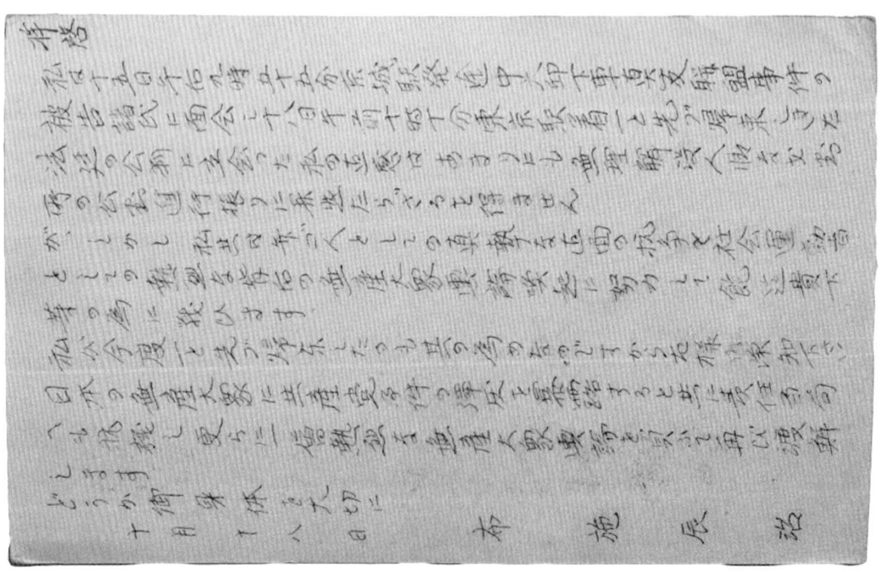
拝啓
十月十八日
布施辰治

자료 38 「朝鮮 京城府安 西大門刑務所 金在鳳 先生」, 1927년 12월

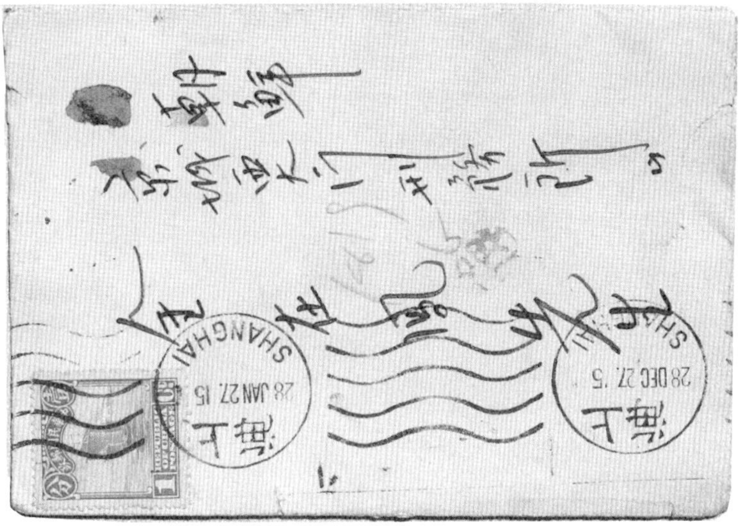

조선공산당 초대 책임비서, 김재봉(1891-1944)

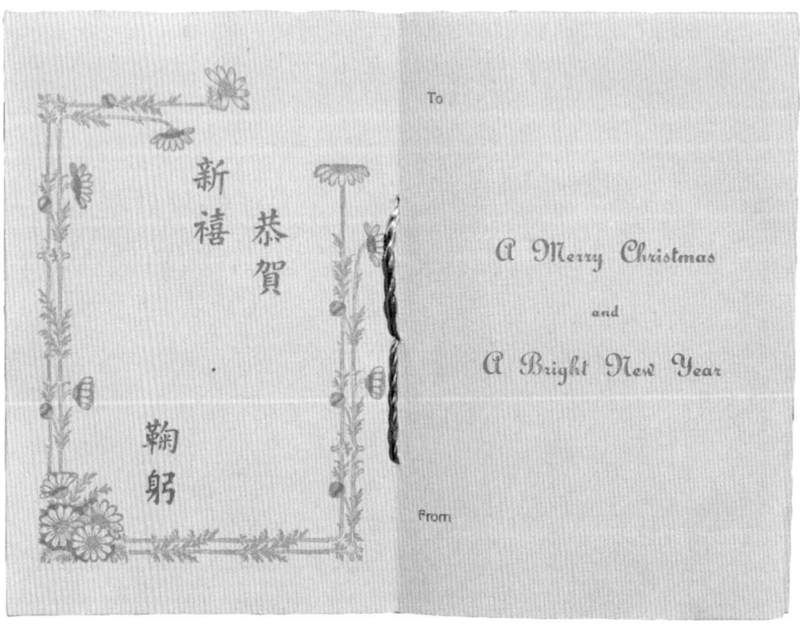

자료 39 「西大門刑務所 金在鳳氏」, 1928년 1월 1일자

西大門刑務所
　金在鳳 氏

謹賀新年
아모조록 健康하사 오는 新年
을 반갑게 마지시며 또 將次올
新年을 질겁히 마지하소서
正月 元旦
麻浦洞 二二四
　金翰[39)]

39) 김한金翰: 김재봉은 1921년 9월 출옥과 동시에 모스크바에서 열리는 '극동민족대표대회'에 참석하기 위해출국하여 23년 꼬르뷰로 내지부 소속으로 입국할 때까지 소련에서 활동했는데, 입국 후 국외파를 견제하던 국내 대표그룹이 '中立黨'이었다. 김한은 당시 중립당 지도자로 활동하고 있었는데 이후 김재봉과는 동지사이로 발전된다.

조선공산당 초대 책임비서, 김재봉(1891-1944)

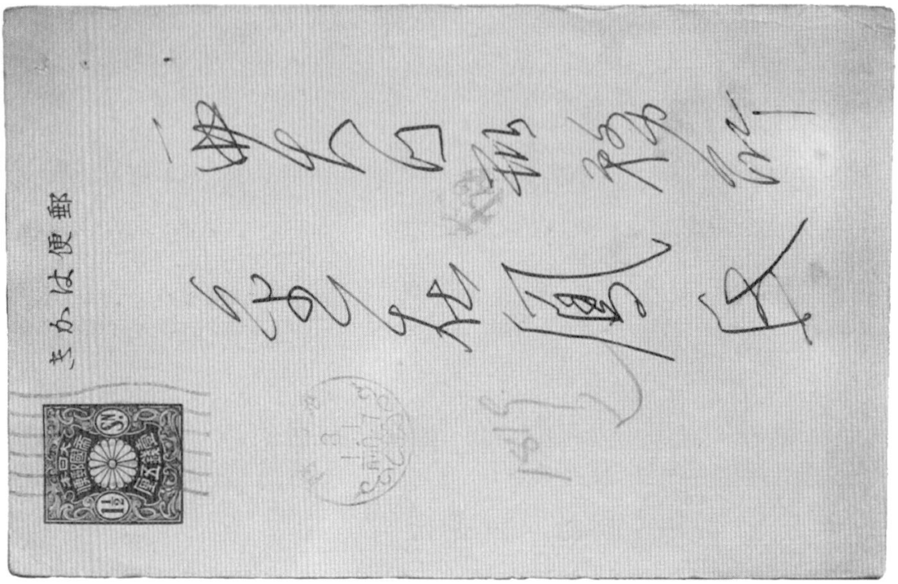

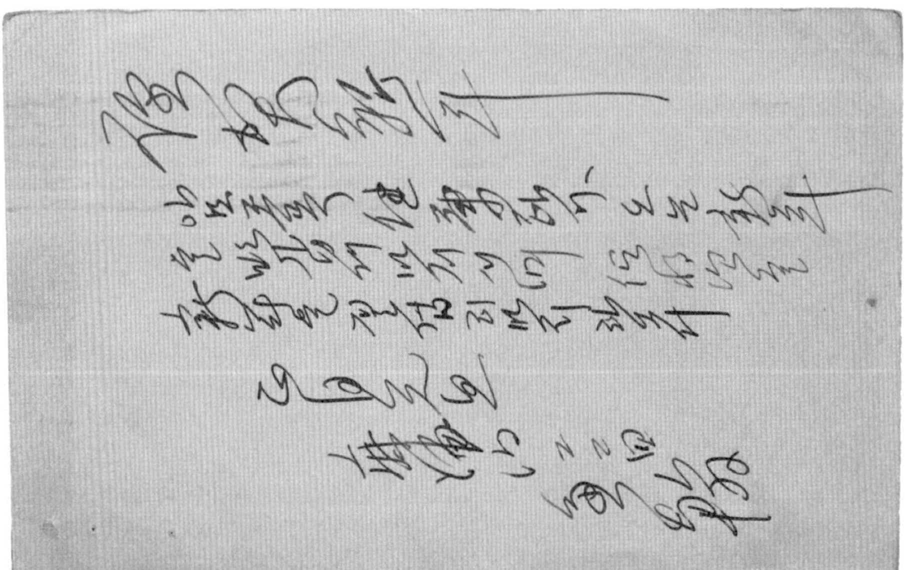

자료 40 「安東郡 豊北面 五美洞 金在鳳君, 才山留 春燮」, 1931년 음력 10월 14일자

安東郡 豊北面 五美洞
金在鳳 君
才山留
春燮[40)]

不見久矣 幾乎忘面 這間縲絏之苦 言之何益 昨見鮮報所揭 始知本月十八日出監 不勝抃喜 卽欲致慰於京館 而數日後歸安云云 故玆付一葉於美洞 似或入覽矣 七個年鐵窓生活 此他人所不可堪 而如君則自來意氣磊落 況又硬骨想不以受困而挫折 是可欽歎耳 但初年監房之餘 若不調養得宜 則生病亦可慮惟冀自愛耳 族從幸客劣粗依餘 何可言 只此慰儀 不宣
舊 十月 十四日

만나지 못한 것이 오래라 거의 얼굴을 잊어버리겠네. 그 간 영어의 고통은 말해 무엇하겠는가? 어제 조선일보에 게재된 것을 보고 이 달 십팔일 출감한 것을 처음 알고 손뼉을 치면서 기뻐하기를 누를 수 없었네. 곧 서울 숙소에 달려가 위로하려 했지만 몇일 후 안동으로 돌아온다고 하기에 미동으로 엽서

40) 春燮: 김재봉의 六從族叔. 김재봉으로부터 8대조 有源의 아랫 대에 5형제가 있었는데, 김재봉은 둘째 相穆계이고 춘섭은 넷째 相辰계 冑孫이다. 생몰은 癸未 1883년에서 丁丑 1937년이다.

를 보냈는데, 혹 받아 보았는가? 칠년 철창생활이라는 것이 다른 사람이라면 견뎌낼 수 없었을 것이지만, 자네 같은 사람은 자래의 의기가 굳센데다 더구나 경골이라서 곤란을 당하거나 좌절되지 않을 수 있었을 것이라 생각되네. 흠모하고 경탄할 뿐이네. 다만 젊은 나이에 옥고를 치른 나머지 만약 조섭이 적당하게 되지 못하면 병이 날 수 있으니 조심해야 하네. 자중 자애하기 바라네. 나는 다행히 객지에서 그럭저럭 전처럼 지내는 나머지라 무슨 말을 하겠는가? 다만 이렇게 위문하네. 갖추지 못하네.

음력 시월 십사일.

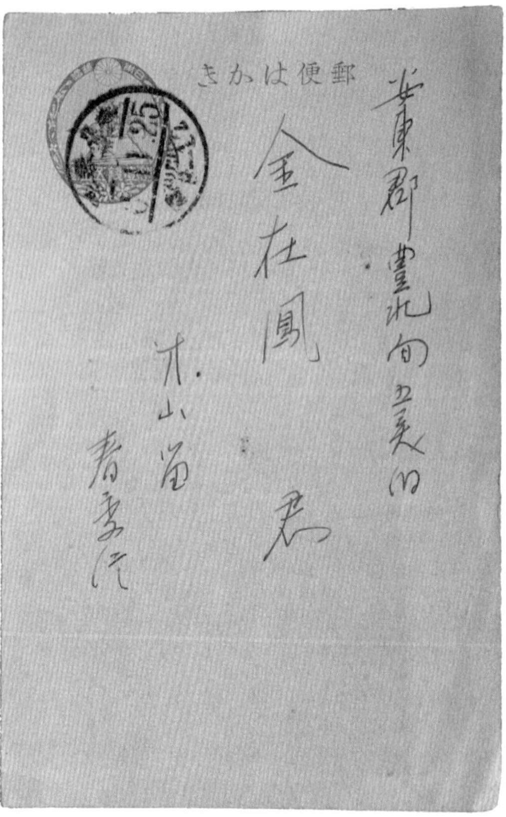

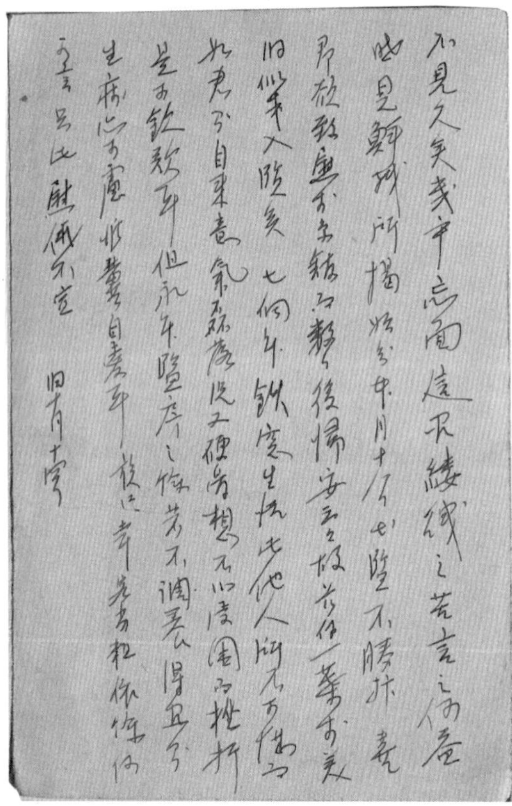

자료 41 「慶北 安東邑內 五美洞 豊北 金在鳳兄, 京城 寬勳洞 卄一日 宋弟」, 1931년 12월 21일자

慶北 安東邑內 五美洞 豊北
金在鳳 兄
京城 寬勳洞 卄一日
宋弟[41)]

至人今訃音拜受하얏습니다
너무哀痛사소?

41) 송제宋弟 : 잡지 『批判』의 발간인으로 完名은 宋奉瑀임. 김재봉의 복역 말기 쯤, 국한 혼용체의 편지가 한 건 보존되어 있다. 내용은 다음과 같다.

在鳳氏로 因하야 얼마나 걱정하심닛가 저도 在鳳氏와 갓흔 事件으로 入獄하엿다가 昨年에 出監한 宋奉瑀올시다 近聞한바에 依하면 在鳳氏는 健康하다 하오니 安心하십시요 그런데 제가 經營하는 批判社誌에 在鳳氏의 最近消息과 及그외 最近書信을 來月號에 登載코저하오니 그의게서 最近에 나온 書信 一枚나 二枚나 만을수록 좃사오니 이 便紙 보시고 卽時 付送하여 쥬소서그리하면 來月號 本誌에 슬겟습니다 餘는 이만 긋침니다 그리고 便紙는 도로 돌애보내드리겟습니다. 雜誌에 記載하고 난뒤애.

四月 七日 下生 宋奉瑀 書

編輯을 끗내는 日字가 今月 十四日이오니 그 以內로 꼭 付送하야 쥬서요.

조선공산당 초대 책임비서, 김재봉(1891-1944)

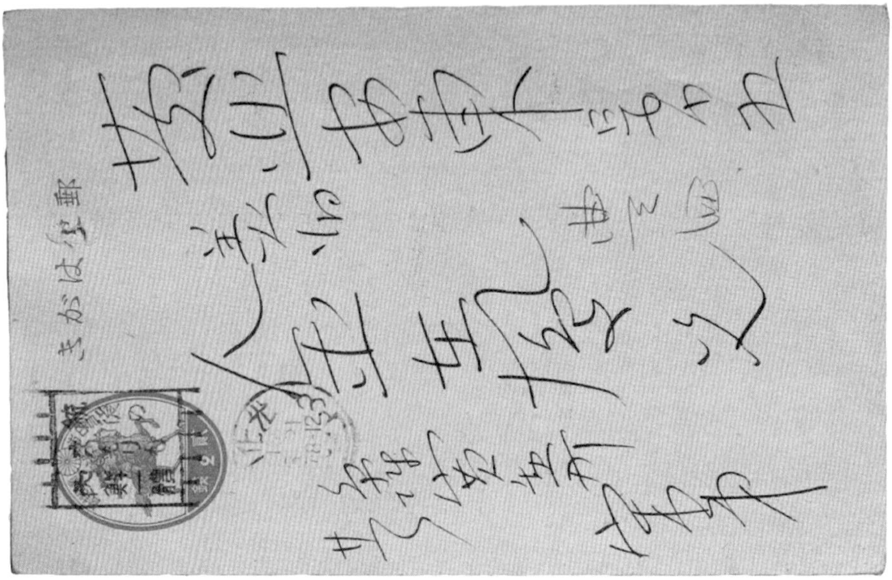

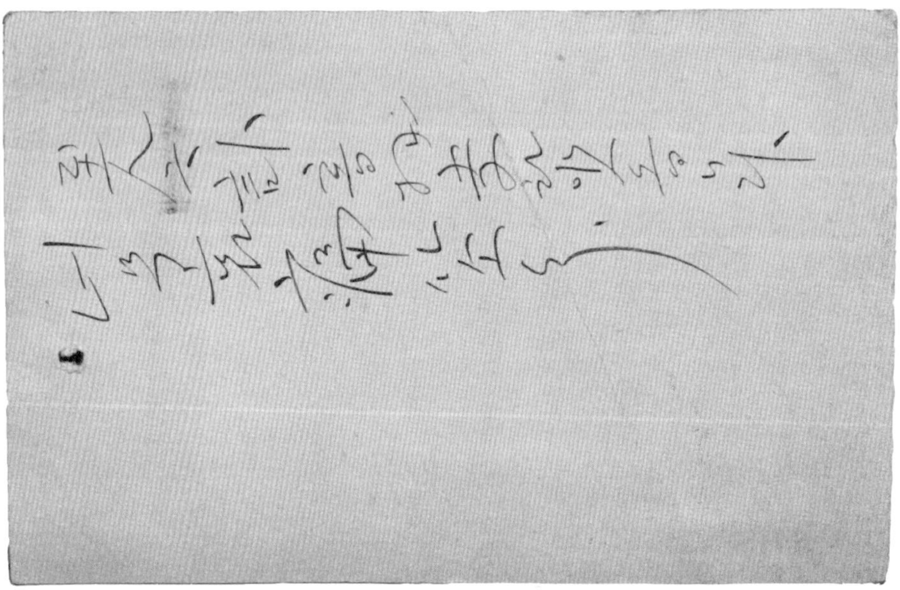

자료 42 「慶北 安東郡 豊北面 五美洞 金在鳳氏」, 1931년 12월 8일자

慶北 安東郡 豊北面 五美洞
金在鳳 氏

出獄하신지 얼마되지 아니하야 또 이러한 슯은 일을 當하게 된 兄의 胸中을 살피고 저는 더욱 哀痛함니다.

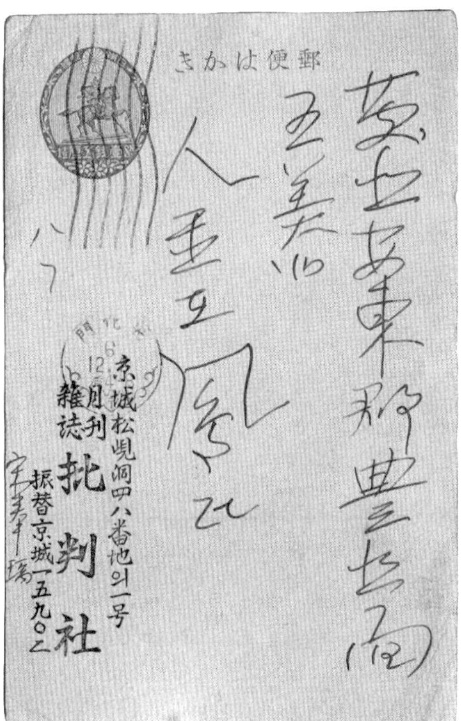

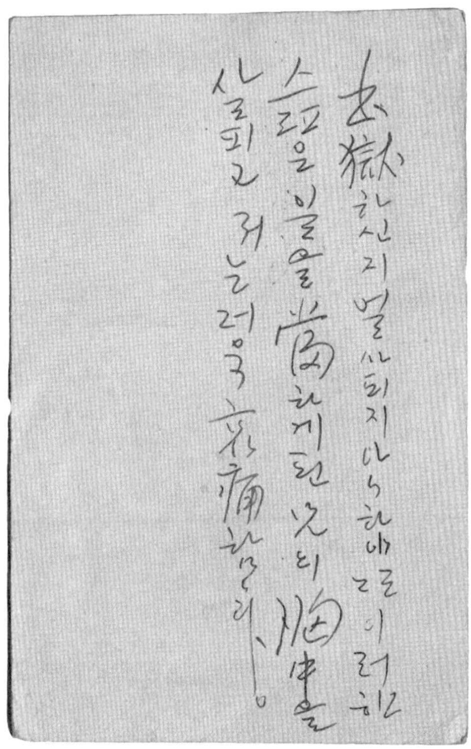

자료 43 「慶北 安東郡 豊北面 五美洞 金在鳳氏」, 1931년 12월 17일자

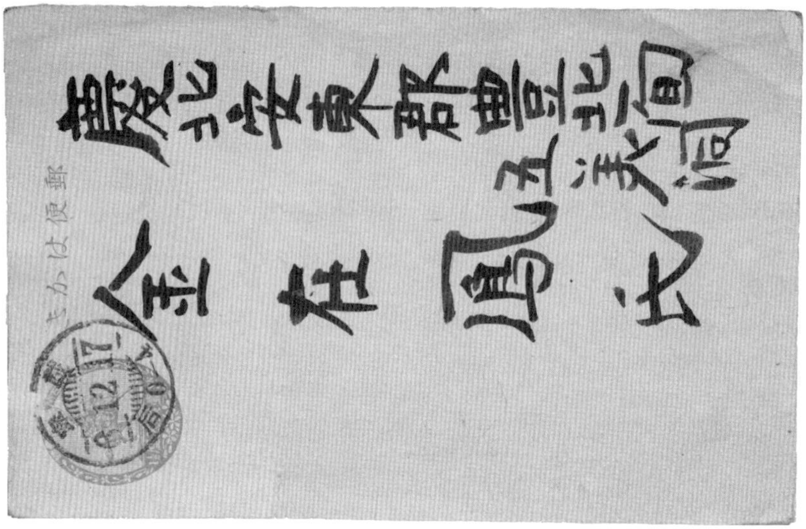

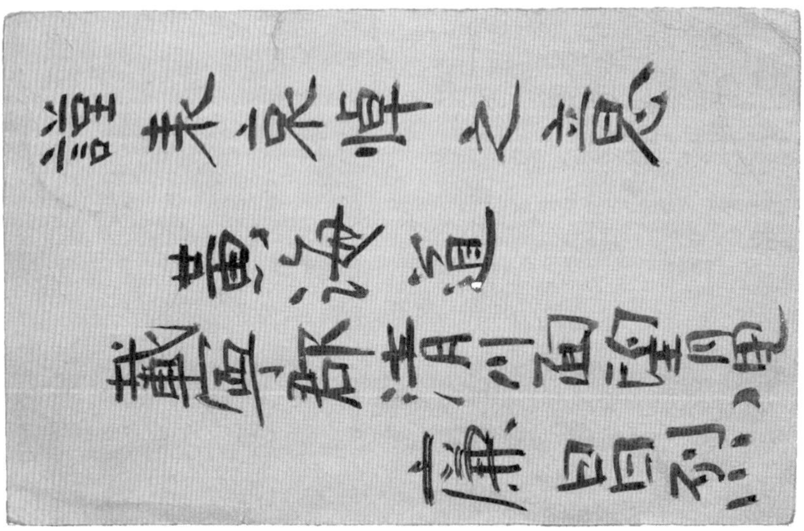

자료 44 「外舅主前 疏上」, 1912년 3월 14일자

外舅主[42]前 疏上

去月上書 伏未知浮沈而然耶 尙未承信逢音 伏不勝訝鬱之地 伏不審春色向暮 聘大母主 筋力連衛康寧 侍餘哀中棣體候萬康 大小宅 都候勻迪否 伏慕區區 不任遠外下誠之至 外甥眠食別無大頉 而庭信聞阻 伏悶伏悶 所謂工課 無至浪度 而渠之入所 本以實科生 前月試驗入格 上本科 則年限自二年乃至三年也 無足迂遠 然但伏歎者 本以鈍質 加之以比他人晩入數月 學科積在 幾成卷 實非淺識濺學者之所能得也 科程則化學 物理 算術 日語 圖畵 實習專門 而每日時間 則晝夜二十四時 朝夕費三時 學科四時 實習五時 就寢七時 腹習時間 但三時而已 終日所受 腹習無暇則何可勘耐耶 夜則電氣使用 故時間外雖有燈燭 不得施行 學校規則所禁 不可生意 本以懶骨 許多科程 暇及無策 則奈何 經費雜費而已 寄宿於所內 每月五円金 自學校辦出 故無足關念此等事 然每月雜費 不少奈何 來頭結果 未知如何 而或云採用 然此等事 則所望耳 但修自己身 識則足且足矣 餘不備 上白 伏惟下鑒

壬子 三月 十四日 外甥 金在鳳 疏上

빙부님께 아뢰어 올립니다

전 달에 올린 서신은 삼가 부침이 있어서 그랬는지 모르겠습니다만 아직 답신을 받지 못하여 궁금하고 울적한 마음 이길 수 없습니다. 봄도 이미 저물어 가는데 장조모님 근력 여전 강녕하신지요? 웃어른 모시고 복상 중에 여러

42) 외구주外舅主 : 장인을 가리키는 말. 김재봉의 장인은 晉陽 鄭氏 演默으로 愚伏先生의 후손이다.

형제분들 기체 만강하시며 대소가 제절도 모두 평안하신지 모르겠습니다. 멀리 타관에서 사모하는 정성을 둘 데가 없습니다. 저는 자고 먹는 데에 별 큰 탈이 없으나 집소식이 막혀서 대단 민망합니다. 이른바 공부는 방황정도에 이르지는 않았지만 그 사람의 입소가 본래 실과생으로 전 달 시험에 입격하여 본과에 올라가면 연한은 이년 내지 삼년이라서 그다지 길지는 않습니다. 그러나 한탄스러운 것은 본래 둔한 자질에 더구나 다른 사람들보다 수개월이나 늦게 들어가서 학과가 쌓인 것이 거의 책 한권이 됩니다. 이는 실로 식견이 얕고 배움이 빈약한 사람으로서는 능히 할 수 있는 것이 아닙니다. 과목은 화학·물리·산술·일어·도화·실습 전문이 있는데 매일 시간은 주야 스물 네 시간에 조석 먹는데 세 시간이 들고, 학과 네 시간, 실습 다섯 시간, 취침 일곱 시간이니 복습시간은 다만 세 시간 뿐입니다. 종일 수업한 것을 복습할 겨를이 없다면 어떻게 감당할 수 있겠습니까? 밤에는 전기를 사용하기 때문에 시간 외에는 비록 등촉이 있다한들 시행할 수가 없습니다. 학교의 교칙에 금하는 것은 마음먹을 수도 없는데, 본래 게으른 성질에 허다한 과목을 모르고도 따라 붙일 대책이 없으면 어떻게 하겠습니까? 그리고 경비·잡비는 그만두고 숙소에 기숙하는데 매월 오원입니다. 이는 학교에서 판출하기 때문에 그다지 이런 일에 관심을 가질 것이 없지만, 그러나 매월 잡비도 적지 않을 것이니 어떻게 합니까? 다가올 결과는 어떨지 모르겠습니다만, 어떤 사람은 채용될 것이라 하는데 그러나 그것은 바라는 바일 뿐, 다만 자기 자신을 수양한다면 지식은 족하고 또 족합니다. 나머지는 갖추기 못하고 이렇게만 아뢥니다. 삼가 살피소서.

임자(1912)년 삼월 십사일, 사위 김재봉 올림.

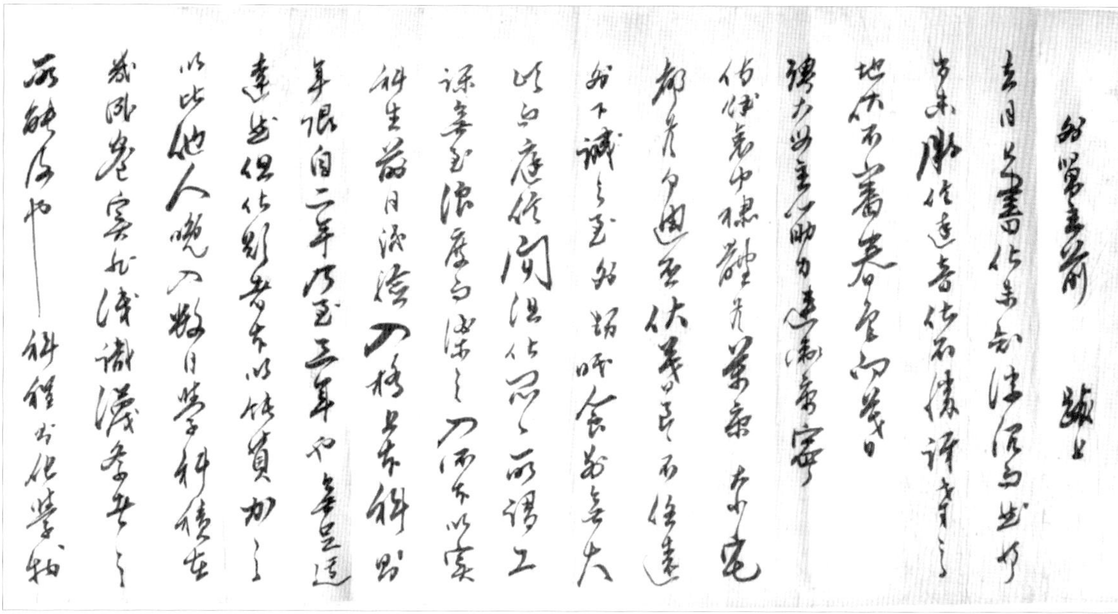

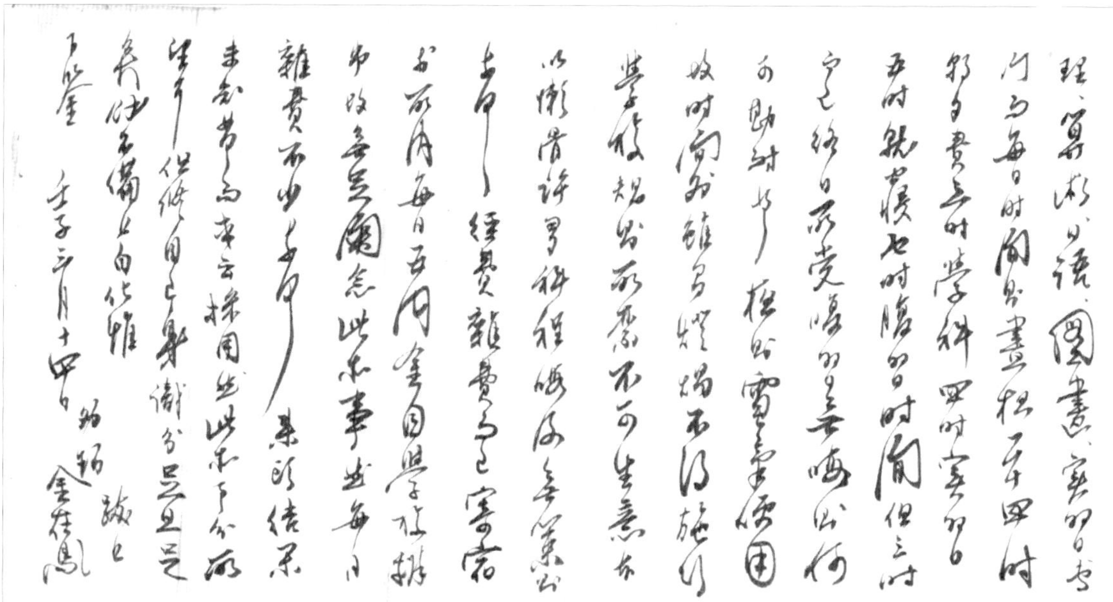

자료 45 「外舅主前 上答書」, 1914년 2월 12일자

外舅主前 上答書

初三日下書 其六日伏承 而其後日富 伏不審春雨成滂 萱闈聘大母主 壽茵連享康寧 侍餘棣體候以時萬康 都候均迪否 伏慕區區 不任下誠之至 外甥眠食免 數日前入泊於寄宿舍 然規則凡節比前漸苛 排遣沒策耳 下誨中服藥 渠亦靡不由意 客地所歷 勢不可如意 伏歎伏歎 內行以定日依送耶 兩處內行 盡是不近地 人夫使用 似是極難矣 餘不備 伏惟下鑒

甲寅 二月 十二日 外甥 金在鳳 上答書

빙부님 전에 답해 올립니다

초사흗날 내려주신 서신은 엿샛날 받아 보았고 그 후 여러 날이 지났습니다. 봄비가 홍수가 되었는데 훤당의 장조모께서는 노령에도 강녕을 누리시는지, 웃어른 모시고 형제들은 기체 늘 만강하고 여타 가솔들도 고루 평안한지 모르겠습니다. 사모하는 정성을 둘 데 없습니다. 저는 자고 먹는데 별 탈이 없습니다. 몇 일 전 기숙사에 처음 들어갔으나 규칙 범절이 이전에 비해 점점 까다로워 배겨낼 계책이 없습니다. 주신 편지 중에 약을 복용하는 일은 그 사람 또한 유의하지 않는 것이 아니지만 객지에서 겪어 나가느라 사세 여의치 못하여 한탄스럽습니다. 내행은 정일로 보내었습니까? 모두 가까운 곳이 아니라서 인부들 사용이 대단 어려웠을 것입니다. 나머지는 갖추지 않습니다. 삼가 살피소서.

갑인(1914)년 이월 십이일, 사위 김재봉 올림.

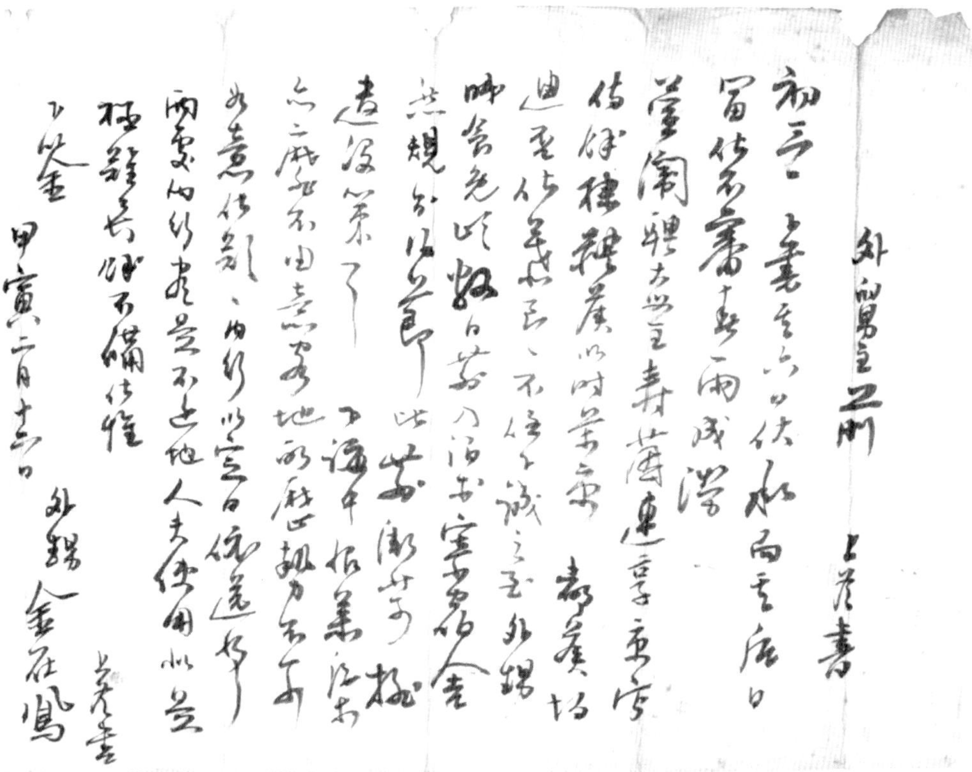
外舅主前 上書
甲寅二月十五日
外甥 金在鳳

자료 46 「聘祖主前 上候疏」, 1916년 4월 11일자

聘祖主前 上候疏

省式 坐了春風一箇月 親煮德音 充然有得 退而追思 不任伏悵 伏未審霄禪哀體候一向支安 聘從祖瘇患 漸至勿藥 大宅患候 近者何如 膝下大小節 均在平吉否 伏溸區區 無任下誠 孫婿昨日疾馳歸庭 山日未暮 層候別無大添 而祖主近以冷泄 欠和生 闈老人候 恒尠寧日 煎懼何達 餘不備 伏惟下察

丙午 四月 十一日 孫婿 金在鳳 再拜

장조부님께 문후 올립니다

격식은 생략합니다. 봄바람 속에 한 달을 지내는 동안43) 친히 덕음德音으로 덥혀 주심으로써 얻은 것이 충분합니다. 물러나 추억하매 엎드려 서글픈 심정을 둘 데 없습니다. 환절기에 집상執喪 중 기체후 일향 평안하시며, 장종조부님의 수종증水腫症은 점차 약을 쓰지 않아도 될 정도가 되어 가는지요? 큰댁의 환후患候는 근자 어떠하며, 슬하 대소 체절이 고루 평안하신지 모르겠습니다. 엎드려 향하는 저의 정성을 둘 데 없습니다.

저는 어제 치달려 귀정歸庭하니 서쪽 산의 해가 아직 저물지 않았었습니다. 어른 분네 별로 큰 첨절 없으시지만 조부께서 근래 식은 설사 때문에 화락和樂한 기운이 없으시고, 할머니의 기체는 늘 편한 날이 드무니 초조하고 두려운 마음을 어디다 진달하겠습니까? 나머지는 갖추지 않습니다. 엎드려 바라옵

---

43) 봄바람~동안 : 온화한 성품을 지닌 상대방 어른의 보살핌 속에서 한 달을 지낸 것을 말함. 주공염朱公掞이 여주汝州로 정명도程明道를 찾아갔다가 돌아와서 말하기를 "내가 봄바람 속에서 한 달 동안 지내다 왔다[某在春風中坐了一月]"고 하였다 함.

건대 살펴 주소서.

병오년 사월 십일일 손서 김재봉 재배.

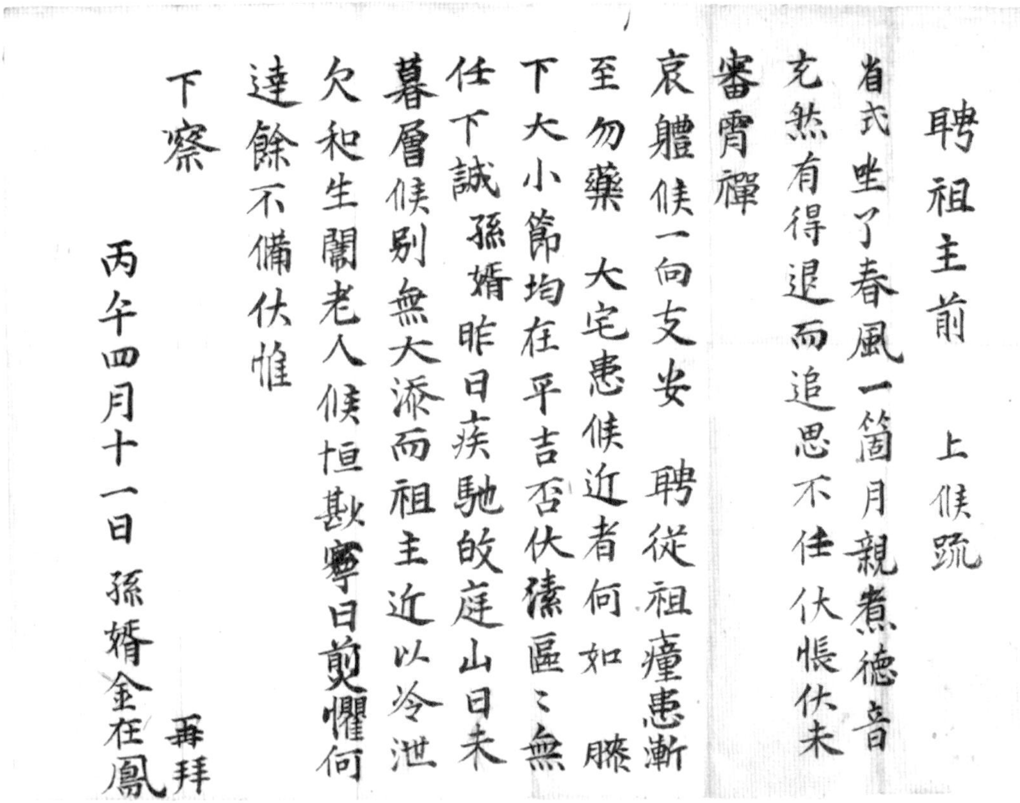

聘祖主前 上候疏

省式坐了春風一箇月親煮德音

充然有得退而追思不任伏悵伏未

審霄禪

哀體候一向支安 聘從祖癃患漸

至勿藥 大宅患候近者何如 縢

下大小節均在平吉否伏慮區區無

任下誠 孫婿昨日疾馳故庭山日未

暮層候別無大添而祖主近以冷泄

欠和生闈老人候恒歎寧日煎慣何

達餘不備伏惟

下察

丙午四月十一日 孫婿金在鳳 再拜

자료 47 「尙州郡 尙州面 草山里 鄭在鐻 哀座前, 安東郡 安東邑 西部洞 十四番 權丙喆方 金在鳳」, 1918년 12월 25일자

尙州郡 尙州面 草山里

鄭在鐻[44] 哀座前

安東郡 安東邑 西部洞 十四番 權丙喆方

金在鳳

省 去九月 自京下來時 緣於悤忙 歷門不入 抵此第四日又作京行 今月初旬頃下來 路作大邱方面 故又未得握攄 因作尋巢之路 始昨抵邑旅不輹 惠疏來爾 已幾日 奉閱再三 多悚且感 謹詢書發后日積 際此窮寒 重闈聘大母主 篤老筋力 無至大家損下節 萱堂聘母主氣候 以許多關念中 無大添節 亞庭棣體候萬安 今諸從兄 各得穩侍否 弁切溸祝 實非尋常 姻弟這間履歷 東閃西焱之餘非徒無可擧之況 從無展眉之日 盡是自作所當苦 浩歎奈何 出脚之日 若料今日之事 區區妄念 至於此哉 后悔無及耳 聘母主下托 將何拜陳達也 目今形便束手無策 此何人斯辜 負幽明忍爲如此欲死欲死 相握之期 似在開後 餘姑此不備疏禮 惟冀情亮

戊午 臘月 念五日 姻弟 金在鳳 拜拜

격식은 생략합니다. 지난 구월 서울서 내려올 때 바쁜 나머지 문앞을 지나면서도 들어가지 못했습니다. 여기 온 지 나흘 만에 또 서울에 갔다가 이 달 초순경 내려올 때 길이 대구 방면으로 잡혔기 때문에 또 만나 회포를 털어놓

44) 정재거鄭在鐻 : 김재봉의 손위 처남.

을 수 없었습니다. 이 때문에 집에 가는 것도 어제 비로소 읍 여관에 당도하여 더 가지 못했습니다. 처남의 서신이 온 지 이미 몇일 되었는데 두 번 세 번 읽어 보니 송구하고 또 느끼는 점이 많습니다. 편지가 떠난 후 여러 날인데 요즈음 혹한에 중당의 장조모님 연로하신 근력이 대단 손절은 없으시고, 훤당의 장모님 기체도 허다한 걱정꺼리가 있는 중에도 큰 첨절은 없으십니까? 처삼촌 형제 분들도 기체 만안하시고 여러 종형들도 각기 웃어른들 잘모시고 있는지 삼가 묻습니다. 그립고 축원하는 마음 실로 간절합니다. 저의 요즈음 이력이 동에 번쩍 서에 번쩍하는 나머지 정신을 차릴 형편이 아닐 뿐만 아니라 미간을 펼 수 있는 날도 없습니다. 이 모두가 스스로 만들어 당하는 고초이니 탄식한들 어쩌겠습니까? 발을 빼던 날 만약 오늘 일을 헤아렸다면 저의 망령된 생각이 여기에 이르렀겠습니까? 후회막급일 뿐입니다. 장모님이 부탁하신 일은 장차 어떻게 진달해야할지 모르겠습니다. 눈앞에 닥친 형편이 속수무책이라 이 무슨 사람이 이렇게 고통스럽게 유명을 무릅쓰고 이러한 일을 차마 행해야 하는지 죽고 싶을 뿐입니다. 서로 만날 가망은 열린 뒤에 있을 듯합니다. 나머지는 우선 이것만 말하고 요식은 갖추지 않습니다. 오직 정리로 살펴 주시기 바랍니다.

무오(1918)년 동짓달 이십오일, 인척 아우 김재봉 재배.

조선공산당 초대 책임비서, 김재봉(1891-1944)

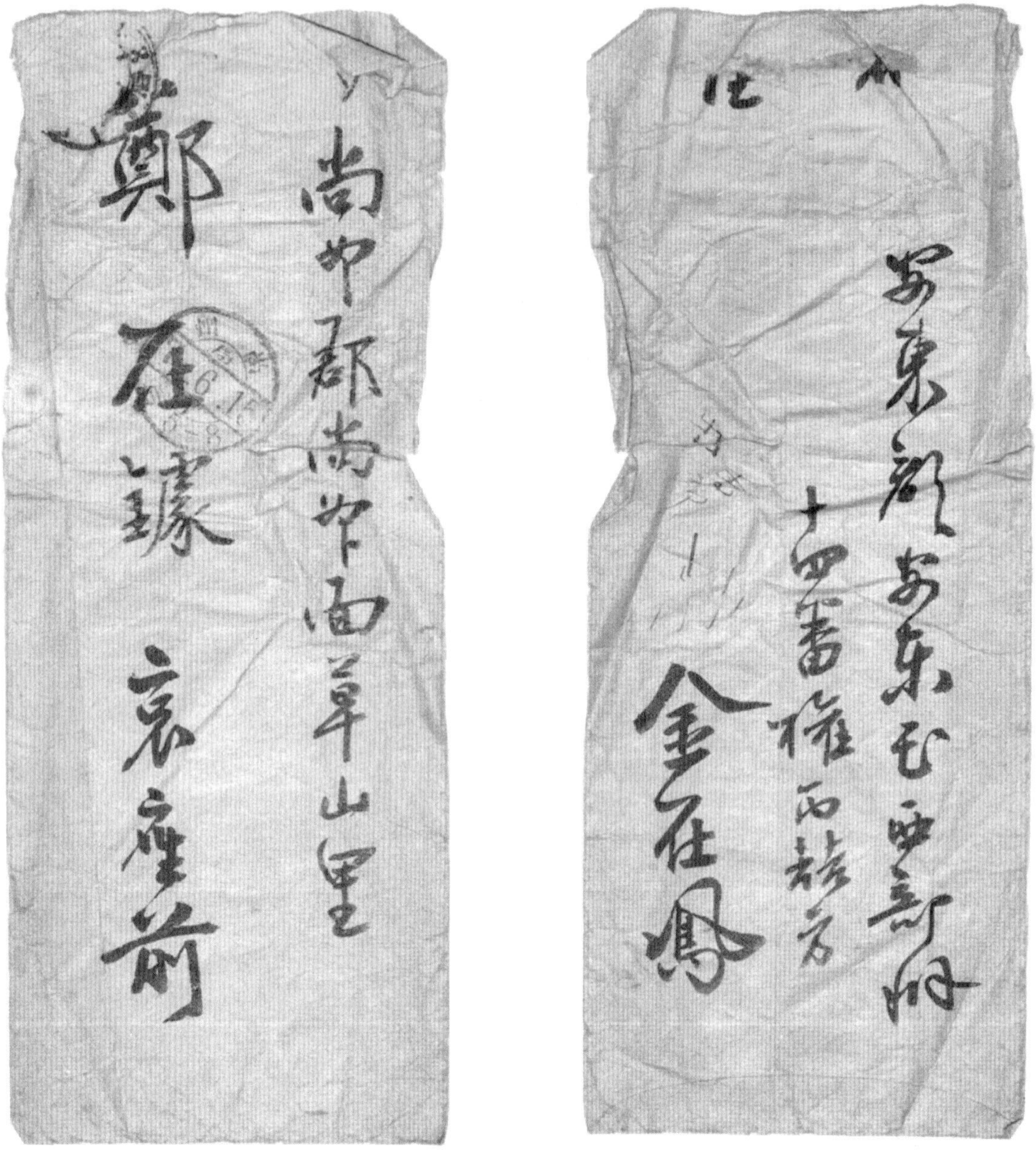

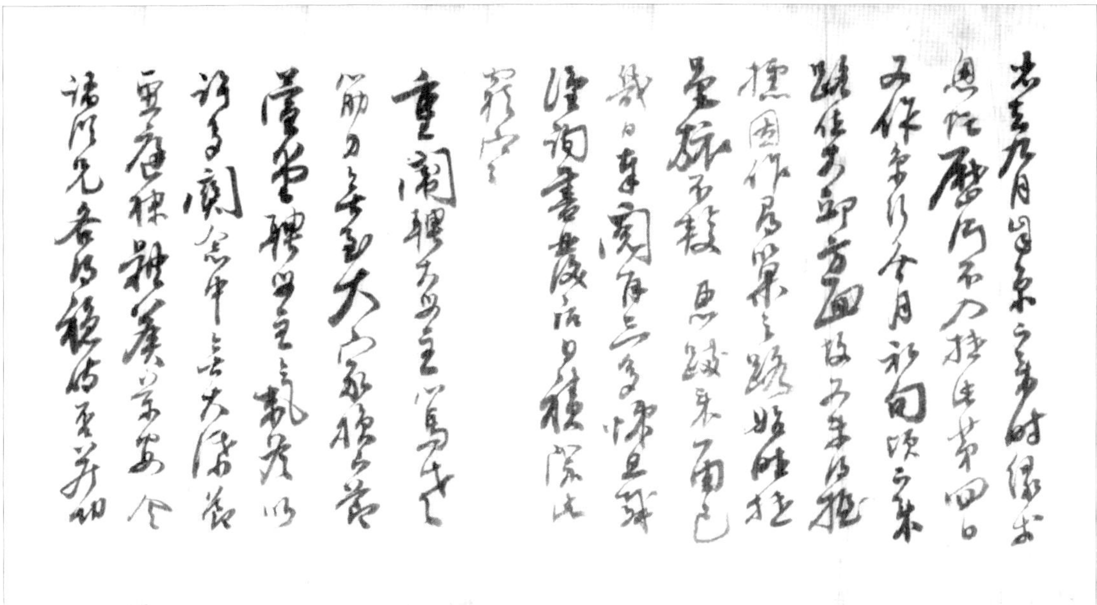

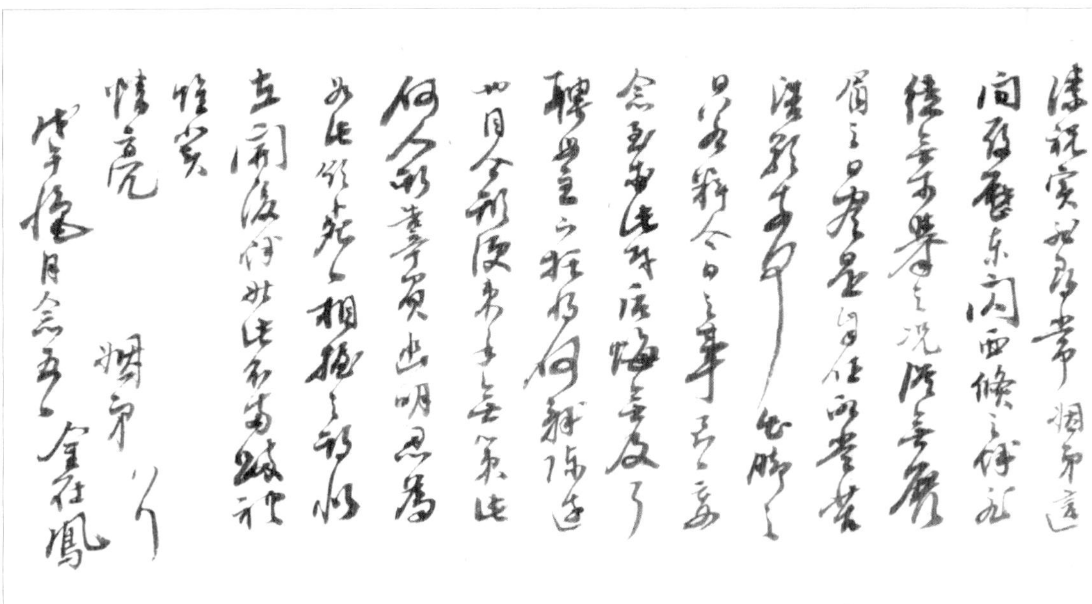

자료 48 「慶北 安東郡 豊北面 五美洞 醴泉區內 金在鳳 本第入納, 京城府 松峴洞 十三番 權勢錫方 留子 上平書」, 1919년 9월 12일자

慶北 安東郡 豊北面 五美洞 醴泉區內
金在鳳 本第入納
京城府 松峴洞 十三番 權勢錫方
留子 上平書

父主前 上白是

痛哭白 遊無方卽閱四五朔 人子之罪於斯莫大 卽況龍弟之亡在這 不知爲痛又不知亡日在何日 卽忍爲永訣 人間兄弟十六年 存沒之無視若是 是何難容之物 是何不惻之至此甚也 痛哭痛哭 如渠不惻姑舍 若使死者有知 必飮泣於冥冥之中矣 痛哭痛哭 卽然眞夢未判 不知爲痛 若眞也 世間那有若此之慘也 伏不審辰下 二位分氣體候 無至大家損下否 伏慕區區 遠外下誠之至 卽孀嫂氏亦得免從后否 死者已死者 卽言念及此彼蒼無知 世間那有如此之酷慘也 痛哭痛哭 子莫大罪狀何拜可達 不孝之罪 比諸死者尤大 伏歎之餘 不知所措 不遠間反面伏計 而滿洲日報社記者遷入 四五日後 將出勤 月給四十円云耳 餘伏祝 氣體候以時萬康 不備 伏惟下鑒

己未 九月 十二日 子 在鳳 上白

아버님 전에 아룁니다.

통곡하면서 아룁니다. 정한 곳 없이 출타한 지 네 다섯 달이 지났으니, 자식된 도리로 죄가 이보다 클 수 없습니다. 하물며 아우 재룡이가 죽은 것이 저간의 일이지만 슬픈 줄도 모르겠고, 또 죽은 날이 언제인지도 모르는 채 차

마 영결하였으니, 인간 세상 형제간 십 육년에 산 자와 죽은 자가 서로 없는 듯 여김이 이와 같습니다. 이 무슨 용납되지 못할 인간이며, 이 무슨 불측한 경우가 이토록 심하겠습니까? 통곡, 통곡합니다. 죽은 저의 불측은 고사하고 만약 뭇 죽은 사람으로 하여금 지각이 있게 한다면 반드시 어두운 저 세상에서도 눈물을 머금게 될 것입니다. 통곡, 통곡합니다. 그러나 현실인지 몽매간의 일인지 분간이 되지 않는지라 슬픈 줄도 모르겠습니다. 만약 현실이라면, 세상에 어찌 이처럼 참혹한 일이 있겠습니까?

삼가 요사이 부모님 기체 큰 손절은 없으신지 살피지 못하와, 멀리 객지에서 엎드려 사모하는 마음 둘 데 없습니다. 청상이 되어버린 계수씨도 따라 죽는 것만은 그럭저럭 면하였는지요? 죽은 자는 이미 죽은 자이지만, 말과 생각이 서로 캄캄하게 통하지 않는 데에 이르러서는 세상에 어찌 이토록 참혹한 일이 있겠습니까? 통곡, 통곡합니다. 저의 막대한 죄를 어찌 진달할 수 있으며, 불효한 죄는 죽은 자 보다도 더욱 크니 엎드려 탄식하나 몸 둘 바를 모르겠습니다. 불원간 돌아가 뵈올 계획입니다만, 만주일보사 기자로 전입되어 사・오일 후 출근하려 하는데 월급은 사십원이라 합니다. 나머지는 기체후 늘 만강하시기만 엎드려 축원하옵니다. 갖추지 못하옵니다. 삼가 살피소서.

기미(1919)년 구월 십이일, 아들 재봉 아룀.

조선공산당 초대 책임비서, 김재봉(1891-1944)

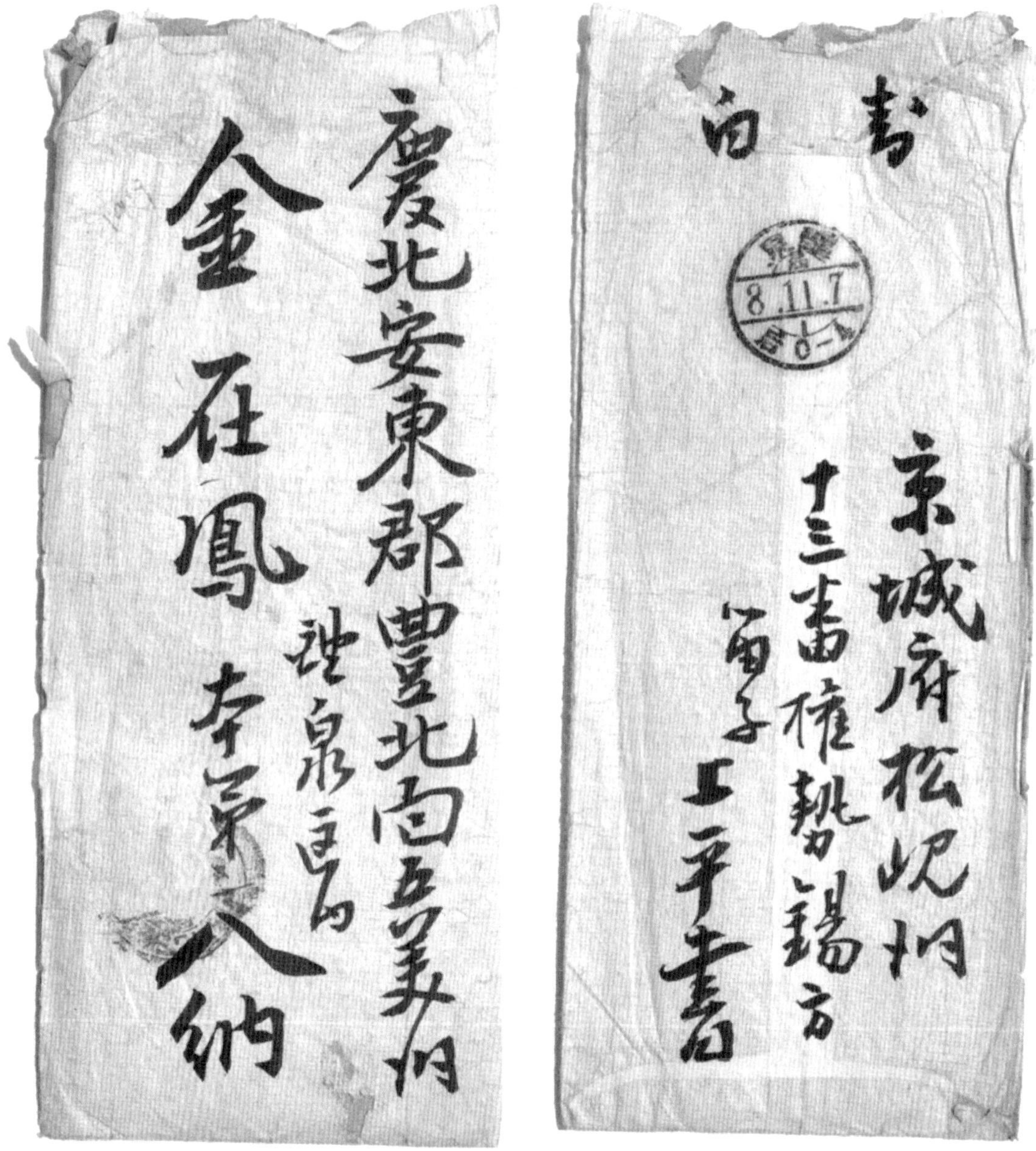

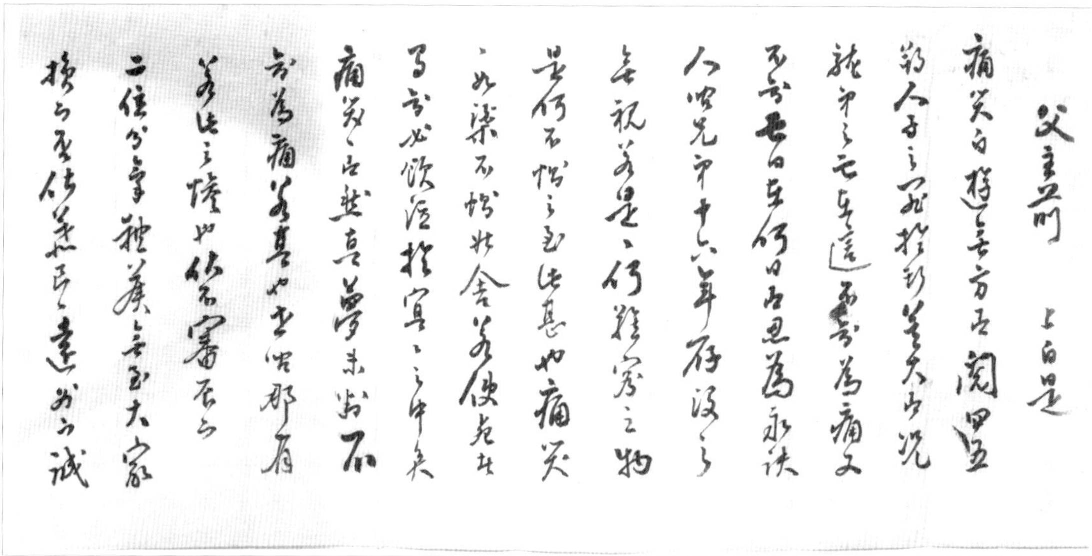
父主前 上白是

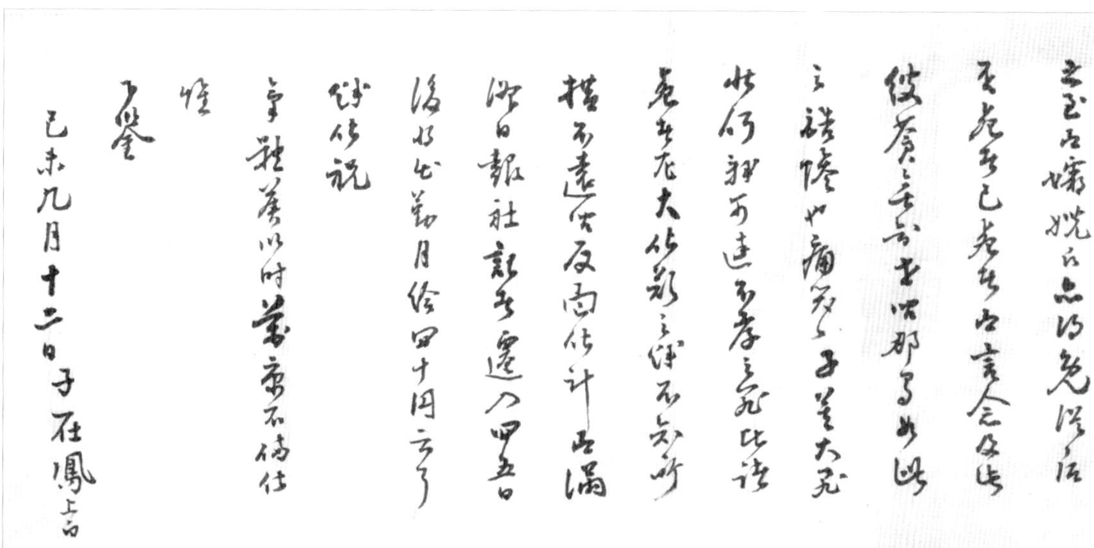
下鑒

己未九月十二日 子 在鳳 上白

자료 49 「慶北 安東郡 豊北面 五美洞 醴泉區內 金在鳳 本第入納, 京 西大門界 滿洲日報京城支社 留子 上平書」, 1921년 8월 3일자

慶北 安東郡 豊北面 五美洞 醴泉區內
金在鳳 本第入納
京西大門界 滿洲日報 京城支社
留子 上平書

父主前 上白是

前后罪狀 其在人子之道 雖一毫不可容逭 卽以祖先之蔭 出於陽界 惶恐無地中 尤不勝仰焦俯悶 罔知所措 伏不審辰下 二位分氣體候 無至大家損下節 今得聞於九從鵬弟 又不健 繫慮不淺云 伏未知果否 必是此兒之妄傳也 卽遠爲伏慕區區 不任下誠之餘 只自默禱天佑之不已 子這間長久時日無別頉 今日放免 亦無別樣餘毒 只是伏幸 從今以後 亦當謹愼伏計耳 七月寃日 亦已逝矣 又未泄哀 卽忍送此日 疎於路人遠 痛恨無及耳 大小憂慮 本至一二 卽以運順之 付之大汎 無至以此添損於氣力 日夜伏祝耳 餘伏祝 氣體以時萬康 不備 伏惟下鑒

八月 初三日 子 在鳳 上白

아버님 전에 아룁니다

앞뒤의 죄상은 자식된 도리에 있어 비록 터럭 끝만큼이라도 피할 수 없지만, 조상의 음덕으로 세상에 나왔으니 황공무지한 가운데, 더욱 우러러 불안하고 굽어 민망하여 몸 둘 바를 모르겠습니다. 삼가 요사이 부모님 기체 대단 손절은 없으신지 살피지 못하였습니다. 지금 구종제 재붕에게 들으니 또 편찮

으셔서 염려됨이 적잖다는데 과연 그러하신지 모르겠습니다만, 반드시 이 사람이 잘못 전한 것이겠지요. 멀리서 사모하는 저의 정성을 둘 데 없습니다. 다만 스스로 말없이 하늘의 보우하심이 그치지 않기를 축원할 뿐입니다.

저는 지난 오랜 동안 별 탈 없었고, 오늘 방면되어서도 또한 별 뒷 탈이 없습니다. 다만 이 후로도 마땅히 근신할 계획입니다. 칠월의 원통한 날이 또한 이미 지나갔습니다만 애통함을 쏟아내지 못한 채 차마 이 날을 보내니, 길에 지나는 사람보다도 소원합니다. 통한을 이를 데 없을 따름입니다. 크고 작은 우려의 근본은 한 두 가지인데, 곧 운수에 따르고 큰 흐름에 맡겨서 기력의 손절에 이르지 않으시기만 밤낮으로 엎드려 축원하옵니다. 나머지는 기체 늘 만강하시기 기원입니다. 갖추지 못하옵니다. 삼가 살피소서.

팔월 초사흗날, 아들 재봉 아룀.

조선공산당 초대 책임비서, 김재봉(1891-1944)

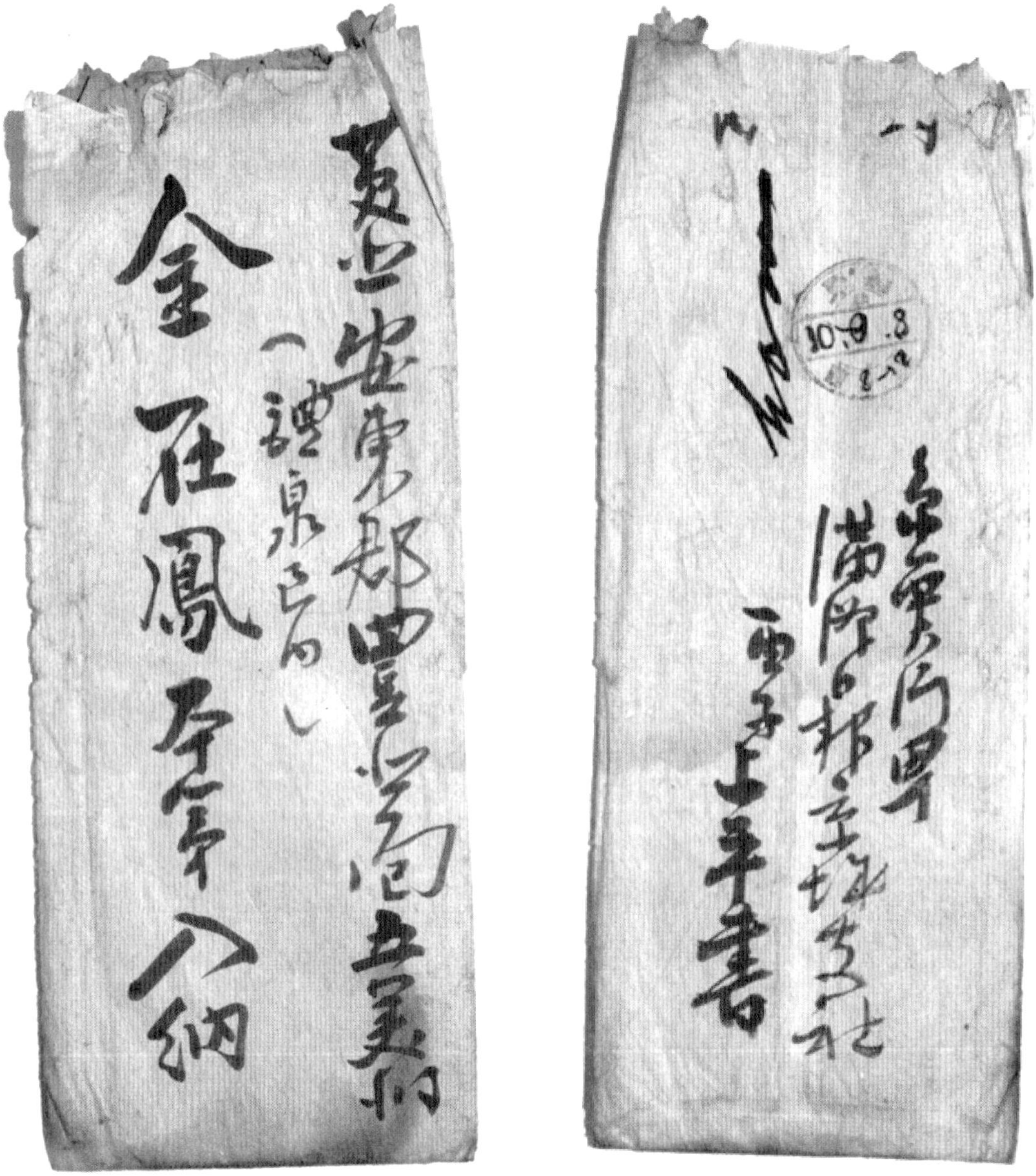

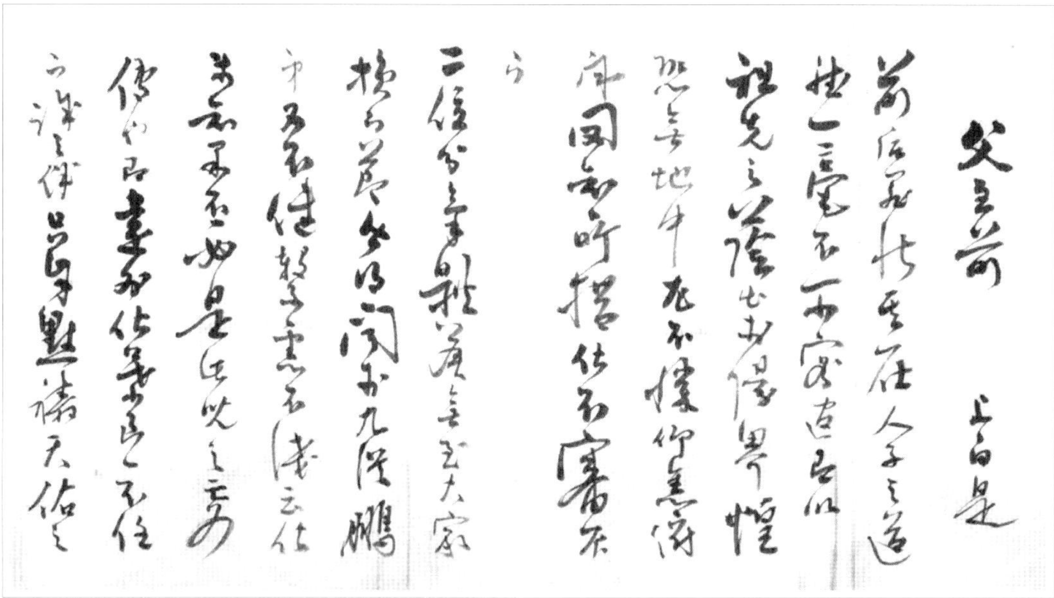

父主前　上白是

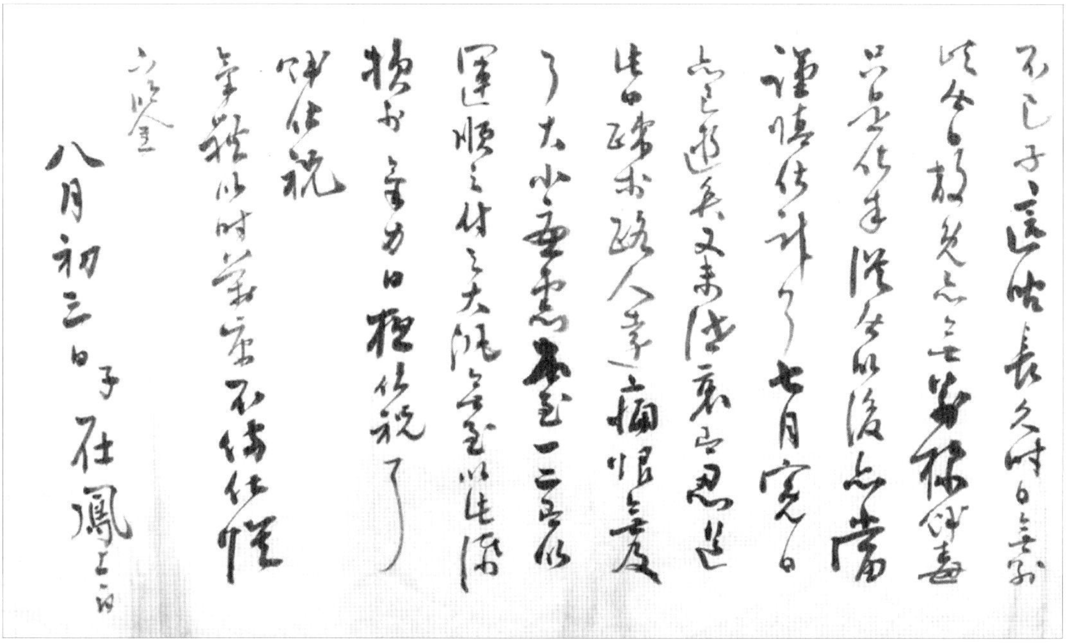

八月初三日 子 任鳳 上白

자료 50 「慶北 醴泉郵區 豊北 五美洞 金在鳳 本第入納, 京城 孝子洞 一七一 金芝秀方 留子 上平書 陰八月 初九日付上」, 1924년 8월 9일자

慶北 醴泉郵區 豊北 五美洞
金在鳳 本第入納
京城 孝子洞 一七一 金芝秀方
留子 上平書 陰八月 初九日 付上

父主前 上白是

拜退后日富 伏不審辰下 二位分氣體候 以時萬康 餘集無告警 大小家都節一安否 伏慕區區 不任遠外下誠之至 子上來未幾日 卽罹泄瀉 近一旬間辛苦今則快祛 以是伏奉耳 新聞社入社經營意外 亦有所碍之段乃已 渠之私情上不無悶憐悶憐 然勢不可 但獨自顧私情之處 伏歎奈何 鴻弟之中道乃已 尤悶憐 卽事勢如右 餘力之暇 勿爲虛送 益勉私習 以俟后日 以外無別樣之道 以此下誨 伏望伏望 今年飢饉 忽來消息 隨其地方 不無優劣 然統以計之 慶北尤甚云耳 家作必也無望矣 迫前濟接 漠然無計 奈何奈何 晝宵伏庸 無益之下懷卽已耳 居處則會館內爲定 故家問書信 以表記番地上白耳 餘伏祝 氣體候以時萬康 不備 伏惟下鑒

甲子 八月 九日 子 在鳳 上白

아버님 전에 아룁니다

뵙고 떠난 지 여러 날 되었습니다. 삼가 요사이 부모님 기체 늘 만강하시고 나머지 가족들 무고하며 대소가내 모든 범절 다 평안하신지 모르와, 먼 객지에서 엎드려 사모하는 정성을 둘 데가 없습니다. 저는 올라온 지 몇일 안 되

어 바로 설사에 걸려 근 열흘간 괴롭게 앓았는데, 지금은 쾌차되었기로 이에 삼가 글월 올립니다. 신문사 입사와 경영이 의외였지만 또한 구애되는 점이 있는 단계에서 그만 두어야 하는데, 저들의 사정상 민망하고 불쌍한 마음이 없지 않습니다. 그러나 사세가 어쩔 수 없습니다. 다만 홀로 그런 사정을 돌보아야 하는 처지이니 탄식한들 어쩌겠습니까? 재홍이가 중도에서 그만둔 것은 더욱 민망하고 불쌍합니다. 사세가 이와 같으니 여가에 허송하지 말고 더욱 독습에 힘써 후일을 기다려야지 다른 별 도리가 없습니다. 이런 말로 달래 주시기를 복망 복망입니다.

금년의 기근은 홀연 소식이 오기를 지방에 따라 더하고 덜한 차이가 없지 않지만, 통합해서 보면 경북이 더욱 심하다고 합니다. 집 농사야 필야 바래볼 것도 없을 것입니다. 닥치기 전에 제접할 일이 막연히 계책이 없을 것이니 어쩌면 좋습니까? 주야로 마음을 쓰지만 무익한 걱정일 따름입니다. 저의 거처는 회관 내에 정해 두었으므로 집으로 보내는 서신을 표기한 번지로 아룁니다. 나머지는 기체 늘 만강하시기만 엎드려 축원하옵니다. 갖추지 못하옵니다. 삼가 살피소서.

갑자(1924)년 팔월 구일, 아들 재봉 아룀.

조선공산당 초대 책임비서, 김재봉(1891-1944)

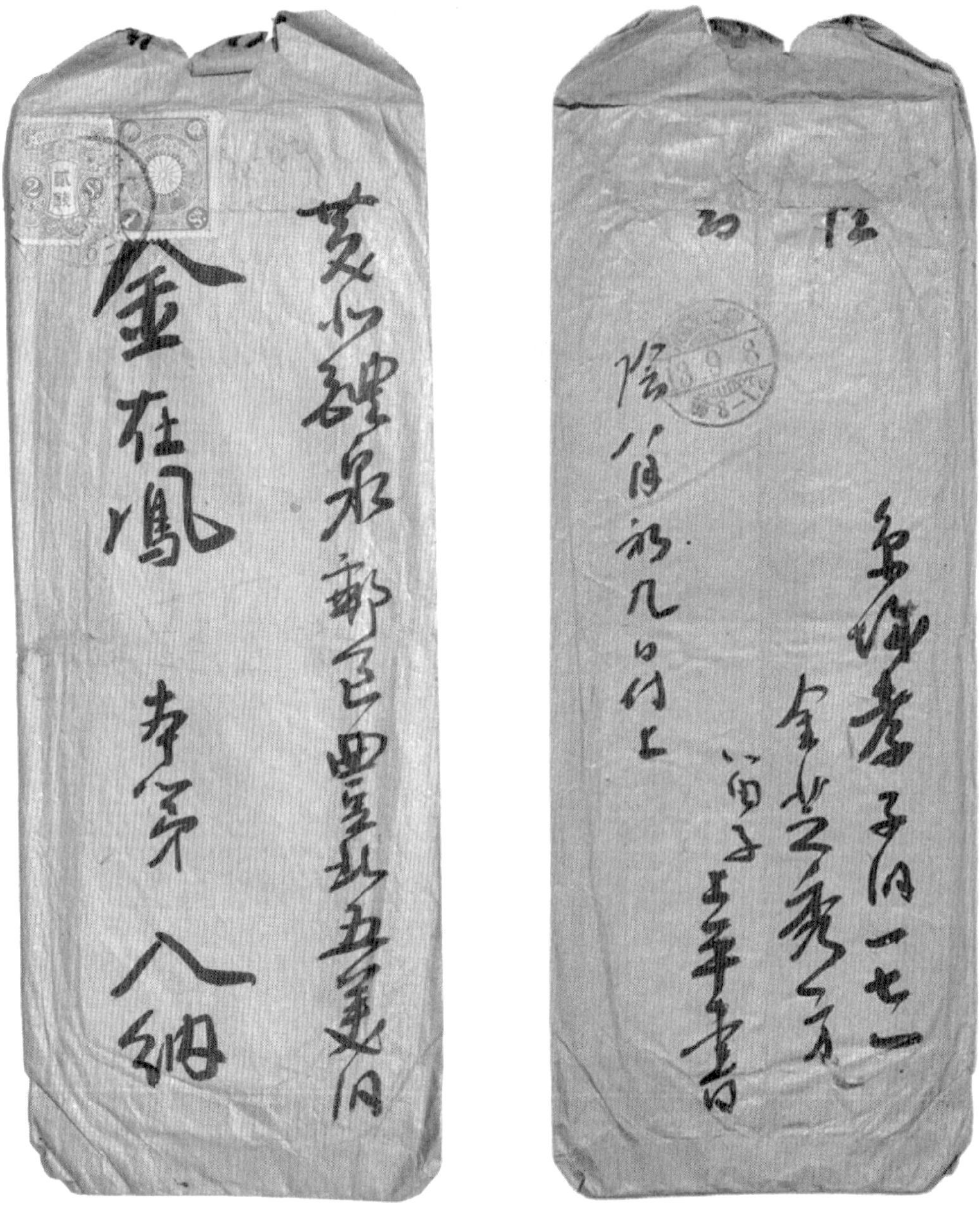

( )

父主前

[illegible]

新思想研究會原稿用紙

(10—23)

조선공산당 초대 책임비서, 김재봉(1891-1944)

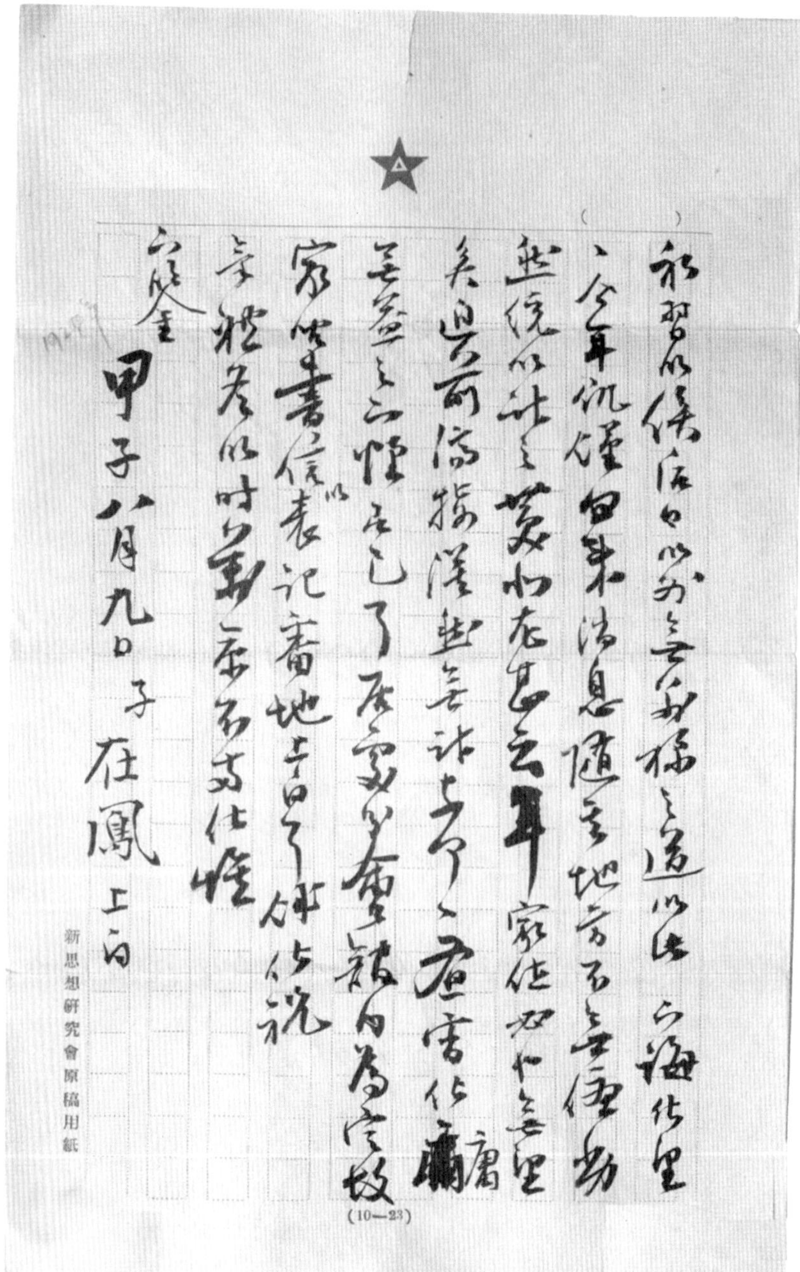

甲子八月九日 子 在鳳 上白

新思想硏究會原稿用紙

(10—23)

자료 51 「安東郡 豊北面 五美洞 醴泉郵局 金在鳳 本第入納, 京城府 孝子洞 一七一 金芝秀方 留子 上平書 九月 十九日 付上」, 1924년 8월 21일·9월 25일자

安東郡 豊北面 五美洞 醴泉郵局
金在鳳 本第入納
京城府 孝子洞 一七一 金芝秀方
留子 上平書 九月 十九日 付上

父主前 上白是

一旬前上白書 伏想下燭矣 伏不審辰下 二位分氣體候 以時萬康 餘眷無告警否 伏慕區區不任遠外下誠之至 子入近連日不健 伏悶難狀 且以糊口之策自數日前 朝鮮日報社入社勤務 積年來放浪之跡 卒倉間時間生活 其亦難矣 卽此外許多關係上觀之 圖是糊口之策 難謂奇幸 然出處與捨取 於其身分上小無拘束之事 則姑從是事 徐觀將來伏計耳 鴻弟之浪遊 是所悶切 從速上來似好 卽渠之入社 不過數日 分錢無判出之道 又今月捧給 亦是半個月分 故不可恃是 若待來月捧給之期 學校欠席夥多矣 此所謂左悶右憐者也 以此下諒后下誨伏望之地 餘不備 伏惟下鑒

甲子 八月 二十一日 子 在鳳 上白

아버님 전에 아룁니다.

열흘 전 아뢰어 올린 서신은 읽어 보셨을 줄로 생각됩니다. 삼가 요사이 부모님 기체 늘 만강하시고 여타 식솔들도 별고 없으신지 모르겠습니다. 멀리 타관에서 엎드려 사모하는 정성을 둘 데가 없습니다. 저는 근래 들어 연일 건

강하지 못하와 민망한 마음 형용키 어렵습니다. 또, 호구지책으로 수일 전부터 조선일보사에 입사하여 근무하고 있습니다. 여러 해 동안 방랑하던 터에 창졸간 시간에 매인 생활을 하려니 그 또한 어려울 것입니다. 이 외 허다한 관계 위에서 본다면 이 호구지책을 도모하는 것이 기특하다거나 다행하다고 하기는 어렵습니다. 그러나 출처와 취사에 있어 신분상 구속받는 일이 조금도 없다면 우선 이 일을 하면서 천천히 장래를 관찰할 생각입니다.

재홍이의 유랑에 대해서는 민망한 마음 절실합니다. 속히 올라오는 것이 좋을 듯합니다. 그 사람이 입사한 것은 몇일에 불과하므로 돈을 나눌 수 있다고 판단할 도리가 없고, 또 저의 이번 달 봉급도 반개월분인지라 이것을 믿을 수도 없습니다. 만일 다음 달 봉급 때를 기다린다면 학교 결석이 너무 많아집니다. 이것이 이른바 '左悶右憐'[45]이라는 것입니다. 이런 말씀으로 헤아리신 후 달래 주시기를 엎드려 바라는 입장입니다. 나머지는 갖추지 못하옵니다. 삼가 살피소서.

갑자(1924) 팔월 이십일일, 아들 재봉 아룀.

父主前 上白是

又忍告怯之罪 無拜可達 伏不審辰下 二位分氣體候 以時康寧 餘集別無告警 大小家內都節 一安否 伏慕區區 不任遠外下誠之至 子這間有知舊 自遠方入來 數次相面之嫌 今月初八日被捉 昨日始見放 其免放 亦非完全釋放 其時取調書類 渡檢查局 但免身體上拘束中 故來頭歸竟之如何 未可預度 然抑其事實 則萬無可據之点 以是伏望 卽自素見憎於彼邊之處 有此嫌疑 卽已則無至下念 千萬伏望伏望 新聞社繼續出勤 亦無拘礙 故自明日入社爲計 卽在鴻

45) 좌민우련左悶右憐 : 이렇게 하려하면 민망하고 저렇게 하려면 가련하다는 뜻으로 '진퇴유곡'의 처지를 가리킨다.

尙不健 伏悶伏悶 餘伏祝

氣候以時萬康 不備 伏惟下鑒

甲子 九月 二十五日 子 在鳳 上白

아버님 전에 아룁니다

또 차마 두려운 일에 대하여 아뢰는죄 감히 진달할 수 없습니다. 삼가 요사이 부모님 기체 늘 강녕하시고 여타 가족들 무고하신지 모르겠습니다. 대소가 내도 모든 범절 한결같이 평안하신지요? 멀리 타관에서 엎드려 사모하는 정성 둘 데가 없습니다. 저는 저간에 사귄 친구가 먼 곳에서 와 수차 상면했다는 혐의를 받고 있었습니다. 이 달 초여드렛날 잡혀서 어제 비로소 석방되었는데, 그 석방 또한 완전 석방이 아니라 그 취조서류가 검사국을 거치는 동안 신체상 구속만 면한 중이기 때문에 장차 귀추가 어떨지는 예단할 수가 없습니다. 그러나 그 사실만 물리친다면 증거할 만한 점은 만무합니다. 이로써 엎드려 바라오니, 평소에 저들에게 미움받는 데에서 이 혐의가 있는 것인지라 그만 두면 염려하지 않아도 됩니다. 천만 복망 복망입니다.

신문사는 계속해서 출근해도 또한 구애됨이 없기 때문에 내일부터 입사할 계획입니다. 재홍이는 아직 건강하지 못하여 민망 민망합니다. 나머지는 기체 늘 만강하시기만을 엎드려 축원하옵니다. 갖추지 못하옵니다. 삼가 살피소서.

갑자(1924)년 구월 이십오일, 아들 재봉 아룀.

餘白

轉伏聞 村內地主會內容 比前充實云 伏未知傳之者誑張耶 若果如所傳 則諸父兄之處事 是所伏悶之地 卽況父主農會會長之任 與姑父主 俱樂部破散處分 及宗宅叔主之門 物上處分等 伏不勝焦泣難狀之地 則伏望 父主從此 勿爲干涉 納是達白 千萬伏幸 雖以家勢論之 地主便加擔 萬無一可 班常分別時代

觀之 將來取禍不過之事 又父兄之將來企待 亦在子孫之福履 尤是不忍之事 則以此下諒 千萬伏望之地

나머지를 아뢰납니다

소문으로 듣기를 마을 내 지주회의 내용이 전에 비하여 충실해졌다고 하는데, 삼가 알지 못하겠습니다만 전한 자가 잘못 과장한 것입니까? 만약 과연 전해진 바와 같다면 여러 부형들의 처사가 저로서는 삼가 민망한 입장입니다. 더구나 아버님께서는 농회 회장의 직임으로 고모부와 함께 구락부를 파산처분한 것과 종택 아재 집 기물의 처분 등 저로서는 노심초사 울고 싶은 심정을 이루 표현하기 힘들 형편이니, 삼가 바라옵건대 아버님께서는 지금부터 이런 일에 간섭하지 마십시요. 이 말씀이 용납되어 진달된다면 천만 다행이겠습니다. 비록 가세로써 논한다 하더라도 지주편에 가담하는 것은 만에 하나도 옳지 않고, 반상의 분별이 있던 시대로 보더라도 장래에 재앙을 초래할 일에 불과하며, 또 부형들이 장래 기대하는 것도 또한 자손들이 복을 누리는 데 있을 것이니 더욱 더 차마 하지 못할 일입니다. 이로써 하량하시기를 천만 엎드려 비옵니다.

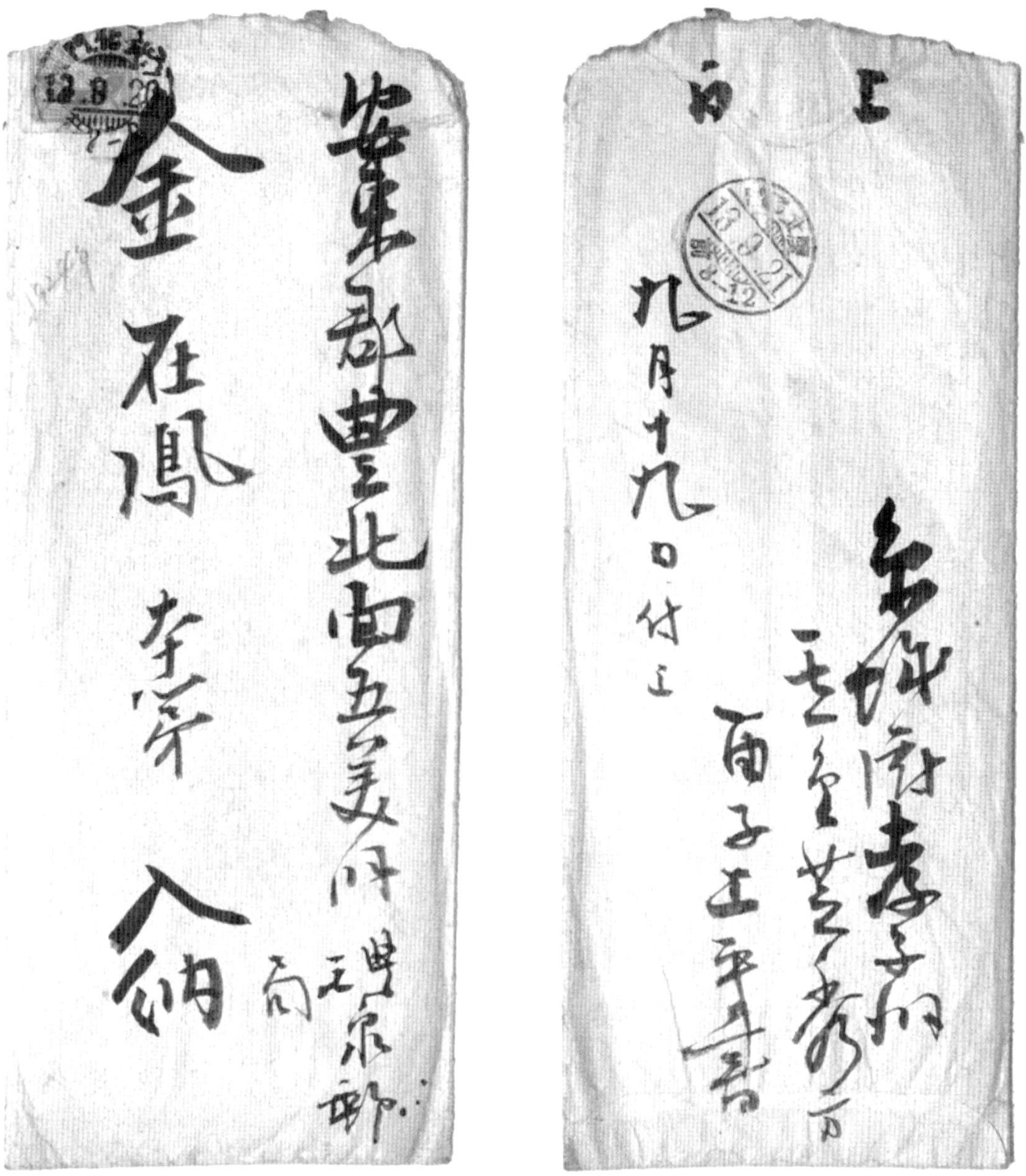

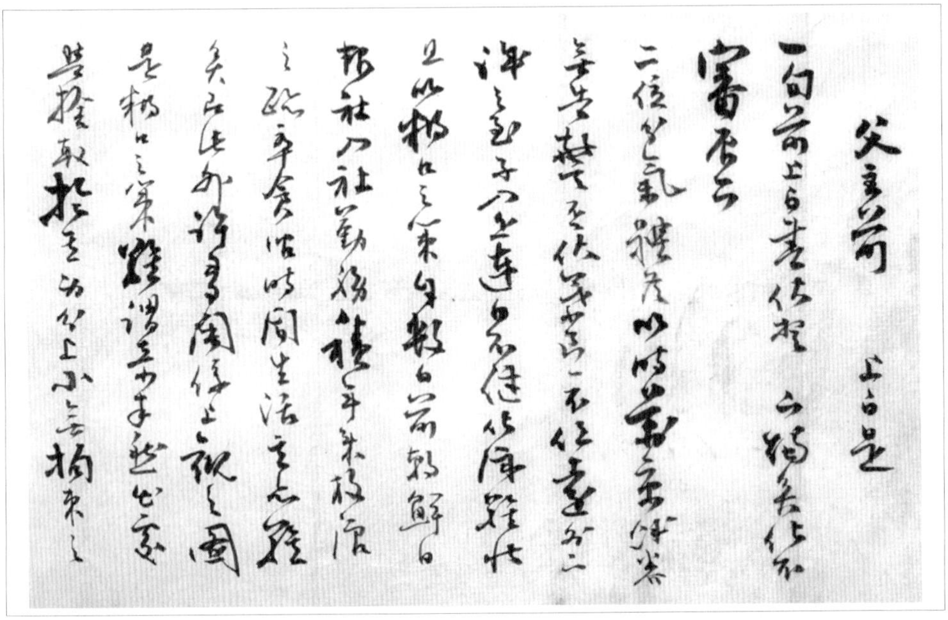

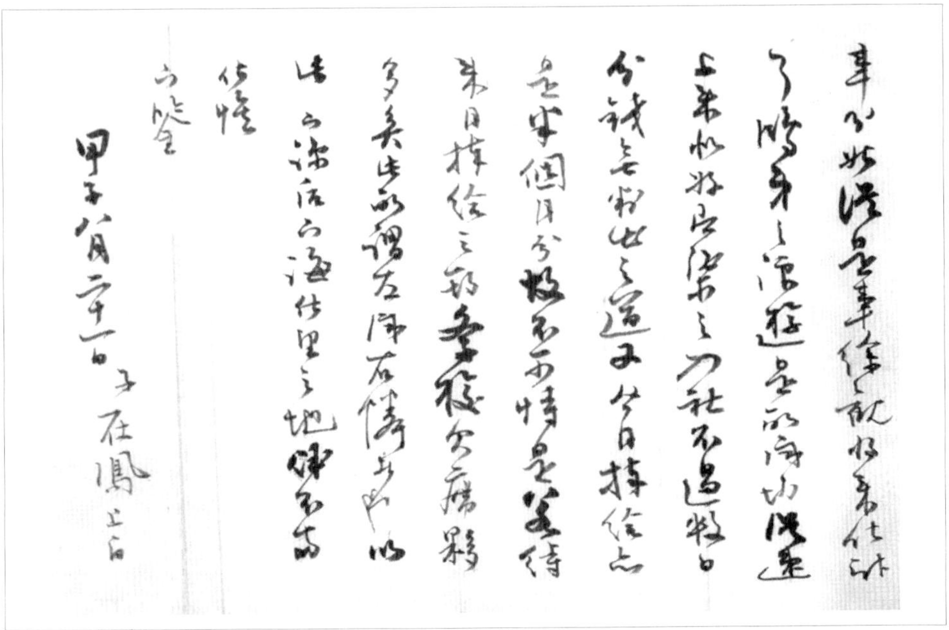

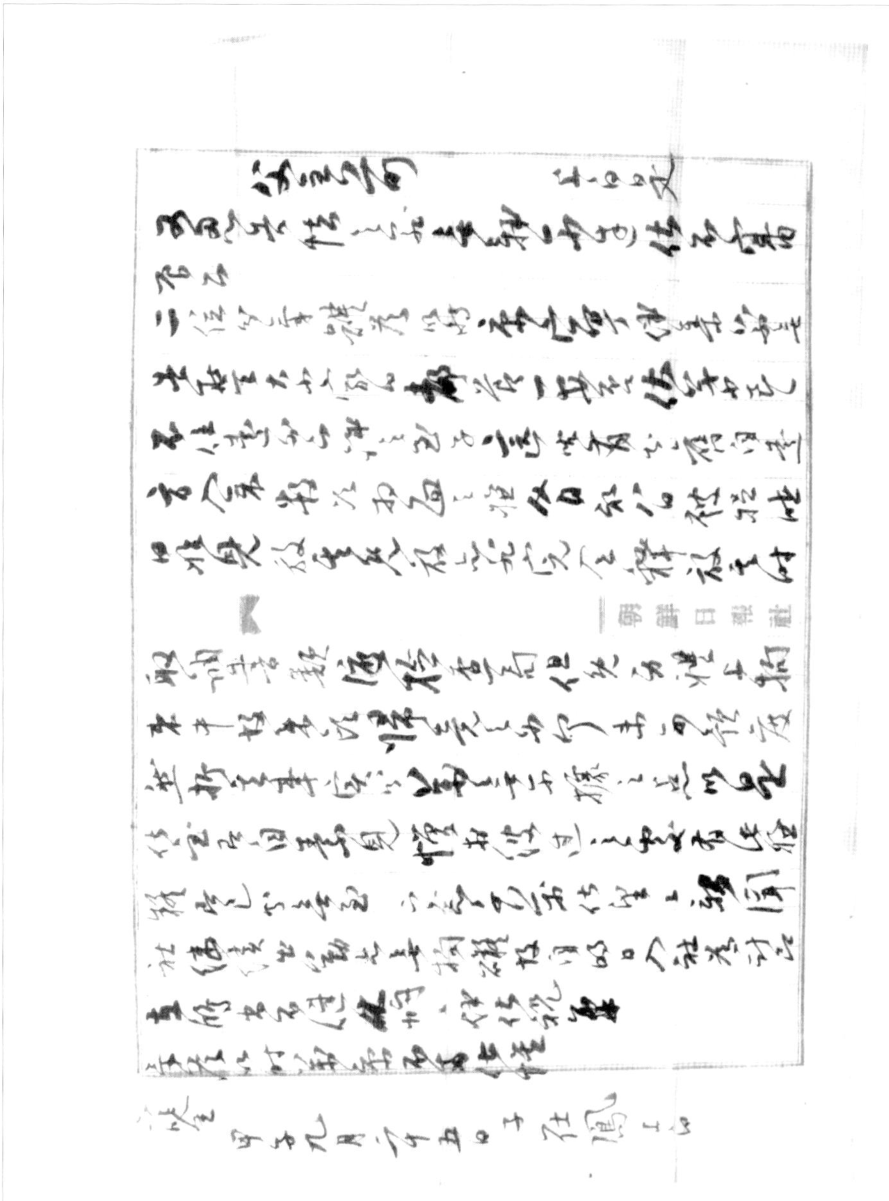

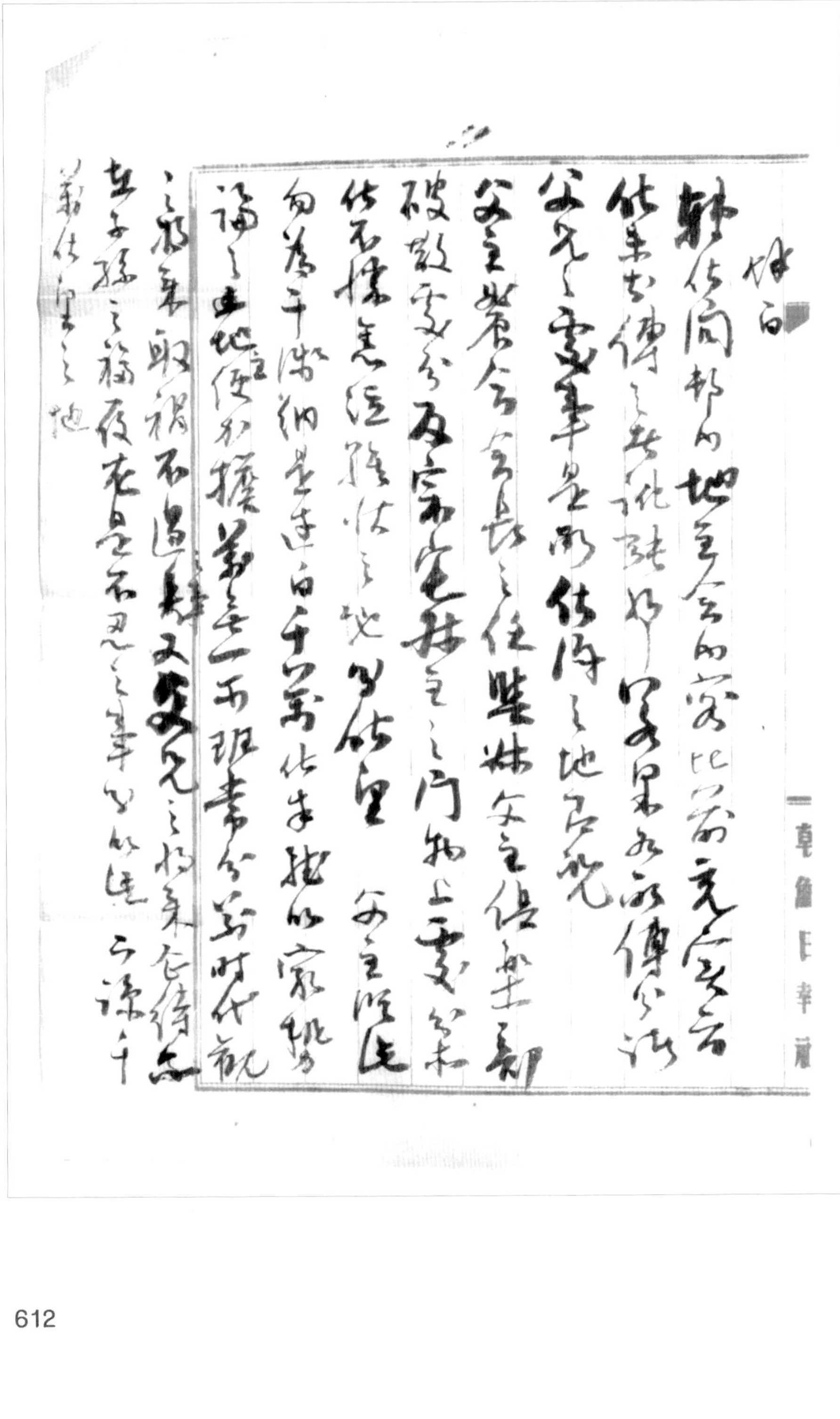

자료 52 「外舅主前 上答書」, 1925년 3월 7일자

外舅主前 上答書

歲開來 栖屑未遑 闕候莫有 此時卽姻叔主枉駕 時適出未拜 仍時下書 未得回達客念 又作聞慶路 昨始歸庭 又伏承下書 罪悚先之 況書發后 積●似是●間 留遞故耳 更伏審暮春 萱闈聘大母主 筋力欠寧 不日復常 侍餘棣體候 以時萬康 允侍諸從兄錦晏 都候均吉 下示中 難言禍色 今至何樣 卽伏未知這間 或有周旋之道 抑有免火之望耶 半子情地貢慮 只此卽當頭 禍色終無 則效可益之点 情理道理 是何人斯 錢路若非卽日 則必無是等事 卽假使有之 渠之事勢雖幾萬分之一 似不如此埋沒看過 卽當此束手無策之日 則養子女 爲來頭期望其父母安知 如渠之無狀難容者有耶 罪悚萬死而已 外甥省事粗遣 卽室人今年亦呻吟與厭食 又是昨年 甚悶甚悶 卽阿季 以不念之病 跨歲彌道 於是萬事無念 那意斯疾之罹耶 惟幸似有入佳之望耳 餘不備 伏惟下鑒

乙丑 三月 初七日 外甥 金在鳳 上答書

빙부님 전에 답해 올립니다

새해가 되었는데도 잗달한 일들로 겨를이 없어 문안 여쭙지 못했습니다. 이 때 처숙이 왕림했는데 마침 외출 중이라 뵙지 못했고, 이어 내려주신 서신도 회답해 드리지 못했습니다. 또 문경에 갔다가 어제 비로소 돌아와서 주신 서신을 읽었으니, 죄송한 마음이 앞섭니다. 더구나 편지가 떠난 후 여러 날이 되어 도착한 것은 그 사이 어디에서 머물렀기 때문입니다. 늦봄인데 훤당의 장조모께서는 근력이 평안치 못하다가 얼마 안 되어 회복하셨다 하고, 형제들은 웃어른 모시고 기체 만강하시며 맞이도 여러 삼촌들을 모시고 잘 지내고 여타 모두 잘 지낸다니 다행입니다. 내려 주신 서신 중 말하지 못할 재앙의 기미는 지금 어떻습니까? 이 즈음 혹시 주선해 볼 방도가 있는지, 아니면 화를 면할 가망이 있는지 삼가 알지 못하겠습니다. 사위된 정리로 염려가 되는데, 다만 이 일이 박두해도 재앙의 기미가 끝내 없으면 효과가 더욱 나은 점이 있겠지만 정리나 도리 상 어떤 사람이 이렇게 할 수 있겠습니까? 길에서 전별한 것이 만약 당일이 아니라면 반드시 이러한 일은 없었을 것이고, 가령 있었다하더라도 그 사람의 형편 상 비록 몇 만분지일이라도 이처럼 매몰 간과되지는 않을 듯합니다. 그런데 이렇게 속수무책인 날을 당하면 자녀를 양육하는 것이 미래의 희망인데, 그 부모가 그 사람처럼 형편없이 용납되기 어려운 자가 있을 줄을 어떻게 알았겠습니까? 죄송천만일 뿐입니다. 저는 웃어른 모시고 그럭저럭 지냅니다만 내자가 올해도 또한 앓는 것과 음식을 싫어하는 것이 작년과 같으니 심히 민망합니다. 막내가 생각지도 못한 병으로 해를 걸쳐 병세가 대단합니다. 이 때문에 만사가 생각이 없습니다. 이런 병에 걸릴 줄 어찌 생각이나 했겠습니까? 오직 다행인 것은 나아질 가망이 있는 듯하다는 것 뿐입니다. 나머지는 갖추지 못합니다. 삼가 살펴 주시기 바랍니다.

을축(1925)년 삼월 초이렛날, 사위 김재봉 올림.

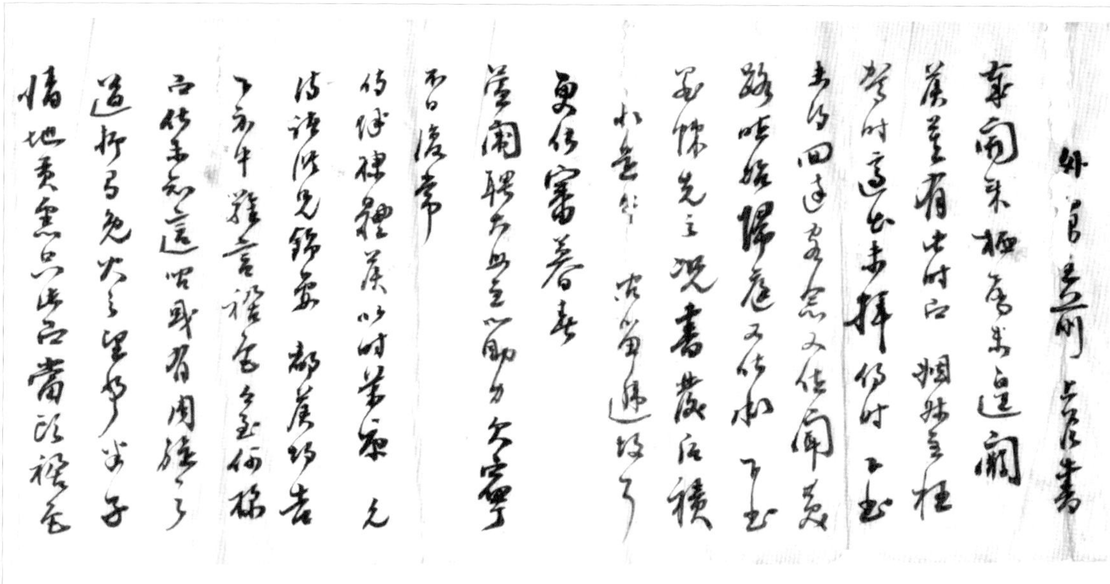

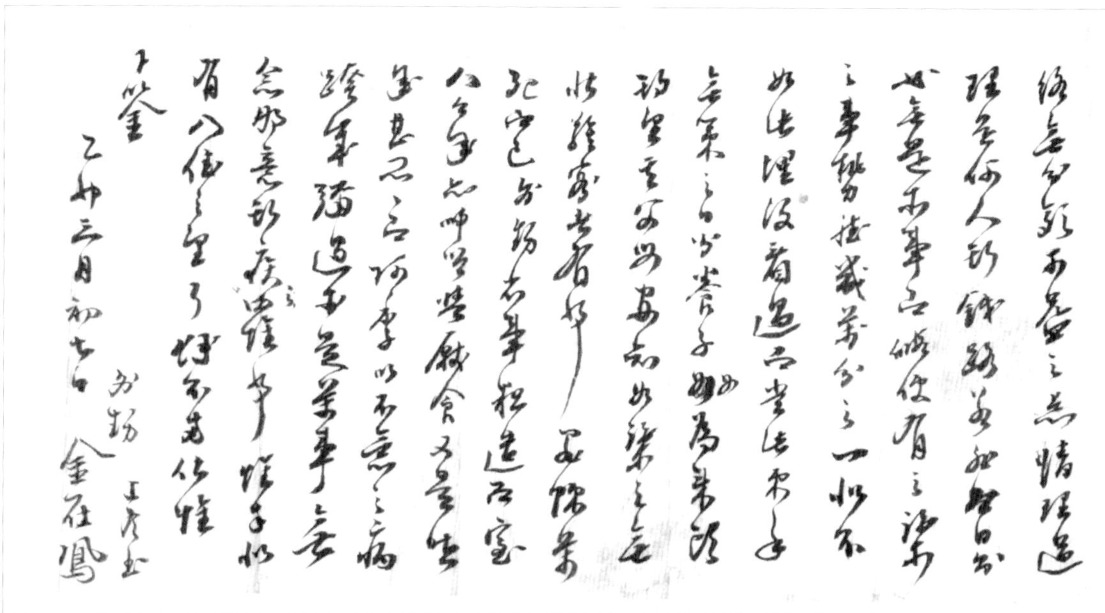

자료 53 「安東郡 豊北面 五美洞(醴泉區內) 金在鳳 本第入納, 京 臥龍洞 三八-二 黃苾周方 留子 上平書」, 1925년 4월 15일 · 29일자

安東郡 豊北面 五美洞(醴泉區內)
　金在鳳 本第入納
京 臥龍洞 三八-二 黃苾周方
　留子 上平書

父主前 上白是

鴻弟之趨庭後 已有日 卽終無安抵之音 爲慮不淺 伏不審辰下 二位分氣體候 以時康寧 餘集無別警否 伏慕區區 不任下誠之至 子入近 又不健 主症身熱頭痛 委臥已四五日 尙一樣無減 伏悶難狀耳 餘伏祝 氣體候以時萬康 不備 伏惟下鑒

　乙丑 四月 十五日 子 在鳳 上白

아버님 전에 아룁니다

아우 재홍이가 뵈러 간 후 이미 여러 날 되었는데 끝내 아무런 소식이 당도하지 않아 걱정이 적지 않습니다. 삼가 요사이 부모님 기체 늘 강녕하시고 여타 여러 식구들도 무고하신지 모르겠습니다. 엎드려 사모하는 정성을 둘 데가 없습니다. 저는 근래 들어 또 건강이 좋지 않은데, 주증은 신열과 두통입니다. 누워 지내는 지가 벌써 사 오일이나 되었지만 아직도 맨 그 모양으로 줄어들지 않으니 민망스러움을 형언키 어렵습니다. 나머지는 기체 늘 만강하시기만을 엎드려 축원하옵니다. 갖추지 못하옵니다. 삼가 살피소서.

　을축(1925)년 사월 십오일, 아들 재봉 아룀.

父主前 上白是

伏承下書 以后日富 伏慕下懷 更伏庸㓂切 伏不審辰下 二位分氣體候 以時康寧 渾眷無告警 大小家尊少節 一安否 併伏慕區區 不任在外下誠之至 子這間 似感氣 亦非單純感氣 即如許無何之症 近一旬餘往復乃至 委臥呻苦矣 今即已快起動 無至下念 伏望之地 而哲也亦無頉 所謂通學 遵守其時間 然不過伐高之名而已耳 傳來說 家近今春亦以旱災爲慮云 伏未知家作麥形果何如 而況糧道絶乏之傳已久矣 麥嶺尙遠 此際將何以濟接也 晝宵貢悶無地 餘伏祝氣體候以時萬康 不備 伏惟下鑒

乙丑 四月 二十九日 子 在鳳 上白

아버님 전에 아룁니다

삼가 내려주신 서신을 받은 후로 여러 날이 지났으므로 엎드려 사모하는 회포가 더욱 간절합니다. 요사이 부모님 기체 늘 강녕하시고 여타 식솔들도 두루 별고 없으신지 모르겠습니다. 대소가 노소간 범절도 다 평안하신지요? 타관에서 사모하는 정성을 둘 데가 없습니다. 저는 요즈음 감기 같은데 단순한 감기도 아닌 무엇인지 모를 증세로 근 열흘 내외동안 자리에 누워 앓았습니다. 지금은 이미 나아 기동하고 있으니 심려 마시기 복망입니다. 철이도 무탈합니다. 소위 학교 다닌다는 것은 그 시간을 엄수해야하는 것인데, 그러나 이름만 높이 차지하고 있는 데에 불과합니다.

들리는 말에 집안이 올 봄에도 한재로 염려하고 있다 합니다. 집에서 지은 보리농사가 과연 어떤지 모르겠습니다. 더구나 양식이 끊겨 어렵다는 전갈을 받은 지 이미 오래인데 보릿고개는 아직도 머니, 차제에 장차 어떻게 가속들을 먹여 살립니까? 주야 고민입니다. 나머지는 기체 늘 만강시기만 축원입니다. 갖추지 못 하옵니다. 삼가 살피소서.

을축(1925)년 사월 이십구일, 아들 재봉 아룀.

조선공산당 초대 책임비서, 김재봉(1891-1944)

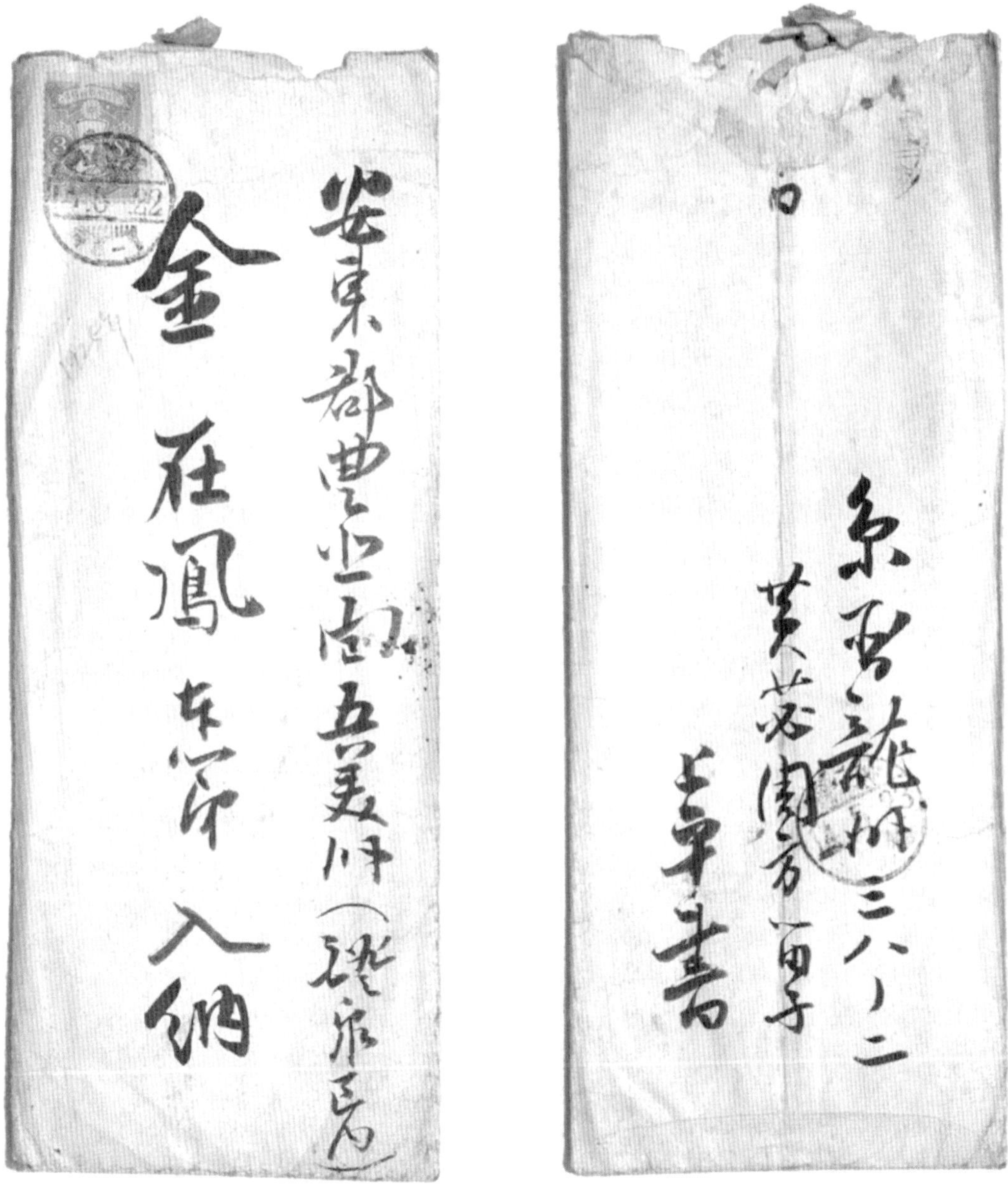

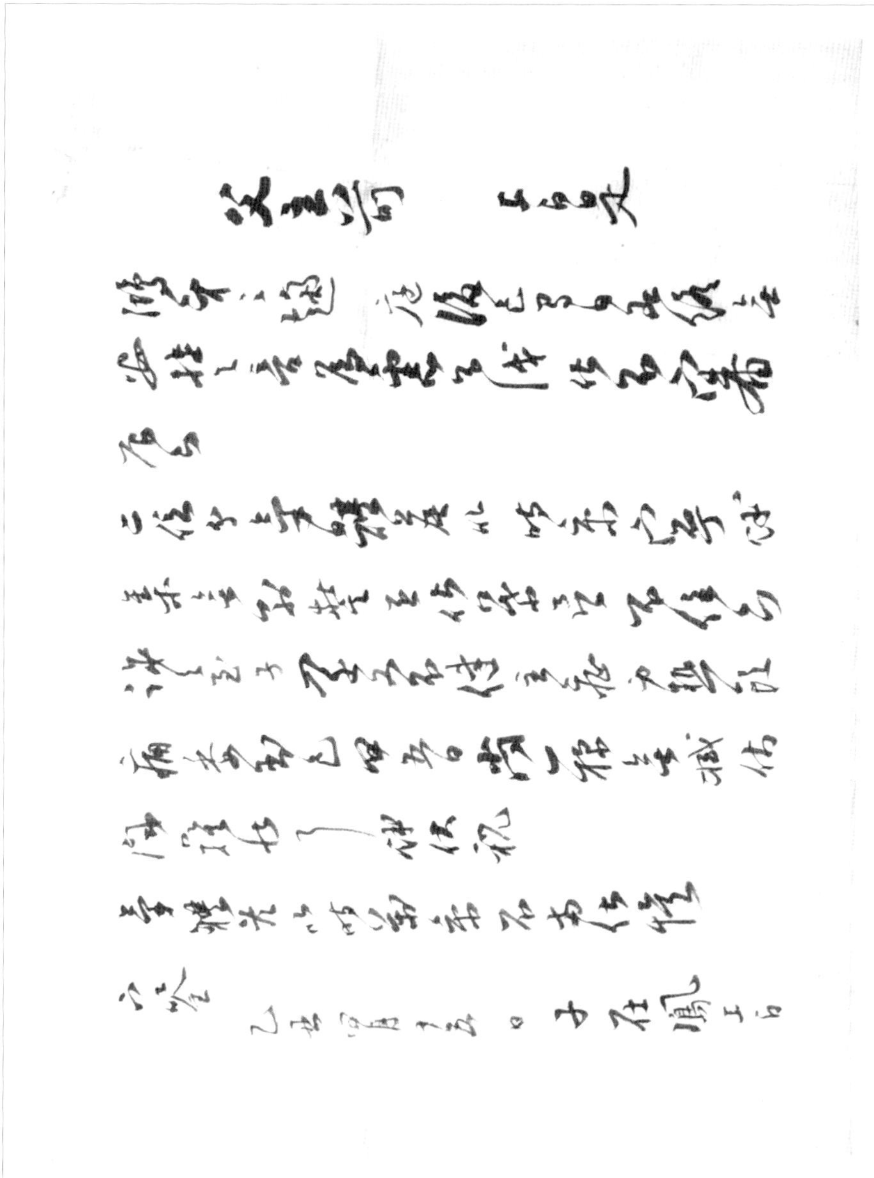

조선공산당 초대 책임비서, 김재봉(1891-1944)

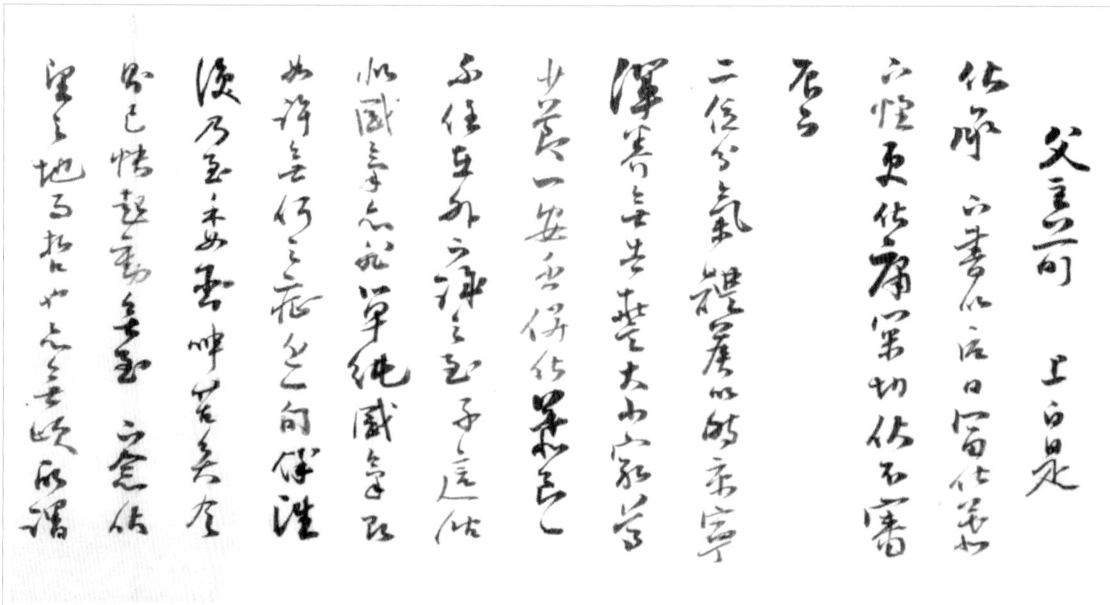
父主前 上白是

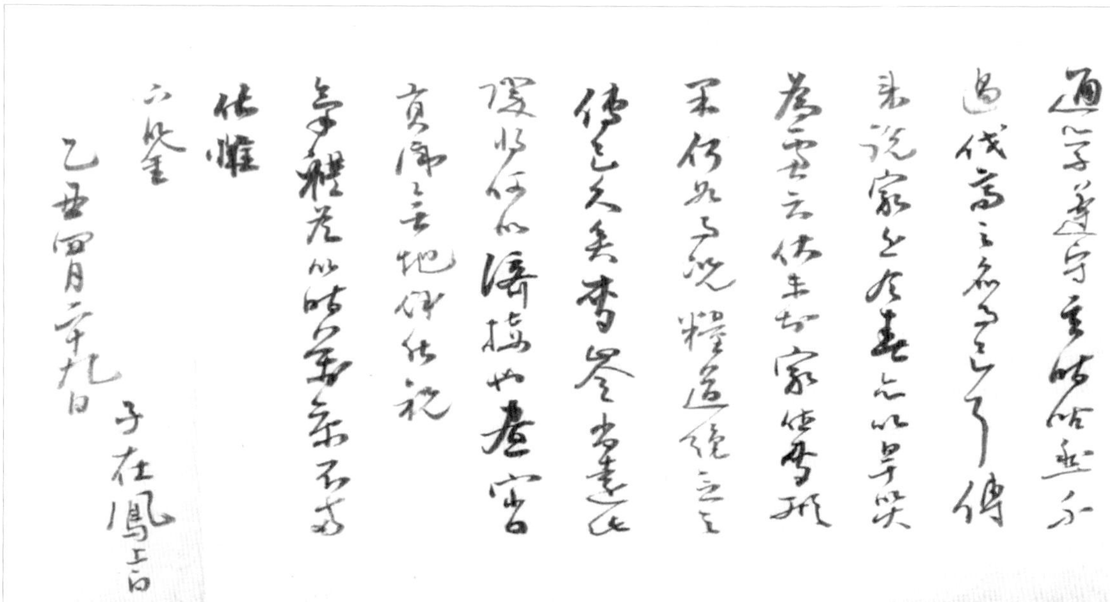
乙丑四月二十九日 子在鳳上白

자료 54 「慶北 安東郡 豊北面 五美洞 醴泉郵區內 金在鳳 本第入納, 京 嘉會洞 六七 黃苾周方 留子 上平書 陰八月十三日」, 1925년 8월 13일자

慶北 安東郡 豊北面 五美洞 醴泉郵區內
金在鳳 本第入納
京 嘉會洞 六七 黃苾周方
留子 上平書 陰八月 十三日

父主前 上白是

久闕上白下懷 伏庸慕菀際 伏承下書 伏喜萬萬 伏審邇辰 二位分氣體候 以時萬康 餘集亦無別警伏慰區區 在外下忱之至 子泄瀉及瘧疾等發 十餘日辛苦今纔擧頭 尙圉圉 但兒輩無頉通學 以是伏幸耳 琴澗陳地 月前豊山李兄言 內有賣渡處云 故囑之矣 必然爲渠周章 無違事實也 卽趍則不顧李兄之周旋 潛做是事者非耶 爲其自己利益 不無是嫌 然契約等已成文以後 則不必明其顚末然於李兄許 不無未安之嫌耳 朝報停刊 大體認其不穩 卽爲是壓迫者也 然其外多少內在事實 則渠輩 前後見憎於關係官廳 爲主因者也 故渠則已釋免 退社有日耳 從此與兒曺濟接極遣 爲目前之憂慮 卽略來月以後 則如干措度 似有庶幾之道 以此成算 目前形便最憂 節食價中未給 條渠之叔侄校服 此校服指定日字不着 則通學不許 其外不可缺者合 卽不少金額 又時急九十円金 日先下付 千萬伏望耳 以後經過 庶有道理 以此下燭 伏望之地 畧來月初旬頃 反面伏計 餘伏祝 氣體候以時萬康 不備 伏惟下鑒

八月 十三日 子 在鳳 上白

아버님 전에 아룁니다

오랫동안 저의 내심을 아뢰지 못하여 몹시 그립던 차에 내려주신 서신을 받아 기쁘기 한이 없습니다. 요즈음 부모님 기체 늘 만강하시고 여타 식구들도 별고 없으시다고 하니 먼 타관에서 사모하는 저의 마음에 위로가 됩니다. 저는 설사와 학질에 걸린 지 십여 일동안 앓다가 이제 겨우 나았는데 아직도 어질 어질합니다. 다만 아이들이 탈없이 학교다니고 있으니 이것이 다행입니다.

금간[46]의 묵은 땅은 월전에 풍산 이형이 말하기를 면내에 매도할 곳이 있다고 해서 그 사람에게 맡겼습니다. 반드시 그가 주선하는대로 하면 사실과 어긋남이 없을 것입니다. 만약 잘 못 된다면 이형이 주선해 준 것을 돌아보지 말고 몰래 이 일을 처리하면 되지 않겠습니까? 자기 이익만을 챙긴다는 혐의가 없지 않을 터이지만 계약서 등 이미 문서가 닦인 후에는 그 전말을 밝힐 필요가 없을 것입니다. 그러나 이형에게는 미안스러운 마음이 없지 않겠지요.

조선일보가 정간된 것은 대체로 불온하다고 인식되어 이 때문에 핍박을 당해서입니다. 그러나 그 외 다소 속사정이 있는 것은 그들이 전 · 후로 관계 관청에 미움을 받은 것이 주 요인입니다. 때문에 그 사람이 이미 석방되어 퇴사한 지도 여러 날입니다.

이제부터는 아이들과 함께 먹고 살아 갈 일이 난감인데, 목전의 걱정은 대략 다음 달 이후면 약간 정도 어떻게 해 볼 도리가 있을 것 같습니다. 이렇게 요량해 보면 우선 닥친 형편이 가장 걱정인데 식대 중 아직 지급하지 않은 돈을 절약하여 숙질간 교복을 맞췄습니다. 이 학교는 교복을 지정일자에 맞춰 착용하지 않으면 학교에 다니는 것을 불허하기 때문이고, 그 외 불가결한 것을 합하면 적잖은 금액인데, 시급히 구십원 돈을 우선 부쳐주시기를 천만 복망입니다. 이 후 지내는 것은 대강 도리가 있을 것 같으니 그리 헤아려 주시기를 삼가 바랍니다. 대략 내달 초순 경 돌아가 뵈올 계획입니다. 나머지는

46) 금간琴澗 : 오미동 인근 소지명인 듯 함.

기체 늘 만강하시기만 축원하옵니다. 갖추지 못하옵니다. 삼가 살펴 주소서.

팔월 십삼일, 아들 재봉 아룀.

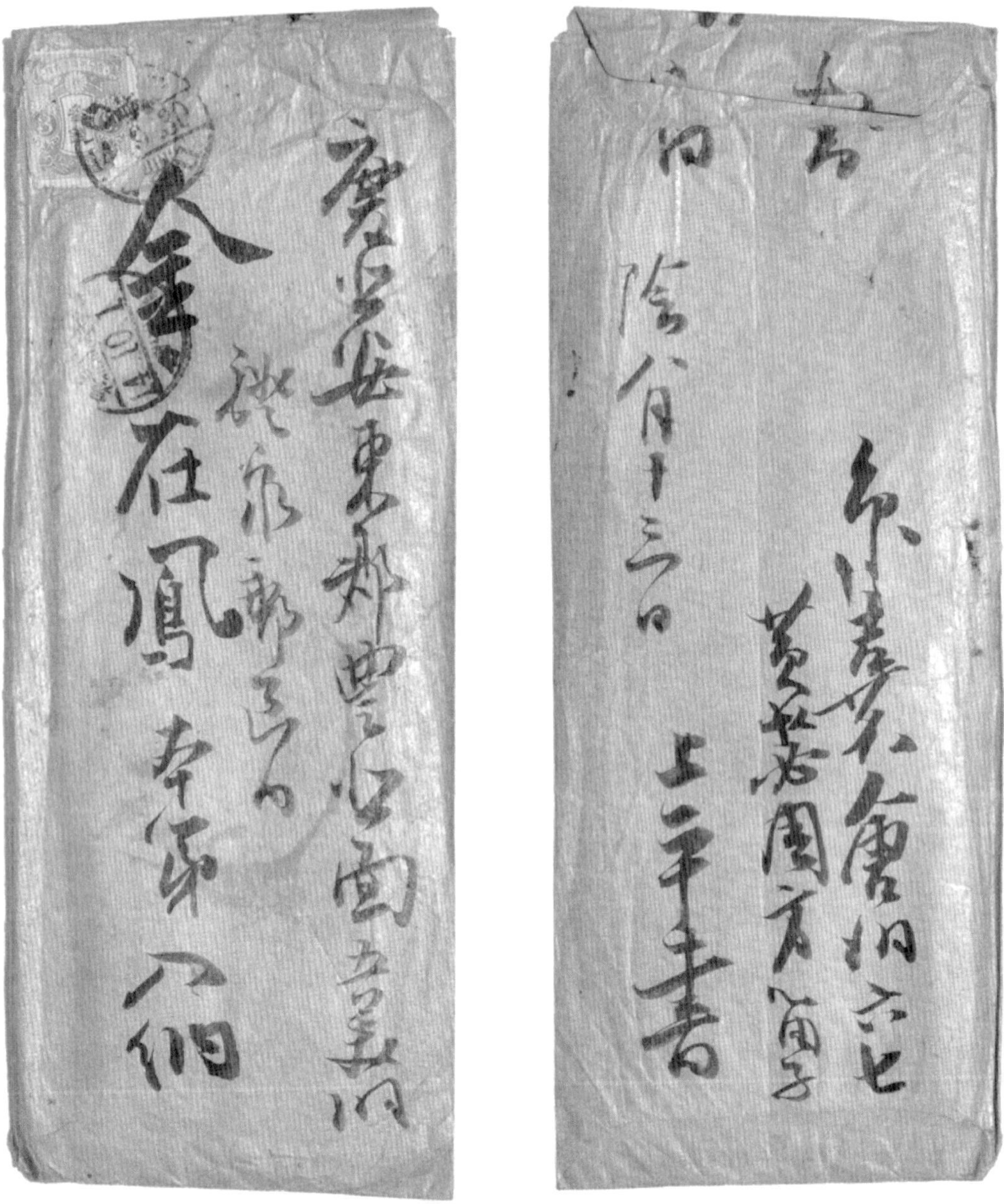

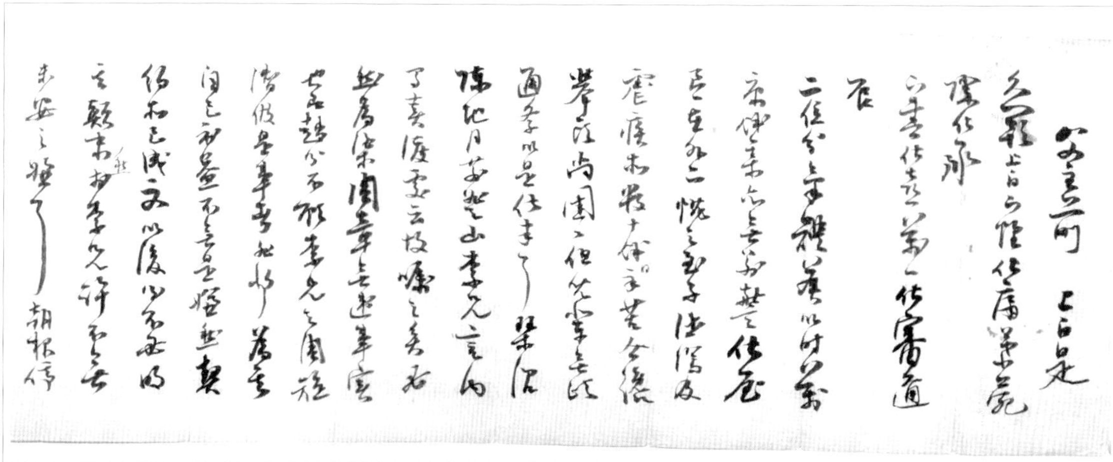

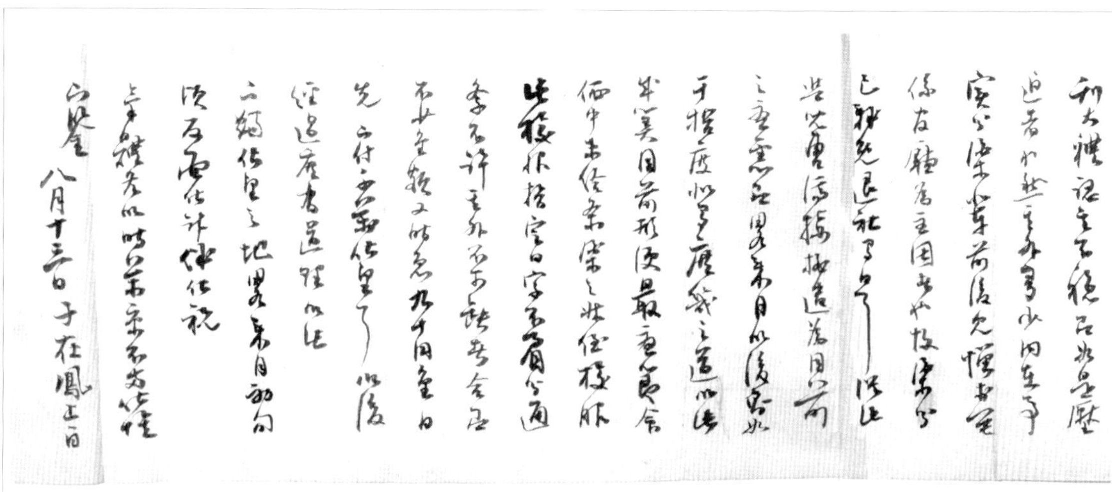

자료 55 「安東郡 豊北面 五美洞(醴泉區內) 金在鳳 本第入納, 京 嘉會洞 六七 黃苾周方 留子 上平書」, 1925년 9월 22일자, 년도미상 8월 13일 · 8월 그믐날

安東郡 豊北面 五美洞(醴泉區內)
金在鳳 本第入納
京 嘉會洞 六七 黃苾周方
留子 上平書

父主前 上白是

伏承下書有日 伏不審辰下 二位分氣體候 連向萬康 餘眷無警否 伏慕區區不任下誠之至 子入近來 眠食無頉 渠叔侄亦健通學 以是伏幸耳 就伏白 川前金丈 自素雖無知面之階梯 卽彼此亦難謂不相識之許 然婚說等愼重之道 於間尙無可合之媒者 故姑躕躇中 不遠間 探其意向如何 伏計耳目前窘迫 前書已達情私者 卽所禀金額九十円 日先下付如何 伊後經過 次次亦有叙力之形便矣以此下燭后 右金額 日速下付 使免非尋常之困 千萬伏望之地 餘伏祝 氣體候以時萬康 不備 伏惟下鑒

乙丑 九月 二十二日 子 在鳳 上白

아버님 전에 아룁니다

삼가 내려주신 서신 받은 지 여러 날 되었습니다. 요사이 부모님 기체 늘 만강하시고 여타 식구들도 별고 없는지 모르겠습니다. 삼가 사모하는 정성을 둘 데가 없습니다. 저는 근자 먹고 자는 일이 무탈합니다. 저들 숙질도 건강하게 학교 다니고 있으니 다행입니다. 저번 아뢴바 천전 김장은 평소 비록 친

면이 있을 계기가 없었다 하더라도 피차간에 또한 서로 알지 못하는 사이라 하지는 못할 것입니다. 그러나 혼설 등 신중한 일에 있어서는 그간 아직 마땅한 중매자가 없기 때문에 우선 주저하고 있는 중입니다. 불원간 그 의향을 알아보는 것이 어떨까 하고 삼가 계획하고 있습니다.

눈앞에 닥친 군색한 지경은 전 번 서신으로 사정을 진달한 것으로, 아뢴대로 구십원이니 우선 부쳐주시면 어떻겠습니까? 이후 지내는 것은 차차로 힘을 써 볼 형편이 있을 것 같으니, 이로써 헤아려 주시고 위의 금액은 속히 부쳐 주시면 심상치 않은 곤란을 면하겠습니다. 천만 복망입니다. 나머지는 기체 늘 만강하시기만 축원하옵니다. 갖추지 못하옵니다. 삼가 살펴 주소서.

을축(1925)년 구월 이십이일, 아들 재봉 아룀.

萬君回展

日前芝鉉下去便 父主前上白矣 計數日字 則倘尙在路中矣 料外得見手書 其喜難量 卽況兄弟智面 四年來初有是日 抑何不喜且旋帳 君之得病辛苦 積有年 所入近以轉傳 與今日君之所示 確有漸佳之音 滿萬慶幸 抃且更躍 卽未見得病之苦 又未見漸佳之狀 每看雲

여기 결락 부분이 있는 것으로 판단됨.

這裏嘆來 前日無恙 探子卽已 邇來多少難忍是爲 於斯亦可認其一也 然關提何益 仍問際玆高秋父主外內分 氣體候無至大家損下節 侍履次第淸勝 所苦果日佳 大小家尊少節 一安爲慰 卽書后有日 旋切願聞 舍兄積年所事 空貼憂慮於父母兄弟及妻子 有時靜言自首 只切浩歎不已 去念一日 卒然被捉於警署 今月初六日 始乃見放 素無何等可據之事實 故有此等一時不幸 結局無事放免者也 我則確有自信者 卽在家驚怯 倘不諒是矣 仰焦俯悶 頓無可道可答之拜耳 電換來二十円金 無違來着 勿慮焉 一般情勢 卽當反庭爲可 卽適有所幹牽提 亦未遂 以來月初生間爲期 趨庭時 以此上白 君亦諒之如何 在饑志學苦悶

聞甚喜且憫憐 目今萬無道理 如何間在家之時 勿爲虛送時日 益加向學之念 勉之勉之 雖語學等册子 使勿釋卷如何 餘不遠面接 不具 署草

八月 十三日 舍兄 槿田 頓

만군[47]에게 답함

일전 지현이 내려가는 편에 아버님께 아뢰는 편지를 부쳤다. 날짜를 셈해보면 혹 아직 가는 중일 것이다. 의외에 너의 편지를 보니 그 기쁨 헤아리기 어렵다. 더구나 형제의 처지에 사년래 처음 이런날이 있으니 어찌 즐겁고 또 기릴 일이 아니겠는가? 네가 병을 얻어 괴로워한지 여러 해인데 근래에 들어 전해들은 바와 오늘 네가 보여준 바 확실히 점차 나아지고 있다는 소식이 있으니 천만 경사스럽고 다행하여 손뼉을 치고 또 뛸 듯하다. 투병의 고통도 드러나지 않고 또 점차 나아지고 있는 모양도 보이지 않으니 매양 너를 그리워하는 …

그 간 한탄스러웠던 것은 이전에 신양이 없을 때는 자식을 살피고 말았는데 근래에는 차마 옳다하기 어려운 일이 다소 있으니, 여기에서 또한 그 하나를 알 수 있는 것이다. 그러나 간섭한다고 무슨 이득이 있겠는가? 이즈음 하늘 높은 가을철에 아버님 내외분 기체후 대단 손절은 없으시고, 너도 어른들 모시고 잘 지내며 괴로움은 과연 날로 나아지고 있고, 대소가 노소도 모두 평안하다 하니 위로가 된다. 글 보낸 지 몇 일에 도리어 집 소식을 듣고 싶은 마음 간절하다. 내가 여러 해 일삼던 바가 공연히 부모형제와 처자식에게 우려를 보태게 하였으니 가끔 고요할 때 스스로 고백하는 말이지만 크게 탄식하는 간절한 심정을 그만 둘 수 없다. 지난 달 이십일일 갑자기 경찰서에 체포되어 이번 달 초 엿샛날 비로소 석방되었는데, 평소 하등 근거할 만한 사실

---

47) 만군萬君 : 김재봉의 계씨인 듯. 족보상에 이름이 없는 것으로 보아서는 성인이 되기 전에 죽은 것으로 판단되나 자세한 것은 알 수 없다.

이 없기 때문에 이런 일시 불행했다가 결국 무사 방면되는 일이 생긴 것이다. 나는 확신이 있지마는 곧 집에서 놀라고 두려워하는 것은 혹 이것을 헤아리지 못하기 때문일 것이다. 초조하고 민망함을 도무지 말하거나 답하여 올릴 수가 없을 뿐이다. 전신환으로 보낸 이십 원 돈은 어김없이 도착했으니 염려 마라. 일반적인 형편으로는 마땅히 집으로 돌아가는 것이 옳지만, 마침 주관하여 견제할 일이 있어 또한 그대로 시행하지 못한다. 내달 초생쯤 시기를 잡아 아버님을 뵈러 갈 때 아뢰려고 하니 너도 그리 헤아리는 것이 좋겠다. 기근에도 배움에 뜻을 두어 고민하고 있다하니 듣기에 심히 기쁘고 또 민망하지만 당장 어찌해 볼 도리가 없구나. 여하간 집에 있을 때 시일을 허송하지 말고 더욱 향학에 대한 생각을 더하여 힘쓰고 힘쓰기 바란다. 비록 어학 등의 책이라도 책을 놓지 않는 것이 좋겠다. 나머지는 불원간 만나 이야기 하자. 갖추지 않고 대강 쓴다.

팔월 십삼일, 형 근전 보냄.

父主前 上白是

久闕上白 罪悚無地 伏未審辰下 二位分氣體候 一向萬康 家內諸節 一安否 伏慕遠外區區 不任下誠之至 子兄主別無大添 渠之叔侄 眠食無頉 伏幸伏幸 然所工 可謂帶名無實 尤爲罪悚 顧考家 則方今收穫之節 今年農作 比例年豊作否 渠直爲自炊爲計 至于今日 無完全之策奈何 餘伏祝

二位分氣體候 對序萬康 不備上白

八月 晦日 子 在鴻 上白

아버님 전에 아룁니다

오래 아뢰어 올리지 못하여 죄송무지입니다. 삼가 요사이 부모님 기체 한결같이 만강하시고 가내 제절도 다 평안하신지 모르겠습니다. 멀리 타관에서 사모하는 정성을 둘 데 없습니다. 저와 형님은 큰 별고 없고 저들 숙질도 면식에 별 탈 없으니 참으로 다행입니다. 그러나 공부만은 유명무실한지라 더욱 죄송스럽습니다. 다만 집 생각을 해 보니 지금 한창 수확철인데 올 농사는 예년에 비하여 풍작입니까? 형님은 곧 자취를 할 계획이지만 오늘까지도 완전한 대책이 없으니 어찌해야 합니까? 나머지는 부모님 기체 늘 만강하시기만을 축원이옵니다. 갖추지 못하옵니다.

팔월 그믐날, 아들 재홍 아룀.

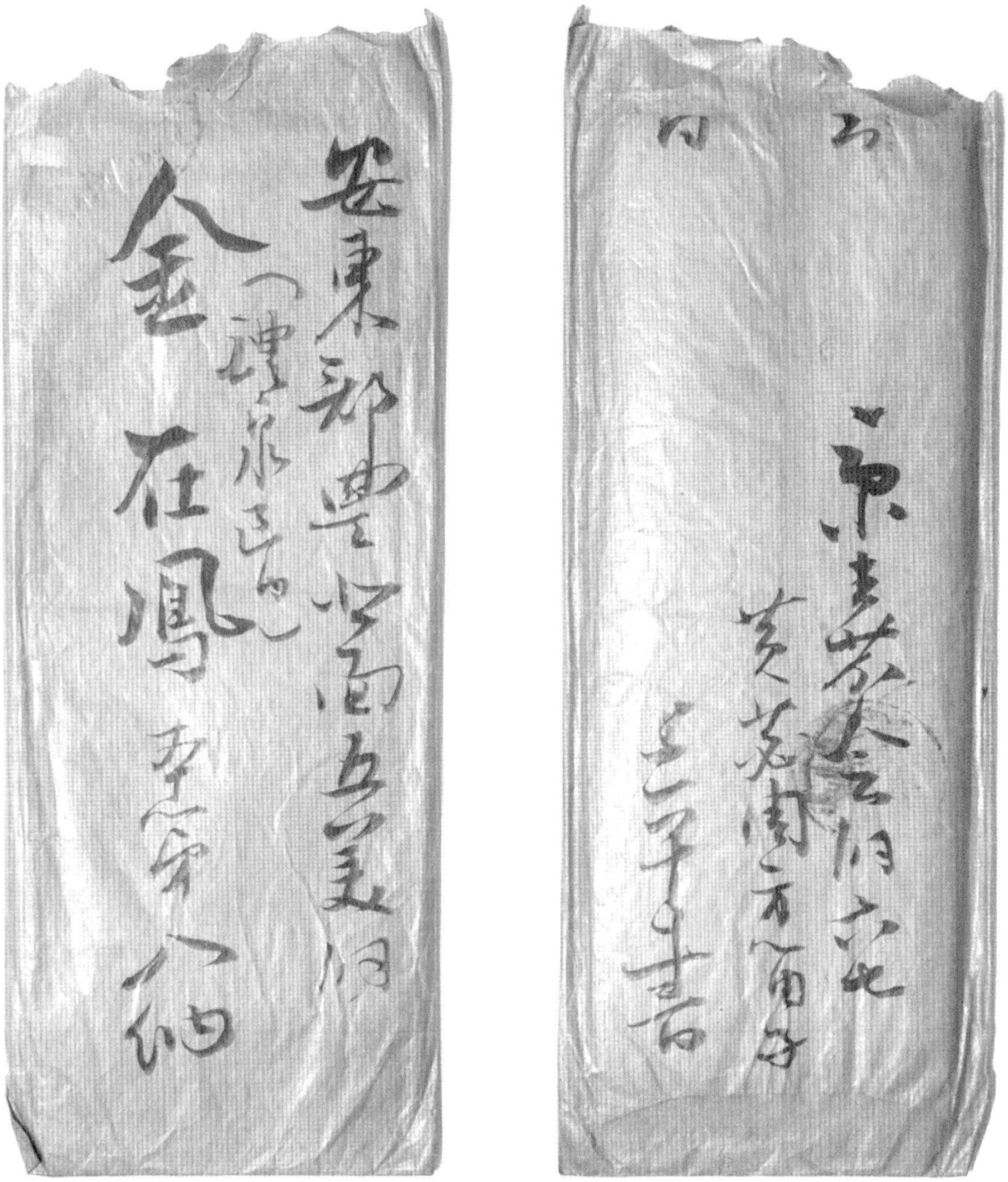

조선공산당 초대 책임비서, 김재봉(1891-1944)

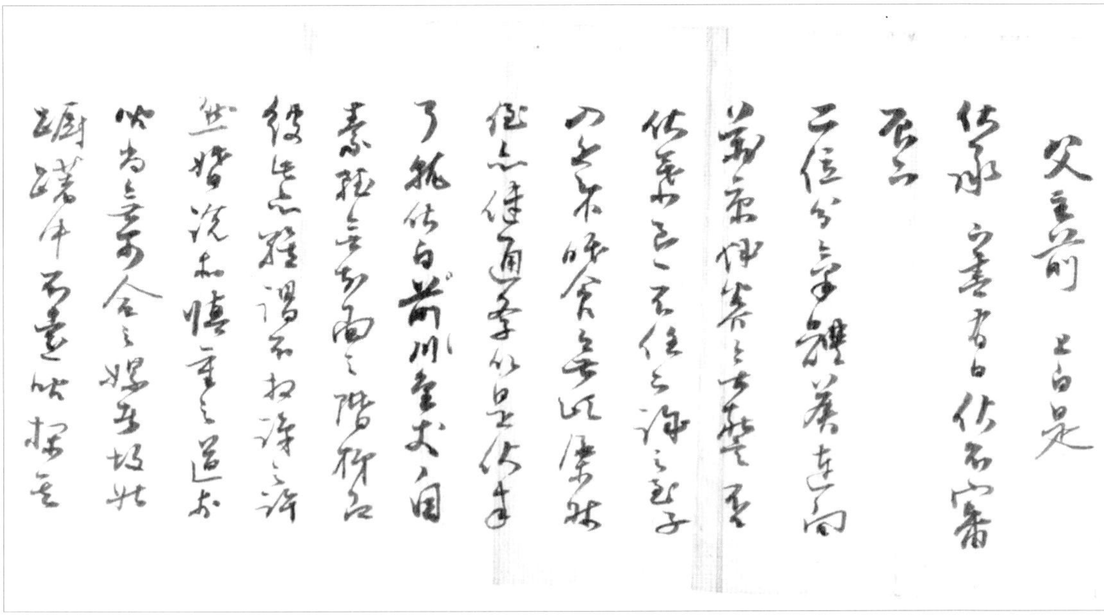
父主前 上白是

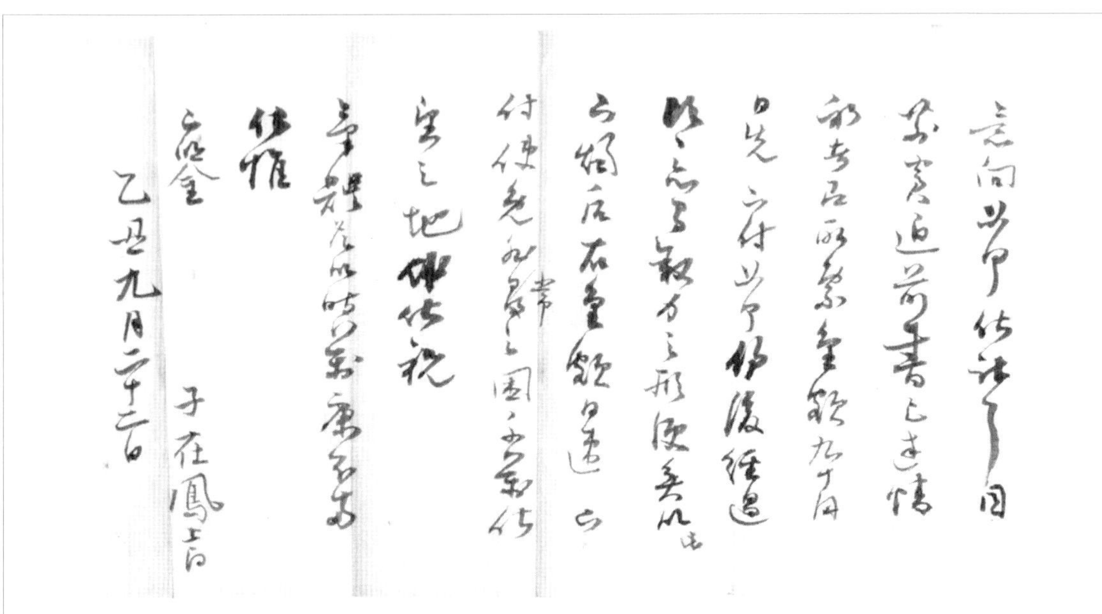
乙丑九月二十二日 子在鳳上白

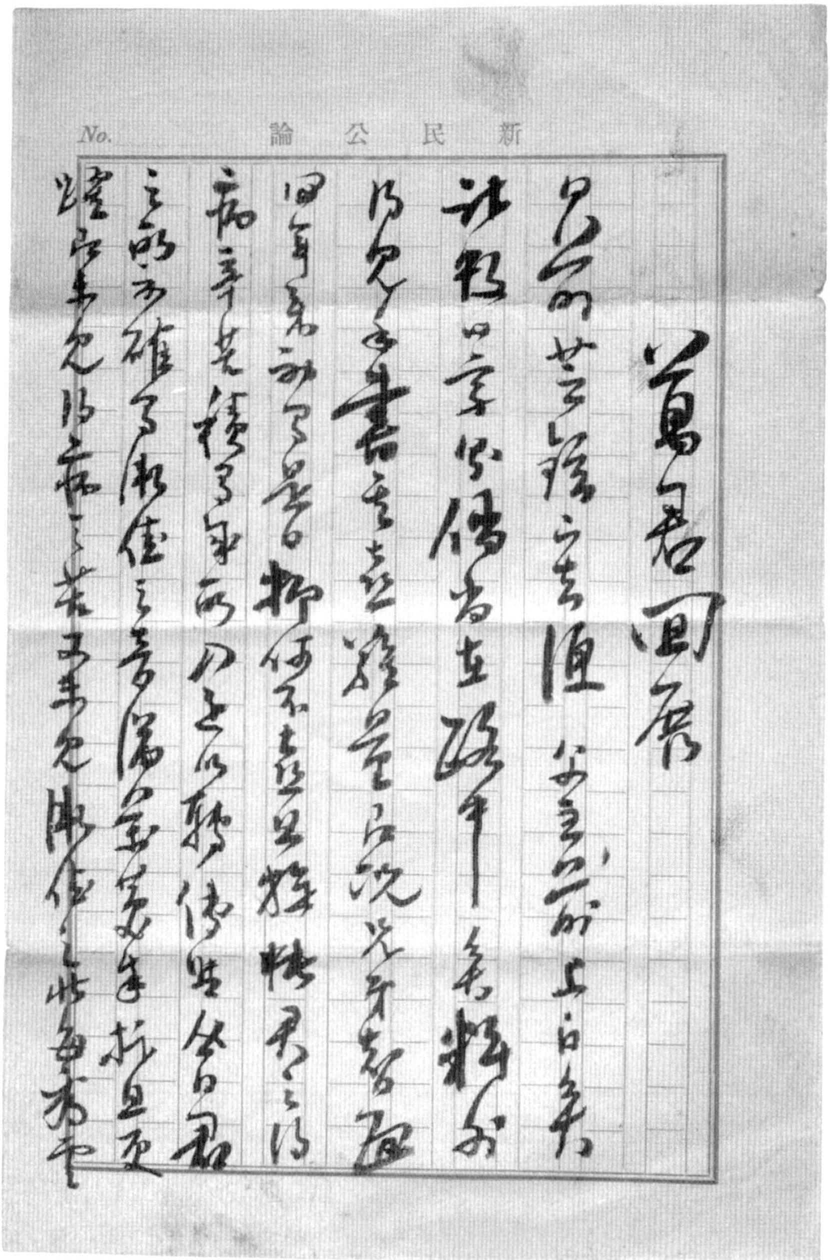
No. 新民公論

조선공산당 초대 책임비서, 김재봉(1891-1944)

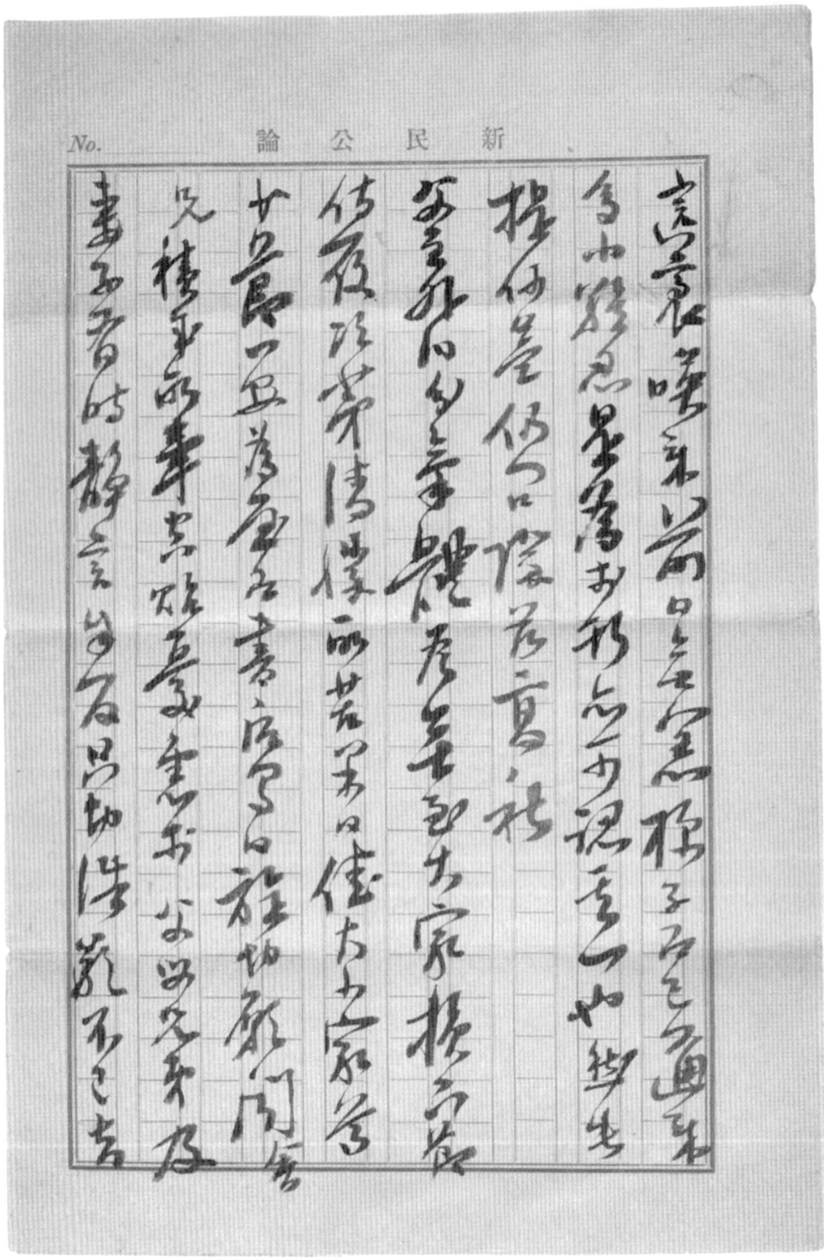
No. 新民公論

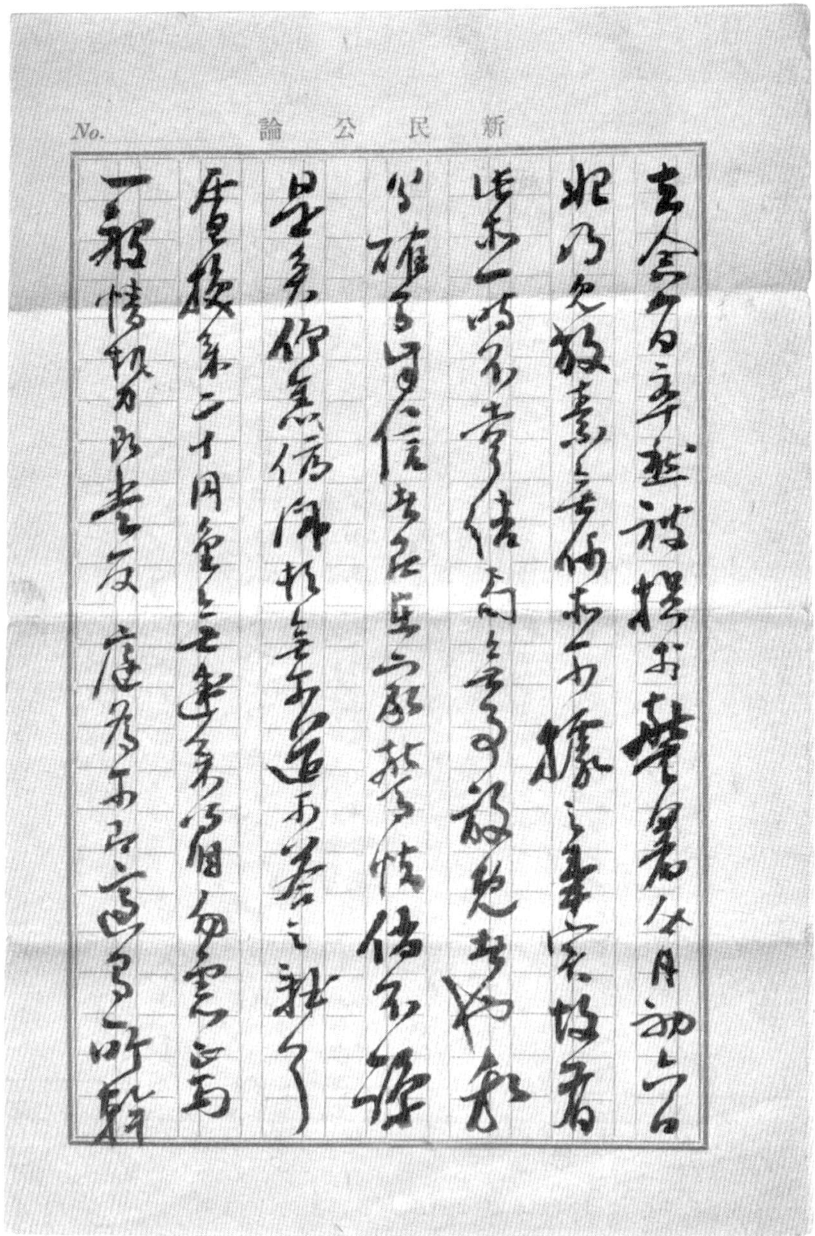
No.
新民公論

조선공산당 초대 책임비서, 김재봉(1891-1944)

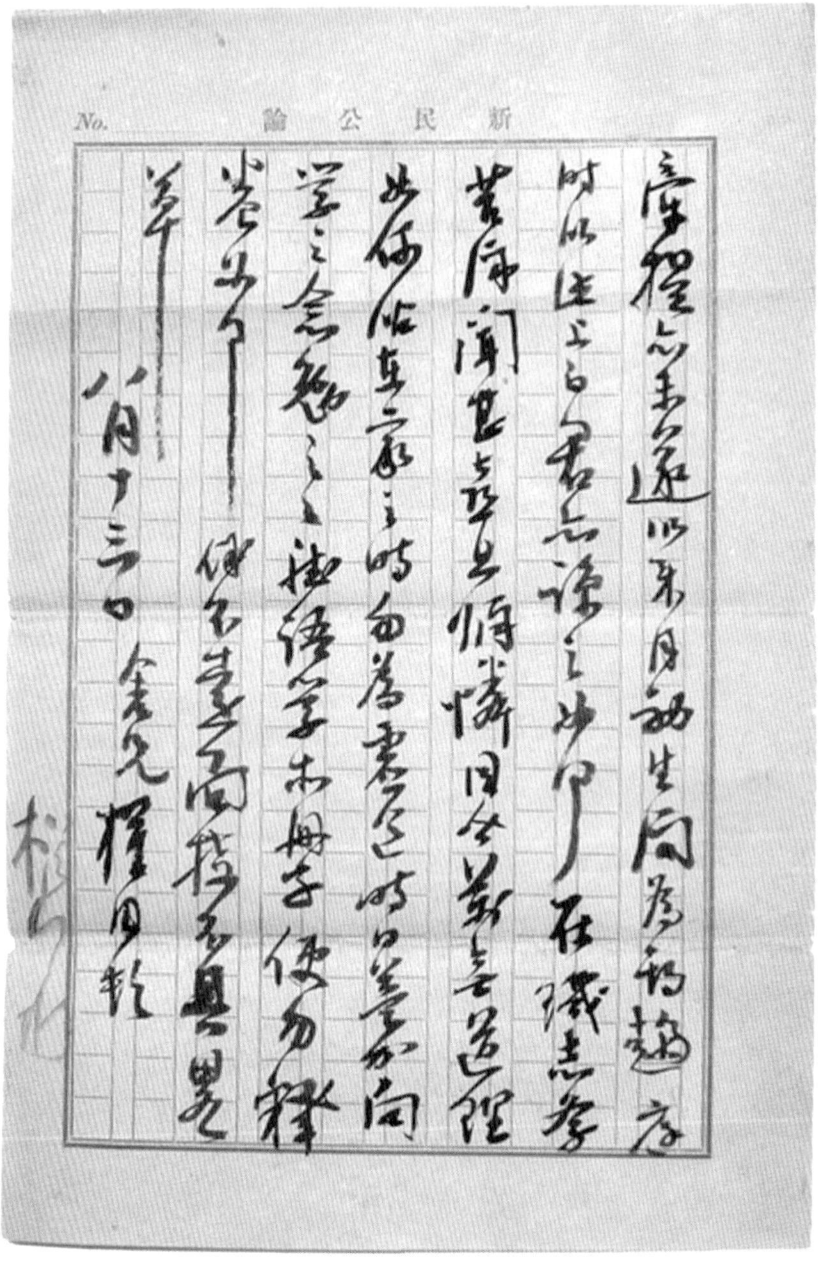
No. 新民公論

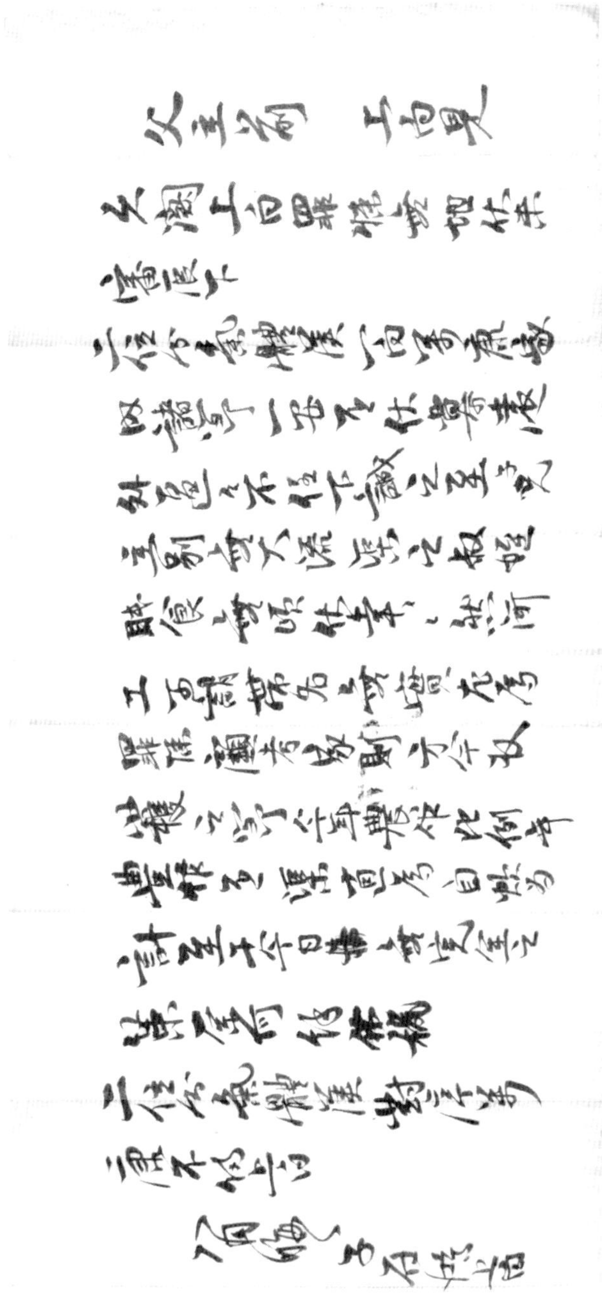

자료 56 「송봉우 편지」, 1931년 4월 7일자

在鳳氏로 因하야 얼마나 걱정하심닛가 저도 在鳳氏와 갓흔 事件으로 入獄하엿다가 昨年에 出監한 宋奉瑀올시다 近聞한바에 依하면 在鳳氏는 健康하다 하오니 安心하십시요 그런데 제가 經營하는 批判社誌에 在鳳氏의 最近消息과 及그외 最近書信을 來月號에 登載코저하오니 그의게서 最近에 나온 書信 一枚나 二枚나 만을수록 좃사오니 이 便紙 보시고 卽時 付送하여 쥬소서 그리하면 來月號 本誌에 슬겟습니다 餘는 이만 긋침니다 그리고 便紙는 도로 돌애보내드리겟습니다. 雜誌에 記載하고 난뒤애.

四月 七日 下生 宋奉瑀 書

編輯을 끗내는 日字가 今月 十四日이오니 그 以內로 꼭 付送하야 쥬서요.

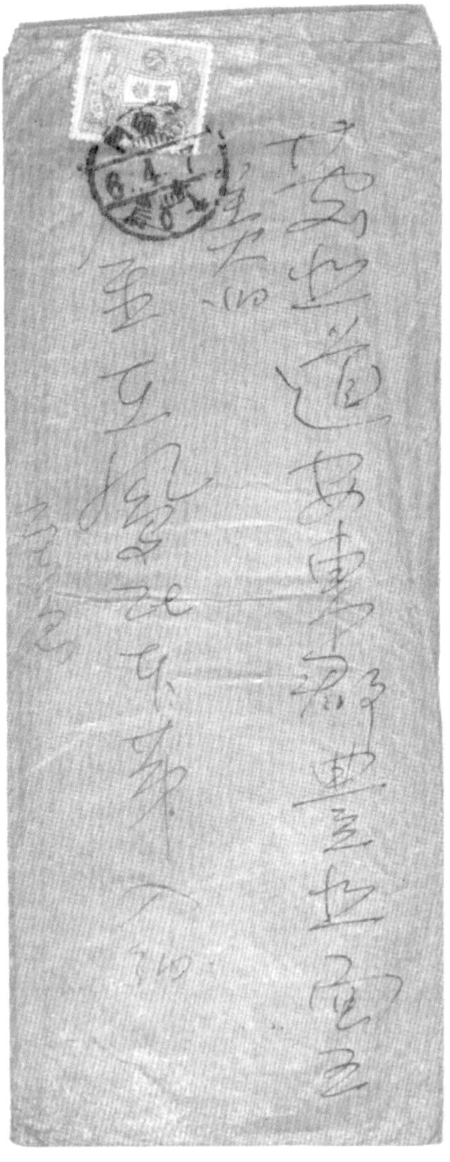

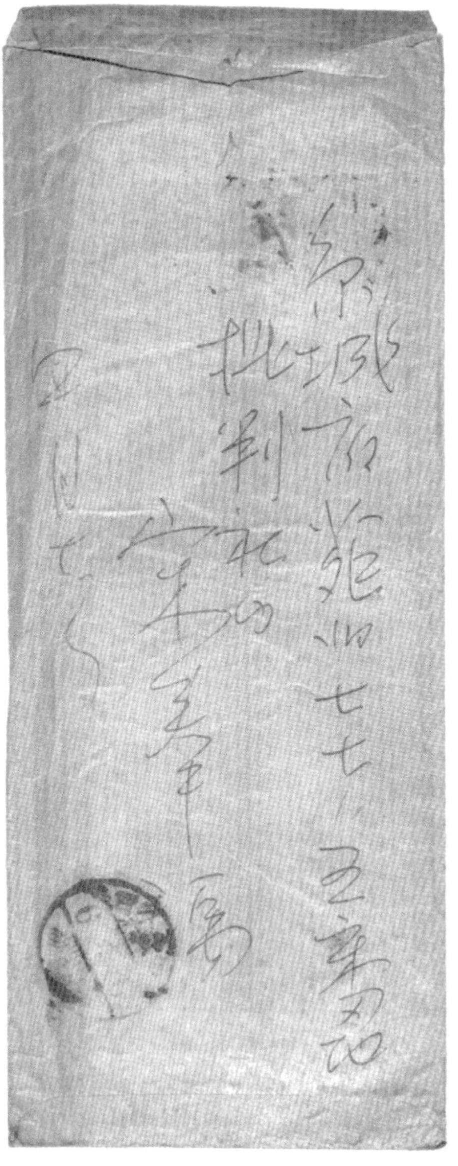

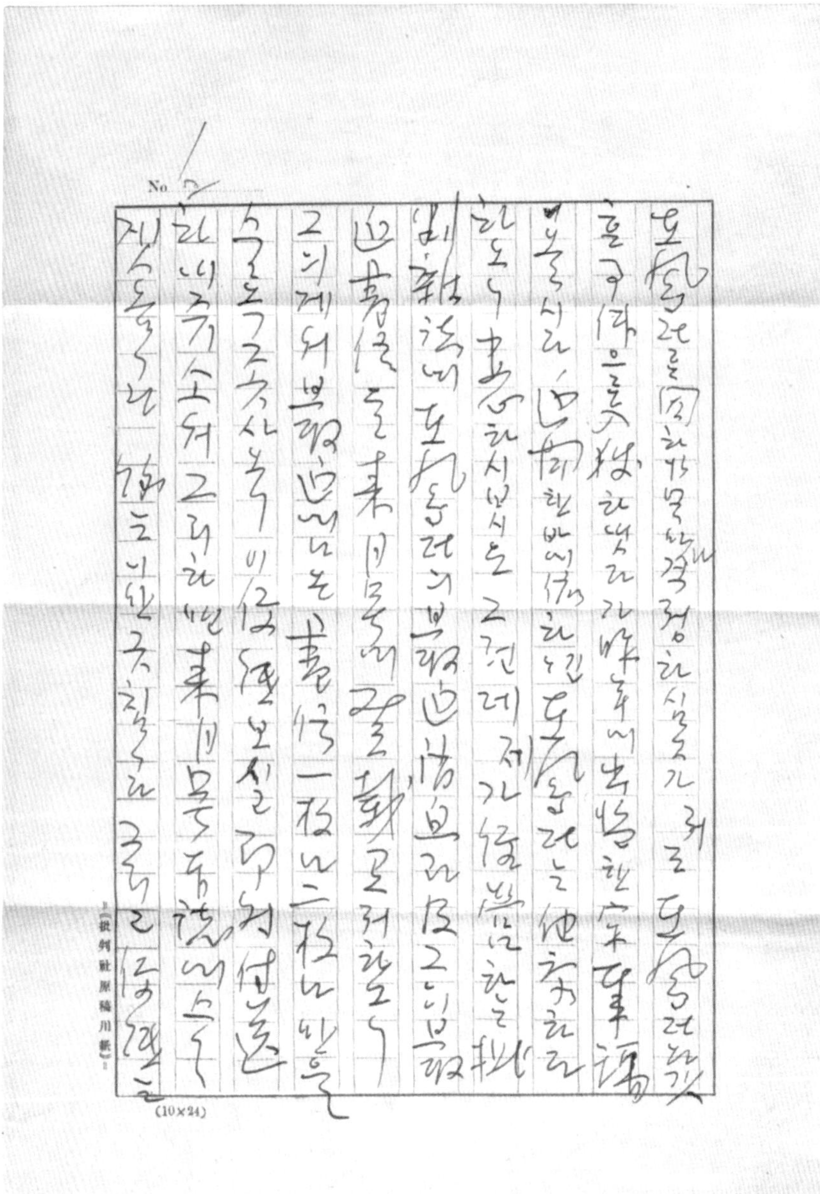
No.
(10×24)

No. 2

로고 중에 보내드리겠음으로 雜誌에 記載

하도록 하시오.

四日 午后 宋影 手記

續稿는 꼭번은 보낸것가운데 十四日이오 그대로

꼭 付送하여주시오.

(10×24)

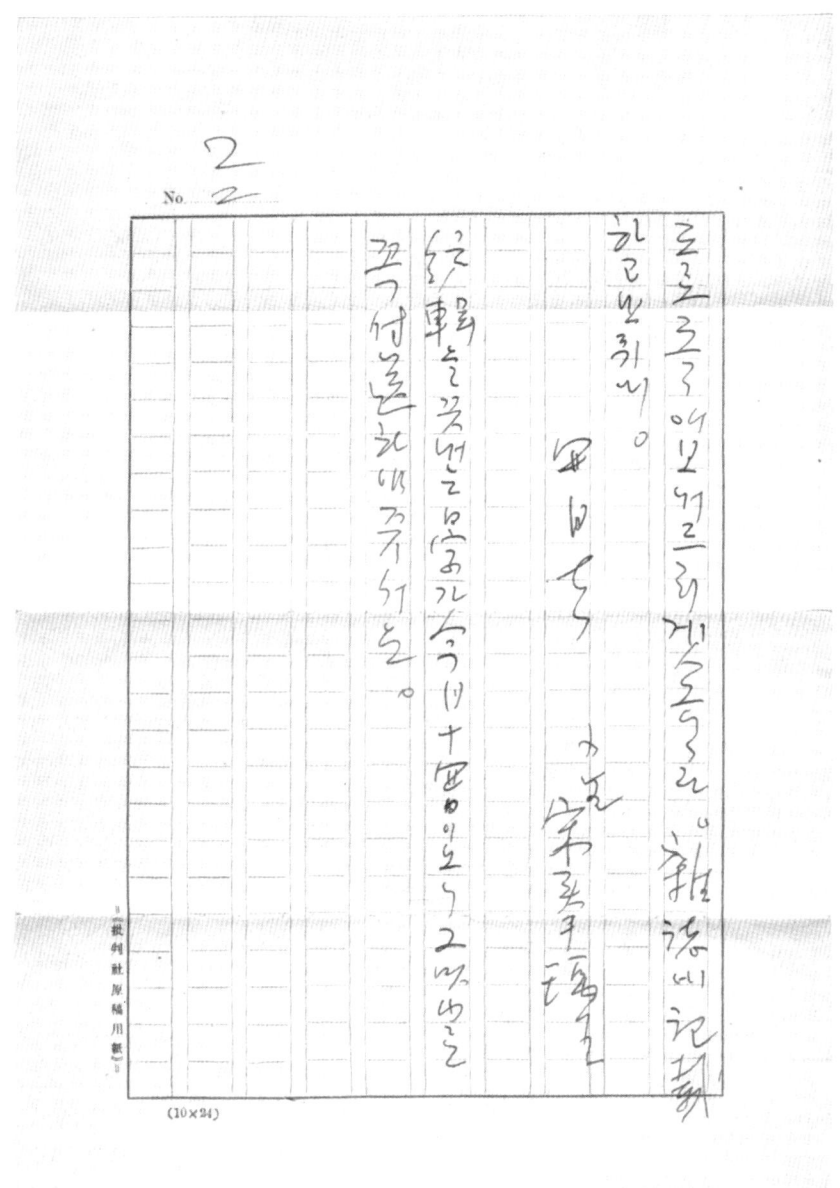

자료 57 「慶北 安東郡 豊山面 五美洞 金在鳳 孝廬入納, 京城 勸農洞 一四0 蔡箕錫方 趙東祜」, 1931년 12월 3일 · 년도미상 12월 그믐날

慶北 安東郡 豊山面 五美洞
金在鳳 孝廬入納
京城 勸農洞 一四0 蔡箕錫方
趙東祜

省式言 千萬夢想之外 先大夫人喪事 承訃驚怛矣 復何言在 吾兄純至之孝思 平素奉養 臨機侍湯俱皆極盡其道 猶難免先古人之戒 況兄積年縲洩 纔爾見放 及門未幾 遽當凶變 罔涯之疼 果何以堪抑耶 然今此吾兄 猶得十餘日之暇隙 能面訣而握別 亦是出於孝子之至誠 蒙佑於冥冥之中也 慰次深 自寬抑毋至以孝傷孝 勉副諸同人之期待 至祝至祝 弟竟爲病魔所沮 行程太遲 未免燕鴻之歎 悵缺何以形喩 現定住於表記處所 一面服藥 一面與諸友追逐 不知兄能何日可來臨耶 餘在續復 不備 謹疏上
辛未 十二月 初三日 弟 趙東祜 再拜

격식의 말은 생략합니다. 천만 꿈에도 상상밖에 선대부인께서 돌아가시니 부음을 받고 놀랍고 슬픈 마음에 다시 무슨 말이 필요하겠습니까? 형의 순수하고 지극한 효성은 평소의 봉양과 적기의 시탕이 모두 그 도리에 극진한 것이었습니다. 그런데도 오히려 선대 고인들의 경계하심을 면하기 어려운가 봅니다. 더구나 여러 해 영어생활에서 겨우 석방되어 집으로 돌아가자 얼마 안 되어 갑자기 당한 흉변이라 망극한 슬픔이 과연 어떻게 억누를 수 있었겠습니까? 그러나 지금 형께서는 그래도 십여 일의 틈을 얻어 면대하여 손잡고 영

결할 수 있게 되었으니 이 또한 효자의 지극한 정성이 어두운 저 세상에서 보우하심을 입은 데서 나온 것일 것입니다. 깊이 위로하는 바입니다. 스스로 억누름을 관대하게 해서 효심으로 효심을 다치게 함에 이르게 하지 마시고 여러 동지들의 기대에 힘써 부응하기를 간절히 축원합니다. 저는 마침내 병마에 막혀서 문상걸음이 너무 늦어 연홍지탄[48]을 면할 수 없습니다. 슬프고 허전한 마음을 어떻게 형용할 수 있겠습니까? 현재 봉투에 기록한 곳에 거처를 정했는데, 일면 약을 복용하는 일과 일면 여러 벗들과 서로 종유하고자 해서입니다. 형께서는 언제 와서 참여할 수 있을지 모르겠습니다. 나머지는 다시 이어 여쭙겠습니다. 갖추지 못합니다. 삼가 문상 올립니다.

신미(1931)년 십이월 초사흗날, 아우 조동호 재배.

向疏入覽否 更惟比來 兄孝狀萬支否 無任溸仰 弟貼恙 終是未快 不知何日可成人 甚歎 此中諸友無故亦無事 可喜亦復可愛 姑此不備 疏上

十二月 晦日 祜弟拜

弟定住 勸農洞 一四0矣 友人蔡君家也

접때 위장은 보셨습니까? 요사이 형은 복상을 잘 견디고 계십니까? 그립고 우러르는 마음 둘 데 없습니다. 저는 신양이 들어 종시 쾌하지 못하니 언제나 사람이 될 수 있을지 모르겠습니다. 심히 한탄스럽습니다. 이런 가운데 벗들은 무고하고 또 별일이 없으니 기쁘고 또 다시 아낄 만합니다. 우선 이것만 말씀드리고 더 갖추지 않습니다. 문상 올립니다.

십이월 그믐날, 아우 호 배.

저는 권농동 140번지에 거처를 정했습니다. 벗 채군의 집입니다.

---

48) 연홍지탄燕鴻之歎 : 같은 장소에서 시간이 어긋나 서로 만나지 못한데 대한 아쉬움을 가리키는 말. 철새이지만 제비가 오는 시점에 기러기는 떠나므로 둘은 서로 만나지 못하는 사실에서 생긴 말이다.

慶北 安東郡 豊山面 五美洞
金在鳳 孝廬 入納
京城 勸農洞 一四○
蔡箕錫方
趙東祜

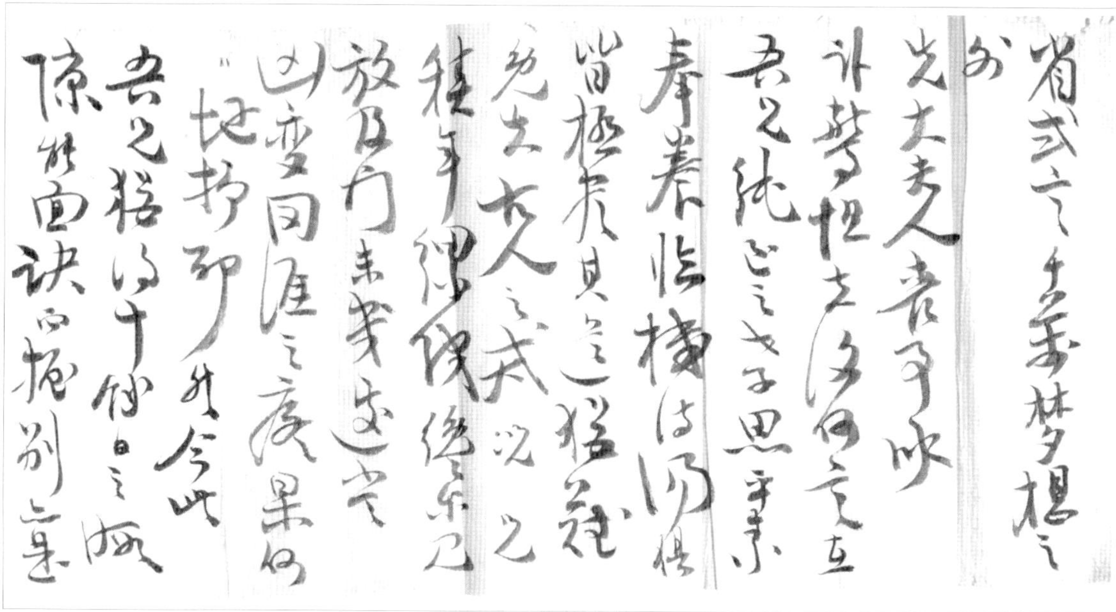

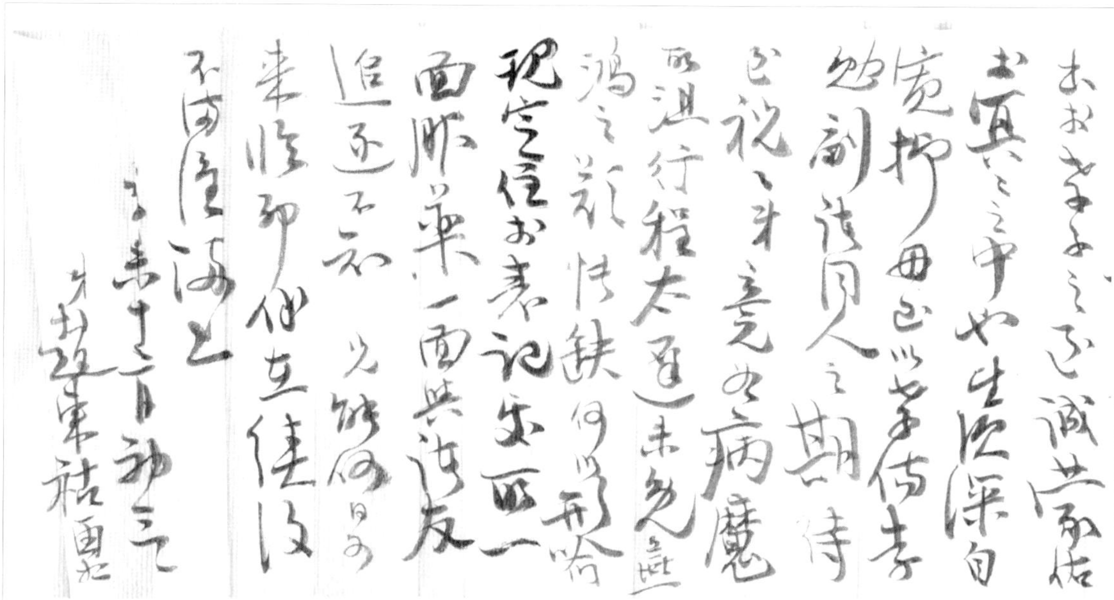

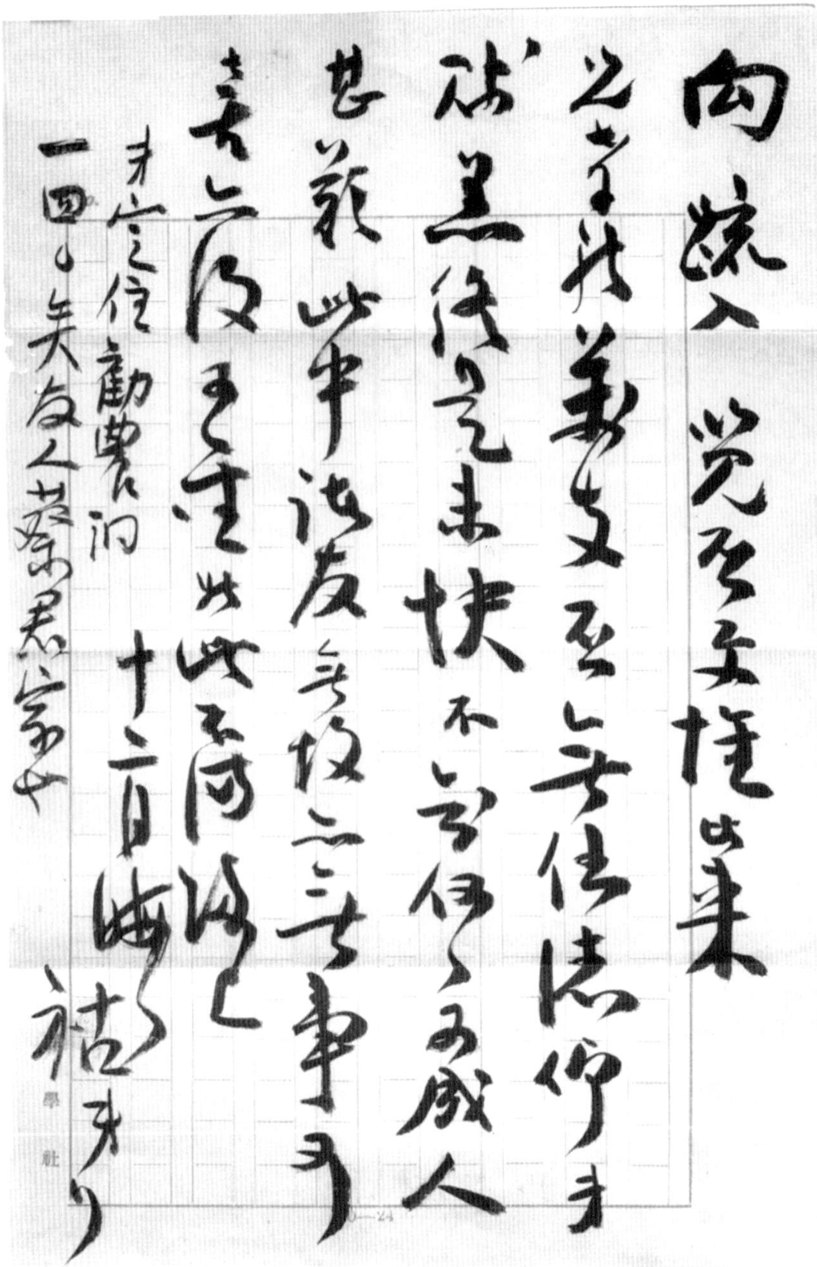

자료 58 「서신」 년도미상 4월 19일자

吾儕之散合例也 而一年同苦處 作忽忽之別 悵悵之懷 想彼此一般 謹詢比者 體度連衛萬護 晴窓棐几 做得甚好事 消遣時日也 阮府丈僉候 益膺岡陵 子舍昆弟 充茁善課否 周切溯仰益倍平品 弟省節間多欠寧 第緣弟之病勢無減 晝宵貽憂所致 焦煎情私 不可形喩 弟之病症 藥餌無效 故數日間 不爲服藥 而第思名山大川奇絶之處 消遙徜徉 以暢吾心志 以叙吾體氣 庶得良劑 故日前弟亦辭職 從今以後 卽一無事閒人耳 兄我逢眉似多間隙 豈非一來耶 餘留續不備候禮

四月 十九日 弟 金在鳳 拜上

우리가 흩어지고 모이는 것은 늘 그래 왔던 일이지만, 일년이나 함께 고생하던 곳에서 홀연히 이별하게 되니 서글픈 회포는 생각건대 피차일반인 듯하네. 요즈음 체절體節이 내내 건강을 유지하며 깨끗한 창 가 서안書案을 대하여 매우 좋은 일을 영위하면서 시일을 보내고 있는지를 묻고자 하네. 완부阮府[49] 어른들 기체후 더욱 응당 강녕하시고, 영식令息[50] 형제들도 충실히 공부 잘하고 있는가? 두루 간절히 향하여 우러르는 마음 평소보다 배나 더하네. 나는 어른들 체절이 가끔 자주 편치 못하신데다 나의 병세가 줄어들지 않는 연고로 밤낮 걱정을 끼치는 빌미가 되고 있어서 안타까운 심정을 형언할 수 없네. 나의 병증病症은 약을 복용하는 것이 효과가 없기 때문에 여러 날 동안 복약을 하지 않았지만, 다만 생각기를 명산名山·대천大川의 절승처絶勝處를 소요·

49) 완부阮府 : 상대방의 삼촌을 높여서 가리키는 말.
50) 영식令息 : 상대방의 아들을 높여서 가리키는 말.

배회하여 내 마음의 지향을 통창通暢케 하고 내 몸의 기운을 펼쳐 보는 것이 거의 좋은 약재가 될 것 같기 때문에 일전에 나도 또한 사직辭職을 하였네. 오늘 이후부터는 곧 하나의 일 없는 인간일 따름일세. 형과 내가 반갑게 만난 것이 많이 격조한 듯한데 어째서 한 번 오지 않는가? 나머지는 다음에 잇기로 하네. 인사를 갖추지 않네.

사월 십구일 아우 김재봉 배상.

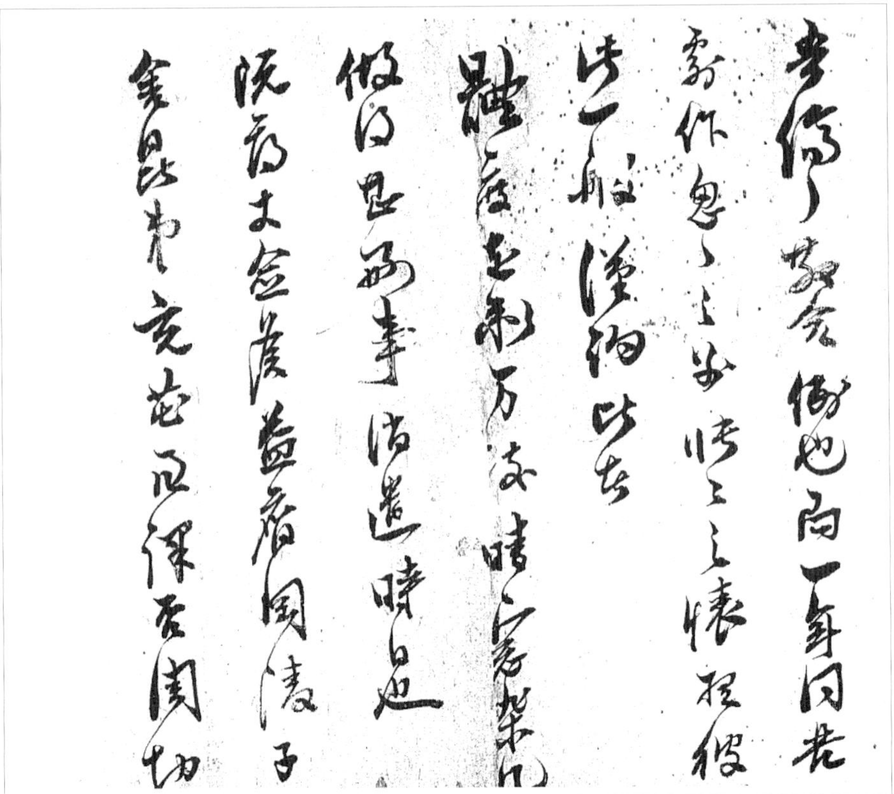

伏問比時 淸道 晴日起
居爲大念 履益厚周淸子
奎日比前 竟在迷課 寒閱切
慰仰慕 信平安 弟 每舊粘
多欠寧 弟緣弟之病 難無
減 盡瘠 踈豪 所致 無亦情
極不可耐 條弟之病 忘藥不能
無窮 坡牧 日報 不如 根葉 向苗
思 名山大川 奇絶之處 淸遊信

無窮 坡牧 日報 不如 根葉 向苗
思 名山大川 奇絶之處 淸遊信
佯一以 暢無心意 以氣多 難氣
遊日衣 觸 坡 日前 弟亦 辭職
從今以後 身一無事 閒人耳
大我 遣 有似 多 歲露 豈 尤一
未所 ― 餘留 俟 不淸 候
禮

四月 十九日 弟 金在鳳 呈

자료 59 조선기자대회준비회 편지봉투, 1925년?

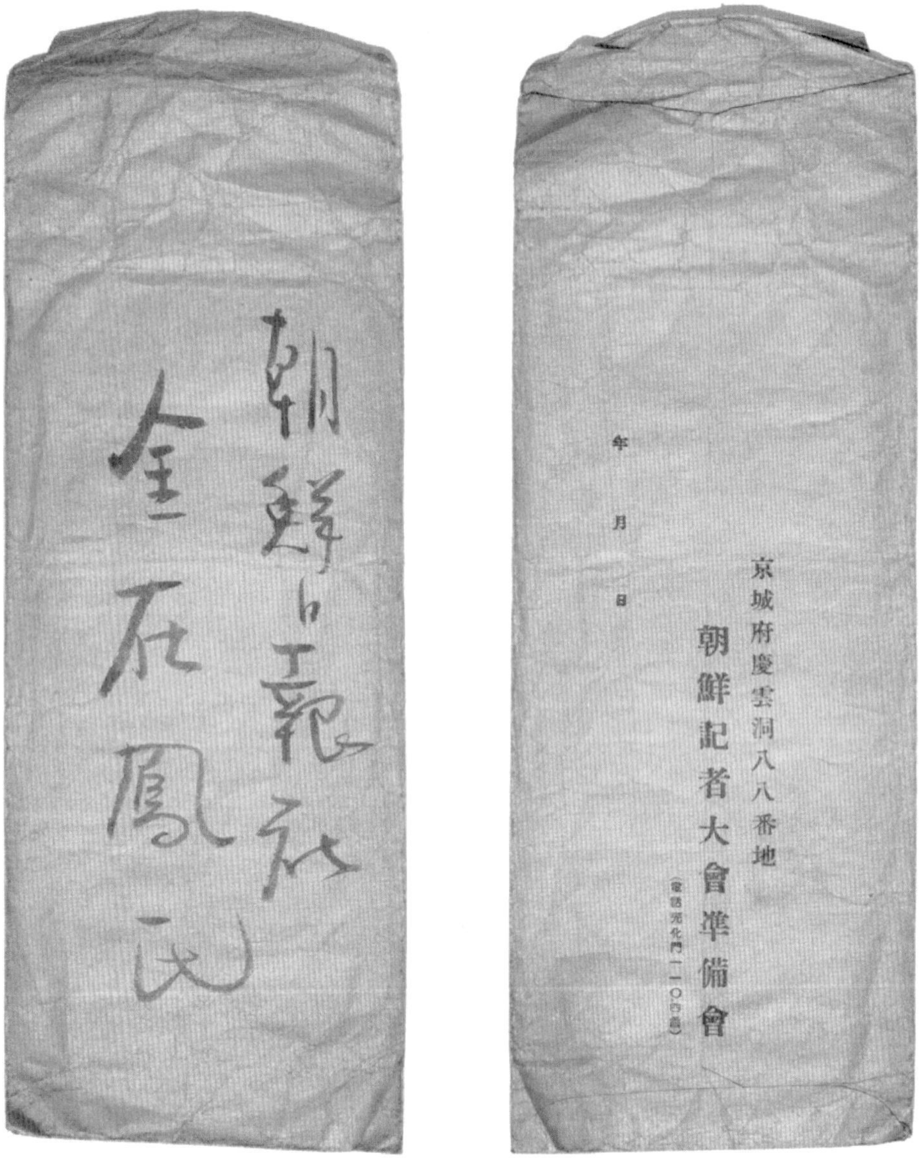

자료 60 경북 안동 권승렬, 1924년 5월 17일자

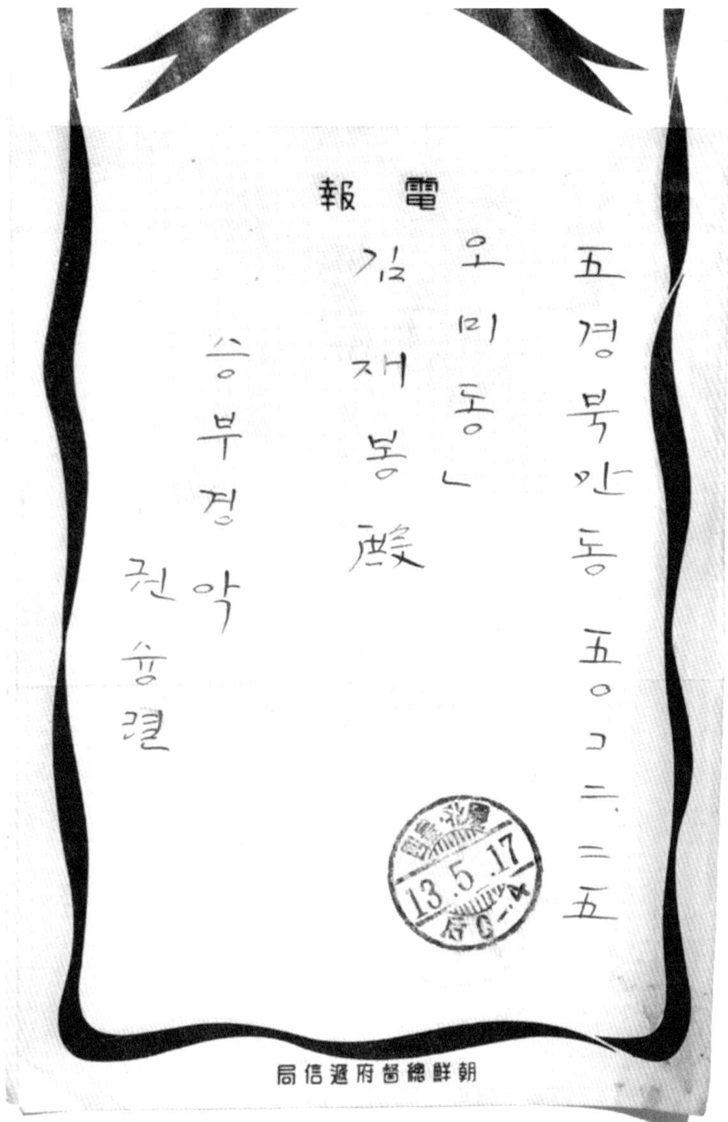

자료 61 경성 종로 뎡현모, 1924년 5월 17일자

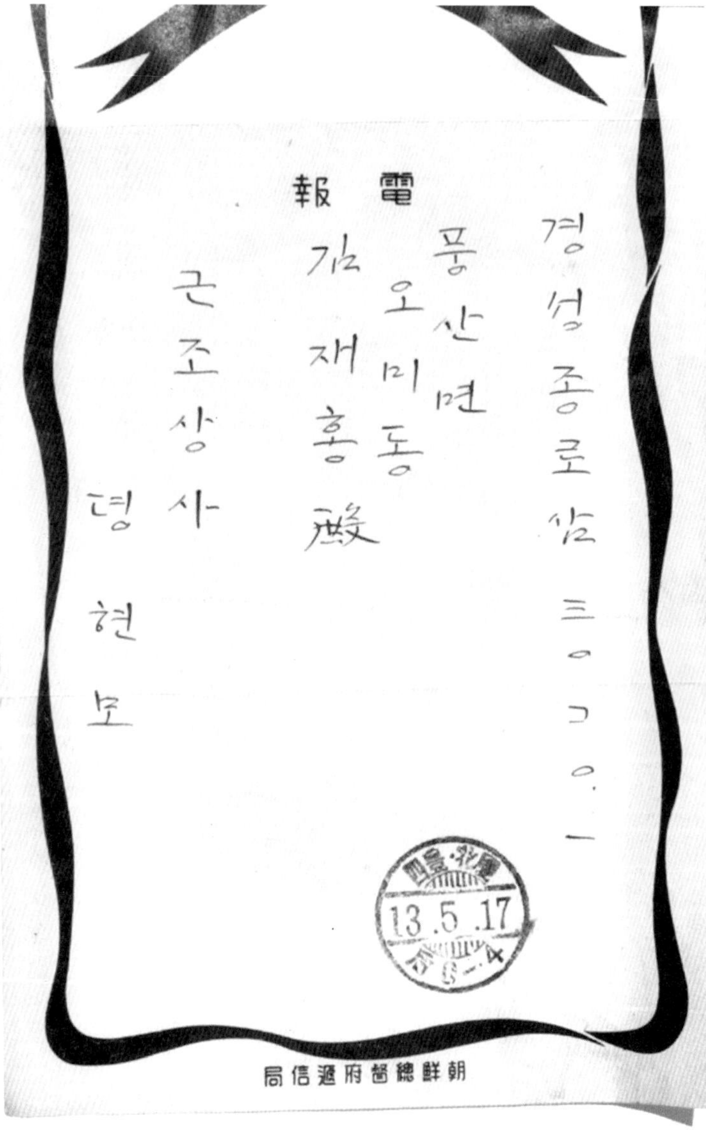
電報

경성종로삼

풍산면 오미동

김재홍 殿

근조상사

뎡현모

13.5.17

朝鮮總督府遞信局

자료 62 풍기 김의재, 1924년 5월 17일자

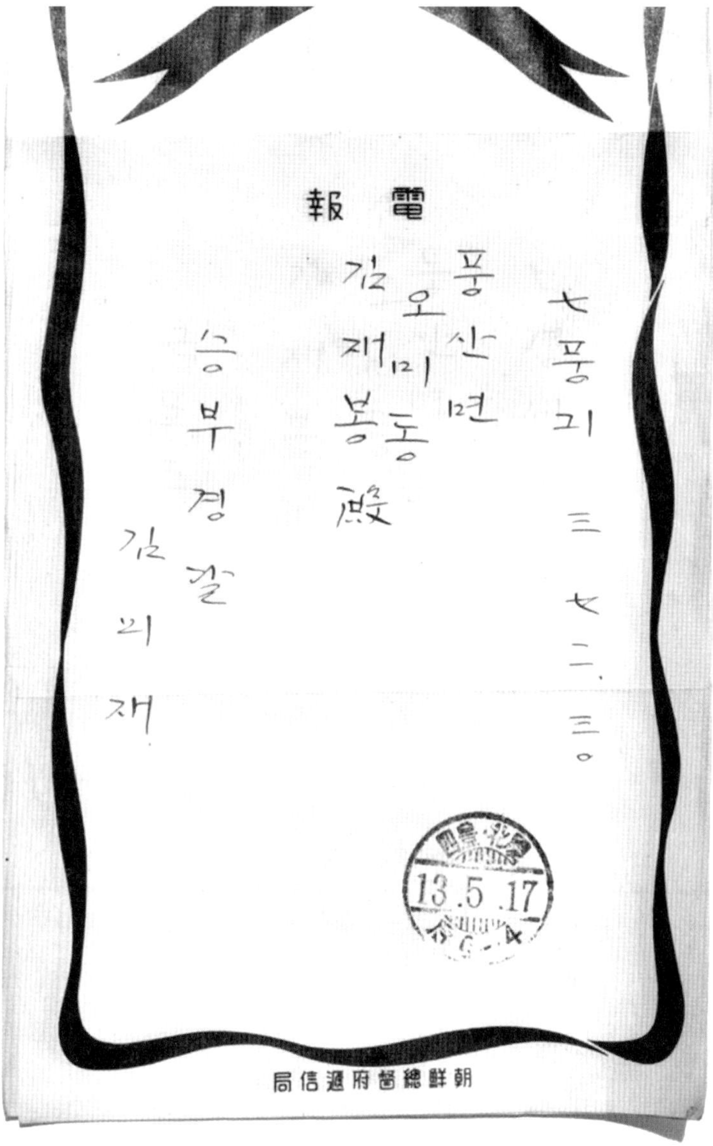
電報

七 풍기 三七二三。

풍산면 오미동

김재봉 殿

승부경갈

김의재

13.5.17

朝鮮總督府遞信局

자료 63 강원 화천 핀재, 1924년 5월 18일자

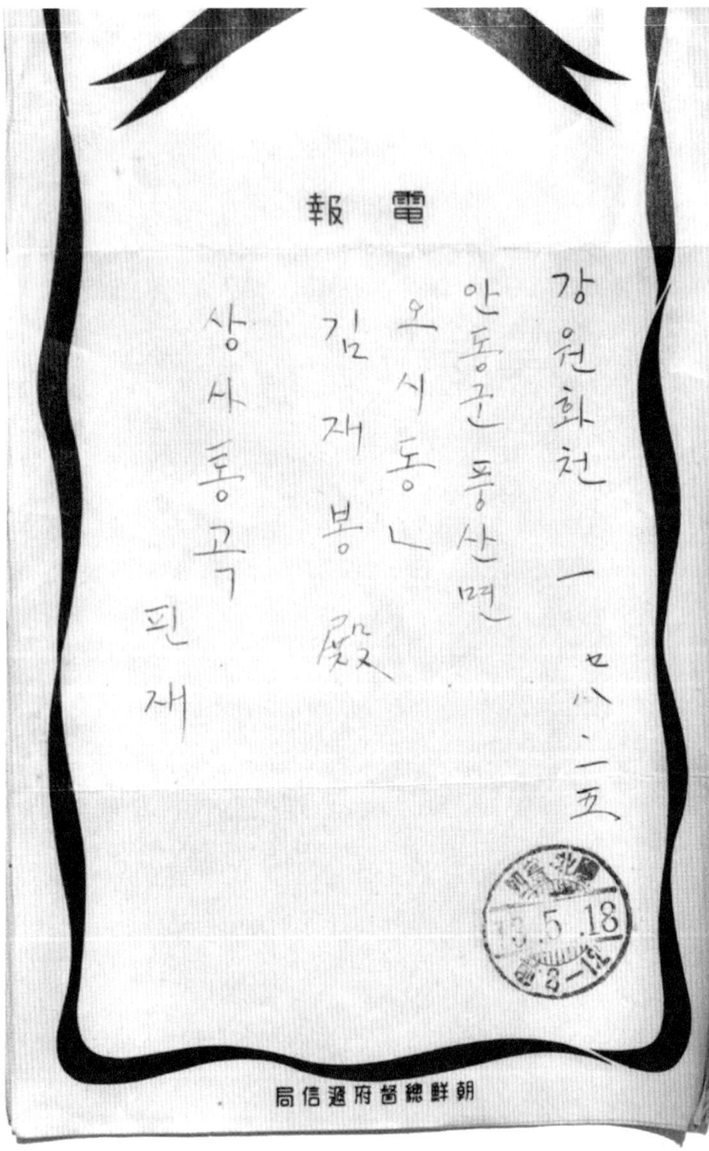

자료 64 경성 아현 정박, 1924년 5월 18일자

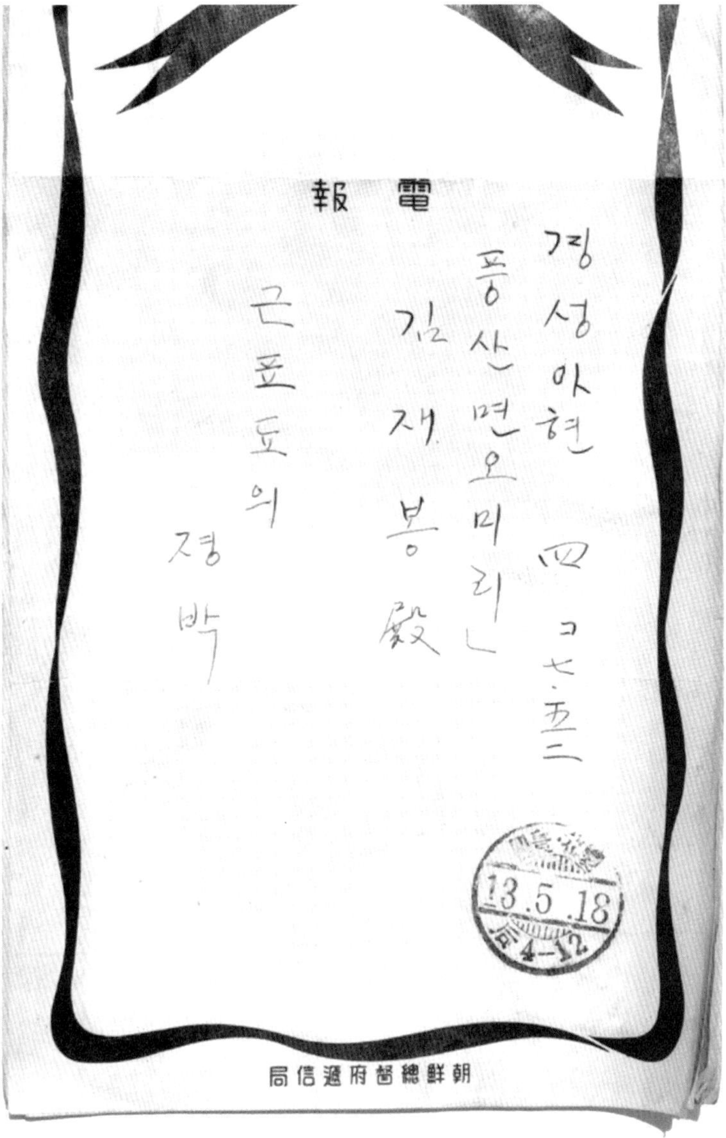

자료 65 황회 신천 염창열, 1924년 5월 19일자

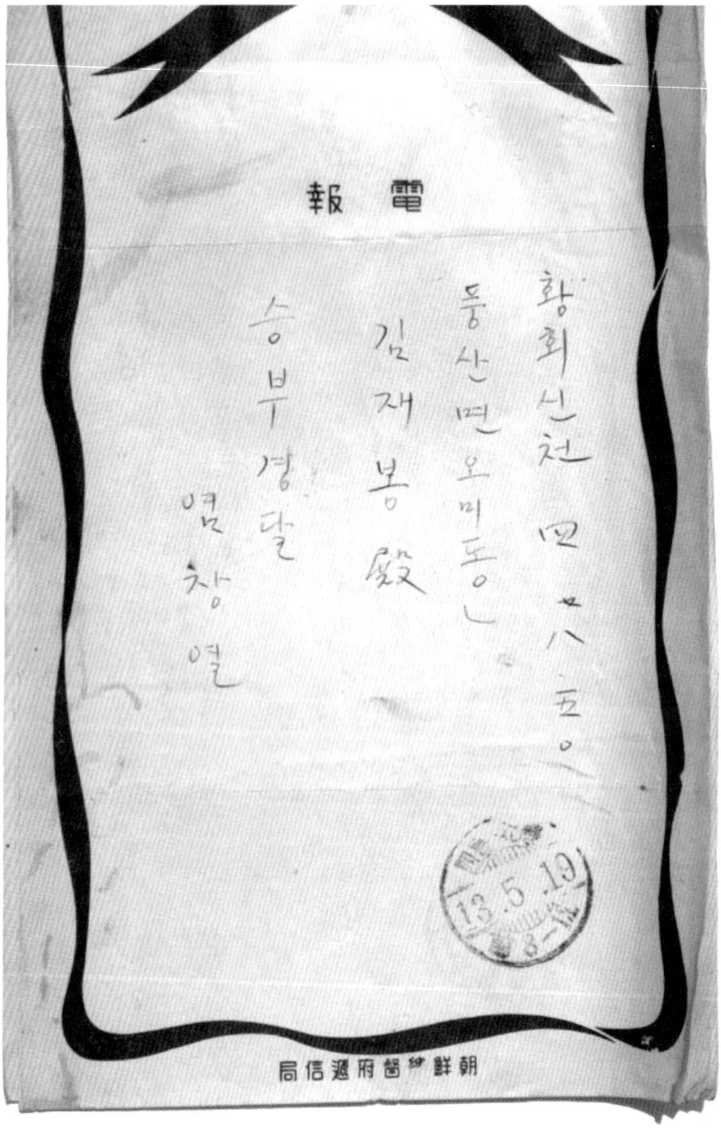

자료 66 황회 신천 리명환, 1924년 5월 19일자

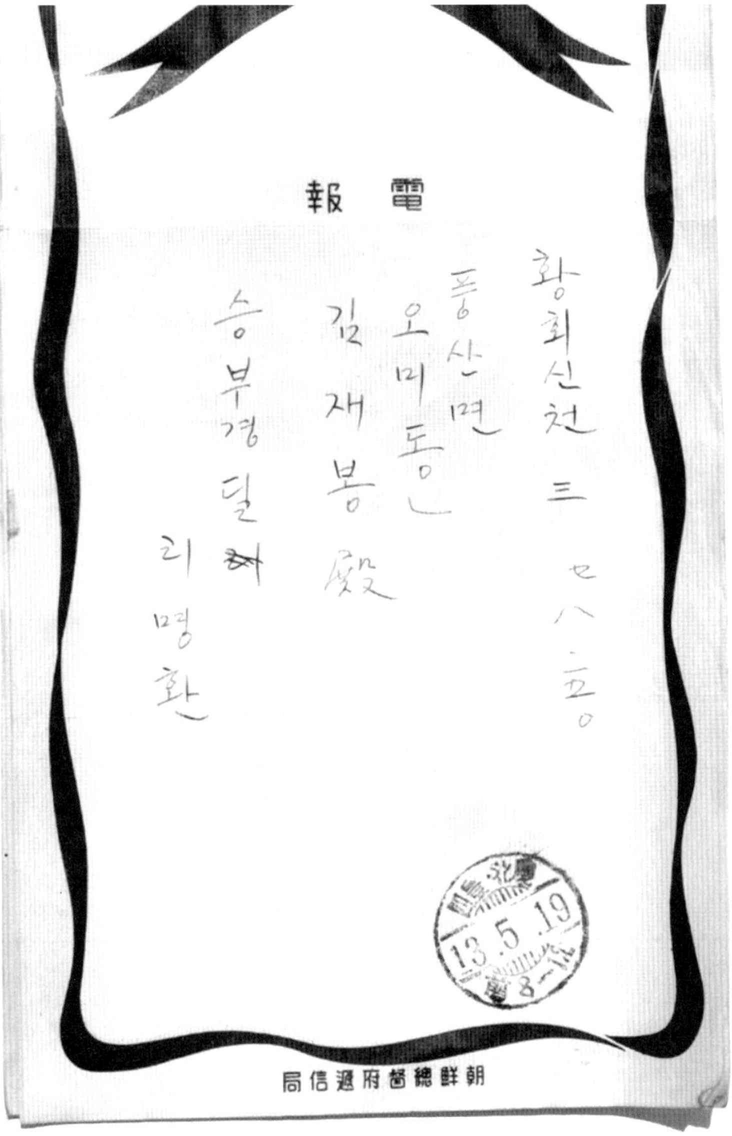
電報

황회신천 三

풍산면 오미동인

김재봉 殿

승부경달

리명환

13.5.19

朝鮮總督府遞信局

자료 67 경성 종로 박낙종, 1924년 5월 20일자

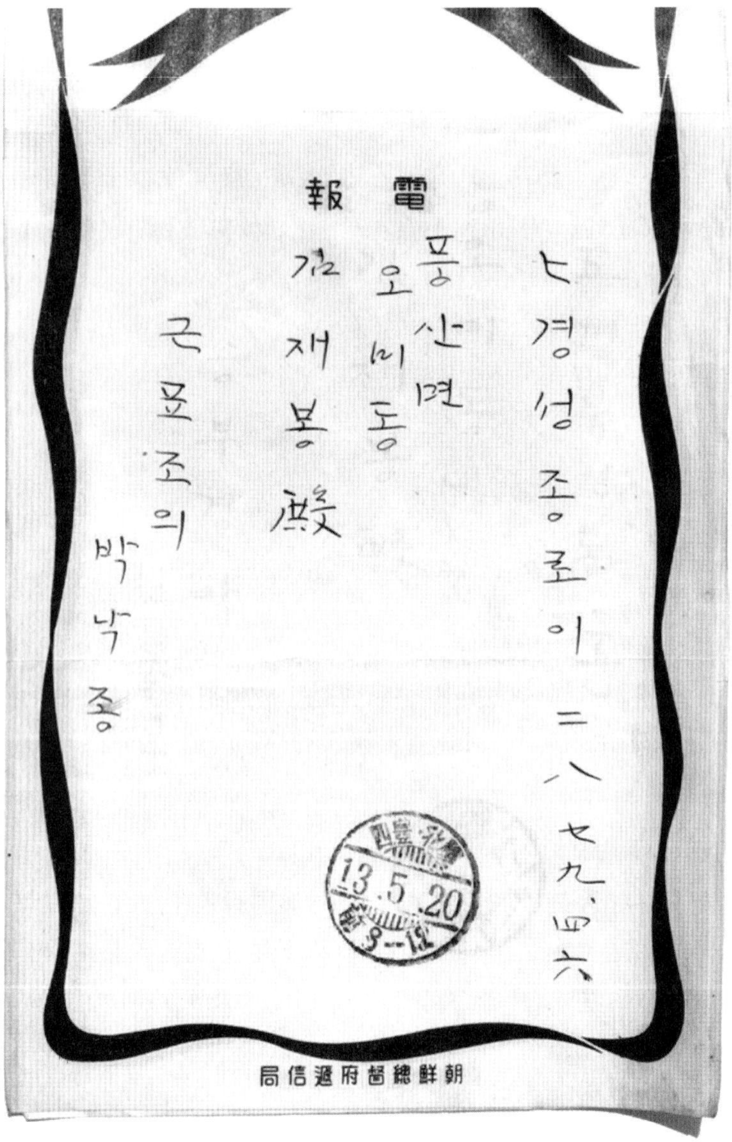

자료 68 영산포 홍덕유, 1924년 5월 21일자

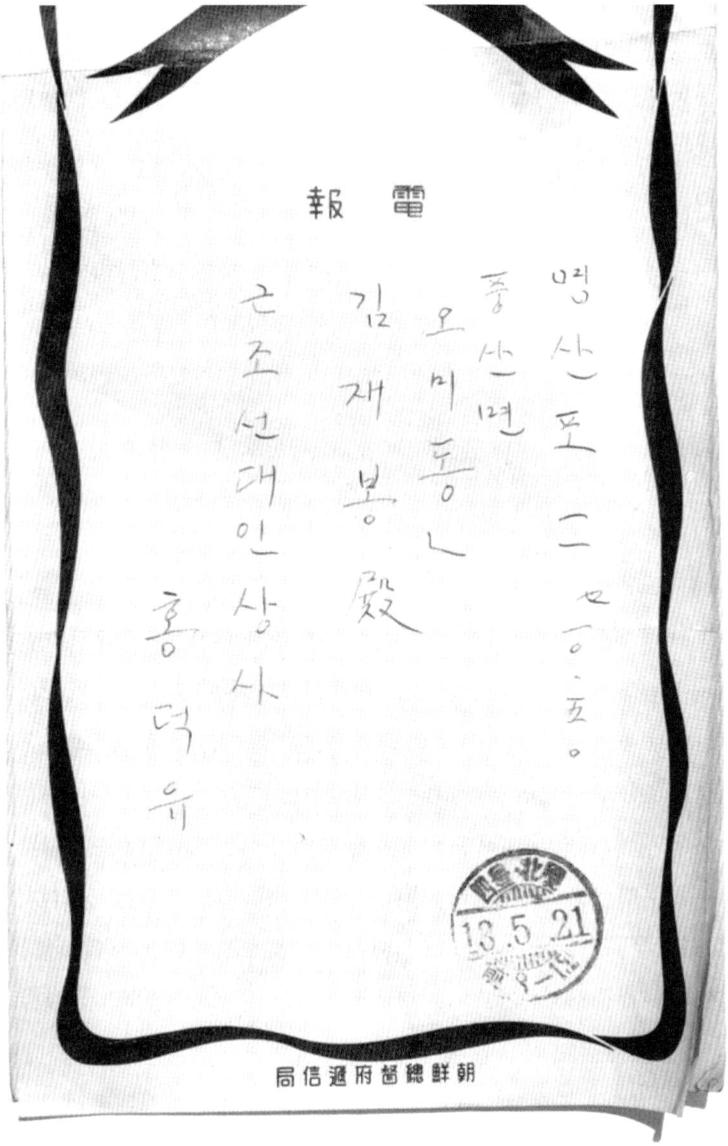

자료 69 안동군 오미동 김지봉 殿, 1931년 12월 8일자

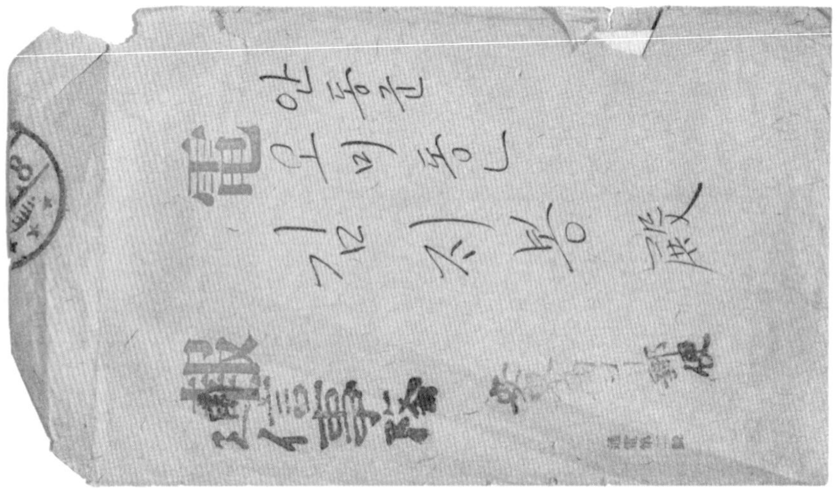

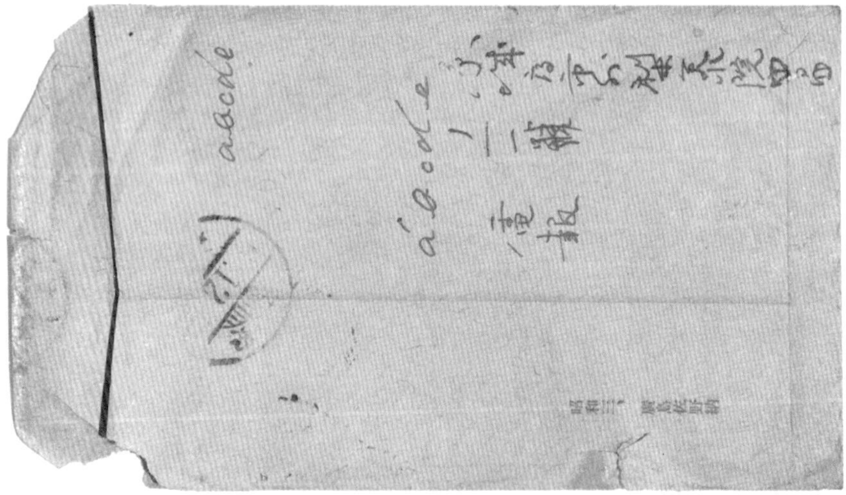

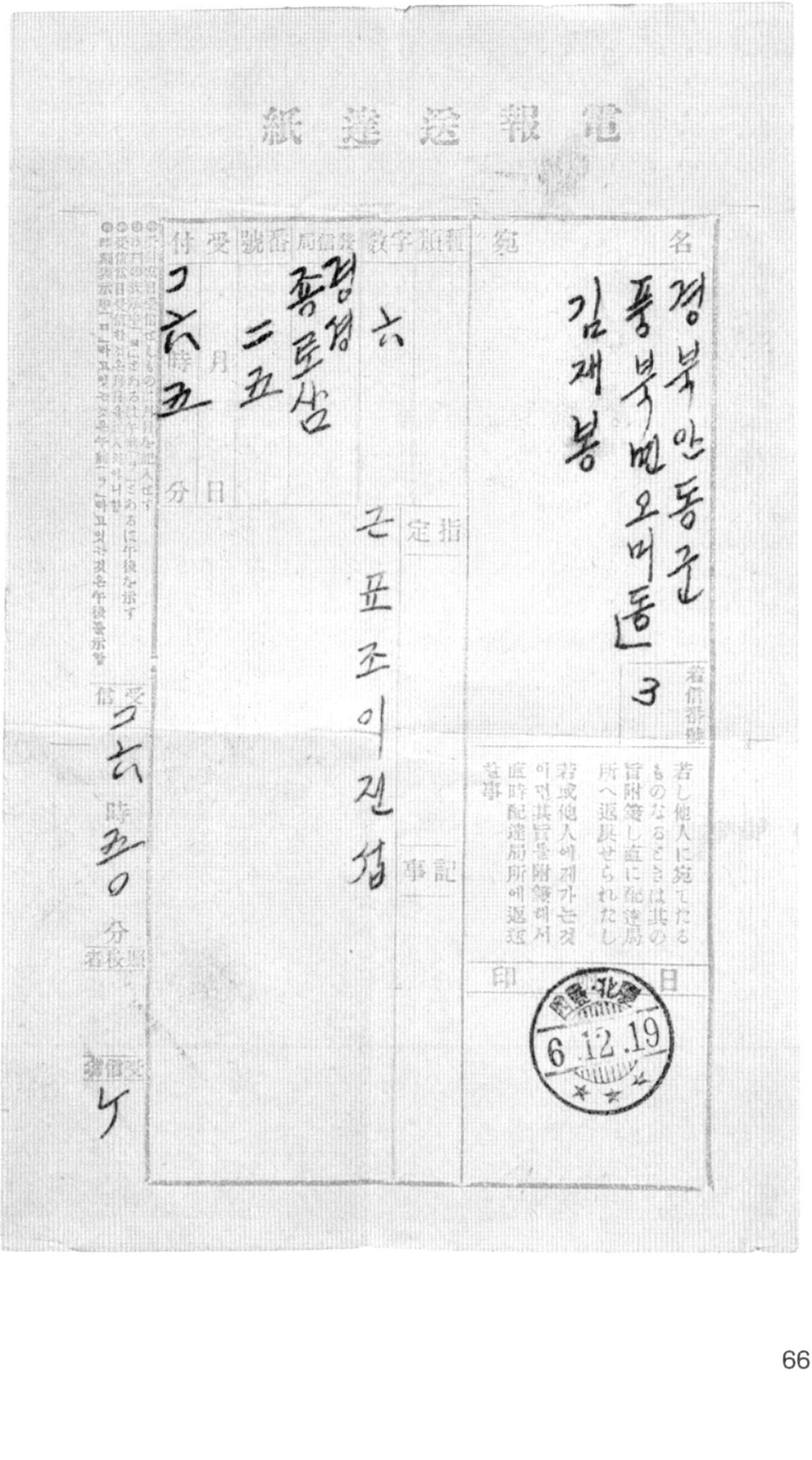
電報送達紙

受付	發信局	番號	字數	種類	宛名
二六 時 月 五 分 日	경성 종로삼	二五	六		경북안동군 풍북면오미동 3 김재봉

指定

근표조이진섭

記事

若し他人に宛てたるものなるときは其の旨附箋し直に配達局所へ返戻せられたし

若或他人에게가는것이면其旨를附箋해서直時配達局所에返送할事

受信 二六 時 五〇 分

日 印

6.12.19

자료 70 五美洞 김재봉 殿, 1931년 12월 19일자

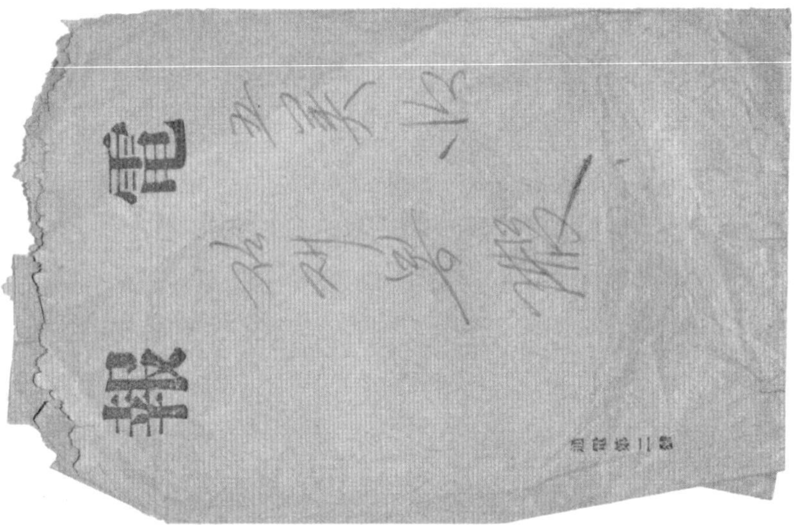

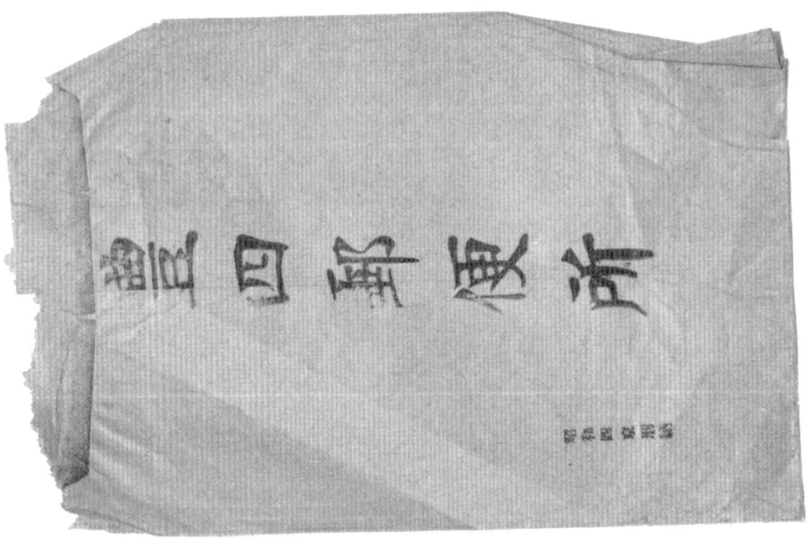

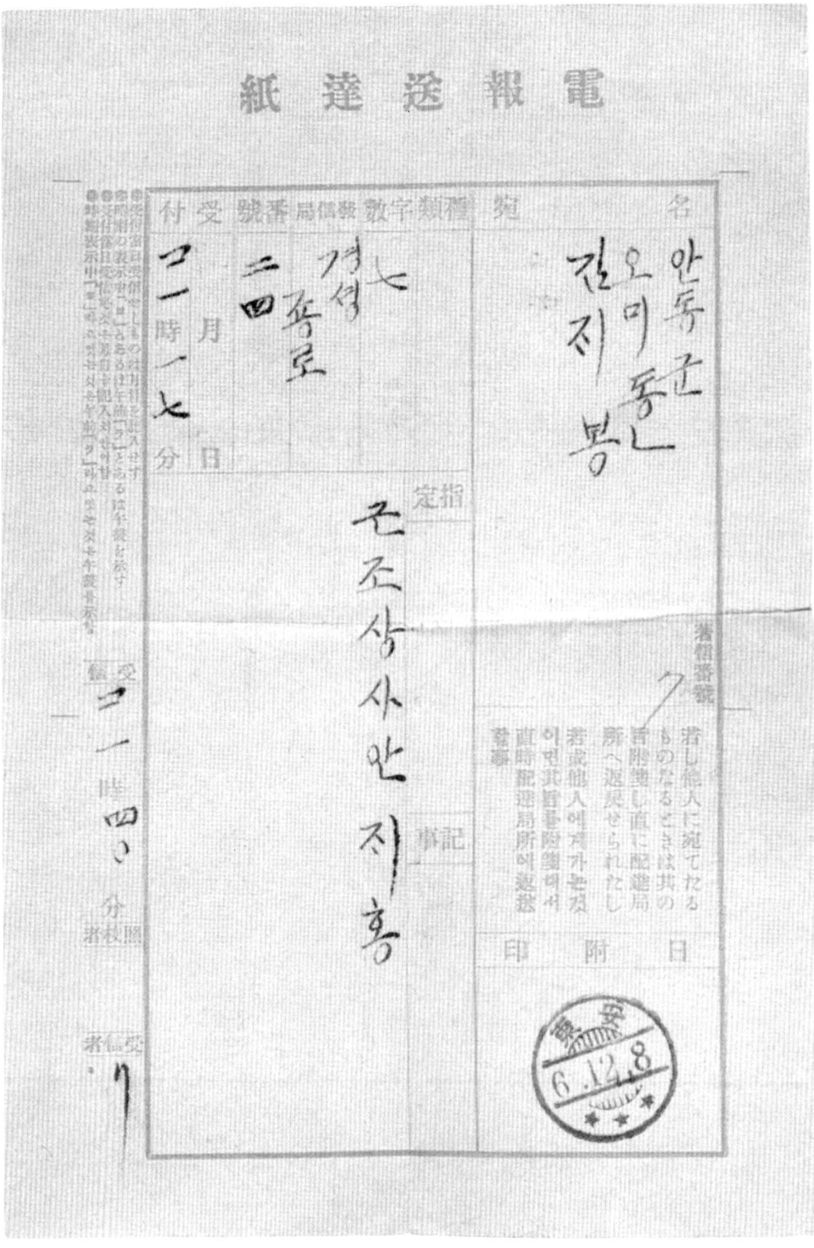
電報送達紙

宛名	안동군 오미동 김지봉
種類	七
字數	二四
發信局番號	경성 종로
受付	月 日 二一時一七分
指定	
記事	근조상사 안지홍
着信番號	7

若シ他人ニ宛テタルモノナルトキハ其ノ旨附箋シ直ニ配達局所ヘ返戻セラレタシ
若或他人에게가는것이면其旨를附箋하야直時配達局所에返送할事

日附印

受信 二一時四〇分

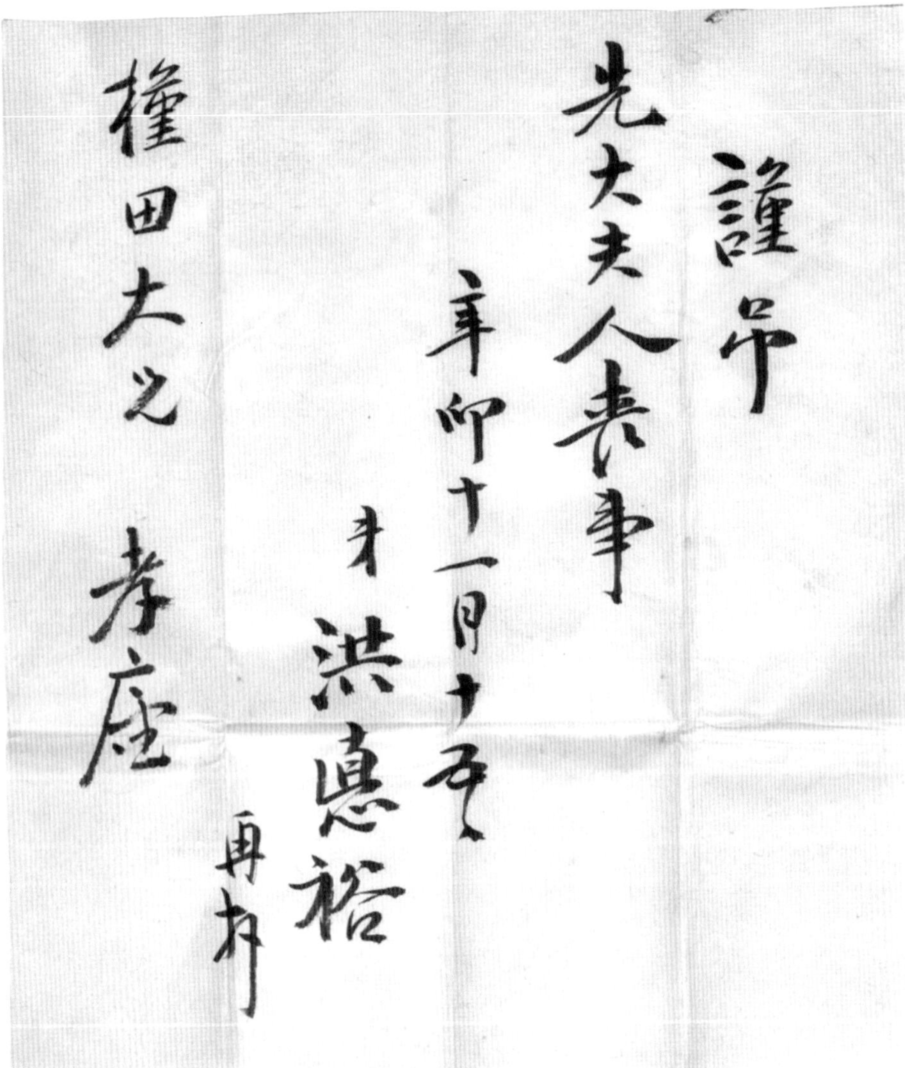
謹吊
先大夫人喪事
辛卯十一月十五日
弟 洪悳裕
再拜
權田大之 孝座

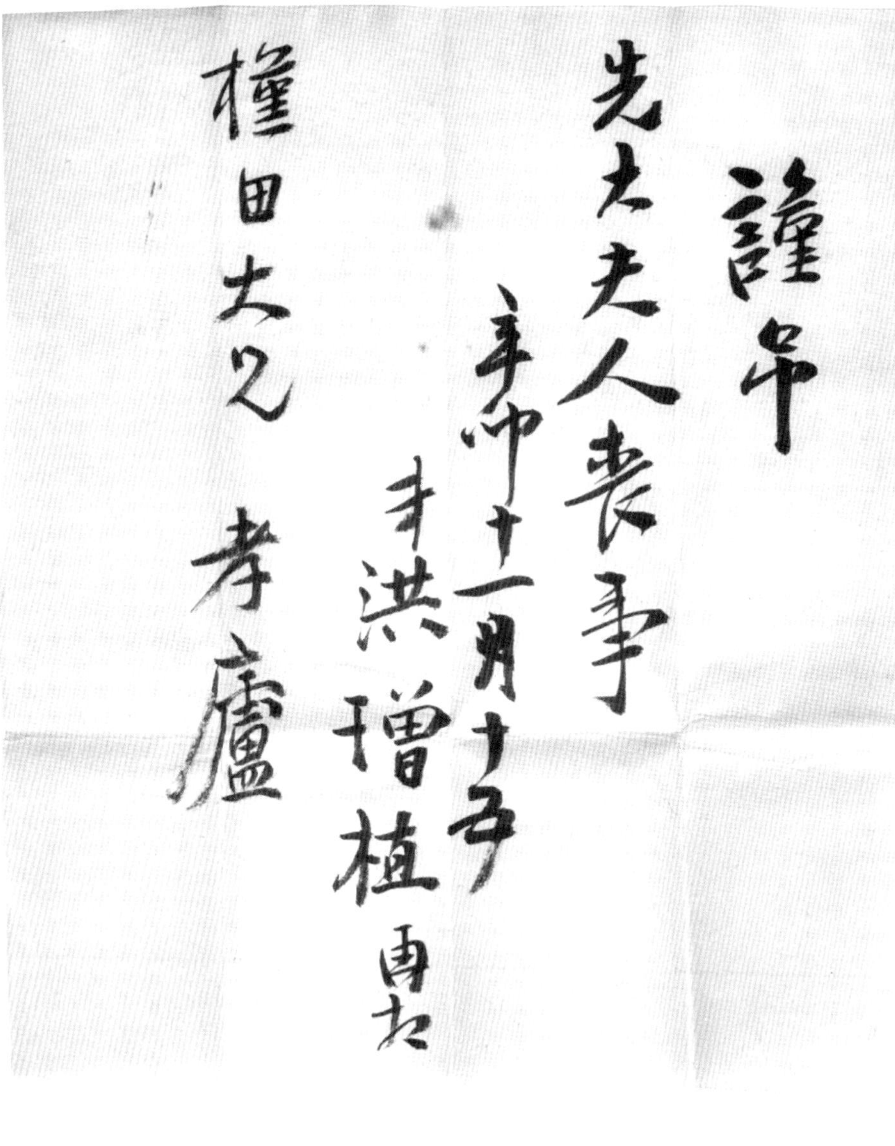

謹弔

先大夫人喪事

辛卯十一月十五

末 洪璔植 再拜

權田大之 孝廬

Ⅵ. 여행기

『東海岸走節小帖』(1937년 9월 14일)

자료 1 『東海岸走笻小帖』(1937년 9월 14일)

『東海岸走笻小帖』(1937년 9월 14일)

丁丑八月初十日以輕鞋短
笻發程此行但徒步
踏破八百餘里槿田
萬二千峰其間
見

丁丑八月初十日 以輕鞋短笻發程 此行但徒步踏破八百餘里槿田 萬二千峰其間見

정축(1937)년 팔월 초열흘 가뿐한 신, 짜른 지팡이로 길을 나섰다. 이 행차는 다만 도보로 팔백 여리 무궁화 강토를 답파했는데, 일만 이천 봉을 그 사이에서 보았다.

登大關嶺上頂	대관령 정상에 올라
松栢深深路轉明	소나무 잣나무 깊고 깊은데 길은 밝아
遠笻來坐最高頂	멀리서 작대 짚고 와 정상에 앉았노라
東開大海地分界	동으로 큰 바다 열리고 땅은 여기가 경계
北峻五台天作城	북으론 험준한 오대산 저절로 성을 이루다
吟味羊腸曺氏苦	구곡양장이라 조조의 고초를 음미하고
思緣蜀國漢王情	삼분천하 촉한 유비의 심정을 생각노라

莫言越嶺多勞憊	고개 넘기 힘들고 고달프다 말하지 말라
度世難關等此行	인생행로 난관이 이만 못지 않으리
右秋八月十四日	가을 팔월 열 나흗날

江陵旅舍度秋夕　　강릉 여관에서 추석을 보내다

江陵疎雨浥輕塵	강릉 땅 성긴 비 가벼운 먼지 적시는데
對酒陽關無故人	별 밝은 고장 벗님네는 어디가고 술잔만
獨處難極恐思切	홀로 처한 막다른 난관 두려운 맘도 그지없고
吟詩先語客愁新	말 앞서 시 읊조리니 나그네 시름도 새롭다
驅風晴留觀光社	바람 걷혀 상쾌한 관광사
加額高樓待月隣	편액한 높은 누마루에 달 오르기 기다리다
惟憾海天雪未霽	바다 덮은 하늘에 눈 덜 걷혀 유감인데
今宵淸景幾分眞	오늘 밤 맑은 경치 몇 푼이나 진경일까
右秋夕	추석

襄陽洛山寺　　양양 낙산사

釋尊留此問幾年	묻노라 석존이 예 머문 지 몇 년이나 되었나
僧道傳言距二千	스님 말 전하길 거금 이천년이라 하네
海窟戴庵魚聽佛	바다동굴은 암자를 이고 물고기가 불법을 듣는데
石星張壁戶開天	별 모양 돌 박은 담장 지게는 하늘로 열렸다
客船帶月鐘聲外	달 빛 두른 객선은 종소리 밖이요
霜葉戰風梵語邊	바람에 흔들리는 서리 맞은 이파리는 불경소린가
好是關東居八景	아름다운 곳 관동이라 팔경 중 하나
楓林來坐聽時筵	단풍 숲에 앉아 수시 경연을 듣는다

石星垣墻世祖療癢時所築

돌을 동그랗게 다듬어 별모양으로 박은 담장은 세조가 요양할 때에 축조한 것이다.

右秋八月十六日	가을 팔월 열엿샛날

淸澗亭	청간정
枕山帶澗起高樓	드높은 누각 산을 배고 내를 둘렀는데
危壁東南地盡頭	우뚝한 암벽 동남쪽 땅 끝머리라
沙上點晴鷗鷺夢	모래 위 아지랑이에 향수 더하고
鑑開片白帆檣秋	호수에 비친 흰 바위 귀거래 부추기는 가을
却看漁老醉醒處	도리어 보이나니 어옹이 취하고 깨는 곳
幾屬騷人風月遊	몇 번이나 시인의 풍류놀이에 부쳤던가
更欲一層窮目日	다시 한 층 올라, 지는 해 다 보고자 하나
堪憐獨坐錦囊收	가련하다 홀로 앉아 시 주머니를 거둔다
右秋八月十七日	가을 팔월 열이렛날

東海岸	동해안
無非勝地合樓坮	아름다운 곳 누요 대에 마땅치 않음이 없다
曲曲區區步步來	구비 구비 구역 구역을 걸음걸음 왔다
白鷺飛時山雨霽	해오라기 나는 때 산 비 개이고
明沙隨處海棠開	하얀 모래밭을 따라 해당화 피었다
鷄鳴狗吠烟霞里	닭 울고 개 짖고 내 끼고 노을 지는 마을
漁笛棹歌日月涯	고기잡이 젓대 놋소리 해 달 뜨는 가
客路練長松桂外	나그넷길 길구나 솔 계수 밖
關東風景短笻催	관동 풍경 보자구나 짧은 작대 재촉한다
右道中	길가는 중에

外金剛溫井里　　외금강 온정리

白石淸溪步步佳　　흰 돌 맑은 시내 걸음걸음 고운데
佳從漸入也知多　　알아갈수록 더욱 점입가경이라
雲歸洞壑巖生佛　　구름 돌아간 골짜기 바위는 부처님 모습
笻穿楓林履上霞　　작대 짚어 단풍 숲 뚫고 노을 세상에 오르다
別有乾坤恣此語　　별유천지란 바로 여기를 이른 말
登臨爾我放長歌　　올라 굽어보며 길게 노래 부른다
如何不住網花主　　어찌하여 망화주[1]에 살지 않은가
水晶峯前櫛比家　　수정봉[2] 앞 즐비한 집들
右秋九月初三日　　가을 구월 초사흗날

金剛山萬物相　　금강산 만물상

舊萬物 新萬物 奧萬物　　구만물, 신만물, 오만물,
三仙巖 安心坮 天仙坮　　삼선암, 안심대, 천선대,
天柱峯 晩霞峯 娘子峰　　천주봉, 만하봉, 낭자봉,
玉女洗粉缸 勢至峰 等等　　옥녀세분항, 세지봉, 등등

難謂難形造化功　　일컫기도 형용키도 어려워라 조물자의 공력
像看萬物物相同　　만물을 보아 본뜨되 그 모양과 같도다
圭璋骨髓烟霞老　　이내와 노을 속에 늙어가는 규장[3]의 골수요
玉樹精華錦帳紅　　붉은 비단 휘장인가 옥수[4]의 빛나는 꽃이로다
今古文章皆拙手　　고금의 문장은 모두 다 졸렬한 솜씨

---

1) 망화주網花主 : 미상.
2) 수정봉水晶峰 : 온정리 서북쪽에 위치한 금강산의 한 봉우리. 높이는 773m이고 뒤집어엎은 항아리 모양이며 하나의 바위를 둥글게 다듬어 세운 것 같기도 하다.
3) 규장圭璋 : 옥으로 만든 홀. 바위 봉우리의 아름다움에 대한 비유어임.
4) 옥수玉樹 : 옥으로 된 나무. 금강산 수목의 아름다움을 비유한 말.

東無藝術盡痛工	동방에 예술 없다 모조리 꾸미는 게 병통
飛禽走獸人與佛	나는 새 뛰는 짐승 사람과 부처가
護守金剛日月中	금강산 일월 속에 천품 지켜가도다
右秋九月初四日	가을 구월 초나흗날

到神溪寺　　신계사에 당도하다

沙門休脚半時餘	반 시각 넘어 다리를 쉰 속인 나
却感自身僧侶如	도리어 승려가 된 듯 느끼다
畵閣深深秋色活	가을 빛 생생한 깊은 산 속 대웅전
烟霞寂寂日光賖	적막한 산 노을에 햇살이 더디다
禪房俗化人憐佛	선방이 속화되니 사람이 부처를 동정하고
楣額字明客看書	주련이 선명하여 나그네가 글씨를 보고 있다
前後峰巒前後壑	앞뒤가 산봉우리 또 앞뒤가 골짜기
普雲往跡白雲居	보운이 떠난 곳에 흰 구름 머무르네
右秋九月初五日	가을 구월 초닷새

九龍瀑　　구룡폭포

自神溪寺 沿溪經玉流洞 沿過連珠潭 飛鳳瀑 舞鳳瀑 水簾瀑 八九龍瀑 其上有八潭 신계사로부터 시내를 따라 옥류동을 거쳐서 연주담 · 비봉폭포 · 무봉폭포 · 수렴폭포 등 여덟아홉 용폭을 이어 지나면 그 위에 팔담이 있다.

淸溪曲盡洞房開	푸른 시내 구비 다한 곳 그윽한 골짜기
白日雷鳴萬丈坮	만 길 벼랑 한 낮에 우레 운다
水晶宮深銀河落	수정궁 깊은 물에 은하가 지는가
金剛石滑玉春催	금강석 미끄러워지고 옥방아 재촉한다
縱觀宇宙自然像	우주 만물의 상을 훑어보아
壟斷人間勝負盃	인간 세상 승부의 잔을 농단한다

却笑靑蓮偏所見	도리어 우습구나 푸른 연 나타냄을 치우치게 했는데
九龍瀑布九天來	구룡폭포는 구천[5]에서 오는 것이라
右秋九月初六日	가을 구월 초엿샛날

玉流洞　　옥류동

溪路漸幽谷更深	시냇길 그윽할수록 더욱 깊어진 골짜기
玉流洞豁眼前臨	옥류동 확 트여 눈앞에 나타나네
瀑開臥直連珠箔	폭포 펼쳐져 구슬 엮은 발 가로요 세로며
塘闢方圓晶鏡心	못 열려 수정거울 모나고 둥글도다
看沒看回耽水石	소沼를 보랴 물굽이를 보랴 수석을 탐닉하고
沿來沿去愛楓林	따라 오고 따라 가며 단풍 숲을 애호한다
神仙若不荒唐說	신선 있단 말 황당한 게 아니라면
此地須從也得尋	모름지기 여기로부터 찾을 수 있을 테지

右同六日 宜在瀑布詩上

같은 달 엿샛날, 이 시는 마땅히 폭포시 위에 있어야 한다.

登毘盧峰望內外金剛　　비로봉에 올라 내 · 외금강을 바라보다

山間流水水間山	산 사이엔 흐르는 물이요 물 사이엔 산인데
萬二千峰在此間	만 이천 봉우리 이 사이에 있다
朝磬暮鐘連極樂	아침 풍경 저녁 종소리 극락에 이어지고
前奇後怪隔塵寰	앞은 기기 뒤는 괴괴 속세를 단절했네
岩戴石澗峨洋奏	바위가 돌 개울 머리이고 아양곡[6]을 탄주할 제

5) 구천九天 : 하늘을 중앙 · 사정四正 · 사우四隅의 아홉 분야로 나눈 칭호. 중앙을 균천鈞天, 동방을 창천蒼天, 동북을 민천旻天, 북방을 현천玄天, 서북을 유천幽天, 서방을 호천昊天, 서남을 주천朱天, 남방을 염천炎天, 동남을 양천陽天이라 한다. 또는 하늘의 가장 높은 곳을 지칭하기도 한다.

조선공산당 초대 책임비서, 김재봉(1891-1944)

桂院松簷日月間	솔인가 계수로 빚은 절집 해 달 사이에 있네
描寫金剛誰有手	금강산을 그려낼 새 누구라 능수일까
西風投筆一笻還	서풍에 붓 던지고 작대 하나로 돌아가노라

6) 아양곡峨洋曲 : "峨峨兮若泰山, 洋洋兮若江河" 싯구의 '峨'와 '洋'을 따서 文人雅士적 지취를 가리키는 비유어로 쓰임. 峨는 우뚝한 산의 험준함을, 洋은 드넓은 강하의 넘실거리는 물의 형용임.

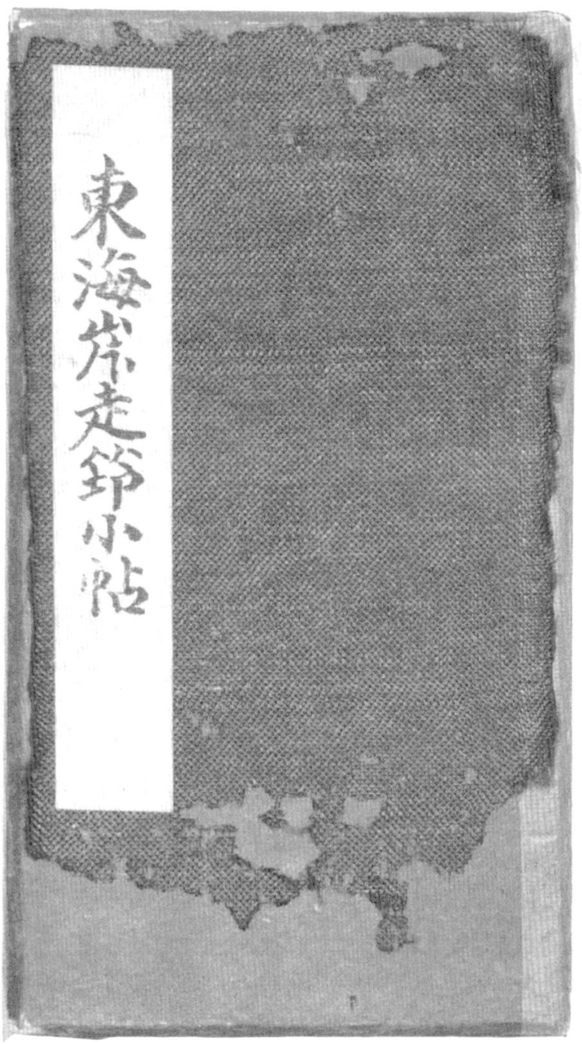

12.10.7

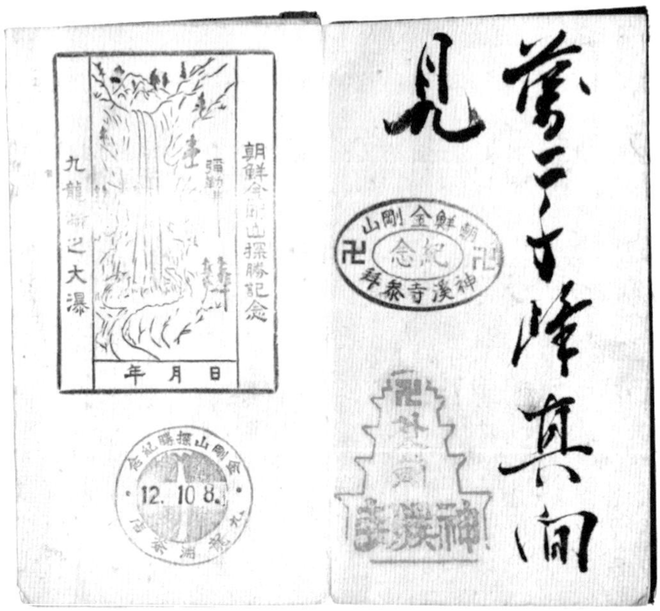
朝鮮金剛山探勝記念
九龍淵之大瀑
年 月 日
朝鮮金剛山
紀念
神溪寺拜
12. 10 8.

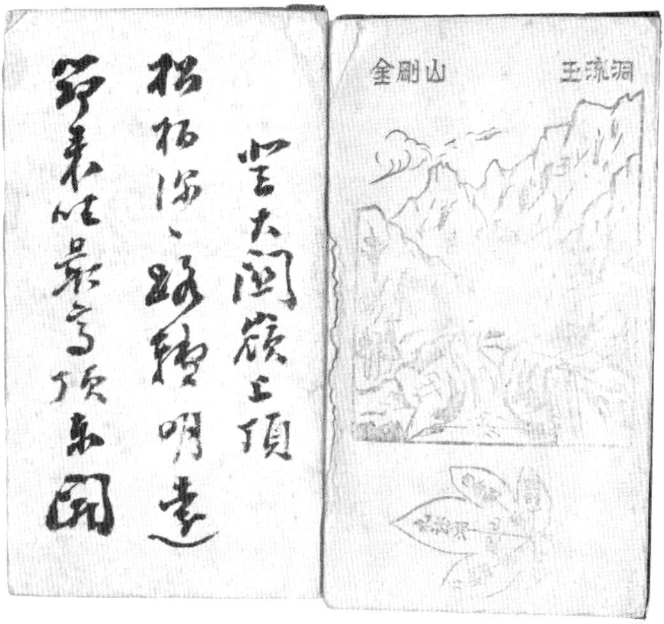
金剛山
玉流洞

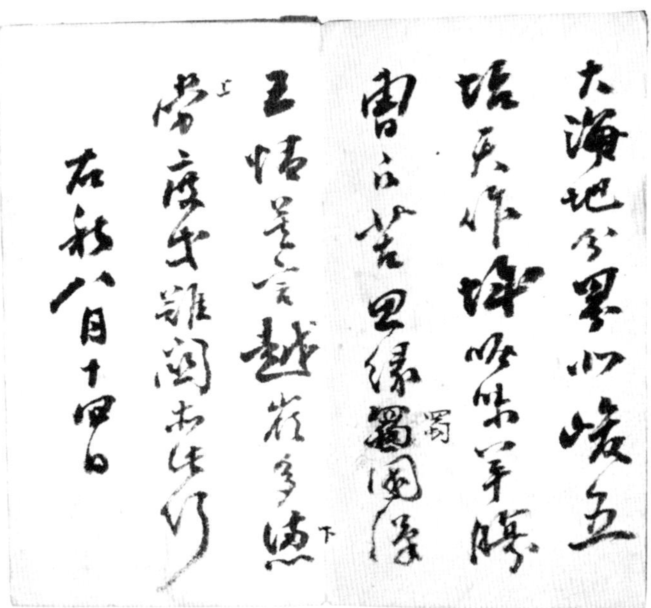

조선공산당 초대 책임비서, 김재봉(1891-1944)

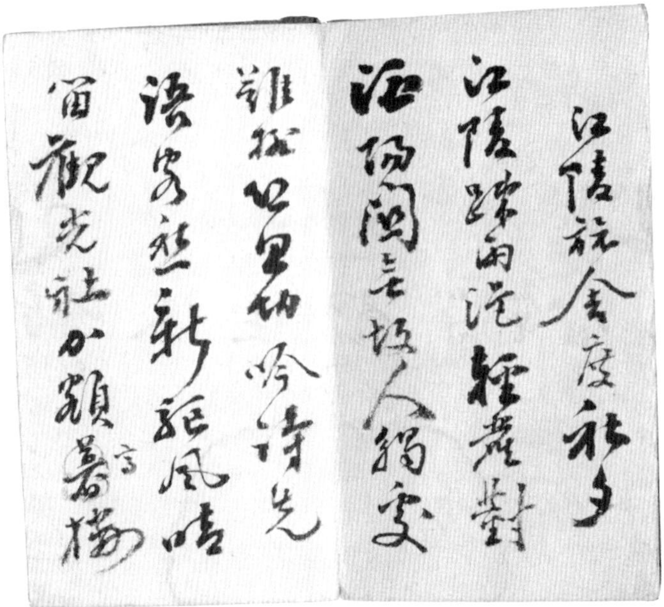

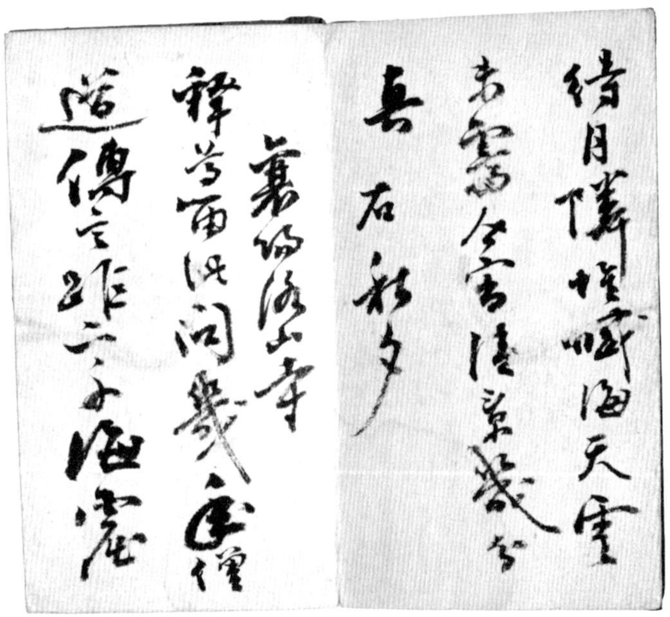

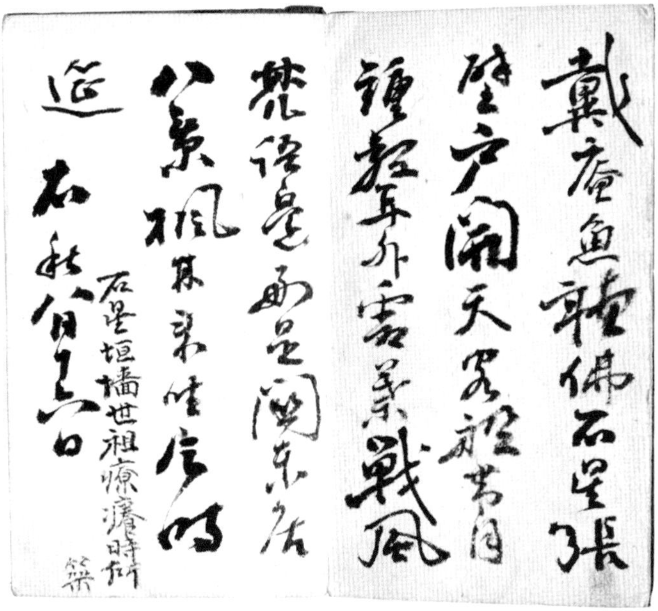

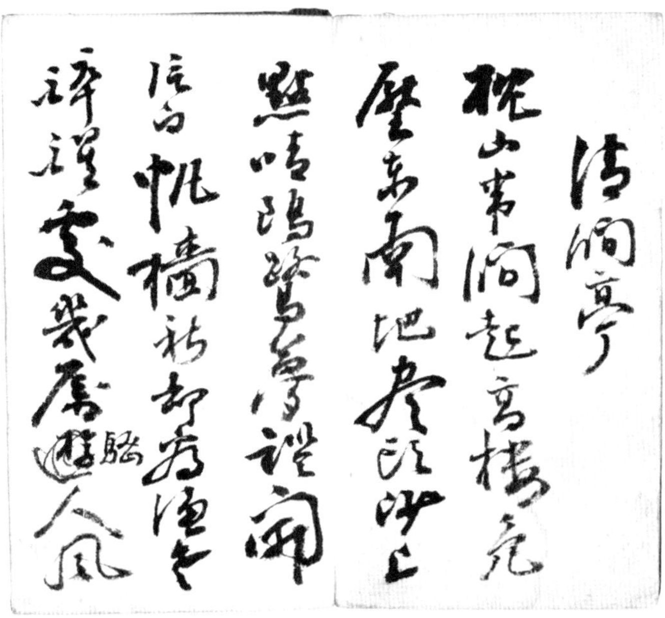

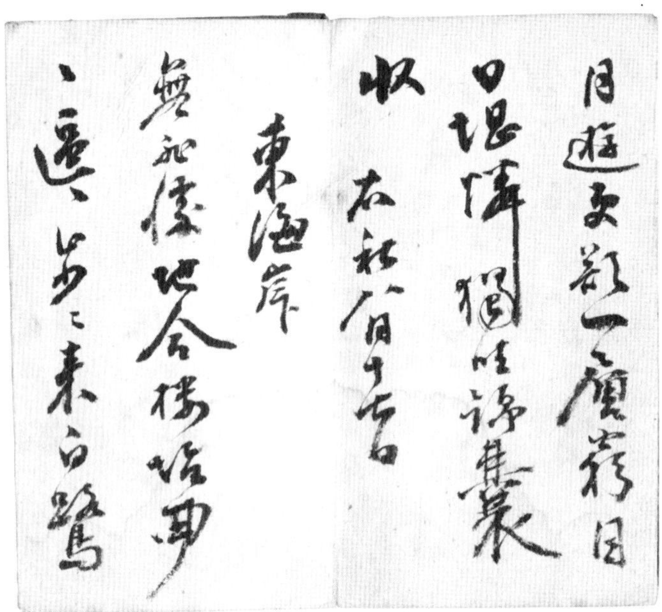

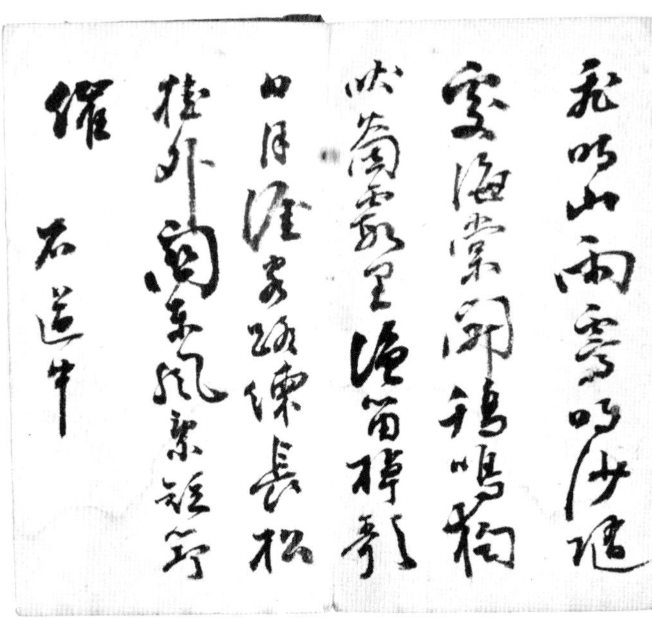

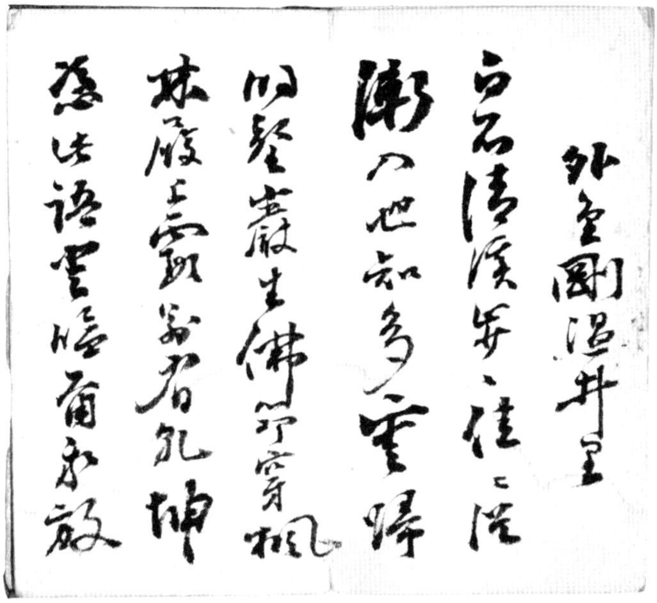

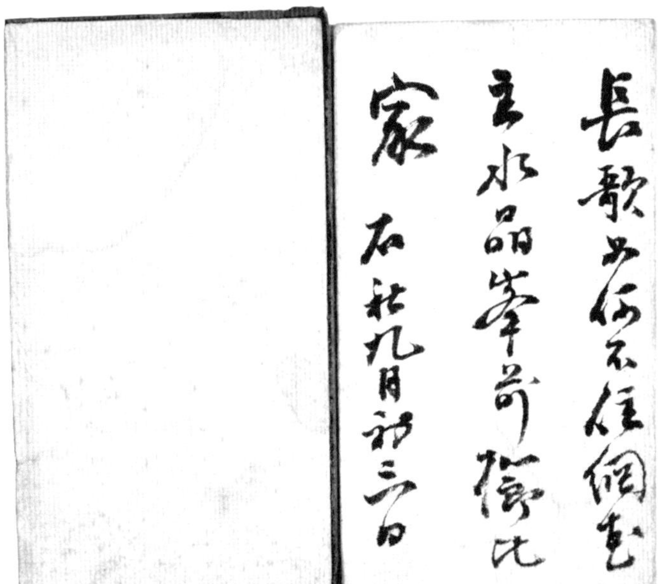

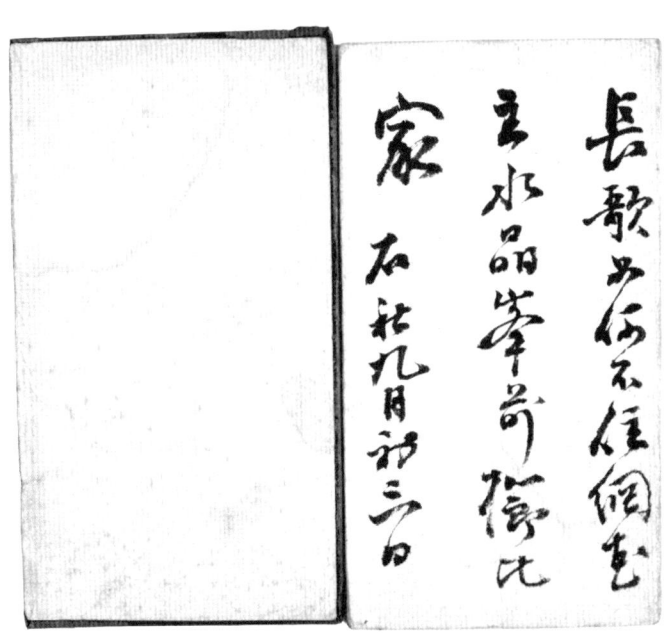

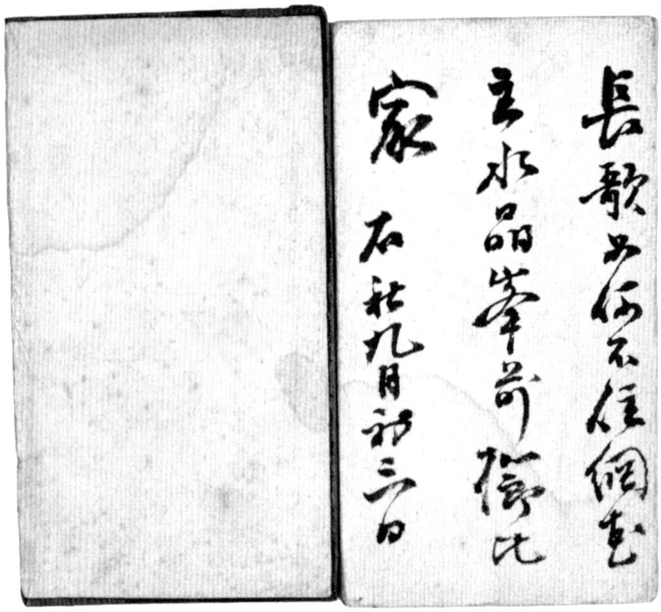

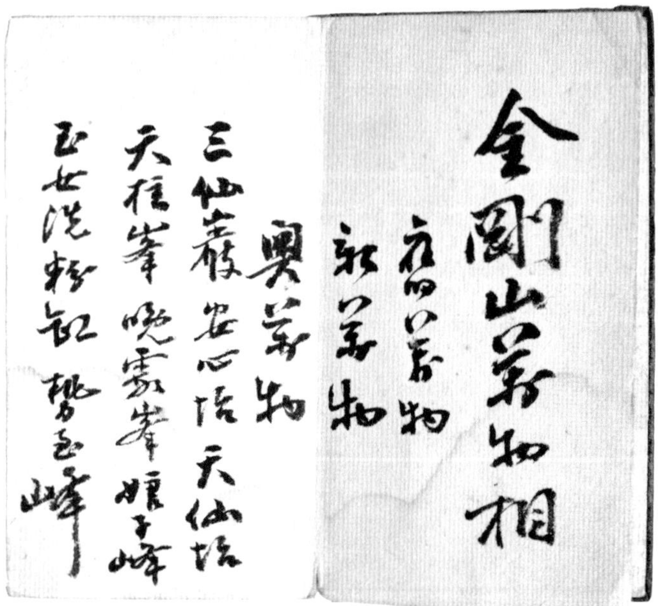
金剛山萬物相
舊萬物
新萬物
奧萬物

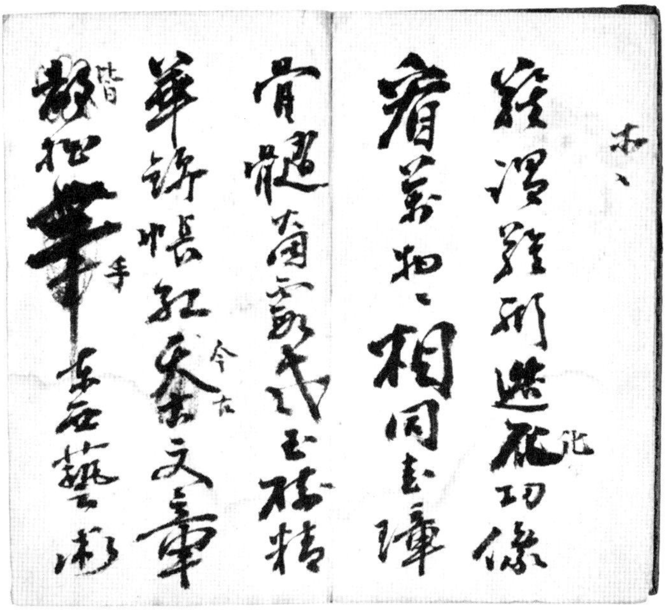

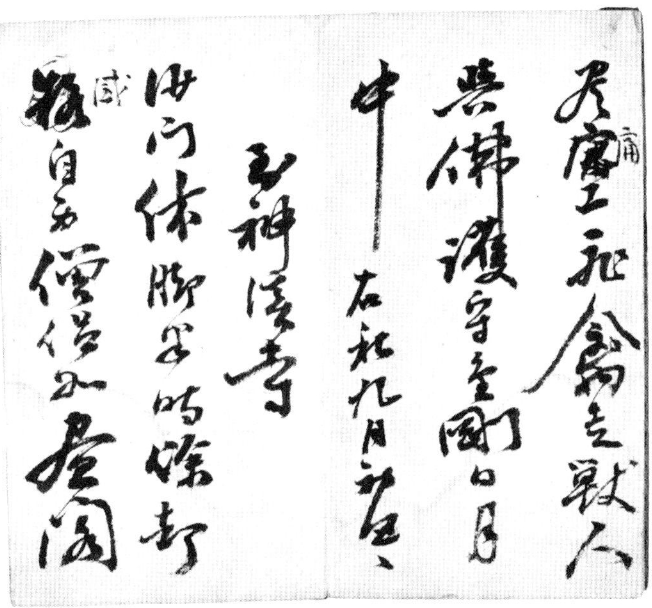

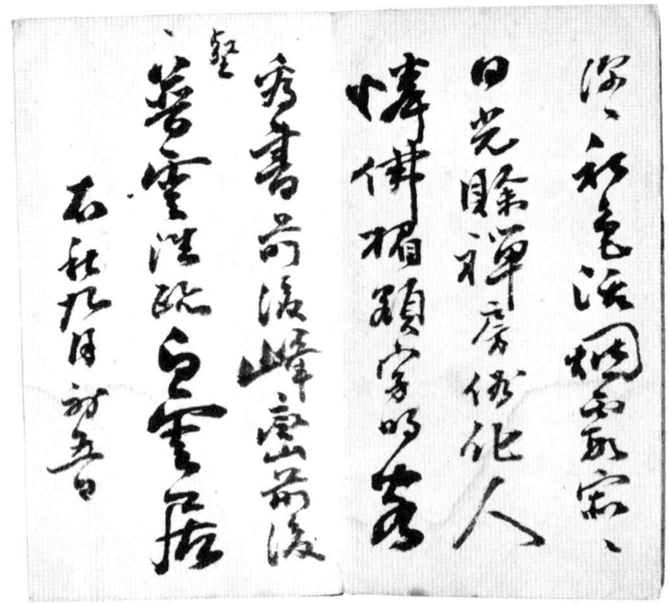

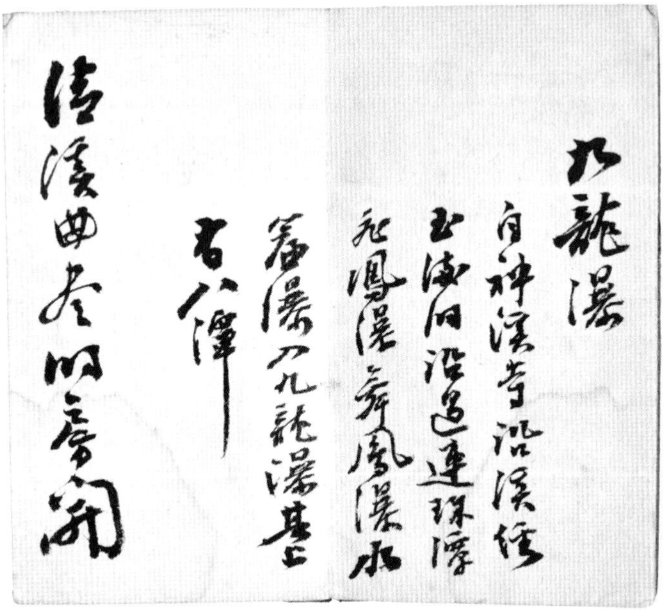

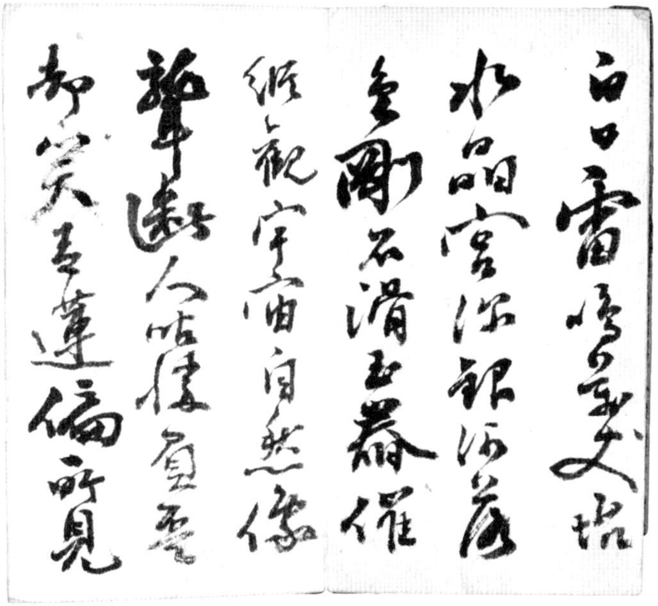
水晶宮深銀河落

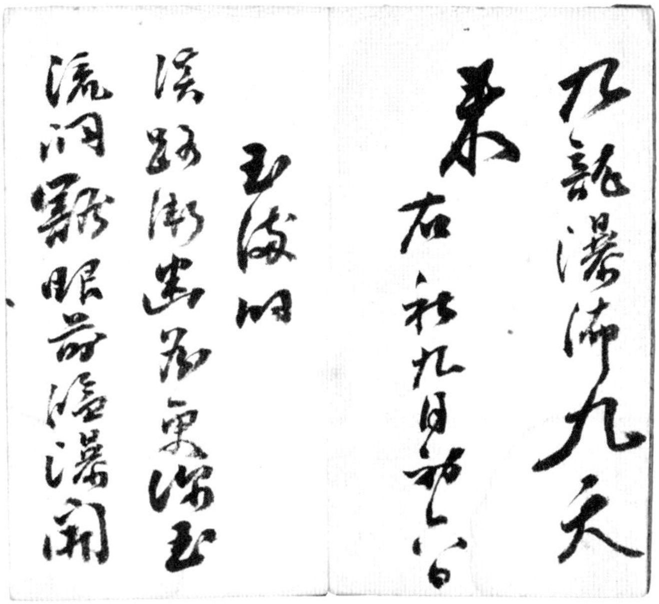
九龍瀑布九天來
玉流洞

조선공산당 초대 책임비서, 김재봉(1891-1944)

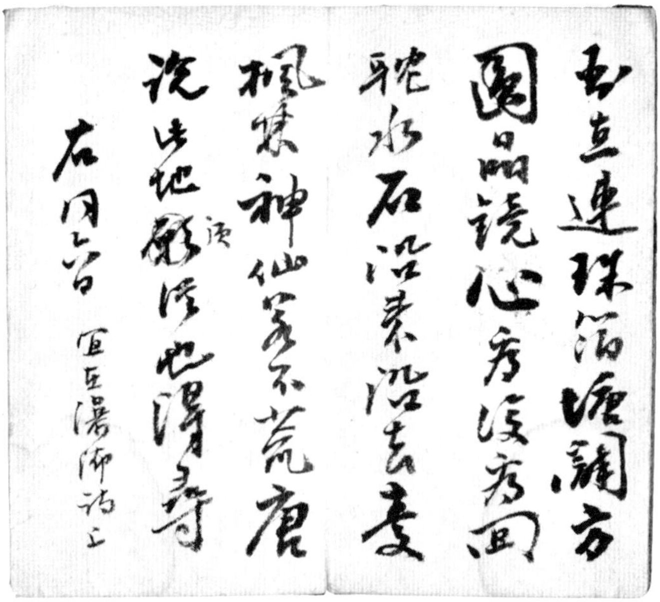

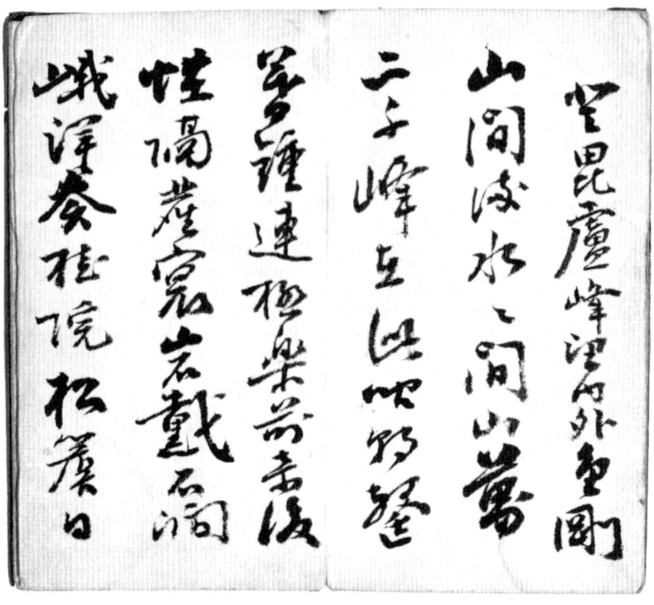

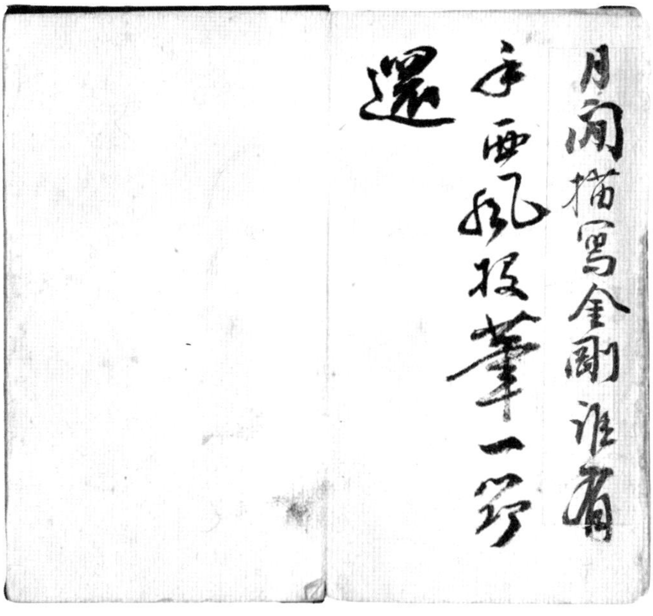
月間描寫金剛誰肯
手西風投筆一笑
還

Ⅷ. 제문

「雲齋先生 祭文」, 1916년 4월 18일

「祭文」 1945년 2월(사돈 金元大)

「祭文」 1946년 2월(사돈 金元大)

「건국훈장 수훈 고유제 축문」 2005년 4월 6일

자료 1 「雲齋先生 祭文」, 1916년 4월 18일

惟歲次 丙辰四月己亥朔十八日 卽我 三從大父 通德郞雲齋先生 終祥之日也 前夕乙卯三從孫在鳳 謹具菲薄之奠 痛哭再拜 敬祭于靈床將撤之下 嗚乎天之降割于吾家 何若是之酷 奪我長德耆老之速 而使蒙陋寡聞之小孫輩 無所依歸 至此之極也

유세차 병진丙辰년 사월 십팔일은 우리 삼종대부三從大父 통덕랑通德郞 운재雲齋선생의 대상大祥을 치르는 날입니다. 전 날 밤 을묘乙卯에 삼종손三從孫 재봉在鳳은 삼가 보잘 것 없는 제물을 갖추어 통곡재배하고 장차 거두어 치우려는 영상靈床 아래에 공경히 제사를 올립니다. 아! 하늘이 우리 집에 재앙을 내리되 어찌 이렇게 혹독하며 나에게서 장덕長德 기로耆老를 앗아 감이 어찌 이다지도 빨라, 몽누蒙陋·과문寡聞의 소손배小孫輩로 하여금 의귀할 바 없음이 이런 지극한 데에까지 이르게 하십니까?

恭惟我府君 從事詩禮 夙著華聞 高臥林泉 望重儒林 而幽潛之德 精深之學非小孫所敢稱述者 惟其陪侍之日 竊覸其律身行己之大節 有所深感 私竊自歎焉 盖其德容之睟盎 動靜之有方 與夫日用語默 待人接物之 各盡其宜 是知定力得之於天者 自有不其然而然也 嗚乎詞章翰墨 在府君餘事而歟 猗實學之淵深 貫古通今 以府君高明之學 剛大之操 平生蘊抱 未暇售世 而世道變遷 變故百端 府君於其間脫去塵累 如玉潔金貞 白首林下 奬進斯文 誘掖後學 平生德業之與化 無愧古人 奈天不憖 奄棄諸生 遠近知不知 一口歎惜曰 斯文長德亡矣 又稱府君淸福曰 今世所罕有 嘖嘖不已 於府君無憾 而今日小孫之哭 何其長痛無涯也 爲吾道 則與儒林同悲 爲門內與同堂 則門內同堂一體之痛也 而獨小孫 竊有私痛焉 嗚乎歲丙午 吾王考易簀之日也 以小孫託於府君曰 鍾也

學業之不就 是爲未瞑 以此兒入於携掖之中 使有成就 則無所恨矣 府君於是時 泣受託而慰之再三 雖以小孫無狀 其在侍側 當作何如懷耶 嗚乎痛哉 及其挾冊從屛幪也 小孫以事王考之心事府君 府君之於小孫 撫摩湔拂 亦如王考之小孫者有年 而小孫無似 竟未得魚魯之辨 以副携掖盛念之萬一 推於世態 遠遊漢城

삼가 생각건대, 부군府君께서는 시례詩禮에 종사하여 일찍이 화려한 명성名聲을 드러내셨고 임천林泉에 높이 누우셔서 유림의 중망重望을 입으셨으니, 깊이 간직하신 덕과 정밀·심오한 학문은 소손이 감히 칭술稱述할 바가 아닙니다. 오직 곁에서 모시던 날 가만히 몸을 단속하고 자신을 이행하는 대절大節을 뵙건대 깊이 감격하여 사사로이 탄복한 바가 있습니다. 대개 그것은 윤택하고도 어엿한 덕기德器로운 용모와 방정方正한 동정動靜이 일용의 어묵語默 간에 사람을 대하고 사물을 응하여 각기 그 마땅함을 다하신 것입니다. 이는 하늘로부터 슬기를 받고 힘을 얻어 절로 그리하고자 하지 않아도 그러함이 있어서이니, 아! 사장詞章과 한묵翰墨은 부군께 있어서는 나머지 일이었습니다. 실학實學의 연수淵藪에 침잠하고 고금古今 역사에 관통하였으니, 부군의 고명高明한 학식과 굳센 지조가 평소 온축한 바를 세상에 팔 겨를도 없이 세도世道는 변하고 변고變故가 백단百端으로 출현하였습니다. 부군께서는 그 사이에서 진세塵世의 누습陋習을 벗어 던지시고 마치 깨끗한 옥玉이나 굳센 금金과 같이 백수白首로 임하林下에서 사문斯文을 장려하여 나아가게 하시고 후학을 부추겨 향도하셨습니다. 그리하여 평생의 덕업과 교화가 고인古人에게도 부끄러움이 없었으니, 어찌 하늘이 무심하여 갑자기 여러 문생門生들을 버리십니까? 원근遠近의 알고 알지 못하고를 떠나 모든 사람들이 한 입처럼 탄식하기를 "사문斯文의 장덕長德이 돌아가셨다"라고 하였습니다. 또 부군의 청복淸福을 일컬어 가로되 "금세에 드물게 있는 바였다"라고 하며 혀를 차기를 그치지 못하였습니다. 부군께서는 유감遺憾이 없다하더라도 오늘 소손의 곡哭이 어찌 그토록 길게 통곡하여 끝이 없겠습니까? 우리의 도道를 위해서는 유림과 더불어 함께

슬퍼할 일이고, 문내門內 동당同黨을 위해서는 문내 동당과 일체一體로 통곡할 일이지만, 유독 소손은 사적私的으로 통곡할 일이 있어서입니다. 아! 병오丙午년은 우리 왕고王考께서 돌아가신 해입니다. 소손을 부군께 맡기면서 말씀하시기를 "종야鍾也가 학업이 진취하지 못하여 내가 눈을 감지 못하겠다. 이 아이를 데리고 북돋워주는 가운데에 들여 성취가 있게 한다면 한이 없겠다"고 하셨습니다. 이때 부군께서는 울면서 부탁을 받아들여 재차 삼차 위로하셨습니다. 비록 소손이 볼모양은 없었으나 그 곁에서 뫼시고 있었음에 마땅히 어떤 심회였겠습니까? 오호, 통재라! 책을 끼고 서재書齋에 종사함에 이르러서 소손은 왕고王考를 모시는 심정으로 부군을 섬겼고, 부군께서는 소손을 대하심에 어루만지고 쓰다듬거나 눈물을 훔쳐 주심이 또한 왕고께서 소손에게 하신 것처럼 하시기를 여러 해였습니다. 소손이 불초不肖하여 마침내 '어魚'와 '노魯'를 분변하지 못하면서 데리고 북돋워 주시는 거룩한 사려의 만에 하나도 부응하지 못하고, 세태를 부추附推하여 멀리 한성漢城으로 유학하였습니다.

嗚乎 小孫之於府君與吾王考 負罪深大 小孫亦非不知 而心竊自語曰 以府君受氣 確宜享百歲 則旣始之業 不過三年之內可畢 伊後 承誨之・・・

아! 소손이 부군과 왕고께 지은 죄가 깊고도 큰 것임을 소손 또한 알지 못하는 바 아니라서 마음으로 가만히 스스로에게 말하기를 "부군께서 하늘로부터 기氣를 받으심은 확실히 의당 백년은 향수享壽하실 것이고, 이미 시작한 공부는 불과 삼년 내에 마칠 수 있다. 그런 후 가르침을 받아 ・・・

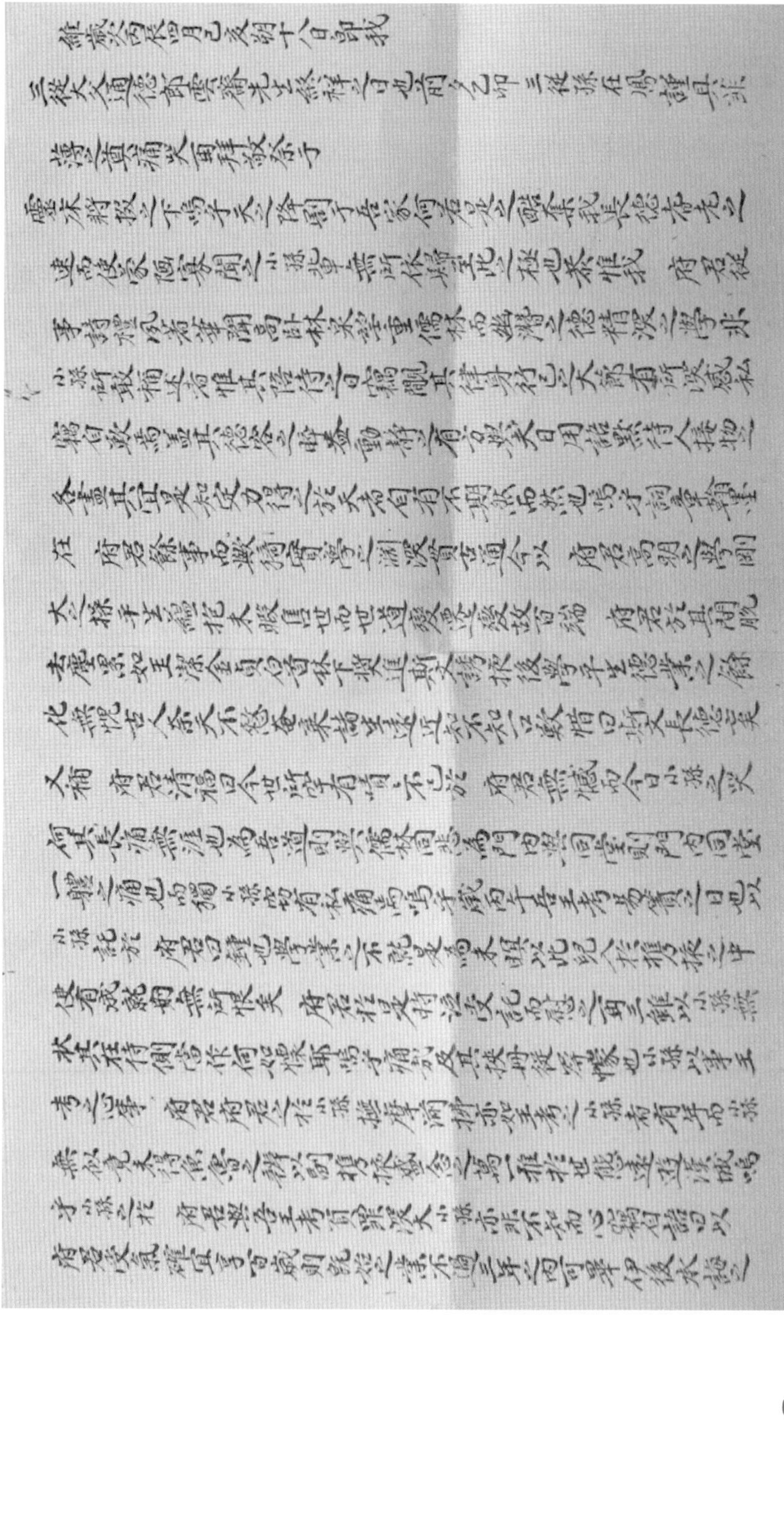

維歲次丙辰四月己亥朔十八日卽我
三從大父通德郎雲齋先生終祥之日也前夕乙卯 三從孫在鳳謹具菲
薄之奠痛哭再拜敬祭于
靈床稍拔之下嗚乎天之降罰于吾家何若是之酷奪我長德耆老之
速而使家陋寡聞之小孫輩無所依歸至此之極也恭惟我 府君從
事詩禮風著華閥高卧林泉望重儒林而幽潛之德精深之學非
小孫所敢稱述者惟其陪侍之日竊覸其律身行己之大節有所深感私
竊自歎焉盖其德容之睟盎動靜之有方與夫日用語默待人接物之
各盡其宜是知定力得之於天者自有不期然而然也嗚乎詞章翰墨
在 府君餘事而歟猗寶學之淵深貫古通今以 府君高明之學問
大之操平生蘊抱未暇售世而世道變遷變故百端 府君於其閒脫
去塵累如玉潔金貞白首林下獎進斯文誘掖後學平生德業之餘
化無愧古人柰天不慭奄棄諸生遠近知不知一口歎惜曰斯文長德亡矣
又稱 府君清福曰今世所罕有嘖嘖不已於 府君無憾而今日小孫之哭
府其長痛無涯也爲吾道則與儒林同悲爲門內與同堂則門內同堂
一體之痛也而獨小孫切有私痛焉嗚乎歲丙午吾王考易簀之日也以
小孫託於 府君曰鍾也學業之不就是爲未瞑以此兒入於推挽之中
使有成就則無所恨矣 府君於是時泣受託而慰之再三雖以小孫無
狀其在侍側當作何如懷耶嗚乎痛哉及其挾册從寄懷也小孫以事王
考之心事 府君府君之於小孫撫摩滿拂亦如王考之小孫者有年而小孫
無似竟未得魚魯之辨以副攜掖盛念之萬一推於世態遠遊漢城嗚
乎小孫之於 府君與吾王考負罪深大小孫亦非不知而心竊自語曰以
府君受氣確宜享百歲則既始之業不過三年之內可畢伊後承誨之

자료 2 「祭文」 1945년 2월(사돈 金元大)

倿乎 故處士豊山金公在鳳先生 以歲甲申 仲春之二十八日 奄復于花府之院邸 僅免牖下之終 抑公平日旨歟 越明年是月日之己酉 孝子君擧小祥 儀先王制也 平生契弟 韶州人金元大 九耋慈劑 未敢離膝 替遣男在虎 竊悲夫 葬旣無書 祥合有文 而與其有文而爽實 曷若無文之爲太上哉 只以寫四字訣西望哭侑于千古未泯之靈曰 於乎痛哉 尙饗

슬프다! 고故 처사 풍산 김 공 재봉在鳳 선생이 갑신甲申년 이 월 이십 팔 일에 화부花府의 원저院邸[1]에서 돌아가셨다. 겨우 집안 침실에서 임종하는 것을 면하였으니, 어쩌면 공의 평소 신조였던가? 이듬해 동월 기유己酉일에 효자 군君이 소상례小祥禮를 행하니 의범儀範은 선왕의 제도였다.

평소 형제처럼 지내던 문소인聞韶人 김원대金元大는 구십 세 노모의 병구완 때문에 슬하를 감히 떠날 수 없어 집 아이 재호在虎를 대신 보내어 문상하게 한다. 가만히 생각건대 슬프다! 장례 때 이미 조상하지 못하였으니 소상에는 마땅히 제문이 있어야 할 것이나, 제문이 있으되 실상과 어그러지느니 차라리 제문이 없는 것이 가장 나음만 같지 못할 것이다. 이에 다만 네 글자를 써서 영결하고 서쪽을 바라보며 통곡하면서 천고토록 민멸하지 않을 혼령께 바친다. 일러 '오호, 통재!'라고만 하니, 부디 흠향하소서.

---

1) 화부의 원저 : '花府'는 화산부 즉 안동읍을 가리키고 '院邸'는 도립병원을 지칭한다, 현재 안동시 안동의료원임.

依子

故處士豐山金公在鳳先生以歲甲申
仲春之二十八日奄復于花府之院邸
僅免牖下之終抑 公平日旨嘅越明
年是月日之乙酉孝子君擧 小祥
儀先王制也平生契弟韶州人金元大
九耋慈嬭未敢離膝脩遺男在虎
竊悲夫葬既無書祥合有文而與
其有文而爽寧質易君無文之爲太上
哉只以寫四字誄西望笑侑于
千古未泯之靈曰於乎痛哉尚
饗

자료 3 「祭文」 1946년 2월(사돈 金元大)

김근전金槿田 재봉在鳳에 대한 제문

아! 내가 근전槿田에 대한 통한痛恨은 각별하지 않을 수 없기에 말이 많지 않을 수 없도다.

우리나라가 혁파革罷되자 우리 백성은 죽어 길에 나뒹굴 때, 걸핏하면 마음이 얼올臲卼[2]하여 한 마디 말도 오히려 없었다. 이 때문에 조금 생각이 합치되어서였던가, 가을 칠월 보름 천공天公이 힘을 움직이매 섬 오랑캐가 숨어 엎드리니 온 국토가 모두 기뻐하였으나 공은 유독 무엇 때문에 삼키고 말을 하지 않으시는가? 원통하도다! 애석하도다!

사해구주四海九州가 열린 후 고금古今을 막론하고 사람이 그 사이에서 살아서는 영웅이 되고 죽어서는 영혼이 될지나 만물萬物과 더불어 생사生死를 함께하여 다시 아무 것도 없는 곳으로 되돌아가는 것은 잠시 기운이 모여서 이루어진 형체요, 만물과 더불어 함께 없어지지 않고 우뚝이 썩지 않는 것은 후세에 길이 남을 이름이다. 이는 예로부터 충성된 혼魂이요 의로운 백魄이니, 오래될수록 민몰泯沒되지 않고 역사에 길이 남아 일성日星과 같이 밝게 비추어 주는 것이다. 아! 근전의 자질은 티 없는 금옥金玉으로 하늘에서 품수하였고, 뽑을 수 없는 지주砥柱처럼 의지는 확고하였다. 의로움을 말미암아 의로움을 행함은 온전한 덕德이었으며, 공존공영共存共榮의 철학은 순수한 사랑이었다. 온 세상을 주류周流하고 천고千古를 통괄함은 지식의 해박이었다. 달고 쓰며 즐겁고 고통스러움은 오직 국가國家를 위함이요 사사로움을 잊었다. 모래

---

2) 얼올臲卼 : 마음이 동요하며 안정되지 않고 두려워 함.

바람 광막한 곳 움혈에 익숙하였고, 이슬내린 고개 험준한 산에서는 창대를 베고 잤었다. 만리 먼 길을 거듭 다녀도 기력氣力이 꺾이지 않았으며, 십년 영어囹圄에도 방촌方寸이 동요하지 않았다. 온 나라사람들이 우리 근전을 위태하게 여기지 않음이 없었으나 처신은 태연하였으며 친명親命이 이에 엄嚴하여지는 해가 기울어 급박하매 의리는 돌아가 뵙는 데에 있었으니 화기和氣롭게 지내는 여가에 꽃을 심고 약초를 파종하면서 애오라지 회포로 삼았다. 그때 어떤 주변 사람의 야유揶揄의 예봉銳鋒이 찔러 들어왔으나 또한 태연하였다. 이는 또한 근전의 고상高尙한 처세요, 내가 감히 잘 관찰한 것이 아니겠는가마는 다만, 성기聲氣가 감통感通하되 지우智愚는 현격하고, 논의는 핵실覈實하되 통색通塞은 달랐다. 특별히 나는 가만히 행운을 입어 은연 세한歲寒의 의취意趣를 품어,[3] 대・난・바위・동산・소슬한 가을・꽃 핀 봉우리・달 빛 교교한 밤이면 해보지 않은 말이 없었고 상고相考해 보지 않은 일이 없었다. 어떨 때는 한숨을 쉬며 팔을 걷어 부치기도 했었고, 또는 왕왕 검축劍筑의 불평한 소리[4]를 내기도 했었다. 그러나 그것은 시의時宜에 따른 하나의 관행關行이었을 뿐, 일찍이 내 눈을 거친 상하 여러 수백언數百言의 말씀은 열 번을 반복하여도 물리지 않고 시종 감당할 수 없는 공안公案이었으니, 미루어 생각하면 오늘 날의 밝은 거울일 뿐만이 아니다. 나는 평생 어둔한 성품에 남과 화합함이 적고 또 취하여 자득함이 없었다. 근전이 오심에 문득 내 몸이 자라는 것을 느낀 것이 몇 번이나 되지만 지금은 돌아가 버렸다. 원통하도다! 애석하도다!

지난번에 국민들이 추도식追悼式을 거행하고, 추강秋岡[5] 또한 서장書葬을 하게 되니 우리 도배徒輩가 큰 한恨이 없을 수 있겠는가. 뒤에 남은 사씨史氏는

---

3) 세한歲寒의 의취意趣를 품어 : 세념을 잊고 학문에 몰두하여, 의연한 군자가 되는 데에 뜻을 둔다는 뜻. 『논어』, "歲寒然後 知松柏之後凋"를 원용하였다.

4) 검축劍筑의 불평한 소리 : 燕나라 태자 丹의 부탁으로 진시황을 살해하려했던 衡軻와 高漸離의 의거 史實을 원용한 말이다.

5) 추강秋岡 : 金祉燮(1885~1928), 秋岡은 그의 호.

말한다.

"근전槿田 김공金公이 연관捐館한 후 건국建國의 논의가 일어나매 거의 우리 근전은 썩지 않을 것이다"

연군鍊君[6]이 인천仁川에 거주함은 선공先公의 유지遺旨를 받듦이니 혼령魂靈께서는 음덕蔭德을 베푸소서. 봄은 무궁화 강토疆土에 돌아왔건만 생각은 아득만 하다.

---

6) 연군鍊君 : 김재봉의 胤子 金鍊, 이 제문을 지은 臨軒 金元大의 女婿이다.

祭金種田 任泳 文

嗚呼余於種田乎痛之不容不慟也言之不容不默也吾國
喜耳吾民哭耳勳遺能砲片言猶客哭以稍合商量而秋士
之望天公勳力氣寫疆伏黎土均處而公獨何之吝而不齊
究乎惜哉況有數客古今休矣人於斯間生而爲英死而爲
靈有同乎萬物生死而復歸於無物者爲聚之形不與萬物
共盡而卓然其不朽者後世之名此自古忠魂義魄永久而
不泯者往史策者昭如日星嗚乎種田金玉無限國乎天也
磊柱不拔雖死之志也由義行義全乎德也其信其樂純乎愛
也固流入於洞括乎古識之談也甘辛嘗若國耳忘私習於
乎亂世之時竭誠乎露領之險難以之寓異重所而未足
以述了氣乃十年之圖而未足以動了方寸痛國之人莫不
危若種田而處之晏如也及其親命新殺西輝轉殉義在返
而則怡愉之眼詩花種雜卿以寫懷訴投一邊人排擯鋒鏑
侵尋而亦晏如也此又非種田高處乎余不敢善觀乎而只
以聲氣之感而智愚則懸也論議之聲而通塞則殊也特蒙
竊附之幸隱然有歲寒之約而竹盤蕭瑟之秋花季寥朗之
夕燕話言不到無事不商有時咳唾怡悅往往作劍氣不平聲
而寫其時宜一國苦音低抬上下累數百言十反不厭而終
始爲未捷之嗟亦有追以思之期令日之明發耳元也乎生抵
性寡合人亦不取而自得種田余便覺此乎長得幾格而今
也則亡矣乎惜哉向此國人追悼而秋風亦實冤哉吾其可以
無大哭而喪心之夫之種田金公捐世後全國之義起請則
無幾不朽吾種田乎靈君往往仁川周先亡也靈其鑒臨之
哉吾同種城思之淚淚

자료 4 「건국훈장 수훈 고유제 축문」 2005년 4월 6일

祝文

維歲次乙酉二月癸巳朔二十八日庚申

孝孫潤敢昭告于

顯祖考志士府君伏以府君天賦卓犖才諝

高邁氣宇恢廓處世淸高持身謹飭湖

海之士豪傑之學不拘圄圄所信金石領導黎

民國權回復縲紲兇徒創見挫辱歲易半

百今始表白愛國敍勳詎稱幽憶玆因諱

辰拜墓敢告姻親濟會感舊齊速 靈如有

知庶賜降格謹以淸酌脯醯恭伸追慕尙

饗

維歲次乙酉二月癸巳朔 二十八日庚申 孝孫潤敢昭告于 顯祖考志士府君

유維 세차歲次 을유乙酉년 이 월 계사癸巳 삭朔 이십 팔 일 경신庚申 일에 효손 윤潤은 현顯 조고祖考 지사부군志士府君께 감히 고告하여 올립니다.

伏以府君	엎드려 생각건대 부군께서는
天賦卓犖	천품이 우뚝 빼어나시어
才諝高邁	재능과 지혜는 높이 뛰어나셨고
氣宇恢廓	기운과 도량은 넓고도 확고하셨습니다
處世淸高	처세는 맑고도 고상하셨으며
持身謹飭	몸가짐은 신중 근엄하시었으니

湖海之士	호해와 같은 포부를 지닌 선비로
豪傑之學	호걸다운 학풍을 겸비하셨습니다
不拘囹圄	오랜 영어에도 불구하고
所信金石	신조는 금석과 같이 굳어
領導黎民	백성을 영도하여
國權回復	국권을 회복하시었습니다
縲紲兇徒	흉포한 무리들에게 묶임으로써
創見挫辱	처음 꺾이어 치욕을 맛보았으나
歲易半百	세월은 바뀌어 반 백년
今始表白	이제 비로소 명백히 드러나
愛國敍勳	애국장에 서훈되셨으니
詎稱幽憶	어찌 억울했던 기억을 일컫겠습니까
玆因諱辰	이에 돌아가신 날을 인하여
拜墓敢告	산소에 절하고 감히 고하나이다
姻親濟會	친척들이 널리 모여
感舊齊邀	옛 일 추모하는 정성을 일제히 펼치오니
靈如有知	신령께서 앎이 있으시다면
庶賜降格	부디 강림 하시옵소서
謹以	삼가
淸酌脯醯	맑은 술과 포혜로써
恭伸追慕	추모의 정성을 펼쳐 바치오니
尙饗	바라옵건대 흠향 하소서

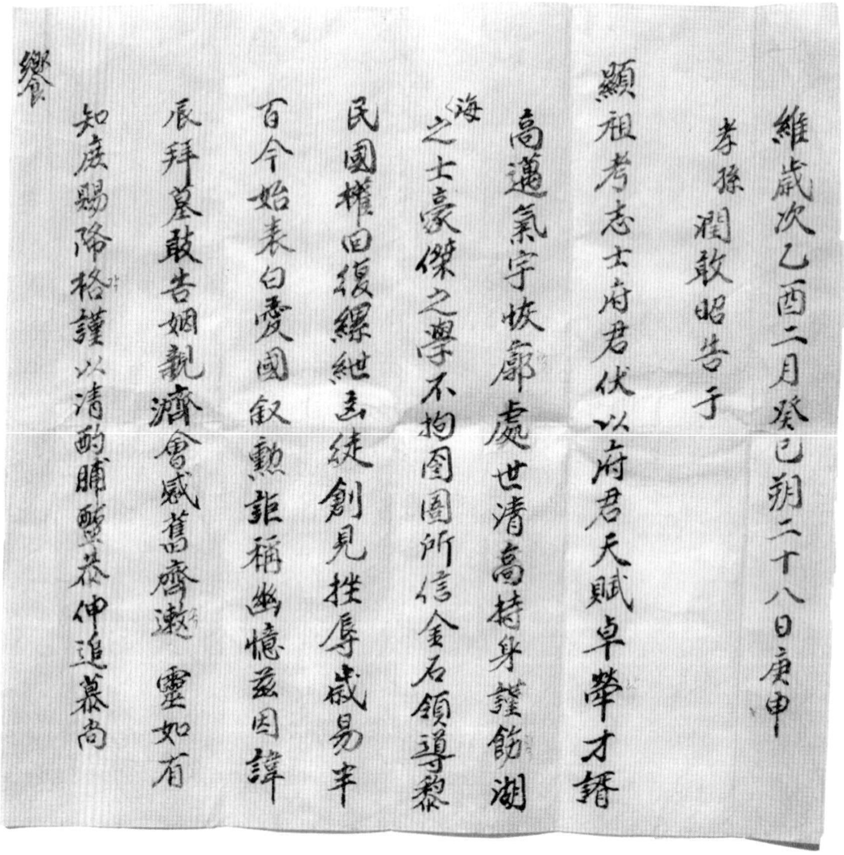
維歲次乙酉二月癸巳朔二十八日庚申
孝孫 潤敢昭告于
顯祖考志士府君伏以府君天賦卓犖才諝
高邁氣宇恢廓處世清高持身謹飭湖
海之士豪傑之學不拘囹圄所信金石領導黎
民國權回復縲紲志統創見挫辱歲易卒
百今始表白愛國叙勲詎稱幽憶茲因諱
辰拜墓敢告姻親濟會戚舊齊遨 靈如有
知庶賜降格謹以清酌脯醢恭伸追慕尚
饗

찾아보기

ㅇ

ㅊ

ㅋ

ㅌ

ㅍ

김희곤

경북대 문리대 사학과, 대학원 사학과 졸, 문학박사
한국근대사 · 한국민족운동사 전공
Harvard University 방문학자(1996-1997)
안동대학교 인문대학 사학과 교수(1988-2006 현재)
백범김구선생 기념사업협회 이사(2004-2006 현재)
독립기념관 한국독립운동사연구 소장(2004-2006 현재)

주요저서 『중국관내 한국독립운동단체연구』, 지식산업사(1995)
『대한민국임시정부의 좌우합작운동』, 한울(1995, 공저)
『白凡金九全集(1-12)』, 대한매일신보사(1999, 공저)
『안동의 독립운동사』, 안동시(1999)
『朴尙鎭資料集』, 독립기념관(2000)
『새로 쓰는 이육사 평전』, 지영사(2000)
『신돌석; 백년만의 귀향』, 푸른역사(2001)
『안동 독립운동가 700인』, 안동시(2001)
『의성의 독립운동사』, 의성군(2002, 공저)
『영덕의 독립운동사』, 영덕군(2003, 공저)
『잊혀진 사회주의 운동가 이준태』, 국학자료원(2003, 공저)
『대한민국임시정부 연구』, 지식산업사(2004)
『청송의 독립운동사』, 청송군(2005, 공저)
『왕산허위의 나라사랑과 의병전쟁』, 구미시(2005, 공저)
『대한민국임시정부 자료집(1-7, 별책1)』, 국사편찬위원회(2005, 공저)

조선공산당
초대 책임비서, **김재봉**

인　　쇄　2006년 4월 15일
발　　행　2006년 4월 25일
저　　자　김 희 곤
발 행 인　한 정 희
발 행 처　경인문화사
주　　소　서울시 마포구 마포동 324-3
전　　화　02) 718-4831～2
팩　　스　02) 703-9711
이 메 일　kyunginp@chollian.net
홈페이지　http://www.kyunginp.com
등록번호　제10-18호(1973. 11. 8)

값 40,000원

ISBN : 89-499-0388-1　93910